도올 주역강해

도올 김용옥

통나무

목차

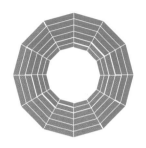

역 경 易經 【하경下經】 ············ 417

제1장
독역수지讀易須知

— 『역』을 읽는 데 꼭 알아야 할 것들 —

『역』은 왜 그토록 매력이 있는 것일까?

우리가 흔히 알고 있는 『주역』이라는 신묘한 책은 모든 경전 중에서도 으뜸가는 경전이라고 하여 "군경지수群經之首"라고 불리운다. 동방고문명을 통하여 그토록 많은 위대한 경전들이 탄생하였지만 『주역』만큼 인간세의 모든 분야에 걸쳐 직접적인 영향을 끼친 서물은 없다. 철학사상은 물론이고, 윤리도덕, 문학예술, 정치이론, 심지어 자연과학에 이르기까지 다양한 분야에 걸쳐 심원한 영향을 미쳤다. 동방역사에 있어서 정치혁명을 꾀하는 대개혁가들도 그들의 사유의 거점으로서 『주역』 논리체계의 고무와 지지를 갈망치 아니한 자가 없었다. 우리의 이순신 장군도 경황없는 난중에 출전을 앞두고, 혹은 인간들과의 관계에서 발생하는 운세에 관하여 역점 또는 역점에 해당되는 점을 쳤다.

하여튼 『주역』이라는 경전은 길거리에서 포장마차를 치고 있는 점쟁이(산명선생算命先生)들로부터 대통령궁을 기웃거리는 정치인들에게까지 한결같은 사랑과 존경을 받는 서물이라 아니할 수 없다. 도대체 그 매력과 마력은 무엇일까? 그 흡인력은 어디서 유래하는 것일까?

동방근세의 영향력이 지대했던 사상가라 할 수 있는 주희朱熹, 1130~1200가 『주역』이라는 서물의 성격에 관하여 매우 의미있는 말을 남겼다. 워낙 많은

토론을 불러일으킬 수 있는 중요한 언급이래서 정중하게 인용하고자 한다:

"대저『역』이라는 것은 단지 하나의 복서卜筮(점) 책자에 지나지 않는 것이다. 그것은 궁정의 사관이나 점을 치는 예관들이 비밀리에 소장하면서 나라의 대사의 길흉을 점치는 데 사용하였던 것이기 때문에, 그 문자가 지극히 간략하여 보통사람들은 이해하기가 어렵다. 공자가 그 문헌을 발굴하기에 이르러, 그 뜻을 부연하여 엮어낸 것이 소위 십익(열 날개)이라고 하는 것이다. 그 십익이라고 하는 것은 단전, 상전, 계사전, 문언, 잡괘니 하는 류의 것들이다. 이 십익에 이르러 비로소『주역』이라는 문헌의 합리적 논리가 잡혔다. 蓋易只是箇卜筮書, 藏於太史太卜, 以占吉凶, 亦未有許多說話。及孔子始取而敷繹爲十翼, 彖象繫辭文言雜卦之類, 方說出道理來。"(『주자어류朱子語類』卷第六十七, 독역지법讀易之法).

이 문장 전후에 있는 주희의 말들을 참작하여 좀 자세히 번역한 것인데, 주자가 한 첫마디, 즉『역』은 단지 하나의 복서서卜筮書에 지나지 않는다는 이 말은 통상 많은 사람들의 오해를 불러일으켰다. 즉 근세의 최대사상가인 주희가『역』을 점쟁이책으로 비하시켰다는 것이다. 그러나 주희는 결코『역』을 비하하는 발언을 한 적이 없다.『주역』의 핵을 이루는 "경經"의 본래적 성격, 그 진실을 매우 솔직하고 담박하게 규정하고 있을 뿐이다. 그는 "역은 단지 점서일 뿐이다"라는 말과 동시에 "『역』은 음양일 뿐이다 易只是箇陰陽"라든가, "『역』은 단지 일음일양의 운동변화일 뿐이다 易只是一陰一陽, 做出許多般樣"라는 명제를 계속 발한다.『주역』의 우주론적·철학적 의의를 충분히 숙지하고 있는 것이다.

점역과 학역

『역』을 바라보는 시각은 크게 "점으로서의 역"과 "철학으로서의 역"으로 나뉜다. 전자를 점역占易(Divinatory I)이라 하고, 후자를 학역學易(Philosophical I)

이라 한다. 그런데 주희는 역의 본질에 관하여 점역의 우위를 인정하면서도 학역의 가치를 절하하지 않는다. 학역의 뒷받침 없이 점역이 불가능하고, 점역의 뒷받침 없이 학역이 불가능하다는 것이다. 학역이 곧 점역이요, 점역이 곧 학역이다.

맥락이 좀 다르지만 비슷한 성격의 시각차이를 나타내는 말로서 "상수지학象數之學"과 "의리지학義理之學"이라는 말이 있다. 상수지학은 역의 이치를 모두 상과 수에 의하여, 그러니까 매우 도식적이고도 수학적인 방법으로 풀어내는 것을 말한다. 이 상수파는 한나라에서 크게 성행했기 때문에 "한역漢易"이라고도 하고, 의리파는 번쇄한 상수의 계산을 뛰어넘어 그 궁극적 의미를 우리의 상식적 언어로 표현하는 철학적 해석을 주로 하는 유파인데, 송나라에서 크게 발전했기 때문에 "송역宋易"이라고도 한다. 그러나 물론 송나라 때에 상수학이 발전하지 않았던 것은 아니다. 그러니까 『역』의 이해에 있어서 상수와 의리도 궁극적으로 함께 가는 것이다. 상수의 원리가 없으면 도상의 관련성에 대한 체계를 잡기가 어렵고, 의리가 없으면 상수는 공허해지고 만다. 우선 이러한 이야기를 정리해놓고 넘어가자!

Divinatory *I*	Philosophical *I*
점역占易	학역學易
상수지학象數之學	의리지학義理之學
한역漢易	송역宋易

이렇게 대별하고 보면, 사실 주자는 상수보다는 의리 쪽에 더 기울어져 있는 사상가이다. 송나라 때 상수의 대가는 소강절邵康節, 1011~1077이라는 사람이

었다. 주희는 이정二程(정호程顥, 정이程頤)의 재전제자인 이동李侗, 1093~1163(복건성 남평南平 사람. 연평선생延平先生이라고 불린다)의 제자였다. 주희는 이정의 낙학洛學을 이었다. 그것이 곧 정주학程朱學이고 신유학Neo-Confucianism의 모태이다. 그것은 새로운 의리義理의 산실이었다.

『역』에 있어서 경經과 전傳

자아! 얘기가 너무 학구적으로 흘러가고 말았는데, 주희의 역에 대한 언급을 다시 한 번 짚어볼 필요가 있다. "역지시개복서서易只是箇卜筮書"라는 말에 있어서 최초의 "역易"이라는 말을 조금 더 구체적으로, 그러니까 문헌성립사적으로 자세히 분석할 필요가 있다. 복서서(= 점서)라고 규정된 "역易"이라는 말은 기실 오늘 우리가 흔하게 보고 있는 『주역』이라는 서물 전체를 놓고 하는 말이 아니다.

주희의 논의의 대상이 된 "역"이라는 것은 뒤에 나오는 "열 날개(십익)"와 대비되는 것으로, 오늘날 『주역』의 극히 적은 일부분의 텍스트인데, 이 텍스트가 여타 문헌들과 비교해볼 때(주어진 텍스트들의 상대적 선후 크로놀로지는 문헌비평적 방법에 의하여 비교적 정확히 산출이 가능하다) 가장 고층대古層臺에 속하는 것이라는 사실은 의심할 여지가 없다. 그러니까 가장 고층대에 속하는 "역"이라는 문헌은 후대(공자 이후)에 성립한 문헌과는 분별되어야 하는 것이다. 다시 말해서 주희가 "복서서卜筮書"라고 규정한 "역"은 고층대에 속하는 소위 오리지날한 역을 가리키는 것이며 그것만을 분별하여 전문용어로 "역경易經"이라 하는 것이다.

아주 쉽게 말하자면, "역"은 "경經"과 "전傳"으로 나뉜다는 사실을 숙지해야 한다. 여러분들은 "역경易經," "역전易傳"이라는 말을 정확히 알고 써야 한다. "경"이란 그물에 있어서 벼리가 되는 날실을 가리키는 것인데, 핵심적 강령을 의미한다. "전"이란 그 핵심적 오리지날한 벼리를 펼쳐내어 전傳한다는 뜻으로, "경"을 "몸뚱이"라고 한다면, "전"은 그 몸뚱이에 달린 "날개"를 의미하게 된다. 그 몸뚱이는 그 날개가 있어야 날 수가 있고, 메시지를 사방에 전할 수가 있다. 그 날개 노릇을 하는 것이 열 개의 문헌이 있다고 해서 "십익"이라고 명명한 것이다.

역易	
경經	전傳
몸뚱이	**날개**
역경易經	역전易傳
경經	십익十翼
Divination 점을 치는 데 필요한 최소한의 것	Interpretation 다양한 해석의 체계
Pre-Confucius 공자 이전	Post-Confucius 공자 이후

갑골甲骨에서 음양심볼까지

자아! 또 얘기해보자! 그렇다면 경의 내용은 무엇이며, 전의 내용은 무엇인가? "경"은 앞서 이야기했지만 점을 치는 데 필요한 최소한의 자료를 의미했다. 점은 고대국가에서 공통된, 국가대사를 예측하는 제식 중의 하나였다. 우리가 알고있는, 문헌적으로 남아있는 점의 형태는 거북의 배딱지(복갑腹甲)나 소의 어깨뼈(견갑골肩胛骨)를 활용하여 치는 것이다. 보통 거북의 배딱지를 "갑甲"이라 부르고 소 견갑골을 "골骨"이라 부르기 때문에 그것을 합쳐서 "갑골"이라 부르는 것이다. 그런데 이 재료로 점을 치고, 그 점을 치게 된 상황(점을 묻는 내용인데, 그것을 명사命辭, 혹은 정사貞辭라고 부른다), 그리고 갈라진 모양을 보고 길흉을 판단한 내용, 그리고 해당사항이 점사占辭대로 실현되었는지를 입증하는 기록, 또 점을 친 날짜나 점쟁이(貞人)의 이름 등을 갑골에 새겨놓았는데, 그것을 우리가 갑골문이라 부른다. 갑골문은 현재 15만 정도의 조각이 발견되었으며 4천 5백 자 가량의 글자가 확인되었고, 새겨진 문장의 2·30%가 해독되었다. 이를 통해 기원전 14세기로부터 11세기에 걸친 은나라 말기의 문명생활사를 재구성할 수 있게 되었는데, 갑골문이 오늘날 우리가 쓰는 한자의 조형이라는 것은 너무도 확실하다.

점을 치는 방식은 배딱지의 안쪽으로 복卜 자 모양의 홈을 파서 그곳에 뜸쑥이나 숯가루를 태워 반대편으로 껍질이 갈라지는 모양을 보고 판단을 내렸다. 복卜 자의 세로 홈을 착鑿이라 하고 가로 홈을 찬鑽이라 한다. 갈라지는 금을 조상兆象이라 하는데, 그 금은 매우 사소한 차이이지만 예측이 불가능한 것이며, 그 금이야말로 하느님의 예시라고 여겼던 것이다.

그런데 세월이 흐르면서 이 복점의 방식의 번거로움(큰 거북이 배딱지 얻는 일만 해도 엄청 수고로운 일이다)과 불규칙적 임의성에 대해 불만을 품은 자들이 보다 간결하고 확실한 방법을 고안하기에 이르렀는데, 이 새로운 방법이야말로 우주의 비밀을 다 담을 수 있는 우주론·인생론의 지혜로 발전할 수 있는 소지를 지녔던 것이다.

역은 변화, 변화란 과연 무엇이냐?

보통 역易이란 "변화"를 의미한다. 『역경』이란 흔히 영어로 "*The Book of Changes*"라고 번역된다(제임스 레게James Legge의 번역 이래 일관된 역어). 우리가 보통 "교역交易"이라 할 때는 "바꾼다"는 뜻이다. 바뀌는 것도 변하는 것이다. 그런데 그냥 변하는 것이 아니다. 그냥 변한다는 것은 물리적으로 퇴행한다든가 소멸한다는 것을 의미한다. 그것은 엔트로피의 증가를 의미하는 소비의 변화일 뿐이다. 그러나 동방인들이 생각하는 우주의 변화라는 것은 엔트로피의 증가에 역행하는 엔트로피 감소의 변화를 동시에 의미한다.

그것은 퇴행과 해체와 소멸을 의미할 뿐 아니라, 그러한 해체에 역행하는 생성과 조합과 약동을 의미한다. 봄에 새싹이 싹트는 변화는 하향을 거부하는 상향의 몸짓이다. 노자는 이러한 변화를 "반자도지동反者道之動"이라 표현했고, 역易의 대전大傳에는 "생생지위역生生之謂易"이라 표현했다. "되돌아감"(反者)도 생명의 본원으로의 회귀를 말하는 것이며, "생생生生"이라는 것도 끊임없는 창조의 충동을 의미한다. 우주의 변화는 우주생명의 창조적 활동을 떠나서는 생각할 수 없다.

역易은 변화이며, 변화는 우주생명의 창진創進Creative Advance이며, 우주생명의 창진이란 우주를 구성하는 기氣의 끊임없는 순환을 의미한다. 역은 곧 우주이다. "우宇"는 사방상하四方上下, 곧 공간을 의미하고 "주宙"는 왕고래금往古來今, 곧 시간을 의미한다(양간楊簡의 『상산선생행장象山先生行狀』에 나오는 말). 우주는 시공연속체Space-time continuum를 의미한다. 이러한 시공연속체를 동방의 고대인들은 "역"이라고 표현한 것이다. 시간과 공간은 별도의 절대적 존재가 아니라, 역이라는 생성의 변화 속에 얽혀있는 방편이다. 역은 변화이며, 시공이며, 우주이다. 그러므로 우주 속의 어떠한 존재도 시공을 벗어나는 것은 없다. 우주, 그 전체는 역易 속에 있다. 변화하지 않는 것은 아무것도 없다. 이러한 역易의 우주론은 은나라 말기로부터 주나라 초기에 걸쳐 이미 확고하게 정착된 것으로 보인다.

고조선문명은 역을 축으로 하고 있었다

우리의 고조선문명도 이러한 역의 세계관을 사유의 중심축으로 삼았다고 볼 수 있다. 인류가 그 시절에는 대체로 시공을 초월하는 영역에 절대적 초월자를 따로 설정하고 그 초월적 존재에게 절대적 권력을 부여하고, 그 권위에 복속한 것과는 달리, 우주 전체를 변화의 관계로 파악하고, 변화를 떠난 어떠한 존재도 인정치 아니한 것은 인문주의, 아니, 천지대생명 일체화해론의 웅혼한 쾌론快論의 발로라 아니할 수 없다. 내가 이런 말을 하면 너무 현대적 상식으로써 고古를 추론한다고 힐난할지 모르겠으나, 진실로 역의 생생과정(生生之謂易)과 그 문헌의 고매한 사유를 조금이라도 맛을 본 사람은 나의 입론이 추호도 과장이 없음을 알 것이다. 역易은 인류정신사의 기적이요 인간 언어의 최상품이다.

역의 세 가지 의미

역易의 의미에 관하여 흔히 동한 말의 경학자 정현鄭玄, 127~200의 말을 빌어 "일명삼의一名三義"를 운운한다. 역이라는 이름은 하나이지만 그 뜻은 세 가지가 있다는 것이다. 그 첫째가 "이간易簡"이요, 그 둘째가 "변역變易"이요, 그 셋째가 "불역不易"이라는 것이다(『주역정의周易正義』, 論易之三名. 이학근 표점본, p.5). "이간易簡"이라는 것은 쉽고 간단하다는 의미인데, 점에 적용하여 보아도 역점은 쉽고 간단하다는 것이다. 물론 우주의 아무리 복잡한 사태일지라도 쉽고 간단하게 요약되고 정리될 수 있다는 이간의 논리는 역을 말하는 사상가들의 일관된 입장이다.

다음의 "변역變易"이라는 것은 우주의 모든 사태는 끊임없이 변화한다는 것이다. 인간의 운명도 고정되어 있는 것이 아니라 끊임없이 변하는 것이다. 따라서 점이라는 것도 우주의 시공의 변화하는 사태 속에서 예정되어 있거나 불변의 운명을 알아내는 것이 아니라, 시공의 끊임없는 변화 속에서 그때그때 적합한 행동의 진로를 알아내는 것이다. 점은 불변과 관계가 없다. 나의 운명이 불변이라고 한다면 점을 칠 하등의 이유가 없다.

불역은 불변이 아니다! 변화의 틀의 지속일 뿐

세 번째의 "불역不易"이라고 하는 것을 많은 사람들이 "불변不變"이라는 뜻으로 오석誤釋하여 그 의미를 왜곡하는데, "불역"은 결코 변하지 않는다든가, 변화가 없다든가, 변화를 초월한다는 뜻이 아니다. 변화를 일으키고 있는 기본적인 틀이 바뀌지 않는다는 것을 의미할 뿐이다. 예를 들면 하늘이 위에 있고 땅이 아래에 있다든가, 불이 상승하고 물이 하강하는 성질이 있다는 것, 이런 기본적인 틀은 바뀌지 않는다는 것을 말하는 것이다(不易者, 言天地定位, 不可相易。 불역이라는 것은 하늘과 땅이 위를 정하면 서로 바뀜이 없다는 것을 말하는 것이다). 동방언어에서 아니 불不 자는 영어의 "not"과 같이 형식논리적인 전칭의 부정을 의미하지 않는다. 역은 변화일 뿐이다. 나의 몸과 나의 몸을 둘러싸고 관계하는 우주환경 전체가 역(변화)일 뿐이다.

그런데 앞서 말했듯이 역이 변화Changes라고 하지만, 그 변화는 퇴행적 해체가 아니라 생하고 또 생하는 창조의 구성이요, 생명의 약동이다. 이 생명의 약동을 가능케 하는 가장 기본적인 범주를 --과 ━ 이라는 두 개의 심볼로 나타냈다는 데 역의 획기적인 도약이 시작되었다.

--은 무엇이고, ━ 은 무엇인가? 대한민국의 사람들은 내가 이런 질문을 하면 서슴지 않고 그것은 음과 양을 나타내는 기호라고 대답할 것이다. 우리 국가를 상징하는 태극기에 이런 기호가 쓰이고 있기 때문이다. 그러나 과연 --과 ━ 이라는 심볼이 언제부터 음과 양으로 불리었는지에 관해서는 확언할 자료가 없다. 재미있게도 역경易經에는 "음양"이라는 말이 전혀 나타나지 않는다. "음양"은 오로지 역전易傳에 나타날 뿐이다. 이 사실 하나만으로도 역경과 역전은 상당히 다른 시대의 문헌이라는, 문헌학적 층대의 구분을 말해주는 것이다. 그러니까 "음양"이라는 언어적 개념화가 앞섰는가? --과 ━ 이라는 심볼리즘이 앞섰는가? 이것도 확답하기 쉬운 문제는 아니지만, 대체적으로 --과 ━ 이라는 순수한 기호체계가 음양이라는 말에 앞섰다고 말할 수밖에 없다. 그렇다면 역경에는 음양에 해당되는 말이 전혀 없는가? 그런 말이 없으면 의미전달에 불편함이 있지 아니할까?

음양과 강유

『주역』이라는 문헌에 있어서 대체적으로 많이 쓰이는 개념은 "음·양"이라기보다는 "강강剛·유유柔"라는 개념이다. 여러분들은 『노자』라는 문헌에서도 음양이라는 말보다는 "유약柔弱·강강剛强"류의 말이 더 많이 등장하고 있는 것을 목격했을 것이다. 음과 양이라는 단어는 제42장에 단 한 번 나오고 있을 뿐이다. 요번에 마왕퇴에서 발굴된 『백서노자』갑·을본에서도 이 42장이 고스란히 들어있기는 한데 "만물부음이포양萬物負陰而抱陽"이라는 문장이 있는 부분이 썩어 문드러져 보이지 않는다. 그러나 전후맥락으로 미루어 볼 때 『백서노자』에도 음양이라는 표현은 건재했던 것으로 추론된다. 이것은 『노자』라는 문헌의 성격을 다각도에서 고찰할 필요가 있다는 해석학적 성찰을 상기시킨다.

그런데 강유와 음양은 무슨 차이가 있을까? 강유는 우선 우리 일상언어와 관련하여 맥락적 의미를 확실하게 지닌다. "강하다·딱딱하다"는 의미와 "부드럽다·연약하다"는 의미는 매우 구체적인 의미론적 맥락을 전한다. 그러나 "음·양"은 그러한 일상적 의미를 전하지 않는다. 음양은 일상언어로서도 매우 추상적인 것이며, 기호적인 상징이며, 구체적인 레퍼런스가 없다. 그러니까 고대사상의 발전은 구체적이고 일상적인 의미체계로부터 추상적이고 일반적인 기호체계로 확대되어간 것임을 알 수 있다. 그런데 더욱 놀라운 사실은 "강유"의 어휘조차도 역경에는 나타나지 않는다. 이것은 역경이라는 문헌의 체계는 매우 추상적, 일반화된 심볼리즘만을 고집했다는 것을 알 수 있다. 그런데 이런 문헌비평적인 논의를 심화시켜 들어가면 우리는 너무도 많은 문제들에 봉착하게 되고 최초의 관심사인 역점易占에 관한 탐색이 좌초되고 마는 불행에 떨어지고 만다.

易이라는 글자의 뜻

다시 묻겠다. --과 ━이라는 이 심볼은 과연 무엇을 의미하는가? 역易이라는 것이 변화를 의미한다는 것은 이제 충분히 숙지하였을 것이다. "역"이라는 글자가 갑골문에도, 금문에도 다 나타난다. 그러나 그에 대한 전통적 해석은 별로 신빙성이 없다. "易"은 "日"과 "勿"로 되어있다. 이것이 해와 달을 상징한다고 하여 낮과 밤, 우주의 변화를 나타낸다고 하나, 아래 글씨를 "月"로 보기는 어렵다. 갑골문은 ω 의 형상을 하고 있는데, 그것은 무엇인가 빛줄기가 뻗치는 모양이지 달의 모양은 아니다. 후대의 음양론에 의한 해석일 뿐이다. 또 『설문해자』에는 ׷ 의 형상을 도롱뇽, 도마뱀류의 동물로 해석했다. 동 계열의 동물인 카멜레온chameleon이 환경, 광선, 온도에 따라 피부색을 잘 변화시키기 때문에 변화의 상징으로 카멜레온을 지시한 것이라고 하나, 카멜레온은 아프리카, 중동, 인도 서부에 분포하지만 아시아대륙에는 존재하지 않았다. 하여튼 동물의 상형으로 보기도 어렵다는 결론이다.

역에 태극이 있다(＝변화에 태극이 있다)

「계사」상 11장에 "역유태극易有太極"이라는 유명한 말이 있다. 그런데 덜 떨어진 학인들이 이 문장을 이렇게 해석하곤 한다. 역易을 주어로, 태극太極을 목적어로, 유有를 타동사로 놓고 "역이 태극을 소유한다"라는 식으로 해석하는 것이다. 이렇게 되면 역과 태극이 모두 실체화되고 마는 것이다. 역이라는 실체가 태극이라는 실체를 보유하는 것처럼 생각하는 것이다. 그러나 "역유태극"이라는 말은 원래의 문법적 구조를 따져 해석해도 "역에 태극이 있다"는 의미로 새겨야한다. 즉 "변화 속에 태극이 있을 뿐이다"라는 뜻이 된다.

왕선산은 이 문장을 가리켜, "유有"는 "고유지固有之," "동유지同有之"의 뜻이다라고 했는데, 이는 역하는(변화하는) 우주 속에 원래 태극이 있다는 뜻이요, 또 역과 태극은 따로따로 선후를 가릴 수 있는 실체가 아니라 같이 있는 것(同有之)이다라는 것을 의미한 것이다. 변화하는 시공과 더불어 태극이 있고, 태극이 곧 변화하는 우주 그 전체의 모습이라는 것이다.

빈 것도 끊임없이 움직이는 동태動態

역의 체계를 만든 고대인들은 이러한 변화생성중인 우주의 전모를 간이簡易한 심볼 속에 담으려했다는 것을 알 수 있다. 왕선산王船山, 1619~1692(명말 청초의 유로遺老로서 고염무顧炎武, 황종희黃宗羲와 함께 3대사상가로 꼽히지만 철학사상에서는 단연코 우뚝 선다. 보통 부지夫之라는 이름으로 알려졌고, 선산은 그가 장기간 은거한 석선산石船山을 따라 지은 호이다. 사람들이 그를 존칭하여 "선산선생"이라 불렀다)이 이러한 주제에 관하여 남긴 몇마디 말로써 역에 관한 모든 담론을 다 정리할 수 있다.

"태허太虛란 본래 동하는 것이다. 太虛, 本動者也。"(『주역외전』권6, p.1044).

여기 "태허"라는 것은 장횡거라는 송나라 초기의 사상가가 우주를 가리켜 한 말인데 그 말 그대로의 뜻은 "크게 비었다"는 뜻이다. 우주는 크게 빈 것처럼 보이지만, 그것이 비어있는 정태靜態가 아니라, 끊임없이 움직이는 동태動態라는 것이다. 선산은 또 말한다.

"신유학의 시조라 할 수 있는 주렴계가 태극이 동하여 양을 생한다고 하였는데, 이때 태극 그 자체가 동한다는 것을 명시하고 있다. 이때의 동은 확실한 우주의 움직임이다. 곧 이어서 태극이 정하여 음을 생한다라고 했는데, 이때 정靜한다는 말은 움직이지 않는다는 뜻이 아니라 동의 가능성을 함장한 고요함이란 뜻이다.

우주의 동은 동의 동이지만, 우주의 정 또한 동의 정일 뿐이다. 모든 것이 폐지되어 근본적으로 동이 없는 상태의 정이라고 한다면 어떻게 해서 그런 정으로부터 음이 생겨날 수 있으랴! 한 번 동하면 반드시 한 번 정한다 하는 것은 우주의 기가 열렸다 닫혔다 하는 것을 일컫는 것이다. 닫힘으로 인하여 열림이 있을 수 있는 것이요, 열림으로 인하여 닫힘이 있을 수 있는 것이니 이러한 우주의 닫힘과 열림은 모두 동을 말하는 것이다. 폐연한 무생명의 정이라는 것은 모든 것의 종식이다.

'지극한 정성은 쉼이 없다'라고 했는데, 어찌 천지에 종식이 있을 수 있겠는가! '하늘의 명은 잠시도 쉼이 없다'(『중용』 26장에서 『시경』을 인용한 말)라고 했는데 어찌 정靜이 있을까보냐! 太極動而生陽, 動之動也; 靜而生陰, 動之靜也. 廢然無動而靜, 陰惡從生哉! 一動一靜, 闔闢之謂也. 繇闔而闢, 繇闢而闔, 皆動也. 廢然之靜, 則是息矣. 「至誠無息」, 況天地乎! 「維天之命, 於穆不已」, 何靜之有!"(『사문록思問錄』 내편, p.402).

태극은 건곤의 합찬이다

선산은 또 말한다.

"태극은 건곤의 합찬合撰이요, 음양의 혼합이요, 리기가 함께 온전히 구비된 것이다"(『주역외전』의 사상을 정리한 것).

"태극자건곤지합찬太極者乾坤之合撰"(『외전』권5, p.990), 이 한마디만 이해한다면 『주역』에 대한 모든 논의가 용해되어버리고 만다. 여기서 우선 독자들이 료해해야 하는 사항은 이 "합찬"이라는 말이 비판의 대상으로 삼고 있는 것은, 『주역』을 논한다 하는 자들이 "태극"이라는 것을 음과 양을 뛰어넘는, 다시 말해서 음과 양이 얽혀서 만들어내는 변화의 세계를 초월하여 독자적으로 고립적으로 존재하는 초월자Supernatural Being인 것처럼 생각해왔다는 사실인 것이다. 선산은 이러한 초월을 거부하고 있는 것이다. 선산의 역이해는 역에 대한 정통의 이해이며, 최수운의 인내천사상도 이러한 정통적 이해 방식을 계승한 것이다. 그러나 이러한 문제는 조금 천천히 역에 대한 우리의 생각이 전모를 드러낼 때 다시 논의하는 것이 좋겠다.

자아! 그렇다면 이제 우리는 원래 우리의 질문인 --과 ━이라는 심볼에 대한 의미체계의 규명으로 되돌아가야 한다. --은 무엇이고 ━은 무엇인가? 작대기 하나와 가운데 구멍이 뚫린 이 모양의 심볼리즘은 무엇일까?

파리에 있는 오르세이미술관엘 가보면 사람들의 시선을 많이 끄는 귀스타브 꾸르베Gustave Courbet, 1819~1877의 문제작이 하나 걸려있다(전 미술관품목 인기도 제2위). 꾸르베는 좀 후대의 인상파 화가, 큐비즘 화가들에게 심원한 영향을 끼친 리얼리즘화풍의 작가라고 말할 수 있는데 그의 사실주의는 그림을 통하여 과감한 사회적 메시지를 던졌다는 데 그 파격성과 영향력이 존한다. 그는 파리꼼뮨의 주동적 인물이기도 했다. 문제의 이 작품은 꾸르베가 1866년에, 오스만제국의 외교관 카릴 베이Khalil Bey의 청탁으로 완성한 그림인데, 재미있는 사실은 이 그림을 정신분석학 학자인 자크 라캉Jacques Lacan이 한동안 소장했다는 것이다(미화 $4,285에 구매).

나체 여인의 풍요롭게 벌려진 허벅지를 전면에 부상시키면서 여인의 성기와 복부, 그리고 복부 위에 살짝 덮인 면포 아래로 풍만한 유방, 그리고 발기한 젖꼭지까지 묘사된 이 그림은 어떠한 사진으로도 나타낼 수 없는 여성 성기의 생동하는 모습을 너무도 리얼하게 그려내고 있다. 여성·남성을 떠나 성기 그 자체의 느낌을 온몸으로 표현한 수작 중의 수작이라 아니할 수 없다.

이 그림에 대한 대체적인 사람들의 반응은 모두 이 그림이 포르노냐 아니냐 하는 수준의 논의밖에는 없다. 심지어 이 그림을 비판하여 이것은 송장을 모델로 한 것이라는 등의 악담을 퍼붓는다. 베드의 느낌과 소음순과 클리토리스의 붉게 부풀은 모습, 그리고 돌출한 젖꼭지의 모습은 붉게 상기된 전신의 생명력을 나타내고 있다. 성교로 오르가즘에 도달한 여체의 생명력을 유감없이 표현하고 있는 것이다. 더구나 이 나체의 모델이 된 여인은 친구 화가의 애인으로서 그 이름까지 정확히 알려져 있다.

나는 이 그림을 하바드대학에 입학한 직후의 여름방학 때 파리 오르세이미술관에서 직접 보았다. 1978년 여름, 나는 아내와 단둘이서 40일 동안 22개

도시를 순방하는 매우 피곤하고도 낭만적인 여행을 했다. 그때는 한국인이 오늘과 같이 자유롭게 세상구경을 하러 다닐 수 있는 여건이 갖추어져 있는 시절이 아니었기에 나의 눈에 비치는 모든 광경이 색다른 충격이었다. 그러한 분위기 속에서 옛 기차역을 개조해서 만들었다 하는 이색적인 오르세이 박물관 1층에서 이 작품을 쳐다보는 나의 느낌은 정말 남다른 것이었다.

내가 이 그림을 처음 보았을 때, 충격을 받은 것은 전면적인 여성성기의 모습에 있었던 것이 아니라 이 그림의 제목에 있었다: "*L'Origine du monde, The Origin of the World. 세계의 기원.*"

성기를 세계의 기원, 우주의 기원으로 파악한 꾸르베의 인식체계는 일반인들의 여체인식과는 다르다. 이 제목이 단지 검열을 회피하기 위한 얄팍한 꾀에서 나온 변명이 아니라는 것은 너무도 확실하다. 그가 그린 성sexuality을 주제로 한 그림들의 역사를 일별하여 보면 그는 성에 대한 심오한 인식체계, 당대 서구인의 상식과는 다른 신념을 가지고 있었던 것이 확실하다. 꾸르베의 이러한 그림은 동방철리의 영향이 없이는 생각하기 어렵다. 인상파의 "인상"이라는 것도 당대의 서구적 광학이론만으로 설명할 수 없는 것이다. 인상의 궁극적 의미는 불교의 "색과 공"이라는 인식론적 전제 위에서 생각할 수도 있는 것이고, 또 기철학적 기의 동적動的 세계관에서 해석할 수도 있는 것이다.

인상파 화가들과 동방의 철리

세잔느, 마네, 모네, 피카소 모두 동방의 철리에 직·간접으로 영향을 받았다. 그것은 당대 유럽의 시대정신이었다. 인상파의 그림이 우리에게 감동을 전하는 것은, 그 인상의 점묘가 색즉시공의 색의 허망함을 전하는 데 있는 것이 아니라, 곧바로 근대적 인간과 그 인간이 인식하는 세계의 생동감, 그러니까 전 우주의 생명력을 표현하는 발랄함, 형태의 정교함을 넘어서는 색

채의 질감이 "생생지역生生之易"의 생동감을 전하고 있다는 사실에 있는 것이다. 꾸르베가 표현하고 싶었던 "세계의 기원"의 그 "세계"는 바로 생명의 약동으로 들끓는 세계였던 것이다.

나의 하바드대학의 지도교수이자 논문주심, "보스턴의 성인"이라고까지 불리었던 벤자민 슈왈쯔Benjamin I. Schwartz, 1916~1999는 그의 중국철학사특강 강론 속에서 이와같이 말했다:

"--과 ━이라는 심볼은 그 자체로 남녀 성기를 상징화한 것이라는 것은 너무도 명약관화하다. 구멍과 작대기의 모습은 너무도 직접적이면서도, 아무도 눈치챌 수 없으리만큼 간결하고 간접적이다. 그러한 간이한 상징 하나로 그들이 바라보고 있는 그 세계 전체를 표현하려고 했던 노력 속에 숨어있는 동아시아대륙 고대인들의 사유의 비약, 그 도약에 숨은 우주론의 비밀을 우리는 간과할 수 없다."

변화와 창조, 그리고 느낌(Feeling)

성기를 극사실주의적으로 표현한 꾸르베의 상징성과 두 개의 다른 형태의 심플한 효를 만든 동방고대인의 상징성 사이에는 크나큰 차이가 있다. 꾸르베의 작품에는 상징성이 매우 제약적이다. 그러나 역의 작자들이 창안한 상징체계는 그것이 너무도 간이簡易하기 때문에 그 대응하는 현상은 무궁무진하다. 우선 독자들이 유념해야 할 사실은, 우리가 계속 논의해왔듯이 역은 변화Change라는 뜻이며, 그 변화는 단순한 물리적 변화가 아니라, 생명의 창조를 지향하는 변화이며, 그 변화는 엔트로피의 감소를 초래하는 변화라는 사실이다. 이러한 변화는 새로운 생명의 탄생이며, 이 탄생을 위하여 반드시 필요한 것은 음과 양, 구체적으로 표현하자면 보지와 자지로 대변되는 몸Mom의 체계이다. 생명의 탄생을 위하여 반드시 보지(--)와 자지(━)는 결합되어야 하며, 이 결합을 가능케 하는 것이 양자 사이에서 성립하는 "느끰Feeling"이다. 『주역』은 상경과 하경으로 나뉘는데, 상경은 건괘(☰)로 시작되지만 하경은 택산 함괘(☱☶)로 시작된다. "함咸"이란 "다all"의 뜻이다.

그런데 "함"은 "감感"과 상통한다. 모든 존재가 느끼는 존재라는 뜻이다. 다시 말해서 동방인이 인식하는 세계는 느낌의 우주이며 "나"도 그 광막한 우주 속의 한 느낌의 주체일 뿐이다. 느낌이 없이는 우주를 인식할 수 없다. 역의 세계는 느낌이 얽히는 세계일 뿐이다. 이 느낌의 얽힘이 곧 변화인 것이다. 생명의 변화를 일으키기 위해서는 자지와 보지는 결합되어야 한다. 생명의 탄생을 위하여 양자는 "느낌"을 매개로 하여 서로를 끌어당기고 서로를 수용한다. 변화를 위하여 우리가 요구하는 것은 "다름"이다. "다름"이 있어야 "새로움"이 도입된다. 자지와 자지, 보지와 보지는 느끼지 못한다. 동성연애자들의 느낌은 프렌쉽의 특수형태이지, 창조와 생성의 느낌이 아니다. "다름"의 최소한의 요소가 "둘"이다. "이異"는 "이二"이고, "이二"는 "이異"이다. 이 "다름"의 최소한의 요소가 --과 —인 것이다.

사실적 표현과 기호적 표현

같은 느낌의 우주를 꾸르베는 성기로 표현했지만 고대 역의 작자는 --과 —이라는 매우 단순한 기호로 표현했다. 구체적인 대응성이 사라지게 되는 것이다. 꾸르베의 생성은 인간의 성교Intercourse에 국한되지만, 역의 음양은 천지만물 모두에 적용된다. 그것은 구체적으로 보지 자지의 심볼일 수도 있지만 모든 생명체의 교접을 의미할 뿐 아니라, 우리가 유기체라고 인식하지 않는 비유기체의 세계에까지 음양은 적용되는 것이다. 하늘은 양이고 땅은 음이고, 하늘에서 떨어지는 비는 남자의 정액과도 같고, 땅의 생성은 정액을 받아들이는 여자의 자궁과도 같다. 해가 양인가 하면 달은 음이다. 낮이 양이라면 밤은 음이다. 인간 몸의 장과 부도 음과 양으로 나뉜다. 양지바른 곳이 양인가 하면 항상 그늘이 지는 곳은 음이 된다. 남방이 양인가 하면 북방은 음이 된다.

칸트의 범주론의 문제점

임마누엘 칸트는 후천적으로 받아들이는 감성의 자료와 선험적으로 우리가 가지고 있는 오성의 범주가 결합할 때 우리의 인식이 성립한다는 설을 폈다. 이것이 이른바 영국의 경험주의 전통과 대륙의 합리주의 전통을 종합한 신 테제로서의 칸트철학의 위대성이라고 평가하는 것이다. 그런데 오성의 선험 적 범주를 칸트는 우리 사고의 형식이자 존재의 범주로서 아리스토텔레스가 느슨하게 서술해놓은 10범주를 보다 엄밀한 선험적 순수형식으로 조직하 여, 4강12목(4강은 양quantity, 질quality, 관계relation, 양상modality이고, 각 강에 3개의 판 단형식)의 12범주를 만들어놓았다. 감각의 자료들이 모두 이 선험적 12범주의 조직적 체계를 통하여 판단에 이르게 된다는 것이다.

그런데 이러한 칸트의 구성설의 핵심은 12범주에 있다고 말할 수 있다. 그 러나 인간의 판단이 반드시 12개로 집약되는 선험적 틀에 귀속되어야 한다 는 전제는 터무니없는 오류일 수 있다. 뿐만 아니라 아리스토텔레스로부터 칸트에 이르기까지 이러한 개념적 틀에 내재하는 구획성이 전혀 소통을 거 부한다는 것이다. 다른 범주에 속하는 두 개의 존재는 공통의 성격을 가질 수 없다는 것이다. 칸트 이후의 철학적 대세는 보편적으로 타당하고 폐쇄 적으로 규정된 범주의 체계를 거부하는 방향으로 발전하여왔다. 비트겐슈타 인도 사유의 근원적인 범주는 차라리 말하여질 수 없는 것들에 내재한다고 말한다.

범주론과 음양론, 죽은 세계와 살아있는 세계

내가 이런 잡다한 논의를 펼치는 이유는 칸트가 말하는 12범주는 동방인의 사유체계에 있어서는 음(--)과 양(—)이라는 두 개의 카테고리로 환원될 수 있다는 것이다. 물론 음양론과 칸트의 인식론은 비교하기가 거북할 정도 로 다른 맥락을 지니고 있다. 음양의 인식론은 "나"라는 지극히 주관적인 개체의 통각 속에서 전개되는 인식론이 아니라 우주생성에 참여하는 모든 존재의 조건을 말하는 것이다. 칸트의 인식론이 대상으로 삼고 있는 세계는 꾸르베가 인식하는 세계와도 전혀 다르다. 칸트가 말하는 물 즉 현상세계는 죽은 물리적 세계이다. 고전물리학이 대상으로 하는 인과의 세계일 뿐이다. 순수이성의 한계로써 한계 지워진 세계이다. 따라서 양이니 질이니 관계니 양상이니 하는 실체적 사유로써 구획될 수밖에 없는 무생명적 세계이다. 그 것은 창진적 생성의 세계가 아닌 것이다. 창진적 생명의 우주는 감感(느낌)의 우주이며 그것은 오성의 카테고리를 무화시켜 버리는 자유의 세계이며 생성 Becoming의 세계이다. 카테고리 자체가 끊임없이 변화하는 역의 세계인 것 이다.

2진법의 우주

이렇게 생성을 전제로 할 때 우주의 실상, 즉 역의 실상은 음양이라는 두 개의 카테고리로서 모든 존재를 포섭하게 되는 것이다. 생명의 우주는 음양의 세계일 수밖에 없으며, 음양이 착종되는 합찬合撰의 세계일 수밖에 없다. 음과 양이라는 두 개의 언어(수數)밖에 없기 때문에 이 음양합찬의 세계는 2진법적 세계가 될 수밖에 없는 것이다. 0과 1이라는 두 개의 수로써 무한대에 가 까운 정보를 포섭하는 IC회로의 세계처럼, 주역은 간이한 --과 ━, 오로지 이 두 개의 심볼로서 전 우주를 포섭하게 되는 것이다.

이 책을 쓰게 된 근원적인 동기

지면은 제약되고 할 얘기는 너무 많고 또다시 난해하다고 투덜거리게 되 는 서물의 운명을 반복하지 않기 위해서는 이제 역경의 성립을 간결히 서술 해야 할 것 같다. 내가 이 책을 쓰게 된 동기는 아주 단순한 것이다. 하도 시 대가 어수선하고, 생각의 좌표가 없어지고, 가치기준이 흐려지고, 유튜브의 환경 속에서 거짓정보가 난무하게 되다 보니까 사람들이 갈팡질팡 점占에까 지 의지하게 되는 현상이 횡행하게 되는 것이다. 그러한 아노말리의 시대 분 위기 속에서 역점의 도사라는 사람들이 어리석은 개인을 대상으로 사기를 치는가 하면, 우중을 향해 터무니없는 발언을 일삼고, 심지어 정가政街에까지 마수를 뻗치는 부끄러운 사회현상이 풍미하고 있다.

점占에는 다양한 형태가 있으나 그 중에서도 가장 기나긴 역사를 가지고 있고, 가장 보편적으로 공유되어 만인의 시험과정을 거쳤고, 또 문헌화 되어 있어 합리적 논의의 근거가 있는 『주역』의 점을, 나는 있는 그대로 모든 사람에게 쉽게 해설해줌으로써, 원하는 사람은 누구든지 스스로 역점을 칠 수 있게 해주려고 이 책을 쓸 발심을 하게 된 것이다. 역은 기복의 대상이 아니다. 점이란 본시 자기 스스로 칠 수 있을 때만이 가장 참다운 의미를 지닐 수 있는 것이다.

근원적으로 인간의 운명이나 운세라는 것은 나 존재의 실존의 문제이지, 점으로 해결될 수 있는 것이 아니다. 그럼에도 불구하고 우리가 점을 치게 되는 것은, 나의 지력이나 노력으로 선택의 기로가 열리지 않는 극한상황에서 하느님의 소리를 듣는 것이다. 그런데 하느님의 소리는 결코 점쟁이를 통하여 들리지 않는다. 하느님의 소리는 오직 "나"만이 들을 수 있다. 점을 대행하는 자가 있을 수 있으나, 대행자는 나와 더불어 하느님의 소리를 같이 들을 수 있는 인격과 인품을 지녀야만 하는 것이다.

주역, 연산역, 귀장역

『주례周禮』의「춘관종백春官宗伯」태복太卜조에 "삼역三易"을 논하는데, 역은 본시 주역周易 외로도 연산역連山易, 귀장역歸藏易이 더 있었다고 한다. 연산이란 산봉우리가 다 연결되어 끊어지지 않는 모습이요, 귀장이란 만물의 이치가 모두 그곳으로 돌아가 저장된다는 뜻이다. 연산역은 복희씨가 만들었다 하고 하夏나라의 역이라고 한다. 귀장역은 황제黃帝가 만들었다 하고 은殷나라의 역이라 한다. 이 두 가지 역에 대비하여 주역은 주나라의 역이요, 은나라에서 주나라로 조대가 바뀌는 혁명의 시기에 문왕이 만들었다고 한다.

그래서 「계사」하 7장에는 이런 말이 있다: "역이 흥기한 것은 중고中古의 시대라 해야 할 것이다. 역을 새롭게 작한 사람은 우환 속에서 지은 것이다. 易之興也, 其於中古乎! 作易者, 其有憂患乎!" 여기 "우환"이라는 말은 주역을 이해하고 동방고문명을 이해하는 데 매우 중요한 의미를 지닌다. 주역의 모든 명제는 이 우환과 관련이 있다. 주희는 문왕文王이 유리羑里의 감옥에 갇혀있을 때 역도易道를 부흥시켰다고 주를 달았다.

하여튼 주역이란 주나라의 역이라는 뜻이 되겠지만, 정현鄭玄은 또 "주역"이란 주역에서 말하는 역도야말로 가장 범위가 넓고 보편적인 것이며 갖추지 아니한 것이 없다(周易者, 言易道周普, 无所不備。)라는 의미가 된다라고 해설했다. 그러니까 "주역"은 주나라의 역인 동시에 가장 보편적인 역(두루 주周 자의 어감을 살림)이라는 뜻을 함장한다. 오직 『주역』만이 현존하고 있다.

	이름	조대	지은이	뜻	괘상	전래
삼역 三易	연산 連山	하나라 역 夏	복희 伏羲	산봉우리가 연이었다	간艮으로 시작 64괘 점서방법이 다르다	실전 失傳
	귀장 歸藏	은나라 역 殷	황제 黃帝	만물의 이치가 이곳으로 다 돌아간다	곤坤으로 시작 64괘 점서방법이 다르다	실전 失傳
	주역 周易	주나라 역 周	문왕 文王	가장 보편적이다	건乾으로 시작 64괘 현존하는 점법	현존 現存

팔괘八卦가 만들어지는 과정

자아! 점을 치기 위하여 필요한 최소한의 것은 무엇일까? 우선 점을 치는 산대(산가지: 대를 얇게 발라낸 가지)가 필요할 것이다. 이 산대로 모습을 형성해가는데 이때 만들어가는 모습, 즉 상象이 역의 핵을 형성하는 것이다. 이 모습은

—과 --의 이진법에 의하여 구성되어 나가게 된다. 우선 두 자리를 만들어보면 다음과 같다.

☰ 太陽 태양	☳ 少陰 소음	☱ 少陽 소양	☷ 太陰 태음
— 陽 양		-- 陰 음	

우리 한국인들은 동무 이제마의 사상의학을 통해 태양인, 태음인, 소양인, 소음인 하는 이야기를 많이 들어보았을 것이다. 태양인은 폐대간소肺大肝小한 사람이요, 태음인은 간대폐소肝大肺小한 사람이다. 소양인은 비대신소脾大腎小한 사람이요, 소음인은 신대비소腎大脾小한 사람이다. 장국臟局의 단장短長과 음양陰陽의 태소太少를 결합시켜 인간을 바라보는 새로운 시각의 의학을 만들어낸다는 것, 참 놀라운 우주의 역리易理가 아니겠는가?

이제 세 자리를 만들어보자! 세 자리를 만들면 자연히 8개(2×2×2)의 심볼이 만들어질 것이다.

╲	一	二	三	四	五	六	七	八
八卦 팔괘	☰ 乾 건	☱ 兌 태	☲ 離 리	☳ 震 진	☴ 巽 손	☵ 坎 감	☶ 艮 간	☷ 坤 곤
四象 사상	☰		☱		☲		☷	
兩儀 양의	—				--			

8괘에서 64괘로(8×8)

앞서 인용한 「계사」상 11에 이런 말이 있다: "우주의 변화 속에 태극이 있고, 태극은 곧바로 양의를 생한다. 양의는 곧바로 사상을 생하고, 사상은 곧바로 팔괘를 생한다. 팔괘가 만들어지게 되면 그 단계에서 이미 길흉이 정해진다. 길흉이 정해진다는 것은 대업을 생성한다는 의미이다. 是故易有太極, 是生兩儀, 兩儀生四象, 四象生八卦, 八卦定吉凶, 吉凶生大業。" 한 자리의 심볼을 양의兩儀(양━과 음--)라 하고, 두 자리의 심볼을 사상四象이라 하고, 세 자리의 심볼을 팔괘八卦라 하는 것은 이 「계사」의 언어에서 유래되었을 것이다. 그런데 길흉을 정하는 것으로서 64괘를 말하지 아니하고 8괘를 말한 것은 무슨 뜻일까?

앞의 표에서 다시 계속 한 칸을 양과 음으로 쪼개나가면서 자릿수를 늘려가면 6자리에 이르게 되고, 6효로 구성된 64개의 괘(2×2×2×2×2×2)가 만들어질 것이다. 물론 가장 왼쪽에는 순양으로만 이루어진 건괘(䷀)가 자리잡을 것이고, 가장 오른쪽에는 순음으로만 이루어진 곤괘(䷁)가 자리잡을 것이다.

그런데 이 64개의 괘상을 잘 살펴보면 그것은 세 자리의 팔괘의 모든 경우수가 상하로 중복된 것임을 알 수 있다(8×8=64). 그러니까 64괘를 구성하는 기본단위가 팔괘임을 알 수 있다. 세 자리의 팔괘는 영어로 "트라이그램trigram"이라 하고, 여섯 자리의 64괘는 "헥사그램hexagram"이라 하는데 헥사그램의 정가운데를 분리시키면 아래 트라이그램과 위 트라이그램으로 나뉜다. 아래 트라이그램을 하괘下卦라 하고, 위 트라이그램을 상괘上卦라 한다. 결국 상하로 배열된 팔괘의 모습이 64괘임을 알 수 있다. 그러므로 「계사」에서 "8괘eight trigrams를 생하게 되면, 8괘에서 이미 길흉이 정해진다"라고 말한 것이다. 아마도 괘상이 7자리, 8자리로 늘어나지 않고 6자리에서 머문 이유도 수리적 번잡을 피하기 위함도 있겠지만, 8괘를 단위로 해서 상하로 중복시키는 것이 수리적으로 매우 완정하고 아름다운 구성미를 과시하기 때문

【복희64괘차서지도 伏羲六十四卦次序之圖】

이었을 것이다. 혹자는 역사적으로 8괘가 먼저 성립하고 그 후로 64괘로 팽창된 것이라는 이론을 펴지만 그것은 가당치않다. 주역의 괘상은 처음부터 64괘로 구성된 것이다.

라이프니츠의 이진법과 『주역』

유럽대륙의 합리주의전통의 거봉이라고 말할 수 있는 라이프니츠Gottfried Wilhelm Leibniz, 1646~1716가 근대적 이진법, 즉 바이너리 코드binary code의 근거가 되는 수의 체계를 발명한 계기가 바로 우리가 논의하고 있는 『주역』의 괘상으로부터 출발한 것이라는 역사적 사실은 사계의 정설로서 확정되어 있다. 라이프니츠는 당시 중국에 선교 나가있던 프랑스의 제수이트 신부 요아킴 부베Joachim Bouvet, 1656~1730(중국이름 白晋, 혹은 白進. 존호는 明遠. 1687년 중국에 오다. 강희대제의 환대를 받았고, 역경의 괘상자료를 라이프니츠에게 보낸 것은 1701년이었다. 북경에서 서거)와의 교신을 통해 역경의 도상을 자세하게 소개받았다. 그리고 64괘의 배열과정이 0에서 111111에 이르는 2진법의 숫자체계와 상응한다는 것을 알아차리고, 동방인의 철학적이고도 비주얼한 이진법 수학의 성취는 인류사의 획기적 진보를 의미하는 것이라고 극찬을 마다하지 않았다.

관념적 수리에 있어서는 무한대라는 것이 얼마든지 가능한 것이지만, 어찌하여 역의 작자는 64괘라는 지극히 제한된 자릿수에 천지, 우주를 포섭할 생각을 했을까? 이것은 우리가 당연히 던질 수 있는 질문인 동시에, 이 질문에 대한 정확한 답변이야말로 우리가 역과 점, 그리고 우주와 인생을 깨닫게 되는 열쇠가 되는 것이다.

독자들은 내가 앞서 말한 바, "태극太極은 건곤의 합찬合撰이다"라고 한 말을 기억할 것이다. 태극은 아무것도 없는 공허한 추상체가 아니라 그것 자체가 건과 곤이 합하여져서 만들어지는 생성태라는 것이다. "합찬"의 "찬"은 "만들다," "짓다," "창조한다"는 뜻이다. 이름의 의미로 쓰일 때는, 태극은 건과 곤을 합하여 부르는 이름이다라는 뜻도 된다. 건과 곤이 반드시 동참해야 한다는 것이다. 또 선산은 말한다:"태극이라고 하는 것은 그 큼을 극대화하여 더 이상 없음을 나타내는 말이다. 극極이라는 것은 지극하다는 의미다. 도道가 여기에 이르게 되면 더할 나위가 없음을 말한 것이다. 그러나 태극이라고 하는 것은 실제로는 음양이 혼합된 것일 뿐이다. 太極者, 極其大而無尙之辭。極, 至也。語道至此而盡也。其實陰陽之渾合者而已。"(『내전』p.561).

순양의 건괘와 순음의 곤괘의 무변화성

자아! 다시 한 번 생각해보자! 처음부터 우리는 "역"이 변화Changes를 의미한다는 대전제로부터 출발했다. 그리하여 변화를 위하여 필요한 최소한의 다르면서도 서로를 요구하는 음과 양이라는 기본개념을 도입했다. 즉 변화는 음과 양의 교감에 의하여, 서로가 서로를 요구하고 수용하는 느낌을 통하여 새로운 존재를 탄생시키는 과정Process을 의미했다. 즉 음과 양이 같이 있지 않으면 역易은 존재하지 않는다. 역은 음과 양의 합찬合撰에 의하여, 혼합渾合에 의하여 일어나는 과정이기 때문이다. 다시 말해서 순전한 음과 순전한 양은 역易을 일으키지 않는다. 그런데 64괘를 살펴보면 처음에 실어놓은 두 개의 괘상이 6개의 양효로 이루어진 순양의 건괘(☰)와 6개의 음효로 이루어진 순음의 곤괘(☷)로 되어있다. 그렇다면 이 두 괘는 역(변화)의 조건을 갖추고 있질 않은 것이다. 물론 나머지 62괘는 음과 양이 섞여있기 때문에 역의 자격을 지닌다. 그렇다면 과연 건과 곤, 이것은 무엇을 의미하는가?

서양의 근대성에는 자유만 있고 생명이 없다

이런 난해한 숙제를 해결하기 전에 잠깐 앞서 했던 말을 되짚어볼 필요가 있다. 역은 변화다. 그런데 그 변화는 생명의 창진創進이며, 생생生生의 도道이다. 칸트의 12범주가 대상으로 한 세계는 기본적으로 물리적 세계이며, 시공의 인과율에 의하여 고정된 세계이다. 창진의 세계가 아니다. 물자체Ding-an-sich가 사라진 껍데기의 현상일 뿐이다. 헤겔이 그 물자체를 결국 절대정신의 비커밍Becoming으로 만들었지만 그 비커밍은 생명의 창진적 변화가 아닌, 하느님(기독교적으로 규정된 절대자)의 영광을 드러내는 매우 협애한 목적론적 체계이다. 그리고 그 목적론적 체계는 엄밀하게 규정된 적이 없는 자유 Freiheit라는 개념과 관련되어 있다.

맑스는 헤겔의 비커밍의 변증법을 수용하여 혁명의 이론을 만들었지만, 맑스가 구상한 혁명은 오직 물질의 공정한 분배이며 그를 성취하기 위한 계급투쟁의 이론으로 포장되어 있다. 결국 서양의 근대성에서는 평등이나 자유는 찾아볼 수 있지만 생명이 다 빠져나가 버렸다. 서양의 근대적 가치는 본원적으로 생명을 외면했으며, 생명이 사라진 죽음의 앙상한 세계를 예찬했다.

역의 철학이 부재한 진보는 문명과 자연의 파멸만 초래

계급투쟁이 "생명투쟁"이 아닌 "돈투쟁"이었기에 아이러니칼하게도 근대적 가치는 확산될수록 자본이라는 물신物神의 무제약적인 지배의 횡포를 강화시켰다. 자본의 확대는 풍요를 미끼로 삼지만 궁극적으로 생명의 해체이며 자연의 파멸이다. 공멸의 위기를 감지하면서도 이를 제어할 방법이 없다. 근원적으로 역의 철학이 부재하기 때문이다. 맑스는 자본주의의 필망을 예시했어도 문명의 파멸을 예견하지 못했다. 자본이 문명 그 자체를 포식해 버리고 있는 것이다.

역의 세계에서는 아무것도 고정된 것이 없다. 아무것도 실체화되지 않는다. 태극조차도 실체화될 수 없기 때문에 무극無極(극성極性이 없다: 실체적 제약성이 없다)이라고 한 것이다. 태극이 무극이고, 무극이 곧 태극이다. 태극은 궁극적으로 음양의 혼합이며, 건곤의 합찬이다. 음양의 대응관계도 실체적으로 고정화되는 대응은 존재하지 않는다. 꾸르베의 「세계의 기원」은 실체화된 여성의 성기를 그린 것이 아니다. 즉 그 보지의 그림 속에는 자지가 들어있는 것이다. 다시 말해서 보지는 음이고 자지는 양이라는 실체적 대응은 음양론적 세계관에서는 있을 수 없다. 여성의 클리토리스clitoris는 남성의 페니스와 상동기관homologue이다. 완전히 동일한 기관인데 발생학적 과정에서 신비한 계기를 통하여 다르게 분화되는 것이다. 보지 속에는 자지가 있고, 자지 속에는 보지가 있기 때문에 양자는 서로를 느끼고 결합하고자 하는 것이다. 타의 요소가 전무한 절벽과도 같은 이異의 세계에서는 상감相感이 어렵다.

감과 리, 물과 불의 이중주

팔괘 중에 리離괘(☲)와 감坎괘(☵), 이 두 괘를 예로 들어보자! 리는 불Fire을 상징하는 괘이고, 감은 물Water을 상징하는 괘이다. 불을 상징하는 리(☲)는 당연히 아래·위를 불길(양효)이 둘러싸고 있는 형상을 과시하고 있다. 그러나 중요한 사실은 그 한가운데는 물(음효)이 들어있다는 사실이다. 물이 들어있지 않은 불은 매가리가 없다. 생명력이 없다. 장작도 물기 있는 장작이 상품이다.

자아! 물을 상징하는 감괘(☵)를 보자! 감괘 역시 차가운 음효가 아래·위를 감싸고 있다. 그러나 감괘 역시 그 한가운데는 불(양효)이 들어가 있다. 불이 없는 물은 물이 아니다. 물의 생명력은 물속에 깃들어 있는 불과 관련있다. 중동사막문명권에서 발생한 서양의 종교는 이러한 예지가 없다. 그래서 불길과 같은 성령만을 얘기한다. 사유가 모든 일극一極으로 치우쳐 있는 것이다.

건괘와 곤괘의 얘기를 하기 전에, 역의 괘상을 온전하게 이해하기 위하여 가장 필요한 두 개의 개념을 소개하려 한다. 내가 나의 글 속에서 수없이 "착종錯綜"이라는 말을 썼는데(『노자가 옳았다』, 『동경대전』1·2 속에서도 무수히 사용하였다), 원래 이 말은 국어사전에 나오는 상식적인 언어가 아니라(국립국어원 국어사전에는 "이것저것이 뒤섞여 엉클어짐"으로 되어있다), 본시 주역의 상수학에서 쓰여지는 전문적 술어이다.

착=방통, 종=반대

착錯은 방통旁通이라고 쓰기도 하고, 종綜은 반대反對라고 쓰기도 한다. "방통"은 "옆으로 통한다"라는 뜻이며 이해하기 쉽다. 그런데 "반대"라는 말은 "to oppose," 혹은 "opposite"의 뜻으로 쓰이는 현대 우리말과 혼효되어 그 정확한 뜻을 왜곡하기 쉽다. "반대"의 "반反"은 "반대"의 뜻이 아니라, 아래위로 "뒤집는다"는 뜻이다. 뒤집을 반 자이다. 그리고 "대對"는 "짝을 이룬다"는 뜻이다. 거울을 놓았을 때 상괘(외괘外卦라고도 한다)와 하괘(내괘內卦라고도 한다)가 뒤집힌 모습으로 배열된다. 初·二·三·四·五·上이 아래부터 上·五·四·三·二·初의 모습으로 뒤집혀 나타난다(反對). 현재『주역』의 세 번째 괘인 준괘를 예로 들어보자! 준괘의 방통괘 즉 착의 관계는 음효와 양효가 반대로 되어있는 괘상이 된다. 오늘날 우리말의 반대는 방통괘에 더 잘 들어맞는다. 그리고 준괘의 반대괘 즉 종의 관계는 하괘와 상괘가 미러이미지mirror image로 아래위로 뒤바뀌는 것이다.

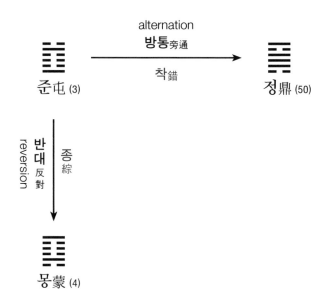

꼭 기억해두자! 착과 종의 관계를!

착錯	alternation	방통旁通	옆으로 음·양이 반대
종綜	reversion	반대反對	아래위로 미러이미지

현행의 순서로 배열되어 있는 64괘를 분석하면, 착만 하고 종하지 않는 괘가 8개 있고(예: 중부中孚☲와 소과小過☵), 착과 종이 동상同象인 괘가 8개 있고(예: 태泰☷와 비否☴), 착이 아닌 종으로만 연결되는 괘가 48개 있다(예: 준屯☵과 몽蒙☶). 물론 종의 관계로 짝지어지는 괘들 상호간에도 착의 관계가 성립하는 것은 얼마든지 있다. 하여튼 괘상의 관계에 있어서 가장 중요한 구조는 착이라고 말할 수 있다. 착 즉 방통의 궁극적 의미는 무엇일까? 착종동상錯綜同象이기는 하지만 가장 잡雜하게 뒤섞여있는 기제와 미제괘를 한번 예로 들어보자!

현행의 순서로 배열되어 있는 64괘를 분석하면

이 두 괘를 차분하게 들여다볼 때, 독자들은 무엇을 느끼게 되는가? 이 두 괘의 괘상을 투명한 종이 위에 그려서 겹쳐놓게 되면 음효의 배경에는 양효가 있게 되고, 양효의 배경에는 음효가 있게 된다. 다시 말해서 음과 양은 은현隱顯의 관계에 있게 된다. 음효 뒤에는 양효가 숨어있고, 양효 뒤에는 음효가 숨어있게 된다. 사실 이 둘을 합한 것을 한 괘라고 생각하면, 이 괘는 12효의 입체적인 괘상을 지니게 될 것이다. 64괘의 어떠한 임의적 괘를 선택해도 이러한 상황은 동일하다. 양이 하나밖에 없는 복復☳괘를 선택해서 착괘를 그려보자!

복
復 (24)

alternation
착錯

구
姤 (44)

건곤병건의 의미

임의의 어떤 괘이든지 착을 하게 되면, 아주 어처구니없이 단순한 논리적 귀결이지만, 그 겹쳐진 12효는 반드시 6개의 음효(--)와 6개의 양(—)을 구비하게 된다. 다시 말해서 순양(양효 6개)의 건괘와 순음(음효 6개)의 곤괘가 모든 방통괘에 들어있다는 것이다. 62괘는 괘 자체 내에서도 음효와 양효가 섞여 있지만, 착의 관계에 있는 괘와 괘 사이에서는 건·곤의 합찬合撰이라는 모습을 드러내게 되는 것이다. 건괘와 곤괘를 제일 머리에 세운 것(건곤수건乾坤首建)은 모든 괘에 건과 곤이 같이 들어가있다는 것, 즉 건곤병건乾坤並建이야말로 모든 변화(역易)의 강종綱宗이라는 것을 나타낸 것이다. 그래서 머리에 건괘만 내세운 것이 아니라 건괘와 곤괘를 같이 세워 음과 양이 균비均備(온전히 갖추어짐)하다는 것을 나타낸 것이다(故方建乾而即建坤, 以見陰陽之均備。故周易首乾坤, 而非首乾也。『외전』p.1097).

건곤병건을 주창한 선산船山 왕부지王夫之는 말한다:

"주역의 전체가 6음6양일 뿐이다. 그 강함과 부드러움이 서로 섞이고 격동하면서 8괘를 이루어내는 원리는 모두 건괘와 곤괘의 순수한 수數에서 말미암지 않은 것이 없다. 8괘가 서로 마탕摩盪하여 64괘가 되는 과정에서 착과 종이 일어난다. 이 착종 속에는 12위의 음양이 갖추어지지 않음이 없다. 갖추어지지 않음이 없으니 순결하지 아니함이 없다. 周易之全體, 六陽六陰

而已矣。其爲剛柔之相摩盪爲八卦者, 无往而不得夫乾坤二純之數也。其爲
八卦之相摩盪爲六十四卦者, 錯之綜之, 而十二位之陰陽亦无不備也。无不
備, 无不純矣。"(『外傳』 p.987).

『역』은 읽으라고 있는 책이 아니다! 독서의 대상이 아님

앞서 말했듯이 나는 지금 이 글을 『주역』의 철리를 파헤치기 위하여 쓰고
있는 것은 아니다. 여러분은 의식하고 있지 못하겠지만, 여러분이 "동방인"
이라고 말할 수 있는 것은 주역 덕분이라고 말해도 크게 잘못된 말이 아니라고
말할 수 있을 정도로, 『역』은 여러분의 삶과 사유를 지배하고 있다. 그만큼
『역』의 철학은 넓고 심오하다. 그만큼 『역』은 우리의 가치관의 기저를 형성
하고 있는 것이다. 내가 지금 그 역리를 다 파헤칠 수도 없고, 또 여러분이 그러
한 상수와 의리의 전모를 다 이해할 필요도 없다. 그 대강을 파악하면 족한
것이요, 그 디테일에 사로잡힐 필요도 없다. 주희는 이런 말을 한 적이 있다.

> "『대학』이니, 『논어』니, 『맹자』니, 『중용』이니 하는 책들은 보통사람들에
> 게 꼭 읽으라고 쓰여진 책이다. 그것은 공부하기 위해서 읽어야만 하는 책
> 이다. 그런 책들은 누구든지 읽기만 하면 배우는 것이 있고, 인격의 변화가
> 생긴다. 사람된 도리를 생각하면 그런 책들은 안 읽고는 못 배기는 것이다.

> 그러나 『역易』은 그렇게 읽으라고 있는 책이 아니다. 『역』은 일반에게 공개
> 된 책이 아니라 고대사회에서 태사太史나 태복太卜에게 소장되었던 책이며
> 길흉을 점치는 데 레퍼런스로 쓰였던 암호와 같은 것이다. 암호는 일반인들
> 이 공부하라고 있는 것이 아니다. 옛 선왕들이 인격자를 만들어가는 교육과
> 정에 존숭된 책들은 시서예악詩書禮樂이었다. 시서예악 속에 『역』은 들어
> 있지 않다. 『논어』와 『맹자』 속에도 『역』에 관한 이야기는 없다. 『역』은 특
> 수한 사람들에 의한 해석의 대상이 되는 문헌이지, 사람을 교육시키기 위한
> 문헌이 아니다.

시서예악이나 사서에 나오는 동식물의 이름은 진짜 사실에 기초한 것이다. 그런 데서 말하는 효제孝悌는 진짜 말 그대로 효제이고, 인仁은 말 그대로 인仁이다. 그러나 『역』에 나오는 '용龍'은 진짜 동물이 아니다. 하나의 상징이다. 그래서 『역』의 문장은 읽기 어렵다. 상식적 언명이 아니기 때문이다. 『역』은 더럽게 읽기 어렵다. 그렇지만 그것은 책됨이 광대실비하고 만리를 포함하여, 그 속에 담기지 아니한 것이 없다. 易最難看. 其爲書也, 廣大悉備, 包涵萬理, 無所不有."(『주자어류』권67. 易三 綱領下「讀易之法」에 쓰여진 내용을 간추려 번역함).

내가 지금 이 책을 쓰고 있는 한 가지 이유는 이 책을 진지하게 독파한 독자들이라면 누구든지 정통적이고도 권위 있는 역점을 칠 수 있게 하기 위한 것이다. 그래서 대한민국의 사람들을 점으로부터 해방시키고, 인품의 깊이를 주고, 인문학의 정수를 깨닫게 하고, 미신과 종교로부터 해탈케 하려 함이다. 그럴려면 우선 『역』이 무엇인가를 알아야 하기 때문에 간결하게 『역』의 성립과정과 그 성격을 약술하고 있는 것이다.

『역』이라는 미신으로부터 해방, 선산의 상수·의리의 종합

역의 성격을 가장 포괄적으로 설명하고 있는 것이 선산의 "건곤병건乾坤並建"론이었기에 그것을 소개한 것이다. 선산은 중화의 나라(명나라)가 망하는 것을 몸소 체험한 사람이다. 그 과정에서 그는 강렬한 반양명학적 사유를 키웠다. 양명좌파로 대변되는 극심한 개인주의·자유주의, 그리고 아이코노클라스틱한 도덕해방론적 해체주의사상이 명대사회의 공공 모랄의 괴멸을 가져왔다고 믿었다. 그것이 국망國亡의 원인이라고 보았다.

임진왜란 때 우리나라에 온 명나라 병사와 장교들 속에는 양명학적 신념을 가진 사람들이 많았다. 사실 그들은 이념배제형의 이기주의적 장수들이 많았기 때문에 제대로 싸우지도 못했다. 임진왜란 때 명나라가 조선에 대군을 파병한 것으로 인하여 명나라가 망했다 해도 과언이 아니다. 임진왜란 종료 46년 만에 명나라는 멸망한다(1644). 왕부지는 그 시절, 명나라 황혼의 시기에 태어났다(만력 47년, 1619년).

선산은 반양명학적 사유의 테제로서 친주자학적 사유를 했다. 그러나 주자의 고전해석을 읽고 또 읽는 과정에서 자신의 현상일원론적 사유와 주자의 과도한 주리론적 편향에 대하여 회의를 느낀다. 그 괴리감을 끝내 극복하지 못한다. 그 사상편력의 근저에 있었던 선산 사유의 핵심은 『역』에 있었다. 37세 때 『주역외전』을 썼고, 67세 때 『주역내전』을 완성했다. 30년의 기나긴 사상역정을 『역』에 바쳤다. 그리고 그 역정의 끝에 도달한 종착지가 장횡거의 『정몽正蒙』이었다. 그가 남긴 명저 『장자정몽주張子正蒙注』는 69세 때 쓴 것이다(강희 26년, 1687: 나의 추론에 의함).

선산은 죽기 전에 자기 묘비에 이와 같은 명銘을 남겼다:

抱劉越石之孤憤, 而命無從致;
希張横渠之正學, 而力不能企。
幸全歸于茲邱, 固銜恤以永世。

유월석(유곤劉琨, 270~318: 서진西晋의 걸출한 정치가. 군사전략가)의 고독한 분노(憤이 忠으로 되어있는 판본도 있다)를 가슴에 품고 살았으나 나의 운명이 나라를 회복하는 데는 이르지 못했고, 장횡거의 바른 학통을 희구했으나 나의 학문의 힘이 그에 미치지 못했다. 다행스럽게도 인생을 명대로 다 살고 이 선산의 언덕에 묻히게 되었나니, 긍휼히 여김을 입에 물고 이 세상을 작별하노라!

건곤병건, 초월적 존재의 거부

왕부지의 역학은 상수학과 의리학을 종합한 역리의 금자탑으로 평가되고 있다. 그 자세한 내막을 독자들이 다 알 필요는 없다. 그러나 그의 "건곤병건"이 소기하는 바의 의미는 독자들이 정확히 새겨둘 필요가 있다. 건곤병건은 역의 전부를 의미한다. 그것은 건곤2괘 이외의 태극이나 무극이 따로 없다는 것이다.

다시 말해서 일체의 초월적 존재자가 있을 수 없다는 것이다. 도道와 기器, 형이상자形而上者와 형이하자形而下者, 기氣와 리理는 모두 건곤병건 속에 포섭되는 것이다. 역은 변화다. 모든 존재는 변화하는 생성의 존재이다. 하느님도 건곤병건의 역을 떠나서 존재하지 않는다. 하느님도 건곤의 합찬 속에 있다. 음양의 혼합, 그 역동적 과정Dynamic Process을 떠난 하느님은 하느님이 아니다.

음과 양의 이진법적 전개가 6자리에서 멈추었다는 것은 각별한 의미가 있다. 그것은 궁극적으로 음과 양, 이기二氣에 의하여 전개되는 코스모스는 제약성을 갖는다는 것을 의미한다. "태극太極"이라는 것은 우주 전체를 의미한다고는 하지만 알고보면 "극極Limit"이라는 한계를 벗어나지 않는다. 기의 세계가 무제약적이라고 한다면 "순환"은 성립하지 않는다. 제약이 있기 때문에 순환하지 않을 수 없고, 순환하기 때문에 생성이 있다.

생생지역生生之易은 순환의 역이다. 직선적 발전의 역이 아니다. 헤겔철학이 모든 현대사상의 반동의 근원이 되었다는 것 자체가 서구사상의 빈곤의 최대원인이다. 헤겔철학은 직선적 발전을 전제로 하며 순환의 혼융을 알지 못한다. 따라서 맑시즘을 포괄하는 모든 현대인의 사유가 결국 기독교의 아포칼립스적인 섭리사관Providence의 천박성을 벗어나지 않는다.

64괘의 한계, 레벤스벨트

64괘의 역의 세계는 천지라는 음양의 이기二氣가 한정된 우주라는 것을 매우 정직하게 표방하고 있다. 천지는 무한하지 않다. 무한하지 않기 때문에 태극(큰 한계, Great Limit)이라고 한 것이다. 무한한 것은 태극 그 자체가 아니라, 태극 내의 음과 양의 교감이며 순환이다. 즉 음효와 양효의 무궁한 착종이다. 64괘 전체는 384개의 효로 이루어져 있다(64 × 6 = 384). 이 효들은 개별적으로 보면 매우 복잡하게 얽혀져 있는 것 같지만, 전체적으로 보면 매우 심플한 구조를 지니고 있다. 384개의 효 중에 음효가 192요, 양효가 192다. 다시 말해서 그 전체에 건과 곤이 병건되어 있는 것이다. 그래서 선산은 "역의 전체가 건곤병건이다"라고 말하는 것이다.

선산은 말한다:

"역 속에 있는 모든 개체는 표면적으로 음양의 6위를 나타내고 있지만 결국 그 전체의 위는 12위라는 것을 알아야 한다. 그 반을 잃어버리면 역은 성립하지 않는다. 그 합찬으로 인하여 통通함을 구하고, 그 전체 몸체를 규찰함으로써 그 덕을 구비하게 된다. 6위 속에 숨어있는 12위를 간파해야 한다.

역이라는 것은 궁극적으로 하늘과 땅의 기의 양을 전제로 하는 것이며 총량으로서의 기는 증감增減이 없는 것이다. 증增이 있다면 그것은 천지외부에서 들어와야 할 것이고, 감減이 있다면 그것은 그 자체로 내부에서 소멸해야 하는 것인데 역에는 그런 증감이 없다. 쾌괘(䷪)와 구괘(䷫)에는 하나의 음밖에는 없고 5개의 양이 설치고 있다. 그러나 5개의 음이 다 사라진 것이 아니다. 그것은 박괘(䷖)와 복괘(䷗)의 5음으로 드러나있는 것이다.

다시 박괘와 복괘에 숨어있는 5양은 쾌괘와 구괘의 5양으로 드러나 있다. 우리는 건의 드러난 모습에서 6양을 보지만 그 이면의 덕으로서 6음을 본다.

곤의 드러난 모습에서 6음을 보지만 그 이면의 덕으로서 6양을 본다. 건에 6음이 없다면 음은 어디서 생겨날 것이며, 곤에 6양이 없다면 양은 어디서 생겨날 것인가? 그러기 때문에 역의 우주에서는 죽음과 삶이라는 것이 없고, 왕래往來만이 있을 뿐이다. 증감이라는 것이 없고 굴신屈伸만 있을 뿐이다. 옴추리는 자는 오직 펼침을 구하여 옴추리는 것이요, 펼치는 자는 오직 옴추림을 구하여 펼치는 것이다. 어찌하여 소멸이 무無로 간다는 것을 의미한단 말인가! 是故有往來而无死生。往者屈也, 來者伸也, 則有屈伸而无增減。屈者固有其屈以求伸, 豈消滅而必无之謂哉!"(『외전』 권6, pp.1054~55. 대의를 축약하여 번역함).

천지가 제한된 양量을 가지고 있다는 이 선산의 역풀이는 대학교시절에 나에게 엄청난 충격을 주었다. 나의 현대물리학적 상식에 어긋났기 때문이다. 그러나 기실 현대물리학적 우주도 그 궁극에 있어서는 한계가 없을 수 없다. 한계가 없다면 "지대무외至大無外"인지라 그 모습을 운운할 수 없을 것이다. 그런데 『역』이 말하는 우주는 그러한 물리학적 우주가 아니라 기본적으로 "삶의 우주," 즉 레벤스벨트Lebenswelt(생활세계)를 의미하는 것이다.

과학의 폭력성

생각해보자! 우리는 "학교를 다닌다"는 비주체적 선택에 의해, 실제적으로 강요된 학교커리큘럼의 과정을 통해 기본교양의 "세뇌"를 거친다. 이 중에서 가장 보편적인 것으로서 가장 안심하고 받아들인 사유행태가 "과학Science"이라는 것이다. 그 어원인 라틴어의 "스키엔티아scientia"는 "앎" 즉 "지식"이라는 뜻이다. 이 스키엔티아는 르네상스 이래 세계를 양화된 것으로 인지하는 지식의 체계이다.

우리 인간세에 일어난 가장 거대한 혁명은 이 스키엔티아라고 불리는 근세 서구의 지식체계에 의해 전 인류가 보편적으로 세뇌되었다는 사실이다. 이

지식은 자연을 수학화한 것이며, 이것은 우리의 상식적 인식의 생활세계 위에 덮어씌워진, 수학적 기호로 만들어진 이념*Idea*의 외피일 뿐이다. 우리는 천체물리학시간을 통해 "지동설"이라는 것을 환경인식의 바른 방법으로서 배운다. 그리고 "천동설"을 말하는 자는 비과학적이고 비근대적이며 교육을 받지 못한 무식한 자로서 천시하게 된다.

천동과 지동, 설명의 방편일 뿐

그러나 이것은 실제로 이념적 왜곡일 뿐이다. 일식, 월식, 달의 변화, 황도의 변화, 행성의 주기 등을 총체적으로 살펴볼 때 지구가 둥글다든가, 지구가 태양 주변을 자전하면서 공전한다는 가설이 보다 설득력 있게 느껴질 수도 있다. 그러나 아무리 그러한 지식을 리얼하게 느낄 수 있는 자라도 일상생활에 있어서 평평한 대지가 있고, 그 대지의 동쪽에서 태양이 떠서 저녁이 되면 대지의 서쪽으로 노을진 지평 속으로 사라진다는 인식체계를 구태여 지동설적으로 계산하고 설명하느라고 애쓰지는 않는다.

천동설이야말로 지구중심적geocentric 사유이고, 지동설이야말로 태양중심적heliocentric 사유이다. 그런데 아무도 태양에 가서 지구를 쳐다본 사람은 없다. 그것은 수학적 가설일 뿐이요, 그러한 가설이 보다 방편적으로 더 많은 사태를 합리적으로 설명한다는 것이다. 우리는 과학이라는 상식common sense 때문에 너무도 많은 삶의 세계를 파괴해왔다. 지동설만으로 세계를 설명한다면, 시도 문학도 위대한 미술도 다 사라진다.

하늘과 땅, 제약된 기의 순환 체계

하늘Heaven은 무한한 공간이 아니라, 실제적으로 대기에 둘러싸인 제약된 체계일 뿐이다. 땅Earth은 무한한 공간에 펼쳐진 무제한의 대지가 아니라 생명으로 충만된 순환의 체계이며, 생명을 탄생시키기 위한 엄마의 자궁과도 같은 곳으로서 오염되어서는 아니 될 제약된 토양과 물의 보고이다. 천지만물은 하늘과 땅이라는 제약된 조건 아래서 순환하는 기 때문에 무한한 생명력을 보지하는 것이다. 주역의 괘에서 제1효와 제2효는 땅을 상징하고 제3효와 제4효는 만물과 사람을 상징하고 제5효와 제6효는 하늘을 상징한다.

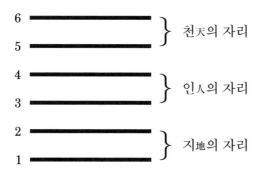

이것을 바로 천・지・인 삼재三才라고 하는 것이다. 동방인의 세계관(우주관)은 바로 이 천・지・인 삼재를 벗어나지 않는다. 다시 말해서 "천지天地"라고 하는 것은 일반명사로서의 "하늘과 땅"을 의미하는 것이 아니라 우리의 "생활세계"를 지칭하는 유니크한 코스몰로지cosmology인 것이다. 천지는 일정한 양量의 제약성을 가지고 있다는 선산의 명쾌한 주장은, 그러한 제약성 때문에 무제약적 순환이 가능하다는 것을 의미하는 것이다. 순환은 관계양상이며, 이 관계양상을 선산은 무수한 방식의 착종관계라고 보는 것이다.

『주역』의 64괘가 미제未濟(䷿)로 끝나는 것도 64괘 그 자체는 제한성을 가지고 있지만 64괘 384효의 서로 얽힘의 순환은 끝날 날이 없다(미제未濟: 영원히 끝나지 않는다는 뜻)는 것을 말하고 있는 것이다. 불(☲)이 물(☵) 위에 있으니 "수강화승水降火升"의 상이라 물과 불이 만날 수 없는 지극히 불안한 모습이다. 끝나지 않기 때문에 새로 시작해야만 하는 도덕적 책임을 지고 영원한 일음일양一陰一陽의 생생지도生生之道에 참여하게 되는 것이다. 선산은 말한다: "역에는 일종一終(한 번 끝남)은 있으나 영종永終(전체가 영원히 끝남)은 없다."서방인의 시간인식은 항상 영종(아포칼립스)을 향해 달려가고 있으니 얼마나 우매한 환상에 매달려 있는 꼴이냐! 64괘의 제약성이 우리가 체험하는 모든 생활세계의 태극이라는 것, 제약이 있기 때문에 영원할 수 있다는 것, 이『주역』의 세계관이야말로 인류가 에콜로지ecology의 이상을 실천하기 위해서는 꼭 받아들여야만 한다는 것을 나는 말하고 싶은 것이다.

나의 문어 선생님

최근에 넷플릭스에 올라간 위대한 영화가 한 편 있다. 2020년작으로『나의 문어 선생님My Octopus Teacher』이라는 제목의 남아프리카공화국의 다큐멘터리 작품인데, 2021년 93회 오스카상(다큐 부분)을 수상하였다. 그 영화에 나오는 제약된 다시마의 숲이 바로 64괘의 세계이다. 그 속에서 문어는 모든 착종의 관계를 지닌다. 문어의 죽음은 미제未濟의 결말을 말해주고 있다. 그것은 죽음이 아닌 영원한 생성순환의 한 고리일 뿐이다. 역에는 생사가 없고 오직 왕래往來(왔다감)가 있을 뿐이라는 선산의 말을 실감하려면, 이 영화가 그리고 있는 문어의 세계를 한번 체험해봄이 마땅할 것이다. 문어가 다리를 펼치며 물고기들과 놀이를 하는 모습이야말로 생명의 착종, 엘랑비탈의 환희가 아니고 무엇이랴!

64괘를 이해하는 데 8괘의 심볼리즘이 중요하다는 것을 숙지하였을 것이다. 8괘에 관하여 약간의 기초적 상식을 설說하려 한다.

8괘에 관한 기초적 상식

우선 독자들이 8괘의 모양을 하나하나 독자적으로 정확히 인지하는 것이 필요하기 때문에 그 모습을 주희가 노래로 만든 것이 있다. 그것을 8괘취상가八卦取象歌라고 하는데 재미가 있다. 주희는 학문을 보편화하고자 하는 열망이 있었던 사람이 분명하다. 나는 사실 이 노래를 대만대학 유학시절에 중국말로 외웠었는데 독자들은 한국말로 외우는 것이 편할 것 같아 우리 독음으로 소개한다.

팔괘취상가八卦取象歌

☰ **건삼련**乾三連(건괘는 3개가 이어진 모습이다)

☷ **곤육단**坤六斷(곤괘는 6개로 끊어진 모습이다)

☳ **진앙우**震仰盂(진괘는 하늘을 바라보는 그릇 모습이다)

☶ **간복완**艮覆盌(간괘는 엎어진 사발 모습이다)

☲ **리중허**離中虛(리괘는 가운데가 비어있는 모습이다)

☵ **감중만**坎中滿(감괘는 가운데가 차있는 모습이다)

☱ **태상결**兌上缺(태괘는 제일 위에 구멍이 있는 모습이다)

☴ **손하단**巽下斷(손괘는 제일 아래가 짤려진 모습이다)

건삼련, 곤육단, 진앙우, 간복완, 리중허, 감중만, 태상결, 손하단, 이것은 늘상 외워서 익혀두는 것이 좋다. 건과 곤, 리와 감은 상착相錯의 모습이고, 진과 간, 태와 손은 상종相綜의 모습이다. 발음에 있어서는 간艮☶(껀gen)과 감坎☵(칸kan)을 혼동하지 말 것을 부탁한다. 나는 중국발음과 한국발음이 뒤섞여 계속 혼선을 일으켰다.

그 다음에 64괘의 차서를 외우게 하는 노래가 하나 있는데 이것도 외워두면 매우 편하다. 단지 현행본『주역』의 64괘 차서는 후대에 고착된 것으로, 오리지날한 어떤 원리에 의하여 설명가능한 체계가 아니다. 2천 년 동안 인류가 이 서열을 설명하느라고 온갖 상수학적 설명을 시도했지만 정설이 없다. 그러나 현재의 차서는 모든 합리적 설명을 거부하는 우연적인 요소를 지니고 있기 때문에 오히려 그 생명력을 지니고 있다고 말할 수 있는 것이다. 경학의 집대성자인 당나라의 공영달孔穎達, 574~648도『주역정의周易正義』(卷第九「周易序卦」第十. 이학근 표점본, p.393)에서 이와같이 말하고 있다.

其先後之次, 其理不見。

64괘가 선후로 늘어선 그 차서를 지배하는 어떤 합리적 원칙 같은 것은 찾아볼 수 없다.

현재 「서괘전序卦傳」이라는 것이 『주역』이라는 문헌 속에 실려있고, 그 역전은 64개의 차서를 설명하려고 노력하고 있지만, 그것은 원리의 탐색이 아니라 기존의 순서를 있는 그대로 놓고 합리화하는 망문생의望文生義요 견강부회에 지나지 않는다고 말하는 것이 대체적인 분위기이다. 그래서 모든 주석가들이 「서괘전」은 『주역』의 정통문헌으로서의 가치가 없다고 말하는데, 나는 그렇게까지 「서괘전」을 비하하지 않는다. 현재의 차서를 정당화시키는 데 크게 공헌했을 뿐 아니라 괘명과 괘명 사이의 의미론적 연결이 일정한 논리적 흐름을 과시하고 있다. 단순한 견강부회는 아니다. 정이천은 「서괘전」을 크게 평가하고 자세한 주석을 가했다.

상하경괘명차서가 上下經卦名次序歌	
乾坤屯蒙需訟師	건곤준몽수송사
比小畜兮履泰否	비소축혜리태비
同人大有謙豫隨	동인대유겸예수
蠱臨觀兮噬嗑賁	고림관혜서합비
剝復无妄大畜頤	박복무망대축이
大過坎離三十備	대과감리삼십비
咸恆遯兮及大壯	함항둔혜급대장
晋與明夷家人睽	진여명이가인규
蹇解損益夫姤萃	건해손익쾌구췌
升困井革鼎震繼	승곤정혁정진계
艮漸歸妹豐旅巽	간점귀매풍려손
兌渙節兮中孚至	태환절혜중부지
小過旣濟兼未濟	소과기제겸미제
是爲下經三十四	시위하경삼십사

8괘의 상징체계

8괘는 상징하는 것들이 있다. 각 괘가 무엇을 상징하는가에 따라 괘의 모습을 보고 어떤 의미있는 다양한 명제들을 지어낼 수 있다. 이 상징체에 대한 설명은 「설괘전說卦傳」(괘의 상징성을 설명하는 전)이라는 문헌에 실려있는데, 「설괘전」 자체가 문헌비평학적으로 매우 복잡한 문헌이고, 현재 11장으로 나뉘어져 있는데 장 사이의 일관성이나 통일성에 관련하여 많은 논란의 여지가 있다. 동학운동이 구현하고 있는 시대정신에 동참한 창조적인 역학자 김일부金一夫, 1826~1898가 『정역正易』을 쓰게 된 것도, 이 「설괘전」의 언어(제3장, 제6장)를 재해석함으로써 이전의 『역』과는 다른 새로운 역의 체계를 정립한 데서 비롯된 것이다. 『정역』은 총 4,623자로 이루어진 매우 짧은 글이지만 주역학의 새로운 지평을 열었고, 그것은 20세기 모든 새종교의 개벽사상에 결정적인 영향을 끼쳤다. 이러한 문제를 세세하게 다 설명할 수는 없다. 단지 상식적으로 활용되고 있는 상징의미를 간략히 논하려 한다.

8괘 상징	乾 ☰ 건	坤 ☷ 곤	震 ☳ 진	巽 ☴ 손	坎 ☵ 감	離 ☲ 리	艮 ☶ 간	兌 ☱ 태
자연 현상	天 하늘	地 땅	雷 우레	風 바람 (木) 나무	水 물 (雨) 비	火 불 (日) 해	山 산	澤 못
인간 상징	父 아버지	母 엄마	長男 장남	長女 장녀	中男 중남	中女 중녀	少男 소남	少女 소녀
팔괘 성정	健 씩씩함 힘 있다	順 순함 따름	動 움직임	入 들어감	陷 위태로움 빠짐	麗 빛남 붙음	止 그침	說 기쁨 만족
동물	馬 말 (龍)	牛 소	龍 용 (馬)	鷄 닭	亥 돼지	雉 꿩	狗 개	羊 양
신체	首 머리	腹 배	足 다리	股 허벅지	耳 귀	目 눈	手 손	口 입
문왕 팔괘방위	西北 서북	西南 서남	東 동	東南 동남	北 북	南 남	東北 동북	西 서
복희 팔괘방위 (소강절 이후)	南 남	北 북	東北 동북	西南 서남	西 서	東 동	西北 서북	東南 동남

자아! 이제 마지막으로 경經과 전傳에 관해 이야기해보자! 경經이란 역易이 점서占書로서 그 웅장한 우주의 결구를 드러낸 최초의 문헌적 근거를 말한다. 그리고 전이란 경의 언어를 부연하여 설명하고 그 근거를 제시하고 또 우주론·인생론적 의미를 설명해놓은 것이다.

경을 구성하는 4기둥

경을 구성하는 것으로 제일 중요한 것은 괘상卦象이다. 즉 64개의 괘의 모습이다. 이 괘만 보아도 이제 우리는 상당한 말을 할 수 있다. 하괘와 상괘의 관계라든가, 하괘와 상괘에 부여된 상징체의 의미만 가지고도 우리는 많은 명제를 지어낼 수 있다. 괘상 그 자체가 이미 의미를 지니는 것이다. 그리고 괘는 그 전체 괘를 지시하는 이름, 즉 괘명이 있을 것이다. 그런데 이 괘명은 역사적으로 유동적이라고 보아야 한다. "유동적"이라는 말은 시대에 따라 약간의 변동이 있을 수 있다는 뜻이다. 마왕퇴무덤 속에서 나온 『백서주역』의 괘이름은 현행본과 같은 것도 있지만(대체적으로 일치한다) 다른 것도 있다. 괘상 전체에 주어지는 판단(단象은 "판단judgement"의 의미이다)의 언어를 "괘사卦辭" 혹은 "단사象辭"라고 한다. 그런데 한 괘는 반드시 6효로 구성되어있다. 6효는 반드시 아래에서 위로 진행된다. 그 효를 부르는 방식은 다음과 같다. 양효는 9라는 숫자로 표기되고, 음효는 6이라는 숫자로 표기된다. 처음 아랫자리는 "초初"라고 하고 마지막 윗자리는 "상上"이라 한다. 그 방식은 다음과 같다.

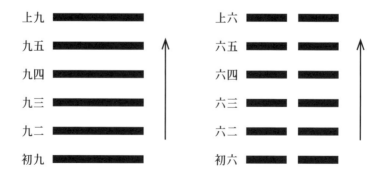

파고다공원 앞의 십자매

우리 어렸을 때는 파고다공원 앞에는 새점을 쳐주는 할아버지가 꼭 있었다. 작은 새장 안에 효사에 해당되는, 판독이 쉬운 메시지를 써서 접은 종이가 새장의 일부공간에 백여 개 정도 차곡히 들어있고, 지금 가치로 돈 천 원 정도의 돈을 내면 할아버지가 칸막이를 연다. 그러면 접힌 종이가 차곡차곡 정갈하게 꽂혀있는 그곳으로 새가 들어가 기맥히게 하나를 부리로 뽑아내어 새장 밖으로 전해준다. 새는 남부에서는 화려한 색깔의 곤줄박이를 썼고, 서울에서는 화려하지 않은 십자매를 썼다. 십자매는 현재 야생종으로서는 존재하지 않는다. 새장에서 사육된다. 십자매Society finch는 훈련이 잘 되는 새라고 한다. 그런데 사실 역점이라는 것이 기본적으로 이 새점과 크게 다를 바 없다. 만약 384개의 효사를 권위있게 해석하여 십자매가 뽑는 종이에 인쇄하여 놓았다고 한다면 역점과 거의 차이가 없을 것이다.

첫째, 새는 인욕과도 같은 사특한 마음에 가리지 않았다. 새는 천심天心 그대로이다. 둘째, 새는 무심하다. 무엇을 뽑을까 망설이지 않는다. 셋째, 그렇다고 기계적으로 활동하지 않는다. 매번 뽑을 때마다 다른 가능성을 찾아낸다. 넷째, 십자매의 선택은 완벽한 우연이다. 우연이기 때문에 점이 될 수 있는 것이다. 점쟁이가 의도를 가지고 사기치는 것과는 전혀 다르다. 다섯째, 새에게 있어서 미래는 무無다. 예기된 것이 아니다. 점 또한 무라는 미래에로 자기를 던지는 것이다.

십자매 종이점과 효사

십자매가 뽑는 종이에 쓰인 언어에 해당되는 것을 역학에서는 "효사爻辭"라고 한다. 효에 매달린 말이라는 뜻이다. 점은 왜 치는가? 간절한 물음이 있을 때 치는 것이다. 즉 점은 물음이다. 누구에게 묻는가? 하느님께 묻는 것이다. 인간이 인간에게 묻고 답을 얻는 것은 대화나 충고와 같은 상식적인 것이다. 그 이상의 것, 즉 상식적 인과를 벗어나는 절대적 타자로부터 답을 얻고 싶을 때 우리는 점을 친다. 그런데 동방의 사유에 있어서 하느님은 초월적 존재자가 아니라 역 속에 내재하는 하느님이다. 역은 64개의 괘상으로서 하느님의 소리를 전한다. 점을 치는 자는 50개의 산대를 활용하여 괘를 구성해낸다. 자신의 물음에 대하여 점이 만나게 해주는 괘상이 일차적인 대답이다.

괘사와 효사

그런데 하나의 괘는 6개의 효로 이루어져 있다. 보통 그 6개의 효 중에서 하나의 효를 만나게 된다. 그 효에 딸려있는 효사가 바로 나의 물음에 대한 대답이다. 지금 내가 말한 이 간단한 프로세스에 동원된 자료가 바로 "역경易經"이라는 것이다. 『주역』이라는 문헌의 코아를 형성하는 것이다. 64개의 괘상卦象이 있고, 그 괘상을 지칭하는 괘명卦名이 있다. 그리고 64개의 각 괘마다 괘상 전체를 포괄적으로 설명하는 괘사卦辭(단사彖辭라고도 한다)라는 것이 있다. 그리고 64괘를 구성하는 384개의 효에 딸린 효사라는 것이 있다. 이것이 역경이라는 문헌의 전부이다.

역경易經			
64개의 괘상 卦象	64개의 괘명 卦名	64개의 괘사 卦辭	384개의 효사 爻辭

역경을 구성하는 문헌이 이 4개가 전부라는 사실을 우리는 명료하게 깨달아야 한다. 그런데 이 4종류의 문헌은 각기 독자적인 역사를 갖는다고 나는 생각한다. 어느 시점에 한 사람의 저자가 일시에 만든 것일 수는 없다. 그래서 보통 이와 같은 말을 한다. 그리고 『주역』을 공부하는 사람들에게 이와 같은 말은 통념으로 받아들여지고 있다.

그 말인즉, 최초로 복희伏羲씨께서 64괘의 전체 괘상을 만드시었다는 것이다. 그 뒤로 수천 년이 지나 문왕께서 주紂임금의 폭정 아래 유리 감옥에서 고초를 겪는 그 수난의 시기에 괘상을 지그시 바라보며 괘사의 언어를 만드시었다. 그리고 문왕의 넷째아들로서 어린 성왕成王을 도와 주나라 문물의 기초를 다진 주공周公이 384개의 효에 효사를 지었다. 그렇게 해서 만들어진 괘상과 괘사와 효사에 대해 사람들이 세 성인의 업적을 충분히 숙지할 수 있도록 공자께서 그것을 해설하는 10개의 전傳을 지었다.

왕부지는 이러한 4성인의 합작을 "사성일규四聖一揆"라고 말한다. 복희, 문왕, 주공, 공자 이 네 성인이 동일한 관점을 지니고 일관되게 합심하여 『주역』이라는 문헌을 탄생시켰다는 뜻이다.

		복희伏羲	64괘상卦象
『주역』의 탄생	사성일규 四聖一揆	문왕文王	64괘사卦辭
		주공周公	384효사爻辭
		공자孔子	십익十翼 역전易傳

과연 전설적인 5제의 최초의 인물인 복희가 64괘상을 만들었을까? 그리고 몇천 년이 지난 후 은나라 말기 혁명의 시기에 문왕이 괘사를 지었을까? 그리고 주나라 인문문명의 패러곤이라고도 말할 수 있는 주공이 효사를 만들었

을까? 과연 자기 입으로 조금만 더 살 수 있다면『역』을 공부할 수 있을 텐데(『논어』7-16)라고 말한 공자가 십익이라는 방대한 문헌을 홀로 다 지었을까?

상식이 있는 사람이라면 이 4성인의 저작설을 액면 그대로 받아들이지 못한다. 그러나 쉽게 부정하지도 못한다. 그 나름대로 합리성이 있는 설명방식이기 때문이다. 우선 이 설명방식은 상象과 사辭들의 역사적 전승이 다 제각기 다르다는 것을 인정하고 있다. 그리고 이것은 동방고대사회의 오랜 세월에 걸친 전승과 지혜, 그리고 역사적 경험이 축적된 결과라는 것을 얘기해주고 있다. 그리고 경과 전은 다른 것이며, 전傳은 공자와 공문의 제자계열에서 성립한 후대의 철학논문들이라는 것을 암시하고 있기 때문이다.

모든 텍스트는 분석과 비평의 대상이다

내가 공연히 또 어려운 주제를 건드리고 있는 것 같은데, 모든 학술적 진리라는 것은 알고보면 쉬운 것이고, 또 간결하게 말할 수 있을수록 좋은 것이다. 그런데 간이하게 말할 수 있으려면 필연적으로 복잡하고 난삽한 문제들을 헤쳐나가는 지난한 과정을 거쳐야 한다. 그러나 우리가 잃지 말아야 할 것은 그 모든 문헌의 궁극적 의미를 물어야 한다는 것이다. 문헌을 권위의 체계로서 수용하는 것이 아니라 비판적 안목으로 모든 문헌을 객체화시켜 분석하는 동시에, 그런 문헌비평적 과정과 함께 철학적 사유를 잃지 말아야 한다는 것이다. 우리나라 한학의 문제는 문헌의 권위에 함몰되어 잡다한 찬사만을 나열하고 그것의 실존적 의미를 묻지 않는 것이다.

상象과 사辭

일례를 들자면, 사성일규四聖一揆의 가설 속에는 상象이 사辭에 선행한다는 확고한 믿음이 들어있다. 즉 복희가 반만 년 전에(복희의 생애를 BC 2953~2838로 보는 설도 있다) 64괘의 상을 만들었고, 그에 대한 설명이 되는 언어는(괘사와 효사) 후대에 문왕과 주공이 그 상에 맞춰 말을 집어넣었다는 것이다. 여기 상象과

말辭은 극적으로 대비되는 성격의 것이다. 여기 상은 경험적 모습이 아니라, 수리를 바탕으로 한 상징체계이며 그것은 현상적인 질서나 경험적 서술이 아닌 필연적인 논리체계이다. 그 자체는 신택스(결구)의 문제이며 세멘틱스(의미론)의 우연이나 낭만이 끼어들 구멍이 없다. 그러니까 그것은 수천 년에 걸쳐 점진적으로 발전된 것은 아니라는 것이다. 이것은 우리의 상식적 추론으로도 쉽게 알 수 있는 것이다. 남녀의 성기를 --과 ━으로 상징화하고(곽말약郭沫若, 1892~1978의 설) 이 음양의 결합에 의해 온 우주현상을 설명할 수 있다고 생각하는 순간에 64괘의 형상은 순식간에 만들어질 수도 있는 것이다. 그것이 수천 년을 걸려야 할 이유가 없다.

64괘의 형상이 수리인 데 반하여 그것을 구성하는 384개의 효에 딸린 효사는 지극히 우연적인 경험명제일 뿐 아니라, 실제로 64괘의 수리적 필연을 궁극적으로 정당화할 수 있는 아무런 근거를 제공하지 못한다. 어느 괘의 어느 효에 "동쪽으로 가면 친구를 잃고, 서쪽으로 가면 여자를 만난다"라는 효사가 붙어있다고 하자! 그런데 또 어떤 사람들은 이러한 효사의 명제들을 『춘추좌씨전』이나 『국어』나 『사기』, 여타 사료에 나오는 역사적 사실을 배경으로 하고 있는 것으로 간주하여 그 상응관계를 규명하는 일에 열불을 올리기도 하지만, 우리가 잊지 말아야 할 것은 『역』은 어디까지나 점서요, 역사서가 아니라는 사실이다.

다시 말해서 효사를 통해 고대사의 비밀(고대사회의 사회상)을 추정한다는 것은 불가능하다고 말하기보다는 어리석은 일이다. 『춘추좌씨전』에 역점의 꽤 많은 사례가 보이기는 하지만, 그것을 『좌전』이 그려내고 있는 시대의 실제 프랙티스로 보는 것은 어불성설이다. 『좌전』 그 자체가 "경經"이 아닌 "전傳"이고, 그 전은 빨라봤댔자 전국초기 이전으로 소급될 수 없다. 그리고 『좌전』의 19사례, 『국어』의 3사례의 점에서 나타난 예언이 모두 백발백중이라는 사실도 그것이 사후事後에 추기追記된 예언이라는 것을 방증하는 것이다.

옛 점법에 관한 참고자료는 될 수 있겠으나 그것이 절대적으로 확고한 고법古法이라는 보장도 없다. 그 점법이 현행 점법에 비해 절대적인 우위를 갖는다는 식의 논의도 무리한 논리에 불과하다. 『좌전』이나 『국어』의 점법이 주희가 정리한 점법을 넘어서는 역동적인 측면이 있다는 것을 지적하는 것으로 족하다. 가장 핵심적인 것은 변효變爻, 변괘變卦의 문제인데, 다산이 『주역사전周易四箋』에서 말하는 "효변爻變"의 방법론도 『좌전』과 『국어』의 용례에 기초하여 개발한 것이다. 다산은 말한다:

"爻者, 變也。不變, 非爻也。"
효라는 것은 변하는 것이다. 변하지 않으면 효가 아니다.

음효를 노음老陰인 6으로 나타내고, 양효를 노양老陽인 9로 나타낸다는 것 자체가 모든 효는 항상 변할 수 있다는 것이다. 다산은 심지어 이와같이 말한다: "6효의 움직임이 각각 하나의 괘를 이루니, 384개의 효는 384개의 괘가 되는 것이다."(『주역사전周易四箋』 권1, 효변표직설爻變表直說). 여러분들은 지금 내가 하고 있는 말을 충분히 실감하지 못할 것이다. 뒤에 점치는 방법을 이야기하면서 본괘本卦와 지괘之卦의 테마가 충분히 설파되면 "지괘"의 역동적 관계양상을 이해할 수 있을 것이다. 그러나 점은 어디까지나 점일 뿐이다. 어떠한 방법으로 점을 치든지간에 그 나름대로의 정당성이 있게되면 점의 결과는 방법론의 우열에 따라 우열이 있지는 않다. 점은 "물음"일 뿐이고, 그 "물음"에 대한 대답을 우리가 얼마나 정확히 이해하느냐에 점의 의의가 확보되는 것이다. 효사 그 자체를 이루고 있는 언어의 이해가 모든 상수학적 관계양상(효변 등)에 우선한다는 것이 나의 입장이다.

괘상, 괘명, 괘사, 효사는 각기 특유한 전승의 결과물

내가 말하고자 하는 것은 괘상의 세계와 괘사·효사의 세계는 전혀 별개의 세계라는 것이다. 서로 융합될 수 있는 원리를 찾을 길이 없다. 그냥 내가 지금

우연히 쳐다보게 된 항恆(䷟ 손하진상巽下震上)괘의 제1효(初六)의 효사를 보자! 거기에는 단지 이렇게만 쓰여져 있다.

浚，恆。貞，凶。无攸利。
준 항 정 흉 무 유 리

여기 핵심적 메시지는 준항浚恆이라는 이 한마디에 있다. 손괘의 제일 밑바닥 음효에 "준, 항"이라니, 이것은 과연 무슨 뜻일까? "준浚"은 우리가 하천을 준설浚渫한다고 할 때 쓰는 글자이므로 "깊게 판다" "밑바닥을 드러낸다"는 뜻이다. "항恆"은 "상常"과 같은 뜻인데, 단전에 "항恆, 구야久也"라고 말하고 있으므로 "오래 지속됨"을 의미할 것이다. "정흉貞凶"은 점을 치게 되면 흉한 결과를 얻는다는 뜻이다. 그것은 그 다음에 나오는 말에 의하여 입증된다: "무유리无攸利"(攸는 바所와 같다). 즉 이득 되는 바 없다는 뜻이다. 그러면 준을 타동사로 하고 항을 목적으로 한다면 이렇게 된다. "항상스러운 진리를 깊게 파고들어가면 흉하게 된다. 이로울 바가 없다."

과연 이게 무슨 뜻일까? 항상스러운 진리를 깊게 연구하는 것이 뭐가 나쁘냐? 그래서 이것을 좀 삐딱하게 해석한다. 정치 선거판에서 겁주는 얘기처럼 해석하는 것이다: "너무 깊게 들어가지 마라! 많은 사람이 다친다. 너도 손해본다. 모두에게 이로울 게 없다." 뭐 이런 식으로 해석하는 것이다.

혹자는 아래 손괘를 부인으로 윗 진괘를 남편으로 본다. 부부관계로 푸는 것이다. 그리고 "준항"을 이렇게 해석한다. "깊게 파는 것을 버릇처럼 한다. 부부간에 성급하게 너무 많은 것을 요구하면 결국 흉하다. 이로울 바 없다. 생활에서 부닥치는 문제는 설렁설렁 넘어가라. 하나하나 깊게 꼬치꼬치 묻지 마라!"

또 혹자는 이렇게 푼다. 사냥꾼이 짐승 잡기 위한 함정을 파는데 너무 깊게 파서 무너지고 해서 짐승을 잡을 수 없게 되었다는 것이다. 그래서 이로울 것이 없다는 것이다.

제임스 레게는 "백성들이 오래 지속되는 것을 너무 깊게 열망한다. The first six, divided shows its subject deeply desirous of long continuance."라고 번역했고, 빌헬름은 이렇게 번역했다: "지속을 너무 성급하게 바라는 것은 계속해서 불행을 초래한다. Seeking duration too hastily brings misfortune persistently."

하여튼 내가 들춰보는 모든 문헌마다 그 해석이 제각각이다. 왜 이런 사태가 벌어졌을까? 결국 어떤 것도 정해正解일 수가 없기 때문이다. 여기 효사 속에 "항恆"이라는 괘명의 글자가 들어가 있는데, 여섯 개의 효 중에서 항이 들어간 것은 初六, 셋째 양효, 다섯째 음효, 上六, 4개의 효이다. 둘째 양효, 넷째 양효에는 "항恆"이라는 글자가 없다. 여섯 개의 효사를 전체적으로 검토해보면 어떤 전통적인 점술용어에 "준항"이라는 술어가 있었고, 그 "준항"이라는 술어에 맞추어 "항恆"이 들어간 문장을 수집했는데 결국 4개밖에는 찾지 못했다, 나머지는 맥락에 따라 얼버무렸다고 추론할 수 있다.

정鼎이라는 손하리상巽下離上의 괘(☲)에는 정鼎Caldron이라는 기물을 나타내는 글자가 6효에 다 들어가 있다. 과연 "정"이라는 괘명이 먼저 정해지고 그에 따라 효사가 만들어진 것일까? 효사에 공통되는 글자를 뽑아 괘명을 삼은 것인가? 이러한 문제는 일률적으로 정답을 낼 수가 없다. 물론 괘명과 여섯 개의 효사가 전혀 관계없는 상황도 있다. 도대체 왜 이런 상황이 있게 된 것일까? 나는 여기서 우리 인간존재, 우리의 인생살이 그 자체의 성격에 관해 반추하게 된다. 효사는 기본적으로 불연속적인 것이다. 어떠한 일관된 원칙을 발견할 수도 없고, 문법이나 해석학의 법칙도 적용될 수 없다.

우리의 삶의 필연과 우연, 상수와 낭만

아마도 효사의 세계는 기나긴 고문명의 삶의 지혜나, 성어成語나 속담, 유명한 사람의 발언, 도덕적 교훈, 전쟁이나 결혼, 제사, 출세 등의 삶의 장면에서 발생하는 점복의 언어 등이 축적되어 불규칙하게 우발적으로 종합된 언어군일 것이다. 아마도 우리 고조선사람들의 삶의 모습도 많이 담겨있을 것이다. 그런데 어느 시점에 64괘가 완성되고 384개의 효사가 필요한 상황에서 그 양자의 랑데뷰가 이루어졌을 것이다. 64괘 384효는 필연의 세계며, 법칙의 세계며, 합리적으로 설명 가능한 관계의 세계이다. 그러나 효사라는 언어言語의 세계는 우연의 세계이며 법칙을 거부하는 낭만의 세계이며, 합리적인 설명이 통하지 않는 비약과 도약의 세계이다. 우리 인생 자체가 이 양면이 없이는 존재할 수 없는 것이다.

나의 존재의 루트를 회고해보면 분명 필연적이고 합리적인 궤적이 있다. 그러나 나의 삶의 순간순간은 모두 우연이라고 말할 수도 있다. 내 발걸음 하나하나가 모두 우연일 수 있고, 무에로의 모험일 수 있다. 『역』의 비밀은 바로 합리적 상수양상에 비합리적 언어가 혼원론적으로 융합되고 있다는 사실에 존存하는 것이 아닐까? "역경易經" 자체가 이미 헤겔과 하이데거를 혼융적으로 초월하고 있는 것이다.

우리의 삶Our Life	
상象Xiang	사辭Ci
괘상卦象Hexagram	효사爻辭Line message
필연Necessity	우연Chance
합리Rationality	비합리Transrationality
과학Science	예술Art
논리Logic	시詩Poem
태극혼원론太極渾元論의 세계The World	

역의 세계에는 "운명"이라는 것이 있을 수 없다. 모든 명命은 끊임없이 변화하고 있기 때문이다. 역은 길흉이나 사건을 단정짓지 않는다. "너는 내일 모레 죽을 것이다," "너는 당선될 것이다"와 같은 단정사가 괘사와 효사에는 없다. 길은 흉으로, 흉은 길로 변할 수 있는 것이다. 효사는 해석의 대상이지 단정의 대상이 아니다. 효는 변일 뿐이다. 끊임없이 변하는 상징체계이며 시時에 따라 새로운 해석이 가능하다. 주희와 같은 대가도 오죽하면 "쮀이난 칸最難看"(제자들과 대화하는 중에 구어체로 한 말인데, "정말 더럽게 해석하기 어렵다"는 뜻이다)이라고 말했을까보냐!

역은 우리의 물음에 단순히 대답하는 것이 아니라, 우리의 물음을 묻는다. 묻고 또 묻고, 끊임없이 되묻는 것이다. 역은 우리의 물음을 묻는다.

이제부터 전傳(=십익)을 이야기하자!

자아! 이제 "경經"의 세계를 넘어 "전傳"의 세계를 약술할 필요가 있다. 실제로 우리가 『주역』을 읽는다든가, 『주역』에 대한 인상을 가지고 있다는 것은 모두 "역경"에 관한 것이라기보다는 "역전"에 관한 것이다. 그만큼 전의 분량이 많고, 경에 대한 이해가 전에 의존하지 않을 수 없게 되어있다. 그리고 실제로도 점으로서의 역이 아닌 학으로서의 역은 이 십익十翼의 전傳의 세계가 쌓아올린 것이다. 이 전 중에서도 「계사繫辭」라는 문장은 동방문명의 정수 중에서도 정수라고 말할 수 있는 것으로, 그 사유의 깊이와 문장 구성의 구조나 운율이나 의미론적 배열이 너무도 아름다워 누구든지 그 매력에 빠지지 않을 수 없다. 유교문명의 금자탑이라고 말할 수 있다. 이 세상에 태어나 「계사」를 한번 제대로 독파하지 못하고 죽는다는 것처럼 억울한 일이 없다는 말을 나는 대만대학의 "통쉬에同學"들한테 여러번 들었다. 그만큼 동방지식사회의 모든 사람들에게 한없는 매력을 뿜어왔다.

이제, 여러분들은 역경의 성격에 관한 충분한 지식을 가지고 있다. 괘상, 괘명, 괘사, 효사가 대강 무엇을 가리키는 것인지를 알고 있다. 결국 십익은 이 4종의 문헌을 부연설명한 것이다. 그런데 이것이 "십익十翼"이라고는 하지만 실제로 현존하는 것은 7종, 즉 7익밖에 되지 않는다. 그래서 억지로 이것을 열 개로 만드느라고 고생한 흔적이 있다. 『한서』「예문지」에도 이렇게 되어 있다:

> 孔氏爲之彖·象·繫辭·文言·序卦之屬十篇。
> 공씨가 단, 상, 계사, 문언, 서괘류의 문헌 10편을 지었다.

언급된 것은 5개에 불과하다. 또 『사기』「공자세가」에는 이렇게 되어있다.

> 孔子晚而喜易, 序彖·繫·象·說卦·文言。讀易, 韋編三絶。曰:
> "假我數年, 若是, 我於易則彬彬矣。"
> 공자는 만년에 심히 『역』을 좋아하였다. 그리하여 단·계·상·설괘·문언을 저술하였다. 그는 『역』을 하도 열심히 읽어서 『역』의 죽간을 이은 가죽끈이 세 번이나 끊어졌다. 그리고 또 이렇게 말하곤 했다: "하느님이 나에게 몇 년이라도 수명을 더 연장시켜 주신다면, 나는 『역』에 있어서 문질빈빈한 경지에 도달할 수 있을 것이다."

여기서도 언급된 것은 단·계·상·설괘·문언 5종뿐이다. 앞에 있는 "서序"는 「서괘전」으로 볼 수 없다. "차례로 지었다"는 의미의 동사이다. 그 유명한 "위편삼절"의 고사도 공자의 『역』공부와 관련 있다. 이 『사기』와 『한서』의 언급만으로도 십익에 관한 무한한 추론이 가능하다. 그러나 정확하게 10종의 문헌이 있지는 않았다는 사실 하나만을 지적해두고 넘어가자! 문헌학적 탐색은 그것만으로도 평생을 다 바쳐 연구해도 모자르리만큼 심오한 세계다.

나는 십익의 문제를 매우 분석적으로 탐색하는 데 많은 관심을 기울였다. 우리나라에는 그런 방면의 학자가 거의 없다. 십익이라는 문헌을 모두 독자적인 단위로 놓고, 그것의 어휘나 문법이나 글자의 용례나 소기하는 바의 목적을 모두 독립적으로, 해부학자가 카데바를 헤치듯이 분석해 들어간 후, 그 유형을 십익 상호간에 대비하여 그 전후를 밝히고 저성著成 연대를 밝혀야 하는 것이다. 이러한 문제를 소개하고 싶은 마음 굴뚝같으나, 너무 디테일하고 또 언어학적, 문헌학적 전문성을 요구하는 문제이므로 과감히 생략하기로 하고, 십익의 외면적 성격만을 거칠게 소개하려 한다.

1) 「단전彖傳」

경의 최초의 중요한 요소는 역시 괘상과 괘상 전체의 의의를 논한 괘사 卦辭일 것이다. 그런데 이 괘사는 매우 간결하고 포괄적인 문장으로 되어 있어 해설을 요구한다. 괘사를 일명 단사彖辭라고도 하는데 "단彖"은 "판단 Judgement"을 의미한다. 『주역정의』에 인용된 말 중에 이런 말이 있다: "단彖은 판단을 의미한다. 한 괘 전체의 의미를 단정짓는다는 말이다. 그래서 괘사를 단이라고 이름 지은 것이다. 彖, 斷也, 斷定一卦之義, 所以名爲彖也." 또 왕필은 『주역약례周易略例』에서 이와같이 말한다: "대저 단이란 무엇인가? 한 괘의 전체를 통론한 것이며 그것이 말미암는 근본을 밝힌 것이다. 夫彖者何也? 統論一卦之體, 明其所由之主."

하여튼 「단전彖傳」이라는 것은 괘사(＝단사)를 전체적으로 부연설명한 것이다. 문장이 길고 풍요로운 내용을 지니고 있으며 또 운을 밟고 있다. 「단전」의 저자에게 주어진 기본정보는 1) 64괘의 괘형 2) 64괘의 괘명 3) 64괘명의 의미체계 4) 괘사(＝단사). 나는 「단전」과 「계사」는 같은 계열의 사상흐름에서 성립한 문헌이라고 본다.

단지 고문에서 "단彖" 한 글자만으로 "괘사"를 지칭할 때도 있어, "단사 彖辭"라고 하면, 괘사를 설명하는 사辭가 되므로, "단사"가 곧 「단전」을 의미하게 된다. 이런 혼동을 막기 위해 「단전」을 「대전大傳」이라고 부르기도 한다. 그러나 보통은 "대전大傳"이라 하면 「계사전繫辭傳」을 가리킨다. 하여튼 괘사를 이해하기 위해서는 「단전」에 의거하지 않을 수 없다. 「단전」은 괘명, 괘사, 괘의卦義를 괘체卦體, 괘덕卦德, 괘상卦象의 각도에서 천명하고 있으며, 「단전」의 설명에 의해 주효主爻를 알 수도 있다.

2) 「상전象傳」

"상전象傳"이라는 이름은 그 문장이 같은 "상왈象曰"(상은 말한다)로 시작되기 때문에 붙은 이름인데, 「단전」 바로 뒤에 오는 상왈의 문장과, 각 효사 밑에 효사를 설명하기 위하여 붙어있는 상왈의 문장은 전혀 성격이 다른 것이다. 전자를 「대상전大象傳」이라 하고, 후자를 「소상전小象傳」이라 하는데, 이 두 전은 하나의 "상전"이라는 이름으로 묶여질 수 없는 매우 이질적인 문헌이다. "대상"은 괘사처럼 괘상 전체를 대상으로 하는 극히 절도 있는 하나의 양식의 문장이며 그것은 64개가 있다. "소상"은 효사를 부연설명하는 문장이며 당연히 384개가 있다. 효사를 이해하는 데 도움을 주기도 하고, 또 방해를 하기도 한다. "상전象傳"이라고 말한다면 대상만을 상전이라 해야 할 것이요, 소상은 상전이라 말할 수 없다. 소상小象 대신 "효사전爻辭傳"이라 말하는 것이 옳다.

「대상전」은 매우 간결한 신택스로 되어있으며 문장이 후대의 다양한 자료나 개념에 오염된 느낌을 주지 않기 때문에 매우 오리지날한 작품으로 본다. 그러니까 십익 중에서도 그 성립연대가 가장 빠른 층대의 문헌으로 보는 것이다. 그러나 기실 그러한 간결한 스타일 때문에 그것이 오리지날한 작품이라고 단정할 수만은 없다. 오히려 그러한 간결성과 정합성은 어떤 특별한 사상가의 독창적 발상에 의한 일관된 작품임을 말해준다고 볼 수도 있다. 하여튼 「대상전」은 10익 중에서도 「계사전」과 함께 가장 존숭되는 문헌으로 꼽힌다. 「대상전」의 저자는 1) 64개의 괘형 2) 64개의 괘명 3) 64개 괘명의 의미, 이 3종의 자료밖에는 가지고 있질 않다. 그에게는 일체 괘사나 효사의 정보가 없는 것이다. 우리가 알고 있는 "자강불식自彊不息"이라는 말이 바로 건괘의 대상전에서 온 것이다.

> **天行, 健。君子以自彊不息。**
>
> 하늘의 움직임은 쉼이 없이 건실하다. 건실하다하여 건괘라고 한다.
> 그래서 군자는 그 상을 본받아(以) 스스로를 강건케 함에 쉼이 없다.

가운데 "이以"라는 글자를 매개로 하여, 그 앞에는 괘상이 표상하는 바 자연철학적 상징체계의 의미를 말하고 "이以" 이후는 "군자君子"를 주어로 하여 도덕철학적 당위명제를 끌어내고 있다. 물론 주어로서 군자만 쓰인 것은 아니다.

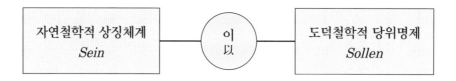

「대상전」의 주어로서는 군자가 53회, 선왕이 6회, 후后가 3회, 대인大人이 1회, 상上이 1회 쓰였다.

소상과 단전은 "강剛과 유柔"라는 언어를 공유하고 있다. 다시 말해서 소상은 단전과 언어의 패러다임을 공유하지만, 대상의 언어와는 관련이 없다. 대상에는 강·유 이런 어휘가 나타나지 않는다. 소상과 대상은 별개의 문헌이며 상象이라는 어떤 주제를 공유하지 않는다.

3) 「문언文言」

"문언"이란 수식하는 아름다운 말이라는 뜻인데, 「문언전」은 건괘와 곤괘에 한정되어 수식되어 있다. 그래서 「건문언」「곤문언」이라고도 한다. 건괘와 곤괘를 중시하는 태도가 「단전」의 문장과도 상통하며 왕선산王船山이 말하는 "건곤병건乾坤並建"의 사유가 확고하게 들어가 있다. 건괘와 곤괘의 괘사, 효사, 그 의미체계에 관한 아름다운 논설이다. 상전과 단전 이후에 성립한 것으로 추정된다.

4) 「계사전繫辭傳」

"계사"는 본시 "매단 말"이라는 뜻이다. "계사"의 고의古義는 효에 매달린 말이라는 뜻이었다. 예로부터 효사를 "계사繫辭"라고도 불렀다(詳言之, 則卦曰象辭, 爻曰繫辭, 截然有不可紊者。吳斗南,『古周易』). 그러니까 「계사전」은 「효사」에 대한 전이라는 뜻이다. 사마천의 「공자세가」에서도 「단象」과 「계繫」가 연속적으로 논의되고 있다. 현존하는 「계사전」 속에도 효사가 인용되고, 그 효사에 즉하여 논리를 펼쳐가는 부분이 있다. 「계사전」은 「단전」 이후, 「문언전」과 거의 동시대에 성립한 문헌으로 간주된다. 「계사전」은 워낙 방대하고 다양한 주제를 담고있는 역리의 보고이기 때문에 여기서 내가 함부로 얘기할 수가 없다.

『주역』이라는 고경의 통시적·공시적 의의를 전면적으로 천발闡發하여 『주역』이라는 경전이 과연 우리 인간들에게 어떠한 의미를 전하고 있는지를 상세히 친절하게 포괄적으로 논구하고 있다. 별칭으로 「대전大傳」이라고도 부른다. 역리에 대한 최고의 창조적 철학체계라 말할 수 있다.『역』이라는 문헌은 「계사전」에 이르러 동방문명을 대변하는 철학체계로 진화할 수 있었다.

5) 「설괘전」

「설괘전」은 64괘의 상은 말하지 않고 오직 건·곤·진·손·감·리·간·태라는 팔괘eight trigrams의 상징체계를 해설하는 매우 특수한 논문이다. 상수학을 하는 사람들에게는 무한한 영감을 주는 전이며 선천·후천의 상수학적 설이 다 「설괘전」의 해석과 관련이 있다. 「대상전」도 이 「설괘전」의 상징체계를 활용하고 있기 때문에 「대상전」의 성립을 상층권으로 잡는다면 「설괘전」의 성립도 같이 상층권으로 올라갈 수 있다. 그러나 분장된 부분에 따라 시대가 다를 수도 있다. 전반부에는 「계사전」과 유사하게 역 전체의 개론을 논하고 있는데, 매우 간결하며 요약된 정보를 전하기 때문에 끊임없는 재해석의 여지를 남긴다.

6)「서괘전序卦傳」

현존하는『역경』체계의 순서와 괘명을 있는 그대로 긍정한 위에서 그 괘명의 의미를 연결시켜 순서의 정당성을 밝히고 있으나, 때때로 유용한 정보도 있지만 대체로 의미론적 연결성이 좀 임의적이라는 느낌을 준다. 현재의 문헌학적 상식에 의거하면, 비교적 후대에 성립한 문헌으로 간주되고 있지만, 「서괘전」을 깊게 이해하면 이해할수록 그 나름대로의 정당성과 가치가 있다고 사료되는 문헌이다.

7)「잡괘전雜卦傳」

64괘의 특색을 한마디의 단출한 개념으로 규정해나가는 매우 특이한 논문이다. 「서괘전」은 64괘의 순서에 관심을 쏟고 있지만, 「잡괘전」은 현행 64괘의 순서를 받아들이지 않고, 성격이 대비되는 괘 둘을 짝으로 삼아, 32개의 페어를 만들어 괘의卦義를 설명하고 있다. 32개의 페어는 착과 종의 관계를 지니고 있다. 「잡괘전」은 간결하지만 상당히 상층대로 올라가는 문헌으로 간주된다. 「잡괘전」의 논리가 그대로 「단전」에 반영되는 측면이 있어, 「잡괘전」의 성립이 「단전」보다 빠르다고 볼 수도 있다.

『주역』이라는 텍스트 전체에 관하여 충분한 이해가 없는 독자들은 나의 십익에 관한 해설을 그렇게 실감나게 받아들이지는 못할 것이다. 그냥 대강만 알아차리는 것으로 족하다. 우리의 논의는『역전』이 아닌『역경』에 집중될 것이다. 경문의 해석을 위하여 불가피하게 여러 전傳의 해설을 참고할 것이다.

십익은 상기한 대로 7종밖에는 없다. 그런데 역경 텍스트가 상・하로 나뉘어져 있기 때문에, 「단전」을 상・하로 나누어 2편으로 간주하고, 「상전」의 경우는, 대상・소상을 합쳐서 하나의 상전으로 만들고 그냥 그것을 상・하로 나누어 2편으로 간주한다. 그리고 「계사전」도 상편·하편으로 나누어 2편으로 간주한다. 그래서 10개의 날개라는 숫자에 맞추었다.

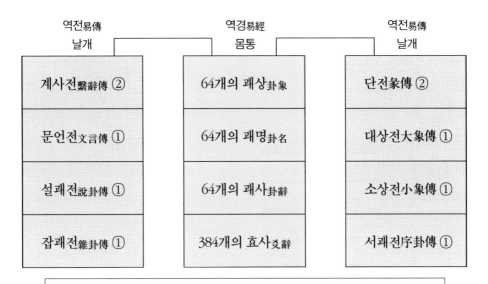

※ 이것을 다 합쳐서 보통 『주역周易』이라 하는 것이다. 나는 「대상」과 「소상」을 하나의 「상전」으로 묶어 상·하로 나누기보다는 「대상전」과 「소상전」은 엄격히 다른 두 개의 문헌으로 보아야 한다고 생각한다.

『역』이라는 텍스트의 기본개념

이제 우리는 점치는 법을 상고詳考해야 하는데, 점을 치기 전에 몇 가지 『역』을 이해하는 데 필요한 기본개념을 알아야 한다.

1) 위位: 6효의 위치. 아래로부터 위로 올라간다. 초初, 이二, 삼三, 사四, 오五, 상上으로 센다. 앞으로 효사의 위를 나타내는 말은 그냥 한자로 쓴다. "九四"를 "구사"라고 써도 어색하고 "94"라고 써도 이상하다. 전달력이 없다. 경전해석의 약속된 기호로서 이해해주면 좋겠다.

위位 또한 끊임없이 유동적이지만 원칙적으로 五가 군君의 위이다. 四는 군을 보좌하는 근신近臣의 위, 三은 四에 비해 군에 가깝지는 않지만 높은 위이다. 二는 위가 높지는 않지만 하괘의 중심이며 五의 군과 의기투합할 수 있는 가능성을 지닌 중요한 포지션이다. 初는 아직 세상에 나가지 않은 사람, 上은 은퇴한 사람이다. 왕필은 초효와 상효에는 득위得位, 실위失位를 논하는 글이 없다고 했다. 초·상효는 일의 종시終始로서 음양의 정해진 자리가 없다고 했다. 즉 초효와 상효는 무위無位의 위위라고 했다(『略例』辯位). 그러나 괘의 성격에 따라 上이 君일 수도 있고, 중요한 위치를 점하는 상황도 있다.

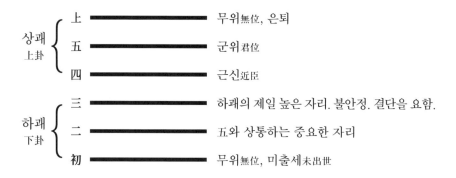

효의 때가 아래에서 위로 올라간다는 것은 그 자체로써 우리 인생의 과정을 말해주는 것이다. 없는 데서 차곡차곡 쌓아올라가는 것이 우리 인생이요, 또 때가 지나면서 자연스럽게 그 사회적 지위는 올라가게 되어있다. 그런데 건괘(☰)의 효사를 보면 알겠지만 초구初九의 잠룡潛龍으로부터 九五의 비룡飛龍에 이르는 과정은 어느 특정인이나 신분의 제약을 전제로 하고 있지 않다. 즉 누구든지 비룡이 될 수 있다는 기회균일의 인간평등관을 전제로 하고 있다. 우리말에 "개천에서 용난다"라든가, "미꾸라지 용된다"라는 말이 바로 『역』의 사상을 표방한 것이다. 『장자』를 펴도 제일 먼저 구만리 장천을 나는 대붕이 나래를 편다. 그러나 이 장대한 새도 명태알 만한 곤鯤이 부화한 것이다. 마이크로와 매크로의 기맥힌 혼융이라 할 수 있다.

주역의 사상은 신분제를 전제로 한 사회에서는 태어날 수 없었다. 그래서

『역』의 탄생을 문왕이 혁명을 일으키는 변혁의 시기, 기존의 체제가 무너지고 새로운 가치가 자리잡는 변變의 시기, 화化의 시기로 잡는 것이다. 「계사」하下 11장의 메시지는 너무도 정곡을 찌르고 있다:

> "『역』이 일어나게 된 것은 은나라 말기의 분위기를 타고 일어난 것이다. 그 시기에 오히려 주나라의 덕은 왕성하게 꽃피고 있었으니 은나라의 쇠망과 대 비를 이루는 변혁의 시기였다. 문왕이 폭군 주紂를 섬기던 시기였다. 그래서 『역』을 구성하는 문자는 우환의식에서 우러나오는 위태로움과 두려움의 감각이 배어있다. 위태로움을 느낄 줄 아는 자는 오히려 평안을 얻을 수 있 지만, 쉽고 태만하게 사태를 바라보는 안일한 자들은 거꾸러지고 만다. 『역』의 언어는 이런 진리를 가르친다. 그 도가 심히 광대하여 여기에 포용되지 않는 사물이 없다. 그러나 『역』은 두려움으로 그 시작과 끝을 삼는다. 그 요체는 변혁의 시기 속에서 패망을 면하게 하려는 것이다. 이것을 일컬어 『역』의 도라고 한다. 『易』之興也, 其當殷之末世, 周之盛德邪? 當文王與紂之事邪? 是故其辭危。危者使平, 易者使傾, 其道甚大, 百物不廢。懼以終始, 其要无 咎。此之謂『易』之道也。"

우리나라 북한 지역 곳곳의 민담에는 명나라의 천자 주원장朱元璋, 1328~1398 이 자기 동네에서 머슴살이 하던 사람인데 중원으로 건너가 개국황제가 되 었다고 한다. 하여튼 이런 시대, 쏘시알 모빌리티social mobility가 극대화된 시대를 배경으로 하여 『역』은 흥興한 것이다. 전설적으로는 문왕의 시대를 말하지만, 학자들은 실제로 동주東周시대(BC 770~BC 256)를 배경으로 하고 있 다고 말한다. 완전히 천민의 자식이었던 순舜이 천자가 되는 이야기도 실제 로 묵자계열에서 성립한 것이라고 고힐강顧頡剛, 1893~1980은 말한다(『고사변古 史辨』).

2) 중中: 육효六爻는 하괘下卦와 상괘上卦로 나뉜다. 하괘는 내괘內卦라고도 하고 상괘는 외괘外卦라고도 한다. 하괘(내괘)의 정중앙은 二고 상괘(외괘)의

정중앙은 五다. 항상 『역』에서는 이 가운데 효가 중요한 것이고 가치론적으로 상위를 점한다. 三과 上은 二와 五보다 높은 자리이지만 二와 五의 "중中"에 미치지 못한다. 유가사상을 꿰뚫는 "중용中庸"의 사상이 바로 이 『역易』의 중사상과 궤를 같이하는 것이다. 『중용』이라는 문헌과 『역』이라는 문헌의 선후를 가리기보다는, 모두 유구한 공통의 시대정신의 발현으로 간주해야 할 것이다. 희랍인들은 "원질(아르케ἀρχή)"을 추구하고 행복(유다이모니아 εὐδαιμονία)을 추구했지만 "중"의 지혜를 알지 못했다. 불교도 공空을 말하고 무無를 말하고 해탈을 말하지만, 일상적 삶 속에서의 중中을 말하지는 못했다. 중이야말로 중원에 영향을 준 고조선의 철학이요, 동방사유의 원점이며, 혼원론渾元論의 극점이다. 요즈음 나의 도반인 명진明盡이 스노우보드에 미쳐 있는데, 스노우보드가 만들어내는 스피디한 공空의 세계 속에서도 중中을 유지해야하는 특별한 수련의 삼매에 빠져있다고 한다.

3) 정正: 기수奇數(홀수)는 양에 속하고 우수偶數(짝수)는 음에 속한다. 그래서 기수의 자리, 즉 初, 三, 五에는 양효가 와야 되고, 우수의 자리, 즉 二, 四, 上에는 음효가 와야 한다. 기수의 자리에 양효가, 우수의 자리에 음효가 오면 "당위當位," 혹은 "득정得正"이라고 말한다. 음위陰位에 양효가 오고, 양위陽位에 음효가 오면 "부정不正," "부당위不當位," 혹은 "실정失正"이라 말한다. 기제(☲☵)는 전효가 득정得正이요, 미제(☵☲)는 전효가 실정失正이다. 그러나 이러한 당위, 부당위는 실제로 절대적인 룰로 지켜지지 않는다. 그것은 길흉을 분별할 수 있는 많은 요소 중의 하나일 뿐이며, 당위, 부당위는 일정한 조건 하에서 그 가능성이 호상 전화轉化될 수 있다. 앞서 왕필이 말한 대로 初와 上에 있어서는 음양의 정위定位가 없으므로 당위當位의 여부를 가릴 수 없다. 사물의 시始와 종終을 상징할 뿐이다.

4) 호체互體: 한유漢儒들은 6효 중에서 初와 上, 양효兩爻를 제거하고 난 중간의 4효, 즉 二, 三, 四, 五를 호체라고 불렀다. 그 중에서 二, 三, 四효를 합성

하여 하괘를 만들고, 三, 四, 五효를 합성하여 상괘를 만든다. 일례를 들면 하감상간下坎上艮의 몽괘(☷)를 예로 들어보자! 그 중에서 二, 三, 四는 진震괘☳가 되며 "하호괘下互卦"를 형성한다. 또 三, 四, 五는 곤坤괘☷가 되며 "상호괘上互卦"를 형성한다. 그러면 그것은 지뢰복復(☷)이 된다. 한 괘 중에 단지 하괘, 상괘만 있는 것이 아니라, 호체의 8괘 두 개를 숨기고 있는 것이다. 이러한 방식으로 『주역』의 괘상은 복잡다변하게 변화한다.

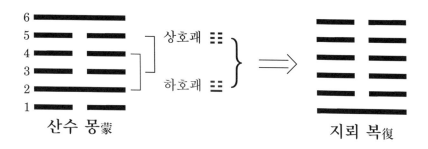

5) 응應: 상괘(외괘)와 하괘(내괘)는 그냥 거저 있는 것이 아니라, 서로 감응하라고 짝지어 있는 것이다. 하괘의 初, 二, 三은 상괘의 四, 五, 上과 서로 감응하라고 인접해있는 것이다. 그러나 함부로 월권하여 감응하는 것이 아니고, 그 감응의 자리가 결정되어 있다. 初는 四와, 二는 五와, 三은 上과 감응하도록 되어있다. 그런데 조건이 있다. 성별이 달라야 한다는 것이다. 음효와 음효, 양효와 양효는 감응하지 않는다. 전효가 감응하는 괘는 다음의 두 괘이다.

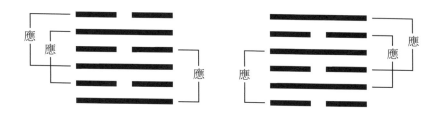

감응하면 "유응有應"이라 말하고, 감응이 없으면 "무응無應"이라 말한다.

6) 비比: 6효에 있어서 이웃하는 두 효의 관계를 "비"라고 말한다. 初와 二,

二와 三, 三과 四, 四와 五, 五와 上 사이는 "서로 비한다"라고 말한다. 이때도 역시 비하는 효가 음효와 양효의 구성이 아니면 감정이 들끓어 오르지 않는다.

7) 승乘과 승承: 서로 이웃하는 효들 사이에서, 위에 있는 효가 아래에 있는 효를 올라탄다(승乘)고 말하고, 아래에 있는 효는 위에 있는 효를 잇는다(승承), 따른다(종從)라고 말한다. 효들의 관계가 복수로 이루어질 때도 있고, 그 상황에 따라 길흉을 다양하게 판단할 수 있다.

8) 길吉, 무구无咎, 회悔, 린吝, 흉凶: 미래의 좋고 나쁨을 논하는 판단의 말들. "길하다"는 것은 좋다는 뜻이다(『설문』: 吉, 善也, 从士口). "무구无咎"는 재난이나 죄과가 없다는 뜻이다. 무구는 길吉만큼 좋지는 않지만, 나쁘지 않다는 의미이다. 회悔와 린吝은 비슷한 정도인데 흉凶만큼 나쁘지는 않다. 회悔는 후회할 일이 생긴다는 뜻이고 린吝은 부끄럽다는 뜻이다. 대체적으로 이런 용어를 너무 과하게 해석할 필요는 없다. 맥락에 따라서 부드럽게 해석하는 것이 옳다. 흉凶은 나쁘다는 뜻이며 구체적으로 화앙禍殃이 있다는 뜻이다. 이외로도 "려厲"가 쓰이는데 위태롭다는 뜻이다. 점이 려하다는 뜻은, 점쳐서 이 효를 얻으면 위태로운 일이 있다는 뜻이다(貞厲, 猶言占厲, 謂筮得此爻有危事也。高亨, 『周易古經通說』).

주희의 『시괘고오』

이 정도만 알아두자! 이제 점치는 법을 소개하겠다. 점치는 법은 역사적으로 매우 많다. 그 근본은 『주역』「계사」에 소개되어 있는데(상, 제9장), 문장이 함축적이고, 난삽한데다가, 생략된 것이 많아 점의 구체적인 과정을 세밀하게 고구하기 어렵다. 그러나 그 나름대로 대강의 원리 같은 것은 밝혀놓았다. 그래서 주희가 그 원리를 부연하고 역사적으로 축적된 관례들의 정당함과 부당함을 가려 그 설시지법揲蓍之法의 세목을 바르게 재구성하였다. 주희는 그 재구성의 과정을 세밀하게 기록하여 『시괘고오蓍卦考誤』(시와 괘의 방법에 있어서 기존의 오류를 고찰하고 정정함)라는 상당히 자세한 장편의 논문을 썼다. 이 논문은 『회암선생 주문공문집晦庵先生朱文公文集』의 잡저雜著 카테고리에 실려있다(권66).

주희는 언제『주역본의』를 썼나?

그것을 읽어보면 주희가 얼마나 생각을 다방면으로 깊게 한 사람인지를 알 수가 있다. 그런데 아쉽게도『시괘고오』는 저술연도를 정확히 알 수 있는 자료가 없다. 주희의 역학에 관한 저술은『고오』외로도 2종이 있다. 이 2종의 저술은 송대역학의 새로운 기준점을 세운 매우 에포칼한 저작이다. 그 하나가『주역본의周易本義』요, 또 하나가『역학계몽易學啓蒙』이다. 『역학계몽』은 서명에서도 알 수 있듯이『역』에 관한 지식을 일반인들에게 계몽시키기 위하여 쓴 개설서이다. 그러니까 쉽게 기초로부터 역의 원리를 써나간 저작이다. 그런데 다행스럽게 이『역학계몽』은 정확한 저성연대가 그 서문 말에 명기되어 있다: "순희淳熙 13년 음력3월."

때는 1186년 음3월이고, 주희 나이 57세였다. 주희는 1130년 복건성 우계尤溪에서 태어나, 1200년 복건성 남평시南平市 건양구建陽區 고정考亭의 창주정사滄州精舍에서 숨을 거두었다. 숨을 거두기 직전까지 그는 책상에 앉아 『대학』「성의誠意」장을 개고改稿하고 있었다. 하여튼 생몰연대가 외우기 쉽다. 그런데『주역본의』에 관해서는 오해가 많았다. 주희의 생애에 관하여 기준이 되는, 권위 있는 왕무횡王懋竑, 1668~1741의 『주자연보朱子年譜』 정유丁酉년(1177년)조에 이렇게 쓰여져 있는 것이다: "周易本義成。『주역본의』이루어지다." 이 해는 주희 나이 48세이고『주역』에 관한 활발한 저작이 이루어질 시기가 아니었다. 이『연보』의 논의에 따르면,『주역본의』의 저작이『역학계몽』보다 9년이나 빠르다.

나는 동경대학 유학시절에 나의 지도교수인 야마노이 유우山井湧, 1920~1990 선생님이 이끄시는『주자연보』세미나에 1년간 참석한 적이 있다(1975년).

한문을 읽는 치열한 방법textual criticism을 이때 배웠다. 선생님의 온후하면서도 엄정하셨던 모습이 떠오른다.

『주역본의』의 기나긴 성립과정

하여튼 나의 결론은 이러하다: "왕씨 『연보』의 정보는 부정확한 것이다." 우리가 보고있는 『주역본의』는 훨씬 뒤늦게 이루어진 것이다. 『주역본의』를 써야겠다고 주희가 발심한 것은 순희 2년(1175년)경으로 보인다. 『문집』에 실린 편지들을 통해 이를 확인할 수 있다. 주희의 주역사상의 주요한 표현인 『태극도설해太極圖說解』가 일단 1173년에 완성된 것을 보면, 그즈음 『역』에 대한 관심이 깊어지면서 정이천의 『역전易傳』의 사상의 장·단점을 자기 나름대로 새롭게 정리해야겠다는 생각이 들었던 것이다.

왕무횡 『연보』의 주장대로 『주역본의』가 일단 1177년(48세)에 이루어졌다고 추론한다 해도 그것은 소략한 초고에 불과한 것이었을 것이다. 주희는 그 후로 자기의 원고가 자기의 손에서 벗어나 타인에 의해 간행된 사건까지 언급하면서, 그것은 자기의 저작으로 세간에 내어놓을 수 있는 작품이 아니라고 개탄한다. 『회암선생주문공문집晦庵先生朱文公文集』, 『속집續集』, 『별집別集』에 수록된 편지들을 통해 그 사연을 알 수 있다.

『문집』권63에 실린 손경보에게 답하는 편지(答孫敬甫)에는 이런 글이 실려 있다: "『주역본의』는 원래 완성되지 않은 원고였다. 그래서 감히 세상에 내어놓을 생각을 하지 못했다. 그런데 근자에 몸이 늙어 쇠약해져서 더 이상 그것을 개고할 생각도 못하겠고, 세상사람들에게 전해야겠다는 생각만 든다. 그러나 내 집에는 이것을 필사할 사람이 없다. 그리고 단지 원고가 하나밖에 없어 멀리 우송할 엄두가 나지 않는다. 누군가 사본을 만들어 인편에 보내줄 수 있기만을 간절히 기다린다. 그렇지만 또 요즈음 위학僞學을 엄금한다는 정치적 분위기 때문에(경원당금慶元黨禁을 지칭함. 도학에 대한 정치적 박해) 대서방을 살 수도 없다. 그래서 마음고생만 하고 있다. 易傳初以未成書, 故不敢出。近覺衰耄, 不能復有所進, 頗欲傳之於人, 而私居無人寫得, 只有一本, 不敢遠寄。俟旦夕抄得, 却附便奉寄。但近緣僞學禁嚴, 不敢從人借書吏, 故頗費力耳。"참으로 대학자의 애절한 사연이다. 이 편지는 1196년경의 작이다. 그러니까 주희는 『주역본의』를 약 20년간 품고 살았던 것이다. 주희의 『주역』에 관한 저술을 시대별로 나열해보면 다음과 같다.

연도	나이	저술명	비고, 점치는 법
건도乾道 9년, 1173년	44세	『태극도설해』 초고 이루어짐	
순희淳熙 2년, 1175년	46세	『주역본의』 발심	
순희 4년, 1177년	48세	『주역본의』 초고 이루어짐	
순희 12년, 1185년	56세	『시괘고오』 저술?	점치는 법 고증
순희 13년, 1186년	57세	『역학계몽』 완성	「명시책明蓍策」 「고변점考變占」
순희 15년, 1188년	59세	『태극도설해』 개정판 완성	
경원慶元 2년, 1196년	67세	『주역본의』 완성	「서의筮儀」

이 표 하나만 보아도 주희라는 대학자가 『역』이라는 문헌을 접근하는 성실하고도 진지한 자세를 엿볼 수 있다. 내가 이 서물을 나열한 이유는 다름 아닌 점치는 법을 규명하기 위한 것이다. 그런데 이러한 주제를 말하기 전에 우리는 주희가 저술한 『주역본의』라는 책의 성격을 알아야 한다.

『주역본의』란 책제목은 무엇을 뜻하는 말인가? 그것은 "『주역』이라는 문헌의 본래의 뜻(본의本義)"을 의미하는 것이다. "본래의 뜻"을 제목으로 내걸었다는 사실은 "비본래적인 뜻"이 전제되어 있었다는 것을 의미한다. 이때 "비본래적인 뜻"은 무엇을 의미하는가? 그것은 『주역』이라는 문헌이 비본래적인 방향으로 잘못 해석되어왔다는 현실에 대한 하나의 프로테스트일 것이다.

주자는 남송의 대학자이다. 그러나 주자가 만들어간 새로운 유학(주자학 Zhuxiism=신유학Neo-Confucianism)은 이미 북송에서 틀이 잡힌 것이다. 북송의 주렴계周濂溪, 1017~1073로부터 새로운 의식을 지닌 학자그룹들이 신선한 학풍의 새로운 유학을 만들었는데, 그 새로운 의식이란 바로 불교라는 외래사상(서역사상)에 대하여 유학을 본래적 중화민족의 토착사상으로 리클레임하려는 것이다. 토착사상의 특징은 일상성과 항상성, 상식성, 비형이상학적인 도덕성에 있었다. 이러한 토착사상으로써 당대의 중국 지성인들이 고도의 인식론과 논리성과 형이상학적 체계, 그리고 허구적 상상력을 구비한 불교철학에 대항한다는 것은 실로 지난한 과제였다. 이것은 유교(동방)라는 테제에 대하여 불교(서방)라는 안티테제를 비아적非我的으로 배제하는 것이 아니라, 그 안티테제를 아我 속으로 끌어들이고 소화시키고 변용시킴으로써, 창조적인 새로운 삶의 도덕형이상학the Moral Metaphysics of Life을 구축하는 작업이었다.

이 지난한 작업에서 탄생한 것이 "리理"라는 새로운 테제였다. 리理는 물론 기氣와 짝지어지는 개념이지만 기는 이미 동방인에게 친숙한 개념이다. 신유학이 신유학일 수 있는 참 이유는 기氣보다는 리理에 있다. 기는 동방우주론의 기본이고, 그것이 일음일양一陰一陽의 변화를 일으키는 우주의 실질實質이라는 생각은 동방인의 사유의 기본바탕이다. 그러나 이러한 기氣의 우주 속에 어떻게 리理의 위상을 정립하는가 하는 문제가 송학宋學의 선하를 이루는 사상가들의 과제상황이었다. 그런데 이러한 이론적 결구를 제공하는 문헌은 『논』『맹』이 아니었다. 물론『맹자』는 심성론의 이론성을 제공하는 고도의 이론적 문헌이기는 하지만, 불교의 형이상학에 대항할 수 있는 유교적 형이상학을 제공하는 문헌은 바로 다름아닌 『역』이었다.

이『역』에 대하여 본격적인 주석을 단 도학자는 정이천程伊川, 1033~1107이었다. 사실 "도학道學"이라는 말을 새로운 운동의 대명사로서 제일 먼저 표방한 사람이 정이천이었고, 정이천의 철학체계에 있어서 도학道學은 실제로 리학理學이었다. 이러한 이천의 주리론적 입장을 계승한 사람이 바로 주희였다. 그러니까 세계관에 있어서 주희는 이천의 충실한 후계자였다. 그러나 이들 양자 사이에 사유의 연속성을 깨버리는 사건이 『주역』이라는 문헌의 해석을 두고 발생하게 된다.

정이천의 역철학

정이천은 왕필이 한대의 상수역학을 비판하여 "득의망상得意忘象"(상이 궁극적으로 소기하는 바는 뜻이기 때문에, 뜻을 얻으면 상의 번쇄함은 내버려도 된다)이라고 한 것을 찬동한다. 송대에도 소강절에서 고개를 쳐든 상수학파의 흐름이 매우 맹렬하게 세를 과시하고 있었다. 정이천은 그러한 상수학의 복합적 세계관이 근원적으로 무의미하다고 생각했다.

심지어 이렇게 말한다: "성인이 「하도」와 「낙서」를 보고서 팔괘를 그렸다는데, 왜 하필 「하도」와 「낙서」인가? 단지 우리 눈앞의 토끼를 보고서도 팔괘를 만들 수 있는 것이 아닐까? 수數라고 하는 것은 사물 속에서 저절로 생겨날 수 있는 것이다. 옛 성인은 신묘한 사물 중에서 가장 드러나는 측면을 취했을 뿐이다. 단순히 나무 같은 것에서도 수를 추상해낼 수 있다. 聖人可見河圖洛書而畵八卦。然何必圖書, 只看此兎, 亦可作八卦, 數便此中可起。古聖人只取神物之至著者耳。只如樹木, 亦可見數。"(『하남정씨유서河南程氏遺書』 권18. 중화서국 이학총서본, p.222).

이천은 왕필의 의리중시는 옳은 것이었지만, 원래의 유학의 도를 보지 못하고 노장의 무無로써 『역』을 해석했다고 비판하면서, 무를 리理로 대체했다. 그리고 상수학파의 수數도 리理로 대체함으로써 그의 형이상학적 역학체계를 수립했다.

이천이 자신의 생애를 통하여 가장 공을 들인 유일한 철학단행본저작인 『정씨역전程氏易傳』(그냥 『역전易傳』이라고도 한다)은 그 제목부터가 시사적이다. 즉 그의 강조점이 경經에 있지 않고 전傳에 있었던 것이다. 또한 상象(모습)에 있지 않고 사辭(말)에 있었던 것이다. 그는 근원적으로 경과 전의 구분을 두지 않는다. 그리고 전의 언어(사辭)로써 경을 해석하는 데 하등의 저항감이 없다. 상수에 빠지면 모순된 이야기들을 부회하게 되고 성명性命을 공담空談하게 되고, 지리멸렬에 빠져 허무하게 된다는 것이다. 그는 말한다: "괘와 효의 사辭를 이해하고도 그 의意에 도달치 못하는 자는 있을 수 있다. 그러나 괘와 효의 사辭에 도달치 아니하고 그 의意에 달통했다고 하는 자는 있을 수 없다. 得于辭不達其意者有矣, 未有不得于辭而能通其意者也。"(「역전서易傳序」).

주희의 반격

그러니까 정이천의 『역』해석은 철저히 『주역』을 구성하는 말의 뜻을 기준으로 하는 것이다. 상수는 철저히 배제된다. 즉 도학적인 역학체계를 수립함으로써 노불老佛을 배격할 수 있는 새로운 유학체계를 만든 것이다. 이에 비하여 주희는 이천을 스승으로 사숙하면서도 상수를 배격한 도학적 역학에 반기를 든다. 그 핵심적 키워드는 "역은 본시 복서지서卜筮之書이다"(易本卜筮之書。『어류』권제66, 『문집』권62에도 있다)라는 이 한마디였다.

여기 "본시 복서지서"라 할 때의 "본本"과 『주역본의周易本義』라 할 때의 "본本"은 동일한 의미이다. "주역본의"는 "복서지서로서의 『주역』의 본래 의미를 밝힘"이라는 뜻이 되는 것이다. 단지 주희가 『역』이 본시 "복서지서"라 규정했다 해서 『역』그 자체, 그 총체적 의미를 점서로 비하시켰다는 의미가 아니다. 주희는 궁극적으로 도학자이고, 도학자라는 것은 의리義理를 주로 삼지 않을 수 없다. "의리"라는 것은 별뜻이 아니고, 단지 우리 상식적 언어를 바탕으로, 그 구조와 의미에 따라 구성되는 학문이라는 뜻이다. 우리 말의 상식적 "의리"와는 출입이 있다. 그러나 주희는 역이 진정한 의리지학이 되려면 그 본래적 의미를 밝혀야 한다고 주장한다. 그 본래적 의미가 바로 복서에서 발생된 언어의 의미라는 것인데, 주희는 이천과 달리 경經과 전傳을 엄격히 구분하고 분리한다. 그가 복서지서라 말한 것은 경에 대한 규정이지 전에 대한 규정이 아니다. 경은 괘와 괘사와 효사로 구성된 초기의 서물형태 이며 이것은 모두 점에 관한 것이다.

그러니까 『역』의 장구한 역사적 발전은, 길흉을 판정하는 오리지날한 경經의 성격에서, 그 투박한 언어를 해석하면서 점으로부터 철학적 함의를 끌어내는 전傳으로 전개된 문명의 진화를 의미하는 것이라고 주희는 간파한다. 주희는 경문經文을 점치는 것을 기록한 전적으로 이해하고, 전문傳文을 후대 사람들이 『역』에 담긴 윤리적 함의, 혹은 철학적 함의를 밝힌 저술이라고 보았다. 길흉을 운위한다는 것 자체가 가치론적 우주인식이며, 거기서 발전된 철학체계는 도덕형이상학일 수밖에 없다. 초월적 절대자인 신God의 존재나 주재를 전제로 하지 않고, 변화의 우주 그 자체로부터 모든 신비를 해석해내는 이론은 지구상의 고대문명에 유례가 없었다. 그것은 동북아시아 고조선의 풍토를 전제로 하지 않으면 이해가 되지 않는다.

경經과 전傳을 나누어 보아라

주희는 경문과 전문을 나누어 볼 것을 계속 강조한다. 경과 전을 하나의 융합된 체계로 보는 시도는 결국 경의 오리지날한 성격을 묵살시키는 결과를 초래할 뿐이다. 공자의 역을 문왕의 역으로 보거나, 문왕의 역을 복희의 역으로 보아서는 아니 된다. 복희의 역은 복희의 역일 뿐이고, 문왕의 역은 문왕의 역일 뿐이고, 주공의 역은 주공의 역일 뿐이고, 공자의 역은 공자의 역일 뿐이다. 그것을 섞어서 하나의 뜻으로 견강부회하는 것은 옳지 못하다.(故學易者, 須將易各自看, 伏羲易, 自作伏羲易看, 是時未有一辭也; 文王易, 自作文王易, 周公易, 自作周公易, 孔子易, 自作孔子易看。必欲牽合作一意看, 不得。『어류』66).

　생각해보라! 복희가 64괘상을 만들었다면, 그때는 괘이름도 없었고, 괘사도 없었고, 효사도 없었다. 일체의 언어가 없는 모양만 달랑 있었을 것이다. 그걸 쳐다보고 뭔 구라를 칠 수 있겠는가? 점서라 해봐야 그 괘상을 쳐다보고, "잘생겼다"든가 "기분 나쁘다"든가 하는 말이 끽일 것이다. 점서는 그렇게 단순한 데서 출발한 것이다. 본래 의리義理가 개입할 하등의 근거가 없었다. 64괘의 모양을 놓고 오늘과 같이 구라를 칠 수 있는 하등의 실마리가 없다. 의리는 소박하고 심플한 괘사, 효사로부터 공자의 『역』전에 이르러 꽃을 피운 것이다. 그러니까 『역』이 본시 점서라는 그 원초적 사실을 망각하고, 의리를 논하는 것은 그 근본이 잘못된 것이다.

　이천이 역에서 번쇄한 상수를 제거하고 텍스트의 의미에 즉하여 역학을 해야 한다고 주장한 것도 매우 근대적 정신의 표방이지만, 그에 반기를 들고 『역』의 본래적 성격을 복서(=점)로 회귀시키는 주희의 사유는 더 근대적인 시대정신이라 말할 수 있다. 주희는 전근대pre-modern가 아니라 초근대trans-modern적 사상가이다. 이것은 사실 주희의 모든 치경治經방법에 공통된 것이다. 『시경』을 도덕적, 제식적, 이념적 운문으로 보는 것이 아니라, 발랄한 풍속의 젊은 남녀의 상열지사相悅之詞(러브 송love song)로 보는 것이다. 국풍國風은 각 나라의 민속가요일 뿐이며, 인간의 감흥의 표현이며, 욕정의 뒷받침이 없으면 나올 수 없는 흥겨움이다. "감물도정感物道情"을 말하고, "음분지시淫奔之詩"를 논하는 그의 시관詩觀은 그의 역관과 일맥상통하는 것이다.

역은 본래 복서지서, 상수학까지도 포용

　그가 "역본복서지서"를 말하는 것은 의리지학을 무시하는 자세가 아니라,

그 오리지날한 원래의 성격에 뿌리를 박음으로써 의리가 정직해지고 진실하고 간결한 체계를 갖추게 된다는 것이다. 그의『주역본의』는 하도, 낙서, 복희8괘차서, 복희8괘방위, 복희64괘차서, 복희64괘방위, 문왕8괘차서, 문왕8괘방위, 괘변도卦變圖로부터 시작하는데, 이는 그가 당대 유행하던 소옹의 선천역학까지 모두 수용하겠다는 자세를 밝힌 것이다. 점과 관련된 모든 상수학의 발전을 배제하지 않는 것이다. 문헌비평적 시각과 주희철학의 본의를 깨닫지 못하는 자들이 앞에 실린 도서, 차서次序, 방위方位, 괘변卦變은 후에 삽입된 것이라고 망언을 일삼으나 그것은 어불성설이요, 주희의 본의를 왜곡하는 것이다.

『역학계몽』의 서문: 상수와 의리의 회통을 표방

『역학계몽』도 하도와 낙서를 그린 본도서本圖書(하도와 낙서의 근본을 밝힘)로 시작하여, 원괘획原卦畫(괘의 획들의 성립과정을 추구함)을 거쳐 시초점으로 들어가는 구도로 되어있는데, 이 모든 것이『역』을 복서로 이해하는 그의 입장을 구조적으로 밝히고 있는 것이다.『역학계몽』의 서에서 그는 이와같이 말한다:

우주의 기氣와 그 수數가 스스로 그러하게 일체 사물의 법法과 상象에 드러나고,「하도」와「낙서」속에서 상징화되니, 그것들은 결국 성인들의 마음 속에서 계시되어 성인들의 손을 빌어 형상화되는 것일 뿐이다. 근세의 학자라고 하는 사람들이『역』을 담론하기를 즐겨 하지만 이러한 상수의 근원을 살피지 않는다. 문의文義에만 고집되어 있는 사람은 지리멸렬하고 산만하며 자기들의 논의의 뿌리를 찾지 못한다. 그러나 또 상수象數만 가지고 떠들어대는 사람들은 억지로 논리를 만들거나 임의적으로 부회를 해대며, 자기들의 논의가 성인의 심사지려心思智慮에서 비롯된 것이라고 신비롭게 위장해버린다. 이러한 양편의 고집스러운 견해들을 나는 모두 병폐라고 여기었다. 그래서 뜻을 같이하는 사람들과 함께 옛부터 내려오는 구두설명들을 성실하게 수집하여 이 네 편의 문장을 지었다. 나의 간절한 소망은 초학자들이

이 두 편파적인 학풍 사이에서 길을 잃지 않기를 바라는 것이다.

特氣數之自然形於法象, 見於圖書者, 有以啓於其心, 而假手焉耳。近世學
者頗喜談易, 而不察乎此。其專於文義者, 旣支離散漫而無所根著; 其涉於
象數者, 又皆牽合傅會, 而或以爲出於聖人心思智慮之所爲也。若是者, 予
竊病焉。因與同志, 頗輯舊聞, 爲書四篇。以示初學, 使毋疑於其說云。

주희는 의리에 대항하여 상수의 근원을 리클레임하려는 것이 아니라, 한 대로부터 내려오는 의리지학과 상수지학의 양대 전통을 본질적으로 회통시키려고 노력하고 있는 것이다. 이는 칸트가 영국경험론의 전통(내용)과 대륙합리론의 전통(형식)을 종합하여 새로운 구성설을 제시한 것이나 비견될 수 있는 동아시아 사상계의 거획巨劃이다.

주희의『태극도설해』

내가 지금 이런 말을 하고있는 것은 주희가 역점에 관심을 가지고 점을 치는 방법까지 재구하게 되는 그 사상적 배경을 밝힘으로써 그의「서의筮儀」(점을 치는 의례, 방법)가 탄생되는 필연적 과정을 말하려는 것이다. 근세 신유학, 즉 송나라의 도학道學의 탄생의 남상이라 할 수 있는 주렴계의『태극도설太極圖說』에 주희가 주석의 눈독을 들이게 되는 것은,『도설』이야말로 신유학의 흐름을 결정한 최초의 이론적 스트럭쳐이기 때문에 그것이 잘못 해석되면 전체 흐름의 구도가 삐딱하게 일그러진다는 문제의식이 있었기 때문이었다.

그는 44세 때『태극도설해』를 썼고, 50세 때 중간수정을 거쳐 59세 때 그『해』를 완성한다. 이것만 해도 약 15년의 세월 동안 품에 안고 계속 수개修改했던 것이다.『태극도설』자체가『역』에 대한 생각이 무르익지 않고서는 해석할 수 없는 텍스트였다. "주렴계가 무극이태극無極而太極이라 말했는데, 이 것을 가지고 사람들이 태극과 무극을 두 개의 실체로 보는 어리석은 주석을 달고 있으나 기실 태극 이외로 무극이라는 것이 또 존재하는 것은 아니다. 無極而太極。非太極之外, 復有無極也。"라는 말로 시작되는『해』는, 태극을 무극의 경지로 끌어올리지 않고 일음일양의 도道에 참여시키면서도 리理로서의 독자성을 부여하는 오묘한 줄타기를 하고 있다. 내가 말하는 혼원론渾元論적 사유를 전개하고 있는 것이다.

그리고 말한다: "성인이『역』을 지은 것은 그 대의가 여기서 벗어나지 않는다. 聖人作易, 其大義蓋不出於此。" "여기"는 『태극도설』이 말하고 있는, 무극, 태극, 동정, 음양, 오행 등의 관계양상을 가리키고 있는 것이다. 그러니까 그가 『태극도설해』를 썼을 때는 이미『역』에 대한 생각이 무르익고 있었다. 2년 후(46세) 그는『주역본의』를 쓸 발심을 한다. 그리고『연보』에 의하면 또 2년 후(48세)에『주역본의』의 초고가 이루어졌다. 그리고 또 2년 후(50세)에『태극도설해』를 수정한다.

57세 때 역학의 개설서인『역학계몽』을 완성한다.『역학계몽』을 완성하기 전에 그는 이미『시괘고오』를 썼다.『시괘고오』라는 논문은 당대에까지 전해내려오는 점치는 방법을 비판적으로 검토하면서 점치는 방법의 바른길을 밝혀나간 글이다. 나는 이 글은『역학계몽』이 이루어지기 전 해에 완성되었다고 비정한다.『역학계몽』은 4권으로 이루어져 있는데, 제3권 속에 들어있는「명시책明蓍策」과 제4권에 들어있는「고변점考變占」은 점치는 방법, 괘효사를 보는 법에 관한 매우 자세한 기술이다.

「주역오찬」이라는 다섯 개의 논문

그리고 마지막으로 67세 때,『주역본의』가 완성되는데, 이『주역본의』의 말미에「주역오찬周易五贊」이라는 다섯 개의 논문을 실었다. 이것은 4자로 끊어지는 노래, 즉 찬가라 할 수 있는 것이다. 매우 짤막하면서도 함축적인 글이다: 1) **원상原象**: 상을 추구함 2) **술지述旨**:『역』을 짓게 된 동기를 서술함. 3) **명서明筮**: 점치는 방법을 밝힘. 4) **계류稽類**: 상象의 분류를 계고함. 5) **경학警學**:『역』을 배우는 자세를 경계함.

원래 이「주역오찬」은『역학계몽』뒤에 붙어있던 것이라고 한다. 이 사실은『문집』에 실려있는 몇 개의 편지에 의하여 확인할 수 있는데, 그것이 언제『주역본의』로 편입되었는지는 알 수 없다.『주역본의』의 완성이 통상 생각하는 것보다, 주희 생애에 있어서 늦게 이루어진 것이므로 나중에『본의』를 편찬하면서 그렇게 된 것 같다. 이 5개의 논문 중, "명서"는 이미 점치는 법에 관하여 포괄적인 논의를 하고 있다.

주희의 점법이 요약된「서의」라는 논문

주희가 점법에 관하여 쓴 가장 쉽고 친절하고 자세하고 명료하게 쓴 논문이「서의筮儀」라는 제목으로 세계서국판『역본의』의 앞쪽에 실려있는데, 이것은 본시『주역본의』의 맨 뒤쪽, 그러니까「주역오찬」뒤에 실려있던 것이다(현재 상해고적출판사·안휘교육출판사판『주자전서』에는 본래의 모습대로 실려있다).

혹자는 이「서의」가 후대의 사람이 끼워넣은 것이라고, 무책임한 발언을 하는데 이「서의」야말로 주자가 평생을 걸려「계사」의 원의를 존중해가면서 재구성한 소중한 문헌임을 알아야 한다. 그리고 주자의 서법이 불완전한 것이라 말하며 20세기 중국학자 고형高亨, 1900~1986(길림 쌍양인雙陽人, 북경대학에서 수업. 제로대학齊魯大學, 산동대학山東大學 교수 역임)이 새로 고안한 점법을 극찬하는데, 그것은 주자의 서법을 보완하는 변괘, 변효의 한 방편일 수는 있으나 대단히 획기적인 신설新說인 것처럼 찬양할 가치는 없다. 변괘, 변효의 문제는 중요한 문제이나, 이미 우리나라의 다산도 사전四箋의 방법을 통하여 포괄적으로 설진說盡한 것이다.

그리고 고형의 학문 방법론이『주역』의 해석에 있어서, 상투적으로「단전」이나「소상전」의 안일한 풀이에 의존하지 않고, 경문을 춘추점서역이나 기타 고전의 역사기록 혹은 문자학이나 성운학적 고증의 성과를 활용하여 경문 그 자체로서 엄밀하게 해석하려는 박학樸學적 태도를 견지하는 것은 매우 존경할 만한 석학의 태도를 지니고 있다고 할 것이다. 그러나 그는 철학적 사유가 빈곤하다. 인식론이 결여되어 있고 세계관의 정합적인 전개가 바탕을 이루지 못하고 있다. 따라서 문헌의 맹신에 빠지거나 특수한 사례를 과도하게 일반화하는 오류를 범한다.

『좌전』이나 『국어』에 남아있는 『역』의 텍스트나 점의 방법이 오늘 우리가 바라보는 텍스트나 그 해석보다 상위의 절대적 가치를 지닌다는 생각은 『역』이라는 문헌의 통시적, 공시적 착종관계의 전체적 양상을 파악하지 못한 성급한 견해이다. 역점에 관한 하나의 프로토타입을 제공하고 있을 뿐이다. 그리고 『좌전』이라는 문헌 그 자체에 대한 텍스트비평이 선행되어야 할 것이다. 그리고 『역』을 대함에 있어서, 효사의 명제를 역사적 사건의 기록으로써 추론하는 것은 『역』의 근원적 성격을 잘못 파악하는 것이다.

주희가 말한 대로 괘사든 효사든, 모든 『역』의 언어는 "텅 비어있는 것이다. 若易, 只則是箇空的物事。"(『어류』권제66, 綱領上之下, 卜筮). 『역』 이외의 경전들은 먼저 역사의 사건들이 선재하고 그에 해당되는 기록을 문헌으로 남긴 것이다. 예컨대 『서경』에서는 요・순・우・탕・이윤・무왕・주공 등의 일을 기술하고 있는데, 이는 그들의 수많은 사건들이 팩트로서 존재하고 있었기 때문에 그것을 기록한 것뿐이다. 만일 그런 일들이 없었다고 한다면 그렇게 기술하지도 않았을 것이다(若無這事, 亦不說到此).

역은 무사, 무위일 뿐

그러나 『역』의 기록들은 그것이 비록 역사적 사건에 기초하고 있을지라도 효사로 편입되는 순간에 그 역사성을 상실하는 것이다. 『역』에는 사건이 선행하는 것이 아니라, 리理가 선행하는 것이다. 역의 언어는 리를 담는 것이다. 리를 담고 있기 때문에 그 리는 비어있는 것이다. 비어있기 때문에 무궁무진한 도리를 다 담아낼 수 있는 것이다(未有是事, 預先說是理, 故包括得盡許多道理). 그것은 비어있기 때문에만 무한한 해석의 가능성을 지니게 되는 것이다. 그래서 역은 무사無思라 말했고, 역은 무위無爲라 말했다. 역은 무정無情하기 때문에 적연부동寂然不動할 수 있고, 또 감이수통感而遂通(감응하여 만인, 만물에 통한다)할 수 있는 것이다(이상『어류』에 쓰여진 주희의 강의를 따른 것이다. 중화서국판, p.1631).

『역』에는 대가大家가 있을 수 없다. 『역』의 경우는 공부를 많이 했다고 해서 대가가 되는 법이 없다. 그것은 열려있는, 비어있는 언어일 뿐이다. 『역』에는 신설新說이 있을 수 없다. 신설이나 구설이나 출발이 비어있기 때문에 모두 같은 설일 뿐이다. 우리나라에는 너무도 『주역』의 대가라고 자처하는 사람이 많다. 그리고 『주역』을 빙자하여 자기만의 신설新說이 있다고 주장하는 독단적인 사람들이 너무 많다. 이렇게 용기 있는 동포들 때문에 우리나라는 항상 종교적 광신의 도가니가 된다. "나는 『주역』의 대가이다." 그 얼마나 부끄러운 이야기인가! 평생 점만 치고 살았다니 얼마나 처량한 인생을 산 것이냐? 『역』은 대가도 없고 소가도 없다. 점에는 흉도 없고 길도 없다. 『역』 그 전체의 언어에 한 점의 천당도 한 점의 지옥도 없다.

『주역』이라는 문헌에 관하여 참으로 치열한 저술을 남긴 다산, 그의 『역』에 대한 압도적인 고명한 지식 때문에 혜장 선사가 부끄러움을 못 이겨 술로 세월을 한탄하다가 세상을 하직하고 만다(cf. 박석무·정해렴 편역, 『茶山文學選集』, pp.344~6). 혜장의 비애의 근원인 다산, 그 다산의 이 한마디로 나의 논의를 끝내고자 한다: "저는 갑자년(1804년)부터 『역』공부에 전심하여 지금까지 10년이 되었지만 하루도 시초를 세어 괘를 만들어 어떤 일에 대해 점쳐 본 적이 없습니다. 故我自甲子年專心學易, 而于今十年。未嘗一日揲蓍作卦, 以筮某事。"(『여유당전서』 제1집 시문집 제20권/書/答仲氏).

제2장
점을 치는 방법

서법에 관한 논의는 생략, 구체적 방법만

역사적으로 서법筮法(점을 치는 방법)을 구성하는 언어, 그 한문용어에 관하여 많은 고증학적 논의가 있어왔다. 나는 지금 독자들에게 그런 문제에 관하여 논의할 생각이 없다. 점을 친다는 것은 산가지를 조작하여 일차적으로 6효로 구성된 괘상을 얻는다는 것을 의미한다.

우선 점을 치는 데는 산가지 50개가 필요하다. 원래 산가지(시초蓍草)는 국화과의 여러해살이풀인 "톱풀," 혹은 "가새풀"이라고 부르는 식물의 줄기를 사용한다(*Achillea sibirica*). 또는 "비수리"라고 불리는(일본말로는 "메도기") 콩과의 여러해살이풀의 줄기를 쓴다(학명은 *Lespedeza cuneata* 혹은 *Lespedeza juncea*). 그 줄기로 광주리를 만들기도 하는데 한국, 일본, 대만, 인도, 캐나다, 미국, 멕시코 등지에 분포한다. 이상적인 것은 대나무를 얇게 쪼개 약 30cm 정도의 크기로 자른 것이 50개 있으면 좋은데 그런 것은 장만하기도 쉬운 일이 아니므로(과거에는 대나무비닐우산이 많았기 때문에 쉽게 구할 수 있었다), 지금은 그냥 분식집에서 쓰는 "와리바시"25개를 얻어다가 쪼개면 될 것이다(나는 잘 가는 옆집 분식집에 가서 나무젓가락을 사겠다고 하니깐 젊고 명랑한 여주인이 기꺼이 한 웅큼을 그냥 내주었다. 나무젓가락을 쪼개서 연필칼로 다듬고 뻬빠질을 해서 손에 보풀이 안 박히도록 만질만질하게 해놓았다. 그리고 종이로 된 예쁜 녹차통에 꽂아놓았다).

대연지수

「계사」에 보면 "대연지수오십大衍之數五十, 기용사십구其用四十九"라는 말이 있다. "대연"이란 "크게 펼쳐낸다"는 뜻인데 천지우주삼라만상을 펼쳐낸다는 의미이며 "50"이라는 숫자는 천지만물이 펼쳐진 그 총화의 상징이라는 것이다. 그런데 그 밑에 "대연지수"는 "천지지수"라는 말로 대치되어 설명되고 있다. 그런데 천지지수는 1에서 10까지의 홀수와 짝수로 설명된다. 홀수는 하늘의 수이고 짝수는 땅의 수라는 것이다. 그러면 1, 3, 5, 7, 9는 천수天數가 되고 2, 4, 6, 8, 10은 지수地數가 된다. 그것을 합치면 천수는 25가 되고 지수는 30이 된다. 다시 이 양자를 합치면 "천지지수天地之數"는 25(천수)+30(지수)=55가 된다. "범천지지수오십유오凡天地之數五十有五"라고 「계사」에는 분명하게 쓰여있다. 그렇다면 대연지수는 실제로 천지지수와 다를 바가 없는 것이므로 반드시 55가 되어야 한다. 그런데 왜 대연지수는 50이라 말했을까?

2천여 년 동안 이러한 질문은 계속 있어왔지만 어느 누구도 55와 50의 차이에 관해 명쾌한 답을 제시하지는 못했다. 그리고 재미있는 사실은 "대연지수"장이 새로 발굴된 『백서주역』텍스트에 누락되어 있다는 사실이다. 따라서 『백서주역』텍스트로써 55와 50의 문제를 해결할 수도 없다. 나는 대연지수는 50이 아니라 55가 되어야 한다고 생각한다. 대연지수가 천지지수와 다를 수 없다. 아마도 "55"를 「계사」텍스트에도 "오십유오五十有五"로 표기했는데, 끝에 "유오有五"(50+5의 뜻)가 표기과정에서 탈락되었을 수가 있다. 그 다음에 "하나를 남겨둔다"는 말은 없고 단지 "49개만 쓴다"로 되어있으므로, 대연지수를 55로 보았을 때 사용하지 않는 시초는 6개가 된다. 6개의 의미에 관해서는 "6효"를 상징한다고 하나 별 의미 없는 논의이다.

49개의 시초

50개의 시초에서 49개의 시초만 쓰고 1개의 시초는 녹차통에 남겨둔다.

시종일관 그 하나는 쓰지 않는다. 그 하나는 형체를 초월하는 태극의 상징이라고 주희는 말한다(置其一不用以象太極). 결국 조작하는 시풀이 49개라는 것인데 이 49개라는 홀수 숫자는 수리적으로 중요한 것이다.

그냥 따라하면 됩니다. 어렵지 않아요

자아! 분위기연출 이야기가 생략되었는데 점을 친다고 하는 것은 하느님과 소통하고 대화를 하는 것이다. 그래서 주희는 매우 엄숙한 분위기연출에 관하여 세심한 주의를 기울이고 있다.

깨끗한 땅에 있는 시실蓍室이어야지 점을 치는 곳이 시궁창 곁이라든가 쓰레기장이면 안된다. 그리고 아담하게 예쁜 방이어야 하며 반드시 남쪽으로 창이 나 있어야 한다. 점치는 서안을 방 중앙에 놓아야 한다. 시풀 50개는 깨끗한 천으로 싸 통에 담아 서안 북쪽에 놓는다. 그러니까 점을 치는 사람은 북면을 하고 내내 책상다리하고 치는 것이다. 서자筮者(점치는 사람)는 반드시 깨끗한 의관을 정제해야 하며, 손을 깨끗이 씻고, 다음에 향로에 분향하고 치경致敬하고 점치기에 들어가야 한다. 이러한 얘기는 끝이 없겠으나 최소한 깨끗하고 경건한 마음으로 점에 임해야 할 것이다.

천·지·인 삼재, 제1변

자아! 제일 먼저 할 일은 49개의 시초를 두 손으로 공손히 받쳐 들고, 무념무상(이 "무념무상"이라는 마음의 자세가 제일 중요하다. 조작적인 마음이 있으면 안된다는 것이다)으로 그 시초를 좌우 양손으로 나눈다. 좌우로 나누는 순간 왼손에 들려있는 것은 하늘(天)을, 오른손에 들려있는 것은 땅(地)을 상징한다.

오른손에 있는 시초 중의 하나를 꺼내 왼손의 새끼손가락과 약지藥指(넷째 손가락) 사이에 낀다. 이것은 사람(人)을 상징한다. 이로써 천·지·인 삼재三才가 갖추어진다(「계사전」에서 이것을 "괘일이상삼掛一以象三"이라 표현했다. "하나를 걸어

천지인 삼재를 상징한다"는 뜻이다. "괘괘"를 "손가락 사이에 낀다. 懸其一於左手小指之間也"로 해석했다.『역본의』).

다음에는 오른손에 들린 시초를 전부 서안에 내려놓고, 오른손으로 왼손에 들린 시초를 4개씩 셈한다. "셈한다"를 "덜어낸다"는 뜻으로 "설설"이라고 표현한다. 4개씩 설한다는 뜻은 4계절을 상징한다.「계사」에는 이를 "설지이사揲之以四, 이상사시以象四時"라고 표현했다.

4개씩 세어나가면 시초가 반드시 남을 것이다. 4개로 떨어지는 경우도 영zero으로 하지 않고 4개로 한다. 그러니까 1개, 또는 2개, 또는 3개, 또는 4개가 남는다. 남는 것을 "기奇"라고 표현하는데 이 남는 것(기奇)을 약지와 중지中指 사이에 낀다. 이것을「계사」는 "귀기어륵이상윤歸奇於扐以象閏"(남는 것을 약지와 중지 사이에 끼어 윤달을 상징한다)이라고 표현했는데, 남는 것이 윤달을 상징한다는 뜻이다.

다음으로 아까 오른손분을 서안 위에 올려놓았다고 했는데, 이번에는 왼손으로 오른손분을 4개씩 셈해나간다(덜어나간다). 아까처럼 4로 떨어지면 4개의 시초를 남기고 제로로 하지 않는다. 그 나머지는 예상이 될 수 있다. 처음에 오른손에 있던 시초 하나를 왼손 새끼손가락과 약지 사이에 끼었으므로 그 나머지 전체는 48개가 된다. 즉 4의 배수이다. 그러니까 왼손에 남은 것이 4이면 반드시 오른손에 남는 것도 4가 된다. 이 오른손에 남은 4개도 왼손으로 모은다. 그러면 이 경우 왼손 전체에 남는 것은 9(1+4+4=9)가 된다. 왼손에 남은 것이 3이면 오른손에 남는 것은 1, 왼손에 남은 것이 2이면 오른손에 남는 것도 2, 왼손에 남은 것이 1이면 오른손에 남는 것은 3, 이 세 경우가 다 새끼손가락에 있는 1과 더해져서 5가 된다. 다시 말해서 이 세 경우를 기술하면 (1+3+1=5), (1+2+2=5), (1+1+3=5)가 된다. 그러니까 왼손에 끼워진 것의 총수는 9 아니면 5가 된다. 여기까지를 제1변第一變이라고 하는 것이다.

제2변

자아! 이제 제1변에서 남은 수, 9 혹은 5를 49개의 시초로부터 제거하면 40 혹은 44개의 시초가 남는다. 이 40개 혹은 44개의 시초로부터 제2변의 조작을 시작하게 된다.

40(or 44)개의 시초를 양손으로 공손히 들어 다시 무심하게 오른손 왼손으로 양분한다. 그리고 오른손분의 시초 중에서 하나를 뽑아 다시 왼손의 새끼손가락과 약지 사이에 끼운다. 제1변의 방법과 동일하다.

또다시 왼손분을 오른손으로 4씩 세어나가고(揲), 또다시 오른손분을 왼손으로 센다. 40이든지 44든지 다 4의 배수이기 때문에 나머지(奇) 수도 새끼손가락의 하나와 더불어 반드시 4의 배수가 된다. 왼손이 1이면 오른손은 2(1+1+2=4), 왼손이 2이면 오른손은 1(1+2+1=4), 왼손이 3이면 반드시 4(1+3+4=8), 왼손이 4이면 오른손은 반드시 3(1+4+3=8), 그러니까 설사揲四의 결과로 왼손에 모아진 시초의 합계는 반드시 8 아니면 4가 된다. 여기까지가 제2변第二變이다.

제3변

이제 제3변을 시작해야 한다. 제2변을 시작할 때의 시초의 숫자가 40 혹은 44였기 때문에, 여기서 4 혹은 8을 제외시키면 남는 시초는 32, 36, 40 중의 하나가 된다.

이 남은 시초를 가지고 제3변을 시작하자! 남은 시초가 모두 4의 배수이기 때문에 제3변도 제2변과 같은 패턴을 따를 수밖에 없다. 오른손의 1을 왼손의 새끼손가락에 끼워놓고 좌·우 양손의 시초를 "설사揲四"(4씩 세어나간다)해나가면 최후에 왼손에 남는 것은 8 아니면 4이다. 여기까지가 제3변第三變이다.

자아! 이제 3변을 총체적으로 검토해보자! 제1변의 잔수는 9 아니면 5,

제2변의 잔수는 8 아니면 4, 제3변의 잔수도 8 아니면 4가 된다. 이 중에서 9와 8은 많은(多) 수이고, 5와 4는 적은(少) 수라고 한다. 서법에서는 좀 헷갈리는 표현이지만 적은 수(5, 4)를 "기수奇數"라 하고, 많은 수(9, 8)를 "우수偶(耦)數"라 한다.

1) 3변 중에서 두 번이 다多이고 한 번이 소少인 경우(양다일소兩多一少, 양우일기兩耦一奇), 그러니까 9·4·8, 9·8·4, 5·8·8의 결과가 나온 경우를 "소양"이라 하고 " ━ "로 표기한다. 이것을 "단單"이라고 한다.

2) 3변 중에 두 번이 소少이고 한 번이 다多인 경우(양소일다兩少一多, 양기일우兩奇一耦), 그러니까 5·4·8, 5·8·4, 9·4·4의 결과가 나온 경우는 "소음"이라 하고, " -- "로 표기한다. 이것을 "절折"이라고 한다.

3) 3변 중에 세 번이 모두 소少인 경우(삼소三少, 삼기三奇), 그러니까 5·4·4의 결과가 나온 경우는 "노양老陽"이라고 부른다. 양효이지만 음효로 변할 가능성을 지니고 있다. 기호는 " □ "로 표기한다. 이것을 "중重"이라고 한다.

4) 3변 중에 세 번이 모두 다多인 경우(삼다三多, 삼우三耦), 그러니까 9·8·8의 결과가 나온 경우는 "노음老陰"이라고 부른다. 음효이지만 양효로 변할 가능성을 지니고 있다. 기호는 " ✗ "로 표기한다. 이것을 "교交"라고 한다.

노음과 노양은 변화해야만 하는 효이므로 "변효變爻"라 부르고, 소음과 소양은 변화하지 않는 효이기 때문에 "불변효不變爻"라고 부른다. 노음과 노양을 수로 표현하면 6과 9가 되고, 소음은 8, 소양은 7이 된다. 이것은 3변을 끝내고 남은 산가지를 다시 설사揲四하는 데서 얻어진 숫자이다.

제3변을 끝내고 남은 산가지 숫자	4개씩 셈하면	숫자 심볼	사상	음양	계절 상징
36책	$4×9=36$	9	노양	가변의 양효	여름
32책	$4×8=32$	8	소음	불변의 음효	가을
28책	$4×7=28$	7	소양	불변의 양효	봄
24책	$4×6=24$	6	노음	가변의 음효	겨울

『역경』에서 음효를 6으로 말하고, 양효를 9로 말하는 것이 역점과 관계가 있을 것이다. 궁극적으로 모든 주역의 괘상은 음양의 변화를 내포한 상이라는 것을 암시하고 있는 것이다.

이상의 내용을 일단 표로 정리하면 다음과 같다.

3변에서 얻은 수	속성	대변하는 숫자	기호	호칭
양다일소兩多一少 양우일기兩耦一奇	소양少陽 양의 불변효	7七	━	단單
양소일다兩少一多 양기일우兩奇一耦	소음少陰 음의 불변효	8八	╌ ╌	탁拆
삼소三少 삼기三奇	노양老陽 양의 변효	9九	□	중重
삼다三多 삼우三耦	노음老陰 음의 변효	6六	×	교交

$3×6=18$, 3변을 6번 반복, 18변 한 괘

여기까지가 3변三變을 통해 맨 밑바닥의 제1효를 얻는 과정이다. 이제 똑

같은 방법으로 다섯 번을 더 반복하여 드디어 여섯 효를 얻게 된다. 이것을 「계사」는 "십유팔변이성괘十有八變而成卦"라 표현하였다. 3변을 6번 되풀이하면 18변이 되니까 18변을 해야 하나의 괘상이 얻어진다는 뜻이다. 이때 괘상은 반드시 아래에서부터 위로 쌓아올라가야 한다.

지금, 18변의 조작을 통해 다음의 산대 수를 얻었다고 해보자! 5·8·4, 5·8·8, 9·4·8, 9·4·4, 9·8·8, 5·8·4. 그러면 그것을 심볼화하면 다음과 같이 될 것이다.

이것은 지풍 승升괘(䷭)의 제5효가 노음인 괘상이다. 이 음의 변효가 양으로 변하면 ䷯ 곧 수풍 정井괘가 된다(익숙하지 않은 사람은 옆의 필송지표에 의하여 괘 이름을 찾으면 될 것이다).

이러한 경우, "승지정升之井"(승괘가 정괘로 간다)이라는 표현이 있게 된다. 『좌전』이나 『국어』에는 괘에 대한 표현이 대강 이런 "감"(之)의 구조로 되어 있다. 이러한 사례에 있어서 승괘升卦를 "본괘本卦"라 하고, 변화한 후의 정괘 井卦는 "지괘之卦"라고 이름한다. 이때 묻는 사람에로의 대답은 본괘의 변효에 있다. 이 경우는 승괘의 제5효의 六五 효사가 그 답이다. 그 효사는 이러하다.

六五, 貞吉。升階。
육 오　정 길　승 계

정말 간결하다. 이 효사 하나를 얻기 위해 우리는 이토록 고생을 한 것이다.

【학역필송지표學易必誦之表】

坤(地)	艮(山)	坎(水)	巽(風)	震(雷)	離(火)	兌(澤)	乾(天)	上卦 / 下卦
지천태 泰 (11) 230쪽	산천대축 大畜 (26) 368쪽	수천수 需 (5) 180쪽	풍천소축 小畜 (9) 211쪽	뢰천대장 大壯 (34) 453쪽	화천대유 大有 (14) 262쪽	택천쾌 夬 (43) 536쪽	중천건 乾 (1) 111쪽	乾(天)
지택림 臨 (19) 304쪽	산택손 損 (41) 515쪽	수택절 節 (60) 721쪽	풍택중부 中孚 (61) 730쪽	뢰택귀매 歸妹 (54) 658쪽	화택규 睽 (38) 488쪽	중택태 兌 (58) 704쪽	천택리 履 (10) 219쪽	兌(澤)
지화명이 明夷 (36) 469쪽	산화비 賁 (22) 330쪽	수화기제 旣濟 (63) 755쪽	풍화가인 家人 (37) 479쪽	뢰화풍 豊 (55) 673쪽	중화리 離 (30) 407쪽	택화혁 革 (49) 598쪽	천화동인 同人 (13) 254쪽	離(火)
지뢰복 復 (24) 349쪽	산뢰이 頤 (27) 378쪽	수뢰둔 屯 (3) 161쪽	풍뢰익 益 (42) 527쪽	중뢰진 震 (51) 628쪽	화뢰서합 噬嗑 (21) 321쪽	택뢰수 隨 (17) 286쪽	천뢰무망 无妄 (25) 359쪽	震(雷)
지풍승 升 (46) 566쪽	산풍고 蠱 (18) 295쪽	수풍정 井 (48) 586쪽	중풍손 巽 (57) 695쪽	뢰풍항 恒 (32) 437쪽	화풍정 鼎 (50) 612쪽	택풍대과 大過 (28) 388쪽	천풍구 姤 (44) 546쪽	巽(風)
지수사 師 (7) 193쪽	산수몽 蒙 (4) 172쪽	중수감 坎 (29) 398쪽	풍수환 渙 (59) 712쪽	뢰수해 解 (40) 505쪽	화수미제 未濟 (64) 767쪽	택수곤 困 (47) 574쪽	천수송 訟 (6) 186쪽	坎(水)
지산겸 謙 (15) 270쪽	중산간 艮 (52) 638쪽	수산건 蹇 (39) 497쪽	풍산점 漸 (53) 648쪽	뢰산소과 小過 (62) 744쪽	화산려 旅 (56) 685쪽	택산함 咸 (31) 418쪽	천산둔 遯 (33) 445쪽	艮(山)
중지곤 坤 (2) 151쪽	산지박 剝 (23) 339쪽	수지비 比 (8) 204쪽	풍지관 觀 (20) 312쪽	뢰지예 豫 (16) 278쪽	화지진 晉 (35) 461쪽	택지췌 萃 (45) 556쪽	천지비 否 (12) 244쪽	坤(地)

괘명 자체가 승升, "오른다"는 뜻이니 효사가 괘명과 연계되어 있음을 알 수 있다. "六五"라는 것은 양의 위位에 음효가 있는 것이니 일단 그 位가 正하지 않다. 제5위는 군위君位이니까 모든 의미가 혜비하다. 그런데 저 아래에 있는 九二와 응應의 관계에 있어 유능한 조력자들의 도움을 얻을 수 있다.

"정길貞吉"은 "정하면 길하다"는 뜻인데, 나는 "정貞"을 "점친다"라는 뜻으로 푼다. 점을 친다는 것은 미래에로 자신을 던진다는 의미를 지니고 있다. 곧게 미래를 개척해나가면 길한 결과를 가져온다는 뜻도 된다.

그 다음에 "승계升階"라는 말이 있다. "승계"는 여기서 왕권의 권위를 확보한다는 의미를 내포한다. 역시 나쁘지 않다. "계단을 오른다"는 뜻이니 단지 지위가 오른다는 현세적인 의미뿐만 아니라 삶의 가치가 퇴락하지 않고 새로운 생명력을 획득하는 상향의 길을 암시한다. 이 점괘는 치는 사람의 상황과 관계되어 해석될 것이지만 전반적으로 나쁘지 않다.

결국, 이 간결한 메시지에 대한 해석이 문제다! 그래서 유덕자가 아니면 점을 칠 수 없다고 한 것이다.

해석의 방법

변효가 한 괘 중에서 여러 개 있는 경우는 어떻게 할까? 『역학계몽』의 「고변점考變占」에는 다음과 같은 충고가 실려있다.

1) 6효가 모두 불변일 때는 본괘의 「단사彖辭」로 점의 답을 얻어라. 이때 「단사」라는 것은 괘사뿐만 아니라 「단전」, 「대상」을 포함하여 포괄적으로 판단하는 것을 의미한다.

2) 1효변일 때는 본괘의 변효의 효사로 점을 해석하라.

3) 2효변일 때는 본괘의 두 변효의 효사로 점을 해석하라. 단 위쪽에 있는 효사가 주동적 의미를 지닌다.

4) 3효변일 때는 세 효를 모두 변화시켜(음효는 양효로, 양효는 음효로) 지괘를 만들고, 본괘와 지괘의 괘사로 점을 판단한다.

5) 4효변일 때는 4효를 모두 변화시켜 지괘를 만들고, 그 지괘 중에서 두 개의 변하지 않는 효의 효사로 점을 판단한다. 단지 아래쪽에 있는 효사가 주동적 위치를 점한다.

6) 5효변일 때는 지괘의 불변효사로 점을 해석한다.

7) 6효가 전부 변할 때는 건괘와 곤괘의 경우는 用九, 用六의 효사로 점을 치고, 나머지 62괘는 지괘의「단사」로 점을 판단한다.

이상의 방법에 의해 점을 해석할 때 효사간에 불일치가 심해 판단이 어려운 상황이 발생한다.『좌전정의左傳正義』(양공9년)에 의하면 2효이상 변할 때에는 본괘의 괘사를 보라고 했는데, 나는 단순하게 이런 방법이 좋다고 생각한다.

점에 대한 설명을 끝낸다. 점의 핵심은 경에 대한 끝없이 심오한 "만남 Encounter"에 있다고 할 것이다.「서의」는 점의 도구를 다 정리하고 방을 깨끗이 할 것, 다시 분향을 하고, 가르침을 주신 무형의 하느님께 절을 하고 경건하게 퇴실할 것을 당부하고 있다.

간략한 방법, 척전법

그런데 현대인들에게 이 "18변이성괘十有八變而成卦"의 작업은 시간도 많이 걸릴 뿐 아니라, 상당히 피곤한 작업이기도 하다. 지성무식의 하느님의 세계를 향해 우리는 이 18변의 성실한 과정을 고집해야 하겠지만, 현대인의 삶의 현실을 생각할 때 약식으로 하는 것도 그리 경박한 짓일 수만은 없다. 단지 경건한 마음의 자세를 지켜야 할 것이다. 내가 가끔 사용하는 척전법擲錢法(동전던지기)을 소개하면 다음과 같다.

우리나라 백 원짜리 동전이 무게도 있고 잘 뒤집어지기도 하여 좋다. 우리나라 백 원짜리 동전에는 앞면에 관복 입은 이순신 장군의 모습이 새겨져 있고,

뒷면에는 "100"이라는 글자가 크게 새겨져 있다. 하여튼 이순신 장군을 "표表"로 간주하고, 100 글자 있는 면을 "리裡"로 간주하자! 세 개의 동전을 서안 위에 던져 이표일리二表一裡면 소양(━)으로 한다. 이리일표二裡一表면 소음(╍), 세 개 다 리(三裡)면 노양(변효 □), 세 개 다 표(三表)면 노음(변효 ✕)으로 한다.

척전법擲錢法			
이순신 두 개 100 하나	이표일리 二表一裡	소양 불변효	━
이순신 하나 100 두 개	이리일표 二裡一表	소음 불변효	╍
모두 100	삼리三裡	노양 변효	□
모두 이순신	삼표三表	노음 변효	✕

이것을 6회만 반복하면 하나의 괘가 만들어진다. 18변의 어려움을 생각하면 좀 허망하기는 한데, 대강의 원칙은 본서법과 동일하다. 점은 점일 뿐이다. 간략한 점이라 해서 부당하다는 것은 있을 수 없다. 6효 중에서 변효가 하나일 때는 본괘의 그 효사를 보고, 변효가 다수일 때는 본괘의 괘사를 보고 판단하는 것을 대강의 원칙으로 삼으면 족하다. 너무 번거로운 상수학적 변화를 도입하는 것은 부질없는 짓이다. 상수학적 필연성·연역성과 괘사·효사의 언어의 세계가 꼭 같이 법칙적으로 얽혀야 할 이유는 별로 없다. 나는 말한다: 상수 또한 궁극적으로 임의적 규정성을 벗어나지 않는다.

제3장
역경易經

【상경上經】

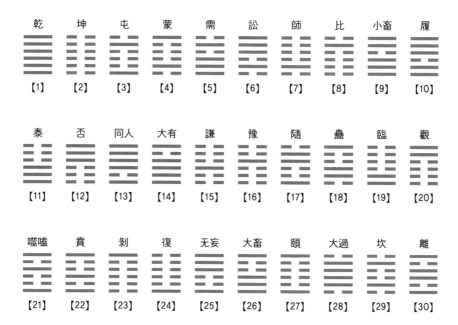

乾	坤	屯	蒙	需	訟	師	比	小畜	履
【1】	【2】	【3】	【4】	【5】	【6】	【7】	【8】	【9】	【10】

泰	否	同人	大有	謙	豫	隨	蠱	臨	觀
【11】	【12】	【13】	【14】	【15】	【16】	【17】	【18】	【19】	【20】

噬嗑	賁	剝	復	无妄	大畜	頤	大過	坎	離
【21】	【22】	【23】	【24】	【25】	【26】	【27】	【28】	【29】	【30】

본 『역경』의 저본은 십삼경주소본十三經注疏本 『주역정의周易正義』를 기준으로 하였으나, 역대로 다양한 판본의 이문異文을 참조하여 엄밀한 교정을 가하여 가장 표준이 될 수 있는 형태로서 확립한 텍스트이다. 정이천의 『역전易傳』과 주희의 『주역본의周易本義』는 실제로 가장 큰 도움을 주었다.

건하乾下
건상乾上　**중천 건乾**

Creative Universe

괘사

乾, 元, 亨, 利, 貞。
건　원　형　리　정

　그대는 건괘를 만났다. 건괘는 다음 네 가지 덕성을 포섭하고 있다: 1) 원, 2) 형, 3) 리, 4) 정.(※ 너무도 복합적인 개념이고 기존의 통념과는 다른, 새로운 설명을 필요로 하기에 아래에 따로 해설을 붙인다.)

　막상 경문을 번역하려 하니 가슴이 벅차오른다. 평생 생각해온 것들을 여기에 쏟아냄으로써 이 조선땅의 독자들과 교감하고 새로운 역의 문화를 창조해야 할 텐데 하고 생각하니 울렁거리는 정감을 억누르기 어렵다. 될 수 있는 대로 쉽게, 정직하게, 기존의 권위나 성견成見에 구애됨이 없이 나의 소박한 생각을 토로하려 한다. 우선 나의 번역문을 독자들이 대할 때 기존의 번역과 형식상의 차이를 느낄 것이다. 기존의 번역은 예외없이 독자로부터 객체화된 사태에 대한 서술의 형식을 취하고 있다. 그러나 역의 경문이란 어디까지나 점을 치는 사람의 물음에 대한 하느님의 응답이다. 즉 경문 자체는 하느님의

【1】
乾

소리이다. 그리고 그것은 독자와 무관한 객관적인 사태에 대한 내러티브가 아니라 주체적인 감응의 소산이다. 즉 너와 나의 만남이다. 너는 하느님이요 나는 점치는 주체, 인간이다. 따라서 경문은 1인칭과 2인칭의 관계로써 해석되어야 마땅하다.

원형리정 사덕四德의 해석, 세미오틱스

다음에 문제가 되는 것은 "원형리정"이라는 건괘가 상징하는 사덕四德의 해석인데, 이 해석은 전통적으로 주희가 안일하게 전傳의 언어를 활용하여 경문을 해석하는 자세를 취했기 때문에, 해석이 후대의 가치관을 지배하는 조직화된 관념체계에 의하여 프레임되어 버리고 마는 불행에 처해질 수밖에 없었다. 그리고 한국사람들의 경우 안일하게 자기들의 현대어에서 통용되는 훈을 그대로 적용하여 해석하는 것이다. 으뜸 원(클 원), 형통할 형, 이로울 리, 곧을 정, 이런 식의 훈으로써, 사덕을 하나의 문장으로 붙여 해석해버리고 마는 것이다. 그리하면, 보통 "크게 형통하고, 곧음에 이로움이 있다"는 메시지가 되고 만다. 너무도 졸렬한 평범한 문장이 되어버리고 마는 것이다. 건괘를 얻어 "크게 형통하리라," 이게 뭐 그렇게 대수인가? "곧음에 이로움이 있다," 이런 메시지는 너무나 상식적인 것이 아닐까? 구태여 고생스럽게 십팔변을 해서 얻을 진리라고 말하기는 어려울 것 같다. 물론 역의 메시지가 평범 속의 그윽함에 있다는 것을 상기할 필요도 있겠지만 …….

문제는 이것이 건괘의 괘사로서 언급된 언어의 전부라는 데 있다. 우선 "원형리정"은 통합된 문장이라기보다는, 한 글자 한 글자, 전부 4개의 독립된 의미체계로서 그 모습을 드러내고 있는 것이다. 그것은 우리의 상식적 일상언어와 연속성을 지니는 평면적 의미체계라기보다는 매우 복합적인 상징체계로서 다루어져야 할 기호와도 같은 것이다. 그러니까 세멘틱스의 대상이 아니라 세미오틱스semiotics의 대상으로 고구考究되어야 마땅하다.

순양 건괘와 순음 곤괘는 순수한 상징, 변화의 현실이 아니다

건괘와 곤괘는 순양과 순음으로 이루어져 있다. 『역』의 모든 언어가 상징이기는 하지만 건괘와 곤괘는 상징 중의 상징이요, 역이라는 변화를 일으키는 교합의 상태를 나타내고 있지 않다. 변화는 음과 양의 착종 속에서 일어나는 것이므로 순양과 순음으로 이루어진 건괘와 곤괘는 착종되어지는 나머지 62괘와는 근원적으로 차원을 달리하는 것이다. 건괘와 곤괘는 62괘의 모든 변화를 일으키는 순수한 상징이고, 그것은 반드시 수건首建되고 병건並建될 때 의미를 지니는 것이다. 건괘와 곤괘에게 구체적이고 지엽적인 삶의 길흉을 묻는다는 것은 부적절하다. 그것은 『주역』 전체를 상징하는 대강의 원리이며, 모든 삶에 공통되고 보편적인 가치관의 결정結晶인 것이다.

웨일리가 말하는 포뮬라

영국의 캠브릿지대학 출신의 탁월한 사이놀로지스트, 오리엔탈리스트인 아더 웨일리Arthur Waley, 1889~1966는 스웨덴 스톡홀름 원동고대박물관 간행의 학술잡지(*The Bulletine of the Museum of Far Eastern Antiquities*, no.5, pp.121~142. 1933. *Ostasiatiska Samlingarna*)에 "*The Book of Changes*周易"이라는 『주역』 일반의 성격을 총괄적으로 논하는 논문을 썼는데, 지구상의 모든 고대문명의 점복 텍스트divination text는 **민간전승의 노래와도 같이 일정하게 반복되는 리듬의 포뮬라를 가지고 있다**는 것을 말하고 있다. 『역』의 효사 역시 그러한 포뮬라의 보편적 양식을 따르고 있다는 것이다. 구체적인 사례를 들어 설명해야 하겠지만 너무 번거로운 주제라서 생략한다. 그러나 매우 계발적인 글임에는 틀림이 없다. 효사를 여섯 행으로 구성된, 매우 복합적인 의미를 전하는 민요의 보편양식으로 간파하는 것이다.

언어천재 슈추쯔키

러시아 중국학의 높은 수준을 과시하는 천재적 사이놀로지스트인 율리안 슈추쯔키Iulian Konstantinovich Shchutskii, 1897~1938는 그가 박사학위논문으로

【1】
乾

제출한 『주역에 관한 연구』 속에서 "원형리정"에 관한 독특한 견해를 제시하고 있다. 슈추쯔키는 레닌그라드 사이놀로지학파의 거장인 바실리 알렉세에프1881~1951의 제자인데, 16개국어 이상의 언어에 능통하였다고 한다. 피상적으로 조금씩 아는 수준이 아니라 16개국어로부터 다 번역문학작품을 낼 정도로 깊게 능통하였다고 한다. 북경맨더린, 광동어, 일본어, 독일어, 불어, 영어, 폴란드어, 화란어, 산스크리트, 라틴, 그리고 특히 월남말과 만주어에 능통하여 대학에서 월남말과 만주어 코스를 가르쳤다. 그의 글에는 만주어 『주역』 번역 이야기가 많이 나오는데 나로서는 참 부러운 것이다. 레닌그라드 동방학연구소Leningrad Institute of Oriental Studies 교수, 레닌그라드국립대학 교수, 러시아과학원의 아시아박물관의 연구교수, 상트페테르부르크대학의 강사 등을 역임했다.

그의 리버럴한 삶의 자세와 사상, 그리고 영적 능력에 대한 무한한 탐색, 그리고 시적 열정으로 그는 맑시즘을 거부하는 이단으로 몰려, 1937년 초봄에 소련 비밀경찰(NKVD)에게 체포되어 프리즌캠프에서 1년 가량 학대를 당하다가 1938년 2월 18일 처형되었는데 그의 두개골이 분쇄되어 있었다고 한다. 그의 학위논문이 동방학연구소에 보관되어 있다가 위험해지자 친구들에 의해 땅에 묻혔다. 스탈린 사후에 원고는 다시 빛을 보게 되었고, 맥도날드, 하세가와, 빌헬름이 함께 영역하여 프린스턴대학 볼링겐시리즈로 출간되었다. 이 한 많은 세기적인 책이 바로 *Researches on the I Ching*(1979)이다.

슈추쯔키가 말하는 맨틱 포뮬라

슈추쯔키는 "원·형·리·정"을 일반적인 덕담의 언어로 보지 않고, 점술에 쓰이는 테크니칼한 기호 같은 것으로 본다. 그는 주술적 형식을 의미하는 "맨틱 포뮬라mantic formulae"라는 용어를 쓰는데, 그 구체적 의미는 명료하지 않다. "원형리정" 4글자가 같이 붙어서 함께 나타나는 괘는 건乾·곤坤·준屯·수隨·림臨·무망无妄·혁革 7개이고 한 글자라도 들어가있는 괘는 64개의 절반인 32개이다. 그리고 괘사와 효사 전체에서 원·형·리·정 4글자 중한 글자라도 나타나는 문장은 188개 조가 있다. 슈추쯔키는 원형리정이 이와같이 광범위하게 활용되고 있음에도 불구하고 그 의미를 명료하게 파악하지못하는 이유는, 그것은 『역』문헌 중에서 가장 고층대에 속하는 것인데, 그고층대의 문헌의 의미가 원래의 모습대로 보존되지 못한 데 있다는 것이다. **그것은 도덕적 판단이 아니라 점치는 데 필요한 최소한의 약속체계** 같은 것이다. 이와는 달리 역전의 해석은 이미 후대의 도덕적 관념이 씌어진 것이며 그것을주희가 자기의 도학적 관념에 따라 각색하여 원형리정 위에 덮어씌웠기 때문에 현금의 모든 해석은 결국 주자의 도학적 관념일 뿐, 그 오리지날한 기호적성격을 드러내지 못한다고 보았다.

내가 이런 얘기를 하면 독자들은 또다시 어리둥절하게 될 것이다. 그러나『역』의 문헌들의 의미를 접근하는 방법은 수천 수만 갈래가 있다는 것을우선 알아야 한다. 통속적인 산명算命선생들이 말하는 점사占辭는 이 수천수만갈래의 한 갈래도 제대로 되지 않은 것이다.

건괘의 단전

그러나 오늘 우리는 이 원형리정이라는 암호를 해독하는 작업을 감행하지않을 수 없다. 원형리정은 어디까지나 건괘의 단사象辭, 즉 괘 전체의 의미를말하는 괘사卦辭이다. 이 단사(=괘사)의 의미를 알기 위해서 우리가 일차적으로봐야 할 자료는 단전象傳이다. 단전이 단사에 대한 올바른 해석인가, 아닌가 하는것을 둘째치고서라도, 우선 그것을 볼 수밖에 없다. 역사적으로 괘사의 해석은단전을 기준으로 해서 이루어져왔기 때문이다. 단전의 문장은 다음과 같다.

> 大哉乾元, 萬物資始, 乃統天。雲行雨施, 品物流形。大明終始, 六位
> 時成, 時乘六龍以御天。乾道變化, 各正性命, 保合大和, 乃利貞。首
> 出庶物, 萬國咸寧。

아~ 위대하도다! 건乾이라는 근원이여, 시작이여! 만물이 바로 이 건에 뿌리를 박고 태어나니 건은 천지대자연을 통솔하고 그 전 과정을 지배하는도다! 구름이 끼게 하고 비가 내리도록 하니, 그 생명력 속에서 온갖 품목의 사물들이 교섭하고 유행하면서 자기 고유의 형태를 갖추어가는도다! 저 빛나는 태양과도 같이 건괘는 모든 사물의 시작과 끝을, 그리고 또 시작을 크게 밝히는도다! 그리하여 여섯 효의 자리가 때에 맞게 이루어지는도다! 아~ 여섯 마리의 용이 때에 맞추어 제자리에 있으니, 어느 용은 물속에 숨어 있고, 어느 용은 드러나고, 어느 용은 근신하고, 어느 용은 도약하고, 어느 용은 나르고, 어느 용은 지나치게 올라가네. 이 용들을 때에 맞추어 올라타면서 하늘의 운행을 제어하는 위대한 건괘여! 건괘의 도道는 끊임없이 변變하고 또 화化하니, 그 과정을 통해 만물이 받는 품성과 하늘이 주는 명령을 모두 제각기 바르게 하는도다. 그로 인하여 온 우주의 교감하는 기氣가 보존되고 화합하니 이 조화야말로 이로운 것이요, 영원한 것이로다. 건괘는 천지간에 뭇 사물의 창조를 우두머리로서 관장하니, 이 땅위의 모든 나라들이 다함께 평온할지어다!

나의 번역은 주어진 텍스트의 의미맥락 전체를 유기적으로 드러낸 작업이기 때문에 기존의 장구에 얽매인 번역과는 본질적으로 다르다. 그 뜻하는 바를 명료하게 전하고 있다. 나는 정말 "한글"이 있다는 것이 우리민족 최대의 축복이라고 생각한다. 어느 나라 말로도 현대어 우리말만큼 한문을 정확하게 번역할 수 없다. 우리말에 흐르는 내면의 정감이 그 문의를 정확히 표현해 낸다.

「단전」 전체를 그냥 읽으면 하나의 장쾌한 예찬의 노래를 듣는 것과 같다. 그러나 실제로「단전」 전체가 정확히 원·형·리·정이라는 4개의 개념을 해설하고 있는 설명문이다. "A는 ……이다"라는 식으로 해설하지 않고, 웅장한 시를 만들어 연속적으로 엮어내어 그 관련된 의미들을 총체적으로 드러내는「단전」의 수법은 독자들의 가슴에 감동의 방망이를 치고, 압도적인 카리스마를 느끼게 한다. 나는 대학교 3학년 때 처음 이「단전」의 문장을 접했을 때, 세상에 이렇게도 멋있는 글이 다 있나 하고 전율에 휩싸였다. 그 감격은 지금도 생생하다.

「단전」에서의 원元의 해석

우선 "대재건원大哉乾元"이라는 감탄문 자체가 "원元"의 해석이다. "원"은 "만물자시萬物資始"라 했으니 만물의 창조적 에너지의 시발이요 원점이라는 뜻이다. "원"은 하늘을 통솔한다, 즉 "통천統天"의 뜻을 갖는다.

「단전」에서의 형亨의 해석

그리고 "운행우시雲行雨施"로부터 "시승육룡이어천時乘六龍以御天"까지가 "형亨"에 대한 설명이다. 형은 변화를 의미하고, 과정을 의미하고, 때에 맞게 성장하는 것을 의미한다. "그로우쓰Growth"와 "카이로스Kairos"를 의미한다. 원元이 "통천統天"이라면 형亨은 "어천御天"이다.

「단전」에서의 리利와 정貞의 해석

그리고 "건도변화乾道變化"로부터 "만국함녕萬國咸寧"까지가 "리利"와 "정貞"의 설명이다. 나는「단전」해석에 있어서도 "리정利貞"을 한 개념으로 묶지 않고 "리"와 "정"으로 나누어 해석해야 한다고 생각한다. 사실 끝에 붙어있는 "수출서물首出庶物, 만국함녕萬國咸寧"은 원형리정의 해석문으로서는 사족이라고 볼 수도 있지만, 실제로 그것은 사족이 아니라「단전」이 쓰여진 시대의 염원을 나타낸 말일 수도 있다. 괘풀이에는 항상 정치적 함의가 있다는 것이고, 원형리정이 뜻하는 바는 궁극적으로 "만국이 다함께 지구상에서 평화를 누리기를 염원한다"는 이상을 표방하고 있다. 전국시대의 난맥상을 배경으로 하고 있다고 나는 생각한다.

하여튼「단전」의 언어는 설득력이 강하고 웅장하고 포괄적이다. 다시 말

【1】
乾

해서 뚜렷한 우주관cosmology의 배경이 없이는 생겨나기 어려운 문장이라는 것이다. 문제는「단전」의 이러한 웅장하고 관념적인 의미체계semantic structure가 64괘를 그린 고대인들의 점복용어의 참뜻이었냐 하는 것이다.

「문언」이라는 명문장

그런데「단전」말고도 단사를 해설한 또 하나의 전傳이 있다. 이것 또한 설득력 있는 천하의 명문장이다.

「문언文言」이란 앞서 말했듯이 "문채 있는 수식의 말들"이라는 뜻이며, 이「문언」은 건괘와 곤괘에 한정되어 지어졌다. "건곤수건乾坤首建"의 중요성과 문제의식이 전제된 글이라 할 것이다. 그런데「문언」이 수식의 대상으로 하고 있는 것이 바로 괘사와 효사이다. 괘사와 효사를 총체적으로 재해석하고 있는데,「계사」와도 같이『주역』전체를 조감하는 철학적 명제들이「문언」에 포섭되어 있다. 나는「문언」을 지배하는 사상과 언어는「단전」과 연속성을 지니고 있다고 판단한다. 그러니까「단전」과 동시대에, 혹은 조금 뒤에 성립한 문헌이라고 판단한다(이러한 문헌비평의 근거로 제시되는 논의는 매우 복잡하고 디테일하다. 결론적인 나의 소감만을 술한 것이다. 나는 평생『주역』이라는 텍스트의 크리티시즘에 관심을 저버린 적이 없다. 많은 담론이 쌓여있으나 그것을 다 풀어낼 수 없음을 유감스럽게 생각한다).

「문언」은 아주 노골적으로 원형리정이라는 "사덕四德"(「문언」의 저자가 처음 사용한 말)에 대하여 정의Definition를 내리는 것으로써 문장을 시작하고 있다.

> 元者, 善之長也; 亨者, 嘉之會也; 利者, 義之和也; 貞者, 事之幹也。
> 君子體仁足以長人, 嘉會足以合禮, 利物足以和義, 貞固足以幹事。
> 君子行此四德者, 故曰:「乾, 元, 亨, 利, 貞。」

원元이라고 하는 것은 만물을 생하는 창조적인 좋은 기운의 으뜸이다라는 뜻이다. 형亨이라고 하는 것은 좋은 관계를 지니는 인간이나 사물이 모여드는 것이다. 리利라고 하는 것은 모든 관계에서 발생하는 마땅함의 날카로운 충돌을 조화시키는 것을 의미한다. 정貞이라고 하는 것은 사물의 생성과정에 있어서 그 근간이 완성되는 것을 의미한다.

군자는 인仁을 몸에 체현함으로써 사람들에게 존장尊長으로서 대접받을 수 있고(※ "장인長人"을 사람들을 자라나게 해준다는 뜻으로 해석할 수도 있다), 좋은 사람과 사물들을 모을 줄 앎으로써 예禮에 합치되는 삶을 살 수 있다. 또 사물을 이롭게 함으로써 정의로움의 충돌을 조화시킬 수 있고, 지조있고 단단한 삶의 자세를 취함으로써 사물의 생성을 완결지을 수가 있다. 군자라며는 모름지기 이 네 가지 덕성을 실천하는 자라야 한다. 그래서『주역』의 첫머리인 건괘의 괘사로써 "건괘는 원, 형, 리, 정의 덕성을 모두 지니고 있다"라고 명시한 것이다.

이「문언」의 언어는 매우 개념적이며 조직적이며 명쾌한 리듬을 밟고 있다. 도저히 고층대의 언어로 간주하기에는 너무 매끄럽고, 데피니션 속에도 의미의 트위스트가 있다. 이 문언의 언어는 다시 한 번 일목요연하게 정리를 해서 볼 필요가 있다.

군자君子의 사덕四德	원元	선지장善之長	체인體仁	장인長人	Creative Creativity	yuan
	형亨	가지회嘉之會	가회嘉會	합례合禮	Mutual Penetration in all Rituals and Communications	heng
	리利	의지화義之和	리물利物	화의和義	Harmony of Righteousness	li
	정貞	사지간事之幹	정고貞固	간사幹事	Completion of Becoming	zhen

【1】
乾
☰

이러한 도식적인 사덕에 대한 정의를 보았을 때, 나는 이것이『주역』의 원의가 될 수 없다는 것을 직감적으로 느낀다. 주희는 "역은 본시 복서지서이다"라는 명제를 내걸었는데, 이러한 거창한 개념적 구성을 접했을 때 이것이 과연 역의 본의라고 생각했을까? 그러나 주희는 좀 복잡한 사람이었다. 주희는 복서卜筮를 말했지만, 그의 궁극적 관심은 도학道學의 창조에 있었다. 전傳의 이러한 개념적 도식은 그에게 한없는 매력을 풍기는 사태였다. 그는 경의 해석에 있어서 전의 화려한 개념적 발휘를 배제할 이유가 없었다. 그의 궁극적 관심은 리학理學의 새로운 창조에 있었으므로 그러한 세계관을 풍성하게 만드는 역전의 레토릭은 그의 사상의 호재好材였다. 역전의 언어는 철학적이고 간결하고 쉽게 풀이될 수 있었다.

주희의「문언」주석

우선 주희는 건괘, 즉 하늘괘가 시간을 상징한다는 것을 간파했다. 중국인들에게 시간은 춘추春秋를 의미한다. 춘추는 춘하추동의 사계四季를 의미한다. 이 사계란 곧 우주생성의 과정Process이며 리듬이다. 즉 64괘의 모든 작용이 이러한 우주적 리듬의 순환에 내재한다고 보면, 그 순환을 주관하는 상징체인 건괘의 괘사는 이 순환의 4측면의 덕성을 나타내는 것이 당연하다고 보았다. 원형리정은 곧 춘하추동의 덕성이 되는 것이다. 우주의 변화와 인간세의 덕성을 멋들어지게 상응시킬 수 있는 절호의 근거를 발견하게 되는 것이다. 이것은 진실로 **근세유학의 새로운 시발점**이었다. 주희가 단전의 용어를 주석한 다음의 언어를 살펴보라!

> **元者, 物之始生; 亨者, 物之暢茂; 利則向於實也; 貞則實之成也。**
> 원元이라는 것은 사물이 처음 생겨날 때의 덕성이다(봄). 형亨이라는 것은 사물이 번창하고 무성할 때의 형통함이다(여름). 리利라는 것은 사물이 열매를 맺는 과정의 덕성을 나타낸다(가을). 정貞이라는 것은 열매맺음이 완성된 모습의 덕성이다(겨울).

그리고 「문언」에 대해서는 이와같은 주석을 남겼다.

元者, 生物之始, 天地之德莫善於此, 故於時爲春, 於人則爲仁, 而衆善之長也。亨者, 生物之通, 物至於此莫不嘉美, 故於時爲夏, 於人則爲禮, 而衆美之會也。利者, 生物之遂, 物各得宜, 不相妨害, 故於時爲秋, 於人則爲義, 而得其分之和。貞者, 生物之成, 實理具備, 隨在各足, 故於時冬, 於人則智, 而爲衆事之幹。幹, 木之身, 而枝葉所依以立者也。

"원元"이라고 하는 것은 사물을 생성하는 그 시작을 가리킨다. 천지의 덕성으로 말하자면 이 원에 앞서는 것은 있을 수 없다. 그러니 계절로 말하자면 봄이 되고, 사람으로 말하자면 인仁이 되니, 이것은 모든 선善의 으뜸이다.

"형亨"이라고 하는 것은 사물을 생성하는 과정의 형통함이다. 사물이 이 단계에 이르게 되면 아름답지 않을 수가 없다. 그러므로 계절로 말하자면 여름이요, 사람으로 말하자면 예禮가 되니, 이것은 모든 아름다움이 모여 회통하는 것이다.

"리利"라고 하는 것은 사물을 생성하는 과정을 마무리지어가는 단계를 의미한다. 사물이 제각기 마땅함(정의로움)을 얻어 서로 방해하지 않으니, 계절로 말하자면 가을이요, 사람으로 말하자면 의義가 되니, 이것은 각기 주관하는 분수가 조화를 얻는 것을 의미한다.

"정貞"이라고 하는 것은 사물을 생성하는 과정의 완성을 의미하니, 그 열매의 이치가 모두 갖추어져 있어서, 각자가 모두 충족한 상태를 지속시킨다. 그러므로 계절로 말하자면 겨울이요, 사람으로 말하자면 지智가 되니, 정이라는 것은 모든 일의 주간主幹이 되는 것이다. "간幹"이라는 것은 나무의 본 몸통이니, 가지나 이파리가 그 줄기에 의지하여 생명력을 지닐 수 있는 것이다.

과연 원형리정이 이러한 도식적 이해에 적합한 개념들이었을까? 그러나 오늘날 우리나라의 원형리정 이해는 모두 이러한 주희의 논의를 복사하는 것이요, 그 주장의 당연함에 추호의 의심도 하지 않는다. 주자의 말씀이니까! 주희의 논의를 도표화해보면 그 전모를 쉽게 파악할 수 있다.

심볼 사덕	계절	사람의 덕성	과정성격	자연의 덕성	방위	자하전 子夏傳	주렴계	이구 李覯
원 元	춘 春	인 仁	생물지시 生物之始	중선지장 衆善之長	동방목 東方木	시 始	시 始	기 氣
형 亨	하 夏	예 禮	생물지통 生物之通	중미지회 衆美之會	남방화 南方火	통 通	통 通	형 形
리 利	추 秋	의 義	생물지수 生物之遂	득기분지화 得其分之和	서방금 西方金	화 和	의 義	명 命
정 貞	동 冬	지 智	생물지성 生物之成	위중사지간 爲衆事之幹	북방수 北方水	정 正	정 正	성 性

과연 이러한 논의가 원형리정을 바르게 이해하는 길일까? 물론 노론의 골수파에게 이런 질문을 던졌다가는 사문난적으로 몰리기 십상이다. 주희도 이런 말을 했다: "이런 문의文義가 문왕께서 말씀하신 원래의 뜻은 아닐지라도, 독자들이 문의를 잘 파악하여 응용하면 같이 갈 수 있는 것이요 크게 어긋나지는 않을 것이다. 雖其文義有非文王之舊者, 然讀者各以其意求之, 則並行而不悖也。"

슈추쯔키를 디컨스트럭셔니스트deconstructionist(『주역』의 모든 문헌을 해체한다는 의미)라고 한다면, 주희는 컨스트럭셔니스트constructionist(이론을 구성해내는 천재)라고 말할 수 있을 것이다. 우리는 양 방법론의 포용적 중간지점에서 원형리정의 원의를 밝혀내야 할 것이다. 그런데 이러한 논의 외로 우리가 괘의 의미에 관해 고려해볼 만한 또하나의 소중한 자료가 있다. 앞서 내가 십익의 하나로 소개한 「대상전」이 바로 그것이다.

「대상전」이라는 걸작품, 그 구성 자료

건괘라는 괘의 모습(象象)만을 쳐다보고 그 괘의 의미를 밝힌 희대의 역작이 바로 「대상전大象傳」이다. 「대상전」의 저자에게 주어진 자료는 64개의 괘의 괘상과 그 괘의 명칭밖에는 없다. 다시 말해서 지금 우리가 논하는 괘사의 자료나 효사의 자료가 일체 「대상전」의 저자에게는 주어지지 않았다는 것이다. 지금 건괘의 전체의미를 논하는데, 원형리정이 한 글자도 반영되어 있지 않은 것이다. 충격적이라 말하지 않을 수 없다.

아마도 괘의 이름조차 그에게는 구술자료로서 전달되었을 것이다. 『백서주역』의 괘명이 오늘 우리가 보는 텍스트의 괘명과 상당히 다름에도 불구하고 음성학적으로 연관성이 있는 글자라는 사실은 괘명이 진한지제秦漢之際까지만 해도 사람들의 입술을 통하여 전하여진 음성체계였다는 것을 말해준다. 하여튼 「대상전」의 저자에게 괘명은 전달되어 있었다는 것을 의미한다. 괘명이 전달되어 있었다는 사실은, 괘명과 함께 괘명이 지시하는 의미체계가 주요한 자료로서 전달되어 있었다는 것을 뜻하는 것이다. 다시 말해서 괘사의 설명이 없이 오직 괘명의 의미만 그의 세만틱스를 구성하는 자료였던 것이다. 괘명은 이름인 동시에 일상언어적 의미인 것이다.

「대상전」 저자의 해석방법

그런데 또 재미있는 사실은 64개의 괘상, 즉 괘의 형태만 가지고는 수리數理는 추론가능하나, 의미론적 단위를 만들기가 어렵다. 그래서 「대상」의 저자는 6선괘를 상·하 이체二體로 나누어 그것이 모두 3선괘인 8괘Trigrams로 귀속된다는 "이체론二體論"과 "8요소론"을 정립해낸다. 이것은 지금 보면, 매우 상식적이고 기초적인 논의인 것처럼 보이지만, 64괘의 괘형 이외에 아무것도 자료로서 주어진 것이 없는 상황에서 8괘라는 귀속처를 발견하는

【1】
乾
☰

것은 매우 창조적인 작업이었을 것이다. 그런데 「대상전」의 저자는 8괘의 이름이나 수리數理를 전혀 취하지 않는다. 8괘는 오직 자연현상일 뿐이다. 그러니까 『주역』이라는 문헌 전체를 관망할 때, 그에게는 8괘가 상징하는 자연현상을 기술한 「설괘전」 제11장의 심볼해설자료가 주어져 있었다고 말할 수밖에 없다.

「대상전」의 저자는 8괘를 간이니, 감이니 하는 괘이름으로 접한 것이 아니라, 그 모습이 상징하는 자연현상으로 접한 것이다.

䷀ ☰	☷	☳	☴	☵	☲	☶	☱
천天	지地	뢰雷 전電	풍風 목木	수水 운雲 천泉 우雨	화火 명明 전電 뢰雷	산山	택澤

「대상전」의 저자는 ䷇라는 괘상을 볼 때, 우선 상·하의 두 트라이그램으로 나누어 보는데, 그것을 곤하감상坤下坎上(곤이 하괘를 점하고, 감이 상괘를 점한다)이라 인지하지 않고, 곧바로 "땅위에 물이 있다. 地上有水。"라는 자연현상으로 인식하는 것이다. 괘상에서 「대상전」의 저자는 곧바로 자연현상을 읽어내고, 그 자연현상을 "비比"라는 괘명과 연결시킨다. "비比"는 친근親近, 화목和睦, 순종順從, 보조輔助, 배합配合, 긴밀緊密, 친밀, 병렬幷列, 배열排列, 제동齊同, 동등同等의 다양한 뜻이 있다. "땅위에 물이 있다"는 자연현상을 사회구조에 있어서 위에 있는 지배층이 대지를 이루는 기층민중과 밀착되고, 물이 스며들 듯이 친밀한 관계를 이룬다는 뜻으로 해석하는 것이다. 그러면 군자는 어떻게 해야 하는가?(여기서는 주어가 "선왕先王"으로 바뀐다). 선왕은 이 괘의 형상을 본받아(이以) 만국萬國을 세우고 제후諸侯를 친근하게 포용한다. 좀 논리의 비약이 있는 듯하지만 이것은 문명의 창조주인 선왕先王의 경륜에 관한 것이다.

> 地上有水, 比。先王以建萬國, 親諸侯。
> 지 상 유 수　비　선 왕 이 건 만 국　친 제 후

땅위에 물이 스며드니 친함의 비괘 형상이다.
선왕은 이 비괘의 덕성으로써 만국을 세우고, 제후를 친근하게 포용한다.

이것이 「대상전」의 구조이다. 비괘의 괘사에 해당하는 메시지를 상象의 심볼만으로 창출해내고 있는 것이다. 단순한 자연현상을 근거로 하여 미국의 대통령이 배워야만 하는 도덕을 명령하고 있는 것이다.

사師괘의 경우

이 반대괘(종괘綜卦)인 ䷆의 형상을 보자! 「대상전」의 저자는 이렇게 말한다: "땅 속에 물이 있다. 地中有水。"그런데 이 괘상에는 "師"라는 괘명이 함께 전달되고 있다. 이 사師는 스승 사가 아니라 군대 사다. 이 사괘는 군대의 괘요, 전쟁의 괘이다. 그러면 「대상전」의 저자는, 땅 속에 물이 있다는 자연현상과 군대를 논리적으로 연결시켜야만 한다. "땅 속의 물"은 지하수이며 시냇물이 아니다. 지하수는 숨겨져 있으면서도 땅에 양분을 주고 농민을 먹여살리는 중요한 역할을 한다. 고대에는 군대가 모두 농민으로 구성되었다. 병농일치의 상황을 의미한다. 군자는 이 괘의 덕성에 의하여 백성을 포용하고 그들의 삶을 보호하여 민중 속에 잠재해있는 병력, 그 힘을 기르고 축적해나간다.

> 地中有水, 師。君子以容民畜衆。
> 지 중 유 수　사　군 자 이 용 민 휵 중

땅속에 물이 있으니 군대 괘의 모습이다. 군자는 이 모습에 근거하여 백성을 포용하고 그들의 대중적 병력의 힘을 기르고 축적해나간다.

몽蒙괘의 경우

하나만 예를 더 들어보자! 네 번째 괘인 ䷃의 형상은 어떻게 해석될까? 물론 「대상전」의 저자는 이렇게 말할 것이다: "산 아래 물이 있다."그러나 이 경우 "물水"은 "천泉"으로 바뀐다: "산 아래 샘이 솟는다. 山下出泉." 그런데 이 괘명은 "몽蒙"이다. 몽은 "어리석다," "아직 트이지 않았다," "미숙하다," "어리다"의 뜻이 있지만, 동시에 "어리석음을 깨우친다," 즉 "계몽," "교육"의 뜻이 있다.

산 아래 졸졸 흐르는 옹달샘의 모습은 아직 세상물정을 모르는 순결한 동몽童蒙의 상이다. 그러니까 「대상」은 이렇게 기술한다: "산 아래 옹달샘이 솟는 모습은 동몽의 모습이다." 그러면 군자는 어떻게 해야 하는가? 처음에 이 옹달샘의 물은 가느다란 물줄기를 이루지만, 흐르고 흐르면 도도한 대하를 형성한다. 군자라면 모름지기 이 모습을 거울삼아 과감히 대하로, 대해大海로 나아갈 용기를 가져야 한다. 옹달샘의 물이 대해로 나가는 것은 용기를 필요로 한다. 그 용기와 더불어 군자는 반드시 깊은 덕을 함양해야 한다. 전문은 이러하다.

> ### 山下出泉, 蒙。君子以果行育德。
> 산 하 출 천　몽　군 자 이 과 행 육 덕
>
> 산 아래 호젓이 솟아나는 샘의 모습은 연약한 동몽의 모습이다.
> 군자라면 이 상을 본받아 과단성 있게 행동하고 심오한 덕성을 함양한다.

이제 여러분은 「대상전」의 의미를 깨달았을 것이다. 「대상전」은 이러한 짤막한 아포리즘aphorism 64개로 이루어졌다.

건乾괘의 「대상」풀이

우선 이러한 「대상전」의 성격을 파악한 후, 건괘와 곤괘의 상에 대한 「대상」 저자의 견해가 어떠한 것인지를 살펴보자! 우리가 너무도 익히 들어 잘 알고 있는 격언이 들어있다. 건괘에 대하여 이런 말이 적혀있다.

> ### 天行, 健。君子以自彊不息。
> 천 행　건　군 자 이 자 강 불 식

앞에서 얘기한 「대상」의 용례에 비추어 "천행天行"은 단순히 "하늘의 운행"이라고 번역될 문장이 아니라 하늘이 두 개 겹쳐있는 순 하늘의 괘상을 형용한 말이라는 것을 알 수 있다. 그리고 그 다음에 나오는 "건健"은 단순히 "건강하다," "건전하다," "씩씩하다"는 형용사가 아니라, 「대상전」의 저자에게 주어진 괘명이 "乾"이 아니라 "健"이었다는 것을 알 수 있다. 그러니까 "天行, 健"은 "하늘이 끊임없이 운행하는 그 건강한 모습은 건괘가 상징하는 덕성이다"라고 번역되어야 옳다. 그러기 때문에 그러한 하늘의 덕성을 본받아 군자는 쉼이 없이 자신의 힘으로 자기자신을 강하게(건전한 하늘의 인격체) 만들어야 한다는 것이다. "자강"(자기 스스로의 힘으로 자기를 강하게 만든다), "불식"(그러한 군자의 노력은 하늘의 운행과도 같이 그침이 없다)과 같은 관념이 『중용』의 "지성무식至誠無息"(26장)과 같은 명제로 발전하게 되는 것이다.

곤坤괘의 경우

마지막으로 곤괘의 「대상」은 어떠한가?「대상」의 저자는 말한다.

> 地勢, 坤。君子以厚德載物。
> 지 세　곤　　군 자 이 후 덕 재 물

여기서도 "지세地勢"라는 것은 "땅의 형세"라는 뜻인 동시에 땅이 두 개 겹친 곤괘의 전체상을 지칭한 것이다. "곤坤"은 「대상」의 저자에게 전달된 괘명임에 틀림없지만, 여기서는 "지세가 곤하다"는 뜻이며 "곤하다"는 술부로서 해석되어야 한다. 그것은 토土와 신申으로 이루어진 회의자會意字이며, 대지가 너르게 펼쳐진(伸) 모습을 나타내는 후대에 만들어진 글자이다. 지세가 광대하게 펼쳐진 대지의 모습이니, 군자는 모름지기 그 곤괘를 본받아 덕을 후하게 쌓아 천지만물의 모든 모습을 포용할 수 있는 역량을 갖추어야 한다는 뜻이다. 『중용』 26장은 말한다: "이제 저 땅을 보라! 한 줌의 흙이 모인 것 같으나, 그것이 드넓고 두터운데 이르러서는 보라! 화악華嶽을 등에 업고도 무거운 줄을 모르며, 황하와 황해를 가슴에 품었어도 그것이 샐 줄을 모르지 아니하뇨! 만물을 싣는도다!"

"자강불식"이니 "후덕재물"이니 하는 표현이 바로 건괘와 곤괘의 괘상의 풀이의 결과이며, 원형리정을 포섭하는, 그에 상응하는 거대한 우주론적 담론의 한 형태라는 것을 나는 말하고 있는 것이다. 내가 특별히 「대상전」의 맛보기로서 몇 용례를 제시한 것은 『주역』의 언어들이 통시적·공시적으로 얼마나 복잡한 구조를 지니고 있는지, 그 한 단면을 예시하기 위함이다.

자연철학적 도덕형이상학

「대상전」은 괘형卦型과 괘명의 의미만으로 64괘 전 우주를 설명하려고 하였다는 의미에서 그것의 성립연대는 10익 중에서도 가장 고층대에 속하는 질박한 문헌임에 틀림이 없다. 그것은 괘형과 자연의 통일성을 고집하며, 천도天道의 탐구가 구극적으로 인도人道의 탐구의 기준이 되어야 한다는 자연철학적인 도덕형이상학naturalistic moral metaphysics을 구축하고 있는 것이다. 자연自然이 단순히 "스스로 그러할" 뿐만 아니라 그 자인*Sein* 그 자체가 우리 삶의 당위이며 졸렌*Sollen*이라는 정언명령을 끌어내고 있는 것이다.

64개의 괘상의 자연自然에서 인간이 갖추어야 할 모든 덕성의 명제를 끌어내는 데 성공하고 있는 것이다. 이 대상전의 철학이야말로 유교의 근본적 가치이며, 인류사유의 발전에 있어서 획을 긋는 가치론적 도약axiological jump이다. 우리 동방인의 사유가 도덕과 자연을 분리하지 않고, 자연을 도덕화시키고 도덕을 자연화시킴으로써 모든 가치의 근원을 진실되게 만드는 그러한 심오한 형상形上·형하形下의 혼원론渾元論으로 발전한 데에는 이 「대상전」의 탐구가 그러한 사조의 시원을 이루었다고 말할 수 있다. 「대상전」의 그러한 질박한 상학象學의 정신은 「단전」의 어휘로 발전하여 「계사」 「문언」의 언어로 꽃을 피운다. 질박한 『역경』의 언어로부터 10익의 『역전』에 이르는 기나긴 과정이 곧 인류고대문명에서 유례를 볼 수 없는 콘템포러리적인 정신의 개화임을 우리는 자각해야 한다. 그것은 고조선대륙의 벌판을 스치고 지나가는 흙바람 속에 실린 싯귀들이라고 말해야 할 것이다.

마왕퇴 백서 이야기

"천행건天行健"의 이야기가 나온 김에 마왕퇴백서『주역』에 관해 몇 마디 해야 할 것 같다. 1960년대 말~1970년대 초에 걸쳐 호남성 장사시長沙市 부용구芙蓉區 논밭 위에 솟은 둔덕에서 기적 같은 일이 일어났다. 그때는 문화대혁명(1966~1976) 시기였고, 홍위병의 광기가 전국을 휘덮고, 비공비림批孔批林을 운운하던 극히 문란한 시기였다. 1969년말 부주석 임표가 갑자기 "제1호전비령第一號戰備令"(전 세계 반동세력과의 전쟁에 대비해야 한다)을 발동하였고, 장사시의 공무원들은 장사시내에 있던 호남성군구軍區 366의원을 무조건 교외로 옮겨야만 했다. 병원(중국말의 "의원"은 우리말의 "병원"이다) 하나를 아무 이유 없이 갑자기 교외로 옮긴다는 것이 홍위병으로 진창만창이 된 사회체제하에서 얼마나 엉뚱한 일인지 말할 나위도 없다.

자리를 물색하던 중, 교외에 "마왕퇴간부요양원"(그 언덕이 말안장 같이 생겼다 해서 마안퇴馬鞍堆라고 불렸는데 민중 사이에서 "마왕퇴馬王堆"로 발음되어 그 지역 고유지명이 되었다)이라는 기존시설이 하나 있다는 것을 생각해내고 그곳으로 병원을 옮길 계획을 세운다. 그런데 이것이 전비령에 의한 것이므로 우선 방공호시설을 만들어야 한다. 그래서 지하동굴을 파들어가던 중 가스가 뿜어나오는 현상을 접하게 된다. 경험 있는 공작원이 성냥불을 그어대니 파아란 남색의 불꽃으로 변하는 것이 아닌가? 그는 이것은 고묘古墓를 팔 때 고묘에 밀폐된 가스가 밖으로 새어나오는 현상이라고 정확하게 진단한다.

마안퇴의 파아란 불

그러나 당시 호남성박물관의 노련한 직원·학자들은 모두 주자파走資派로 몰려 숙청당한 시점이었다. 하여튼 이런 악조건 하에서, 이집트의 왕들의 계

【1】
乾

곡 투탄카문Tutankamun 대묘의 발굴(1922년 전문발굴사 하워드 카터Howard Carter에 의함) 이래 최대의 분묘발굴사건인 마왕퇴의 기적이 시작된다. 다행히 이 소식을 주은래가 듣고 그 중요성을 감지하여 충분치는 않지만 약간의 지원을 한 것이 그나마 큰 도움이 되었다. 1972년 1월 14일부터 제1호 발굴이 정식으로 개시되었고 그해 12월에 마무리되었다(12월 10일~14일, 호남의학원 교수, 전문가들이 묘주 여인 시체의 해부를 성공적으로 수행함).

그리고 1973년 11월 19일 아침부터 제2호, 제3호 분묘가 정식으로 발굴되기 시작하여 다음해 1974년 1월 13일 결속되었다. 3호분의 곽상槨箱 중에 있던 대규모 문물의 발굴소식은 1973년 12월 14일에 발표되었다. 세계의 문화인들에게는 경천동지의 사건이었다. 나도 대만유학 시절에 그 소식을 들었고 일본에 가서 그 자료를 수집했다.

호남의 오씨 장사국

한나라라는 것은 진시황이 통일한 대제국을 유방이 항우를 물리치고 계승한 나라이다. 유방劉邦(BC 256~195. 재위 BC 202~195)은 항우와는 달리 천민 유협遊俠 출신으로 도량과 기량이 큰 인물이 아니었다. 허나 유능한 인재를 잘 발굴하고 또 그들을 적재적소에 활용하여 항우의 기분파·의리파적인 로맨티시즘을 패퇴시키고 천하통일의 대업을 이룩한다. 허나 유방은 천하를 직접 수하에 거느릴 수 있는 카리스마를 지니지 못했다. 그래서 서한왕조를 세운 후 그는 그를 도운 각지의 군사영수들 7명에게 7개의 이성왕異姓王을 분봉한다: 1) 초왕楚王 한신韓信(회음후淮陰侯) 2) 양왕梁王 팽월彭越 3) 회남왕淮南王 영포英布 4) 한왕韓王 신信(회음후 한신과 동명이지만 다른 사람) 5) 조왕趙王 장이張耳 6) 연왕燕王 장도臧荼 7) 장사왕長沙王 오예吳芮. 진나라는 전국을 36개 군으로 나누고 장안 중심의 15개 군만을 중앙직할에 소속시켜 다스렸다. 기타 대부분의 토지는 제후왕諸侯王들의 봉지封地였다. 그러나 한고조는 연왕 장도를 위시하여, 한왕 신, 회음후 한신 등 하나둘 모반죄를 덮어씌워 다 제거해

버리는데 고조 말년에는 오직 오씨 장사국長沙國만 남는다. 「여태후본기」에 이른바 "유씨가 아니면 왕노릇 할 수 없다. 非劉氏而王者, 天下共擊之。"라는 형국을 만들었던 것이다.

7개의 이성왕 중에서 형산왕衡山王 오예의 장사왕국만 살아남을 수 있었던 이유는 장사국 아래에는 남월南越이라는 막강한 세력이 버티고 있었기 때문에 장사국이라는 완충세력을 제거하면 곧바로 남월의 침략을 받을 수 있기 때문이었다. "이월제월以越制越"의 책략으로 장사국을 유지시켜야 할 리얼한 이유가 있었다. 더구나 장사왕(유방에 의하여 분봉) 오예는 회남왕 영포英布의 장인이었는데, 영포가 반란을 일으키자 오예는 복병을 보내 영포를 포살하였다. 유방은 오예가 자기를 위하여 가까운 친지를 멸하는 대의멸친大義滅親의 태도에 감동을 받았다. 그리고 오예는 친구 장량張良의 권고에 따라 장사국의 모든 병권兵權을 유방의 당형 유가劉賈에게 주었고, 봉지의 대부분도 유방의 자녀들에게 나누어주었다. 그래서 장사국의 독자적 아이덴티티는 오히려 한조정에 의해 보호를 받았고, 그 독립성은 왕망의 찬탈시기까지 계속 유지되었다.

마왕퇴 분묘 문물은 한제국문명의 집약된 최상의 표현

내가 지금 독자들에게 이러한 시대배경을 전관全觀하는 이유는, 바로 이 마왕퇴라는 분묘가 장사국의 분묘라는 사실과 그 분묘의 스케일의 장대함과 정교함, 그리고 그곳에서 쏟아져나온 문물文物의 문화적 가치와 탐미적 세련의 정도, 그리고 예술적 표현의 탁월함이 인류의 심미성의 단계에 있어서 극도의 현란함과 사유의 심오함을 과시하고 있다는 기적과 같은 사실에 대한 풀이를 제시하려는 것이다. 마왕퇴의 문물은 단지 어느 지방 제후국의 로칼한 형편에서 솟은 기적 같은 사실이 아니라, 당대 한제국문명의 모든 문화적·사상적·예술적·물질적 고수준이 집약된 최상의 표현이라는 대전제를 이해해야 한다는 것이다.

【1】
乾

이 마왕퇴분묘의 중심인물은 이창利蒼이라는 인물이다(제2호분의 주인). 이창은 장사국의 국왕이 아니라, 승상丞相(수상직)이다. 그런데 이 인물은 이 지역의 토박이 인물이 아니라, 중앙조정에서(한고조 유방이 직접) 장사국으로 파견한 인물이다. 그가 장사국으로 파견되어 승상이 된 것은 한고조 10년(BC 197)의 사건이다. 회남왕 영포가 반란을 일으켜 중앙조정으로 진군한 사건을 평정한 것도 바로 이창의 업적이다. 그가 승상이 된 다음 해의 사건이다.

이렇게 업적이 있으면 장사국에서는 또다시 그에게 식읍을 주어 제후로 삼는다. 지방의 국왕도 또다시 제후를 거느리는 것이다. 이창은 혜제惠帝 2년 (BC 193) 5월 17일 장사국의 승상의 자격으로 또다시 대현軑縣(지금 하남성 나산현羅山縣과 광산현光山縣 사이, 일설에는 호북성 희수현浠水縣 난계진蘭溪鎭)의 제후로서 봉하여진다. 그의 식읍은 700호였다. 그래서 우리가 보통 그를 대후軑侯Marquis Dai라고 부르는 것이다. 그는 700호를 거느린 지방의 영주가 아니라 중앙의 실권자들과 동급의 권세를 지닌 사계절의 인물이었다(그의 이름을 "려주창黎朱 蒼"이라고도 한다).

사람들에게 가장 많이 회자된 제1호분, 땅밑 16m, 숯과 석회로 층층이 다져져 완전히 밀봉된, 그리고 4관2곽의 오경奧境 속에 숨겨진 한 여인의 고시古尸, 이천백여 년이 지났어도 전혀 부패되지 않은 채 그 피부의 감촉조차 생체처럼 살아있었던 그 여인, 그리고 그 여인이 누워있는 내관內棺의 개판蓋板을 덮고 있던 한 폭의 T자형 비단포그림(백화帛畵, 전체길이 2m 82cm), 지하와 지상과 천상의 모든 모습이 거룡들이 연결하는 하나의 시·공간 위에서 같이 춤추고 있는 완벽한 채색화, 이 모든 환상적인 문물의 주인공은 50세 가량의 여인, 신추辛追로 알려졌다. 신추는 바로 이창의 부인이다. 그러니까 제1호묘는 제1대 대후軑侯의 부인 묘이다. 그런데 이 속에서는 헤아릴 수 없는 어마어마한 다량의 문물이 쏟아졌지만, 우리의 학술세계를 뒤흔들 만한 간백자료는 출토되지 않았다.

이창의 아들 이희, 그리고 이희의 동생 이득

『백서노자』니『백서주역』이니 하는 비단 위에 쓴 44종(또는 45종) 12만 자字 분량의 엄청난 문헌자료가 출토된 것은 제3호분이었다. 제3호분은 하장연 대下葬年代가 명확하다. 부장품 목독木牘에 의하여 확인할 수 있는 날짜는 한 문제漢文帝 12년(BC 168) 2월 을사乙巳(양력 3월 12일)이다. 이 날짜 전후하여 하 관이 이루어진 것은 움직일 수 없는 사실이다. 그런데 이 3호묘의 주인공은 누구일까? 부장품으로 추론할 수 있는 확실한 근거는 발견되지 않았다.『사 기』『한서』등 사서史書의 기록에 의하여 우리는 이 분묘의 주인공은 이창의 아들이며, 제2대 대후軑侯인 이희利豨일 것이라고 추론한다. 그러나 사서에 나오는 사년死年과 분묘위치로 추론되는 여러 가지 사정에 의하여 이 분묘의 주인은 제2대 대후 이희가 아니고, 장사국 사마司馬의 지위에 있었던 이희의 동생 이득利得일 것이라고 추론되기도 한다. 이 두 가지 설은 모두 다 가능하며 어느 하나로 확정지을 수 없다.

분묘	주인공	지위	기간	비고
제2호분	이창利蒼	제1대 대후軑侯	BC 197 장사국 승상~BC 185 死 BC 193년 대후로 봉하여짐	도굴되어 인장밖에 남은 것이 없다.
제1호분	신추辛追	이창의 부인, 대비마마	BC 215c. 生~BC 165c. 死 죽을 때 50세 전후	무궁무진한 예술품 고귀한 삶을 누림 선단仙丹약 복용 수은중독
제3호분	이희利豨 혹은 이득利得	제2대 대후 혹은 이희의 동생	BC 185 대후 취임~BC 165 死 BC 168년 死	둘 다 이창과 신추의 아들이다. 엄청난 지식인. 군사전략가 시신 30세 전후

【1】
乾
☰

하장연도가 확실한 것은 제3호분인데 그 주인공은 이창과 신추 사이에서 낳은 아들이 분명하고 시신의 나이는 30세 전후(30세 약간 못 미칠 수도 있다)이다. 그런데 중요한 것은 가장 성대한 제1호분의 하장연도가 제3호분의 하장연도보다 3년 정도 늦다는 사실이다. 그러니까 대비마마 신추는 자기 아들 이득(혹은 이희: 이득일 가능성이 더 크다. 何介鈞, 『馬王堆漢墓』, 文物出版社, 2006. p.147)의 죽음을 슬프게 지켜보았고, 있는 성의를 다해 묘를 조성했다. 이득은 젊었고, 대단한 지식의 소유자였으며, 병법의 천재였다. 아마도 그는 남월과의 전투에서 죽었거나 국경의 전투지에서 너무 오래 야영생활을 해서 얻은 질병으로 죽었거나 했을 것이다.

사상최대규모의 지하도서관

신추는 자기 아들을 위해, 아들이 생전에 즐겨 읽었던 책자를 저승에 가서도 읽을 수 있도록 무덤 속에 도서관을 차려주었던 것이다. 인류역사에 있어서 기원전 시대의 서적이 2천여 년을 지나 옹고로시 있는 그대로 현대에 전달된 최대규모의 지하도서관이 이런 연유로 조성된 것이다. 이 서적은 철학, 역사, 문학, 군사, 종교, 회화, 예술, 천문, 지리, 의약, 역법, 기상, 건축, 목축 등의 내용을 포괄한다.

이때는 진시황의 협서율挾書律이 풀리기는 했으나(혜제惠帝 4년, BC 191년 풀림) 여전히 그 영향이 남아있는 것을 볼 수 있다. 『시詩』『서書』 관련서적은 없고, 『주역』은 애초에 금서품목에 들어가있질 않았다. 『노자』는 문제시대의 바이블이었다. 그의 도서품목 속에 『지형도地形圖』, 『주군도駐軍圖』, 『성읍도城邑圖』 3폭의 백질帛質 고지도가 들어있는데 그 무덤의 주인공의 삶을 들여다보게 하는 군사전략지도이다. 나는 이 지도 원본의 복사본을 소장하고 있는데, 그것을 들여다보고 있으면 온갖 상상력이 발동한다.

내가 또다시 마왕퇴백서에 관해 얘기하다 보니, 한국독자들에게는 별로 전달된 적이 없는 정보를 소개하게 되었다. 그래서 얘기가 좀 길어졌다.

마왕퇴『백서주역』과 현행본『주역』

『백서주역』과 현행본『주역』의 최대차이는 64괘의 나열순서에 관한 것이다. 괘사와 효사의 내용은 대차가 없다. 오늘날 우리가 보고있는 고전의 내용이 얼마나 왜곡되지 않고 전해져 내려왔는가를 말해준다. 마왕퇴『백서주역』의 필사연도는 하한선이 같이 묻힌『오성점五星占』의 천문기록으로 볼 때 문제 3년이다. 그러니까『백서주역』은 늦어봐야 BC 177년 이후로 내려오지는 않는다는 것이다. 그 문헌의 원본은 전국초기까지 소급될 수 있다.

『백서주역』에 관해서는 전문서적들이 나와있으므로 지금 재론하지 않는다. 단지 64괘의 배열구조가 놀라웁게 시스테마틱하다는 것이다. 6효의 한 괘를 상·하의 8괘의 성분으로 나누어, 먼저 상괘를 건乾·간艮·감坎·진震·곤坤·태兌·리離·손巽의 여덟 궁(팔궁八宮: 여덟 그룹)으로 배열하고 각 궁의 하괘는 건乾·곤坤·간艮·태兌·감坎·리離·진震·손巽의 순서대로 결정하는 방식을 취했기 때문에 64괘가 나름대로 질서정연하게 배열되어 있다. 그러니까 어느 한 괘가 64괘 배열의 어느 위치에 올 것인가를 자체의 약속체계에 의하여 알 수 있다. 그러나 현행통용본은 이웃하는 2개의 효가 착이나 종의 관계를 갖지마는 그것이 왜 그 순서에 있는지를 설명할 길이 없다. 다시 말해서 현행본『주역』보다『백서주역』이 더 오리지날한 것이라고 한다면, 『주역』을 바라보는 시각이 코스모스(질서)적인 데서 카오스적(무질서)인 데로 발전했다고 말할 수도 있다. 질서보다는 무질서가 해석의 폭이 무진장 넓어지는 것이다.

마왕퇴에서 나온『역』전들

『백서주역』에는 오늘 우리가 보는「계사」라는 대전大傳이 들어가있다. 그 내용도 거의 대차가 없다. 그런데 우리가 보지 못하던 전이 5개나 들어가있다:「이삼자二三子」,「역지의易之義」,「요要」,「무화繆和」("목화"로 읽는 사람도 있으나『광운』반절에 의거하면 "무"라고 읽는 것이 옳다), 「소력昭力」. 그런데 「이삼자」 (공자가 공자의 제자들을 일컫는 말. "너희들"의 뜻)라는 전傳은 『역경』의 괘사와 효사 를 인용하면서 그 구절을 해석하는 일종의 「대상」「소상」적 성격을 갖는 해 설문헌인데, 이「이삼자」가 인용의 대상으로 삼고있는 『역경』이 과연 어떠 한 것인가를 살펴보면, 도저히『백서주역』일 수가 없다는 것이다. 건괘로 시 작하여 미제괘(제32장)로 끝나는 전체구도와 중간에 인용하는 방식이 오히려 현행통용본의 순서에 가깝다는 것이다(료명춘廖名春,『백서주역논집帛書周易論集』 「백서역전인경반영출적괘서帛書易傳引經反映出的卦序」, pp.34~39. 료명춘, 1956년생. 길림대학 철학과의 저명학자, 김경방金景芳 선생의 제자이며 착실한 학자이다).

『백서주역』의 괘순서가 오리지날한 권위를 가질 수 없다

이러한 사실로 볼 때 『역』의 괘서가 어느 시점에 『백서주역』에서 현행본 『역』으로 변모되었다고 보기는 힘들며 그 양자, 혹은 다양한 방식으로 배열 되는 텍스트들이 공재共在했다고 보아야 할 것이며, 현행본『역』의 가치는 무시 할 수 없는 주류로서 자리잡고 있었다고 보아야 한다.

「대상」의 "천행건天行健"에서 알 수 있듯이 건괘의 괘명이 "건健"으로 되어 있었다는 것을 시사하는데, 『백서주역』에는 그것이 "건鍵"으로 되어있다. 이 "건鍵"에 관하여 주석가들은 "열쇠, 자물쇠, 빗장"이라는 문자 그대로 의 폐쇄적인 자의에 얽매여, 건괘가 64괘의 시작을 여는 괘 전체 문호門戶의 "관건關鍵"을 의미한다고 말하나, "鍵"은 「대상」의 "건健"과 관련지어 단 순한 동음상의 가차로 이해해야 할 것이다. 폐쇄적인 함의를 갖는 자물쇠나 빗장의 의미는 적합지 아니하다. 하늘의 움직임은 "강건하다," "건강하다," "쉼이 없다"는 뜻이다.

곤坤과 천川

"곤坤"도 『백서주역』에는 "천川"으로 되어있는데, 『설문』에서 "천이란 대지를 뚫고 소통시키는 물의 흐름이다. 川, 貫穿通流水也。"라고 했다. 대지 위에서 유일하게 통류通流하는 것이 천천이라 한 것이다. 통류한다는 것은 "순순順"과 통한다. 그러니까 실상 곤坤, 천천, 순순順은 모두 비슷한 음의 비슷한 뜻이다. 당나라 육덕명陸德明의 『경전석문經典釋文』에 이와같은 해설이 있다: "곤坤이라는 글자는 텍스트에 따라서는 《《이라고도 쓴다." 송나라 정초鄭樵의 『육서략六書略』에는 "곤坤괘의 3획 ☷을 세로로 세우면 《《이 된다"라고 쓰여져 있다. 그러니까 『백서주역』에 "곤坤"을 "천천"이라 쓴 것은 하나도 이상할 것이 없다. 청나라 왕인지王引之, 1766~1834(언어학자. 왕념손王念孫의 맏아들)의 『경의술문經義述聞』에도 "곤坤"과 "천천"은 같다고 했다. 곤이나 천이나 모두 순순順의 덕성을 내포한다고 했다.

구체에서 추상으로

내가 지금 말하려 하는 것은 『주역』의 모든 터미놀로지는 유동적이라는 것이다. 건곤乾坤을 "건천鍵川"이라고 썼다 해서 이상할 것은 없다는 것이다. 뜻은 다 상통한다는 것이다. 단지 건천鍵川은 보다 구체적인 물상의 함의를 전하는 데 비하여 건곤乾坤은 보다 비일상적이고 추상적이다. 우선 건곤은 옛 글자가 아니다. 갑골문·금문에 있는 글자가 아니다. 그러니까 의미론적 글자가 아니라 기호론적 글자라는 것이다. "鍵川"이 "乾坤"으로 변해갔다는 것은 인류의 사유가 구체적이고 일상적인 데서 보다 추상적이고 일반적인 데로 나아갔다는 것을 의미한다. 그것은 『역』의 주요한 개념인 남성성masculinity과 여성성femininity이 "강강剛과 유유柔"라는 개념적 표현에서 "음음陰과 양양陽"으로 발전한 것과 같은 양식의 변화인 것이다.

자아! 이제 내가 생각하는 원형리정을 논술할 때가 된 것 같다. 주희의 논의 이외로도 원형리정에 관한 논의는 끝이 없이 많다. 그러나 그 어느 누구도 자기의 설이 유일한 정설이라고 말해서는 아니 된다. 『역』의 세계에는 절대적 권위가 있을 수 없다. 『역』 그 자체가 변화를 의미하는 것이고 동動dynamism을

【1】
乾
☰

의미하는 것이다. 역의 변화는 궁극적으로 나의 삶의 변화이며 개벽이다. 수운의 동학사상도 역을 떠나서 생각할 수 없다. 역은 단순한 "change"가 아니라 "transformation"이다. 역은 "하느님과의 만남"이다.

원元의 원래 의미

"원元"의 의미에 관한 논의를 모두 "대大"의 의미로부터 시작하는데, "원元"의 일차적 의미는 "크다"는 뜻이라기보다는 자형字形으로 볼 때 "머리"(수首)라는 뜻이 최우선한다. 원元에서 위에 있는 한 획을 걷어내면 내 호인 도올檮杌의 "올兀"자가 된다. 올은 사람의 모습이고 "원元"은 사람의 머리를 극대화시킨 모습이다. 갑골문은 $\overline{\overline{7}}$ 혹은 $\overline{7}$ 의 모양으로 나타난다. "머리"를 가리키는 것이다. 우리말에 "원수元首"라는 뜻이 가장 원의를 살린 표현이다. 모든 조직의 으뜸이며, 군대의 통솔권자이다. 사당에서 머리를 숙이고 조상께 고하는 모습은 "완完"이다. 아주 쉽게 얘기하면 "원元"의 의미는 천지의 우두머리요, 으뜸이며, 보편자라는 뜻이다. 그러니까 가장 보편적인 가치를 구현하는 근원자라는 뜻이다. 건괘는 하늘의 으뜸이라는 뜻이며, 그것은 용龍으로 표현된 기상이다.

형亨의 원래 의미

다음으로 "형亨"은 "형통한다"는 국부적인 형용사적 의미라기보다는, 일차적으로 제사를 지낸다는 뜻이다. 제기에 음식을 담아 신에게 바치는 것을 의미한다(享 含). "형亨"은 제사음식을 만드는 것을 의미하며 "팽임烹飪"을 하는 그릇을 의미한다.

제사를 지낸다는 것은 천지의 창조적 기운-Creative Power에 힘을 보태는 것이요, 하느님과 소통하는 것이요, 그리함으로써 모든 사물과 형통하는 관계를 유지하는 것이다. 형亨은 향享과 통한다. 제사는 나의 성실함의 표현이요, 하느님의 향유Enjoyment이며, 또 음식을 모든 사람들과 같이 향유하는 것이다.

제사는 나눔Sharing이다.

리利의 원래 의미

세 번째의 "리利"는 무슨 뜻일까? "리利"라는 글자는 그냥 들여다보기만 해도 알 수 있듯이 벼 화禾 자와 칼 도刀로 나뉜다. "리利"를 주희가 가을의 덕성에 상응시킨 것은 과히 틀린 발상이 아니다. 리利는 가을에 논밭에 뿌린 농작물을 거두어들이는 것이요, 그것은 이득이요, 수확이요, 인간의 노고의 결실과 보람을 뜻하는 것이다. "리利"에 대한 해석은 특별히 나의 해석이 타인과 다를 바가 없다. 『역』에서 "리利"는 "…… 하는 데에 이로움이 있다"는 식으로 쓰인다. "리견대인利見大人"은 "대인을 만나는 데 너의 이로움이 있다"는 식으로 해석된다. 『논어』「헌문」13에 공자가 "완성된 인간"(成人)이라는 주제를 놓고 자로와 논의하는 대목이 있는데 "견리사의見利思義"라는 말을 한다. 리를 보면 곧 의로움을 생각하기만 해도 훌륭한 인간이라고 말할 수 있다는 뜻이다.

인간세에서 리利는 항상 충돌을 불러온다. 따라서 그 충돌을 조화시킬 수 있을 때만이 리는 진정한 리가 될 수 있는 것이다. 부자가 자기 잘나서 돈 잘 번다고 생각하면 그 부는 곧 망가진다. 리利는 의義를 전제로 하지 않으면 가치를 상실한다. 「문언」에 "리자利者, 의지화야義之和也"라고 했는데, 참 애매한 말이다. 사실 그 문장의 내면은 "의자義者, 리지화야利之和也"(정의라는 것은 리가 조화되는 것이다)라는 뜻이 들어있는 것이다. 리는 의라는 사회적 가치를 전제로 해야만 리인 것이다. 리를 얻으면 약자를 도와줄 줄을 알아야 한다. 리는 개인적 가치가 아니라, 사회적 가치라는 것을 알아야 한다.

이 건괘 세 번째 덕인 리의 뜻은 이러하다: "그대는 건괘를 만나면 모든 행위에 있어서 이로운 결실을 얻을 것이다. 그러나 그대는 리를 통하여 의義를 구현해야 한다." 프로피트Profit와 저스티스Justice는 하나다!

【1】
乾
☰

정貞의 원래 의미

『주역』전체를 통하여 가장 왜곡되어 있는 단어가 바로 "정貞"이라는 이한마디이다. 원형리정 4글자 중에서 『주역』전체를 통하여 가장 많이 출현하는 글자가 "정貞"인데 가장 왜곡되어 있고 가장 그 본의가 전달되어 있지 않다. "겨울"이라는 이미지에 갇혀있고, 우리나라 사람들이 도식적으로 "곧을 정"이라고 훈을 달고 또 여성의 "정조"라는 차별의식 속에 이 글자를 가두어버리는 바람에 이 글자의 의미는 전혀 다른 길을 걸어온 것이다.

"정貞"은 최소한 역의 세계에 있어서는 "곧다," "굳세다," "지조가 있다," "안정적이다"라는 형용사적 의미와는 아무 관련이 없다. 우선 "정貞"은 갑골문에 엄청 많이 등장하는 고자古字인데 그 생긴 모양만 보아도 "점친다"는 의미의 "복卜"과 "조개 패貝"로 이루어져 있다. 혹자는 양자를 그럴듯하게 결합하기 위하여 점을 치는 복비로 내놓는 돈이 "패貝"("지贄"에 해당)라고 말하지만, 갑골문에 이 글자는 이런 모습으로 나타난다: 鼎. 그런데 위글자는 복卜이 맞지만 아래의 조개 패에 해당되는 글자는 세발솥 정鼎이다. 정확히는 알 수 없으나 옛날에 점을 칠 때에 정鼎이라는 큰 솥도 동원되었던 모양이다. 정에다가 향불을 피운다든가 하는 일은 국가의 대사에 관한 점이었을 것이다.

모든 설명을 각却하고 단도직입적으로 말하자면 "정貞"은 "점친다"는 동사의 의미를 떠난 적이 없다. 갑골문에는 "점친다"는 의미로 가장 많이 나오는 글자인데, 그 뜻은 "묻는다"는 뜻이다. 『설문』에서도 "정貞이란 복卜을 통하여 묻는다는 뜻이다. 貞, 卜問也。"라고 되어있다. 『주례周禮』「대복大卜」정사농주鄭司農注에 "정貞이란 묻는다는 뜻이다. 국가에 큰 의심이 있을 때는 시구에 묻는다. 貞, 問也。國有大疑, 問於蓍龜。"라고 되어있다.「소종백小宗伯」에도 "약국대정若國大貞"이라는 말이 있는데 대정大貞이란 국가의 대사를 앞두고 크게 점친다는 뜻이다.「천부天府」에도 "진옥이정陳玉以貞"이라는 말이 있는데 정현은 이에 대해 "국가대사의 바름을 묻는 것을 정이라 한다. 問事之正曰貞。"이라고 주를 달았다.

점치는 사람을 고래로부터 "정인貞人"이라 불렀다. 점친다는 뜻은 신의神意를 묻는다는 뜻이며, 그것이 올바르게 진행되었을 때 "바르다" "곧다" "믿음직스럽다貞信"는 의미가 파생되는 것이다. 정의 뜻은 일차적으로 "물음"이다. 점을 쳐서 건괘의 괘사를 만났을 때 그 뜻은 "그대는 점을 칠 만하다. 그리하여 하느님과 곧게 소통하여라"라는 명제로 번역될 수 있다. 또는 "그대는 하느님께 너의 삶의 진로에 관하여 물을 수 있다. 물음을 통하여 곧은 길에 도달하리라"이다.

원형리정 그 최종의 해석

원형리정 전체의 뜻은 이러하다:

그대는 건괘를 만났다. 건괘의 말씀은 이러하다:

1) 그대는 천지만물에 스며있는 가장 근원적인 가치를 구현하여 만인의 으뜸이 되라. 그대는 매사에 리더십을 확보하게 되리라. 원은 보편성 Universality이다.

2) 그대는 천지만물을 생성하는 하느님께 제사를 지낼 수 있다. 제사를 지내 만인·만물과 형통하고 하느님을 기쁘게 해드려라. 형은 나눔 Sharing through Rituals이다.

3) 그대는 매사에 이로운 결과를 획득하게 되리라. 그러나 그 이로움은 정의로운 조화가 되어야 한다. 리는 사회정의Social Justice이며 이로움의 조화 Harmony of Gains이다.

4) 그대는 네가 사는 사회와 너 존재의 운명에 관하여 물을 수 있다. 점을 침으로써 하느님과 소통하고 바른길을 개척하라. 정은 물음이요, 대답이다. Inquiry and Divine Answer.

독자들은 이제 깨달았을 것이다. 나 도올의 『역』해석이 여하한 기존의 상식체계와도 상용相容되지 못하는 측면을 지니고 있다는 것을. 이제 이러한 원형리정의 해석체계를 건반으로 해서 무한한 효사의 노래를 지어갈 것이다. 지금부터 경經 그 자체의 논리에 의하여 『역경』을 해석해나가겠다.

初九: 潛龍, 勿用。
초 구 잠 룡 물 용

첫 번째 양효: 그대는 이제 막 시작했다. 그대는 물에 잠겨있는 용이다. 그대 자신을 헛되이 쓰지 말라. 그대를 드러내지 말라. 그리고 잠재능력을 최대한 축적할지어다. 미래의 도약을 위하여!

『백서주역』에는 "잠룡潛龍"을 "침룡浸龍"이라 표현했다. 『설문해자』에 용을 이렇게 묘사한다: "용은 파충류의 왕이다. 어둠 속에서 살 수도 있고 밝음 속에서 살 수도 있다. 작아질 수도 있고 거대하게 될 수도 있다. 짧아질 수도 있고 길어질 수도 있다. 춘분에 하늘에 오르고, 추분이면 연못 속으로 숨는다."

새로 발견된 백서자료 「이삼자」 제1장에 이런 대화가 실려있다:

공자의 제자들이 공자에게 물었다: "『역』에는 용이 자주 언급되고 있습니다. 도대체 용의 덕성은 어떠한 것입니까?" 공자가 대답한다: "용은 거대하다. 용은 자신의 모습을 변화시킬 수 있다. 천제天帝의 힘을 빌어 자신의 신성한 덕神聖之德을 드러낸다. 용은 하늘 높이 솟아올라 일월성신과 더불어 놀면서도 튀지 않으니 양의 덕성이 극도로 발현되기 때문이다. 아래로는 깊은 연못 속으로 빠져들어가면서도 익사하지 않으니 그것은 음의 덕성이 극도로 발현되기 때문이다. 위로 솟아오르면 바람과 비가 그를 받들고, 아래로 깊게 잠겨도 천신이 그를 보호한다. 깊은 흐름 속에 노닐면 물고기와 뱀이 그를 앞뒤로 둘러싼다. 물의 흐름 속에서 용을 따르지 않는 자가 없다. 솟아 오르면 벼락의 신(뇌신雷神)이 그를 기른다. 바람과 비는 용과 싸우지 않고, 새와 짐승은 용을 방해하지 않는다. 아~ 용은 진실로 위대하다."

용은 물속, 땅위, 하늘에 모두 삶의 영역을 지닐 수 있는 생명체로서 상정 되었다. 그것은 시간과 공간을 연속시키는 어떤 우주적 작용이다. 마왕퇴의 관덮개 그림에서도 용은 시간과 공간을 휘어감고 있다.

"물용勿用"의 "용"은 용이 주체가 되는 동사로서 능동적으로 해석하는 것이 옳다. "너 자신을 허비하지 말라"는 뜻이다.

九二: 見龍在田, 利見大人。
구 이　현 룡 재 전　리 견 대 인

두 번째 양효: 너는 이제 뭍으로 나왔다. 이제 드러난 용이 되었구나! 잠룡의 단 계를 벗어난 현룡이다. 현룡이 밭에 있다고 했으니 너는 부지런히 밭에 씨를 뿌리고 가꾸고 곡식을 거두어야 한다. 그러나 진정한 수확은 너보다 더 나 은, 네가 참으로 배울 수 있는 사람, 즉 대인을 만남으로써 이루어지는 것이 다. 너는 용의 형상을 하고 있다고는 하나, 어디까지나 사람이다. 사람은 배 워야만 성장할 수 있다. 대인을 만나는 데 리利가 있다는 것은, 너는 오직 너 에게 큰 배움을 안겨줄 수 있는 사람을 만남으로써만이 도약이 이루어진다는 뜻이다.

———— ✦◈✦ ————

九二는 하괘(=내괘內卦)의 중효인데 九五와 통하는 중용의 자리요, 제왕과 상 응하는 자리이다. 비록 땅위에 있다고는 하나 하늘에 있는 비룡과 상응하는 가능성을 지니는 위대한 재목이라 할 수 있다. 건괘와 곤괘에서는 정正, 부정不正의 판단이 적용되지 않는다. 九二는 본시 음의 자리(음위陰位. 짝수자리)이므로 양효가 오면 "부정不正"이라고 말해야 하나 그런 일반괘의 상황이 건·곤괘에는 적용되지 않는다.

대부분의 주석가들이 "재전在田"의 의미를 해석하지 않았다. 그냥 뭍에 있다고만 풀이했다. 밭 전田 자는 농사와 관련되는 글자이며 갑골문에도(田 田) 경작의 의미로 나타난다. "재전在田"은 다음에 오는 "리利"와 관련하여 해석되어야 한다.

"리견대인利見大人"은 건괘 6효를 통해 九二와 九五에만 나타난다. 그만큼 중요한 의미를 띠는 것이다. 제왕이 되려고 하면(모든 조직의 리더십을 장악한다는 뜻) "리견대인"의 전제가 없이는 불가능하다. 인간人間은 어디까지나 간間의 존재이며 인간됨의 관계망을 떠나 고립될 수 없다. 사람은 아무리 출중한 사람이라도 자기에게 가르침을 줄 수 있는 대인을 만나지 못하면 위축되고 실수를 범한다. "대인"에 관한 오해가 많다. "대인"을 특별한 사람, 와룡선생, 제갈공명 같은 현인으로만 생각하는데 대인은 그러한 유명한 현자가 아니더라도 우리 삶의 주변에 얼마든지 있을 수 있다.

"리견대인"의 핵심은 "견見"에 있다. 견은 "엔카운터Encounter"를 의미한다. 진정한 "만남"이다. 이 만남의 주체는 역시 현룡이다. "만남"을 이룩할 줄 모르는 현룡은 용이 아니다. 나의 생애를 되돌아보면 너무도 많은 대인들이 내 삶의 굽이굽이에 있었다. 참으로 감사한 일이다. 인간은 어떠한 경우에도 혼자 크지 않는다. 리견대인의 윤리가 유교라는 문화적 가치의 핵심이 된 것이다. 유교는, 그리고 고조선의 인간학은 역의 가르침이 없이는 성립할 수 없었다. 역 때문에 종교로 빠지지 않고 도덕의 거대한 물결로써 대지를 통관通貫하였다.

九三: 君子終日乾乾, 夕惕若, 厲, 无咎。
구 삼　군 자 종 일 건 건　석 척 약　려　무 구

세 번째 양효: 사람다운 사람이라면 자기 삶이 위태로운 자리에 있다는 것을 깨닫고 하루종일 매일매일 자강불식하는 자세로 씩씩하고 건강하게 살아야 한다(君子終日乾乾). 종일건건終日乾乾의 "건건"은 "건건健健"과 통한다. 저녁에조차도 항상 계구戒懼하는 자세로 조심스럽게 지내야 한다(夕惕若). 그렇게 하면 위험이 사라지는 것은 아니지만(厲) 질병, 재해, 죄과罪過와도 같은 허물이 발생하지는 않을 것이다(无咎).

九三은 하괘의 제일 꼭대기이므로, 上九 항룡의 자리와 같이, 위험한 포지션이다. 절벽 낭떠러지에 휘몰린 듯한 자리이다. 그러나 여섯 번째 자리와는 달리 사회적 위치가 높지도 않고 상괘의 4·5·6 위의 삶이 남아있다. 여기서 척약惕若(두려워하는 삶의 자세)하지 않고 까불다가는, 젊은 나이에 의식없이 방황하다 골병들어 죽는 재벌집 자식들 꼴이 되고 만다. 三과 六의 자리는 높지만 위태롭다는 삶의 진리를 아르켜준다.

우리의 인생은 어차피 시간 속에 던져진 한판(場場)이다. 시작이 있고 끝이 있다. 시간의 흐름과 더불어 우리는 생장수장生長收藏의 사계절을 거친다. 그러나 이 과정에는 온갖 타자他者의 시간들이 겹쳐있다. 그 시간들은 나의 삶의 카이로스를 형성한다. 내가 어느 위치에 있는지를 알아야 한다. 역은 변화이다. 그것은 시간인 동시에 공간이다. 그 시공연속체 속에 나의 좌표를 알아야 한다. 6효는 그 좌표들의 대명사이다. 건괘·곤괘는 특정인의 특정한 삶에 관한 물음이 아니라 모든 사람의 삶의 시공간의 디프 스트럭쳐를 깨우쳐주는 상징체계이다. 이것을 놓고 문왕文王의 삶의 역정의 어느 단계이니 『좌전』의 어떤 사건이니, 순舜의 덕행이 천자의 귀에 들린 시기이니 뭐니 하고 운운하는 것은 역의 기본전제와 구조와 의미를 모르는 것이다.

【1】
乾

여기 "건건乾乾"은 「대상전」에서 말한 바 "건健"과도 같다. "척약惕若"의 "약若"은 "연然"과도 같은 어미조사이며 별 뜻이 없다. "석척약夕惕若"은 『중용』의 "계신호기소불도戒愼乎其所不睹, 공구호기소불문恐懼乎其所不聞"의 사상으로 발전하였다.

"군자君子"는 모든 괘의 주어라고도 말할 수 있지만, 계급적 성격을 피하기 위해 여기서 "사람다운 사람"으로 번역했다.

九四: 或躍在淵, 无咎。
구 사 　 혹 약 재 연 　 무 구

네 번째 양효: 그대는 이제 도약의 자리에 왔다. 주저앉을 것이냐 날 것이냐, 그 선택의 기로에 왔다. 그대는 이제 연못을 벗어나 뛰는 것을 혹 시도할 수 있다(或躍). 그러나 그대의 긴 꼬리는 아직도 연못 속에 있다(在淵). 뛴다는 것은 두 발이 이미 땅을 떠났지만 아직 날지는 않고 있다는 것이다. 그러나 지금 이 시점에 네가 뛰는 것을 선택한다면 허물이 발생하지는 않을 것이다(无咎).

———— ❧ ————

4번째 효는 이미 하괘에 속하지 않고 상괘의 제일 아랫효가 된다. 이 四라는 포지션은 변화의 시작이요, 혁명의 시발이다. 결단의 시기이다. 이 시기의 군자는 역시 도약의 결단을 내려야 한다. 그래야 다시개벽의 시대가 온다. 뛰어라! 뛰면 허물이 없다.

九五: 飛龍在天, 利見大人。
구 오 　 비 룡 재 천 　 리 견 대 인

다섯 번째 양효: 아~ 드디어 그대는 하늘을 제어하고 있는 비룡(하늘에서 날고 있는

용)이 되었구나. 너는 지금 모든 것을 성취한 제왕帝王의 모습이다. 인간세에서 더 이상 부러울 것이 없는 성취의 상이요, 시중時中의 모습이지만, 인간세의 가장 아름다운 포지션이란 아름답게 유지되기가 어렵다. 하늘을 제어하는 비룡이라는 자만감에 빠지지 말고, 너를 끊임없이 일깨워줄 큰 인물을 만나야 한다. 그 길만이 모두에게 이로운 것이다.

───── ❦ ─────

九五는 양위陽位에 양효陽爻가 있으니 득정得正이요, 당위當位라 말할 수 있다. 『역경』의 모든 언어 중에서 가장 고귀한 말은 기실 이 건괘의 九五의 언어요, "비룡재천"이라는 이 한마디이다. 이것을 정치권력의 측면에서만 생각하는 경향이 있는데, 비룡은 제왕이나 대통령만을 의미하는 것이 아니고, 모든 우리 삶의 지향처는 비룡적 성격을 지니고 있다. 그것은 리더십의 표준이요, 이상이다. 결국 우리가 산다고 하는 것은, 나의 삶이 만들어가는 코스모스 속에서 리더십을 확보하는 것이다.

『역』의 지혜는 이 최상의 九五에 "비룡재천"이라는 간단한 한마디를 부여했을 뿐이고, 그 부여의 조건으로 "리견대인"이라는 간단한 한마디를 언급했을 뿐이라는 이 사실에 있다. 비룡의 모습은 대인을 만나지 않으면 유지되지 않는다. 우리나라 대통령 중에서 진정한 대인을 옆에 둔 사례가 한 명이라도 있었던가?

「문언전」은 이 대인에 대하여 정확한 규정을 내리고 있다. 과장법이 있는 것처럼 들리지만 실상 대인의 정신적 내면은 이러한 경지를 과시해야만 할 것이다:

아~ 비룡이 만나야만 하는 대인大人이라는 인격체는 만물을 덮고 또 만물을 신는 천지의 덕성과도 같은 덕성을 지니며, 일월의 밝음과도 같은 명철한 맑은 정신을 지니며, 춘하추동 사시가 돌아가는 운행에 자기의 행동을 맞추며, 또 귀鬼와 신神의 작용에 따라 길흉을 판단할 능력을 지닌다. 하늘의 운행을 앞서가도 하늘은 그를 책망하지 않고, 하늘의 운행을 뒤따라가도 그는 하늘의 때를 잘 받들어 모신다. 하늘조차 그를 어긋나게 하지 않는데, 하물며 사람이 그를 잘못되게 할 수 있겠는가? 하물며 귀신이랴!

이러한 올바른 정신을 가진 대인이 옆에서 날고 있는 용을 보좌하지 못하면 비룡은 추락하고 만다. 아~ 슬프도다! 제왕들의 가련한 모습이여!

上九: 亢龍有悔。
상 구 항 룡 유 회

맨꼭대기 양효: 극점에 도달한 항룡들이여! 반드시 후회가 있을지어다(有悔)!

⸺ ❧ ⸺

『역경』의 지혜는 九五를 예찬하는 데 있지 않고, 上九를 말했다는 데 있다. 上九가 없으면 九五는 빛나지 않는다. 九五에서도 하느님은 "비룡재천"이라는 자인Sein을 얘기했을 뿐이고, 길흉의 평가를 내리지 않았다. 비룡이 된다는 것은 길흉의 평가를 벗어나는 것이다. 단지 그것은 "리견대인"을 통해서만이 유지되는 것이다.

九五의 효사는 축복을 말하지 아니하고 리견대인의 경각, 계구만을 말한다. 대인의 역할이란 기실 九五의 단계가 上九로 넘어가지 않도록, 그 중中을 지키는 데 있다. 비룡은 반드시 자만하며, 반드시 느슨해지며, 반드시 타자의 욕망에 의하여 중도를 지나친다. 여기 "항亢"이라는 것은 "극極"을 의미한다고 『자하역전子夏易傳』은 말하고 있다. "항룡"이란 자기의 분수를 지나친 용, 더 나아갈 데 없는 극한에 도달한 용이다. 박정희가 유신헌법을 만든 것은 우리가 경험한 이 항亢의 한 사례이다. 이 항만 없었더라도 박정희는 우리민족을 도탄에서 구한 영원한 국민의 벗으로 남았을 수도 있었을 것이다.

"항룡은 후회할 것만 남는다." 이 한마디로써 上九는 끝난다. 이 용의 시공의 역사가 이렇게 끝나는 것이다. 이것은 기실 모든 성공자들의 말로를 예견하는 것이기도 하다. 上九가 있기에 "중용"의 덕성은 빛나는 것이다. 중용은 거저 "가운데"가 아니라, 上九로 가지 않으려는 九五의 끊임없는 분투, 자기제어, 욕망억제를 의미하는 것이다. 그것은 정적인 중이 아니라 극심하게 동적인 발란스dynamic balance인 것이다.

『역』은 괘상 하나로 전 우주의 영원한 진리, 사실Fact이면서도 동시에 우리 삶의 당위Must인 혼원론의 궁극적 명제를 우리에게 제시하고 있는 것이다. 이 上九의 어리석음에 대하여「문언」은 이와같이 가르친다:

> "항亢"의 언어됨이란 무엇을 말해주고 있는가? 나아감만 알고 물러남을 모르며, 가지고 있을 줄만 알지 없앨 줄을 모르며, 얻어 채우려고만 하고 비울 줄은 모른다는 것이다. 그러한 덕성을 반성할 줄 아는 자는 오직 성인밖에는 없을 것이다. 진퇴존망을 때에 따라 알고, 그 정도의 카이로스를 잃지 않는 자는 오직 성인뿐일 것이다.
> 亢之爲言也, 知進而不知退, 知存而不知亡, 知得而不知喪, 其唯聖人乎! 知進退存亡, 而不失其正者, 其唯聖人乎!

用九: 見群龍无首, 吉。
용 구   견 군 룡 무 수   길

점칠 때 6개의 효가 다 노양老陽으로 나온 경우:

이러한 상황에서 점괘는 머리가 없는 많은 용들이 모여있는 광경을 드러내고 있다. 대가리 잘린 용들이 피를 흘리며 군집하고 있는 모습을 생각하면 소름이 끼친다. 그러나 여기서 "머리가 없다无首"는 뜻은 "자기가 으뜸이라고 하는 우월의식을 버렸다"는 뜻이다. 꼭 내가 선두에 서야만 한다, 너희들은 나를 따라야 한다는 의식이 없는 용들이라는 뜻이다. 무수无首는 불교의 무아無我와도 상통한다. 그러기에 머리 없는 군룡의 모습이라 할지라도 길하다.

—— ❧ ——

혹자는 경이 384효사만 있는 것이 아니라 건괘와 곤괘에 用九와 用六이 있으므로 386효라고 해야 한다고 말하기도 한다. 그러나 用九와 用六은 독립된 효라기보다는 점법에서 태어나는 보조적인 사례이므로 효는 어디까지나 384효이다.

주희는 서법을 말하면서 6개의 효가 모두 변효, 즉 노양老陽으로 나왔을 경우, 그러니까 ䷀의 모습이 되었을 경우에는 用九를 보고 길흉을 판단하라고 했다.

우리 속담에 훈수꾼이 많으면 장기판이 엉뚱한 데로 간다든가, 노인들이 지나치게 자기주장만을 일삼으면 동네분위기가 흐려진다든가 하는 종류의 얘기가 많다. "항룡유회"를 거친 후에 나타나는 이 효사는 한 사회의 리더십을 거친 인간들이 취해야 할 자세를 잘 보여준다. 인생의 비룡을 경험한 늙은 용들은 "무수无首"일수록, 즉 자기 아이덴티티를 너무 강하게 고집하지 않을수록 좋은 것이다. 늙어갈수록 사람들이 무수·무아의 지혜를 발휘하는 사회래야 근원적으로 진보의 길이 열리는 것이다.

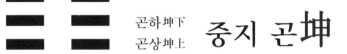

2 곤하坤下
곤상坤上 **중지 곤坤**

Receptive Universe

괘사

坤: 元, 亨, 利, 牝馬之貞。
곤　원　형　리　빈마지정

君子有攸往, 先迷, 後得主, 利。
군자유유왕　선미　후득주　리

西南得朋, 東北喪朋。安貞, 吉。
서남득붕　동북상붕　안정　길

　그대는 곤괘를 만났다(坤). 곤괘는 다음 네 가지의 덕성을 지니고 있으니 그 덕성을 구현하는 군자가 되어라. 첫째, 보편적 가치를 구현하여 으뜸이 되어라. 리더십을 확보하라(元). 둘째, 제사를 지내 하느님과 소통하고 주변의 사람과 나누어 먹고 형통한 삶을 살아라(亨). 셋째, 그대의 행동의 끝머리에는 항상 이로움을 수확할 것이다(利). 넷째, 그대는 암말을 주제로 하는 점을 치게 될 것이다(牝馬之貞). 암말(빈마牝馬)은 건괘의 용에 해당되는 곤괘의 상징이다. 드넓은 대지를 두발로 달리는 데는 용이 암말을 따르지 못한다. 용은 난다. 뛰지 못한다. 용은 하늘의 상징이고 말은 대지의 상징이다. 암말은 새끼를 낳는다. 그리고 유연하며 순하다. 빈마의 기상은 광활한 만주 벌판에서 말을 달리던 고구려 여인의 기상을 연상케 한다.

그대가 군자라면 반드시 그대의 이상을 향해 가야할 곳이 있을 것이다(君子有 攸往). 여행을 떠나라! 처음에는 길을 잃고 헤맬 것이나(先迷) 나중에는 그대를 손님 으로 맞이하여 대접하고 길을 알려주는 주인을 만나게 될 것이다(後得主). 이로움이 있을 것이다(利). 서남쪽으로 가면(「설괘」에 의하면 곤이 본시 서남 방향이다. 서남은 음의 방향) 친구를 얻을 것이고(西南得朋), 동북쪽으로 가면(동북 방향은 간艮, 간은 소남少男, 양의 방향) 친구를 잃을 것이다(東北喪朋).

편안하게 네 인생에 관해 물음을 던져보아라(安貞). 길할 것이다(吉).

한문고전에서, 객지에서 사람을 만났을 때 이전에 알던 사람이면 "우友" 라는 표현을 쓰고 모르는 사람이면 "주主"라고 한다. 방향의 문제는 해석의 임의성이 개입되기 때문에 제설이 분분하다. 단지 문왕팔괘도에 의하면 서 남은 음이 성한 곳이요, 동에서 북 사이는 모두 양이 성한 곳이다. 여기 포 인트는 "붕朋"이라는 말에 있다. 이성간의 사랑을 이야기하는 것이 아니라 "친구"이므로 여성은 여성 사이에서 친구를 얻고 남성은 남성 사이에서 친 구를 얻는다는 뜻이다.

제일 마지막에 있는 문구, "안정安貞"은 "편안하게 점을 치다"라는 뜻이다. 나는 "편안하게 너 자신에 관해 물음을 던져라"로 해석했다.

효사

初六: 履霜, 堅冰至。
초 육　리 상　견 빙 지

첫 번째 음효: 그대는 지금 서리를 밟고 있다(履霜). 얼마 안 있어 견고한 빙판이 찾아오리라(堅冰至).

건곤병건의 위대한 곤괘의 시작을 알리는 이 효사는 너무도 간결하고, 시적

이고, 문학적인 향기가 드높다. 많은 역대의 주석가들이 이 구절을 제대로 해석하지 못했다. 대부분이 양을 선善으로 보고 음을 악惡으로 보는 선·악 이원론적 분별의식에 의하여 이 괘를 규정하는 것이다. 참으로 편협한 지식을 과시하는 저열한 의식이라고 말해야 할 것이다.

『역』에는 고정된 선·악의 규정이 없다. 선도 동선動善(끊임없이 움직이는 선)이요, 악도 동악動惡이다. 고정된 실체로서의 선·악은 역의 세계에는 부재하다. 역은 변화일 뿐이요, 변화는 생명의 생성일 뿐이다. 살기殺氣도 생기生氣요, 생기도 살기다. 이것이 건곤병건의 궁극적 의미이다. 『음부경陰符經』(6세기 북조에서 성립) 중편에 이런 말이 있다: "천생천살天生天殺, 도지리야道之理也。"(하늘은 만물을 살린다. 그리고 동시에 또 죽인다. 이것이 도의 핵심적 이치이다).

『역』의 건괘와 곤괘는 우주의 생성에 있어서 완전히 동일한 위상을 갖는다. "건健"과 "순順"이라는 의미상의 함축 때문에 지배자와 피지배자, 지배와 순종이라는 틀을 가지고 접근하면 『역』을 근원적으로 왜곡하는 것이다. 여성의 부드러움은 순종이 아니라 양의 강건함을 꺾을 수 있는 다른 성격의 힘이다. 유가가 건괘를 계승하였다면 도가사상은 곤괘를 계승하였다고도 말할 수 있다.

"서리"는 늦가을의 자연현상이다. 이 서리, 혹은 살얼음을 가지고 음기(음효)의 시작을 말하는 역의 사상가는 너무도 참신하다. 이것은 결코 악이나 액운이나 불행의 시작이 아니다. 생성의 필연적 과정을 말하는 것이다. 많은 주석가들이 서리는 악의 시작이요, 견빙堅氷은 죄악이 단단히 뿌리박는 것이니, 사전에 제거해야 할 위태로운 시기를 初六은 말하고 있다고 한다. 정말 터무니없는 넌센스이다.

당장 역사적으로 효사를 해석했다고 하는 「문언전」의 커멘터리를 살펴보자! 이 부분의 해설이 바로 그 유명한 "적선지가" 운운하는 대목이다.

積善之家, 必有餘慶; 積不善之家, 必有餘殃。

선을 대대로 쌓는 집안에는 항상 그 후손들에게까지 남아돌아가는 축복이
있고, 불선을 대대로 쌓는 집안에는 항상 그 후손들에게까지 남아돌아가는
재앙이 있다.

　여기서도 "선"을 말했는가 하면, "불선不善"(좋지못함)을 말했지 실체적인
"악惡the Evil"을 말하지 않았다. 불선을 쌓을 수 있는가 하면 선을 쌓을 수도
있는 것이다. 여기 "적積"이라는 동사는 바로 "서리"에서 "견빙"에 이르는
과정을 나타낸다. 즉 음의 기운은 축적되어야만 하는 것이다. 잠룡이 물속에서
자신의 가능성을 비축해나가는 것과도 완전히 동일한 음의 기운의 비축을
의미하는 것이다. 음의 동결은 생명의 탄생을 위한 준비과정이다. 음의 진행은
일조일석의 원인이 아니다(非一朝一夕之故). 그것의 유래는 점진적인 것이다
(其所由來者, 漸矣。).

六二: 直, 方, 大。不習无不利。
육 이　직　방　대　불 습 무 불 리

　두 번째 음효: 그대는 매우 중요한 곤괘의 자리에 와있다. 六二는 하괘의 중앙
이요, 제왕의 자리와 상통하는 자리에 있다. 이 효의 덕은 우선 직直하다. 직
하다는 것은 겨울 내내 견빙 속에서 축적된 기운이 발현할 때 곧바로 왜곡됨
이 없이 발한다는 뜻이다. 매화나무의 음기는 매화꽃을 피우지 장미를 피우
지 않는다. 두 번째 덕성은 방方이다. 방이라는 것은 옛사람들은 천원지방天
圓地方으로 우주의 모습을 그렸기 때문에, 사각의 광대한 평원의 기운을 지칭
한다. 곤괘는 거대한 사각의 대지와도 같이 방정하다. 세 번째 덕성은 대大이다.
곤괘는 거대하다. 보편적 가치를 구현한다. 이 효를 만난 그대는 직直하고 방方
하고 대大한 곤의 덕성을 발현해야 한다. 이 덕성은 이미 네 존재 속에 내장
되어 있는 것이다. 배워서 될 일이 아니다. 배우지 않더라도 불리한 일은 아무
것도 생겨나지 않는다(不習无不利).

건·곤괘에서는 정正·부정不正을 얘기할 필요가 없다고 했지만 하여튼 이 자리는 음위에 음효가 왔으니 매우 좋다. 직·방·대는 근원적으로 곤(음)의 일반적 성격을 나타낸 것이다. 六二는 매우 중요한 자리다. 이것도 하괘의 낮은 음이 있지만 실제적으로 제왕의 자리이다. 이 괘를 만난 사람은 행동을 직하고, 방하고, 대하게 해야 한다. 곧고, 방정하고, 위대하게 행동해야 한다.

"불습무불리"는 개념적 지식의 허구성을 지적하고 있다. 직, 방, 대는 공부해서 되는 것이 아니다. 공부해서 지식인이 되면 오히려 왜곡하고, 방정치 못하고, 위대한 포부를 망각하는 성향이 나타난다. 공부를 안해도 도덕적 인간이 되는 데는 아무 상관이 없다. 불습무불리는 역의 반주지주의적anti-intellectualistic 성향을 나타낸다. "무불리"는 "이롭지 아니할 것이 아무것도 없다"라고 번역해도 무방하다.

六三: 含章可貞。 或從王事, 无成有終。
육삼 함장가정 혹종왕사 무성유종

세 번째 음효: 그대는 문채가 빛나는 교양을 몸속에 함장하고 있으니 점을 칠 자격이 있다(含章可貞). 세상일을 묻고 대답할 수 있다는 뜻이다. 六三의 자리는 하괘의 최상위로 위험한 자리이고 상괘로 진입하기 위한 무엇인가를 해야만 한다. 그러니 그대는 왕의 일을 보좌하는 어떤 일을 해도 좋겠다(或從王事). 건괘에는 척약惕若이라 했는데 그대 또한 그대를 드러내지 않도록 조심해야 한다. 왕사를 돕는 과정에서 그대 자신의 성취를 자랑함이 있어서는 아니 된다. 그러나 왕사를 돕는 과정이 유종의 미를 거두게 되는 좋은 결과가 있을 것이다.

"함장가정含章可貞"에 대한 기존의 해석은 거의 모두 빗나가 있다. "무성유종无成有終"은 문자 그대로 "성成은 없고 종終은 있다"는 뜻인데, "무성"

이란 자기의 공(=성취)을 자랑함이 없다(뽐내지 않는다)는 뜻이고, "유종"이란 마무리를 잘 짓는 좋은 결과는 있다는 뜻이다.

"무성유종"은 바로 노자가 말하는 바 "공성이불거功成而弗居"(제2장. 나의 저서 『노자가 옳았다』 pp.118~120를 볼 것)의 사상으로 발전한 것이다.

六四: 括囊。无咎, 无譽。
육사 괄낭 무구 무예

네 번째 음효: 너는 지금 왕의 측근, 주목받을 수도 있지만, 매우 위험한 자리에 있다. 네가 가지고 있는 보물주머니의 입구 노끈을 꽉 동여매어라(括囊). 즉 너의 지식이나 재능을 일체 겉으로 드러내지 말라는 뜻이다. 그리하면 화를 입는 일이 없을 것이다(无咎). 물론 영예로운 일도 없다(无譽).

공자는 당대의 선배인 거백옥蘧伯玉이라는 인물 사람됨에 대하여 이런 평을 한 적이 있다:

"거백옥은 군자로다! 나라에 도가 있으면 벼슬하고, 나라에 도가 없으면 물러나 모든 것을 수렴하여 가슴속에 품어둘 뿐이로다. 君子哉蘧伯玉! 邦有道, 則仕; 邦無道, 則可卷而懷之。"(15-6).

또 『중용』 27장에도 이런 말이 있다:

"나라에 도가 없으면 은거하여 침묵하여도 세상이 그를 충분히 받아들일 수 있다. 國無道, 其默足以容。(혹은 침묵하면서 세상물정을 있는 그대로 받아들인다 라고 번역할 수도 있다)."

『노자』39장에 "삭여무여數輿無輿"라는 말이 있다. 자주 수레타기를 좋아하면(높은 벼슬을 한다) 수레에서 미끄러지는 신세가 되기 십상이라는 뜻이다. 수레를 자주 타면 수레가 없어진다라고 해석할 수 있다(왕필본). 그런데 고본古本 텍스트에는 이 구절이 "삭예무예數譽無譽" 혹은 "지예무예至譽無譽"로 되어있는 것이 많다. 마왕퇴 백서갑본에도 "數譽無譽"로 되어있다. "삭예무예"는 자주 명예를 얻는 것은 결국 명예를 잃는 것이라는 의미가 될 것이다. 이에 비하면 "지예무예"는 "지극한 명예는 명예가 없는 것이다"라는 뜻이 되어 매우 지고한 경지를 나타내고 있다. 여기 六四의 "무예無譽"는 "삭예무예"의 뜻과 "지예무예"의 뜻을 모두 함장하는 말이라고 해석할 수 있을 것이다.

하여튼 여기 六四의 자리는 상괘의 제일 아랫자리이며 제왕의 바로 밑이며 측근이다. 이 자리는 매우 위태로운 자리다. 할 말은 해야 하지 않냐고 항변할 수도 있겠지만, 침묵이나 근신謹愼이 정의를 외면하는 것은 아니다. 고대인들의 정의감은 숙명적인 것이라기보다는 시류적인 것이었다. 더구나 "방邦"의 개념이 고정불변의 존재가 아니라 수시로 변하는 제후국이었기 때문에 민은 군을 선택할 수도 있었다. 신하의 정의감보다는 군君의 바른 도덕의식이 더 엄정하게 요구되던 시기였다. 괄낭이면 무구하고 무예하다는 것은 근신近臣의 정당한 도리였다.

六五: 黃裳, 元吉。
육 오 황 상 원 길

다섯 번째의 음효: 아~ 그대 드디어 누런 치마를 입었구나! 크게 길하다.

"황상"에 대한 해석이 분분하다. 그러나 여기 황상이라는 심볼리즘은 건괘의 동위의 효사에 나오는 "비룡재천飛龍在天"과 하등의 다를 바 없다. 건괘와 곤괘는 같이 가는 것이다.

옛말에 허리에서 위로 올라가는 것을 "의衣"라 하고 허리에서 밑으로 내려가는 것을 "상裳"이라 했다. 그래서 "의상"이라는 말이 있는 것이다. 오늘 우리가 입는 바지(trousers, slacks, pants, jeans)는 다양한 역사를 지니지만 20세기 의상혁명의 결과로 보편화된 것이다. 예전에는 남자도 주로 치마를 입었다. 그런데 여기 하의를 언급한 것은 상의에 대하여 음적인 겸손을 나타낸 것이다. 그리고 "황상"이라고 말한 것은 천지의 중앙임을 나타낸 것이다. "황상"은 천자가 입는 곤포이다.

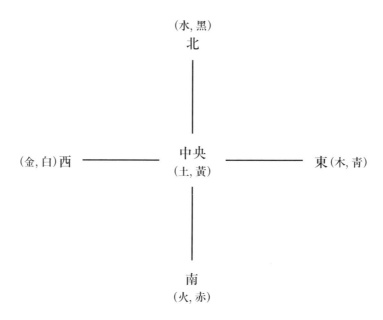

많은 주석가들이 황상의 의미를 격하시켜 땅의 도, 부인의 도, 신하의 도의 성격에 귀속시키고 그 지고함을 인정하지 않는데, 그것은 근본적으로 『역경』의 원의를 왜곡하는 것이다. 기실 곤괘의 六五야말로 최상의 가치를 나타낸 것이다. 건괘의 九五, "비룡재천"에는 "리견대인"이라는 계구戒懼의 조건절이 붙어있었는데 여기에는 일체 그러한 조건절이 붙어있질 않다. 그냥 "원길元吉"이라고만 한 것은 황상의 모습이 최상, 최선의 길吉임을 말한 것이다. 양위의 자리이지만 음덕이 융성하여 스스로를 직·방·대하게 억제할 수 있는 품덕을 지니고 있는 것이다. 여태까지 "황상원길"의 원의는 너무 잘못 해석되어왔다. 점을 쳐서 이 六五를 만나면 더 바랄 것이 없다. 그야말로 원길元吉이다.

上六: 龍戰于野, 其血玄黃。
상 육   용 전 우 야   기 혈 현 황

꼭대기 음효: 그대는 음효의 최상의 자리까지 와있다. 음의 용과 양의 용이 광막한 들판의 하늘 위에서 싸우고 있다. 그들이 흘리는 피가 검고 또 누렇다.

이 上六의 효사의 의미는 항상 왜곡되어왔다. 건괘의 "항룡유회"의 의미에 맞추어 해석되었기 때문이다. 그러나 음효가 극성한 이 자리의 용은 결코 항룡亢龍이 아니다. 음은 양처럼 항亢(지나치다)하지 않다. 여기 上六의 자리는 음이 극성하여 양으로 전화轉化되는 기機의 카이로스이다. 즉 음과 양이 만나 만물을 생성하는 교합·화합의 모습이다. 따라서 여기 "싸운다"는 의미도 서양종교에서 말하는 저주와 정복과 멸절을 의미하는 것이 아니라, "놀이"를 상징하는 것이다. 하늘에서 검은 피와 누런 피가 내린다는 뜻도 『천자문』 첫머리에 나오는 "천지현황天地玄黃"을 말한 것이다. 하늘과 땅이 교합하는 것을 상징하는 것이다. 투쟁과 대립과 부정이 아니라, 음양의 교합과 상보와 긍정을 나타낸 것이다.

유현덕이 제갈공명을 삼고초려하는 다음과 같은 한 폭의 그림 같은 장면이 있다. 그토록 현덕이 공명을 사모하여 어렵게 찾아와 기다리고 또 기다렸지만 공명은 끝내 나타나질 않았다. 실망 끝에 눈보라가 치는 벌판을 쳐다보는데 누군가 털모자로 머리를 덮고 여우털 가죽으로 몸을 휘두르고 한 노새에

【2】
坤
☷

올라타 여유있게 한발한발 다가온다. 뒤에는 청의를 입은 소동이 호로주를 들고 눈을 밟으며 온다. 소교를 지나려는데 그 인물이 시 한 수를 읊는다.

一夜北風寒, 萬里彤雲厚。 하룻밤에 북풍의 찬바람 휘몰아치더니
　　　　　　　　　　　만리에 검붉은 구름이 짙어만 간다.

長空雪亂飄, 改盡江山舊。 장공에 백설이 어지럽게 나부끼더니
　　　　　　　　　　　강산의 옛모습을 모조리 바꾸어 놓았다.

仰面觀太虛, 疑是玉龍鬪。 얼굴을 들어 텅 빈 우주를 바라보니
　　　　　　　　　　　옥룡이 하늘에서 싸우는 듯.

紛紛麟甲飛, 頃刻遍宇宙。 분분히 옥룡의 흰 비늘이 날아
　　　　　　　　　　　경각에 우주를 휘덮는도다.

騎驢過小橋, 獨歎梅花瘦。 나귀타고 외다리를 건너자니
　　　　　　　　　　　홀로 매화꽃이 떨어지는 것만 탄식하는도다.

나는 대학교 때 중국어를 배운 후에 이 모종강본『삼국연의』를 읽었는데, 이 장면의 이 싯구절에 매우 깊은 감명을 받았다. 곤괘의 上六 효사의 이미지를 빌어다가 삼국시대 당대의 분위기를 포괄적으로 그려내고 있는 것이다. 『역』의 언어의 대중적 해석의 한 단면을 엿보게 한다. 정확하게 그 본의를 전하고 있지는 못한다 해도 효사의 이미지와 제갈공명이 그린 카오스의 분위기와 새로운 코스모스의 탄생은 상통하는 바가 있다.

用六: 利, 永貞。
용 육　리　영 정

점칠 때 육효가 모두 노음으로 나온 경우(XXXX): 이 괘는 건괘로 변한다. 이 괘를 만난 그대에게는 이로움이 있다. 구원하고 거시적인 문제에 관하여 너는 물음을 던질 자격이 있다.

진하震下
감상坎上 **수뢰 준屯**

Difficulties of
a New Beginning

괄명 먼저 괘명의 뜻을 밝히는 것이 좋겠다. "屯"은 "준"이라고도 읽고 "둔"이라고도 발음한다. 괘이름일 경우, "준"으로 읽으나 "둔"으로 읽어도 틀리다고 말할 수는 없다. 사실 준괘는 우리 상식에 익숙한 괘는 아니지만 리얼하게 음양이 교합Prehension하는 착종 62괘의 현실과정Real Process의 우두머리가 되는 괘니, 그 중요성은 말할 나위도 없다. 괘사에 원형리정의 사덕을 이 괘에 전부 부여한 것은 결코 우발적인 사태가 아니다. "준屯"이란 무엇인가? "준"이라는 글자에 대하여 다양한 해석이 있지만(갑골문에는 없는 회의會意자이다), 우선 아주 상식적으로 통용되는 『설문해자』의 해석이 매우 중요한 것 같다: "屯은 어렵다, 고통스럽다는 뜻이다. 초목이 처음 생겨날 때 준연히 어렵다는 것을 상징하는 것이다. 글자 모양은 屮가 위에 뚜껑처럼 있는 一을 뚫고 나가는 형상이다. 꼬리 부분은 힘들어서 굽어있고, 위의 一은 대지를 의미한다. 『역』은 말한다. 준은 강과 유가 처음 만나 교합하여 생명을 잉태시키는 것의 간난艱難을 상징한다. 屯, 難也。屯, 象草木之初生屯然而難。从屮貫一, 尾, 曲之也。一, 地也。易曰, 屯, 剛柔始交而難生。"

한번 생각해보라! 屯이라는 글자를 있는 그대로 쳐다봐도, 가냘픈 새싹 ✛이

대지를 뚫고나와 자기를 덮고있는 판판한 흙덩어리 하나를 밀쳐 올리는 형
상이다 ☰.

자아! 멋있는 그림을 하나 그려보자! 곤괘의 제일 마지막 上六의 효에 "용
전우야龍戰于野, 기혈현황其血玄黃"이라고 말하지 않았던가! 누런 음룡陰龍의
피와 검붉은 양룡陽龍의 피가 쏟아진 광활한 대지, 텅 빈 하늘 아래, 콩나물
대가리와 같은 새싹 하나가 버겁게 버겁게 흙덩어리를 들어 밀치고 있는 외
로운 광경! 『역』의 저자는 생명의 탄생을 이렇게 외롭고도 어렵게 그려내고
있다.

준屯은 탄생의 어려움, 시작의 어려움을 말하고 있다. 그러나 동시에 그 하
나의 새싹이 버겁게 탄생된다는 뜻은 그 새싹을 탄생시킨 생기生氣(=생의生意)
가 천지간에 가득 차있다는 것을 의미한다. 그래서 「서괘전」에는 곧바로
"屯이라는 것은 영영을 의미한다"라고 말한다. "가득 참"의 의미가 있다는
것이다.

「서괘전」은 괘들의 순서를 그 괘의 명의 의미와 관련하여 논한 후대의 전
이다. 이 전은 역학자들에 의하여 공자의 작이 될 수 없다. 즉 전의 자격이 없
다고 비판되어 왔다. 나는 공자의 작이 아니라는 것은 동의하지만, 전은 어
차피 전이니까 전의 자격이 없다고 말하는 것은 좀 과하다고 생각한다. 의미
있는 말들은 건져내도 좋다고 생각한다. 그런데 「서괘」는 건괘나 곤괘를 언
급하지 않는다. 「서괘」의 저자는 그 나름대로 어떤 철학적 틀을 가지고 있는
것이다. 곧바로 준괘를 해설하는 것으로 「서괘」의 메시지를 시작한다: "천
과 지가 있고나서, 연후에나 만물이 생겨났다. 하늘과 땅 사이에 가득찬 것이
만물이다. 그러므로 준屯괘로 받았다. 준은 영영(참)의 뜻이다. 준이라는 것은
물의 시생始生이다. 有天地, 然後萬物生焉。盈天地之間者, 唯萬物, 故受之以屯。屯者,
盈也。屯者, 物之始生也。"

왕부지는 "유천지有天地, 연후만물생언然後萬物生焉"이라는 말을 트집잡아 근본적으로 역이 무엇인지를 알지 못하는 사람이 쓴 망언이라고 비판한다. 즉 천지와 만물을 별도의 실체로 간주하고 시간상의 선후로 배열했다는 것이다.

선산은 말한다: "아니 만물이 존재하기 전에 먼저 천지가 있기라도 했단 말이냐? 만물이 없는 텅 빈 천지가 그냥 기다렸다가 만물을 생하기라도 했단 말이냐? 「서괘전」은 도저히 성인의 작일 수가 없다! 有天地, 然後萬物生焉, 則未有萬物之前, 先有天地, 以留而以待也. 是以知序卦非聖人之書也。"(『외전』 p.1092).

선산의 비판은 역의 시간관을 기반으로 한, 정확한 평론이다. 천지는 만물 외로 실체화될 수 없으며, 천지만물은 다함께 시공연속체를 구성하는 것이다. 오늘날의 구약신화적 창조론에 대한 적확한 비판이 될 수도 있는 것이다.

그러나 한편 「서괘전」의 저자가 의도하는 것은 천지에 대한 존재론적, 우주발생론적 규정이 아니라, 그냥 "건괘와 곤괘가 먼저 서술되었으니, 그 후에는 만물의 생성을 이야기해야 할 것이다. 천지지간에 가득찬 것은 만물일 수밖에 없고, 그래서 건괘·곤괘를 준괘로 이어받을 수밖에 없었던 것이다. 준괘는 생성의 기운이 가득찼다는 의미이다. 준이라는 것은 물物의 시생始生 (Initiation of Creative Process)을 의미하는 것이다" 정도의 의미로 이해한다면, 「서괘」로서 준괘에 대하여 매우 총체적인 의미를 우리에게 알려주고 있다고 할 것이다.

준은 "가득찼다"는 의미로부터 "모여든다"는 의미도 갖는다. 그리고 시생始生이 어려운 사태이기 때문에 함부로 움직이지 않고 멈추어 힘을 비축한다는 뜻도 생겨난다. 그래서 우리가 "주둔駐屯"이니, "둔전屯田"이니, "둔병屯兵," "둔취屯聚," "둔집屯集," "둔진屯陣," "둔소屯所" 등의 의미가 파생한다. "어렵다, 고난에 허덕인다"로부터는 "준험屯險," "준곤屯困," "준난屯難,"

"준비屯否"(운수가 비색함), "준박屯剝"(불운), "준전屯邅"(간난 속에 나아가질 못함)
등의 성어가 생겨난다.

여러분들이 궁금해할 「대상전」은 이 괘에 대하여 어떤 그림을 그리고 있
을까? 「대상」은 「괘사」와 더불어 괘 전체의 의미를 파악하는 데는 더없이
유용한 문헌이다.

象曰, 雲雷, 屯。 君子以經綸。
상 왈 운 뢰 준   군 자 이 경 륜

이 짤막한 경귀는 과연 무엇을 말하고 있는 것일까? 「대상」의 저자는 괘
를 볼 때 우선적으로 상괘와 하괘의 형국을 본다고 했다. "운뢰준"은 "구름
이 위에 있고 그 밑에서 우레가 치고 있는 것이 준괘의 형상이다"라는 뜻이
다. 상괘는 감坎이니 그것은 물水의 심볼이다. 물이라면 우雨(비)라도 돼야 할
텐데 왜 "구름"이라 했을까? 구름은 비(물)가 되기 이전의 상태며 구름이 있
어도 비가 안 내릴 수가 있다. 더구나 우레가 구름 속에나 그 위에서 치는 것
이 아니라 구름 아래에서 치고 있으니, 이 우레는 구름과 교섭이 없는 마른
번개요, 헛천둥이다. 이것은 만물의 시생始生(첫 탄생)의 어려움을 말해주고
있다. 상하괘가 바뀐(우레가 위, 구름이 아래인) 괘는 해解(䷧)괘가 되는데, 이때
구름은 비로 변하고, 만물은 간난으로부터 풀려나는 축복을 누리게 된다.

그러나 간난, 고난의 시작이라고 하는 것은 험난(감☵은 항상 험난을 상징한다)
한 형국이지만 기회의 카이로스요, 모든 새로운 질서를 포덕하기에 좋은 때
다! 그래서 군자는 "구름 위, 우레 아래"인 준괘의 덕성을 본받아 "경륜을
편다"라고 「대상」은 말하고 있다. 헛우레와 경륜의 연관성은 도저히 상식적
으로는 관련성이 없어 보이지만 역의 언어는 이러한 상징성의 어휘를 통하여
무한한 상상의 나래를 편다.

"경經"은 베틀에서 세로줄이다. 우리말로 "날실"이다. 그런데 "륜綸"은 옆으로 나오는 씨실들을 점매고 아름답게 마무리짓는 정리작업을 의미한다. "경륜經綸"이란 세상의 틀을 새로 짜는 것을 의미한다. 군자가 경륜을 펼칠 시기는 바로 이 시생始生의 준屯의 시기인 것이다. 이 괘를 빌헬름은 "Difficulty at the Beginning 시작의 간난"이라 번역했고, 피어슨Margaret J. Pearson은 "Sprouting 발아發芽"이라고 번역했다. 다 좋은 번역이다.

대체로 새로운 벤처를 시도하는 사람, 새로운 체제를 만들려는 사람, 국가를 만들려고 혁명을 꿈꾸는 사람은 이 괘를 만나면 대길하다.

이렇게 해설하다가 보면 책의 분량이 너무 많아질 것 같다. 될 수 있는 대로 축약시켜 요점만을 말하겠다.

| 괘사 |

屯, 元, 亨, 利, 貞。勿用有攸往。利建侯。
준 원 형 리 정 물 용 유 유 왕 리 건 후

그대는 62괘의 처음 괘인 준괘를 만났다. 준괘는 창조의 간난을 말하지만 또 동시에 새로운 경륜의 보람을 내포하고 있다. 준괘는 건괘와 동일하게 원형리정 사덕의 덕성을 다 지니고 있다(해석은 건괘의 괘사를 보라).

밑에서 우레가 친다. 이것은 움직임의 형상이다. 그러나 그대는 함부로 움직일 생각을 하지 말고 차분하게 일을 수행해나가라(勿用有攸往). 모든 것이 시생始生의 단계에 있다. 그리고 그대를 참으로 보좌해줄 수 있는 친구를 곁에 두는 것이 이롭다("리건후利建侯"는 옛말로 제후를 세우는 것이 이롭다이지만, 오늘의 독자에게 "후侯"는 "helper"이다. It furthers one to appoint helpers. 빌헬름 역. It is good to delegate responsibilities to those you trust. 피어슨 역).

【3】
屯

初九: 磐桓, 利居貞, 利建侯。
초 구 반 환 리 거 정 리 건 후

첫번째 양효: 너는 이 위대한 괘의 첫 양효에 있다. 양위陽位에 양효가 있으니 너의 위상과 재능은 단단하다. 그런데 너와 응應하는 六四의 도움도 받을 수 없다. 그는 너를 위험에 빠뜨릴 존재다. 그러나 너는 함부로 전진할 생각을 하지말라! 주저주저 하면서 왔다리갔다리 제자리를 맴돌아라(磐桓)! 편안히 너의 자리를 지키고 너의 살길에 관해 물어보는 것이(점치는 것) 이로울 것이다(利居貞). 너를 도와줄 수 있는 친구들을 주변에 포진시켜라(利建侯).

———— ❧ ————

"반환磐桓"의 해석이 여러 갈래가 있다. 나는 가장 보편적인 해석을 따랐다. "반환"은 동모운의 글자를 중복시킨 첩운의 단어이다. "머뭇거림"의 형용이다.

六二: 屯如, 邅如。乘馬班如, 匪寇, 婚媾。女子貞, 不字。
육 이 준 여 전 여 승 마 반 여 비 구 혼 구 여 자 정 불 자

十年乃字。
십 년 내 자

둘째 음효: 아~ 이 효의 주인공은 난감한 상황에 처해있다(屯如). 고민이 많이 된다. 험난한 세상에 함부로 외출도 못하고 집에서 왔다갔다만 하고 있다(邅如). 그런데 갑자기 말을 탄 사람들이 들이닥쳐 어디론가 사라지지도 않고 집 앞에서 빙글빙글 돌고만 있다(乘馬班如). 아~ 이 사람들이 도대체 누구인가? 도적놈들인가? 자세히 보니 도적놈들은 절대 아니다(匪寇)! 알고보니 이들은 이 六二의 주인공 여인에게 혼인을 청하러 온 것이다(婚媾). 저 아래에 이웃하고 있는 初九의 남성이 청혼을 해온 것이다. 그러나 이 여인의 마음은 이미 상괘의

상응하는 자리에 있는 九五의 남성에게 가있다. 마음을 열지 않는다. 이 여인은 드디어 점을 친다(女子貞). 그리고 머리를 이어 비녀를 꽂지 않기로 결심한다(不字). 이 여인은 십년을 기다렸다가 결국 九五의 남성에게 허혼許婚한다(十年乃字).

남자는 20세에 관례를 올리고 관을 쓴다. 여자는 결혼을 허락하면 머리를 이고 비녀를 꽂는다. 비녀를 꽂는 것을 "자字한다"라고 말한다.『예기』「내칙」에 의하면 여자는 15세면 자字할 수 있다.

"班如"는 "般如"로 읽었다. 반班과 반般은 통자通字이다. 나아가지 않고 머뭇거리는 모습이다.

이 효사는 재미있는 고사와도 같다. 그러나 사람들이 이러한 스토리를 만들지 않는다. 유감이다. 역의 모든 이야기는 상징이다. 이 효사를 점의 결론으로 얻은 자는 어떤 해답을 얻은 것일까? 인간이라면 이상을 향한 지조를 지킬 줄 알아야 한다. 선거의 과정에서 자기 신념을 배반하고 국민과의 약속을 저버리고 야합하는 자는 인간이라 말할 수 없다. 이 효의 이야기는 한 여인의 이야기가 아니다. "십년十年"의 "십"은 수의 종국終局이다. 십년이면 모든 곤란困難이 풀린다. 십년이라는 세월 동안 정조를 지켜 자기 갈 곳으로 간 이 여인에게 우리는 박수를 보내야한다.

六三: 即鹿无虞, 惟入于林中。君子幾, 不如舍。往, 吝。
육 삼 즉 록 무 우 유 입 우 림 중 군 자 기 불 여 사 왕 린

셋째 음효: 六三의 자리는 대체적으로 좋을 것이 별로 없는 자리다. 지금 이 六三은 양위에 음효가 있으니, 위부정位不正이요, 세 번째 자리이니 중정에서 벗어나 있다. "부중부정不中不正"이다. 지금 이 자리의 군자가 사냥터에서 사슴을

쫓아가고 있다(即鹿). 그런데 군자의 사냥은 반드시 사냥을 안내하는 전문
사냥꾼 우인虞人의 지도를 받아야 한다. 그런데 이 자는 자신의 위상에 만족
감을 느끼지 못하고 날뛰는 자라, 우인의 안내도 없이(无虞) 홀로 우거진 수풀 속
으로 사슴만을 쫓고 있는 것이다. 이 군자에게는 오직 아슬아슬한 기미幾微의
유혹만 있다(君子幾). 계속 아슬아슬하게 숲속으로 빠져들어만 가고 있는 것
이다(惟入于林中). 이럴 때는 어떠한 경우에도 도중에 사냥을 포기하는 것보다
더 좋은 상책은 없다(不如舍). 중도에 멈추지 않고 계속 가면(往) 비극적 결말만
있을 뿐이다(吝).

———— ∽∾⊛∾∽ ————

아편에 빠지는 사람, 나쁜 습관에 빠지는 사람, 정의와 진보를 외치면서도
결국 이기적 욕망에 빠지고 마는 사람, 과감하게 포기해야 할 것을 포기하지
못하는 사람에게 좋은 교훈을 주는 효사이다. 과식過食 하나도 조절하지 못
하는 것이 인간이로다! 왜 자꾸 숲속으로 숲속으로 빠져만 들어가고 있는가!
"군자기君子幾"에 대한 주석가들의 해석이 명료하지 못하다.

> **六四: 乘馬班如, 求婚媾。往, 吉。无不利。**
> 육 사　승 마 반 여　구 혼 구　왕　길　무 불 리

넷째 음효: 이 六四의 여인은 말을 타고 반열을 맞추어(乘馬班如) 혼인의 짝을
구하러 가고 있다(求婚媾). 혼인의 대상은 누구인가? 바로 이 자리에 응應하는
初九의 씩씩한 풋내기 남성이다. 천자를 보좌하는 六四의 자리에 있는 지체
높은 여인이 아랫자리에 있는 남성과 결혼한다는 것은 심히 축복받을 아름
다운 일이다. 왜냐? 이 여인이 혼인의 짝을 구하는 것은 개인의 호오 때문이
아니라 初九와 함께 고립무원에 빠진 九五의 천자를 도우려는 대의가 있기 때문
이다. 대의를 위한 "감"(往)이여, 길吉하도다! 이롭지 아니할 것이 아무것도
없다(无不利).

"반여班如"는 행렬의 모습이다. 六四의 효사는 단지 한 여인의 문제가 아니다. 대의를 위하여 동지를 규합하여 세상의 고난을 구하고자 하는 아름다운 도덕적 의도에 다 적용된다. 이 효를 만나면 무불리无不利이다. 스스로의 결단에 의해 말을 타고 혼인상대를 찾아 떠나는 모습은 중원의 여인일 수 없다. 북방의 고조선·고구려의 여인의 모습이다.

九五: 屯其膏。小貞吉, 大貞凶。
구 오 준 기 고 소 정 길 대 정 흉

다섯째 양효: 드디어 그대는 초창기 간난의 시대에 고뇌하는 천자(리더)의 자리에 왔다. 이 천자는 어떻게 국민에게 혜택을 베풀어 이 고난을 극복할까 하고 고뇌하고 있다(屯其膏). 그런데 이 자리에 응하는 六二가 음효로 힘이 없다. 천자는 고립무원이고 허약한 음효로만 둘러싸여 있다. "고膏"라는 것은 혜택을 의미한다. "준屯"은 괘명이 타동사화된 것으로 "고뇌한다"는 뜻이다. 어떻게 혜택을 백성들에게 골고루 나누어줄 것인가를 고뇌하고 있지만 실천할 방도가 없다는 뜻이다. 결국 고뇌하는 군주로만 남는 것이다. 작은 일에 관하여 (또는 혜택을 작은 범위에서 베풀 것에 관하여) 점을 치면 길하다(小貞吉). 그러나 큰일에 관하여 (또는 혜택을 대규모로 베풀 것에 관하여) 점을 치면 흉하다(大貞凶).

"준기고屯其膏"를 제대로 해석하는 주석가가 별로 없다. 스즈키 유우지로오鈴木由次郎, 1901~1976(대동문화학원 교수. 『역』연구에 평생을 바친 대학자)의 설이 가장 설득력 있다. 여기 "고膏"라는 것은 "기름"이요, "기름진 음식"이다. 우리 어릴 때만 해도 1년에 한 번 "고기" 먹기가 힘들었다. "고"는 가난을 극복하는 상징이기도 하다. 「대상大象」이야기를 할 때 상괘上卦가 수水나 우雨가 아니라 "운雲"으로 되어있어 안타깝다는 이야기를 했다. 구름으로만 머물러 있지 그것이 비가 되어 땅에 내리지를 않고 있는 것이다. 그러니 가뜩이나 초창기 간난의 시대에 가뭄의 어려움이 계속되고 있는 것이다. 먹구름이 단비가 되어 땅을 적셔 기름진 식재료가 만들어지는 것을 "고우膏雨"라고 했다. "은혜의 단비"를 의미하는 것이다. 여기 "준기고屯其膏"는 "고우에 관하여 고뇌한다"는 뜻이다. 그러나 상괘의 괘상을 보아도 양이 음에 둘러싸여 고립되고 적체되어 있는 모습이다. 구름이 비가 되어 터져 내려가질 않고 갇혀있는 것이다. 참으로 안타까운 모습이다. 우리나라 대통령을 가지고 예를 들어도 이런 모습을 지닌 자가 있을 것이다.

上六: 乘馬班如, 泣血漣如。
상 육   승 마 반 여   읍 혈 련 여

꼭대기 음효: 말을 타고 떠나가는 모습이다(乘馬班如). 부부가 헤어지는 모습일까? 임금이 자리를 떠나는 모습일까? 上六의 자리가 음유陰柔한데다가 준난屯難의 세월의 극한에 도달했으니 비극적 상황이 아닐 수 없다. 하괘의 六三도 정응正應하지 않는다. 아무도 도와줄 이가 없다. 말탄 자의 눈에서는 피눈물이 줄줄 흐른다(泣血漣如).

———— ❊◦❊ ————

「소상전」에는 "피눈물이 줄줄 흐르니 어찌 이 형국이 오래갈 수 있으리오? 泣血漣如, 何可長也。"라고 했다. 결국 나라로 치자면, 나라가 멸망하는 모습이다. 준괘는 타협 없는 트래지디Tragedy로 끝난다. 나의 대만대학 지도교수였던 황 똥메이方東美, 1899~1977(안휘성 동성인桐城人. 대륙에서도 "일대철학종사一代哲學宗師"로 존경받는다) 선생님께서 흑판에 "건곤일희장乾坤一戲場, 인생일비극人生一悲劇"이라 쓰셨던 장면이 지금 내 의식을 스친다. "피눈물이 줄줄 흐른다"는 이 장면을 연상하셨을까? 건괘와 곤괘는 모든 연극을 위해 펼쳐진 무대일 뿐이라는 뜻이다. 그것은 건곤병건의 사상을 나타내고 있다. 우리 인생은 그 무대 위에서 연출된 하나의 비극이라는 것이다.

이 준괘의 괘사와 효사처럼 풀기 어려운 수수께끼를 안겨주는 문장은 만나기 힘들다. 참으로 난해한 언어적 구성이다. 글이란 반드시 일상적 의미를 전해야 한다. 『역』의 해설가들의 가장 심각한 문제는, 자기가 어떠한 류의 해석을 내리든지간에, 자기의 해석이 타인에게 명료한 의미를 전하지 못하고 있다는 것이다. 『역』을 해설하는 자들이 일상화된 말의 의미를 전하지 못한다면 그것은 직무유기일 뿐이다.

준괘는 나에게 하나의 써리얼리즘surrealism의 화폭과도 같았다. 그토록 미미하게 보이는 작대기들 사이에서 그토록 엄청난 메시지를 끊임없이 뽑아내는 『역』의 세계는 르네 마그리트René Margritte의 그림보다도 더 황홀했다. 나는 준괘를 대할 때마다 T. S. 엘리어트, 1888~1965의 「황무지」를 떠올리곤 한다. 봄의 잔인함과 새싹의 간난을 준屯에서 느낀다:

> 사월은 가장 잔인한 달
> 죽은 땅에서 라일락을 키워내고
> 기억과 욕정을 뒤섞으며,
> 봄비로 잠든 뿌리를 뒤흔든다.
> 차라리 겨울은 우리를 따뜻하게 했었다.
> 망각의 눈(雪)으로 대지를 덮고
> 마른 구근(球根)으로 가냘픈 생명을 키웠으니.

【3】
屯

4 ䷃ 감하坎下
간상艮上 산수 몽蒙

Youthful Folly,
Enlightenment

괘명 "몽蒙"이라는 글자는 우리에게 비교적 친숙한 글자이다. 우선 "계몽 啓蒙"이라는 단어가 생각날 것이고, 또『동몽선습童蒙先習』의 "동몽"(어린이) 이 떠오를 것이고, 동시에 "몽매蒙昧하다"의 뜻이 연상될 것이다. 문자 그 자체로 보면 이 괘상과 관련된 뜻은 별로 없다. 몽이라는 글자 그 자체는 상형자인데 동물의 가죽옷을 덮어쓴 형상이다. 혹은 어린애가 머리가 헝크러져서 앞이 잘 안 보이는 형상이다. "몽"에는 "뒤집어쓰다"라는 의미도 있다.

"몽"은 "매昧"라는 글자와 같이 쓰이듯이 그 일차적 의미는 "어둡다"라는 뜻이다. 그리고 또 "어린이"의 뜻도 있다. 이 괘는 동방인의 교육철학 또는 교학원칙의 중요한 연원이다. 동학사상에는 어린이중시 사상이 있고, 또 해월의 "물타아勿打兒" 설법은 20세기 민주주의 혁명사상과 더불어 한국인의 심성에 깊은 영향을 끼쳤다. 소파 방정환의 "어린이날" 제정은 서구사상이 미치지 못하는 선구적인 동학사상의 발로였다. 그런데 동학의 어린이사상과 관련하여 전통적인 "동몽"의 관념을 무조건 나쁜 것으로만 취급하는 그릇된 사조가 있다. 전통적으로 "어리다"는 뜻은 "어리석다"라는 뜻만 지녔다. 그런데 소파 방정환은 그러한 가치관념을 배제하고 순결한 "어린이"상을 만들었다. 어린이라고 어리석은 것이 아니며, 어린이로 하여금 순결한 본성을 개성 있게 있는 그대로 발현하는 것이 "교육"이다라고 주장했다. 물론, 맞는 말이다. 그러나 이러한 어린이예찬은 또다시 새로운 21세기적 교육의 타락상을 초래했다. 요즈음 현세의 부모들이 "교육"이라는 가치에 있어서 기준을 잡지 못하고 헷갈리고 있는 것이다. 이 상태로 나가면 21세기 한국은 인성의 근본이 잘못된 소년시절을 보낸 인간들의 카오스가 될 소지가 많다.

"몽"의 일차적 뜻은 "무지함Ignorance"이 아니라 "어두움Darkness"이다. "계몽"이란 "어두움을 연다"는 뜻이다. 중세기의 어두운 시대를 열어 밝은 세상을 만든다는 것이다. 그것을 계몽주의Enlightenment라 했다. 서양의 "계몽"은 역사적 의미가 있다. 중세기가 너무도 흉악하고 사악하고 인성이 마비된 종교적 허상이 지배하는 신화적 세기였기 때문에 역사적 의미가 있는 것이다. 그러나 우리에게는 그러한 중세기가 부재했다. 그러한 신화적 억압이 부재했다. 권력과 결탁된 신화적·종교적 권위가 부재했다. 따라서 우리는 "계몽"을 이야기할 때, 마치 서구적 중세기가 우리에게도 있었던 것처럼 역사를 뜯어맞춘다. 정말 흉악한 왜곡이 아닐 수 없다. "동몽童蒙"이니, "발몽發蒙"이니, "격몽擊蒙"이니, "곤몽困蒙"이니 하는 말들이 모두 이 괘의 언어에서 생겨난 말이다.

"계몽"은 무지몽매한 인간들을 가르친다는 이야기가 아니라, 단순히 "어두움을 연다"는 뜻이다. 문을 열어 빛이 들어오면 당연히 방안이 밝아질 것이다. 많은 사물이 더 잘 보일 것이다. 계몽은 무지를 깨우치는 것이 아니라 단지 어두운 의식을 밝게 만드는 것이다. 어둡다고 악한 것은 아니다. 어두움은 그 나름대로 밝음이 따라가지 못하는 깊이가 있다. 어두움과 밝음은 서로가 서로에게 도움을 주는 상보의 관계에 있다. 과거 조선의 사람들이 "격몽"이라 해서, 어린이를 무지하다고 무조건 때렸던 것만은 아니다. 어린이는 무식한 존재가 아니라 어두운 존재이다. 아직 밝음에 노출되지 않았을 뿐이다.

어린이는 예찬의 대상이 아니라, 교육의 대상이다. 방임의 대상이 아니라, 스스로 자기 삶에 책임을 질 수 있는 힘을 길러주는 훈도의 대상이다. 교육이 왜 나쁜 것인가? 훈육이 왜 나쁜 것인가? 바른 인도가 왜 나쁜 것인가? 주입식 교육이 왜 나쁜가? 단지 스스로의 의지에 의하여 스스로의 교육을 선택할 수 있도록 만들어준다는 단서가 필요할 뿐이다. 『예기』「곡례上」에 있는 내가 좋아하는 이 한 구절은, 되씹고 또 되씹게 된다: "예법에 아이가 스스로 찾아와서 배운다는 말은 있을 수 있어도, 선생이 아이에게 찾아가서 가르쳐 준다는 말은 있을 수 없다. 禮聞來學, 不聞往敎。"

교육은 자발성을 전제로 하는 것이다. 20세기에 개발된 획일적 국민교육은 제국주의전쟁문화의 소산이며, 인성개발의 원칙에서 크게 벗어나는 것이다. 그러한 획일성의 폐해를 가지고 동방전통문화의 교육관을 비판하는 것은 가당치 않다. 동몽은 배워야 한다. 정당한 교육의 길을 걸어야 한다. 하늘의 명령을 매일매일 받아 인성을 새롭게 해야 한다.

"몽"자와 관련하여「대상전」의 언어를 되씹어보아야 한다. 산수 몽☵☶은 앞의 준괘☳☵를 미러이미지로 뒤집은 것이다(종괘綜卦, 복괘覆卦, 왕래괘往來卦, 반대괘反對卦 등의 설법이 있다. 전술).「서괘전」에는 이러한 설명이 붙어있다: "준屯이라는 것은 물物이 처음 생겨나는 것에 관한 괘의 모습이다. 사물이 생겨난 후에는 그 사물은 어둡고 어리다. 그래서 몽괘로 받을 수밖에 없는 것이다. 몽은 갓 나온 어두운 존재라는 뜻이다. 즉 몽괘는 사물의 어린 모습이다. 어린 사물은 기르지 않을 수 없다. 屯者, 物之始生也。物生必蒙, 故受之以蒙。蒙者, 蒙也, 物之穉也。物穉, 不可不養也。"

「대상전」의 저자는 곧바로 산(艮) 아래 물(坎)이 있다는 그 상·하의 모습에서 괘상을 규정한다. 그런데 산 아래 있는 감괘는 물이라는 말을 쓰지 않고, "샘"이라는 말을 쓴다: "山下出泉, 蒙。"높은 산 아래 깊은 계곡 한 구석에서 홀로 솟아나는 맑은 옹달샘!『역』에서 어린이의 이미지는 결국 이런 옹달샘의 청정한 모습이다. 그러나 이 샘물은 계곡의 시냇물을 거치고 강물로 흘러 결국 광막한 대해로 가야한다. 이것이 우리네 인생의 시공이다. 이러한 몽의 이미지를 깨달은 군자는 어떻게 해야 하는가?

> 山下出泉, 蒙。　君子以果行育德。
> 산 하 출 천 몽　　군 자 이 과 행 육 덕

옹달샘의 물이 바다로 흘러가기 위해서는 많은 모험을 해야 한다. 거저 흘러가는 것이 아니다. 그러므로 군자는 과단성 있게 행동해야 하고, 그러한 행동을 뒷받침 할 수 있는 덕德을 길러야 한다. 그 육덕育德이 교육이다. 몽괘의 소이연이다. 송유宋儒의 선하, 장횡거는 이 괘에 영감을 받아『정몽正蒙』을 지었다.

괘사

> 蒙, 亨。匪我求童蒙, 童蒙求我。初筮, 告。
> 몽　형　비 아 구 동 몽　동 몽 구 아　초 서　고
>
> 再三, 瀆。瀆則不告。利貞。
> 재 삼　독　독 즉 불 고　리 정

그대는 네 번째 괘인 몽괘를 만났다. 몽괘는 형亨의 덕성을 지니고 있다. 형이란 어린 사물이 잘 자라나도록 제사를 지내는 것이다. 즉 건강을 기원하는 것이다. 어린이를 가르치는 원칙은 이러하다. 선생인 내가 동몽을 가르치겠다고 구하러 다니는 추태는 있을 수 없다(匪我求童蒙). 반드시 교육이란, 동몽 스스로 순결한 마음과 호기심을 가지고 자신의 계발을 위하여 선생을 찾아야 한다(童蒙求我).

또 동몽이 찾아와서 처음 한 번 진지하게 물음을 던졌을 때는(初筮) 나 또한 진지하게 답변해준다(告: 하느님에게로의 물음이라면 하느님도 성실히 답할 것이다). 그러나 배우는 자가 불성실하게 같은 질문을 두세 번 던지거나 같은 주제에 관하여 점을 계속 친다면 (再三), 그것은 선생님을 모독하는 것이요, 신성을 모독하는 것이다(瀆). 그런 인간에게는 성실성의 바탕이 결여되어 있기 때문에 깨우침이 있을 수 없다. 모독하는 자에게는 일체 가르침을 허락하지 말지어다(瀆則不告). 존재의 물음을 던진다는 것은 그 물음으로부터 항상 얻는 것이 있다(利貞). 좋은 일이다.

효사

初六: 發蒙。利用刑人, 用說桎梏。以往, 吝。
초 육　발 몽　리 용 형 인　용 탈 질 곡　이 왕　린

첫 번째 음효: 몽괘의 가장 미숙한 첫 단계를 만났구나. 가뜩이나 몽매한데 음효가 자리잡고 있으니 더욱 깜깜하다. 이 효는 어리석은 자를 계발시키기 위해(發蒙) 노력하는 어려움을 나타내고 있다. 워낙 막돼먹은 놈이니, 이런 자를 계도하는 방법은, 형구를 채워 꼼짝못하게 하는 방법도 한 수일 수 있겠다(利用刑人). 그러나 교육이라는 것이 그렇게 엄벌의 방법만을 써서 이루어질 수는 없는 것이다. 족쇄를 채워 시간이 흐르다 보면 본인이 스스로 잘못되었다는 것을 깨달을 때가 온다. 그러면 그에게 채운 손목족쇄와 발목족쇄로부터 그를 풀어주어라(用說桎梏). "용탈질곡用說桎梏"의 "탈"은 "푼다"는 뜻이다(=脫). 해방의 기쁨을 주어라. 엄형과 관대는 교육에 다 필요한 것이다.

왕往은 하괘에서 상괘로 가는 것이다. 그러나 六四는 初六을 받아들이지 않는다. 이 단계에서의 발몽은 이상을 향한 추구는 있으나 결국 아쉬움이 남는다(吝). 사람을 교육시킨다는 것은 그토록 어려운 일이다. 이 효사를 만난 사람은 종래의 삶의 태도를 근원적으로 고쳐 새로운 삶을 개척하지 않으면 안 된다. 스스로 족쇄를 채워서라도 구습에서 벗어나야 한다.

———— ❧ ————

「소상전」에 "정법正法"이라는 표현이 있는데 "발몽의 법을 바르게 한다"라는 뜻이다. 나는 이 구절을 엄형으로만 풀지 않고, 족쇄를 채우는 법과 족쇄를 풀어주는 법, 즉 엄관嚴寬의 밸런스를 잘 활용해야 한다는 뜻으로 해석한다.

九二: 包蒙, 吉。納婦, 吉。子, 克家。
구 이 포 몽 길 납 부 길 자 극 가

두 번째 양효: 두 번째 자리는 아주 굳센 양효가 자리잡고 있다. 이 九二는 실제로 괘 전체의 중심자리요, 중심인물이다. 三, 四, 五가 모두 허약한 음효이기 때문이다. 그러기 때문에 九二는 주변의 모든 사람을 포용하여 그들을 문채나는 교양있는 사람들로 변모시킬 수 있는 힘을 가지고 있다(包蒙). 九二의 역할은 길한 결과를 가져올 것이다. 점을 쳐서 이 효를 만나도 길하다. 이 九二는 六五와 응應한다. 六五가 음효로서 유순한 상이다. 그러므로 九二는 六五의 여인을 아내로 맞이하는 것이 좋다. 결혼을 위해 점을 친 사람은 결혼해도 좋겠다(納婦). 길하다. 이들 사이에 낳은 아들은(또다시 九二로 상징된다. 효의 상징은 다중적일 수 있다) 집안을 잘 이룩하고 잘 다스려 나가리라(子, 克家). 점을 쳐서 이 효사를 만난 사람은 주변에 덕 있는 자들이 모여드는 상象이다.

六三: 勿用取女。見金夫, 不有躬。无攸利。
육 삼 물 용 취 녀 견 금 부 불 유 궁 무 유 리

세 번째 음효: 이 효를 만나는 사람은 결혼을 하지 않는 것이 좋다. 여자를 취하지 말라(勿用取女)! 그대가 지금 취하려는 여자는 돈 많은 남자만 보면(見金夫) 물불을 가리지 않고 끝없이 뒤쫓아 갈(不有躬) 그러한 여인이다(아마도 六三에 응하는 上九의 양효가 금부金夫를 의미할 수도 있다). 이렇게 돈과 권력을 미친 듯이 추구하는 여자(혹은 남자)와 결혼해서 이로울 것은 아무것도 없다(无攸利). "불유궁不有躬"은 "몸을 돌보지 않는다"는 뜻으로 돈에 환장해서 정조를 버린다는 뜻이다.

몽괘의 효사를 보면 初六에는 "발몽發蒙," 九二에는 "포몽包蒙," 六四에는

"곤몽困夢," 六五에는 "동몽童蒙," 上九에는 "격몽擊蒙," 모두 괘명이 들어가 있다. 그러나 六三에만 "몽"자가 빠져있다. 주석가들은 이 六三의 여인이 워낙 나쁜 여자이기 때문에 교육의 대상이 되지 않으므로 몽자를 집어넣지 않았다고 하나, 기실『역』의 효사는 괘명과의 통일성을 갖는 것이 아니기 때문에 꼭 그렇게 해석할 필요는 없다.

六四: 困蒙, 吝。
육 사 곤 몽 린

네 번째 음효: 이 음효는 六三・六五의 양음兩陰의 사이에 끼어있다. 九二・上九의 양양兩陽은 너무 멀리 격절되어 있는 곳에 있다. 나는(음효) 몽매한데 나의 몽매를 깨우쳐줄 좋은 선생을 만날 길이 없다. 일생, 자신의 어리석음 속에서 곤요롭게 지내지 않으면 안된다(困蒙). 참으로 애석한 일이로다(吝)! 이 효를 만난 사람은 조력자를 만날 수가 없다.

"곤몽困蒙"은 자신의 어리석음을 곤요로워 한다는 뜻이다. 곤困이 몽蒙을 받는 타동사.

六五: 童蒙, 吉。
육 오 동 몽 길

다섯 번째의 음효: 六五의 효사는 매우 간결하고 아름답다: 어린이의 어두움(童蒙)은 아름답다. 길하다! 이 음효는 양위의 자리에 있으며 상괘의 중정이지만, 이 음효는 부드러움과 어두움, 그리고 유연함과 가능성, 계발성을 끝없이 함장한 순결성을 상징한다. 어린이는 어두울 뿐이다. 매사에 아직 노출이 안되어 어두울 뿐이다. 어린이는 무식하지 않다. "무식하다"는 말은 어른들의 왜곡에만 사용되어야 한다. 태극기부대의 경직이 진정 무식한 것이다. 어

린이는 몽蒙(어둡다)하지만 계발을 순수하게 받아들인다. "어린이"를 六五의 자리에, 즉 제왕의 자리에 올려놓은 『역』의 저자의 통찰력은 이미 20세기 조선의 어린이운동을 예견하고 있는 것이다.

수운·해월의 동학은 『역』의 세계를 관통하고 있다. "동몽"은 "어린이의 어두움"이라고 번역되어야 한다. 어린이의 어두움은 길할 뿐이다. 그것은 아름답다.

──── ✦◈✦ ────

"동몽길童蒙吉"을 "동의 몽은 길하다"로 번역한 유례가 드물다. 그러나 "동몽길"은 반드시 그렇게 번역되어야 한다. 동방 교육철학의 심원深源을 밝히는 명문이다. 문장은 간결할수록 위대하다. 『역』은 고조선의 시詩이다. 모든 조선인의 통찰이다.

上九: 擊蒙。不利爲寇, 利禦寇。
상구 격몽 불리위구 리어구

맨꼭대기 자리의 양효: 이 자리의 양효는 양강陽剛하며 부중부정不中不正하다. 그러니 아주 강력한 불량학생을 지시하고 있다. 이 불량한 학생을 다스리는(치다=격擊) 방법은(擊蒙) 이와같다: 도둑이 되어 쳐들어가듯이 강압적인 방법으로(爲寇) 제압만 하려하면 별 효과가 없다(불리不利). 오히려 도둑을 방비하는 방법으로(禦寇) 주도면밀하게 단계적으로 여러 측면을 고려하여 내부에서부터 고쳐나가야 한다.

교육의 방법은 이것이다! 도둑처럼 되지 말고, 도둑을 방비하라! 격몽은 위구爲寇가 아니라 어구禦寇다! 도둑처럼 쳐들어갈 생각을 말고, 도둑을 사전에 방비하는 자세로! 이것이 동방인의 교육철학의 핵심이다. 엄벌주의discipline와 관용주의tolerance의 밸런스. 점치어 이 효사를 만나는 사람은 너무 엄격하여 사람들의 원한을 사기 쉬운 시운에 놓여있다.

건하乾下
감상坎上
수천 수需

Waiting, Nourishment

괘명 "수需"자의 일차적 의미는 "기다림"(수須)이다. 「서괘전」에는 이런 설명이 있다: "사물이 어릴 적에는 보살핌이 있어야 하고 길러줌이 있어야 한다. 그래서 어림을 나타내는 몽蒙괘는 수需괘로 받을 수밖에 없다. '수需'라는 것은 음식의 도이다. 物穉, 不可不養也, 故受之以需。需者, 飮食之道也。"

좀 황당하게 들리지만 "기다린다"고 하는 것은 첫째 기다림으로써 자기가 진실로 얻고자 하는 것을 얻을 수 있다는 내면의 성실한 확신이 있어야 하고, 둘째로는 기다림을 버틸 수 있는 음식이 필요하다. 음식이 없으면 기다릴 수 없다. 모든 전쟁도 싸우지 않으면 기다리는 것인데, 전략적으로 기다릴 수 있다는 것은 군량미가 비축되어 있을 때만이 가능한 것이다. 이와같이 고경苦境 안에서 만나는 언어상황들 속에는 언뜻 현재의 우리가 생각하기에 서로 연관되기 힘든 것처럼 보이는 삶의 세계들이 절박하게 서로 연관되어 있다.

잠깐 「대상전」을 한번 살펴보자!

雲上於天, 需。君子以飮食宴樂。
운 상 어 천   수   군 자 이 음 식 연 락

구름(☵)이 하늘(☰) 위에 있는 것이 수需괘의 형상이다. 군자는 이 형상을
본받아 음식으로써 즐거운 연회를 벌인다.

역시 ☵을 물(水)이라 하지 않고 구름(雲)이라 했다. 구름은 아직 비로 현실
화되지 않았다. 그러나 강건剛健한 하늘(☰)이 밑받치고 있으니, 비가 오는
것은 기정사실이다. 이럴 때 군자는 사태를 밀어붙이지 않고 기다린다. 카이
로스(적당한 때)를 기다리는 것이다. 군자는 이런 상황에서 기다림을 연회를
베풀고 즐기면서 긴장을 푸는 것으로 대신한다. 군자의 기다림은 이와같이
여유가 있다. 「대상」도 역시 기다림과 음식을 연결시켰다. 우리가 쓰는 "수
요需要," "수용需用" 등의 일상어휘도 이런 상황과 관련이 있을 것이다.

괘상을 들여다보면, 하괘의 건☰은 강건함을 나타내고, 상괘의 감☵은 험
난險難을 상징한다. 「설괘」에도 감坎의 속성은 "함야陷也"(7장)로 되어있다.
위태로움에 빠진다는 뜻이다. 이러한 상황에서 군자는 위태로움으로 나아가
지 않고 종합적인 상황을 살피면서 기다려야 한다. 이 괘상에서 九五야말로
험난을 구할 주체이다.

그리고 初九・九二・九三의 삼양三陽은 험난을 구하는 보조자들이다. 하괘
의 삼양三陽이 위로 진격하여 험난한 꼴을 만나면 반드시 九五의 응원을 얻을
수 있다. 그리하면 같이 협력하여 험난을 극복할 수 있다. 九五는 바른 위치
인 동시에(양위양효, 중정), 존위尊位라 할 수 있다. 험난의 강을 건너는 주체라
할 수 있다. 수需는 적당한 때를 기다리는 것이다. 우리 말의 "때"는 단순한
시각, 시점이 아니라 "카이로스"이다. 인생이란 적절한 때의 기다림이다.
그리고 3번째 괘로부터 8번째 괘에 이르기까지(준屯・몽蒙・수需・송訟・사師・비比)
6개의 괘가 모두 감괘를 포함하고 있다. 생명적 우주의 탄생의 싸이클의 초기
에는 그만큼 물이 중요하기 때문일까?

需, 有孚。光亨。貞吉。利涉大川。
수 유부 광형 정길 리섭대천

수괘 전체의 분위기를 말해보자! 수괘의 핵심의 의미는 기다림이다. 기다림에는 성실한 확신이 있어야 한다(有孚). 최수운이 말하는 성誠·경敬·신信, 이 세 글자의 덕성이 "부孚"라는 한 글자에 들어가 있다. "부孚"는 에미 닭이 달걀을 부화시키는 모습의 상징이다(『설문해자』). 생명의 잉태도 "기다림"이다. 九五의 중정中正을 얻은 사람은 밝게 빛난다(光). 그리고 크게 잔치를 열 수 있다(亨).

그대가 묻는 것은 길한 결과를 얻을 것이다(貞吉). 큰 강을 건너는 것은 위험한 일이다. 그러나 정의로운 목적을 위하여 그러한 위험한 일을 강행할 때 반드시 이로운 결과를 얻을 것이다(利涉大川. 우리나라 경기도 "이천"이라는 지명은 "리섭대천"에서 왔다).

初九: 需于郊。利用恆, 无咎。
초구 수우교 리용항 무구

맨처음의 양효: 初九는 육효의 중간지대(2·3·4·5)의 4효를 국중國中(수도성곽 내)으로 본다면 교郊에 해당된다. 성곽으로부터 100리 떨어진 곳을 교라고 한다. 이 괘는 험난한 지형을 만나 난국을 돌파하는 모습이다. 상괘☵는 험險을 상징한다. 이 험을 돌파하는 최전선 부대이므로 교외에서 기다린다(需于郊)라는 표현을 썼다. 그러나 양위양효의 굳센 初九는 항상 하던 대로의 평상적 감각을 잃지 않는다. 서두르지 않기 때문에 이로움이 있다(利用恆)고 말한 것이다. 그래서 큰 허물이 없다(无咎). 점을 쳐서 이 효를 만난 사람은 평상적 감각을 유지하면서 서두르지 않고 기다리면 큰 허물을 남기지 않을 것이다.

九二: 需于沙, 小有言, 終吉。
구 이 수 우 사 소 유 언 종 길

두 번째 양효: 初九·九二·九三은 모두 간난을 뚫기 위해 전진중이다. 큰 강을 건너기 전에 모래사장에 당도하여 그곳에서 기다린다(需于沙). 아무래도 큰 환난을 앞에 두고 있는 상황이래서 모략중상이 있게 마련이다. 이 중상비난이 말로만 이루어지는 것이래서, "약간의 말이 있다(小有言)"라고 표현한 것이다. 그러나 九二는 중정의 자리에 있는 자이며, 강건하며 중용의 상식을 잃지 않는다. 참고 견디면 그 모략은 다 가라앉게 되고 결국에는 길한 결과가 초래된다(終吉).

이 효를 만난 사람은 큰마음으로 지긋이 기다리는 것이 좋다. 사람들로부터 중상모략이나 비난을 받을 수도 있다. 그러나 일체 상종하지 않는 것이 상책이다.

九三: 需于泥。致寇至。
구 삼 수 우 니 치 구 지

세 번째 양효: 여기 "진흙"(니泥)을 운운하게 된 것은 九三의 자리가 상괘의 물(☵)에 가장 가깝기 때문에 진흙벌판이라 한 것이다. 진흙벌판에서 기다리며 (需于泥) 고난의 강을 건널 기회를 엿보고 있는 것이다. 그러나 九三은 중中의 자리를 벗어나있기 때문에 경망스럽게 상괘의 자리로 진입하려고 전진한다. 이러한 경망스러운 전진은 결국 외부의 적이 내 집을 처들어오게 만드는 사태를 초래하고 만다(致寇至). 점쳐서 이 효사를 만난 사람은 다음의 충고를 받아들여야 한다: "공을 바라고 일을 기획하거나, 이익을 챙기기 위해 타협하고 야합하게 되면 현재의 지위마저 잃게 되고 만다."

六四: 需于血。出自穴。
육사 수우혈 출자혈

네 번째 음효: 六四는 이미 상괘인 물 ☵ 속에 들어가 있다. 그곳은 험난의 땅이다. 사람과 사람이 서로 싸우고 죽이고 피를 흘리는 그 아수라장 속에 있는 것이다. 六四는 음위의 자리에 정정正을 얻은 반듯한 자리에 있으며 九五 중정中正의 현인과 음양친비陰陽親比의 관계에 있다. 혈투의 아수라장 속에 있을지라도 지긋이 기다리면서(需于血) 상황을 순조롭게 파악하면 그 혈투의 구멍으로부터 벗어날 길이 열리게 되는 것이다(出自穴).

이 효사를 만나는 사람은 운기가 쇠약해져서 하는 일마다 좋지 않은 결과가 있다. 유력한 선배의 도움을 얻어 간신히 난難을 면할 수 있는 길이 열릴 수 있을 정도이다.

九五: 需于酒食。貞吉。
구오 수우주식 정길

다섯 번째 양효: 양강陽剛하면서 중中의 자리(상괘의 정중正中)에 있으며, 또 양의 자리에 양효가 왔으니(양위양효陽位陽爻), 모든 것이 지존의 위상이다. 간난의 한가운데 있을지라도 여유가 있다. 하괘의 삼양효三陽爻는 그를 구하러 올 것이다. 술은 밥과는 다르다. 밥은 최소한의 생존의 조건이지만 술은 밥과는 달리 여유를 창출한다. 술을 만든다는 것은 밥먹기도 허덕이는 사람들은 생각할 수 없는 것이다. 곡물의 차원이 다른 전용轉用이기 때문이다. 九五는 기다림의 도의 완성태이다. 인생은 기다림으로 이루어진다. 이 九五는 기다림의 이상적 포오즈를 나타낸다. 맛있는 음식에 술까지 마시면서 여유롭게 동지들을 기다린다(需于酒食). 점을 치면, 모두 길한 응답을 얻는다(貞吉).

上六: 入于穴。有不速之客三人來, 敬之。終吉。
상육 입우혈 유불속지객삼인래 경지 종길

꼭대기 음효: 上六은 음효인데다가 약체弱體이다. 게다가 또 험險을 상징하는 ☵의 극점이다. 그러니 편안하게 제자리에서 잔치를 벌이며 기다린다는 것은 상상도 못할 긴박한 상황. 그러니 피신해야 한다. "구멍 속으로 들어간다(入于穴)"는 것은 방공호 같은 데로 들어가 숨어야 한다는 뜻이다.

"속速"이란 초청한다, 부른다(소召)는 뜻이다. "초청하지도 않았는데 손님이 3명이 있어 들이닥친다有不速之客三人來"는 말은 하괘의 3양효가 들이닥친다는 뜻이다. 3양효는 강건의 상징이요, 간난이 있으면 물불을 가리지 않고 진격하는 용감하고도 거친 성격의 사나이들이다. 그러나 험險의 극한에 빠진 上六의 카이로스에 아니 나타날 수 없다. 3양효는 초청하지도 않았는데 자진해서 온 것이다.

그런데 上六은 음효이며 약체이니, 아래의 삼양과 맞서 충돌을 일으킬 그러한 인품이 아니다. 부드러움으로 삼양을 공경하고 잘 대접하면(敬之) 끝내 길한 결과가 온다(終吉). 간난을 극복할 길이 열린다.

점쳐 이 효사를 만나는 사람은 만사가 잘 돌아가고 있지는 않지만 의외의 조력자가 나타나 구원의 손길을 뻗칠 수 있다. 정직한 삶의 자세로 사람들과 화목하게 지내면 처음에는 장애가 있을지라도 나중에는 길吉하게 된다.

효사가 괘상과 구조적으로 잘 짜여져 있는 일례를 보여주는 괘이다.

6

감하坎下
건상乾上

천수 송訟

Lawsuit, Confrontation

괘명 "송訟"이라는 단어는 우리에게 친숙하다. 보통 "송사訟事" "소송訴訟"이라는 단어로 우리 삶에 다가온다. 송은 언글과 공公이 합쳐진 회의자이며, 관청에 가서 공적으로 말하는 것(호소하는 것)을 의미한다. 공자에게도 이송의 문제는 리얼했던 삶의 주제였다. 「안연」13에 이런 말이 있다: "송사를잘 듣고 판결을 내리는 데는 내가 타 법관에게 못미칠 바가 없다. 그러나 내가 진정으로 실현하고 싶은 것은 송사를 일으킬 필요가 없는 사회를 만드는것이다. 聽訟, 吾猶人也。必也使無訟乎!"

「서괘전」에 의하면 수괘를 "음식지도飮食之道"라고 규정했기 때문에 그다음에는 송괘訟卦가 올 수밖에 없다는 것이다. 왜냐? 음식에는 반드시 송사가 따르기 때문이라는 것이다(飮食必有訟). 송訟이라는 것은 단지 재판을 거는 것만을 의미하지 않는다. 삶에서 일어나는 온갖 쟁송爭訟, 다툼, 충돌을의미하는 것이다. 그래서 나는 "리티게이션litigation"(법적 소송)이라는 단어대신에 좀 폭넓은 "콘프런테이션Confrontation"이라는 단어를 선택했다(빌헬름은"Conflict," 피어슨은 "Strife").

괘상을 한번 살펴보자! 이 괘상은 앞의 괘인 수괘를 반대로 뒤집은 반대괘, 그러니까 종괘이다. 아직도 물을 상징하는 감괘가 계속 활약하고 있다. 수괘需卦와는 반대로 하늘이 위로 올라가 있고 물이 하늘 아래에 있다. 그런데 하늘은 강건하여 위로만 치솟으려고 하고 물은 아래로만 내려가려고 한다.「대상」에서도 이 ☵ 의 상황을 구름(雲)으로 표현하지 않고 물(水)로 표현했다. 구름이 아니라 물이니 그것은 즉각적으로 떨어질 수밖에 없는 것이다. 즉 이 괘는 상과 하가 서로 화합하지 못하고 제각기 다른 방향으로 달려갈 수밖에 없는 모습이다. 그러니까 이것은 분열의 상이요, 서로 화합하지 못하는 쟁송의 상이다.

하나의 인간 인격체를 놓고 이야기하자면 위는 외괘, 아래는 내괘라고도 하므로, 그 외・내의 논리를 여기에 적용시켜 볼 수가 있다. 즉 외면적으로는 강건한 모습, 고집불통의 수완 있는 모습을 지니지만 그 내면에는 음험한 성격(☵이 원래 險의 속성을 지님)이 자리잡고 있다. 이런 인간은 필연적으로 쟁송, 송사를 즐긴다는 것이다.

사회의 구조적 역학으로 보아도 위에 있는 사람들이 강압적으로 아랫사람들을 누르려고만 하고, 밑에 있는 사람은 음험한 생각을 품고 위에 있는 사람들을 전복시킬 틈만 노리고 있으면, 그런 사회는 쟁송이 들끓는 사회가 될 뿐이다. 오늘날 우리나라 유튜브 언론사회가 그 모양이다.

이야기 나온 김에「대상전」을 한번 보자!

天與水違行, 訟。君子以作事謀始。
천 여 수 위 행   송   군 자 이 작 사 모 시

하늘이 위에 있고 물이 그 아래에 있는데, 이런 형국에서 천과 수는 가는 방향이 엇갈릴 수밖에 없다. 이 엇갈림의 모습이 바로 송괘의 모습이다. 군자는 이 형상을 본받아 어떠한 사업을 일으키려고 할 때, 반드시 그 시작을 잘 헤아려 싸움이나 쟁송이 일어나지 않도록 신중하게 한다.

> 訟, 有孚, 窒。惕, 中, 吉。終, 凶。
> 송　유　부　질　척　중　길　종　흉
>
> 利見大人, 不利涉大川。
> 리　견　대　인　불　리　섭　대　천

송괘 전체를 잘 살펴보면 그 가운데 지성진실至誠眞實한 마음이 있다(有孚). 하괘의 중심인 九二의 마음자세가 그러하다. 九二는 양실陽實하고 중中을 얻고 있다. 그러나 初와 三의 자리가 모두 음이며 그를 둘러싸고 질식시키려 하고 있다. 그리고 그와 정응正應 관계에 있어야 할 九五로부터 감응이 없다. 둘 다 양효가 되어 서로 감응이 일어나지 않는 것이다. 九二의 진실은 질식만 되어간다(窒). 이런 상황에서도 계구戒懼하는 자세로 두려워하고 신중히 행동하면서 중도를 지키거나 도중에 적당히 송사를 취소해버리면 길吉하다(惕中吉). 그런데 에라이 쌍 하고 끝까지 갈 생각을 하면(上九의 자세가 그러하다) 흉하여 화를 입게 된다(終凶).

이런 상황에서는 전체를 공평하게 조망할 수 있는 대인을 만나 그로 하여금 송사에 대한 판결을 내리도록 하는 것이 최선의 방책이다(利見大人). 큰 강을 건너는 것과도 같은 모험을 강행하는 것은 결코 도움이 되지 않는다(不利涉大川).

> 初六: 不永所事, 小有言, 終吉。
> 초육　불영소사　소유언　종길

맨처음 음효: 이 初六은 음효인데 양의 자리에 있으니 제대로 된 자리가 아니다. 게다가 음효이니 힘이 없고 또 최하위이다. 이 효의 주인공의 쟁송을 끝까지 밀고나갈 힘이 없다. 비단 쟁송뿐만이 아니라 어떠한 사업을 창안해도

그것을 끝까지 밀고나가 성공할 힘이 없는 것이다. "불영소사不永所事"라는 것은 「소상전」의 풀이와 무관하게 해석하면 "하고자 하는 일을 길게 하지 않는다"는 뜻이 된다. 그러니까 장기적인 투자를 하면 손해라는 뜻이다. 송사를 가지고 얘기해도 송사라는 것은 길게 끌수록 손해라는 것이다. 단기간에 결판을 내거나 포기해버리거나 해야 한다. 중도에 하차하거나 빨리 일을 끝내거나 하면 사람들이 이러쿵저러쿵 잔말을 해댈 것이다(小有言). 그러나 결국에는 길吉한 결과로 끝나게 될 것이다(終吉).

———— ❦ ————

시비곡직是非曲直에 관한 쟁론은 오래 끌 것이 못된다.

九二: 不克訟。歸而逋, 其邑人三百戶, 无眚。
구 이　불 극 송　귀 이 포　기 읍 인 삼 백 호　무 생

두 번째 양효: 이 九二의 양효야말로 전체 송괘의 주체이며, 쟁송을 좋아하는 성격의 사나이이다. 九二는 하괘의 중앙이기는 하지만 음위陰位에 있는 양효이니 정正을 얻고 있지 못하다. 九二는 사실 저 위에 있는 九五의 빽을 믿고 송사를 벌이는 것이다. 그런데 九五는 모든 조건을 갖추고 있는 득정득중得正得中의 큰인물이다. 九二와 九五는 모두가 양강하여 감응하지 않는다. 九五는 九二를 도울 생각이 없다. 九二는 고립된다. 그리고 송사를 잘 이끌지 못한다(不克訟). 결국 이 자는 도망쳐 숨을 수밖에 없다(귀이포歸而逋. 포逋는 숨는다는 뜻). 그런데 숨는 곳이 큰 도시가 아니라 삼백 호 정도 되는 작은 동네면(其邑人三百戶), 별로 드러나지 않을 테니까(크지도 작지도 않은 평범한 마을), 크게 다칠 일이 없을 것이다(无眚).

六三: 食舊德。貞, 厲, 終吉。或從王事, 无成。
육 삼　식 구 덕　정　려　종 길　혹 종 왕 사　무 성

세 번째 음효: 여기 "구덕을 먹는다食舊德"는 표현은 고대의 식읍제도와 관련 있다. 벼슬을 하는 사람에게 식읍을 내리면, 벼슬자는 그 식읍으로부터의 세수稅收로써 먹고사는 것이다. 그런데 이 식읍은 세습된다. "구덕"이란 선조로부터 물려받은 식읍의 덕택으로 욕심 안 부리고 먹고 산다는 뜻이다. 六三은 양위에 있는 음효래서 힘이 없다. 유순할 뿐이래서 자기가 독자적으로 송사를 만들어 자기 운명을 개척할 능력이 없다. 그저 부모에게 물려받은 유업의 덕택으로 보수적으로 사는 것이 안전빵이다. 자신의 운명에 관해 점을 쳐도 항상 위태로운 결론만 나온다(貞厲). 그렇지만 보수적으로 자기 삶을 유지하고 있는 것에 만족하며 자기 몸을 반듯하게 닦으면 끝내 좋은 운수를 만난다(終吉). 혹 왕사에 종사할 기회가 있을지도 모르겠다(或從王事: 정가에 나간다). 그러나 그에게는 아무런 성취도 없을 것이다(无成). 결국 헛일이다.

九四: 不克訟。復卽命, 渝安。貞, 吉。
구 사   불 극 송   복 즉 명   투 안   정   길

네 번째 양효: 九四는 득중得中의 자리에 있지도 않고, 또 四의 자리에 있는 양효래서 득정得正도 아니다. 九四와 응하는 자리는 初六인데, 初六은 九二에 더 가깝고, 또 송사를 길게 끌고갈 의사가 없다. 그래서 고립된 九四는 쟁송을 성공적으로 잘 이끌어갈 능력이 없다(不克訟). 그래서 그는 생각을 바꾼다. 다시 원초적 시발점으로 돌아가 천명을 새롭게 받는다(復卽命). 그리고 삶의 자세를 바꾼다(투渝는 바꾼다는 뜻이다). 쟁송을 좋아하던 삶의 자세를 바꾸니 삶이 편안해진다(渝安). 점을 치면 길하다(貞吉). 삶의 운이 좋게 돌아가는 것이다.

———— ⚜ ————

모든 주석가들이 "투안渝安"에서 구독점을 끊지 않는다. "정貞"에 대한 해석이 애초로부터 잘못되었기 때문이다.

九五: 訟, 元吉。
구오 송 원길

다섯 번째 양효: 九五는 양효양위의 정正을 얻고 있을 뿐 아니라 양강의 중정中正, 지존至尊의 위位에 있다. 九五는 中正의 덕을 지니고 있는 재판관이다. 九五는 사적인 인연에 끌림이 없이 소송 당사자들의 의견을 허심하게 듣는다. 정중의 지존의 도덕을 지키는 九五에게는 아무리 송사가 있더라도(訟), 송사에 시달림이 없이 크게 길하다는 뜻이다(元吉). "원元"에는 보편적인 가치의 구현이라는 뜻이 함장되어 있다는 것을 잊지 말자! 최근 김혜수가 주연한 영화,『소년심판』(2022)은 판사의 삶과 송사 판결의 다양한 측면을 보여준 작품이었다.

「소상」도 중정中正 때문에 송사 속에서도 원길元吉하다고 했다. 중정中正은 꼭 제왕에만 해당되는 것이 아니다. 인간은 누구든지 중정의 위에 앉을 수 있다. 이미 건괘에서 개천도랑의 이무기도 비룡이 될 수 있음을 말했다. 『주역』의 해석이 모두 지나치게 구시대윤리의 계급성에 구속되어 있다. 『역』은 발랄한 고조선 사람들의 삶의 가치를 반영하고 있다.

上九: 或錫之鞶帶, 終朝三褫之。
상구 혹석지반대 종조삼치지

꼭대기 양효: 상괘 건乾의 극상이요, 송사의 극한에 와있다. 그대는 혹 송사에 승리하여 최상의 넓은 띠의 관복을 하사받을 수도 있겠다. 六三에서 "혹종왕사或從王事, 무성无成"이라 한 말을 기억해도 좋겠다. 그때는 무성无成(성과가 없다)이었지만, 요번에는 가죽으로 만들고 패옥으로 장식한 넓은 띠를 받을 수도 있다(或錫之鞶帶). 쟁송, 소송의 승리의 상징으로 관복을 하사받는다. 그러나 이렇게 송사를 치열하게 진행시켜 얻은 승리의 관복은 하루아침이 끝나

기도 전에 세 번이나 빼앗기고 말 것이다(終朝三褫之). 송사로 얻는 너의 명예는 결코 너의 생애에 도움을 주지 못한다.

여기 "반대鞶帶"라는 표현은 북방기마민족의 습속을 전제로 하지 않으면 이해되지 않는다. 주석가들이 모두 나약한 중원의 궁전의 하이어라키를 전제로 이 구절을 풀고 있는데, 이것은 어디까지나 말 타는 사람들에게 필요한 널찍한 가죽으로 만든 허리띠이다. 『주역』의 효사에 나타나는 생활상은 우리 고조선의 풍속을 반영하고 있다.

"종조終朝"도 보통은 "하루 아침 동안에"(날이 새고 아침제사가 끝나기까지)라고 해석하는데, "종조"는 "부종조不終朝"와 같은 의미로 해석되어야 한다. 『노자』 23장에 있는 "회오리바람은 아침 한때를 마칠 수 없다. 飄風不終朝"라는 표현과 동일한 맥락이다. 쟁송·소송의 승리물은 곧 사라질 것이라는 뜻이다. 성인의 깊은 충언이다.

「소상」에도 "송으로 받은 관복은 공경할 것이 못된다. 以訟受服, 亦不足敬也."라고 훈을 달았다. 혁띠가 관복으로 변한 것도 역시 만주벌판의 습속이 중원화되어가는 시대적 흐름을 반영하고 있다.

감하坎下
곤상坤上

지수 사師

The Army

괘명 "사師"라는 글자의 원초적 의미는 군대의 출정식과 관련이 있다. "師"는 "𠂤"와 "帀"의 회의자인데 왼쪽의 글자모양은 군대가 출정을 할 때 제사용으로 쓰는 제육祭肉 묶음을 의미한다. "帀"는 그 제육을 매달고 가는 큰 칼의 모습이다. 조묘朝廟나 군대의 사당(군사軍社)에서 제사지내고 신우神佑를 빌고 떠날 때 쓰는 것이다. 갑골문, 금문에 모두 나온다. "사師"의 일차적 의미는 예로부터 군대와 관련된 것이다. 오늘날 우리가 쓰는 "사단師團," "사려師旅" 등에 그 의미가 남아있다.

우리가 보통은 "스승 사"로 알고 있지만 "선생"이라는 의미는 오늘의 보편적 의미로서의 "Teacher"와도 약간 거리가 있다. 『논어』의 용례에도 스승이라는 의미가 있는 단어가 있지만, 구체적으로 스승은 대체로 악사樂師였고, 악사는 장님이었다. 『논어』「위령공」41에는 공자가 스승인 장님악사를 정중하게 모시는 매우 리얼한 장면이 세밀하게 묘사되고 있다. 옛날의 배움이란 모두 구체적인 스킬의 전수와 관련있으며, 예악의 담당자가 악사였기 때문에 스승으로 모시는 사람은 대부분 장님악사였다. 오늘날로 치면 피아노·기타를 가르치는 사람이 진짜 "스승"인 것이다. 그러나 『역』에서 다루는

"사師"는 전적으로 군대와 관련있고 전쟁과 관련있다.

「서괘전」에서는 쟁송의 송괘는 반드시 많은 사람들이 분란에 참여하게 되니, 사괘師卦로 받을 수밖에 없다 하였다. 그리고 사師는 중衆(다수)을 의미한다고 하였다(訟必有衆起, 故受之以師。師者, 衆也。). 송(재판)에서 사(전쟁)로 넘어오는 과정의 설명은 괘명의 의미를 따져 그 논리적 관계를 만들어 낸 것이며, 의미론적이지만 어느 정도 설득력이 있다. 그러나 사師가 결정되면 그 다음에 오는 것(비比☷☵)은 상수학적으로 반대괘가 오도록 되어있으니(mirror image), 그 관계는 의미론적인 필연성이 적다고 말할 수 있다.

건곤 다음에 준屯을 선택한 것은 철학적인 선택이었고 그 뒤로부터 홀수번호와 짝수번호는 상수학적으로 반대괘(종괘)를 택했고, 그 다음에 또다시 네 번째(짝수번호)와 다섯 번째(홀수번호)의 연결고리는 의미론적으로 결정되었다고 볼 수 있다. 이것은 괘의 차서에 관한 소박한 관찰일 뿐이다. 대단한 이론을 말하고 있는 것은 아니다. 하여튼 카오스와 코스모스를 섞는 방법은 『역』의 기본적 자세인 것 같다. 감☵괘는 생긴 모양이 반대로 뒤집어도 같은 감괘가 된다. 그래서 앞 준괘가 선택된 이후로 계속 흘러가고 있는 것이다. 군대까지도 물과 관련이 있는 것이다.

우선 우리가 사랑하는 「대상전」의 설명을 한번 들어보자!

地中有水, 師。君子以容民畜衆。
지 중 유 수 사   군 자 이 용 민 휵 중

「대상전」의 저자는 항상 상하괘의 괘형상만으로 전체 괘의 의미를 규정한다고 했다. 여기 그의 설명은 이러하다: 땅(☷) 속에 물(☵)이 있는 것이 사괘의 모습이다. 군자는 이러한 사괘의 모습을 본받아 백성을 포용하고 그러한 포용심으로

다중의 힘을 축적해나간다.

언뜻 보면 이해가 잘 안된다. ☵을 구름이나 비로 표현하지 않고 물(水)이라고 했다. 그리고 "땅아래"라고 하지도 않고 "땅속"(地中)이라 했다. 이것은 "땅속의 물"이니 전혀 냇물이나 샘물처럼 노출이 되지 않는 "지하수"를 의미한다. 옛날에는 "병兵"이 전문적인 군사직업집단이 아니었다. "농農" 속에 병이 들어있었던 것이다. 병농일치의 사회였다. 희랍의 시민(πολίτης, citizen)이라는 것도 전쟁에 나가 싸울 수 있는 사람을 의미했다. 폴리테스는 18세 이상의 남자이고, 이 폴리테스의 모임이 바로 "폴리스"(πόλις)였다.

우리나라도 마찬가지였다. 임진왜란 때도 우리나라에는 전문군사집단이 없었다. 그런데 일본에는 전문군사집단인 사무라이가 30만이나 있었다. 센고쿠戰國시대를 거친 전문직업군인 수십만과 조선의 농민이 싸워 이긴 전쟁이 바로 임진왜란이었다. 일본인들은 의병이나 승병이 순식간에 조직되어 자기들 전문 사무라이 군사집단에 결정적인 타격을 던져준다는 것을 상상도 하지 못했다. 임진왜란은 세계전쟁사에서 가장 찬란한 민중의 승리로 기억되어야 할 전쟁이다.

"지중유수地中有水"라 말할 때의 지地(땅)는 농農을 의미한다. 수水는 병兵을 의미하는데, 농 속에 병이 숨어있다는 농병일치의 현실을 나타낸다. 그러기 때문에 한 국가의 지도자는 백성을 포용하여 사랑하고 보호하고 하여 그 속에 있는 군사력을 축적해나가야 한다는 것이다. 여기 "용민휵중容民畜衆"이라는 성어에서 "민중"이라는 말이 생겨났다.

괘상을 잘 들여다보면(☷) 두 번째 효 하나만이 강력한 양효이고 나머지는 모두 유순한 음효이다. 九二는 장군의 상이고 나머지 오음五陰은 병사의 상이다. 병사는 장군의 명령을 따르는 사람들이다. 그런데 본시 제5효가 군왕의

【7】
師
☷
☵

자리이다. 그런데 그 자리는 음효가 앉아있다. 즉 사師에서는 장군(九二의 낮은 자리)이 실권을 잡으면 군왕은 유순한 자리에서 九二의 유능한 장군에게 전쟁을 수행하는 능력을 위임할 때 군대의 체제가 잡히고 효율적인 전략이 가능하다는 뜻을 암시하고 있다.

『설문해자』에는 사師의 "自"를 자그마한 언덕으로 풀고 그 주변으로 사람의 무리들이 둘러싸는 형상이라고 했다. 동한의 경학자 마융馬融은 "2,500인의 단위를 사師라고 한다"고 했다. 중국고대의 군제는 천자가 6군, 제후가 3군을 거느린다. 『주례』에 의하면 1군은 12,500이라 했고, 군의 장將은 경卿의 자격을 준다고 했다. 2,500명을 거느리는 사의 장수는 중대부中大夫이고, 500명을 거느리는 려旅의 장수는 하대부下大夫라 했다.

괘사

師, 貞。丈人吉。无咎。
사　정　장인길　무구

군대가 출정할 때는 반드시 점을 친다(師, 貞). 점을 친다는 것은 전세를 바르게 예견하는 것이다. 군대는 반드시 노성한 인물이 장군의 자리에 앉아있어야만 한다. 소인배나 미숙한 자가 장군이 되면, 호전적이 되고, 공명을 다투게 되니 실패를 가져온다. "장인丈人"이란 경험이 풍부한 유덕자 장수를 가리킨다. 장군은 반드시 어른스러운 자래야 한다. 전쟁은 그 자체가 생명을 해치고 재물을 상하게 하는 나쁜 것이며, 부득이해서만 행하게 되는 것이다. 그것을 즐기고 그것에 가치를 부여할 수는 없는 것이다. 그러나 전쟁은 시작했다 하면 반드시 속전속결로 승리해야 한다. 승리를 통해서만 죄를 면할 수 있다. 그래서 장인이 리드해야만 길하다라고 말한 것이다(丈人吉). 그런 바른 리더십 아래서 비로소 허물이 없을 수 있게 되는 것이다(无咎).

바이킹 영화들을 보면 잉글랜드의 왕들이나 장수는 기독교라는 종교적 허상 속에서 병졸들을 동원과 억압의 대상으로만 본다. 그러나 바이킹의 장수들은 병졸과 철저히 대등한 입장에서 병졸 속에서 진정한 리더십을 발휘한다. 그 문화가 권위의식이 없고 신화적 허상에 얽매여 있질 않다. 그래서 싸우면 항상 이긴다. 유럽역사에 고조선다운 정신이 있다면 그것은 바이킹의 문화가 제공한 것이다.

효사

初六: 師出以律, 否臧, 凶。
초 육   사 출 이 률   비 장   흉

맨처음 음효: 그대는 지금 사괘의 첫효를 만났다. 첫효는 양위陽位에 있는 음효, 부중부정不中不正이다. 졸卒로서 九二의 장군의 명령을 받드는 입장. 사의 초효이기 때문에 출사出師의 개시를 알리는 효다. 출사라는 것은 군대가 대열을 갖추어 출정하는 것이요, 실제로 전장에서 진용을 갖추고 싸우는 것이다. 그런데 이때 가장 중요한 것은 "율律," 이 한 글자이다. 군대의 생명은 규율이다(師出以律). 명령을 받들어 질서있게 행동하는 것이다. 디시플린이 없으면 대군이라도 오합지졸이 되고 만다.

그 다음에 "비장否臧"이라는 말이 있는데, "비否"는 부정부사인 아니 불不자와 같다. "장臧"은 좀 오묘한 글자인데, 중국사람들 발음으로는 그것은 더럽고, 추하고, 불선不善하다는 의미가 있다. 우리가 훔쳐서 내다판, 부도덕한 더러운 물건을 "장물臟物"이라 하는데 이 장은 장물의 장 자로 쓰이기도 한다. 그런데 한자는 극적으로 대비되는 반대의 의미를 한 글자에 내포할 경우가 있다. 예를 들면 어지러울 란亂 자가 잘 다스려지고(治), 질서있다(理)는 의미를 내포할 수도 있다. 여기 "장臧"은 아름답다, 좋다는 뜻이다. 모든 질서, 규율은 아름다워야 한다. "비장否臧, 흉凶"은 "아름답지 못하면 흉하다"라고

【7】
師

번역될 수 있다. 질서는 심미적 감각을 잃지 말아야 한다는 것이다. 군대의
질서도 아름다워야 한다. 군대의 질서가 아름답지 못할 때는 흉하다.

> ## 九二: 在師, 中。吉, 无咎。王三錫命。
> ### 구 이　재 사　중　길　무 구　왕 삼 석 명

두 번째 양효: 이 양효는 전체 군대 내에서 중앙의 자리에 있다. 그러면서 중용의
미덕을 발휘하고 있다. 양강하며 득중得中하니 중음衆陰이 귀속된다. 부하들을
심복시키는 카리스마가 있다. 군대의 규율을 엄정히 세우고 바른 생활을 하고
있다(在師, 中). 그러니 전투에 임하면 패배가 없고 길한 결과만 초래하니 허물이
없다(吉, 无咎). 六五의 군주는 감동하여 그에게 자주(세 번이나) 은명恩命(총애의
명)을 내린다(王三錫命). 총애가 두텁다. 점을 쳐서 이 효를 만나면 길하다. 성공의
기운이 감지된다. 주변사람들이 너를 도우려 한다. 신용있게 생활하라!

정현鄭玄, 127~200(동한 말 경학자)은 "석錫"을 "사賜"로 바꾸어 해석해야 한
다고 했다. 『예기』「곡례曲禮」에 "삼사三賜"를 해석하는 주해에 이런 말이
있다: "군주가 신하의 공을 상주는 데 있어서, 일명一命으로는 관직을 제수
하고, 재명再命으로는 의복을 하사하고, 삼명三命으로는 위계와 거마車馬를 하
사한다."

> ## 六三: 師或輿尸, 凶。
> ### 육 삼　사 혹 여 시　흉

세 번째 음효: 여시輿尸는 시체를 수레에 싣는다는 뜻이다. 六三은 음효이면서
양의 자리에 있으니 부정不正하고, 또 세 번째 자리에 있으니 중을 벗어나 있
다. 그리고 실력도 모자라면서 잘난 체, 나서려고만 한다. 적정敵情에 대한 세

밀한 정보도 없이, 마냥 밀어붙이기로, 나아가려고만 한다(三의 자리가 원래 그런 성격이 있다). 암우暗愚의 대장이다. 이런 자가 군대의 통솔자가 되면 반드시 패전하여, 지휘관은 전사하게 된다. 그 시신이 구루마에 실려 돌아오게 되는 불상사가 있게 된다(師或輿尸). 흉凶하다는 말밖에 더 할 말이 없다.

———— ❧ ————

판단을 내리는 가치어에 있어서 "흉凶"은 최악의 상태라는 것을 알 수 있다. 효사에 쓰이는 말들을 검토해보면 길부터 흉까지 6글자를 나열할 수 있다: 길吉 〉 린吝 〉 려厲 〉 회悔 〉 구咎 〉 흉凶. 길吉 앞에 리利를 놓을 수도 있다. 점쳐서 이 효를 만나는 사람은 흉운凶運에 빠져있다. 분에 넘치는 일을 하면 실패하게 되어있다. 조심해라!

六四: 師左次, 无咎。
육사   사 좌 차   무 구

네 번째 음효: 六四는 四의 자리이므로 중中의 자리는 아니지만, 음효로서 음위陰位에 있으니, 그 위位는 바르다고 말할 수 있다. 유순하고 경거망동하지 않고 그 위를 지키려는 자중함이 있다. 좋은 리더라고 말할 수 있다. 六四가 이끄는 군대는 등 오른쪽으로(후우방後右方) 높은 고지가 있는 곳에 진을 친다. 병법의 포진이란 상황에 따라 변하는 것이므로 일률적으로 말할 수 없는 것이지만, 저지低地를 전좌방前左方으로 하고 고지高地를 후우방後右方으로 하는 것을 원칙으로 한다 하였다. 전좌방이 낮기 때문에 진격에 가속도가 붙고, 후우방이 높아 방벽의 역할을 한다는 것이다(저지대에 포진한다는 설은 옳지 않다). 그 중간 어느 지점을 선택하여 진을 쳐야 한다(왕필의 주석에서 힌트를 얻음).

『좌전』에는 "사師가 하루를 야영하는 것을 '사舍'라 하고, 이틀을 야영하는 것을 '신信'이라 하고, 사흘 이상을 야영하는 것을 '차次'라 한다"고 했다. "사좌차師左次"라는 말은 군대가, 등뒤 우방으로 높은 산이 있기 때문에, 좌

측의 언덕에 진을 치고 함부로 움직이지 않는다는 뜻이다. 괘상 전체를 볼 때 하괘는 감☵이니 음험하다는 뜻이다. 음험한 세력과의 경계선상에 있는 六四는 함부로 움직이지 않고 전략적으로 유리한 자리에 진을 치고 머문다는 뜻이다. 六三의 무모함의 예와는 대조적이다. 망진妄進하지 않고 기다리면 큰 허물이 없다는 뜻이다(无咎). 점을 쳐서 이 효를 만나는 사람은 별로 성취하는 것은 없다. 그리고 진퇴를 잘 가려 신중히 행동해야 한다.

六五: 田有禽, 利執言, 无咎。
육 오　전 유 금　리 집 언　무 구

長子帥師, 弟子輿尸, 貞凶。
장 자 수 사　제 자 여 시　정 흉

다섯 번째 음효: 六五는 실제로 군대를 일으킨 주체세력이요, 가장 권위있는 군주이다. 그러나 양위에 음효가 앉아있으니 정正을 얻고 있지는 못하지만 상괘의 중앙에 위치하여 전체를 통괄하고 있다. "전유금田有禽"이란 "밭에 새가 있어 우리가 땀흘려 농사지은 농작물을 먹고 있다"는 뜻이다. 즉 "새"는 불의의 침략자들이다.

"利執言리집언"의 "언言"은 아무 의미 없는 어말의 조사助詞이다. "리집지利執之"라 말하는 것과 동일하다. 즉 "그런 침략자들은 가차없이 잡아버리는 것이 이롭다"는 뜻이다. "리집언"은 이 전쟁이 六五가 일으킨 것이 아니라 외부에서(임진왜란의 "개같은 왜적놈들"처럼) 일방적으로 침탈한 것임을 암시하고 있다. 따라서 부득이하여 대응한 것일 뿐이다. 이러한 싸움에서는 六五가 반드시 승리한다. 그래서 "무구"(허물 없다)라 말한 것이다. 그런데 전쟁은 군주가 직접 다 하는 것은 아니다. 유능한 장수에게 지휘권을 맡겨 응수케 해야 한다.

여기 "장자長子"는 하괘의 두 번째 양효인 九二를 가리킨다. "유능한 지휘관"을 의미한다. 전역이 이렇게 유능한 지휘관에게 맡겨졌을 때에는 군대를 잘 통솔하여(수사帥師) 반드시 이긴다(長子帥師). 그러나 유능치 못한 지휘관들, 여기서 "제자弟子"라고 표현된 소인배들(六三과 六四를 가리킨다)이 지휘하는 부대에서는 시체를 수레에 싣고 나르기에 바쁘다(弟子輿尸). 점을 쳐서 전황을 물어보면 흉한 답만 얻는다(貞凶). 슬프다! 점을 쳐서 이 효를 얻은 사람은 꼭 마음에 새겨라! 바른 인물을 지휘관으로 쓸 줄 아는 안목을 지녀라! 사욕에 엄폐되어 대사를 망치지 마라! 지금 그대의 바램은 이루어지기 어렵다!

上六: 大君有命。開國承家, 小人勿用。
상 육　대 군 유 명　개 국 승 가　소 인 물 용

맨꼭대기 음효: 上六은 전쟁(사괘)의 종극점이다. 전쟁이 끝나면 반드시 논공행상이 있는 것이 옛 봉건사회(중원의 고대와 서유럽의 중세)의 특징이었다. "대군유명大君有命"이란 전쟁을 끝낸 후 대군으로부터 작명爵命을 하사받는 사태가 있다는 것을 의미한다. "대군大君"은 천자天子를 의미한다. "개국開國"이란 "나라를 새로 연다"는 의미가 아니라 "제후를 봉한다"는 뜻이다. "국"은 "제후국"을 의미하며, 다음의 "승가承家"와 대비되는 것이다. 여기 "승가"라는 것은 경대부卿大夫의 작위를 하사하는 것이다. 제후는 천승지국千乘之國(전차 1,000대, 말 4,000마리)을 새롭게 개척하는 것이요, 경대부는 백승지가百乘之家(전차 100대, 말 400마리)의 영지를 승계하게 되는 것이다. 지금 사괘를 보면 상괘가 곤☷이므로 그것은 땅을 의미하니, 이 "개국승가"의 이미지와 잘 맞아떨어진다.

그런데 재미있는 것은 말미에 "소인물용小人勿用"이라는 조건이 붙어있는 것이다. 이것은 과연 무엇을 의미하는가? "소인은 쓰지말라"는 표면적 의미는 료해가 어렵지 않다. 그러나 속뜻은 매우 중대하다. 군대에서는 소인일지라도 높은 전공을 올릴 수 있다. 이런 자에게도 반드시 논공행상은 이루어

【7】
師
☷☵

저야 한다. 그런데 제후와 경대부의 자리를 주는 것은 토지와 연결되어 있고 (식읍), 그 토지는 국가권력의 구조적 근간을 형성하는 것이다. 그러기 때문에 논공행상을 하더라도 소인에게는 땅을 주지 말아야 한다는 것이다. 공에 대한 일회적 보상(금품)만 하사하고 하이어라키 그 자체에 편입시키면 안된다는 것이다.

여기 "소인물용"은 정치의 핵심적 지혜를 가르치고 있다. 정권을 잡아도, 그 정권의 가치는 그 정권의 생명력을 연장시킬 수 있는 인재들의 등용에 있는 것이다. 장관, 검찰, 고급공무원, 국회의원 자리를 함부로 남발하는 정권은 단명할 뿐 아니라 민중에게 피해만 입힌다. 다시 말해서 대인과 소인을 가려 쓸 줄 아는 지혜가 정치의 핵심인 것이다. 아무개빠, 아무개빠 하는 파당적 (나카마 중심의) 정치를 대인들의 정치로 바꾸지 않는 한 우리민족의 진보는 있을 수 없다.

우리나라는 박정희 군사쿠데타로부터 자본주의적 근세국가가 출발했기 때문에 모든 진보적 정신은 군사문화와의 투쟁으로 일관하여 왔다. 정치를 군사문화가 지배한다는 것은 배제되어야 할 비극이지만, 군사문화와 군대는 전혀 별개의 문제라는 것을 깨달아야 할 시점에 와있다. 강력한 군대가 없이는 자본주의적 풍요도 불가능하고 국제사회에서의 발언권도 취약하고, 외교적 교섭도 굴욕적일 수밖에 없다. 힘이 없으면 자유도 클레임할 수 없다. 다행히 우리나라의 군대는 잘 성장하여 왔고, 현재 대한민국 군사력이 세계 제6위라 하니 군사강국이라 말하지 않을 수 없다.

자아! 우리나라가 군사강국이라는 소리를 들을 수 있는 그 자산과 그 원천이 어디에 있는가? 그것은 물리적인 사태일 뿐 아니라 도덕적 사태인 것이다. 군사문화를 지탱하는 도덕성의 근원이 민중 속에 굳건히 뿌리박고 있다는 것인데 그 핵심이 바로 "국민개병제"이다.

박정희 군사독재 이래 모든 청년들이 군대에 가는 것을 가치관에 있어서 저열한 행위로 간주했고, 또 모든 진보적 정치인들은 군사문화의 근원이 국민개병제에 있다고 보고 그것을 발룬티어제도(모병제)로 바꾸는 것을 진보의 모토와 신념으로 삼았다. 이것은 극히 편협하고 옹졸하고 근시안적인 발상이다. 개병제를 모병제로 바꾸는 순간, 대한민국 군대는 도덕적 국토방위의 의무실현의 장이 아닌 용병집단의 이권득실의 장이 되어버리고 만다. 현재 개병제는 우리나라의 모든 국민에게 국가의 존립의 가치를 일깨워주는 도덕의 근원이다.

　　그리고 개병제는 젊은이들의 삶에 의무감을 주며 인간평등관의 실현을 체험케 하는 교육의 장이다. 이 교육은 민간교육으로는 도저히 달성될 수 없는 특수한 규율의 장이다. 자율이 없는 자유는 없으며, 자기구속이 없는 해방은 없으며, 자기희생이 없는 도덕감은 코스메틱한 도덕일 뿐이다. 우리나라의 젊은이들은 싫든지 좋든지간에 이러한 도덕감각을 군대라는 디시플린의 의무기간을 통해 보편적으로 체험한다. 체육이 사라지고, 협동이 사라지고, 자본주의의 온갖 유혹만이 범람하고 있는 이 시대에 군대의무까지 사라지면 "우리나라"라는 국가는 허상이 되고 만다. 미국이나 일본에서 체험할 수 있는 무기력하고 뿌리 없는 젊은이문화가 우리나라를 병들게 할 것이다. 그리고 용병들이 타국의 죄없는 인민들을 학살하는 폭력영화나 만들고 있을 것이다.

　　용병으로 우리의 군대를 채우는 것은 자멸의 길이다. 개병제를 유지하더라도, 의무기간이 불과 18개월로 줄은 마당에, 얼마든지 효율적인 제도적 개편방안을 우리는 논의할 수 있을 것이다. 군대는 역사진보의 방해꾼이 아니라 진보의 선진이 될 수 있다. 개병제를 유지하고, 군대 내의 부패를 청산하고, 제도를 개선하고, 의식을 개변시키고, 국민교육의 장으로서 가치를 제고시키는 다양한 조치를 강구할 수 있을 것이다. 그 모든 지혜를 나는 이 사괘師卦에서 얻는다.

【7】
師

곤하坤下
감상坎上 **수지 비比**

Intimacy,
Alliance

[괘명] 「설문해자」에 의하면 사람이 빽빽하게 들어차 있는 모습이며, 등과 배를 붙여가며 말하는 모습이니 "밀密"과 "친親"의 뜻이 있다 했다(𣬃𣬃). 우리가 쓰는 "친밀"이란 말의 원형을 나타낸다. 「서괘전」에도 사師괘 다음에 "비比"괘가 오는 이유를 재미있게 표현했다: "사(군대)라는 것은 사람이 많이 모여야 이루어지는 것이다(중衆). 사람이 많이 모이게 되면 반드시 서로 비비고 친밀하게 된다. 그래서 사괘를 비괘로 받는 것이다. 師者, 衆也。衆必有所比, 故受之以比。" 그럴듯한 설명이지만 사실 비괘(수지비)는 앞의 지수사地水師를 미러이미지로 뒤집은 것이다. 그러니까 상수학적 결론이라는 것이다.

하여튼 비比는 "친해진다," "사귀다," "친밀하다," "가깝다," "비등하다"는 뜻이 있다. 자형字形에서 "비견比肩," "비교比較"의 뜻을 읽을 수 있고, 또 같은 패동아리라는 의미에서 "비류比類," "비륜比倫"의 단어가 파생한다. 갑골문, 금문에도 있다.

『논어』「위정」14에 "군자는 주이불비하는데 소인은 비이불주할 뿐이다 君子周而不比, 小人比而不周"라 했다. 군자는 보편적 가치를 구현하여 두루두루 마음을 쓰는데 반하여 소인들은 자기들끼리 패거리를 지어 편당적 가치만에 탐닉한다는 뜻이다. "비比"는 여기서 편파적 가치, 편당적 가치를 지칭하는 나쁜 뜻으로 쓰였다. 물론 『논어』의 용법 중에는 "비교한다"(7-1) "같이한다"(4-10)는 평이한 뜻으로 쓰인 예도 있다. 하여튼 『논어』 「위정」의 용례는 "비"를 부정적 가치로 보았다. 그러나 『역』의 비괘는 "비比"에 대해 전혀 부정적 의미를 부여하지 않았다. 비는 인간과 인간 사이의 친밀한 감정 familiarity이요, 단합union, alliance이요, 가까움closeness, neighboring이다.

비괘는 지수사의 반대(종괘綜卦)이다. 그러니까 사의 주효였던 九二가 여기서는 九五로 올라가있다. 그런데 九五의 자리는 엄청난 중정中正의 자리다. 천자, 제왕, 군왕의 자리다. 그런데 이러한 九五 이외의 상하 모든 효가 유순한 음효이다. 즉 만민萬民이 九五의 일양一陽을 우러러보고 있는 상이다. 천자天子는 만민萬民을 사랑하고 친밀하게 소통하는 상이다. 이러한 괘상을 잘 드러낸 것은 역시 「대상전」이다. 「대상」의 저자는 말한다.

> **地上有水, 比。先王以建萬國, 親諸侯。**
> 지 상 유 수　비　　선 왕 이 건 만 국　　친 제 후

이 비괘의 모습은 땅위에 물이 있는 형국이다. 이것은 지하수가 아니라 땅위에 뿌려지는 보슬비와도 같은 물을 의미한다. 이런 보슬빗물은 그대로 땅에 밀착되어(친하다. 간격이 없다) 스며들어 생명을 탄생시킨다. 이러한 밀착성·친밀성 때문에 비괘의 형상이 태어난 것이다. 여기 "군자" 대신 "선왕"이라는 말을 썼는데 이것은 소라이荻生徂徠, 1666~1728의 말대로 예악형정의 최초의 창조자 Creator, 즉 작자Maker이기 때문에 군자의 평범한 도덕적 함의를 뛰어넘는 컬쳐 히어로culture hero의 의미를 지닌다. 지상유수의 상을 본받아 선왕은 만국萬國을 세우고 제후를 친하게 한다. 전쟁(師)은 파괴다. 사괘 후에 나라건설을 의미하는 비괘가 따라오는 것은 인간세의 정칙이다. 이것은 비단 성왕聖王에게만 해당되는 것이 아니라 모든 조직의 건설자에게 해당되는 것이다. 작은 기업

이라도 성공하려면 잘 싸워야 하고 잘 건설해야 한다. 점을 쳐서 이 괘를 만난 사람은 만민이 자기에게 친근하게 다가오기를 기다리는 것이 아니라 자기가 적극적으로 주변의 이해관계에 있는 사람에게 친근하게 다가가야 할 것이다.

比, 吉。原筮, 元。永貞, 无咎。不寧方來, 後夫凶。
비 길 원서 원 영정 무구 불녕방래 후부흉

비괘는 인간과 인간 사이의 친밀함을 나타내는 괘이니 대체적으로 길하다. 우리가 점을 쳤던 그 소이연을 캐물어 들어가면(原筮, "원原"은 "to inquire"의 뜻이다) 보편적 가치에 도달하게 될 것이다(元: 주효인 九五의 모든 보편적 가치). 영원한 주제에 관하여 점을 치면 허물이 없으리라(永貞, 无咎). 九五가 나라를 세움에, 마음을 쉽게 주지 못했던 편안치 못한 자들이 먼저 오리라(不寧方來). 이들은 잘 포용해주어라. 끝까지 버티면서 오지 않으려 하다가 뒤늦게 오는 자들은 대체로 흉운을 몰고 온다(後夫凶). 조심해라!

이 괘사의 해석은 설이 난무하고 해석이 어렵다. 나는 제설을 무시하고 나 자신의 견해를 제시하였다. 왕필의 주만을 참작하였다.

初六: 有孚, 比之。无咎。有孚盈缶, 終來有他吉。
초육 유부 비지 무구 유부영부 종래유타길

맨처음의 음효: 初六은 친함을 나타내는 비괘의 첫 효이다. 사람과 사람이 친해지려면 우선 본인들의 가슴속에 성실함이 있어야 한다(有孚). 성실함이 있을 때 친함이 생겨나는 것이다(比之). 친함이 생겨나면 허물이 없어진다(无咎). 이 효를

만나는 그대여! 가슴에 성실함을 품기를(有孚), 고조선 사람들의 질박한 질그릇 술잔에 술이 가득차듯이 하라(盈缶). 그리하면 종래 그대가 생각하지도 못한 다른 길사가 있게 되리라(終來有他吉)!

───── ~≈§≈~ ─────

고고사학자들이 성견成見에 사로잡혀 하찮게 지나치는 "빗살무늬토기"의 문양에서 고조선사람들의 정교한 우주인식체계를 밝힌, 매우 창조적이고 진지한 논술이 있다(김찬곤,『빗살무늬토기의 비밀 −한국미술의 기원』, 뒤란, 2021). 김찬곤 교수가 말하는 "천문세계관"은 사계의 보편적 인식론의 엄밀한 논리를 밟고 있으며, 하늘, 땅, 물, 구름, 비 등을 인지하는 방식이「대상전」의 언어와 매우 유사하다. 이 책을 읽는 사람들은 내가 말하는 역과 고조선에 쉽게 다가갈 수 있을 것이다.

六二: 比之自內。貞, 吉。
육 이　비지자내　정　길

두 번째 음효: 六二는 하괘 즉 내괘內卦의 중앙의 자리에 있으면서 정正을 얻고 (음위에 음효) 중中을 얻었다. 그야말로 중정中正의 모든 조건을 갖추었다. 특히 상괘의 九五와 응應하니 최상의 자리라 할 수 있다. 九五가 양이고 六二가 음이니, 최고의 남성과 최고의 여성이 감응하고 사랑하는 모습이다. 그러나 六二는 타인과 비比함에 있어서 반드시 내면으로부터 성실함이 우러나와야 한다(比之自內). 여기 "자내自內"(안으로부터)라는 말은 내면적 덕성을 가리킴과 동시에 내괘內卦의 중앙이라는 괘상의 모습도 동시에 암시하고 있다. 즉 六二 가 九五를 찾아가는 것이 아니라 九五가 六二를 찾아올 것이다. 그러나 六二는 내면으로부터의 덕성으로써 그 감응을 표시해야 할 것이다. 친밀함에도 주체성을 상실해서는 아니 된다는 교훈을 던지고 있다. 점을 치면, 즉 자기존재에 관해 물음을 던지면 길하다(貞, 吉).

六三: 比之, 匪人。
육삼 비지 비인

세 번째 음효: 六三은 三의 자리인데다가 음효이니 부중不中, 부정不正하다. 이웃하고 있는 모든 효가 음효이니 서로간에 배척만 일어난다. 六三이 친하고 싶어하는(比之) 주변의 모든 사람들이 사람다운 사람이 아니다(匪人).

점을 쳐서 이 효를 얻으면 그대 주변에 사람다운 사람이 없다는 것을 깨달아라! 대흉大凶이다!

六四: 外, 比之。貞, 吉。
육사 외 비지 정 길

네 번째 음효: 六四는 상괘(외괘外卦)의 제일 아랫자리에 있다. 初六과 상응하는 자리이지만 둘 다 음이기 때문에 감응이 일어나지 않는다. 그러니 六四는 바깥으로(외괘의 중앙으로) 친하고자 하는 상대를 찾을 수밖에 없다(外, 比之). 六四는 음위에 음효이기 때문에 정正을 얻고 있다. 그러기 때문에 괘 전체의 주효이면서 중정中正의 현자인 九五와 친해지기를 추구해야 할 것이다. 다행스럽게도 六四는 九五와 음양친비陰陽親比의 관계에 있다. 점을 치면 길하다(貞, 吉). 九五를 친하려는 六四의 노력은 당연히 길한 결과를 가져올 것이다.

점을 쳐서 이 효를 만나는 사람은 부정不正한 상대들(初六과 같은 사람들)과의 교제를 끊고 자기보다 고차원의 경지에 가있는 현인들을 따르는 진실함을 보여야 한다.

九五: 顯比。王用三驅, 失前禽。邑人不誡, 吉。
구오 현비 왕용삼구 실전금 읍인불계 길

다섯 번째 양효: 九五는 이 괘의 주효이며 최고의 리더의 모습이다. 따라서 이 효사는 제왕이 백성을 친근케 하는 덕성에 관한 것이다. 여기 "현顯"이라고 한 것은 광명정대, 광명무사하다는 뜻이다. 즉 군주(좋은 지도자: a good leader)가 백성을 비하는 것은 광명정대해야 한다는 것이다. 그것을 "현비顯比"라 했다. 비유하자면 왕의 사냥의 습속과도 같은 것이다. 왕이 사냥할 때는 "삼구三驅"의 법칙만을 쓴다(王用三驅). 삼구란 좌우 아래쪽의 3면에서만 몰이를 하고 전면의 한 면은 터놓는다는 것이다. 전면의 몰이가 부재한, 터놓은 구멍을 통하여 나로부터 멀리 사라지는 금수들은(＝전금前禽) 그냥 사라지는 대로 놓치는 것이 정도이다(失前禽). 광명정대한 사냥은 사면을 가두고 도륙하지 않는다. 이러한 사냥의 본을 따르는 정치는 오는 사람 거절치 않고 떠나는 자를 쫓지 않는다.

또 사냥 나온 임금이 어느 인근의 마을에 나타났을 때, 혹은 어떤 포고문을 내렸을 때, 동네사람들이 경계하거나 공포에 사로잡히는 그런 분위기가 없으면(邑人不誡) 오히려 그것은 위대한 정치이다. 비比의 극치다. 길하다.

上六: 比之, 无首。凶。
상 육　비 지　무 수　흉

맨꼭대기 음효: 上六은 비괘의 최상의 자리이다. 이 上六은 九五를 자기의 우두머리로 섬겨야 할 텐데, 九五보다 더 높은 자리에 있는지라 九五를 섬길 수가 없다. 上六이 지나치게 높은 자리로 감으로써 자기가 진실로 친근하게 섬길 수 있는(比之) 사람이 없는 상태를 "무수无首"라고 표현했다. 여기 "무수"는 건괘 用九의 "무수无首"와는 전혀 성격이 다른 것이다. 用九의 무수는 진짜 머리가 없는 것이고, 여기 무수는 섬길 수 있는 우두머리가 없는 것이다. 上六의 무수无首는 흉凶하기만 하다.

정이천程伊川이 "수首"를 "시작"으로 해설하는 바람에(首, 謂始也) 쓸데없는 오해가 일어나고 해석들이 엉크러져 버렸다. 이천은 전체적인 맥락을 고려하지 못한 것 같다. 주희의 해석은 나의 해석과 동일하다. 한문의 해석은 상식적이고 모든 상황에 맞아떨어져 우리의 삶 속으로 내면화될 수 있어야 한다.

점쳐서 上六의 효사를 만나는 사람은 외롭다. 흉운凶運이다. 혼자서 노력할 수밖에 없다. 도덕적으로 바른 인간을 따르려고 노력해야 한다.

빗살무늬토기 – 고조선문화의 한 우주론적 양식

9

건하乾下
손상巽上

풍천 소축小畜

The Accumulating
Power of the Small

괘명 "축畜"이라는 말은 우리 일상언어에서 쉽게 접하는 말이다. "저축貯蓄," "축적蓄積," "온축蘊畜"("畜"과 "蓄"은 상통)이니 하는 말을 보면, "쌓이다" "축적한다"는 의미다. 그런데 여기 "축"의 본래적 의미는 "지止"의 뜻이다. 즉 "멈추게 한다"는 뜻이다. 멈추게 되면 쌓인다는 뜻이다. 「서괘전」은 이렇게 서술하고 있다: "비괘의 비比는 서로 친하고 모여든다는 뜻이다. 모여든다는 것은 친밀한 자들 사이에서 쌓이는 것이 있다는 뜻이다. 그래서 소축小畜(작게 쌓임)괘로 받았다." 이에 대하여 한강백韓康伯(동진東晋 현학가玄學家)은 이렇게 주를 달았다: "끼리끼리 친하다는 뜻의 비比는 크게 통하는 대통의 도大通之道는 아니다. 그러니 작은 동아리들이 각기 저축하는 것을 가지고 서로 어깨를 마주대곤 하는 것이다. 동아리들을 통하여 쌓아가므로 소축小畜이 될 수밖에 없고, 크게 이루어질 수는 없는 것이다. 比, 非大通之道, 則各有所畜以相濟也。由比而畜, 故曰小畜而不能大也。" 매우 좋은 설명방식이라고 생각한다.

『역』에는 소축小畜☰, 대축大畜☰, 또는 소과小過☳, 대과大過☳라 하여 소와 대로 대비되는 괘가 있는데, 괘의 형태를 보면 비슷한 구조를 지니고 있다.

【9】
小畜

그런데 보통 "소축"이라 하면 작은 규모의 축적small accumulation이라고 생각하기 쉽다. 그러나 "소축"은 그런 뜻이 아니다. 정확하게는 "작은 것의 힘으로 큰 것을 멈추게 한다. 以小止大"는 뜻이다. 괘의 모습을 한번 자세히 들여다보자! 4번째 자리에 음효가 하나 있고 그 주변은 모두 양효가 둘러싸고 있다. 이것은 일음一陰이 오양五陽에 갇혀있다는 뜻이라기보다는 六四의 일음이 상하 오양을 멈추게 하고 있는 모습이라고 역은 해석했다. 그러니까 약한 것이 쎈 것들을 저지시키고 있는 모습이다.

우리 삶에는 종종 이런 상황이 많다. 나약하지만 쎈 것들을 저지시키는 상황이 있다. 그러나 이런 상황은 그 저지상태가 굳건하거나 오래 버틸 수 없다. 우리나라의 정치상황에도 이러한 소축의 정황이 많이 있을 것이다. 신하가 임금을 저지시키거나, 아들이 아비를 간하거나, 부인이 남편을 저지시키는 것, 이런 것이 모두 "소축"을 의미한다. 제방을 쌓아 물의 범람을 막는 것도 소축이다. 이러한 상태는 항상 견고하지만은 않다. 이에 대하여 「대상」은 뭐라 말할까?

> **風行天上, 小畜。君子以懿文德。**
> 풍 행 천 상　　소 축　　군 자 이 의 문 덕

바람이 하늘 위를 간다. 그러니 작게 쌓일 뿐이다. 이런 상황에서는 크게 비가 내리거나 해서 민중에게 혜택을 베풀거나 할 수가 없다. 군자는 이러한 소축괘의 상을 본받아 내면의 문덕을 아름답게 온축시킨다.

상괘上卦는 손☴괘이고, 바람을 상징하며 입入(들어간다)의 속성이 있다. 하늘위를 지나치는 바람은 항상 움직이기 때문에 구름을 휘몰아도 잠시 동안만 축적시킬 수 있다. 무엇이든지 오랫동안 사회활동을 할 수 있는 상황이 아니다. 이럴 때는 군자는 외면의 상황에 대해 행위하는 것보다는 내면의 문덕(문아文雅한 덕성)을 아름답게 온축시키는 데 전념하는 것이 좋다.

小畜, 亨。密雲不雨, 自我西郊。
소 축 형 밀 운 불 우 자 아 서 교

작은 것으로 큰 것을 막고 있다. 그 나름대로 가치있는 행위이다. 제사를 지낼 만하다. 그대는 소축의 상태를 향유할 것이다. 이 괘상은 구름이 하늘에 꽉 밀집해 있으나 비가 내리지 않아 좀 답답하다(密雲不雨). 이 구름은 음의 방향인 서쪽 벌판에서 왔기 때문에(自我西郊) 아직 따스한 양기와 만나지 못해 비로 화하지 못하고 있는 것이다.

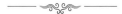

여기 "아我"라는 글자가 있어, 이 효사의 발설자는 문왕文王을 가리킨다는 것이 전통적 주석가들의 견해이다. 문왕이 갇힌 감옥인 유리羑里에서 보면 주나라가 서쪽에 있게 된다는 것이다. 그래서 서교西郊라 했다는 것이다. 그러나 이러한 주석은 모두가 역의 본질을 파악하지 못한 자들의 졸렬한 견해이다. "아我"는 점을 치는 모든 사람을 가리킨다. 그리고 효사가 역사적 사건을 유래로 했을 수는 있으나(historical allusions), 특정한 역사적 개인이 이 효사의 주인공이라는 가설은 터무니없는 낭설이다. 역은 우리 삶 속에 살아 움직이고 있을 뿐이다.

初九: 復, 自道。何其咎。吉。
초 구 복 자 도 하 기 구 길

첫 번째 양효: 初九는 하괘인 건괘의 초효이다. 건괘는 하늘이다. 하늘로 올라가고 싶은 마음 굴뚝같다. 初九는 "복復"(다시 시작함)을 상징한다. 『역』에서 "복"은 대체로 아래에서 위로 올라가는 것을 의미한다(왕필 설). 그러나 "복"은 또 "반反"의 의미가 있다. 자기가 있어야 할 제자리로 "돌아간다"는 뜻이 있다. 『노자』40장의 "반자反者, 도지동道之動"이라는 명제와 상통하는 뜻이

태泰괘의 九三의 효사에 "무왕불복无往不復"에 있다. 역은 음양의 순환이기 때문이다. 이 효사의 "복"이 과연 어디서 와서 어디로 가는 것인지는 명료하지 않다.

이 문제에 관하여 대체로 두 개의 설이 있다. 첫째는 하늘로 올라가는 길이 보장된다는 설이다. 하괘에서 상괘로 돌아가는(올라가는) 것이라면 지금 상응하는 六四가 막고 있다. 그러나 初九는 양효양위의 정正을 얻고 있다. 六四의 음과 대적적 관계가 아니다. 음양 정응正應의 관계다. 이에 돌아가는 길도 정도正道를 통하여 간다. 무슨 허물이 있겠는가? 길하다!

둘째의 설은 이 괘가 소축괘이므로 六四의 소축의 기능은 무시될 수 없다고 본다. 그래서 六四의 음은 밑에서 올라오는 양강한 初九의 복復을 허락하지 않는다. 이에 初九는 무리하게 六四의 저지를 뚫지 않는다. 자기의 길로 다시 돌아간다. 최하위에서 정도正道를 지키며 만족해한다. 무슨 허물이 있으랴! 길하다.

나는 이 효사를 이렇게 번역하겠다: "돌아가는 길(復), 스스로 열리는 길을 따라가라(自道)! 그리하면 무슨 허물이 있으리오(何其咎). 길하다(吉)."

점을 쳐서 이 효사를 얻은 사람은 정도를 밟아 본래 자기의 길로 돌아가라!

九二: 牽復, 吉。
구 이 견 복 길

두 번째 양효: 九二는 견복을 상징한다. "견牽"은 "이끌다"는 뜻이다. 우리 어휘에 "견인牽引"이니 "견강부회牽强附會"니 하는 말들이 있다. 九二 역시 제자리로 돌아가야 할 운명이다. 九二는 하괘의 중中이고 또 강剛한 기운을 가

지고 있기 때문에 初九의 손을 이끌고 같이 돌아가려 할 것이다. 이렇게 동지를 이끌고 같이 돌아가는(牽復) 모습은 길하다(吉).

점쳐 이 효를 얻은 사람은 도덕적으로 정당한 사람의 손을 붙잡고 같이 본래의 길로 돌아가야 할 것이다. 그리하면 결과는 길吉하다.

―― ❦ ――

지금부터 중中, 정正, 강剛, 유柔, 길吉, 흉凶, 응應 등, 기호와도 같은 기본어휘는 한자를 그대로 쓰려고 한다.

九三: 輿說輻, 夫妻反目。
구 삼   여 탈 복   부 처 반 목

세 번째 양효: 九三은 하괘 건괘의 최상위에 있으며 上으로 진입하려는 성향이 강하다. 그러나 이 효는 중中을 얻지 못하고 있으며 六四에 막혀있다. 三과 四는 양과 음의 관계이지만 정당한 배우자 관계가 아니다. 四의 정당한 응應은 初이며, 三의 정당한 응應은 上인데, 三과 上은 둘 다 양이래서 응하지 않는다. 그러나 三이 양인데 반해 四가 음이므로 양자는 어느 정도 감응이 있다. 허나 六四는 양을 막기 위해서 있는 것이다. 九三 또한 剛의 극치래서 성격이 불같다. 그러므로 九三(양)과 六四(음)의 관계는 반목하는 부처관계로 상징화된다.

"반목"은 눈을 뒤집으며 화를 내는 것이다. 부부반목하는 모습을 바퀴통으로부터 바퀴축이 빠졌다고 표현했다. "여탈복輿說輻"에서 "여輿"는 수레바퀴 전체를 가리킨다. "복輻"은 "복輹"으로도 쓰는데(고본古本), 두 바퀴를 연결하는 가운데 축을 의미한다. 바퀴에서 축이 빠지면 수레 전체가 쓰러진다. 앞으로 나아갈 수가 없는 것이다(『노자』 11장의 폭輻, 곡轂의 용법과는 다르다).

점쳐서 이 효를 만나는 사람은, 대사大事를 수행하는 중간과정에서 정도를
지키지 않는 인간을 만날 수도 있다. 그리하면 전진할 수 없을 뿐 아니라 그
인간과 싸우고, 반목하게 된다.

> **六四: 有孚。血去, 惕出, 无咎。**
> 육 사 유 부 혈 거 척 출 무 구

네 번째 음효: 六四는 실제로 이 소축괘의 주인공이다. 연약한 음효로서 오양五
陽을 저지하고 있다. 사실 이 음효가 오양을 저지하는 것은 오양과 싸우고 대
적하는 것이 아니라 그들이 정도를 걸어가게끔 인도하고 간하는 것이다. 즉
대의를 위하여 분투하고 있는 것이다. 음위에 음효가 있으니(陰位陰爻), 正을
얻고 있다. 손巽☴의 음효인 이 효는 입入의 속성이 있으며 자신을 비우고 사
람들을 받아들이는 역량이 있다. 그리고 그들을 도우려는 성실한 자세가 있다.
그들과 대적하여 싸우는 것이 아니라 내면에 성실함을 간직하고 있다(유부有
孚). 그러기에 위에 있는 이양二陽도 도와주려고 한다. 그러기에 신체적으로
다치는 유혈사태가 사라지고(血去), 정신적으로 공포스러운 척구惕懼의 심리상
태도 도망가버린다(惕出). 그러니 타인을 저지시켜도 허물이 없다(无咎).

> **九五: 有孚, 攣如。富以其鄰。**
> 구 오 유 부 련 여 부 이 기 린

다섯 번째 양효: 九五는 제왕의 자리에 있다. 상괘의 가운데 있으며 中正을 얻고
있다. 존엄한 인물이다. 세력이 있을 뿐 아니라, 여기 "부富"라는 표현이 있
는 것을 보면 가장 재력이 있다. 지금 바로 밑에 있는 六四는 연약한 몸으로
밑에서 올라오는 양효들을 막고 있다. 도움이 절대적으로 필요하다. 이러한
상황에서 九五는 부귀를 소지하고 있을 뿐 아니라 그 인품이 성실하고 정의로
우며 내면의 덕이 꽉 찬 사람이다(有孚. "부孚"는 『설문』에 생명을 잉태시키는 달걀을

품고 있는 형상이라고 했다).

　"런여攣如"는 "런여連如"와도 같다(마융馬融의 설). 즉 도움을 필요로 하는 이웃인 六四에게 도움의 손길을 뻗친다. 六四의 손을 잡고 소축의 대업에 참여한다. 그는 자신의 부富를 주변사람들에게 나누어줄 줄 안다. "부이기린富以其鄰"은 "부로써 이웃과 더불어한다"는 뜻이다. "이以"가 "여與"와 같은 동사로 쓰인다. 六四로서는 은혜의 단비를 가져다주는 사람이다. 九五는 上卦(☴)의 中으로서 아래 위 두 이웃과 힘을 합쳐 下卦(☰)의 세 양효가 치고 올라오는 것을 성공적으로 막아낸다.

　점을 쳐서 이 효를 만난 사람은 가슴속에 성실함이 있으면 반드시 훌륭한 이웃의 도움을 얻게 될 것이다.

　이러한 『역』의 효사들은 만주벌판에 널려있는 200여 개의 고구려성을 연상케 한다. 고구려는 성읍국가들의 연합체였다. 어느 성읍은 六四의 위치에 있었고 어느 성읍은 九五의 위치에 있었다. 이들간의 긴밀한 연락체계를 당태종의 대군도 돌파하지 못했다.

> **上九: 旣雨, 旣處。尚德載, 婦貞, 厲。月, 幾望。**
> 　상구　기우　기처　상덕재　부정　려　월　기망
>
> **君子征, 凶。**
> 　군자정　흉

꼭대기 양효: 소축의 최종단계인 양효, 上九에 왔다. 음이 극한에까지 치고올라와 양을 만났다. 그러니 먹구름이 비가 되어 내린다(旣雨). 때맞게 비가 되어 내리고 나니 또한 때맞게 평온한 광경이 펼쳐진다(旣處, 처處는 평화로운 모습이다).

그럼에도 불구하고 소축의 음의 기운은 아직도(尙) 그 덕이 평화로운 천지간에 가득찬다(德載, 재載는 "가득찬다"는 뜻이다. 『시경』에 용례가 있다). 다시 말해서 六四의 음효의 기운이 모든 양을 제압하는 경지에 이르렀다는 것이다. 이러한 경지는 소축이라는 괘의 성격, 즉 음이 양을 제어하는 괘의 성격을 생각하면 정당한 것이다. 그 음효를 상징하는 것이 여기서는 "부婦"이다. 부인이 남편을 제압하고 점을 친다(婦貞). 그 점의 결과는 위태로운 상황이 예견된다(厲).

달이 보름달(망望)에 가까운(기幾) 형국이다(月幾望). 보름달의 밝기가 해를 필적한다. 음이 양을 제압하는 수준이 너무 과한 것이다. 이때 군자는 음을 제압하기 위해 정벌에 나선다(君子征). 이렇게 되면 모든 상황은 흉凶하게 된다. 항상 제6효의 자리에는 이런 비극이 있다.

이러한 해석에 대하여 음(부婦)을 철저히 긍정하는 또 하나의 해석도 가능하다. "월기망月幾望"을 부정적으로 해석하지 않고, 오히려 평화로운 "월기망"의 밝음을 참지못하고 그 음의 세력을 타도하겠다고 나서는 "군자君子"야말로 쪼다라는 것이다. 그러한 소인배 군자의 정벌은 흉하다.

"월기망月幾望"은 소축小畜의 上九 이외로도, 귀매歸妹의 六五, 중부中孚의 六四에도 나오고 있다. 귀매, 중부의 효사에서 "월기망"은 결코 부정적인 의미를 지니지 않는다.

바이킹이나 고구려나 여자의 위상이 황하문명의 복종적인 안방마님과는 다르다. 남성을 리드할 수 있는 여전사의 상이다. 효의 세계는 우리 기마민족의 기록되지 않은 과거를 담고 있다. 上九의 효사는 주석가들의 해석이 분분하다. 나는 나의 직감대로 해석했다.

태하兌下
건상乾上 **천택 리**履

Treading,
Putting into Practice

괘명 우리의 일상언어 속에 이미 "리履"는 그 의미가 정확하게 전달되어 있다. "이력서履歷書"하면, "밟고 지나온 생애를 기록한 것"이라는 뜻이고, "이행履行"(=이천履踐) 하면 실제로 밟아 행동한다는 뜻으로 "실천"의 뜻이 된다. 결론을 말하자면 "리履"의 뜻은 "발로 밟는다Treading"는 것이 가장 그 원의를 충실하게 드러낸다. 옛날 사람들에게는 자동차라는 것이 없었다. 하다못해 수레를 타는 것도 소수에게만 한정된 사건이었다. 대부분의 사람들은 "걸었다." 무슨 행동을 하든 걸어야만 했다. 심부름을 하든, 어떤 일을 결행하든 걸어야만 했다.

"걷는다"는 것은 "땅을 밟아야 한다.""리履"는 "밟는다"는 뜻과, 걷는 데 필요한 "신발"(가죽신발에서 짚신까지 다 포함)을 의미했다. 사실 이 의미가 이 글자의 원의의 전부다. 그런데 언제 어디서부터 이 원의原義가 "예禮"라는 글자에 의하여 오해를 불러일으키게 되고, 『역』의 효사의 의미가 왜곡되었는지, 정확히 추론할 수는 없지만, 이 리履괘의 소박하고 강렬하고 아름다운 의미 체계가 혼란스럽게 되었다는 것만은 확언할 수 있다.

우리가 『역』을 읽을 때 곤혹스러운 것은 첫째 모든 해설들이 현재 우리가 쓰는 언어체계 속으로 소박하게 용해되어 그 의미를 전하는 사례가 거의 없다는 것이다. 읽어서 아무리 머리와 감정을 굴려보아도 도무지 무슨 뜻인지를 알 수가 없다는 것이다.

둘째로는 역대로 다양한 주석들이 있으나, 이 주석들에 현혹되면 끝없는 미로를 헤매게 될 뿐, 원의에서 벗어나게 되는 사례가 대부분이라는 것이다. 물론 원의로 접근하는 데 도움을 주는 주석도 있지만, 주석은 일차적으로 주석가가 살고 있는 삶의 세계의 가치관을 반영하기 때문에 후대의 이데올로기나 개념체계를 덮어씌우는 경우가 대부분이다. 송유의 주석은 송유의 도학적 사고틀을 벗어난 언어가 거의 없다.

셋째로 더 괴로운 것은 이미 상층대의 주석들, 역경을 해석한 역전의 언어나 또 그러한 고경을 뒷받침하는 다양한 부속자료, 일례를 들면 『설문해자』와도 같은 고전들조차도 그 원의를 잘못 파악했거나 임의로 해석을 부가한 사례가 많아 우리가 그 모든 자료를 권위주의적으로 신봉해서는 아니 된다는 것이다.

넷째로 백서나 죽간자료의 출현이 현행통용본의 고본형태를 밝히는 데 더없이 소중한 자료를 제공하지만, 출토된 고문서의 자료가 현행본보다 더 좋은, 더 오리지날한 판본이라는 보장은 없다는 것이다. 현행본이 무덤발굴자료보다 더 오리지날한 계통의 자료를 전승한 오센틱authentic한 판본일 수도 있다는 것이다. 특히 『백서주역』의 경우, 어미가 죽은 아들의 무덤에 시급히 넣어주기 위해 대서자에게 부탁하여 시급히 쓴 텍스트일 가능성이 높은 것으로 사료된다. 그런데 대서자가 그냥 글씨쟁이일 뿐 전혀 『역』을 모르는 사람일 수도 있다. 그러기 때문에 동음동운의 가차된 글자들이 엄청 많이 출현하며, 문장도 왜곡된 형태로 일그러져 있는 상황이 비일비재하다. 그런데 그 가차된 글자를 원글자의 뜻대로 읽지 않고, 가차된 글자의 새로운 의미로 다시 해석하는 것이다.

일례를 들면 "리호미履虎尾"(호랑이꼬리를 밟는다)가 그냥 글자선택이 "예호미 禮虎尾"로 되었을 뿐인데(履lü와 禮li는 옛날에는 같은 음이었다), 그것을 오늘의 "예" 로 해석하여, "가짜 호랑이꼬리 형상을 놓고 제사를 지내는 예를 행한다"라 는 식으로 해석한다면 얼마나 가소로운 일인가? 이런 식으로『백서주역』의 출현이『역』의 원의를 왜곡시킬 수도 있는 것이다. 그런데 오늘날 대부분의 학자들이 이런 오류를 범하고 있다. 도무지 어불성설이래서 그런 학인들의 이름조차 밝히는 일이 구차스럽다.

우선「서괘전」을 한번 들여다보자! 소축괘 다음에 리괘가 오는 이유를 다 음과 같이 밝히고 있다. 사실 리괘(☱)는 소축괘(☴)의 종괘綜卦(반대괘)이기 때문에 상수학적 관계이지 의미론적 관계는 아니다: "소축괘의 단계를 통하 여 사람, 사물들은 모여 축적을 이루게 되었다. 그렇게 사람들이 모인 곳에 는 반드시 예禮가 있게 마련이다. 그래서 리괘履卦로 받은 것이다. 物畜然後有 禮, 故受之以履."벌써「서괘전」에서 예禮와 리履는 같은 글자, 같은 의미로 인 지되고 있는 것이다.『백서주역』의 필기자가 리履를 예禮로 쓴 것도 이해가 간다.

정이천의『역전』에 이「서괘전」의 언어를 상세히 풀이한 대목이 있다:

대저 사물이 모이게 되면 대소大小의 구별, 고하高下의 차등, 미오美
惡의 분별이 있게 된다. 이것이 바로 사물이 모인 연후에 예禮가 생겨
난다는 말의 의미인 것이다. 그러기 때문에 리괘가 소축괘 다음에 오
게 된 것이다. 리履는 예禮이요, 예禮는 사람이 밟아 행하는 것이다.
괘의 형상을 보자 하면, 위에 하늘☰이 있고, 아래에 못☱이 있다.

[10]
履
☱

하늘이 위에 있고, 연못이 아래에 겸손하게 처處하는 모습은 바로 상하지분上下之分과 존비지의尊卑之義를 나타내는 것이니, 이것은 이치의 당연함이요, 예의 근본이요, 항상 우리가 밟고 살아가야 할 도이다. 그래서 리괘가 된 것이다.

"리履"는 "밟는다"(踐)는 뜻과 "밟힌다"(藉)는 양면의 뜻이 있다. 밟는다는 것은 내 발이 사물을 주체적으로 밟는다는 것이요, 밟힌다는 것은 내가 사물에 의하여 밟힌다(깔린다)는 뜻이다. 약한 몸으로서 강한 것에 밟히는 것이 기본적으로 리괘의 형상이다. 그렇지만 강이 약을 밟는다라고 말하지 아니하고 약이 강에 밟힌다고 말한 것은, 강강剛이 유유柔를 올라탐은 항상스러운 현상이요 굳이 말할 필요가 없는 것이기 때문이다. 그러므로『역』중에 "유승강柔乘剛"(유가 강을 올라탄다)이라는 말은 있어도 "강승유剛乘柔"(강이 유를 올라탄다)라는 말이 없는 것은, 강강剛에 깔려도 자기를 낮추고 순응하면서 기쁘게 응한다는 지혜를 나타낸 것이다(하괘인 태☱괘는 음괘이며 열悅＝說의 속성이 있다).

夫物之聚, 則有大小之別, 高下之等, 美惡之分, 是物畜然後有禮, 履所以繼畜也。履, 禮也; 禮, 人之所履也。爲卦, 天上澤下, 天而在上, 澤而處下, 上下之分, 尊卑之義。理之當也, 禮之本也, 常履之道也, 故爲履。履, 踐也, 藉也。履物爲踐, 履於物爲藉, 以柔藉剛, 故爲履也。不曰剛履柔而曰柔履剛者, 剛乘柔常理, 不足道。故易中唯言柔乘剛, 不言剛乘柔也, 言履藉於剛, 乃見卑順說應之義。

리履와 예禮의 관계를 의미론적으로 연결시킨 좋은 해설이라고 하겠다.『설문해자』에도 "예禮"를 펴면 다음과 같은 해설이 나온다: "예禮는 리履다. 그것은 리를 활용하여 신을 섬기고 복을 가져온다는 것이다. 시示와 풍豐으로 구성되어 있다. 禮, 履也。所以事神致福也。从示从豐。"

하여튼 예禮와 리履가 같은 글자로 쓰였다는 것을 말해주는데 자형字形상으로는 양자는 크게 관련이 없다. 예禮라는 글자는 보일 시示(하느님이 내려오는 형상)와 풍豐이라는, 제기(豆) 위에 풍요로운 제사음식이 올라가 있는 제사를 올리는 모습이 포함되어 있어, 분명히 리츄알ritual의 의미를 갖는다. 그러나 리履는 밟는다는 형상, 기껏해야 춤춘다는 형상 이상의 제식적 의미는 없다. 그러니까 신에 대한 제사를 지낼 때 그 의례로서 춤추는 것, 혹은 제식적인 스탭을 밟는 것을 의미한다면 그 연관성은 있어 보인다.

『예기』「제의祭義」에도 "효孝"를 설명하는 가운데 이런 말이 있다: "예라는 것은 바로 이 효를 실천하는 것이다. 禮者, 履此者也。" 그리고 「중니연거仲尼燕居」에도 정치의 핵심으로서 예禮와 악樂의 본질을 논하면서 이렇게 말한다: "말하고 실천하는 것이 모두 예에 맞아야 하는 것이요, 행하고 즐기는 것이 모두 악樂이다. 言而履之, 禮也; 行而樂之, 樂也。"『순자』「대략大略」편에도 예를 규정하는 이런 말이 있다: "예라고 하는 것은 사람이 밟아야만 하는 길이다. 만일 밟아야 할 길을 실수하여 벗어날 때에는 반드시 엎어져 함정에 떨어지고 만다. 그 실수는 극히 작은 것이라도, 그것으로 인하여 일어나는 혼란은 지극히 큰 것이니, 이것이 예라고 하는 것이다. 禮者, 人之所履也。失所履, 必顚蹶陷溺, 所失微而其爲亂大者, 禮也。"

내가 생각키에 리履를 예禮와 관련시켜 그 의미를 부여하는 이런 논의는 『역경』 그 자체의 의미와는 무관하게 후대에 발전된 것이다. 리와 예의 관계를 가장 리얼하게 나타내는 고례로서는 제후가 새로운 봉토를 받았을 때, 그 봉토에 직접 임하여 그 땅을 밟는 "천토踐土의 의례儀禮" 정도의 사태일 것이다.

「대상」의 저자도 이 리괘에 관하여 괘명의 뜻을 취하지 않고, 그 상象에만 즉하여 매우 쿨한 해석을 내리고 있다.

[10]
履

> **上天下澤, 履。君子以辯上下, 定民志。**
> 상 천 하 택　리　군 자 이 변 상 하　정 민 지

위에 하늘이 있고 아래에 연못이 있는 안정된 천지의 모습이 바로 리괘(䷉)
이다. 군자는 이 모습을 본받아 상·하의 위상을 가려 분변하고, 그렇게 함으
로써 백성들이 모두 자기의 뜻하는 바에 충실할 수 있도록 사회를 안정시킨다.

역시 「대상전」다운 해석이라 하겠는데 그 주된 관심이 천하의 경륜에 있
기 때문에 이 괘의 특성을 충분히 살려낸 해석이라고 보기는 어렵다. 그 해
석은 이미 앞에 인용한 『역정전易程傳』의 해설로써 충분히 의미지워진다고
할 것이다.

이말저말 구구한 해설과 장엄한 지식의 과시를 다 떠나, 나 나름대로 이 괘의
괘사와 효사를 들여다볼 때 떠오르는 가장 소박하고 진실한 느낌이야말로,
하루하루 시간의 그림자처럼 지나가는 우리 삶의 이야기가 아닐까 한다. 맥베
스는 외친다.

> 인생이란 걸어가는 그림자.
> 자기가 맡은 시간만은
> 장한 듯이 무대 위서 떠들지만
> 그것이 지나가면 잊혀지는
> 가련한 배우일 뿐.
>
> Life's but a walking shadow, a poor player
> That struts and frets his hour upon the stage
> And then is heard no more.

우리는 하루하루 산다. 우리는 하루하루 이 땅을 밟는다. 왜, 무엇을 향해 우리는 땅을 밟고 있는가? 우리가 밟고 지나가는 이 족적의 지향처는 무엇일까? 놀랍게도『역』의 저자는 이러한 우리 삶의 밟음(=리履)의 역정을 이러한 언어로 표현하고 있다.

> 인생이란 호랑이 꼬리를 밟으려고
> 따라가는 그림자
> 호랑이는 뒤를 돌아보며
> 나를 물으려고 하지만
> 때로는 나를 무심하게 바라보는
> 따님의 파토스
> 나는 기쁨에 기쁨에
> 어쩔줄을 몰랐세라.

나는 일본에 유학하려 동경에 주거지를 마련한 후에, 곧바로 쿠로사와 작품 전용소극장을 찾아갔다. 그때 나는 나의 이스라엘 친구 요아브 아리엘 때문에 쿠로사와에 미쳐있었다. 그곳에서 제일 먼저 본 영화가 바로『호랑이 꼬리를 밟은 사나이들虎の尾を踏む男達』(1945년에 제작. 검열에 걸려 1952년에나 공개됨)이었다. 영화내용은 별로 생각이 나질 않지만 그때만 해도 이 제목이『역』에서 유래되었다는 것은 몰랐다. 역사적으로 일본의 산하에는 호랑이라는 동물이 존재하지 않았다. 호랑이는 역시 조선사람들의 정기가 통하는 생명체임에 틀림이 없다. 중국의 중원 사람들에게는 호랑이는 삶의 테마가 아니었다.

리괘(☱☰)는 강건한 건괘가 자리잡고 있다. 이 건괘의 모습을 호랑이라고 생각한 것이다. 건☰의 제일 꼭대기 양효가 호랑이의 머리고 九五가 호랑이의 몸뚱이고 九四가 호랑이의 꼬리 부분이다. 그 뒤를 태兌괘(☱)가 따라가고 있는데 태괘에는 "못澤"의 의미도 있지만 기쁠 열(說=悅)의 속성이 있다. 기

〔10〕
履
☰
☱

쁘게 따라붙고 있는 것이다.

호랑이 상징성은 땅의 최강자이다. 건괘의 용에 비견할 만한 땅의 신성의 상징이다. 우리의 삶이 호랑이의 발자취를 밟으며 바짝 붙어 따라간다는 것은 이상을 향한 우리의 열정이요, 공포스럽기도 한 운명과의 대결이요, 미지의 신성the Holy에 도전하는 모험이기도 한 것이다.

괘사

履虎尾, 不咥人, 亨。
리 호 미　부 질 인　형

그대는 호랑이 꼬리를 밟았다(履虎尾). 그러나 호랑이는 되돌아보고 너를 물지 않는다(不咥人). 너에게는 호랑이를 따라가는 성실한 덕성이 갖추어져 있기 때문이다. 그대는 하느님께 제사를 지내고 향불을 피울 자격이 있다(亨).

———— ❧ ————

우리 속담에도 "호랑이에게 물려가도 정신만 차리면 산다"는 말이 있다. 여기 첫글자 "리"는 괘명인 동시에 "밟는다"는 동사로 쓰였다.

효사

初九: 素履, 往, 无咎。
초 구　소 리　왕　무 구

맨처음 양효: 너는 너의 인생행로의 시작점에 와있다. 맨발로 뛰어라(素履)! 평소 너의 발걸음 그대로 밟아라! 거짓이 없고 발랄하다. 낮은 위치에 있어도 부귀의 유혹에 흔들림이 없다. 가던 대로 가라! 가면 허물이 없을 것이다(往, 无咎). 점을 쳐서 이 효를 만난 사람은 평소 하던 대로 하면 된다. 행동에 허물이 따르지 않는다.

九二: 履道坦坦。幽人, 貞, 吉。
구 이   리 도 탄 탄   유 인   정   길

두 번째 양효: **九二**는 剛이면서 中을 얻고 있다. 하괘의 중앙이다. 하위에 있기 때문에 상괘의 상응하는 자리와 교감을 하면 좋을 텐데 **九五**는 같은 양효이기 때문에 교감하지 않는다. **九二**는 강한 성격의 소유자이며 권력자들과 등지고 있다. 권력에서 소외되었지만 자신의 강함을 은둔과 수양으로 그윽하게 만든다. 중용의 그윽함 속에 가려진 은자의 모습이다(幽人). 그대는 도道를 밟아라(履道)! 그대 앞에 펼쳐지는 길은 탄탄하리라(坦坦). 들판의 그윽한 은자의 모습을 지켜라! 그대가 점을 치면(세상에 대하여 물음을 던진다) 吉하리라(貞吉)!

六三: 眇能視, 跛能履。履虎尾, 咥人, 凶。
육 삼   묘 능 시   파 능 리   리 호 미   질 인   흉

武人爲于大君。
무 인 위 우 대 군

세 번째 음효: **六三**은 자리가 三이니만큼 不中이요, 또 양자리에 음효가 앉았으니 不正이다. 실상 그 몸체는 약한데 기만 쎈 놈이다. 그런데도 상괘의 호랑이에 바짝 붙어 꼬리를 밟으려 한다. 이놈의 모습은 애꾸눈이면서도 자기가 잘 본다고 설치고(眇能視), 절름발이이면서도 자기가 잘 걷는다고 장담하는(跛能履) 그런 꼬라지다. 여기 "묘능시眇能視, 파능리跛能履"의 "능能"은 "이而"와 같다. "……하면서도 ……하고"의 뜻이다. 귀매歸妹괘 初九, 九二 효사에도 같은 표현이 나온다. 드디어 호랑이의 꼬리를 밟았다(履虎尾). 호랑이는 되돌아 이놈을 물어버린다(咥人). 최악의 사태가 닥친다(凶). 이 효의 모습은 칼질 좀 한다고 자랑하는 무인武人이 대군大君이 되겠다고 설치는 꼴이다. 이 효는 대군의 자리가 아니다. 쿠데타가 성공할 가망성은 없다. "무인위우대군武人爲于大君"의 "무인"은 제대로 된 무인이 아니라 무력을 행사하는 포악한

인간이다. 그 전체 뜻은 "그런 포악한 인간이 대군이 되겠다고 하는 꼴이다" 정도로 해석하면 될 것이다.

九四: 履虎尾。愬愬, 終吉。
구 사 리 호 미 색 색 종 길

네 번째 양효: 九四는 가운데 자리가 아니므로 中을 얻고 있지 못하다. 게다가 음위陰位에 양효가 있으니 不正하다. 부정한 자의 몸으로 九五의 호랑이(양효)의 꼬리를 밟으려 하고 있다. 당연히 九四는 九五의 호랑이에게 물릴 수밖에 없는 형국이다. 앞의 六三이 柔이면서 剛의 자리에 있었기 때문에 凶했던 것과는 달리 九四는 剛의 몸으로써 柔의 자리에 있다. 그러니까 매우 강력한 힘을 내면에 보지하고 있으면서도 겉으로는 유순한 품격을 보이고 있다. 그래서 물리지 않도록 계구戒懼(=색색愬愬)하는 신중한 삶의 자세를 지키고 있다. 그래서 효사는 이와같이 말한다. 九四는 호랑이 꼬리를 밟았다(履虎尾). 그래도 색색한 신중함을 보이고 있으니 끝내 물리지 않고 자기의 뜻을 실천하게 된다. 종내 吉함을 얻으리라(終吉). "색색愬愬"은 두려워하는 모습이다.

九五: 夬履。貞, 厲。
구 오 쾌 리 정 려

다섯 번째 양효: 九五는 中을 얻고 있을 뿐 아니라 양효양위이니 正을 얻고 있다. 「단전」에서 말한 바대로 "제위帝位"를 밟은 자리이며 광명한 자리이다. 이 자리에 있는 자는 매사를 의심없이 시원스럽게 결단해야 한다. 주저없이 실천해야 한다(夬履). 그렇지만 제위帝位에 있는 자는 항상 근신하고 공구恐懼하지 않으면 아니 된다. 하괘가 기쁘게 따라오더라도 위험은 도사리고 있다. 결단에는 부담이 따른다. 미래를 점치면 항상 걱정거리가 있다(貞厲). 점쳐서 이 효를 만난 사람은 자기의 재능을 믿고 과신해서는 아니 된다.

上九: 視履。考祥其旋, 元吉。
상구 시리 고상기선 원길

꼭대기 양효: 上九는 밟고 온 인생의 종국이다. 이 자리에서는 내가 밟고 온 땅 위의 족적들을 되돌아보는 회고를 해야 한다(시리視履: 족적을 되돌아본다). 이제 나는 원점으로 되돌아가야 한다. 初九에서 나는 외쳤다! 앞으로 가라! 가면 허물이 없을 것이다(往, 无咎). 그러나 이제는 내 삶의 족적들을 살피면서 돌아갈 길을 자세히 구상한다(考祥其旋). "선旋"은 "반反"의 뜻으로 初九의 "왕往"과 대비된다. 그 돌아감을 잘 구상하면 크게 吉하다(元吉).

───── ❀❀❀ ─────

정이천은 "시리고상視履考祥하라. 기선其旋이면 元吉하리라"라는 식으로 읽었다. 지나온 족적들을 자세히 살펴보아라! 그 족적이 두루두루 시작부터 끝까지 다 완벽하면 크게 길할 것이다라는 식으로 읽었다. "선旋"을 "반反"으로 읽지 않고 "주선周旋"의 뜻으로 읽었다. 그러나 인생의 족적이 두루두루 완벽해야 원길元吉하다는 것은 『역』의 정신에 어긋난다. 우리 인생의 족적이 완벽할 수 없다. 부끄러움이 수없이 얼룩진 것이 우리네 인생이다. 회고하여 족적을 살펴볼 때 자기 삶이 완선完善했다고 믿는다면 그 사람은 나르시스 환자에 불과할 것이다. 『역』은 우환憂患 속에서 집필된 것이다. 이천伊川은 이 효사의 해석에 있어서 생각이 좀 못미쳤다. 나는 취하지 않는다.

[10]
履

11

건하乾下
곤상坤上　지천 태泰

Peace, Penetration

괘명 우리가 보통 쓰는 말로서 "안태安泰"니 "태평泰平"이니 "태연자약泰然自若"이니 하는 단어를 통하여 그 의미를 쉽게 파악할 수 있다. 만사태평이니 모든 것이 잘 돌아가고 편안하고 형통하다 할 수 있다. 여기 평화Peace라고 내가 번역한 의도는 이 태괘의 궁극적 의미가 우리 삶에 "평화"를 가져다주는 데 있다고 나는 생각하는 것이다. 우리 동방인의 사고의 모델 속에서 "평화"는 이 태괘와 깊은 관련이 있다. 태괘를 제대로 알아야 평화를 깨달을 수 있다.

그런데 이 괘를 들여다보면 언뜻 보아도 알 수 있듯이 하늘(건)과 땅(곤)이 뒤바뀌어 있다. 그에 반하여 모든 것이 막히고 소통이 안되고 낭패하게 되는 비괘否卦의 형상은, 하늘은 하늘 자리에 땅은 땅의 자리에 제대로 자리잡고 있다. 어찌하여 하늘과 땅이 제자리에 있으면 비색否塞하게 되고, 하늘과 땅이 뒤바뀌면 안태安泰하게 된다는 말인가? 여태까지 보아왔지만, 효사의 세계에서 음위에 음효가, 양위에 양효가 있는 것이 득정得正이며 너무도 중요한 미덕이 아니었던가? 어떻게 해서 하늘과 땅이 뒤바뀌는 것이 태평한 세상이란 말인가?

나는 말한다: 하늘이 위에 있고 땅이 아래에 있는 것은 해부학적 사실

anatomical fact인데 반해, 땅이 하늘의 자리에 있고 하늘이 땅의 자리로 내려와있는 것은 생리학적 진실physiological truth이다라고. 이게 무슨 말인가? 역은 물리적 구조를 말하지 않고 생명의 구조를 말한다. 역은 생명이다. 역이 말하는 우주가 하나의 생명이요, 시공 속에 있는 모든 것이 하나의 온생명이다. 역易은 역逆이다. 김일부金一夫, 1826~1898도 이런 말을 한 적이 있다.

생명체로서 하나의 모범적인 구조를 가지고 있는 우리 인간의 몸Mom을 일례로 들어 생각해보자! 우리 몸의 가장 많은 구성요소가 물이라는 것(70%)은 누구나 알고 있는 사실이다. 그런데 이 물은 크게 세포내액(intracellular fluid. 약칭 ICF)과 세포외액(extracellular fluid. 약칭 ECF)으로 나뉠 수 있다. 다시 말해서 세포는 세포외액을 환경으로 해서만 활동할 수 있고, 그 생명력을 유지할 수 있다. 그런데 세포외액과 세포내액은 그 구성성분이 매우 다르다. 세포외액에는 나트리움(소금, 소디움sodium이라고 한다. Na) 성분이 엄청 많고, 세포내액에는 나트리움은 아주 적고 그 대신 우리 존재에 불가결한 영양원소인 칼륨(Kalium. 포타시움potassium이라고도 한다. K)이 많다. 그러니까 세포 내의 환경과 세포 외의 환경은 매우 다르다. 그런데 우리 생명의 생존 자체가 이 "다름"을 유지하기 위한 것이다.

체액	성분비율	
	소디움Na$^+$	포타시움K$^+$
세포내액ICF	9.0%	89.6%
세포외액ECF	91.0%	10.4%

그런데 이러한 극적인 대비는 삼투가 가능한 세포의 세계에서 거저, 저절로 이루어질 수가 없다. 농도가 높은 곳에서 낮은 곳으로 전이가 생기는 것은

[11]
泰

너무도 당연한 일이다. 그러니까 그냥 물리적 상태에서는 소디움 이온과 포타시움 이온의 관계는 무차별한 평등으로 흘러가버릴 것이다. 그러나 세포막에는 이러한 평등을 저지하는 구조가 장착되어 있다. 소디움 이온을 그 농도가 높은 세포외액 쪽으로 퍼나르고, 그 대신 포타시움을 안으로 들여오는 것이다.

소금농도가 높은 곳으로 소금을 퍼내는 이 작용을 생리학자들은 소디움 펌프sodium pump라고 말한다. 펌프질처럼 억지로 퍼내는 작업이기 때문에 이것을 "액티브 트랜스포트active transport"(능동수송)라고 한다. 이 작업은 물론 사람이 펌프질을 하듯이 엄청난 에너지를 요구하는 것이다. 그런데 이 액티브 트랜스포트를 담당하는 효소가 세포막 자체에 장착되어 있는데 이 효소를 "소디움포타시움 에이티파제Na^+-K^+ ATPase"라고 부른다. Na^+와 K^+를 자연의 흐름에 역행하여 그것이 더 많은 쪽으로 수송하는 것이다.

이러한 불수의적 기초대사에 우리는 우리의 삶 칼로리의 60%를 사용하고 있다. 그러니까 우리 몸의 밸런스는 언밸런스의 밸런스라고 말할 수 있다. 생명에는 평등이라는 것이 없다. 불평등을 조화시키는 조화의 평등만 있을 뿐이다. 생명은 무차별한 평등Equality이 아니라 차별의 조화Harmony이다. 조화는 끊임없는 조화를 향해 상향한다.

세포를 생각하면 원시바다에 최초로 태어난 생명세포를 연상해도 좋을 것이다. 이 세포는 바닷물로부터 끊임없이 스며드는 소금물을 퍼내야 한다. 구멍난 바이킹선박에서 끊임없이 물을 퍼내고 있는 고독하고도 핍절한 고투의 장면과도 같다. 생명은 존재한다는 것 자체가 차별을 전제로 한 극심한 노동이다. 세포막의 에이티파제가 계속 펌핑질을 해대야만 한다는 것 자체가 화이트헤드가 말하는 상향의 활동upward movement이다. 하향은 무차별, 그리고 죽음으로 가는 길이다.

하늘(☰)이 하늘에 있고, 땅(☷)이 땅에 있다는 것은 무차별상의 표현이다. 하늘이 땅의 자리에 있고 땅이 하늘의 자리에 있을 때만, 이 차별을 화해하려는 음양의 화합이 일어나게 되는 것이다. 하느님이 하늘에만 있고 땅을 굽어보고만 있다면 그것은 하느님이 아니라 관념적 픽션이요, 비존재의 허상이다. 하느님은 반드시 땅속에서 땅과 더불어 하늘을 동경할 때만이 하느님으로서 자격이 있는 것이다.

바이킹과 앵글로색슨족의 투쟁의 역사를 보면(9세기~11세기) 바이킹의 하느님은 땅에서 사는데, 앵글로색슨족의 하느님은 기독교의 초월신으로서 철저히 인간으로부터 외재화되어 있고 초월화되어 있고 자신을 낮출 줄을 모른다. 따라서 용서와 화해가 없고 그 이름을 빙자하는 인간들의 욕망만 부채질할 뿐이다. 그럼에도 불구하고 바이킹의 도전은 철저히 기독교문화의 허구 속으로 이전되고 용해되고 말살되고 말았다. 그리고 이렇게 동화된 연합세력이 또다시 터무니없는 십자군전쟁을 일으키고 만다.

서양의 정신사는 하느님이 하늘로만 도망가버린 역사이고, 그 허상의 관념적 폭력은 월남전쟁, 아프가니스탄전쟁, 중동전쟁을 야기시키고 있는 제국주의 참상에까지 연속되고 있는 것이다. 태괘의 평화를 서구인들은 깨닫기가 어렵다. 티베트를 궤멸시키고 위구르를 멸절시키고 홍콩과 대만을 우격다짐으로 압수하려는 중원의 후예들도 태괘의 평화를 위배하고만 있다. 이 태괘의 역설을 파악한 역易의 작자들은 이러한 비괘의 후손들을 원하지 않을 것이다.

나는 10대의 후반으로부터 이미 혹독한 관절염에 시달렸다. 전신의 관절이 부어오르는 고통 속에서 나는 유학을 했고 결혼도 했고 학문도 했다. 그런데 내가 천안 병원집에서 휴양하고 있을 때, 엄마가 내 발을 만져보시다가 내 발이 유난히 뜨거운 것을 발견하시고는 이런 말씀을 하신 적이 있다: "용옥아! 네 병은 반드시 낫는다. 걱정하지 마라. 하늘(태양)이 아래로 내려가 있으니 너는 치료될 것이다."

나의 어머님은 이 태괘의 비방을 알고 계셨던 것이다. 그래도 나의 관절염은 호전될 기미를 보이지 않았다. 그런데 내가 느끼기에 만 73세를 넘어서는 삶의 고비에서 나는 관절염이 사라지고 있는 것을 느꼈다. 기나긴 사투였으나 그 태괘의 승리를 말씀드릴 엄마는 내 곁에 계시지 아니하다.

건乾이 군주요 곤坤이 신하라면, 군주가 신하 아래 내려가 있는 괘상이다. 군주의 마음이 아래로 통하고 신하의 정情이 위로 통하니 군신상하가 화목해지는 모습이 바로 태괘의 모습이다.

송유들이 태괘는 정월의 괘라 했는데, 이것은 한유漢儒들이 고안해낸 십이벽괘十二辟卦의 설을 계승한 것이다. 이것은 소식괘消息卦라고도 하는 것이다. 음과 양이 일년을 통해 점점 자라나고 줄어드는 모습을 연결되는 음효와 양효의 모습으로 시각화해주는 괘이며 이 괘들이 64괘의 주선主線을 이룬다 하여 벽괘辟卦(군주괘)라고 이름한 것이다.

건(䷀)은 양기가 최성한 시기이며, 4월이다. 다음에는 밑에서 음기가 자라나기 시작하니 구姤(䷫)가 되니 5월이다. 음기가 성장하여 6월이 오니 둔遯(䷠), 7월의 비否(䷋), 8월의 관觀(䷓), 9월의 박剝(䷖), 10월에는 음효만 있는 곤坤(䷁)이 된다. 11월이 되면 아래로 양기가 다시 치고 올라오기 시작하니 복復(䷗). 12월의 림臨(䷒), 정월의 태泰(䷊), 2월의 대장大壯(䷡), 3월의 쾌夬(䷪), 4월에는 건의 모습으로 돌아간다. 이것이 12소식괘, 혹은 12월괘라고 한다. 태泰괘를 이 소식괘의 하나로 푸는 방식도 있다. 태泰는 정월이니 천지의 기가 서로 맞닿아 교섭하니 만물의 기가 형통하는 시기라고 한다. 소식괘를 표로 정리하면 다음과 같다.

괘명	복 復	림 臨	태 泰	대장 大壯	쾌 夬	건 乾	구 姤	둔 遯	비 否	관 觀	박 剝	곤 坤
괘	䷗	䷒	䷊	䷡	䷪	䷀	䷫	䷠	䷋	䷓	䷖	䷁
달	음력 11월	12월	정월	2월	3월	4월	5월	6월	7월	8월	9월	10월
비고	동지 冬至			춘분 春分			하지 夏至			추분 秋分		
소식	식괘息卦(양이 자란다)						소괘消卦(양이 사라진다)					

「서괘전」은 "밝는 것이 잘 되어가면 모든 것이 편안해진다. 그래서 태괘로써 리괘를 이었다. 태괘의 태泰라는 것은 통通한다는 뜻이다. 履而泰, 然後安, 故受之以泰。泰者, 通也。" 별 의미없는 설명이다. 「대상전」은 상에 충실하게 그랜드한 해설을 붙였다.

天地交, 泰。后以財成天地之道, 輔相天地之宜, 以左右民。
천 지 교　태　후 이 재 성 천 지 지 도　보 상 천 지 지 의　이 좌 우 민

하늘과 땅이 서로 자리를 바꾸어 교섭하는 소통의 모습이 태괘의 모습이다. 군주(최고의 리더. 후后는 군주君主의 뜻. 군자 대신 후를 주어로 쓴 것은 보다 정치적인 맥락이 강하다)는 이 태괘의 모습을 본받아 천지의 도를 풍요롭게 만들고(백성들에게 경제적 도움이 되도록 자연을 활용한다), 천지의 마땅한 상황에 맞게 문명의 상황도 마땅하게 하고, 그렇게 함으로써 백성들에게 다양한 도움을 준다. 천지가 교태交泰함으로써 보통사람들의 삶이 풍족해지도록 만드는 것이 정치라는 뜻이다. 자연과 문명의 상생을 말하고 있다. 경복궁, 왕비가 자고 생활하는 곳이 교태전交泰殿이다. 『석문釋文』에는 "財"가 "裁"로 되어있다.

괘사

泰, 小往大來。吉, 亨。
태　소 왕 대 래　길　형

태괘의 모습에는 작게 가고 크게 오는 모습이 들어있다. 이 괘를 만나면 길하다. 하느님을 예찬하며 제사를 지낼 만하다.

보통 『역』에서는 "왕往"(간다)은 하괘에서 상괘로 이동하는 것이고, "래來"(온다)는 상괘에서 하괘로 이동하는 것을 의미한다. 주희는 이 괘사에 대하여 두 가지 해석을 제시하고 있다. 小와 大와 음과 양을 의미하기도 하므로, 음인 곤이 위로 간 것이 소왕小往이요, 양인 건이 아래로 내려온 것이 대래大來이다.

그리고 또 한 가지 설은 괘변을 이용하여 설명하는 것이다. 이 태☰☷괘는 귀매歸妹☱☳로부터 왔다는 것이다. 즉 귀매의 六三이 四의 효로 가고(往), 九四의 양효가 三의 위位로 오며는 태泰☰☷가 된다는 것이다. 귀매의 六三의 음효가 소小, 九四의 양효가 대大라는 것이다. 실제로 귀매와 태괘는 괘·효사상으로 논리적인 관계를 맺기는 어렵다. 내가 생각하기에 태괘泰卦는 천지를 뒤엎고도 남을 대통大通의 괘이므로 자신의 이권을 희생하더라도 기존의 관례를 뒤엎는 결단을 내리면 어마어마하게 큰 좋은 결과가 뒤따른다는 추상적 의미를 내포하는 것으로 보인다.

> **효사**
>
> ## 初九: 拔茅茹, 以其彙。征, 吉。
> 초 구   발 모 여   이 기 휘   정   길

첫 번째 양효: 이렇게 상하가 교통하는 좋은 시절을 만났다. 이때 뜻있는 사나이들이 세태를 외면하고 은둔할 수만은 없다. 나아가야 한다. 띠풀을 뽑으면 그 뿌리가 굳건하게 엉켜있어 여러 풀이 같이 뽑힌다(拔茅茹). "여茹"는 뿌리가 뒤얽혀 있는 모습이다. 뜻을 규합할 수 있는 동지들을 상징한다. "휘彙"도 품

격이 같은 동지들을 가리킨다. 무리 휘 자이다. 그 앞에 있는 "이以"는 "여與"로 "같이한다"는 뜻이다. 대세가 바르게 잡히면 사방에서 좋은 인재들이 뜻을 규합하여 모이고(以其彙) 정치에 참여할 생각을 한다. 여기 하괘의 세 양효는 모두 뜻을 같이할 동지 재목들이다. 좋은 친구들이 뜻을 합쳐 같이 나아가면(征) 반드시 吉하다.

九二: 包荒, 用馮河, 不遐遺, 朋亡。得尚于中行。
구 이   포 황   용 빙 하   불 하 유   붕 망   득 상 우 중 행

두 번째 양효: 九二는 실제로 전체 괘의 주효主爻라 말할 수 있다. 九二는 하괘의 중심이며 신하의 위치에 있지만, 六五의 천자天子가 음효이므로 九二에게 정치를 위임한다. 九二는 양효이면서 음위에 앉아있기 때문에 본시 양강陽剛하면서도 관대하고 부드러운 中의 덕을 보유하고 있다. 이 태평한 세월의 정치를 실제적으로 관장하는 인물이 된다. 그가 행하는 정치는 어떤 모습일까?

처음에 "포황包荒"은 "황무지를 포용한다"는 뜻이다. "황무지"는 나라의 중앙에서 멀리 떨어진 "농산어촌"과 같은 지역개념일 수도 있지만, 그곳에는 대도시의 삶에 가려 보이지 않는 많은 곤란이 도사리고 있다. 『노자』 78장에 "나라의 온갖 오욕을 한몸에 지닐 수 있어야 사직의 주인이라 할 수 있다. 受國之垢, 是謂社稷主。"라는 말이 있는데 여기 "황荒"은 "국지구國之垢"와 통한다. 황폐하게 된 곳의 모든 오욕을 포용한다(＝책임진다)는 뜻이다. 오늘날 우리나라 정치에 바라는 메시지이기도 하다.

다음에 "용빙하用馮河"는 『논어』 「술이」 10에 공자와 자로가 나누는 대화 속에 부정적인 뜻으로 나온다(暴虎馮河, 死而無悔者, 吾不與也). 그러나 여기서는 매우 긍정적인 뜻으로 쓰였다. 험준하고 거센 물결의 대하라도 과단성 있게 헤쳐 나간다, 그러한 모범을 보이는 방법을 쓸 것이다라는 뜻이다.

다음에 "불하유不遐遺"는 멀리 있는 현명한 은자들(遐遺)을 빼놓지 않는다, 잊어버리지 않는다는 뜻이다. 사람다운 사람을 찾아 쓰겠다는 뜻이다.

그 다음의 말이 가장 중요하다. "붕망朋亡"은 자기 중심으로 모여드는 붕당을 없애겠다는 것이다. 20대 대선은 여러 각도에서 분석이 가능하겠으나 그 실패의 가장 큰 원인은 "문빠"라는 말 그 한마디에 있다고 말해도 과언이 아닐 것이다. 누구나 다 장단점이 있지만 문재인은 문빠의 한계를 뛰어넘을 수 있는 보편적 가치의 용단을 지닌 인물이어야만 했다. 민주당 내에 문재인을 비판할 수 있는 건강한 언론이 약동치지 못했다. 결과적으로 당 그 자체가 위축되고 무사안일주의로 빠지고 만 것이다. Alas!

대한민국에서 누구든지 정치다운 정치를 하려면 "붕망朋亡"을 실천해야 한다. "망亡"은 "없애다," 즉 붕당을 없앤다는 뜻이다. 九二의 음위에 있을지라도 민중의 어려움을 포용하며(包荒), 과단성 있게 난국을 헤쳐나가며(用馮河), 멀리 세상을 등지고 살아가는 현자들을 모셔오며(不遐遺), 자기 주변에 형성되는 붕당을 없애버리는(朋亡), 그러한 사정私情에 얽매이는 일이 없는 정치를 행한다면, 그는 진실로 중도의 정치(中行중행)를 구현하는(得尚于中行) 위대한 정치라 말할 수 있을 것이다.

> 九三: 无平不陂, 无往不復。艱貞, 无咎。勿恤其孚。
> 구 삼   무 평 불 피   무 왕 불 복   간 정   무 구   물 휼 기 부
>
> 于食有福。
> 우 식 유 복

세 번째 양효: 九三은 하괘(내괘內卦)의 최종단계이며 태평한 성운盛運이 극에 달하여 이제 쇠운衰運으로 전이되는 조짐이 보이는 변화의 절기이다. 태괘의 태평이 마냥 유지되리라는 보장은 없다. 태괘는 비색否塞의 불행한 단계로

전화될 수 있다는 것이 역의 원리이다.

평탄하고 태평하던 국면이 위태롭게 기울어지지 않으리라는 보장은 없으며(무평불피无平不陂), 떠나가는 것이 가기만 하고 되돌아오지 않는다는 보장은 없다(무왕불복无往不復). 가기만 하고 돌아오지 아니하는 것은 없는 것이다.

이렇게 쇠운의 조짐이 보이는 때에는 그러한 법칙을 전체적으로 조감하면서 간난 속에서도 올바른 미래를 향해 물음을 던져야 한다(艱貞). 나는 과연 어떻게 살아야 할 것인가? 그리하면 허물이 없을 것이다(无咎). 인간의 성실함은 내면의 진실이기 때문에 그것이 아니 드러날 것을 걱정할 필요가 없다(물휼기부勿恤其孚). 그대의 진실은 보상을 받고야 만다. 그대의 식록食祿에 관해서도 복이 있을 것이다(于食有福). 선한 행동을 쌓아나가면 녹祿은 스스로 굴러들어오게 마련이다.

점을 쳐서 이 효사를 만난 자는 간난 속에 있을지라도 정도를 지키면 허물이 없을 뿐 아니라 복福이 있을 것이다.

六四: 翩翩, 不富, 以其鄰。不戒以孚。
육 사   편 편   불 부   이 기 린   불 계 이 부

네 번째 음효: 六四는 상괘의 시작이다. 개별적인 효의 입장에서 보면, 음의 자리에 음효가 왔으니 正이다. 저 아래에 있는 初九가 응효應爻이고 이 자리는 군주를 보좌하는 대신大臣의 위位이다. 이 사람은 태평한 이 세상에서 무엇인가 가치 있는 일을 해볼려고 노력하는 유순한 인물이다. 이 사람의 모습을 "편편불부翩翩不富"라고 표현했는데, "편편"이란 새나 나비가 날개를 펄럭거리며 아주 경쾌하게 나는 모습이다. "불부"라는 것은 자신의 위상이 이미 六四만 되어도 富貴를 향유하고 있는 자임에 불구하고 전혀 자신의 부귀함을

의식하지 않는 것을 의미한다. 부귀와 아랑곳없이 이상을 향해 펀펀이 나는 모습이다.

다음에 "이기린以其鄰"의 해석이 구구한데 "린鄰"을 하괘의 3양효로 보는 해석도 있지만 나는 그런 해석을 취하지 않는다. 이웃은 역시 같은 상괘의 효들일 수밖에 없다. "이以"는 "더불어 한다與"이다. 다시 말해서 六五·上六의 이웃들을 함께 하자고 설득한다는 뜻이다. 태괘의 위대함은 역시 건☰이 아래로 내려갔다는 데 있다. 아래의 삼양三陽은 위대한 현인들이다. 六四는 六五·上六의 이웃들을 설득하여 그들의 부귀의 위상을 잊고 사뿐사뿐 날아간다. 어디로! 아래의 은둔하고 있는 세 군자들을 향해. 태평한 세상일수록 그들에게 충언을 들어야 한다.

"불계이부不戒以孚"는 이렇게 해석된다: 위에 있는 이 세 사람은 아래로 내려가 아무런 경계심 없이 마음을 비우고, 아래에 있는 세 현자의 말에 귀를 기울인다는 뜻이다. 마음속의 성실함을 있는 그대로, 외재적 허상에 가림이 없이, 드러낸다는 뜻이다. "불계이부不戒以孚"는 "경계심 없이 성실한 속마음을 드러낸다"로 번역하면 좋을 것이다.

점을 쳐서 이 효사를 만나는 사람은 완고한 자기 마음이나 위상을 버리고 현자를 찾아가 상담하는 것이 좋을 것이다.

이 효사를 번역하면 이와 같다: 나비처럼 사뿐히 날아가네. 자신의 부귀에 아랑곳하지 않고. 위에 있는 동지들을 설득하여 아래로 날아가네. 아래에 숨어사는 현인들에게 경계심 없이 속마음 진실을 토로하네.

六五: 帝乙歸妹, 以祉。元吉。
육 오   제 을 귀 매   이 지   원 길

다섯 번째 음효: 六五는 상괘의 가운데 효이기 때문에 실제로 천자의 자리이며, 괘 전체에서 가장 파우어풀한 자리이다. 그런데 양위陽位에 음효陰爻가 앉았으니 正하지는 않으나 유중柔中의 천자라고 할 수 있다. 그러니까 하괘의 中인 九二와 음양이 바뀐 셈인데 그것 자체가 태괘의 형통한 성격에서 오는 것이다. 六五는 강명剛明한 九二를 현신賢臣으로 거느리고 있어서 모든 사람들이 이 유순한 천자를 믿고 따르는 모습이다.

"제을귀매"는 같은 문구가 귀매괘 六五에도 보인다. 또 역사적 인물인 듯한 사람들이 등장하는 괘가 여럿 있다(명이明夷 六五, 기제旣濟 九三). 그런데 이런 것을 특정한 역사적 인물이 실제로 점을 쳤을 때 이런 효가 나왔기 때문에 이런 효사가 만들어졌다는 식으로 설명하는데, 그것은 역사나 신화나 철학의 기본을 모르는 어리석은 학인들의 망상일 뿐이다. 여기 "제을帝乙"도 우번虞翻, AD 164~233(삼국시기 오吳나라의 역학자. 회계會稽 여요余姚 사람)이 주紂(제신帝辛)의 아버지 제을帝乙을 가리킨다고 못박아 놓는 바람에 그런 설을 신봉하는 자가 많으나, 그것은 모두 후대의 지식이 경문에 덮어씌워진 것일 뿐, 그 당대의 언어일 수가 없다.

고문헌은 정확한 문헌비평적 시각이 없이 대해서는 아니 된다. 제일 먼저 만나는 몰상식한 오해가 "제帝"라는 단어에 대한 왜곡이다. 중국역사에서 진시황 이전에 왕을 "제帝"라고 부른 적은 없다. 진시황이 "삼황오제三皇五帝"를 줄여 "황제"라는 말을 만들었고, 그 후로 "황제"를 줄여 "제帝"라고 했을 뿐이다. 그러니까 "제帝"에 정치권력상의 의미를 부여하는 것은 한대 이후이다. 춘추전국시대만 해도 정치하이어라키에서 "왕王" 이상의 존칭은 없었다. "왕"을 때로 "천자天子"라고 부르기도 했으나 천자가 고정된 하이어라키의 명칭은 아니었다. 갑골문, 금문에도 "천자天子"라는 호칭은 나타나지 않는다.

그렇다면 "제帝"는 무엇인가? 그것은 사람이 아니고 신적 존재Divine Being를 가리키는 것이다. 그냥 신적인 존재를 형용하는 말이기도 하고, 주로 제사와 관련하여 나타난다. "帝"(❇ ❇ 갑골문)라는 글자는 신을 제사지내는 제탁祭卓의 형태이다. "체禘"라는 것도 상제上帝를 제사지내는 커다란 제탁이다. 상제를 제사지내는 것을 체라고 한다. 은나라 왕들의 이름에 "제帝"가 들어간 것은 있으나 이것은 왕위를 지칭하는 것은 전혀 아니고, "신성하다"는 의미로 쓴 형용사로서 어미에 나타나지도 않는다. 주나라는 인문정신이 철저했기에 왕이름에 "제帝"를 넣지 않았다. 『시경』「용풍」"군자해로君子偕老"에 여자가 잘생긴 것을 "어쩌면 그다지도 상제와도 같은 고! 胡然而帝也"라고 했는데, 하여튼 "제帝"는 현실적인 삶의 언어는 아니었던 것이다.

은나라에는 왕이름을 갑이니 을이니 하고 갑자의 이름을 쓴 것이 많은데 이것은 그만큼 왕의 권위가 오늘 같지 않았다는 것을 의미한다. 그냥 갑 아무개, 을 아무개 정도로 연도 이름을 따서 불렀던 것이다. 그러니까 "제을帝乙"은 "신성한 을 아무개"의 뜻으로 고유명사가 아닐 수도 있는 것이다. "제을帝乙"하면 진시황이 걸어놓은 주술적 마력에 사로잡혀 권위주의적 존칭으로 생각하는 것은 학인의 기초소양이 모자라는 것이다. 왕부지는 이러한 우매한 해석을 비판하여 말하기를 "이것은 주역, 즉 주나라 역인데 왜 은나라 고사를 가지고 떠드느냐? 관념이 다르고 언어가 다르다!"라고 했다.

하여튼 "제을귀매帝乙歸妹, 이지以祉。"의 해석은 명료하다. "신성한 을 아무개가 자신의 딸을 저 아래의 훌륭한 현인에게 시집보냈다(帝乙歸妹). 이것은 참으로 축복받을 일이로다(以祉)."상하가 소통되고 계급이 소통되고 하늘과 땅이 소통되는 모습이다. 크게 길하다(元吉).

上六: 城復于隍, 勿用師。自邑告命。貞, 吝。
상육   성복우황   물용사   자읍고명   정 린

꼭대기 음효: 上六은 태평성세의 극한이다. 물극즉반物極則反이요, 앞서(九三) 말한 대로, 무평불피无平不陂하고 무왕불복无往不復이다. 태평성세는 또다시 모든 것이 불통하고 대립하는 비색쇠운否塞衰運의 시대로 돌아가게 마련이다. 태괘가 비괘否卦로 바뀌는 조짐이 上六에서 나타나고 있다. Alas! 우리나라 정치사에도 한 시대가 태평한 시대였다고 말한다면 그 통태通泰는 막을 내리게 마련이다.

여기 "성복우황城復于隍"은 "성이 황으로 돌아간다"는 말인데 여기서 우리나라 민간에서 쓰는 "성황당"이라는 말이 유래되었다. 성황당은 민중이 소원을 빌기 위해 쌓아올리는 돌더미다. 쌓아올린 돌더미를 "성城"이라 하고 그 밑바닥의 땅을 "황隍"이라 한다. "황隍"은 『자하전子夏傳』에 "황埠"으로 표기했다. 쌓아올린 돌더미가 흩어져서 다시 황폐한 흙바닥이 되는 것은 비극이지만 결국 그것은 무왕불복의 세상이치인 것이다. 진보정당을 자처하던 사람들의 운명 또한 "성복우황"이 되고 말았으니 어쩔것이냐! 애재로다.

이렇게 성이 무너지고 수도가 황폐화되는 이런 시기를 당했다고 급작스럽게 대중을 동원하거나 군대를 동원하여 복구해서는 아니 된다(물용사勿用師). 이런 위기의 시대의 지도자는 자기 본거지(읍邑=수도=왕이 거하는 곳)로부터 명을 내려(自邑告命) 뜻을 같이할 수 있는 진실한 사람들과 함께 새로운 시대를 맞이할 준비를 해야 한다. 이때 점을 치게 되면 아쉬운 결과가 많이 나타나리라(貞吝)!

점을 쳐서 이 효사를 만나면 낭패를 복구할 생각을 마라! 섣부르게 복원하려다가 더 큰 낭패를 당한다. 깊은 반성이 우선되어야 한다. 반성을 통해 새로운 동지를 규합하고 새로운 사업을 해야 한다.

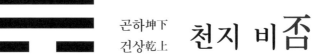

12

곤하坤下
건상乾上

천지 비否

Obstruction, Standstill

괘명 "否"는 "아니다"를 나타내는 "不"를 "口" 위에 얹었으므로 "아니다"를 말로(입으로) 표현한다는 뜻이 된다. 그것이 곧 "부정否定"이다. "아니다"를 나타낼 때 이것은 fou³라 발음하고 괘명으로서 "막히다" "비색하다"는 뜻이 될 때는 pi³라고 발음한다. 우리말로도 "부"와 "비"의 차이가 있다. 그 뜻에 관해서는 이미 태괘▤에서 다 설명된 것이다. 태괘와 비괘는 착종동상錯綜同象이다. ▤와 ▤은 착(방통)도 되고 종(반대)도 된다는 뜻이다. 이런 괘의 관계가 수隨▤와 고蠱▤, 점漸▤과 귀매歸妹▤, 기제既濟▤와 미제未濟▤의 경우에도 해당된다. 64괘 중 총 8개의 괘가 착종동상인 것이다.

우선 「서괘전」을 보면 아주 간단한 언급이 있다: "태괘의 태는 잘 통한다는 뜻이다. 그러나 사물이 항상 창통暢通하기만 할 수는 없다. 진행하다 보면 막힘이 있게 된다. 그래서 태괘는 비괘로 이어졌다. 泰者, 通也。物不可以終通, 故受之以否。"

"비否"의 일차적 의미는 논리적 부정이라기보다는 "막힘"이다. 천지의 비색이다. 그래서 "Negation"이라 번역하지 않고 "Obstruction"이라 번역했다.

이 「서괘」의 논리를 정이천이 잘 설명하고 있다:

"대저 사물의 이치는 가면 오게 되어 있는 것이다. 통태通泰가 극에 달하면 반드시 비색否塞하게 된다. 그래서 비괘가 태괘 다음에 오게 된 것이다. 괘의 형상을 보면 하늘이 위에 있고 땅이 아래에 있으니 이것은 태괘와 반대이다. 태괘는 천지天地가 상교하고 음양이 서로 엉켜 화창和暢하게 되어 있으니 태평하지 않을 수 없다. 그러나 비괘는 하늘이 위에 있고 땅이 아래에 있어 천지가 서로 격절되어 교통交通할 에너지가 상실되어 있다. 그래서 비색을 의미하는 비괘가 있게 되는 것이다. 夫物理往來, 通泰之極, 則必否。否, 所以次泰也。爲卦, 天上地下, 天地相交, 陰陽和暢, 則爲泰。天處上, 地處下, 是天地隔絕, 不相交通, 所以爲否也。"

「대상전」의 저자도 비괘적인 정황에 놓여있는 시대상 속에서 군자가 취해야만 할 덕성에 관해 예리한 통찰을 쏟아놓는다.

> **天地不交, 否。君子以儉德辟難, 不可榮以祿。**
> 천 지 불 교　비　군 자 이 검 덕 피 난　불 가 영 이 록

하늘과 땅이 서로 교섭하지 아니하고 격절되어 서로 멀어져만 가고 있는 모습이 비否괘의 모습이다. 군자는 이러한 시대상, 그 폐색무도閉塞無道한 현실을 참고하여 우선 자기 생활을 검약질소儉約質素하게 함으로써 소인들이 설치게 됨으로써 생겨나는 난을 피한다. 그리고 이러한 시대에는 군자는 영예로운 사회활동을 함으로써 그 몸을 드러내고 봉록을 받을 그러한 삶을 설계하지 않는다. 하늘과 땅이 비색해지는 이러한 소인의 시대 속에서 군자는 재난과 교섭하지도 않지만 이익과 교섭하지도 않는다.

[12]
否

否之匪人, 不利君子貞。大往小來。
비 지 비 인　불 리 군 자 정　　대 왕 소 래

하늘과 땅이 서로 멀어만 가며 교섭하지 않는 우주. 이 우주 속에서는 만물이 생육生育할 수가 없다. 땅의 음기가 땅속으로만 가라앉아 하늘의 양기와 만날 수 없고, 하늘의 양기는 점점 위로 올라가 말라비틀어질 뿐 대지의 촉촉한 습기와 만날 수 없다. 마찬가지로 위의 사람들과 아래의 사람들이 감통感通하여 의지와 이상과 감정이 하나가 되지 않으면 사회는 발전할 길이 없다. 위의 은덕이 아래로 미치지 아니하며, 아래의 정의情意가 위로 통하지 않는다. 소인들이 권좌 주변에 우글거리고, 군자는 정권 밖으로 방출되어 모두 야인이 된다. 이러한 비색의 시대는 사람이 사람다워지는 인도人道의 시대상이 아니다. 이것을 "비지비인否之匪人"(비괘의 사람답지 못한 모습)이라고 표현했다. 이러한 시대에는 군자가 미래에 관한 질문을 아무리 던져도 이로운 결말이 나지 않는다(不利君子貞). 대인들은 사라지기만 하고 소인들만 권력의 핵심으로 모여든다(大往小來).

"대왕소래"에 관하여 "소왕대래"와 같은 방식으로 풀이할 수 있다. 건이 외괘에 있는 것을 대왕大往이라 하고, 곤이 내괘에 있는 것을 소래小來라고 할 수 있다. 또 이 비괘 ䷋ 는 점漸괘 ䷴ 로부터 왔다고 할 수 있다. 점괘의 九三이 가고(往), 六四가 九三의 자리로 왔다(來)고 볼 수 있다. 그러나 소박한 해석일수록 이러한 상수학적 논의를 뛰어넘어 보다 복합적인 의미를 전할 수도 있다.

初六: 拔茅茹。以其彙貞, 吉。亨。
초 육　발 모 여　　이 기 휘 정　길　　형

첫 번째 음효: 먼저 비색한 비괘의 첫 효, 그것도 연약한 음효가 양위에 있어 正을

얻지 못하고 있는 연약한 효의 모습, 그 효사는 과연 어떠한 내용일까?

첫 번째 음효의 세상, 비색한 세상이지만 우리는 뿌리를 뽑는다. 기지개를 편다. 뽑은 뿌리에는 주변의 띠풀의 뿌리들이 하나로 얽혀있어 같이 뽑힌다(拔茅茹). 그들은 동지로서 일을 도모하려 한다. 동지들(彙)과 함께(以), 미래를 일궈나갈 점을 친다(貞). 그랬더니 吉하다는 점괘가 나왔다. 우리는 천지가 비색해졌다 해도 초효, 악에 물들지 않았다. 이제 우리는 하느님께 제사를 올려야한다.

많은 주석가들이 비괘의 효사들이 난해하다고 말한다. 우선 그들은 "형후"이나 "정貞"과 같은 기본어휘에 대한 해석이 잘못되었고, 상수의 관념에만 사로잡혀 대의를 파악하는데 오류를 범하고 있기 때문이다. 재미있는 사실은 태泰괘의 효사들에는 吉이 별로 없는데 반하여, 비否괘의 효사들에는 吉이나 긍정적이고 진취적인 언론이나 감정의 톤이 더 짙게 드러난다는 것이다. 태괘의 성세에는 오히려 위구危懼의 우려가 짙게 배어나오는데, 비괘의 비관적인 세태에는 희망과 변화와 새로운 세상을 개벽하려는 노력에 대한 격려가 효사의 주선主線을 이루게 된다.

성인은 오히려 태泰의 시대에, 치治가 란亂으로 전락할 것을 걱정한다. 그러나 비否의 시대에는 란亂이 기필코 다시 치治로 갈 수밖에 없기 때문에 격려를 발한다. 그래서 효사에 흉凶이 없고 길吉, 형후, 무구无咎와 같은 긍정적멘트가 많이 나타난다. 「잡괘전雜卦傳」에 "비괘와 태괘는 근원적으로 그 종류를 달리한다. 모든 것이 반대다. 否泰, 反其類也."라고 했지만 그 "반反"은 서로돌아간다는 "반返"의 의미도 포섭하고 있다 할 것이다.

"휘彙"를 서로 연달아 있는 하괘의 삼음三陰으로 보기도 한다. 「소상」에 "지재군야. 志在君也."라고 해설이 되어 있기 때문에, 九五의 군君에 발탁되기를 바라는 것으로 해석하기도 하지만, 여기 初六의 사나이는 소인小人이 아니라 정절을 지키고 함부로 정계에 나가지 않는 군자君子로서 해석되어야 한다. 비괘의 시대에도 군자는 살아있는 것이다. 상象에 구애되지 않는 해석이 요청된다.

六二: 包承。小人吉, 大人否, 亨。
육 이 포 승 소 인 길 대 인 비 형

두 번째 음효: 이 음효는 분명히 소인의 형상이다. 그러나 음위에 음효이니 그 위가 正이요, 또 하괘의 중앙이니 中을 얻고 있다. 게다가 九五가 응효應爻이니 힘이 있다. 즉 하괘의 삼음三陰 중에서는 가장 유리한 포지션과 덕성을 지니고 있는 인물이다. 아무래도 여기 "포승"이라는 말은 六二와 九五의 관계로 해석해야 할 것이다. "포包"는 九五에 의하여 포용된다는 의미이고, "승承"은 九五의 명령을 순승順承한다, 받아들인다라고 해석되어야 한다. 합쳐서 그냥 "포용된다"라고 해석하기도 한다.

여기 소인과 대인을 주희가 점치는 사람으로 해석했는데 주희의 해석은 『역』이 점서라는 그의 대전제에 치여 정당한 맥락을 잡지 못할 때가 많다. 매 효사마다 점자를 따로 제3의 주어로 설정하는 오류를 범하고 있다. 『역』은 점을 치는 사람과 하느님의 직접소통의 언어이다. 묻는 자와 점자가 따로 설정되는 것은 문맥의 혼선을 가져온다. 주희의 『역』해석이 이러한 전제로 인하여 매우 고루한 수준에 머물러 있을 때가 많다.

六二가 九五에 의하여 포용될 경우, 포용되는 六二의 위인됨이 소인이라면 吉한 것이고(小人吉), 그가 대인大人이라면 모든 것이 비색하게 된다는 뜻이다(大人否). 즉 발탁되는 자가 소인이면 吉한 것이고 대인이면 불길不吉한 것이다. 왜냐? 어디까지나 발탁되는 터전이 비괘의 시대의 터전이기 때문이다.

이런 비괘의 시대에는 대인大人이 발탁되어서는 아니 된다. 마지막 "亨"은 대인이 발탁되지 않는 것이 옳다, 바른 것이다. 그래서 신에게 감사를 드릴 만하다는 뜻이다. 점쳐서 이 효사를 만나면, 누구로부터 초빙된다든가, 윗사람으로부터 재물을 받는다든가 하는 일이 있을 수 있다. 이때 극히 조심해야 한다. 그대 자신이 소인인지, 대인인지를 말해주기 때문이다.

六三: 包羞。
육 삼 포 수

세 번째 음효: 수치스러움을 네 가슴속에 품고 있구나!

━━━━━━ ❧❧❧ ━━━━━━

六三은 음의 세력이 끝나가는 시기이며, 비색의 시대가 다시 통교通交하는 시대로 전환하는 어떤 전기轉機의 기운이 싹트고 있다. 六三은 양위에 음효이니 不正이요, 또 中에서 벗어나 벼랑 끝에 서있다. 그런데 위상은 대부大夫의 위상이다. 그러니까 비색한 시대를 타개할 수 있는 능력이 없으면서 대부의 자리에 앉아 후안무치厚顏無恥하게 녹위만 처먹고 떠날 생각을 하지 않는 것이다. 이것은 분명 치욕을 일신一身에 포장包藏하고 있는 모습이다. 공자가 "나라에 도가 없는데도 봉급을 받고있는 것은 치욕이다. 邦無道穀, 恥也。"(14-1)라고 했는데, 바로 "포수"가 그 꼴이다. 비  의 六三이 양효로 변하면 천산둔 이 된다. 즉 은둔의 둔遯이다. 치욕을 알아 자리를 떠나 은둔하는 것이 좋겠다는 의미를 내포한다. 또 소인이면서 선인善人을 상처내기 위해 음모를 꾸미고 있는 놈일 수도 있다. 우리나라 언론계에도 이런 부류가 너무도 많은 것 같다.

점을 쳐서 이 효를 만나면 만사가 흉하다. 내부에 다양한 적들이 숨어있다. 일을 만들지 말라. 때를 기다리는 것이 상책이다.

九四: 有命, 无咎。疇離祉。
구 사　유 명　무 구　주 리 지

네 번째 양효: 九四는 이미 6효의 반을 지났다. 이미 비색의 세월의 반을 지났으니 새로운 태泰의 길을 여는 서광이 비춰기 시작한다. 九四는 양강陽剛하며 비색한 세상을 다시 소통시키려는 혁명의 의지가 있다. 그러나 음위陰位에 있기 때문에 양위에 있는 양효만큼은 강의감위剛毅敢爲하지 못한다. 九四가 세상을 구원하는 혁명적 사업을 수행하기 위해서는 조건이 필요하다. 그 조건이란, 바로 예수가 외치는 "때가 찼다. The time is fulfilled."(막1:15)는 그 때를 만나야 한다는 것이다. 주희는 이 때를 천명의 도움을 필요로 하는 것이라고 말했다. "유명무구有命无咎"는 천명의 도움이 있다면 그 혁명의 뜻을 결행한다 할지라도 허물이 없을 것이다라는 뜻이다.

"주疇"는 "주儔"이며 "동아리," "동지," "한패"를 의미한다. 여기 "주"는 九五, 上九를 가리킨다. 九四, 九五, 上九가 함께 거사를 한다면 그들도 결국 다같이 행복한 결과를 얻게 될 것이다. 여기 "리離"는 헤어진다, 떠난다는 뜻이 아니라 그 정반대의 뜻이다. "리離"는 "리罹," "려麗," "부附"의 뜻으로 "붙는다," "걸린다"는 뜻이다. "주리지疇離祉"는 가담한 동지들이 다 함께 복을 받는다는 뜻이다. 어둠의 세월에는 반드시 광명이 찾아온다. 그러나 그 광명은 사람의 노력에 의한 것이다. 그 노력은 반드시 천명의 카이로스를 타야 한다. 우리에게 절망은 없다!

九五: 休否, 大人, 吉。其亡其亡, 繋于苞桑。
구 오　휴 비　대 인　길　기 망 기 망　계 우 포 상

다섯 번째 양효: 이 구절은 다양한 해석이 가능하고 주석가 서로간에 상충되는 의견이 많아 일치된 견해가 없다. 그러나 차근차근 九五의 성격을 규명하고

전체적인 분위기를 파악하면 그 대체적인 논리흐름을 오히려 정확하게 파악할 수 있다.

우선 九五는 상괘의 중앙, 최고의 자리에 있다. 게다가 양효양위이니 正을 얻었다. 그러니까 강건하고 中正의 덕을 지닌 영주英主라 할 수 있다. 그런데 九五의 단계는 이미 비색한 사회구조가 그 동안의 양심세력들의 분투에 의하여 점점 열려가고 있는 고비의 단계라 할 수 있다. 이러한 시기에 영명한 지도자라면 비색을 타개해나갈 수 있다. 이러한 비색의 타개를 九五의 효사는 "휴비休否"라 표현했다. "휴休"라는 글자는 우리나라의 "휴전"이라는 말처럼 불완전한 상태를 가리킨다. 전쟁이 끝나고 평화가 온 것이 아니라, 전쟁하는 것을 잠깐 멈추고 있다는 것이다. 전쟁중이긴 한데 잠시 휴식을 취하고 있다는 것이다. 비색을 멈추기는 했지만 완전한 상태는 아니다. 그러나 이러한 비색의 타개를 시도하는 것은 영명한 대인大人만이 할 수 있다. 여기 대인은 역시 九五 자신이다. 그러기에 九五가 대인으로서 휴비하는 일은 吉하다. 좋은 운수를 몰고 오리라. 그러나 조건이 있다.

다음에 오는 "계우포상繫于苞桑"이라는 성어에 관하여 설들이 엇갈린다. 상桑은 뽕나무 가지인데 그 앞에 있는 "포苞"라는 말 때문에 다양한 해석이 생겨난다. "포상苞桑"에 관하여 기존의 주석가들이 "총생叢生"이라는 해설을 붙였다. 그러면 그것은 여러 가지가 한 묶음처럼 난다는 뜻이 된다. 그러면 포상의 묶음에 매달린다는 뜻은 단단한 한 다발의 나뭇가지에 매달린다는 뜻이 되어 "견고하다"는 뜻이 된다. 정이천도 주자도 그런 해석을 따른다. 그러나 앞뒤 맥락으로 볼 때 "견고하게 매달려 있다"는 것은 매우 어색하다. 그 앞의 "기망기망其亡其亡"을 긍정적인 뜻으로 해석할 수 없기 때문이다.

내가 생각하기에 "포苞"는 분명히 포장한다, 묶는다는 의미가 있고, 그 묶음이 식물성의 띠풀이나 지푸라기로 이루어진 것이다. 혹자는 "포상"그 자

[12]
좀

체를 "여린, 부러지기 쉬운 가냘픈 뽕나무 가지"라고 해석하는데 그것도 무리가 있다. 그래서 나는 여러 가지를 묶은 띠풀에 매달아 놓은 소중한 물건이라고 해석한다(繫于苞桑). 그 띠풀이나 지푸라기는 머지않아 삭아 끊어질 수 있으므로 앞의 문구가 자연스럽게 쉽게 해석된다: "아~ 없어지겠구나! 없어지겠구나! 뽕나무 가지를 묶은 띠풀에 매달린 저 보물이여!" "기망기망其亡其亡"은 "떨어지겠구나! 떨어지겠구나!"라고 해석해도 된다. 그러니까 대인이 비색한 난국을 타개하기 위하여 휴비의 상태를 어렵게 만들어 놓았지만 그 상태는 저 뽕나무 가지에 위태롭게 매달려 있는 물건처럼 곧 사라져 물거품이 될 수도 있다는 말이다. 우리나라 남·북의 관계가 꼭 요꼴이다. 재미난 사실은 이 구절을 「계사전」에서 해설하고 있다는 것이다. 계사가 원래 효사에 매달린 말들에서 발전한 전傳이라는 것은 앞에서 이미 말했다:

공자가 말했다: 위태롭다고 생각하는 것은 오히려 그 자리를 안전하게 만드는 것이다. 망할 것이라고 경계를 늦추지 않는 것은 오히려 그 존재를 보호하는 것이다. 어지러워질까봐 걱정하는 것은 오히려 오늘의 평화를 지속시키는 것이다. 그러므로 군자는 편안함 속에서도 위태로움을 잊지 아니하고, 보존되고 있음 속에서도 상실되는 것을 잊지 않고, 평화로움 속에서도 어지러워지는 것을 잊지 않는다. 그러함으로써 몸을 안태하게 하고, 국가를 보전할 수 있다. 이러한 양면의 지혜를 『역』이 다음과 같이 표현한 것이다: "없어지겠구나! 없어지겠구나! 저 가냘픈 뽕나무 가지에 매달린 보물이여."

子曰, 危者, 安其位者也; 亡者, 保其存者也; 亂者, 有其治者也。是故君子安而不忘危, 存而不忘亡, 治而不忘亂。是以身安, 而國家可保也。易曰: "其亡其亡, 繫于苞桑。"

우리는 비색한 시대에 살고 있다. 그러나 잊지 말자! 통태通泰한 시대가 다시 찾아온다는 것을!

점을 쳐서 이 효사를 만난 사람에게 주어지는 메시지는 다음과 같다: 오랫동안 불운이 계속되었다. 그러나 그 불운이 이제는 서서히 걷히고 있다. 좌절하지 않고 꾸준히 인내하고 노력하면 행운이 찾아온다.

上九: 傾否。先否後喜。
상 구 경 비 선 비 후 희

마지막 양효: 上九는 비괘否卦의 마지막 단계이며 양강陽剛의 덕을 지니고 九五의 양강한 군주를 도와 비색의 시국을 뒤엎는다. "경비傾否"는 비색의 세상을 뒤엎어서 태평의 세상으로 만든다는 뜻이다. 여태까지 세상이 비색하니 인정人情이 울결鬱結되어 매우 슬펐다. 그러나 비국否局이 경도되어 새로운 시대가 열리니 그 슬픔은 기쁨으로 변한다(선비후희先否後喜). 소인들이 물러난다. 점을 쳐서 이 효사를 얻는 그대는 여태까지의 노고가 결실을 맺게 되리라.

고조선의
강역에서만
나타나는
비파형동검

13

리하離下
건상乾上

천화 동인同人

**Fellowship,
Cooperation**

괘명 동인同人은 "사람들과 한마음이 된다," 즉 뜻을 같이하는 사람들끼리 협동協同한다는 뜻이다. 영어로 말하면 "Cooperation"의 뜻이 있다. 「서괘전」에는 앞에 비괘가 있는데, 사물은 영원히 비색한 상태로 있을 수는 없는 것이니, 이것을 동인괘로 받는다고 했다(物不可以終否, 故受之以同人). 그러니까 비색한 시대가 끝나면 마음 맞는 사람들끼리 협동하여 새 세상을 건설한다는 뜻이다. 이 괘에 대한 정이천의 해석이 매우 명료하다:

대저 하늘과 땅이 서로 교합하지 못하면 비괘가 되고, 上과 下가 서로 협동하면 동인괘가 되니 비괘와 동인괘는 그 뜻이 상반된다. 상반되니 오히려 서로 따르게 되는 것이다. 또한 세상이 바야흐로 비색하게 되었을 때는 반드시 사람들끼리 힘을 합쳐야 그 비색의 국면을 타개할 수 있으니, 동인괘가 비괘 다음에 오게 되는 이유를 알 수가 있다. 괘의 모양을 뜯어보면, 위에 건괘☰가 있고 아래에 리괘☲가 있다. 이 두 상을 가지고 말하자면, 하늘이 이미 위에 자리잡고 있는데, 불이 밑에서 올라오는 형국이니, 불의 성질은 위로 타올라 하늘과 하나가 된다. 양자는 서로 배척하지 않으니 동인同人의 협력이 되는 것이다.

두 체體를 가지고 말하자면, 九五가 정위正位에 거居하면서 건괘의 주효가 되고, 六二는 하괘인 리의 주효가 되면서 득정得正하는 음효이니 이 二와 五의 두 효야말로 中正으로써 서로 응應하니 上과 下가 상동相同(서로 협력하다)하는데 이보다 더 좋을 수가 없다. 동인同人의 뜻이 이런 효의 모습에 들어있다. 또한 이 괘 전체에 음효가 오로지 하나밖에 없는데 二의 中正에 있으면서 오양五陽을 거느린다. 오양이 모두 일음一陰과 같이하기를 바라니 이 또한 동인의 뜻이다. 다른 괘에도 오직 음효가 하나인 경우가 있으나 동인同人의 카이로스에 있어서는 二와 五가 상응相應하고 하늘과 불이 서로 협력하므로 그 뜻이 매우 크고 유니크하다.

夫天地不交, 則爲否; 上下相同, 則爲同人。與否義相反, 故相次。又世之方否, 必與人同力, 乃能濟, 同人所以次否也。爲卦, 乾上離下。以二象言之, 天在上者也, 火之性炎上, 與天同也, 故爲同人。以二體言之, 五居正位, 爲乾之主, 二爲離之主, 二爻以中正相應, 上下相同, 同人之義也。又卦唯一陰, 衆陽所欲同, 亦同人之義也。他卦固有一陰者, 在同人之時, 而二五相應, 天火相同, 故其義大。

정이천의 해설이면 괘명은 충실하게 설명되고도 남는다. 제20대 대선 때 문제가 된 부동산업체의 명칭이 이 괘명에서 왔다.

괘사

同人于野, 亨。利涉大川。利君子貞。
동 인 우 야   형   리 섭 대 천   리 군 자 정

사람들과 함께 한다는 것, 동지를 규합한다는 것, 사람들과 한마음이 된다는 것은

반드시 아무것도 없는 들판에서 하는 것이다. 성안의 밀폐된 장소에서 하는 동인은 밀담이요, 음모요, 사사로운 붕당이다. "사람과 함께 함은 반드시 들판에서라야 한다." "동인우야" 이 한마디는 정말 우리에게 많은 것을 일깨워준다. 만주벌판을 달리는 고구려인들의 기상을 느끼게 한다. 동인의 궁극적 목적은 지공무사한 대동大同의 세상을 만들고자 하는 것이다. 들판에서 만난 사람들과 함께 공평무사한 하느님께 제사를 올린다(형亨). 그리하면 어떠한 험난한 일도 다 극복할 수 있다.

여기 "대천大川"은 험난한 장애물이다(험조險阻). 그러나 이제는 과감하게 그 험조를 헤치고 나아가도 이로움이 있다(利涉大川). 대동의 모험을 강행할 결단의 시기이다. 마지막 "리군자정利君子貞"은 이 동인同人의 리더십을 장악한 군자는 미래를 향해 물음을 던진다. 갑골문에는 모든 "정貞" 자가 "묻는다"는 뜻으로 나온다. 정貞은 문問이다. 묻는다는 것은 미래를 향해 묻는 것이다. 군자가 미래를 향해 물음을 던지면 이로운 결과가 있다.

———— ❧ ————

「대상전」의 해석은 다음과 같다.

> **天與火, 同人。君子以類族辨物。**
> 천 여 화 동 인 군 자 이 류 족 변 물

하늘이 불과 더불어 하는 모습이 동인이다. 군자는 이 모습을 본받아 동인의 동지(族)들을 무리 지우고(類), 타물과 변별케 하여 새나라 건설의 씨앗을 만든다.

정이천은 마지막 구절을 "유족類族으로써 물을 분변한다"는 식으로 해석했는데 「대상전」 특유의 써 이以 용법을 위배했을 뿐 아니라 유족과 변물의 패러랠리즘도 지키지 않았다. 취하지 않는다.

初九: 同人于門。 无咎。
초 구 동 인 우 문   무 구

첫 번째 양효: 문밖에서 뜻을 같이할 동지들을 모은다. 허물이 없다.

"무구无咎"라는 말이 있기 때문에 初九 효사의 의미는 부정적으로 해석되지 않는다. 느낌상으로 괘사의 "우야于野"에 비하면 "우문于門"은 편협한 냄새parochialism가 좀 나지만, 「소상」에서 "출문동인出門同人"(문을 나서서 사람을 모은다)이라고 명시하고 있기 때문에 문 닫고 소곤거리는 밀담은 아니다. 初九는 동인同人의 첫 단계이며 양효이면서 양위에 있다. 강의剛毅한 성격을 지니면서 하위下位에 있다. 상괘의 빽도 없다. 初九와 九四가 모두 양이기 때문에 응應하지 않는다. 다시 말해서 사적인 커넥션이 없는 공평公平한 인간이라는 것을 암시하고 있다. 그래서 문밖으로 나가 동지들을 규합한다. 들판에서 규합하는 대동성大同性의 규합은 아니지만 문내門內의 밀실적, 친근자들끼리의 규합은 아니다. 점을 쳐서 이 효를 만난 사람은 문을 박차고 나가서 사람을 구하라!

六二: 同人于宗, 吝。
육 이 동 인 우 종   린

두 번째 음효: 六二는 中正을 얻고 있다. 하효의 중앙에 위치할 뿐 아니라 음위에 음효가 있다. 더구나 그와 응하는 九五가 양강한 자로서 中正을 얻고 있으니 상·하괘가 서로 응應하여 더 좋을 수가 없는 형국이다. 그러나 이 동인괘에서 이러한 형국은 죄악이다. 린吝하다! 왜 그런가? 이 동인의 괘는 천하대동天下大同의 이상을 구현하는 괘이며 친족주의나 가족주의를 배제한다. 대동사회는 바깥 대문을 열고도 닫을 필요가 없는 사회이다(外戶而不閉). 자기 자식만을

자식으로 여기지 않는(不獨子其子) 사회이다. 그러기 때문에 六二와 九五의 특별한 친근감은 종족주의를 형성한다. 그러기 때문에 동지를 규합하는 일도 종문宗門 내에서 이루어진다(同人于宗). 최수운은 이러한 종문을 박차고 나가버렸기 때문에 끝내 종문의 박해를 받았다. 수운은 종문의 박해를 받았기에 오히려 큰 세상을 개척했다. 六二 효사는 말한다. 종宗 내에서 동인同人하는 것은 아쉬움을 많이 남긴다. 凶까지는 가지 않는다 해도 부끄러운 일들이 생긴다(吝).

九三: 伏戎于莽, 升其高陵, 三歲不興。
구 삼 복 융 우 망 승 기 고 릉 삼 세 불 흥

세 번째 양효: 九三은 양위에 양효인지라 득정得正하여 강인하지만, 中을 얻지 못하고 하괘의 최상위에 있는지라, 벼랑 끝에 서있는 매우 난폭한 자이다. 이 난폭한 자는 상괘에서 응원을 구하지만 그 응應하는 자리에 있는 上九 또한 양효인지라, 응應할 마음이 없다. 그래서 아래에 있는 六二에 협력(同人)을 부탁하지만, 이미 六二는 九五와 더없이 강력한 일문一門의 연합을 형성하고 있어 들어갈 틈이 없다.

동인同人을 위해서는(사람을 모으다) 九五를 칠 수밖에 없다. 九五가 약해져야 九五와 六二 사이의 연합에 균열이 생긴다. 그러나 九五는 강력한 상대이다 (「소상」은 "적강야敵强也"라고 말한다). 그래서 정면으로 맞붙지 못하고 복병작전을 쓴다. 그래서 "복융우망伏戎于莽"이라 한 것이다. "복"은 숨기다의 뜻. "융"은 군대(兵)의 뜻. "망"은 풀숲을 의미한다. 수풀 속에 군사들을 숨겨놓았다는 뜻이다. 그리고 본인은 주변의 높은 고릉高陵에 올라가(승기고릉升其高陵) 적정敵情을 살핀다. 고릉에서 적정을 살핀지, 이미 3년이 지나도록 군대를 일으킬 기회는 생기지 않았다(三歲不興). 끝까지 진발進發의 기회는 오지 않았다.

九四: 乘其墉, 弗克攻。吉。
구 사　승 기 용　불 극 공　길

네 번째 양효: 九四는 九三과 같은 난폭자이다. 九四는 강강剛한 양효이면서 음의 자리에 있고 또 中을 얻고 있지 못하니 부중부정不中不正이다. 응應의 대상은 초효인 初九인데 같은 양이래서 응應해주지 않는다. 그러니 동인同人의 방향을 六二로 틀 수밖에 없다. 음효인 六二의 협력을 얻을 수밖에 없다. "용墉"은 집과 집을 구획 짓는 담이다. 넘지 못하도록 쌓은 것이다. "극克"은 "능能"의 뜻이다.

자아! 九四는 六二와 동인同人하려 하는데, 난폭한 九三이 그 사이를 막고 있다는 사실을 알아차린다. 이제 그 담을 넘을 수밖에 없다. 그런데 담을 올라타고 생각해보니 자신의 행위가 정당치 못하다는 것을 발견한다. 九四는, 九三과 같이 양강한 효로서 양의 자리를 차지하고 있는 것이 아니라, 음위陰位에 있다. 즉 내면에 부드러움이 살아있다. 즉 반성의 여지가 있는 난폭자이다. 그래서 담을 올라탔지만(乘其墉) 결국 공격하지 아니한다(弗克攻). 양심의 고뇌를 거쳐 정도正道로 복귀한 것이다. 吉하다.

九五: 同人, 先號咷而後笑。大師克, 相遇。
구 오　동 인　선 호 도 이 후 소　대 사 극　상 우

다섯 번째의 양효: 九五는 양효로서 양위에 있고, 또 中을 얻고 있을 뿐 아니라 아래에 있는 六二와 아름다운 응應의 관계에 있다. 六二도 中正을 얻고 있다. 九五는 당연히 六二를 동인同人의 같은 주체로서 만나려 한다. 그런데 그게 그렇게 간단치 않다. 九五와 六二 사이에는 九三과 九四가 가로막고 있기 때문이다. 이들은 이미 복병을 깔기도 하고 담을 넘어 침략하려고 한 강인한 세력들이다. 그러나 이미 세태는 동인同人의 시대로 넘어왔다. 대동의 협력을

이룩해야만 한다. 그 협력의 길은 처음에는 울부짖을 수밖에 없다(先號咷). 너무도 어려운 길이다. 비분이 서린다. 그러나 용맹스럽게 뚫고 나가면 결국 대소大笑하게 된다(而後笑).

그러나 이러한 연합을 위해서는 반드시 대군을 일으켜 九三과 九四를 다 격파시켜야 한다(大師克). 그리하면 서로 만나게 되리라(相遇).

──── ❧ ────

이 九五와 六二의 만남, "선호도이후소先號咷而後笑"라 하는 이 두 세력의 연합을 공자는 「계사전」에서 너무도 아름다운 언어로 해석했다. 「계사」가 만들어질 때에는 이미 효사의 해석이 심도있는 경지에 이르렀다는 것을 방증한다. 그리고 『역』을 구성하는 기본 스트럭쳐가 이미 오늘날 우리의 해석방식과 상당히 일치하고 있다는 사실도 발견하게 된다. 하여튼 『역』은 영원한 미스테리일 수밖에 없다:

> 동인괘에 있는 "선호도이후소"라는 구절에 관해 공자는 다음과 같이 말씀하셨다:
> "군자의 도道는 혹은 용감하게 박차고 나아갈 때도 있지만 또한 조용히 자기자리를 지키며 움직이지 않기도 한다. 사회의 불의에 관하여 목소리를 높여 발언할 때도 있지만 침묵 속에 아무 말도 하지 않을 때도 있다. 이 九五와 六二의 만남을 위해 가슴의 교류, 그 하나됨의 정신은 그 날카로움이 강력한 쇠를 자를 수도 있고 그 뜻을 같이하는 마음에서 우러나오는 말의 향기는 은은한 난초의 향기보다도 더 짙다."

> 同人, 先號咷而後笑. 子曰: "君子之道, 或出或處, 或默或語. 二人同心, 其利斷金; 同心之言, 其臭如蘭."

上九: 同人于郊, 无悔。
상구 동인우교 무회

맨꼭대기 양효: 上九는 中에서 벗어나 있는 극상의 자리에 있어 응원세력이 없고 외롭다. 응효인 九三이 양효인지라 응應하지도 않는다. 그리고 타 효도 이 上九에 협력할 의지가 없다. 그래서 이 上九는 국외國外(성곽 밖. 수도를 벗어난 곳)의 벌판에서 사람들의 협력을 구한다(同人于郊). 그러나 외롭다. 외롭다는 것은 불길不吉하다. 그러나 결코 불길하지 않다. 그것은 오히려 광대무사廣大無私의 정신을 나타낸다. 외롭더라도 자신이 갈구한 동인同人의 이상을 버리지 않는다. 좁은 바닥의 인사人事의 갈등葛藤에 번잡하게 얽매임이 없다. 만나야 할 사람을 만나지 못한다는 아쉬움은 있어도 후회는 없다(无悔). 전인권의 노래 가사 같다. 점을 쳐서 이 효를 만난 사람은 외롭지만 외로운 대로 너의 길을 가라. **후회는 없다!**

고조선문명의 상징, 고인돌

| 14

건하乾下
리상離上 화천 대유大有

Abundance in
Great Measure

괘명 대유大有☲는 동인同人☲의 반대괘, 즉 종괘綜卦이다. 上下가 미러 이미지로 뒤바뀌어 있다. 「서괘전」에는 동인同人괘 다음에 대유괘가 오는 이유를 이렇게 설명하고 있다: "사람들과 더불어 마음을 비우고 협력하는 자들의 모습은(同人), 사물이 필연적으로 귀속되는 종국의 모습이다. 그래서 대유大有괘가 동인괘 뒤에 오게 된 것이다. 與人同者, 物必歸焉。故受之以大有。"뭔 말을 하는 것인지 명료하지 않다. 정이천이 이 말을 다시 해석하는 설명이 보다 구체적이다:

> 괘의 전체 모양을 살펴보면, 불이 하늘 위에 있으니 이것은 실제로 태양의 이미지이다. 그 불덩어리가 하늘 꼭대기에 처하면, 그 밝음이 먼곳에까지 비추게 되어, 만물의 모든 중상衆相이 그 빛을 받지 아니함이 없다. 이것이 바로 크게 풍요롭다, 크게 있다는 뜻의 대유大有의 모습이다. 또한 하나의 음효가 가장 존귀한 다섯째 자리에 거하고 있고, 나머지 5개의 양효가 다같이 이 六五에 병응並應하니, 존귀한 자리에 거하면서 음의 덕성을 고집하는 것은 만물이 귀순할 수밖에 없는 포용의 자세이다. 상하의 모든 효가 이에 응하니, 크게 품는다는 대유大有의 뜻이 된다. 대유大有라는 것은 성대풍유盛大豐有의 뜻이다.

爲卦, 火在天上。火之處高, 其明及遠, 萬物之衆, 无不照見, 爲大有之象。
又一柔居尊, 衆陽並應。居尊執柔, 物之所歸也。上下應之, 爲大有之義。大
有, 盛大豐有也。

　여기 이천이 말하는 "성대풍유盛大豐有"의 의미를 깊게 새길 필요가 있다.
"풍유"는 "풍요롭게 있다"는 뜻이지 결단코 "크게 소유한다"는 뜻이 아니
다. "유有"는 소유Possession의 유가 아니다. 생각해보라! 어찌 태양의 밝음이
만물에게 구석구석 비치는 모습이, 태양이 만물을 소유하는 모습일 수 있겠
는가?

　부동산업자들이 구석구석 땅을 들춰내어 개발이라는 수작하에 굽이굽이
이윤을 발러먹는 행위를 "화천대유"라 불렀으니, 우리나라의 『역』에 대한
오해가 이런 터무니없는 짓들로부터 유래되는 것이기도 하다. 그들의 "대
유"는 크게 해처먹는다는 뜻이니 『역』의 본의와는 아무런 상관이 없는 것이다.

　「대상전」은 말한다:

火在天上, 大有。君子以遏惡揚善, 順天休命。
화 재 천 상　대 유　군 자 이 알 악 양 선　순 천 휴 명

불이 하늘 위에서 빛나는 형상이 대유괘의 모습이다. 군자는 이러한 태양의
모습을 본받아 매사를 공공公共의 덕성이 있도록 만들고, 공개되어야 하고, 모든
사람과 사물에게 골고루 혜택이 돌아가도록 해야 하는 것이니, 악을 근절시키고
선을 드러내어 아름다운 하늘의 명령에 순응한다. 하늘의 명령에는 이미 알악
양선의 당위성이 내포되어 있다. 천명의 선악에는 사의私意가 개입될 여지가
없다. "휴休"는 "아름답다"(美)는 뜻이다. 그러니 "대유大有"는 크게 소유한다는
뜻이 아니고, 크게 아름다운 천명(天命, 공적인 하늘의 명령)을 따른다는 뜻이다.

특기할 것은 대유괘의 효사에는 "소유의 확대"를 나타내는 그런 언급이 없다는 것이다. 상괘의 불☲은 문명을 뜻하는 것이요, 하괘의 건☰은 강건함을 나타낸다. 문명이 강건한 기반 위에서 더욱 풍요로워지는 모습이다.

괘사

大有, 元, 亨。
대 유 원   형

크게 있음(大有)은 태양과도 같이 보편주의적 가치관을 발현한다는 뜻이다(元). 대유의 인간은 六五의 음이 나머지 오양五陽을 거느리는 것과도 같은 포용적인 리더십이 있다(元). 이러한 리더는 진정으로 하느님과 교통할 수 있다. 제사를 지낼 만하다(亨).

건괘의 원형리정에서 리정을 언급치 않고, 단지 원과 형의 두 글자만 간결하게 언급한 것은 대유괘의 위상이 매우 높다는 것을 나타낸 것이다. 점을 쳐서 이 괘를 만나는 사람은 심곡에 있어도 꽃이 활짝 핀다. 운기왕성運氣旺盛하다.

효사

初九: 无交害。匪咎。艱則无咎。
초 구   무 교 해   비 구   간 즉 무 구

첫 번째 양효: 初九는 고독하다. 양강의 실력을 가지고 있지만 최하위에 있는 것으로 만족할 줄 안다. 九四가 응應의 자리지만 양효가 자리잡고 있어 응應하지 않는다. 그리고 九二도 양효래서 비比의 친함도 존재하지 않는다. 고독하다. 윗사람들과 교섭함이 없으니 교섭으로 인하여 생겨나는 해도 없다(무

교해无交害). 初九는 자기 실력만으로 정도를 걷는다. 이렇게 정도를 걸어가는 사람에게 어찌 허물이 있을소냐?(非咎匪咎). 그러나 그의 삶은 간난의 세월이다. 그러나 간난에 허덕일수록 그에게 허물은 없다(艱則无咎).

九二: 大車以載, 有攸往, 无咎。
구 이 대 거 이 재 유 유 왕 무 구

두 번째 양효: 九二는 큰 수레에 물건을 잔뜩 싣고 있다. 너의 이상을 향해 과감히 떠나라! 그래도 그대에게는 허물이 발생하지 않을 것이다.

九二는 양강陽剛하며 재능이 뛰어나다. 내괘의 中을 얻고 있어 지나침이 없다. 더구나 상괘의 중앙인 六五가 음효래서 서로가 그 자리는 바뀌어 있다 해도 양과 음의 교합이 잘 이루어진다. 그래서 六五의 군君은 九二에게 대임大任을 맡긴다. 그것이 바로 큰 수레에 엄청나게 무거운 짐을 싣고 있는 모습이다(大車以載). 그런데 이 수레는 매우 견고하여 함부로 짜부러지지 않는다. 대유의 세계를 향해 모험을 떠날 만하다(有攸往). 허물이 없다(无咎). 점을 쳐서 이 효를 만나는 사람은 생각하라! 과연 내가 중임을 견딜 수 있을까? 없을까?

九三: 公用亨于天子, 小人弗克。
구 삼 공 용 향 우 천 자 소 인 불 극

세 번째 양효: 九三은 양강하면서 양위에 있으니 正을 얻었다. 강건하면서 마음이 곧은(즉 공적 마인드가 있는) 왕공王公이다("삼공三公"이라고도 한다). 그런데 위로 六五에 유순한 중용의 천자가 있다. 여기 제일 중요한 글자는 "공公"이라는 글자이다. 천자도 공적 존재이고, 九三의 왕공도 공적 존재이다. 이러한 대유의 풍요로움이 있는 시대에는 그 풍요로운 산물을 왕공이 천자에게 바쳐야

한다. 천자에게 바친다는 것은 대유의 재물을 공공화한다는 것을 의미한다. 그러면 천자는 그 공물을 가지고 다시 하느님께 제사를 지낸다(公用亨于天子). 여기 "형亨"은 "향享"의 의미이고, "향연饗宴"의 의미이다. 그래서 "향xiǎng"으로 읽는다. 고자古字에는 "亨"과 "享"의 구분이 없었다. 천자는 제사와 향연을 베풀어 왕공을 대접한다. 그래서 모두가 해피해진다. 그런데 소인들은 이러한 공적 마인드가 없다. 그래서 소인들이 다스리게 되면 이런 공적인 향연이 일어나지 않는다(小人弗克). "불극不克"은 "불능不能"이다.

九四: 匪其彭, 无咎。
구 사   비 기 방   무 구

네 번째 양효: **九四**는 양효이면서 음위에 있다. 그리고 바로 위에 있는 음효의 군주에게 근접해있다. 그러니까 이러한 대유의 풍요로운 시대에는 이러한 포지션에 있는 자는 참월하기가 쉽다. 그러한 가능성을 항상 내포하고 있다.

여기 "彭"은 "팽"이라고 읽지 않고 "방"이라고 읽는다. 방páng은 성대한 모습이고, 강장强壯한 모습이다. 『시경』 제풍齊風 「재구載驅」에 "행인방방行人彭彭"(길 가는 사람이 많고도 많도다)이라는 표현이 있고 대아 「대명大明」에 "사원방방駟騵彭彭"(네 필의 말이 건장하도다)이라는 표현이 있다. 다시 말해서 **九四**의 대신大臣은 그렇게 건장하고 위세등등한 모습을 보여서는 아니 된다. 음위의 양효로서 겸손하게 자신을 죽이고 억제해야 한다. 방방하지 아니하면 허물이 없다(匪其彭无咎). 허세를 부리지 마라!

六五: 厥孚交如, 威如, 吉。
육 오   궐 부 교 여   위 여   길

다섯 번째 음효: **六五**는 성대풍유盛大豐有의 시대의 제왕의 상이다. 그 제왕이 가

져야 할 모든 덕성을 가르치고 있다. 오늘날로 치자면 풍요로운 환경에 둘러싸인 모든 리더에 해당된다고 말할 수 있다. 六五는 본시 양위陽位인데 음효가 자리잡고 있다. 그러나 대유의 시대에는 양위에 음효가 앉아도, 그 중용의 덕성과 함께(得中) 그 온화한 모습은 제왕의 자격을 갖는다. 六五는 자신을 비울 줄 알며 아랫사람들과 진심어린 마음의 교류를 할 줄 안다(厥孚交如). "궐厥"은 "그其"라는 말로써 별 의미없는 지시대명사이며 "부孚"는 『역』에서 일관되게 "성실함誠" 그리고 최수운이 말하는 "신信"의 의미를 나타내고 있다. 六五의 천자天子는 이러한 성실성과 신험의 덕성을 유지하며 아랫사람들과 교통한다(교여交如)는 것이다. 九二의 현신賢臣과 너무도 진심으로 상응相應하는 관계일 뿐 아니라 주변의 모든 양효들이 이 온유한 천자와 다 내심 교류하는 것이다.

이런 상황에서 천자는 온유하기만 하여 무기력하게 보일 수도 있으나 그렇지 않다. 온유하면서 그 온유함으로 오히려 위엄을 지킨다는 것이다. 그것을 "위여威如"라고 표현했다. 대통령이 온유한 중용의 인간이라는 사실은 국민에게 축복이기는 하지만 "위여威如"에 실패하면 모든 것이 실패로 돌아가고 만다. 그것은 정치의 기본이다. 대통령이란 권력을 정의롭게 써달라고 국민이 위탁하는 최고의 권좌이다. 권력의 분산이 곧 민주는 아니다. 『역』이 가르치는 권력은 곧 중용이다. 권력의 횡포를 막기위한 제도적 장치는 필요하지만 힘이 분산된 무기력한 권좌는 별 의미가 없다. 六五의 효사는 말한다: "위여"가 있어야만 吉한 것이다.

上九: 自天祐之, 吉。无不利。
상구　자천우지　길　　무불리

맨꼭대기 양효: 하늘로 도움을 얻고 신들로부터 축복을 받으리라(自天祐之). 길하다(吉). 이롭지 아니할 까닭이 아무것도 없다(无不利).

上九는 상괘의 중에서 벗어난 최상의 자리이므로 항룡과도 같이 보통은 위태롭고 불길한 자리이다. 게다가 음위에 양강한 양효가 왔으니 힘이 넘쳐 자신을 망가뜨릴 것이다. 그러나 이 上九는 바로 아래의 六五의 영향을 받는다. 온후한 군주의 신실하고 허허로운 마음씨 때문에 上九도 자신을 억제하고 비울 줄 안다. 그리고 六五를 따를 줄 알고 섬길 줄 알게 되는 것이다.

『노자』 제15장의 왕필주에 유명한 말이 있다: "차면 넘치게 되어있다. 盈必溢也。" 넘치면 다시 돌아오지 못한다. 모든 것이 끝나버린다. 그래서 차기 전에 자기를 비워야 한다. 허虛를 유지해야 생생生生의 순환이 가능해지는 것이다. 그런데 이 上九는 분명 "영盈"의 자리에 있다. 그러나 上九는 현명하게 영의 자리에 있으면서도 넘치지 않는다. 참으로 훌륭한 겸손과 신의를 지킬 줄 아는 군자의 모습이라 할 것이다. 풍요로운 사회일수록 더 많이 소유하려 하지 않고 이렇게 자기를 비울 줄 아는 인품이 필요하다는 것을 역설하고 있다. 「계사전」에 이 구절을 해설한 좋은 문장이 있다.

「계사전」의 저자는 효사의 의미를 정확히 파악하고 있었다는 것을 의미한다.

『역』에 말한다: "하늘로부터 도움이 있으니, 길하다. 이롭지 아니함이 없다." 이에 대하여 공자는 말씀하시었다: "'우祐'라는 것은 돕는다는 뜻이다. 하늘이 돕는다는 것은 유순柔順한 자에 대하여 돕는다는 것이다. 이에 비하여 사람이 돕는다는 것은 신의(자기 말을 실천함)를 지킬 줄 아는 자들에 대하여 돕는다는 것이다. 上九는 신실한 군주의 위에 있으면서도 신의를 실천하는 인물이고, 또 꼭대기 자리에서도 겸손히 따를 것을 생각하는 진실한 인물이다. 이것은 또한 六五 밑에 있는 네 양효의 현명한 인물들을 존숭한다는 것을 의미한다. 그러므로 이러한 上九의 덕성을 지닌 자에게는 하늘로부터의 도움이 있게 마련이며, 그의 삶의 운명은 길하며, 모두에게 이롭지 아니할 까닭이 없다.”

易曰: “自天祐之, 吉。无不利。”子曰: “祐者, 助也。天之所助者, 順也; 人之
所助者, 信也。履信, 思乎順, 又以尚賢也。是以自天祐之, 吉, 无不利也。”

　대유괘의 해석이 만만치 않았다. 독자들이 여타의 해석과 비교해보면 나
의 해석이 보다 정밀하고 합리성이 있다는 것을 깨달을 수 있을 것이다.『역』의
합리성은 근세 서유럽의 합리주의 사유를 뛰어넘는 성격이 있다. “대유大
有”는 거대한 소유great possession를 말하는 것이 아니라 풍요롭게 있다greatly
abundant는 뜻이다. 이 괘는 “소유”를 가르치는 것이 아니라 풍요로운 시대에
있어서의 “비움”을 가르친다.

　정조가 화성에 만든 대유둔大有屯의 명칭도 모두『역』에서 따온 것이다.
1794년 극심한 흉년의 피해를 입게 되자 그해 11월 1일 윤음을 발하여 화성
공사를 잠시 중단하고 장안문 밖의 개간공사를 지시한다. 화성성역보다 민
중의 삶을 위한 농경시설의 확충이 더 중요하다는 정조의 도덕적 의지가 담
겨있다. 다음해 정조 19년(1795) 11월에 완성되었고 이미 그 해에 대수확을
이루었다. 이 농토는 경자유전의 원칙에 따라 현명하게 배분되었다. “대유”는
“대소유”가 아니라 “나눔”이다. 수원에 가면 꼭 만석거공원을 찾아가 대유
둔의 일부인 그 저수지를 한번 산책해보라! 참으로 아름다운 곳이다.

15

간하艮下
곤상坤上

지산 겸謙

Modesty, Lowliness

괘명 「서괘전」에 "대유괘는 성대한 모습인데, 성대하게 가지고 있는 자는 채우면 아니 된다. 그래서 대유괘 다음에 겸손의 겸괘가 오게 된 것이다. 有大者, 不可以盈。故受之以謙。"이라 하였다. 대유괘의 六五, 上九 효사爻辭의 의미를 파악하여 그 인과를 논하였다. 겸괘는 하여튼 "겸손"의 뜻이다. "겸謙"이라는 글자의 의미는 매우 중요한데도 불구하고 선진고경에 그 용례가 거의 없다. 『논어』, 『맹자』에도 한 글자도 없고, 『노자』에도 없다. 단지 『서경』「대우모大禹謨」에 "滿招損, 謙受益"(가득하면 덞을 부르고, 겸손하면 더함을 받는다)이란 하나의 용례가 있다. 이러한 사실은 기실 『역』의 성립에 관하여 많은 생각을 하게 한다. "겸"의 의미는 『역경』의 「단전象傳」의 언어맥락 속에서 "영盈"과 대비적으로 규정된 것이다(天道虧盈而益謙。천도는 가득찬 것을 이지러지게 하여 비어있는 것을 더해준다. 겸손이 "빔虛"의 뜻과 관련되어 있다).

정이천은 「서괘전」의 말을 다시 부연설명하고 있다:

"있는 것이 이미 성대하면 가득참에 이르러서는 아니 되는 것이니 반드시 겸손하게 덜어내는 것이 필요하다. 그래서 대유大有괘 다음에 겸겸謙卦가 오게 되는 것이다. 괘상을 살펴보면 곤☷이 위에 있고 산을 상징하는 간☶이 아래에 있으니 이것은 지면 아래에 높은 산이 있는 꼴이다. 땅의 체체體體는 본시 비하卑下한 것인데 산이라는 고대高大한 물건이 땅아래에 있는 것은 겸겸謙의 상상象이요, 숭고한 덕이 낮은 것의 아래에 처하는 것은 겸겸謙의 의의義이다.

其有旣大, 不可至於盈滿, 必在謙損。故大有之後, 受之以謙也。爲卦, 坤上艮下, 地中有山也。地體卑下, 山高大之物而居地之下, 謙之象也; 以崇高之德而處卑之下, 謙之義也。"

겸괘謙의 상은 존존尊을 억눌러서 사물의 아래에 처하는 것을 감내하는 모습이요, 자기가 무엇인가 훌륭한 덕성을 가지고 있음에도 불구하고 그것을 자부하지 않는 모습이다. 내괘의 간☶은 산을 상징하기도 하지만 "멈추다止"의 속성이 있다. 그리고 외괘인 곤☷은 "순순順"의 의미가 있다. 그러니까 속에서 자기가 스스로 멈출 줄 알고, 밖으로는 유순유순柔順한 태도를 취하는 것이야말로 겸겸謙의 자세라 할 수 있다. 높은 산이 지면 아래에 있는 것도, 지고한 가능성을 지닌 자가 몸을 극도로 낮추는 모습이니, 겸겸謙의 이미지라 할 수 있다.

「대상전」도 이러한 상하괘의 모습에 관하여 매우 포괄적인 메시지를 날리고 있다.

地中有山, 謙。君子以裒多益寡, 稱物平施。
지 중 유 산 겸 군 자 이 부 다 익 과 칭 물 평 시

땅속에 높은 산이 들어있다. 그 모습이 겸괘謙의 모습이다. 그러니까 낮은 자세 속에 높은 덕이 가려져 있다는 뜻이다. 군자는 이 겸괘謙의 모습을 본받아 많은 것을 덜어내어("부裒"는 "덜다"는 뜻이다), 적은 것에 보태고 사물의 높고 낮음을 잘 저울질하여 그 베풂을 평균적으로 행한다. 이것은 공평한 정치를 행한다는 뜻이다.

이 「대상」의 언어는 『노자』 77장에 있는 "天之道, 損有餘而補不足"(하늘의 도는 남는 것을 덜고 부족한 것을 보태기 마련이다)류의 명제를 연상케 한다.

謙, 亨。君子有終。
겸   형   군 자 유 종

겸의 덕성을 지닌 자는 하느님과 소통할 수 있다. 신에게 제사지낼 수 있는 자격이 있고 사람들과 제사음식을 같이 향유할 수 있다. 군자는 이 괘의 괘주인 제3효에 해당된다. 강정剛正한 군자로서 오만에 빠지지 않고 겸손한 자세로 군음群陰(5개의 음효)을 거느린다. 이러한 군자의 겸손한 덕성은 끝까지 변치 않는다.

"군자유종君子有終"을 주희는 "처음에는 굴종적이다가 나중에 가서 유종의 미를 거둔다. 先屈而後伸也。"라는 식으로 해석했는데 온당치 못하다. "군자유종君子有終"은 군자는 시종일관 겸손의 미덕을 잃지 않는다는 뜻이다. 그리고 이 겸괘의 특징은 처음부터 끝까지 겸허한 미덕이 일관되기 때문에, 부정적인 멘트가 없다는 것이다. 보통 괘효사에 길흉회린吉凶悔吝의 점단占斷이 있게 마련이지만, 이 겸괘에는 흉凶이라든가 구咎라는 글자가 하나도 보이지 않는다. 전체적으로 아름다운 덕성의 괘라고 말할 수 있다. 그만큼 인생에 있어서 겸양은 중요한 것이다. 점을 쳐서 이 괘사를 만나는 사람은 겸양의 미덕으로써 때를 기다려야 한다. 성급性急하면 백사불리百事不利.

初六: 謙謙君子, 用涉大川。吉。
초 육   겸 겸 군 자   용 섭 대 천   길

첫 번째 음효: 첫 음효는 유순한 태도(음효)로써 최하위에 있는 것을 오히려 자신의 정당한 덕성으로 삼는다. "겸겸謙謙"은 겸손하고 또 겸손하다는 뜻이니, 겸손의 지극함을 나타낸다. 이 겸손하고 또 겸손한 군자는 겸손하기 때문에 대천大川을 건너도(이상을 향한 모험을 강행하다) 반드시 건너고야 만다. "용섭대천用涉大川"의 "用"은 "以"와 같다. 그러한 겸겸의 자세를 유지하면서 대천을 건넌다는 뜻이다. 위기는 극복되고 삶의 역정은 도전의 가치를 구현하게 된다. 점을 쳐서 이 효사를 만나면 곤란한 대사업이라도 훌륭하게 성취해낼 수 있다.

六二: 鳴謙。貞, 吉。
육 이 명 겸 정 길

두 번째 음효: 六二는 유순(음효)하며 또 가운데 처하며 음위음효의 正을 얻고 있다. 이 中正의 음효는 겸손의 덕성이 심중에 축적되어 있다. 이 덕성이 축적되면 자연히 그 향기가 밖으로 드러날 수밖에 없다. 이것을 "명겸鳴謙"이라고 표현했다. "겸손을 울린다"라는 뜻이다. 이것은 그의 겸손의 덕성의 향기가 이웃사람들에게 울려퍼진다는 뜻이다. 이렇게 덕이 쌓인 사람이 점을 치면 길하다(貞, 吉). 그가 묻고 대답을 얻는 메시지는 모든 사람들에게 길운을 가져다준다.

九三: 勞謙君子, 有終, 吉。
구 삼 노 겸 군 자 유 종 길

세 번째 양효: 九三은 이 전체 괘 중에서 유일한 양효이다. 하괘의 최상위에 있으니 그는 신하로서는 최고의, 책임 있는 지위에 있다. 강의剛毅한 인물로서 正을 얻고 있다(양위양효陽位陽爻). 그러기 때문에 다섯 음효가 모두 이 九三을 의지하고 마음을 준다. 그런데 이 九三은 사회나 국가를 위해 큰 공로를 세운

사람임에도 불구하고 겸양의 마음자세를 잃지 않는다. 이것을 효사는 축약하여 "노겸군자勞謙君子"라고 표현했다. "노겸勞謙"은 "공로가 있으면서도 겸손한"의 뜻이다. 국가에 큰 공로가 있는 자로서 겸손하다는 것은 정말 어려운 일이다. 그러나 九三의 군자는 자기겸손을 버리지 않는다. 이 자세는 죽을 때까지 끝내 계속된다(有終). 위대한 인격이다. 이 사람의 삶의 역정은 吉하다. 이 겸괘에는 존경스러운 사람들로 가득하다.

六四: 无不利, 撝謙。
육 사 무 불 리 휘 겸

네 번째 음효: 六四는 포지션의 복합적인 상황에도 불구하고 이롭지 아니함이 없다(无不利). 왜냐? 항상 겸양의 덕성을 발휘하고 있기 때문이다(撝謙).

———— ❧ ————

"撝"는 "휘"라고 읽는다. 우리가 평소 잘 쓰는 단어, 발휘發揮한다의 "휘揮"와 같다. 六四는 유순(음효)하면서도 음위에 음효이니 득정得正이다. 상괘에 있으면서도 아랫사람들에게 자기를 낮추는 덕성을 지니고 있다. 이 효의 문제점은 그 공로功勞는 九三에 미치지 못하면서도 작위는 九三의 위에 있다는 데 있다. 그러나 이 六四는 유순한 덕성의 음효이기 때문에 九三 위에 자기가 자리잡고 있다고 생각하지 않는다. 겸양의 덕성을 발휘하는 훌륭한 인품의 소유자이다.

이 효사에 대한 설명은 정이천이 잘하고 있다:

이 六四는 상체上體(상괘)에 자리잡고 있어 六五의 군위君位와 절근切近한 아주 좋은 자리에 있다. 그런데 六五의 임금이 겸유謙柔로 자처하는 인물이며, 또 아래에 있는 九三이 큰 공덕이 있어 윗사람들에게 신임을 얻는 강력한 인물이다. 九三은 뭇사람들이 존경하여 종宗으로 모신다(실제로 괘주卦主이다). 그런데 六四는 그 둘 사이에 있으면서 또한 九三 위에 거居하고 있으니, 당연히 공손하고 두려운 자세로 겸양의 덕성이 있는 군주를 받들어야 하고, 또 비손卑巽한 자세로 노겸勞謙의 신하에게 양보해야 한다. 六四의 동작과 베풂이 그 겸양의 미덕을 발휘함에 이롭지 아니함이 없다. 휘撝는 베풀고 펼치는 모습이고 사람이 손을 펼치는 것과 같다. 움직이고 정지하고, 나아가고 물러남에 반드시 그 겸손의 미덕을 발휘하니, 대저 두려움이 많은 자리에 거하고 있음이요, 또한 현신賢臣의 윗자리에 있기 때문이다.

四居上體, 切近君位. 六五之君, 又以謙柔自處. 九三, 又有大功德, 爲上所任, 衆所宗. 而己居其上, 當恭畏以奉謙德之君, 卑巽以讓勞謙之臣. 動作施爲, 无所不利於撝謙也. 撝, 施布之象, 如人手之撝也. 動息進退, 必施其謙. 蓋居多懼之地, 又在賢臣之上故也.

六五: 不富。以其鄰。利用侵伐。无不利。
육 오   불 부   이 기 린   이 용 침 벌   무 불 리

다섯 번째 음효: 六五는 유순과 겸양의 미덕을 지닌 훌륭한 군주이다. 자신의 부富를 부로 여기지도 않고, 부를 통하여 위세를 과시하지도 않는다. 그런데도 사방의 이웃들이 이 겸양의 군주에게 모여든다. 이들이 모이는 것은 그의 부귀 때문이 아니라 겸양의 미덕 때문이다. 이러한 군주(리더)에게 저항하는 세력이 있다면 정벌을 감행해도 이로울 것이다(利用侵伐). 이 군주와 같은 덕성을 지닌 삶에는 이롭지 아니함이 없다(无不利).

"不富。以其鄰"은 "不富"는 "부를 부로 여기지 않는다," "부로써 사람을 사귀지 않는다"는 뜻이다. "以其鄰"은 "이웃과 더불어한다"는 뜻이다. "이以"는

"여與." 그런데 "이용침벌利用侵伐"(침벌의 수단을 사용하는 데 리가 있다)에 관하여 너무 해석이 과하다. 이것에 관하여 제자가 주희에 물었다. 주희의 대답은 이러하다:

"대저 初六으로부터 六五·上六에 이르기까지 계속 겸양을 축적해왔다. 그러니까 겸의 미덕 또한 극에 달하였다. 이 세상 모든 사람들이 보편적으로 복속하는 경지에 다다른 것이다. 그런데 이러한 보편적 대세에도 불구하고 아직도 불복하는 자가 있다면 그것은 사람이라고 볼 수 없다. 사람의 자격이 없는 그런 놈들은 침범하여 정벌해버려도 이로울 뿐이다. 蓋自初六積到 六五·上六, 謙亦極矣。自宜人人服之。尚更不服, 則非人矣, 故利用侵伐 也。"(『語類』卷第七十. 中華書局版 p.1770)

주희의 해석은 지나치다. 이것은 그가 남송정권에서 강력한 주전파였던 그의 정치적 입장을 나타내는 것이다. 주희는 정강지변의 치욕을 안겨준 금나라와의 설욕전을 감행해야만 한다는 입장이었고, 그러한 입장은 하늘아래 두 개의 군주가 있을 수 없다는 불공대천不共戴天의 사상하에 강력한 태극太極의 주리론主理論, 아니 일리론一理論을 주장하였던 것이다. 이러한 주희의 입장은 송시열의 북벌론처럼 지극히 관념화되어 있다.

六五에 반대하는 놈은 사람도 아니기(非人) 때문에 침벌侵伐해도 무방하다는 논의는 주희의 주전론을 나타내는 것에 불과하다. 여기 본뜻은 이러한 겸양의 리더에게 모든 사람이 복속하는 보편성이 확보되어 있으므로, 그에 거역하는 특수세력은 무력으로 거세해도 좋을 것이다 정도의 의미일 것이다. 노자가 30장, 31장에서 말하는 바, "부득이不得已"(무력을 쓸 때에는 부득이할 때만 써라)의 논리가 숨어있다고 나는 생각한다. 살인殺人으로써는 천하에 뜻을 얻을 수 없다. 하물며 겸양의 군주에게 있어서랴!

上六: 鳴謙。利用行師, 征邑國。
상 육　명 겸　이 용 행 사　정 읍 국

맨꼭대기 음효: "명겸鳴謙"(겸양의 덕성이 울려퍼지다)은 六二의 "명겸"과 같은 뜻. 上六은 음효이면서 음위에 있으니 위位가 正하다. 상괘 곤순坤順함의 극치를 상징하며 겸괘의 마지막 단계, 겸손의 극치를 나타낸다. 주효인 하괘의 九三과 서로 응應하는 위치에 있다. 『역』에서는 원래 初와 上은 위位가 없다 했으나, 여기 上六은 위位에서 물러난 상왕上王 정도의 느낌이다. 그의 겸손의 덕성은 사방에 울려퍼져 사람들이 모두 심복한다. 그런데도 저항하는 세력이 있으면 군대를 일으켜도 무방할 것이다(利用行師). 그러나 타국을 정벌해서는 아니 되고, 자기의 영지 내에 있는 읍국(소규모의 성곽폴리스) 정도는 정벌을 한다(征邑國) 해도 그의 겸양의 덕성에 해가 가지는 않을 것이다.

　이 괘는 거의 유일하게 육효六爻가 모두 좋은 사람들뿐이다. 한 효도 나쁜 효가 없다. 동방인들의 문화에 있어서 겸양이 얼마나 중요한 삶의 가치인가를 말해준다. 고조선대륙의 사람들은 용맹스럽고 진취적이며 잘못한 자들을 정벌하기도 하였지만 넓은 빈 벌판처럼 그 마음이 항상 비어있고 겸손하고 서로 양보할 줄을 알았다. 한국인의 품성은 아직도 이런 공동체정신의 기반 위에 있다.

　암사동 빗살무늬토기의 문양에 나타나고 있는 천문天門은 고조선 사람들의 하늘같이 드넓은 빈 마음을 나타낸다. 하늘은 곧 땅을 윤택하게 해주는 비와 구름이다. 하늘과 땅은 빗살무늬를 통하여 하나로 융합된다. 하늘의 나라가 곧 지상의 나라요, 지상의 나라가 곧 하늘의 나라다.

16

곤하坤下
진상震上

뢰지 예豫

Enthusiasm, Enjoyment

괘명 "예豫"라는 글자는 자형으로 보면 "큰 코끼리"의 형상인데 그것이 의미하는 바가 하도 다양하여 "큰 코끼리" 형상과 그 의미를 논리적으로 관계지을 수 있는 커넥션은 빈곤하다. 『사기』「순리열전循吏列傳」에 법정신에 투철하고 인간적으로 훌륭한 재상인 정나라의 자산을 평가하는 문장 속에, "그가 재상이 된 후 2년째에는 시장에 예가가 사라졌다. 二年, 市不豫賈"는 표현이 있다. 여기 "예가"라는 것은 시장 오는 사람들이 물건을 무조건 깎아 사니까 미리 비싸게 부풀린 가격을 매기는 것을 의미한다. 이때 "예豫"의 의미는 "관유寬裕" 즉 "넉넉하다"는 뜻이다. 그리고 미리 값을 매겨놓았으니 "미리"의 뜻도 있다. 그리고 큰 코끼리의 의미로부터 "크다," "여유있다," "넉넉하다," "편안하다"는 뜻이 도출된다. 『역』에서 쓰는 의미로는 "준비한다," "예비한다"는 의미와 "기쁨"을 나타내는 "열락悅樂"의 의미가 주선을 차지한다. 나는 "열락"을 "Enjoyment"로 번역했다. 생성의 완성단계를 의미하는 것이다.

사실 이 예괘는 겸괘를 뒤집은 종괘綜卦이니까 그냥 기계적으로 겸 다음에 예가 온 것이다. 「서괘」는 이 순서를 다음과 같이 해설한다: "풍성하게 가지고 있으면서도 능히 겸손할 수 있으면 반드시 삶이 넉넉하고 즐겁다. 그래서 예괘로 받은 것이다. 有大而能謙, 必豫, 故受之以豫.」「서괘」는 특이하게 앞에 있는 대유大有괘와 겸謙괘의 의미를 한꺼번에 인과의 고리로 사용하여 예괘가 오는 이유를 설명하고 있다. 이「서괘」의 설명에 대하여 정이천의 주석이 매우 명료하다:

앞의 두 괘의 의미를 연결하여 예괘가 오는 차서를 설명하고 있다. 있는 것이 이미 풍요로운데도 능히 겸손하고 허한 마음을 지닐 수 있으면, 열락의 삶을 누릴 수 있다. "예豫"라고 하는 것은 안화安和하고 열락悅樂하다는 것을 의미한다. 자아! 괘상을 한번 보자! 진괘☳가 위에 있고 곤괘☷가 아래에 있다. 진괘는 우레가 요동치는 모습이요, 곤괘는 순순을 나타낸다. 순순하고 또 동動하는 모습이요, 또 동하여 화순和順하는 모습이다. 이것이 예괘의 모습이다. 九四가 동動(=진괘)의 주효主爻가 되고, 이 九四에 아래·위의 모든 음효(5개)가 다함께 응하는 좋은 모습이다. 게다가 곤☷이 순순의 덕성으로써 상괘의 다이내미즘을 받아주니, 이것은 동하여 상하가 다 순응한다는 뜻이다. 그러기 때문에 예괘가 화예和豫(열락)의 의미가 되는 것이다. 화예는 프로세스의 완성이다. 상하 두 트라이그램으로써 분석하면, 우레가 지상으로 나와있는 꼴이다. 이것은 양이 지중地中에 잠기고(潛) 갇혀(閉)있다가, 동함에 지축을 박차고 나와 분발하여 포효하는 소리를 내는 것이니, 통창通暢하고 화예和豫하다. 그러므로 예豫라 한다.

承二卦之義而爲次也. 有旣大而能謙, 則有豫樂也. 豫者, 安和悅樂之義. 爲卦, 震上坤下. 順動之象, 動而和順, 是以豫也. 九四, 爲動之主, 上下群陰, 所共應也. 坤又承之以順, 是以動而上下順應, 故爲和豫之義. 以二象言之, 雷出於地上, 陽始潛閉於地中, 及其動而出地, 奮發其聲, 通暢和豫, 故爲豫也.

민중을 사랑하는 지도자(九四)와 민중(오음五陰) 사이에 교감이 이루어져서 한마음이 되고 열락하는 것을 상징한다.

豫, 利建侯。行師。
예 리건후   행사

예괘는 상하上下가 한마음이 되고 국가사회가 기쁨이 넘쳐나는 그러한 시기이므로 나라의 사정이 허락한다면 나라를 팽창하여 제후를 세워도 좋을 것이고(利建侯) 군대를 일으켜도(行師) 큰 무리가 없을 것이다. 그러나 이 모든 것은 시의時義를 따라 이루어져야 한다(「단전」의 뜻).

이 괘의 상에 대하여 「대상」은 이와같이 말한다. 매우 장쾌한 설명이다:

雷出地奮, 豫。先王以作樂崇德, 殷薦之上帝, 以配祖考。
뢰출지분   예   선왕이작악숭덕   은천지상제   이배조고

우레가 땅속에 갇혀있다가 지축을 박차고 뛰어나와 호령하는 모습이 예의 상象이다. 선왕은 이러한 예의 모습을 본받아 음악을 작作하고 덕 있는 자들을 높이고 현창케 한다. 상제에게 풍성하게 제사상을 바치는 것은 음악과 같이 바치는 것이며, 그렇게 함으로써 우리의 선조들의 혼령이 위대한 신들과 더불어 즐기게 하려 함이라. "은殷"은 "풍성하게(盛)"의 의미이다.

"뢰출지분"에서 중요한 것은 땅속에 뭉쳐있던 우레의 기운이 한꺼번에 터져나오는 이미지이다. 바로 예술이란 이렇게 뭉쳐있던 감동이 터져나오는 것이다. "이以"의 주어를 "선왕先王"으로 했다는 것이 중요하다. 즉 선왕은

예악의 작자作者이기 때문이다. 술자述者가 아닌 작자, 진정한 문명의 창조인이라는 사실이 중요하다. 음악이 없으면 예가 성립하지 않는다. 감동이 없기 때문이다. 음악이 있어야, 우레와 같은 하늘의 울림이 있어야 신이 감동한다. "제帝"는 뭇 신들을 의미하고 "상제上帝"는 "God of Gods," "제 중의 제"이다. "은殷"은 은나라와 무관하다. 단지 성대함을 나타내는 형용사(부사)이다. "배향配享"의 원래 의미도 "같이 엔죠이한다"는 뜻이다. 음악은 음식보다 더 직접적으로 신들을 감동시킨다. 음악이 있어야 신들이 땅위에서 더 오래 머물게 되는 것이다. 예괘의 기쁨은 이러한 신들의 기쁨이요, 우리 마음의 신성한 기쁨Divine Delight이다.

初六: 鳴豫, 凶。
초 육 명 예 흉

첫 번째 음효: 자기 혼자만의 기쁨의 소리를 사방에 발출시킨다. 소인의 행위다. 凶하다.

초육初六은 음효이면서 不正하다. 음효가 양위에 올라있다. 소인小人일 수밖에 없다. 상괘에 九四라는 강력한 후원자가 있다. 음과 양이기 때문에 서로 감응한다. 이 初六은 자기 때를 만난 듯이 자기 멋대로 행동한다. 기쁨을 내면화시키지 못하고 밖으로 발출시키며 고성高聲으로 구가한다. 이런 태도는 결코 사람들에게 밉상으로 보인다. 凶한 결과를 초래한다.

보통 "예豫"는 화락和樂의 의미이고, 좋은 맥락에서 쓰이는 글자인데 왜 여기서는 凶이 되었는가? 九四의 효사에는 중인衆人이 같이 화락하기 때문에 吉하다는 판단이 내포되어 있다. 그러나 初六에서 문제가 되는 것은 기쁨이 대중과 같이 누리는 기쁨이 아니라 자기 혼자만의 기쁨이라는 데에 있는 것이다. 맹자가 말하는 "독락獨樂"이다. 우리사회의 지도적 위치에 있는 자들은 기쁨을 누리는 원칙부터 깨달아야 할 것이다.

六二: 介于石, 不終日。貞, 吉。
육 이   개 우 석   부 종 일   정 길

두 번째 음효: 六二는 음유陰柔하면서 中正이다. 하괘의 가운데 자리에다가 음
위에 음효이다. 그러나 응효應爻도 없고 비효比爻도 없다. 매우 고독하다. 독
립독행이요, 권세에 의지하지도 않는다. 中正을 지키면서 절조節操를 지킬
줄 아는 군자이다. "개우석介于石"의 "개介"는 "견개狷介"의 개이다. 고집스
럽게 지조와 정절을 지키는 고고한 삶의 태도를 가리킨다.

"우석于石"은 "돌과 같다如石"이다. "개우석介于石"은 그 지조를 지키는
모습이 반석과도 같다는 뜻이다. "우석于石"은 "여석如石"과 같은 표현이다.
그 견개狷介함이 반석과도 같다는 뜻이다. 여기 "부종일不終日"은 길흉吉凶의
조짐을 알아차리는데 한나절도 걸리지 않는다는 뜻이다. 거취去就를 결단
하는 것이 신속하다는 뜻이다. 하이데가가 말하는 현존재의 투기投企Entwurf
를 의미한다고 말할 수 있다. 순간순간의 결단에 시간이 걸리지 않는다. 결단
Entscheidung이란 순전한 개인의 의지의 발로라기 보다는 나라는 존재와 공동
체 인간관계의 호상성에 기반을 둔 것이다. 결단은 무결단성undecidability을
전제로 한다. 결단의 자유는 존재의 축복이다.

"정貞, 길吉。"은 이러한 견개한 실존이 점을 치게 되면 반드시 吉한 결과가
나온다는 뜻이다. 그것은 비본래적 자아에서 본래적 자아로 돌아간다는 것을
의미하는 것이다.

六三: 盱豫。悔遲, 有悔。
육 삼   우 예   회 지   유 회

세 번째 음효: 六三은 음유陰柔한데다가 不中이다(二를 지나 三에 와있다). 中正하지

못한 소인으로서 九四의 바로 아래에 접하고 있다. 九四는 이 괘의 유일한 양효로서 실제로 전음全陰을 통솔하고 있는 주체이며, 가장 강력한 존재이다. 六三은 비주체적인 모습으로 눈깔을 뒤집으며 九四에게 알랑방구를 뀌어대면서 들러붙는다. 가증스러운 모습으로 존재의 기쁨을 찾는다. 그것을 "우예盱豫"(가증스럽게 기뻐함)라고 표현했다. "우盱"은 눈깔을 굴리면서 아첨하는 모습이다. 이러한 비본래적 자기 속에서의 삶은 후회를 불러일으키고 만다. 반드시 뉘우쳐야 한다. 그러나 그 뉘우침이 늦어지면(悔遲) 반드시 후회하게 될 것이다(有悔). 六三은 음유하지만 양위陽位에 있다. 양위에 있다는 것은 존재의 강한 힘을 나타낸다. 뉘우칠 능력이 있다.

九四: 由豫。大有得。勿疑。朋盍簪。
구 사 유 예   대 유 득   물 의   붕 합 잠

네 번째 양효: 九四는 예괘의 주효主爻이며 양강陽剛한 대신大臣이다. 상하의 5음효가 모두 九四의 1양효를 주인으로 받든다. 천하의 사람들은 실제로 九四의 도덕적 능력으로 즐거움을 획득한다. 단지 六五의 음유한 군주는 九四의 대신을 믿고 신임하지만 아랫괘의 세 음효는 九四에게 실제적인 도움을 줄 수가 없다. 그러나 혼자서 천하를 운영하는 중임을 걸머지었으니 항상 의심이 들고 불안하고 경계할 일이 많다.

처음에 "유예由豫"(정당한 사유로 말미암아 즐겁다)는 九四가 즐거움을 누릴 수 있는 것은 정당한 이유가 있다는 뜻이다. 말미암을 유由는 정당한 이유(六五의 군주를 받들어 천하를 경륜함)를 가리킨다. 다음 구문이 "대유득大有得"은 "크게 얻음이 있다"는 뜻인데 천하를 뜻대로 경영하여 천하사람을 모두 즐겁게 해준다(大有得, 言得大行其志, 以致天下之豫。『程傳』)는 뜻이다. 그 다음의 "물의勿疑"는 원래 九四의 자리가 어려움이 많은 자리인데 그 간난에 대해 좌절하거나 의심하지 말고, 성의를 다하여 소임을 밀고 나가라는 뜻이다. 그리하면 동지들이 모여들어 그대를 돕게 되리라는 뜻이다.

"합盍"은 힘을 합한다는 뜻이요, "잠簪"은 상투를 틀고 그 중앙에 꽂는 비녀를 말하는데, 비녀는 머리카락들을 한군데로 모아 묶는 기능이 있다. 그래서 "잠簪"은 "모여든다"는 뜻이 있다. "붕합잠朋盍簪"은 동지들이 그대에게 모여들어 힘을 합하게 될 것이다라는 뜻이다.

六五: 貞, 疾。恆不死。
육 오 정 질 항 불 사

다섯 번째 음효: 六五는 천자의 자리이다. 그러나 유약한 임금이다. 양위에 음효가 앉아 있으니 스스로 적극적으로 운명을 타개하는 강인한 캐릭터가 아니다. 그러나 九四의 대신이 잘 보좌하고 있다. 이러한 보좌 속에서 이 六五의 임금은 기쁨에만 도취하는 습성이 있다.

여기 "정貞"은 점을 치다는 뜻이다. 정의 주체는 물론 六五의 군주 자신이다. 점을 치게 되면 하느님의 대답은 "너에게는 고질이 있다(疾)"는 것이다. 고질은 스스로 운명을 개척하지 못하고 안일의 열락에 몸을 맡기는 것이다.

"항불사恆不死"의 "항"은 항상 그 존위를 유지시키는 도움이 있다는 뜻이다. "불사不死"는 "임금이 위를 빼앗기는 비극에 이르지는 않는다"는 뜻이다. "항상 도움을 얻어 죽지는 않을 것이다"정도로 해석하면 족하다. 어찌 되었든 나약한 암군暗君의 상이다.

上六: 冥豫成。有渝, 无咎。
상 육 명 예 성 유 유 무 구

맨꼭대기 음효: 上六의 모습은 나약의 음유陰柔의 덕성이 극에 달한 모습이다.

이미 六五의 군주의 모습에서 무기력한 음의 성격과 열락의 독기가 암시되었다. 여기 上六은 그 극점을 나타내고 있다. "명예성冥豫成"(혼미한 열락이 이루어짐)이라는 것은 아편쟁이들이 모여서 아편을 피울 때 몽환적인 분위기에 빠지듯이, 혼천흑지昏天黑地의 방종행락放縱行樂이 극에 달해 어떤 사회상을 형성했다는 것을 의미한다. "渝"는 "투"라고 읽지 않고 "유"라고 읽는다. "변화시킨다"는 뜻이다. 이 上六은 진괘☳의 꼭대기이다. 진震에는 "동動"의 의미가 있다. 즉 우레처럼 세상을 변화시키는 힘이 있다(有渝). 열락과 무기력의 극치에서 또다시 새로운 에너지를 얻는 변화를 꾀하라! 탐닉과 나약과 악습을 박차고 일어나라! 그리하면 허물이 없으리라(无咎)!

점을 쳐서 이 효사를 만난 사람은 쾌락의 혼미에 빠져있다는 것을 각성하라. 형성해가는 창조의 쾌락은 심미적 기쁨을 주지만 해체되어가는 혼미의 쾌락은 헤어나기 어렵다.

고조선 벌판

[16]
豫
☳☷

17

진하震下
태상兌上

택뢰 수隨

Following,
Pursuit of Universal Values

괘명 "수隨"는 우리가 일상생활에서 쓰는 단어, 수종隨從, 수행隨行, 수반隨 伴, 혹은 수필隨筆(붓 가는 대로 쓰다), 수감隨感(느낀 그대로), 수의隨意(의지에 따라) 등 이 말해주듯이 "따르다"는 의미를 일관되게 지니고 있다. 갑골문이나 금문 에는 나타나지 않는 글자이다. 형성자이다. 신이 사는 곳을 따라가서 그곳에 제사를 지낸다는 의미가 들어있다. "타락墮落"이라고 할 때의 "타墮"자가 땅의 신에 제사를 지낸다는 의미를 지니고 있으며 "수隨"와 통한다. 궁극적 으로 "따름"이란 신의 뜻을 묻는 것이며 신이 계신 곳을 따라가는 것이다. "따름"이라는 것은 우리 인생에서 너무도 중요한 주제 중의 하나이다.

현대기독교신학에서는 "제자disciples"라는 말을 쓰지 않는다. "제자"라 는 말은 이미 초대교회의 정통성을 위하여 케리그마가 개재된 단어이기 때문 이다. 예수의 제자가 12이라는 것도 픽션일 가능성이 크다. 그냥 "따르는 사 람들followers"이 있었을 뿐, 12명에게 특별한 간택의 특권을 베풀었다는 것도 인간예수정신에는 어긋나는 것이다. 예수는 기독교인이 아니었다. 예수에게 는 교회라는 조직도 없었고, 목사도 없었다. 예수는 사회운동을 했을 뿐이고, 그 운동을 따르는 불특정의 무리가 있었을 뿐이다. 그래서 현대신학에서는

"예수운동Jesus Movement"이라는 말과 "팔로우어스Followers"라는 말만 쓴다.

예수의 경우는 궁핍한 군중이 예수의 복음(사회구원 메시지)을 따른 것이지만, 『역』의 주제가 되고 있는 "따름"은 대체로 높은 지위에 있는 사람, 지도적 위치에 있는 사람들이 자기를 비우고 자기보다 아래에 있는 현명한 인물을 따르는 것을 의미한다. 그러한 따름을 통해 더 넓은 민중의 지지기반을 얻는 보편적 가치의 실현을 목표로 하고 있다. 역시 『역』은 통치의 철학이며 사회개변의 철학이며 권력구조상의 착종관계의 철학이라는 것을 알 수 있다. 단순한 정신의 위안을 구하는 심리적 사건이 아니다.

모든 "따름"의 주제는 어떻게 좁은 의미의 "붕당"을 형성치 아니하는가에 있다. "따름"은 끼리끼리의 의식을 형성하고 배타가 생기며 가치의식을 편협하게 만든다. 그것은 "따름"이 소기한 본래의 의미를 상실케 만드는 것이다. 문재인 시대의 정치가 실패로 끝나고 또다시 이 땅의 건강한 세력에게 끔찍한 좌절감을 안겨준 것도, 결국 들판의 정치를 하지 아니하고 문내門內의 정치를 했기 때문이다.

「서괘전」은 이렇게 말하고 있다: "예괘는 열락을 의미한다. 열락이 있는 곳에는 반드시 따름이 있다. 그래서 예괘豫卦를 수괘隨卦가 받았다. 豫必有隨。故受之以隨。" 별 의미 없는 설명이다. "수"는 대체적으로 "자기를 버리고 사람을 따른다"는 의미를 지니고 있다.

「대상전」에는 이 수괘를 어떻게 말하고 있을까?

澤中有雷, 隨。君子以嚮晦入宴息。
택 중 유 뢰　수　군 자 이 향 회 입 연 식

상괘가 태괘이니 못의 심볼이요 하괘가 진괘이니 우레의 심볼이다. 다시 말해서

못 속에 우레가 들어있는 모습이 수괘의 형상이다. 군자는 이 수괘의 형상을 본받아 날이 어둠을 향해 가면 집에 들어가 편안하게 휴식을 취한다. "향嚮"은 "향向," "회晦"는 "어둠," "연宴"은 "편안하다"는 뜻.

———— ❧ ————

언뜻 잘 이해가 되지 않는다. "따름"과 "못 속의 우레"는 무슨 상관이 있을까? 여기 「대상전」의 저자는 "따름"을 "때"로 파악하고 있는 것이다. 못 속의 우레는 우레의 파워를 감추고 있는 모습이다. 우레도 일년내내 우렁거리는 것이 아니다. 춘하春夏의 시기는 지상으로 나와 으르렁거리지만 추동秋冬의 시기는 못 속으로 자취를 감추고 침묵 속에 가라앉는다. 군자의 활동도 낮에는 활발히 움직이지만 저녁이 되면 집으로 들어가 연식宴息해야 한다. 집에서의 연식과 못 속의 우레는 같은 심볼리즘이다.

「단전」의 저자도 끊임없이 말한다. "따름"이란 "때"를 따르는 것이다. 때에 맞추어, 때에 따라, 움직이는 것이다. 수는 수시隨時이니, 수시의 뜻이 진실로 위대하다할 것이다(隨時之義, 大矣哉! 「단전」). 결국 "수隨"의 궁극적 의미는 천하사람들이 모두 따르는 정치를 해야 한다는 것이다. 문재인정권은 그토록 중요한 때들을 계속 놓쳤다. 시간은 마냥 있는 것이 아니다. 시간은 때다! 때는 카이로스다! 두 번 다시 반복하지 않는다. 정이천은 말한다: "모든 괘가 시時와 의義, 이 두 가지 일일 뿐이다. 諸卦, 時與義, 是兩事."

수☱☳를 괘변으로 말하면, 곤困☱☵의 九二가 初六으로 내려앉은 형국이다. 또 서합噬嗑☲☳의 上九가 六五와 자리바꿈을 한 형국이다. 또 미제未濟☲☵의 九二가 初六과 자리를 바꾸고, 上九가 六五와 자리를 바꾼 형상이다. 이 효변에서도 강효剛爻가 내려오고, 올라간 유효柔爻가 내려간 강효를 따르는 형상이다. 수괘☱☳의 初와 二, 五와 上을 보면 강한 양효가 음효 밑으로 자기를 낮추고 그 약한 음효를 따르고 있는 형상이다.

트라이그램의 상하관계를 보아도 아랫괘의 진☳은 움직임(동動)을 상징하며 윗괘인 태☱는 기뻐한다(열說)의 뜻이 있다. 아래의 진이 움직이면 위의 태가 기뻐하므로 서로가 서로를 따른다는 의미를 갖는다. 윗괘인 태는 소녀少女로서 음의 괘이고, 아랫괘인 진은 장남長男으로서 양의 괘이다. 아래의 양이 위의 음을 따르고 있는 모습이다.

정현은 말한다: "진震은 동動이다. 태兌는 열說이다. 안에서 움직일 때도 덕으로써 하고, 밖에서 기쁨을 표현할 때도 아름다운 말로써 하니 천하의 인민들이 다함께 그것을 사모하여 따르게 된다. 그래서 수괘라고 이름 지운 것이다."

괘사

隨, 元, 亨, 利, 貞。无咎。
수　원　형　리　정　무　구

천하의 대의를 위하여 좁은 자기의 욕망이나 이상을 버리고, 사람을 따를 줄 아는 자는, 만인의 우두머리가 될 수 있으며 보편적 가치를 구현하는 정신이 살아있다(元). 이 인물은 신에게 제사를 지낼 수 있으며(亨), 하는 일이 모두 이로운 수확을 거둔다(利). 그리고 미래에 관하여 물음을 던질 수 있다(貞). 이 인물은 사정私情에 얽매이거나 사당私黨을 만들지 아니하니 특별히 허물이 없다. 재화災禍를 면한다.

준屯, 림臨, 무망无妄, 혁革 4괘의 괘사에도 원형리정 4덕이 있다. 그러나 수괘에는 특별히 "무구无咎"가 첨가되어 있다. "따름"이 붕당을 만들지 않는다는 것을 강조하여 말한 것이다. 오늘날 세계종교의 문제점은 모든 종교의 팔로우어들을 붕당의 노예로 만든다는 데 있다. 말콤 엑스도 그러한 노예화에 반항했다가 죽임을 당했다.

初九: 官有渝。貞, 吉。出門交, 有功。
초 구 관 유 유 정 길 출 문 교 유 공

첫째번 양효: 初九는 하괘 ☳의 주인이다. 일양이음一陽二陰괘에서는 일양이 주 主가 되고, 이양일음二陽一陰괘에서는 일음이 주가 된다. 양위에 양효가 있으니 그 위가 바르다(得正).

初九는 "따름"의 괘의 첫 움직임이다. 따름으로 인하여 생의 진로가 변할 수 있다. 자기가 소속한 관청이나 직장에 변화가 있을 수 있다(관유유官有渝。시중의 역서가 "渝"를 "투"로 읽은 것이 있는데 잘못이다). 자기 생의 진로의 변화에 관하여 그는 점을 친다(貞). 吉한 결과를 얻을 것이다(吉). 그러나 참으로 길한 결과를 얻기 위해서는 문안의 밀실에서 사람을 사귀지 말고, 반드시 문을 박차고 나가 너른 곳(개방된 곳)에서 사람과 교제하라(出門交). 그리하면 따름에 반드시 공功이 있게 될 것이다(有功).

──── ❦ ────

혹자는 "初九가 六二의 正을 버리고 九四의 不正을 따라서는 아니 된다"고 했는데 별 의미 없는 주석이므로 취하지 않는다.

六二: 係小子, 失丈夫。
육 이 계 소 자 실 장 부

두 번째 음효: 어리고 싱싱한 남자에게 홀려서(係小子) 진짜 건실한 장부를 놓쳐버리고 만다(失丈夫). 悲夫!

──── ❦ ────

"소자小子"는 젊은이를 말한다. 공자가 자기 제자를 2인칭으로 부를 때, "소자小子"라는 표현을 쓴다. "나에게 충직한 어린 제자들"이라는 매우 절근切近한 표현을 쓸 때 "오당지소자吾黨之小子"라고 말하기도 했다(『논어』「공

야장」21). "장부丈夫"라는 것은 "신장 한 장의 남자"(『설문』)를 의미한다. 어린 이에 대비하여 어른을 지칭한다. 여기 六二와 九五는 應하기는 하지만 거리 가 너무 멀다. 그런데 가까운 바로 밑에 初九가 있다. 자기는 음효인데 반해 初는 陽이래서 친하게 될 가능성이 농후하다. 사람은 어차피 사귀게 될 때 가깝게 있는 자들이 "따르기" 쉽다. 六二는 마음이 허약해서(음효) 지조를 지 키면서 정당한 배우자인 九五를 기다리지 못하고, 初九를 따르는 바람에 九五 와의 應의 관계를 단절시키고 만다.

주인노릇을 하는 쎈 부인이 젊은 청년에게 홀려버려 아주 훌륭하고 버젓한 남편을 잃어버리고 마는 그런 형국이다. 여성이 주체적으로 행동한다는 의미 에서 후대의 유가윤리와는 분위기가 다르다. 고구려 여인의 웃음과 울음이 들리는 듯 하다. 이 六二의 효사에는 재미있게도 길흉의 판결이 없다. 그러나 좋지않음에는 틀림이 없다.

점을 쳐서 이 효사를 만나는 사람은 소리小利에 낚여서 본분本分을 잃어버 리는 실책이 있을 수 있다.

六三: 係丈夫, 失小子, 隨有求得。利居, 貞。
육삼   계장부   실소자   수유구득   리거   정

세 번째 음효: 六三이여! 그대는 그대보다 지위와 권세가 높은 장부에게 엮여서(係 丈夫), 젊고 도덕성 있는 훌륭한 남자들과의 커넥션이 다 끊어져 버리고 만다(失小子). 고관에게 붙어있으니까 그대의 따름은 소기하는 욕망을 다 충족시킬 수 있다(隨有求 得). 원하는 대로 주어진다. 그러나 그런 자리에 붙어있는 것이 과연 이로운 것인지 에(利居) 관해서는 점을 쳐보아라!(貞: 신의 의지를 물어보아야 한다).

六三은 음유하며 不中不正하다. 바로 가까운 윗자리의 九四와는 음양상비

陰陽相比하니 감응이 있다. 그러나 九四를 따라가면 中正의 덕이 있는 아래의 六二와의 사귐(교제, 교섭, 교감)이나, 싱싱한 初九와의 교제가 다 절단나 버리고 만다. 그런데 九四는 권세 있는 대신大臣이다. 그렇지만 그의 位는 正을 얻고 있지 못한다. 도덕성이 부족하다는 것을 암시한다. 그러나 그 대신을 따라 몸을 바치면 부귀영달이 다 원하는 대로 따라온다. 그러나 과연 그러한 자리에 거居하는 것이 내 실존에 과연 리利를 가져다주는 것일까? 그것은 네 자신이 누구보다도 더 잘 알 것이다. 하느님께 물어보아라!

"정貞"은 일관되게 "점, 물음"으로 해석될 수 있다.

지금 이 효사들은 "따름Following"이라는 인간학적 상황을 다양한 관계 속에서 묘사하고 있다.

九四: 隨, 有獲。貞, 凶。有孚, 在道, 以明。何咎。
구 사 　수 유 획 　정 흉 　유 부 　재 도 　이 명 　하 구

네 번째 양효: 九四는 군주의 바로 밑에 있으며, 나라의 운명을 좌지우지할 수 있는 대신이다. 그 위세는 九五의 임금과 동등하다고 말할 수 있다. 이러한 막강한 힘을 가진 九四가 따라가는 길에는(隨) 원하는 것을 다 얻을 수 있는 수확의 성과가 항상 있다(有獲). 그러나 이러한 수확은 그에게 항상 비극을 가져올 수 있는 위태로운 상황을 전개시킨다. 인심이 군주를 따라야 하는데 그 인심이 자기 쪽으로 쏠리고 있다는 인상을 주는 것이다. 그는 하느님에게 묻는다(貞). 역시 하느님은 대답하신다: "너의 운세는 흉하다(凶)." 그러나 이 대신은 가슴에 대의를 사랑하고 임금을 위해 몸을 바치는 신의(孚)를 품고 있으며(有孚) 정도만을 걸어가고 있다(在道). 그렇게 함으로써 인간세를 밝게 하고 있다(以明). 과연 九四에게 어떠한 허물이 있으리오(何咎)!

이 九四 효사의 해석은 정이천의 것이 가장 정교하다. 이 대신에 비유할 수 있는 자로서 성왕을 모시고 신흥국가 주나라 문물제도를 완성한 주공周公이나 김춘추를 보좌하면서 남북국시대의 신국면을 연 김유신과 같은 인물을 연상할 수 있지만, 가장 비극적인 인물은 역시 이순신 장군이라 말할 수 있다. 이 효사가 말하는 대로 백성의 마음이 자기를 따르지 아니하고 선조를 따르도록 있는 힘을 다했건만, "무슨 허물이 있겠냐"고 외쳐대는 『역』의 진리가 무색하게, 결국 선조의 시기를 벗어나지 못하고 관음포에서 왜병의 흉탄으로 생애를 마감해야만 했던 것이다. 선조는 여기 九五의 군주에 반문어치도 미치지 못하는 어리석은 인간이었다. 이 괘의 효사들은 "따름"의 진정한 의미를 우리에게 일깨워주고 있다.

九五: 孚于嘉。吉。
구 오 부 우 가 길

다섯 번째 양효: 九五는 강건중정剛健中正의 덕이 있는 천자다! 상괘의 가운데 있으며 양위에 있는 양효이니 가져야 할 것을 다 가지고 있는 반듯한 군주다. 이 九五는 상응하는 자리에 있는 六二와 교섭한다. 六二는 음위에 있는 음효로서 내괘의 중앙에 있다. 정중의 덕성을 지니고 있다. 六二와 九五의 엔카운터는 가장 이상적인 만남이요, 교감이다. "부孚"는 내면적인 신의(信)와 성실함(誠)을 나타낸다. 여기 "가嘉"는 "좋음善"을 의미하는데, 구체적으로는 六二의 아름다운 상대를 지칭한다. 그러니까 "부우가孚于嘉"는 아름다운 선의지를 가진 현신賢臣에게 신의를 지킨다, 모든 약속을 지킨다는 것을 의미한다. 이러한 교감이 이루어지는 사회, 정치지도자와 민중이 정당한 콤뮤니케이션을 하는 사회는 吉하다. 선조는 이순신이야말로 여기 효사들의 관계가 내포하는 모든 도덕성을 구현하는 위대한 신하였다는 것을 깨달았어야 했다! 이 민족의 비극은 모두 이토록 협애한, 밴댕이 콧구멍만도 못한 치자의 심리상태에서

비롯된 것이다. 선조는 九五의 자리에 앉을 재목이 아니었다.

> ## 上六: 拘係之, 乃從維之。王用亨于西山。
> 상 육　구 계 지　내 종 유 지　　왕 용 향 우 서 산

맨꼭대기 음효: 上六은 수괘의 종극終極이다. 또한 이 효사는 "따름"의 도의 지극함, 그 정성을 나타낸다. 上六은 음효로서 그 位가 正하고, 유순하고 정의로운 현인賢人의 상이다. 그런데 지금은 세世와 격절하여 무리를 떠나 은둔하여 홀로 살고 있다. 그러나 九五의 덕 있는 임금은 그 숨은 현자를 잊을 수 없다. 나라의 대사에 그의 덕德을 필요로 한다. 그래서 임금의 존엄으로써 그를 억지로 묶어 끌어낸다(拘係之, "구拘"는 억지로의 뜻이다. "계係"는 "계繫"의 뜻. 묶는다는 뜻). 그리고 그에게 간청하여 깊은 유대감을 표현한다(乃從維之, "유維"도 굳건하게 연결한다는 뜻이다. 묶는 이미지가 있어 나쁘게도 들리지만 은자에 대한 강인한 유대감을 표현하는 좋은 이미지로 해석해야 할 것이다. 효사로서 채택되기 이전에는 강압적인 다른 맥락이 있었을 수도 있다). 임금은 그를 모셔다가 그와 함께(用), 서산에서(주나라의 영지의 서쪽에 있는 기산岐山을 가리킨다. 성스러운 산. 주나라 문명의 발상지. 섬서성 보계시寶鷄市 기산현岐山縣. 그러나 서산을 특정한 장소를 가리키는 고유명사로 해석할 필요는 없다) 산천의 하느님께 제사를 지낸다(王用亨于西山, 괘명에서 언급했듯이 "수隨"의 의미에는 땅의 신에게 제사 지낸다는 뜻이 있다). 여기 "亨"은 "형"이라 읽어도 무방하지만 "향xiǎng"으로 읽는 것이 옳다. 해피 엔딩이다.

|18|

손하巽下
간상艮上 산풍 고蠱

Destruction and
Restoration

괘명 "고혹적인 저 여인의 자태 ……" 여러분은 혹시 이런 말을 들어본 적이 있는가? "고혹"이란 너무 아름답고 매력적이래서 정신을 못 차리게 만든다는 뜻이다. 그 한문이 바로 **"蠱惑"**이다. 이기영, 1895~1975(리종혁의 아버지)의 소설 『봄』에도 이런 표현이 있다.

"고蠱"라는 글자는 그냥 봐도 알 수 있듯이 사발 위에 벌레 세 마리가 들어 있는데, 갑골문에서부터 잘 쓰였던 글자다(🐛 🐛). 사발 속에 벌레가 하나, 둘, 혹은 세 마리가 들어가 있다. "고혹"이라는 의미에 좀 몽환적인 의미를 포함하고 있으므로 그 벌레가 보통 벌레는 아니었을 것이다. 독충으로 사람이 먹으면 병에 걸리거나 몽환적인 분위기를 자아냈을 것이다. 혹은 횟병 배앓이에 쓰이는 약이었을 수도 있다. 갑골문에는 이 글자가 "저주"의 의미를 지니고 있다.

중국역사에 밝은 사람은 한무제 시대의 말년에 전 인민을 비참하게 만든 "무고지화巫蠱之禍"를 알고 있을 것이다. "무고巫蠱"는 독충을 쓰거나 지푸라기인형을 만들어 저주받는 모습을 만들어 그 대상이 사는 곳 땅에 묻거나 하면 그 저주의 대상이 병들거나 죽거나 한다는 미신이다. 간신 강충江充과 태자 유거劉據 사이에 틈이 있었는데 강충이 태자 유거가 한무제를 무고했다는 낭설을 만들어 결국 유거가 자살하고 유거의 친어미이며 너무도 총애했던 황후마저 자살하고 만다. 한무제는 나중에 정신을 차리고 강충의 3족을 멸하고 환관 소문蘇文을 불태워 죽이고, 사자궁思子宮을 건립했지만, 한무제는 유능했던 태자와 사랑하는 부인을 잃고 쓸쓸하게 고독 속에 죽어간다. 이 무고지화로 자그마치 수만 명도 아니고, 수십만이 목숨을 잃었다.

그런데 『역』에서 쓰는 "고蠱"는 과히 그렇게 나쁜 의미를 지니고 있지 않다. 정이천도 고는, 목기를 내버려두면 그 그릇에 벌레가 생기거나 좀먹게 되어 그릇이 파괴되는 것을 뜻한다고 해설했다. 심지어 왕부지는 역이 성립한 복희씨의 시대에는 농사를 지어 곡식을 확보할 수 있었던 시대가 아니었으므로 사람들이 평상적으로 먹는 것이 "벌레"였다고 했다. 그러니까 접시 위에 벌레가 가득한 모습이 나쁜 의미가 없다고 했다. 21세기적 재미있는 해석이지만(프로테인을 벌레에서 섭취해야 한다는 환경론자들이 많다) 좀 과도한 해석이다 (『내전內傳』 p.187. 『선산전서』판, 湖南省長沙: 嶽麓書社, 1988).

우선 「서괘전」을 보자! 왜 수괘 후에 고괘가 오는가? 사실 고괘는 수괘의 반대괘(종괘)이므로 수괘가 결정되면 자동적으로 결정되는 것이다. 그러나 그 순서에 대한 설명이 있다: "수괘 후에 고괘가 온다. 수괘는 사람들이 기쁜 마음으로 따른다는 뜻이다. 기쁜 마음으로 사람을 따르게 되면 반드시 여러 가지 일이 생겨난다. 그래서 수괘를 고괘로 받은 것이다. 고괘는 일事을 의미한다. 以喜隨人者必有事, 故受之以蠱。蠱者, 事也。"

재미있는 사실은 「서괘전」의 저자는 고를 벌레나 독과 관계된 의미와는 전혀 무관하게 일, 사건, 즉 이벤트Event의 의미로 보고 있다는 것이다. 벌레와 일事 사이에 도대체 무슨 관련이 있는 것일까? 『역』을 만든 사람들은 벌레와

일의 관계를 매우 심각하고 깊게 생각한 듯하다. 벌레는 확실히 혼란과 파괴, 무질서, 타락의 의미를 일차적으로 지닌다. 괘상으로 볼 때도 상괘는 산山(艮 ☶)이고 하괘는 바람風(=손巽 ☴)이다. 바람이 산 밑에서, 낮은 데서 불다가 산을 만나면 산을 휘돌아가면서 산의 모든 질서를 깨뜨린다. 열매를 다 떨어뜨리고 바위를 굴려버리고 지형이 바뀌는 변화가 일어난다. 바로 이러한 변화가 일이라는 것이다(物皆撓亂, 是爲有事之象. 『程傳』).

일은 질서로부터 생겨나는 것이 아니라 타락으로부터, 무질서로부터, 다시 말해서 파괴로부터 생겨나는 것이다. 20대 대선의 궁극적 의미도 이러한 "사건"에 있을 것이다. 여태까지 믿어왔던 진보의 질서가 근원적으로 파괴되고 무질서로 빨려들어가 버렸다. 여기서 진정한 일事의 의미가 생겨난다. 파괴가 곧 이벤트이다! 썩어문드러져야 비로소 진정한 일이 생겨난다. 역은 변화다. 변화는 썩음, 파괴를 그 계기로 삼는 것이다.

괘사

蠱, 元亨。利涉大川。先甲三日, 後甲三日。
고　원형　리섭대천　선갑삼일　후갑삼일

사물이 파괴되고 질서가 흐트러지지만 새로운 건설이 시작되는 고蠱의 세계는 보편성이 있고 리더십이 있고(元), 하느님과 소통하는 제사의 힘이 있다(亨). 그대들 앞에 가로놓여 있는 저 거대한 강물(미래의 이상을 향한 새로운 도전)을 과감히 헤엄쳐 나가는 데 이로움이 있을 것이다. 그러나 그러한 대사大事를 반드시 디데이인 갑일甲日을 중심으로 앞선 3일 즉 신일辛日부터 준비를 해야 하고 모든 선택의 가능성을 고려해야 하며, 거사로부터 3일이 지난 정일丁日에 이르기까지 그 후폭풍의 모든 마무리를 치밀하게 해야 한다.

나의 주체적인 해석을 따른 것이지만 『정전程傳』의 소견이 대체로 나와 같다. 10간을 놓고 생각하면, 갑甲·을乙·병丙·정丁·무戊·기己·경庚·신辛·임壬·계癸에서, 갑은 모든 것의 시작이자 종착이다. "선갑삼일先甲三日"은 갑을 앞서기 3일이니까 신辛이 된다. 신辛은 "신新"의 뜻이 있으니 새로운 시작이라는 뜻이다. "후갑삼일後甲三日"은 갑으로부터 3일이니까 정丁이 된다. 정은 정녕丁寧, 즉 안녕安寧의 뜻이 된다. 사건의 시작과 완성을 의미한다. 모든 사건은 한 시각에서 시작되고 종료되는 것이 아니라, 수많은 시간이 착종된 프로세스 그 자체이다.

이 선갑·후갑을 연 단위로 말하면 7년이 된다. 프로세스는 단절된 시간의 나열이 아니라 연결된 시간의 감응체계이다. 『역』의 저자가 "일事"을 바라보는 매우 심도 있는 철학, 그 철학에 배어있는 "시간"의 생각을 깊게 음미해볼 만하다. 이천이 말한 대로 많은 괘가 있지만 그 괘를 지배하는 일사는 단 두 가지뿐이다. 그것은 시時와 의義다. 시는 운명적이고 종교적이고 형이상학적인 것이다. 의는 정의로운 것이고 우리 삶의 선택의 문제이며 형이하학적인 것이다.

「대상전」은 말한다:

> **山下有風, 蠱。君子以振民育德。**
> 산 하 유 풍　　고　　군 자 이 진 민 육 덕

산(간艮) 아래에 바람(손巽)이 있다. 바람은 산을 휘돌면서 모든 것을 무질서로 빠뜨리고 파괴를 초래한다. 그러한 부패와 파괴의 상이 고괘의 모습이다. 군자는 이러한 고괘의 모습을 본받아 대중에게 리더십을 발휘하여 그들의 의지를 진작시키고 진휼振恤(구제사업) 사업을 대대적으로 감행한다. 그리고 그와 동시에 자신의 내면적 덕성을 기른다. 지금 민주전선이 해야할 일이 곧 "진민육덕振民育德"이다. 진민은 사회적 사업이요, 육덕은 나 개인의 내면의 진실을 쌓는

수덕의 사업이다. 진민은 외外요, 육덕은 내內다. 내·외를 같이 해야만 부흥은
성공한다.

初六: 幹父之蠱, 有子, 考无咎。厲終吉。
초 육   간 부 지 고   유 자   고 무 구   려 종 길

맨처음 음효: 고괘의 첫 효인 이 음효는 양위에 있으면서 正을 얻고 있지는 않
지만 오히려 正을 얻고 있지 않기에 부패나 퇴폐에 물들지 않은 젊은이의 패기
찬 모습이다. 부패는 항상 대를 걸러 축적되는 것이다. 이 初六이 해야 할 일은
아버지대로부터 내려오는 부패를 청산하고 그 대간을 바로세우는 일이다(幹父
之蠱). 이러한 아들을 둔(有子) 아버지는 오히려 허물에서 벗어날 수 있다(考无
咎). 그러나 이 아들은 음효이며 여리고 견고하지 않다. 그러나 정의로운 뜻
만은 확실하다. 부패청산의 과정이 위태위태하겠지만 끝내 승리할 것이다.
길하다(厲終吉).

『이아爾雅』「석친釋親」에 "부父를 고考라 한다"라고 되어 있다. 그런데『예
기』「곡례하」에 "살아있을 때는 부父라 하고, 죽으면는 고考라고 한다. 生曰
父, 死曰考。"라고 되어있다. 그러나『이아』곽박주郭璞注에는 "옛날에는 부
모 살아계실 때 또한 고비考妣라고 칭했다"라고 되어 있다. "고考"의 원래 글
자는 "노老"이다. 그러니까 노老, 고考, 부父가 원래 같은 글자의 변양이다.
원리를 모르고 예절의 세목에만 붙잡혀 까다롭게 용어를 분별하여 쓰는 것도
좀 문제가 있다.

九二: 幹母之蠱, 不可貞。
구 이   간 모 지 고   불 가 정

두 번째 양효: 이 효는 양효로서 양강陽剛하면서도, 또한 하괘의 中을 얻고 있다.

매우 정의롭고 듬직한, 그러면서 뚝심있는 훌륭한 아들의 상이다. 九二와 응하는 六五는 음효로서 엄마에 해당된다. 九二는 엄마로 인하여 생긴 묵은 부패의 고리들을 다 청산하여 집안의 대간을 바로잡는다(幹母之蠱). 철저한 부패의 청산이다. 그러나 엄마는 어디까지나 엄마다. 너무 가혹한 잣대를 들이밀 필요는 없다. 이러한 부패청산을 신에게까지 물을 필요는 없다(不可貞). 너의 굳건한 상식으로 행하라!

---------- ~≋≋≋~ ----------

『역』은 유교라는 후대의 도덕적 가치관을 초월한다. 역은 변화이고, 변화는 모든 도덕관념의 변화까지도 포섭한다. 『효경』스타일의 이념적 패밀리즘Familism은 『역』에는 용납되지 않는다. 부모·자식과의 관계나 남·여의 문제가 모두 음양의 평등한 순환의 차원에서 해후되고 화해되고 또 개혁된다. 역은 혁명이다. 끊임없는 변화다. 쉴 줄 모르는 변혁이다.

九三: 幹父之蠱。小有悔, 无大咎。
구 삼 간 부 지 고 소 유 회 무 대 구

세 번째 양효: 九三은 양효로써 양위에 앉아 正을 얻고 있지만 하괘의 꼭대기에 있으면서 지나치는 성격이 있고 중용을 벗어나 있다. 과강부중過剛不中하여 매사가 지나치는 성향이 있다. 이 괘의 효사에 있어서 "아버지"는 똑같은 아버지가 아니라 각 효의 주인공의 입장에서 바라보는 자기 아버지인 것을 잊지 말라! 이 九三은 정의로운 자세로 개혁에 참여한다. 아버지로부터 누대에 걸친 부패를 바로잡는다(幹父之蠱, "간幹"을 애매하게 번역하여, "주관하다"느니, "계승하다"느니 하여 그 뜻을 흐리고 만다. 바로잡아 그 대간을 바로 세운다는 뜻이다). 그의 지나친 성격으로 인하여 약간의 후회스러운 일이 있을 수는 있으나(小有悔) 결국은 큰 허물이 없이 끝날 것이다(无大咎).

―――❧❦❧―――

이 효사를 만난 사람은 명심하라! 가까운 이들의 부패이기 때문에 우유부단優柔不斷하면 부패는 점점 늘어나게 마련이다. 단호히 개혁을 수행하라! 우리나라 부귀를 손아귀에 넣고 있는 집안의 후손들 중에서 이러한 반성이 심화되어야 할 텐데, 과연 어떻게 그들을 교육시킬 수 있을 것인가!

六四: 裕父之蠱, 往, 見吝。
육 사 유 부 지 고 왕 견 린

네 번째 음효: 六四는 음위에 음효. 正을 얻고 있다. 따라서 아버지로부터 물려받은 가업의 부패와 실추를 바로잡으려는 의지가 있다. 그러나 음효이기 때문에 강의强毅하지 못하고 유약柔弱하다. 이 六四가 속한 상괘인 간체艮體에도 나태의 속성이 있다(艮＝止＝怠).

"유부지고裕父之蠱"는 아버지의 적폐에 대하여 너무 느슨하고 그 숙폐宿弊를 과감히 단절시키지 못한다는 뜻이다. 관용이 지나쳐, 앞으로 나아가면 나아갈수록 부패는 더욱 만연하게 된다. 시간이 지날수록(往), 아쉬움만 남긴다(견린見吝).

―――❧❦❧―――

점을 쳐서 이 효를 만난 그대여! 그대의 주변에는 적폐가 매일매일 늘어나고 있는데, 그대는 무기력에 빠져 개혁을 감행할 힘이 없구나! 어찌할 것인가? 관용의 지나침은 실패를 불러올 뿐. 나아가려고 해도 나아감이 없다.

六五: 幹父之蠱。用譽。
육 오 간 부 지 고 용 예

다섯 번째 음효: 六五는 천자天子이다. 상괘의 중으로써 개혁의 중심에 서 있다.

그러나 음효임에도 불구하고 양위에 있기 때문에 아버지 대로부터의 실추와 타락과 악폐를 바로잡아 대간을 세우려는(幹父之蠱) 의지가 강하다. 더구나 六五는 九二와 應하는데, 九二는 강건중용剛健中庸의 사나이이다. 六五는 九二와 마음을 통하며 느슨하지도 않고 과격하지도 않게 중용의 개혁을 차곡차곡 진행시켜 나간다. 그렇게 함으로써("用用"은 써 이 "以"자와 같다) 결국에는 역사에서 위대한 영예를 차지한다(用譽). 후세에 좋은 본보기가 된다.

——— ❦ ———

六五에 해당될 수 있는 유일한 왕이 내가 생각키에는 정조였다. 정조가 만약 영조의 적폐(蠱)를 과감히 청산하려는 의지만 있었더라도 향후의 모든 상황은 달라졌을 것이다. 그러나 그는 아버지 사도세자에 대한 트라우마 때문에 영조의 사업을 뒤엎을 생각도 하지 못했다. 억울하게 죽은 사도세자의 명예를 높이기 위해 영조와의 약속을 지켜야만 한다고 생각한 것이다. 그 약속이란 사도세자의 죽음의 진실을 은폐하는 것이었다. 정조에게는 九二가 없었다. 외로웠고 암살시해의 위협에 시달렸다. 최근의 우리나라 진보정치인들에게도 九二가 없다는 것이 서글픈 사실이었다. 위대한 조력자가 없이는 위대한 천자天子도 없다. 우리나라의 권력자들은 모두 외롭다. "향享"을 모른다. 같이 먹고 마시고 이야기를 나누고 그 기쁨을 신과 민중과 함께 향수할 줄을 모른다. 향享을 모르니 형亨할 리 만무하다.

上九: 不事王侯。高尚其事。
상 구   불 사 왕 후   고 상 기 사

꼭대기 양효: 上九는 양효로서 양강한 재질을 가지고 있으나 여섯 번째 자리는 이미 무위無位의 자리이다. 이 上九의 자리는 고의 사업이 끝나는 자리이므로, 부패와 무질서가 청결되고 고결한 질서가 자리잡는 시기이다. 그래서 이 上九에만 유일하게 "고蠱"라는 글자가 등장하지 않는다. 효사의 구성 그 자체가

매우 논리적이며 치밀한 구성을 지니고 있다. 그런데 고의 본래적 의미인 고 대신의 글자, "사事"가 두 번이나 등장하고 있다.

上九는 세상으로부터 位를 벗어난, 그러니까 꼭 은둔자라고 말할 필요는 없어도 세사世事에 초연한 무위無爲의 강인한 인물이라 해야 할 것이다. 그리고 하괘와 정응正應의 관계가 없다. 그러니 알아주는 사람이 없다. 인부지이불온人不知而不慍의 인간이다. 그는 왕후를 섬기지 않기에(不事王侯) 그 적폐청산의 일事을 객관적이고도 숭고한 사업으로 사심없이 고결하게 추진시킨다(高尙其事: 그 일을 고상하게 만든다). 그래서 천하사람 모두에게 존경을 얻는다.

점쳐서 이 효사를 만나면 하던 일을 일단락 짓고, 물러나 평안을 향수하라!

최근에 방영된 드라마로서 『우리들의 블루스』(극본 노희경. 20부작)라는 작품이 있다. 우리 민족의 공동체도덕의 여실한 진수를 보여준 걸작이었다. 어쩌면 때묻지 않은 고조선의 풍모가 제주도 사람들의 삶에 보존되어 있다고도 말할 수 있을 것 같다. 그 짙은 감정의 얽힘들은 리얼한 효사의 착종이라고도 말할 수 있을 것이다. 배우들의 연기가 너무도 탁월하였다. 연출부, 제작부, 출연진 모두에게 감사를 표한다.

태하兌下
곤상坤上 지택 림臨

Approaching, Growing Upward

괘명 우리말에서 "……에 임하다"는 접근을 나타낸다. "임박臨迫," "임시臨時," "임종臨終," "임기臨機" 등의 용례에서 알 수 있다. "림"의 옛 용례는 대체로 높은 곳에서 아래를 내려다보는 것, 혹은 신령이 강림하는 모습을 나타내곤 한다. 여기 림괘의 괘상을 보아도 네 개의 음효가 두 개의 양효를 내려다보는 상이다. 그러나 이것을 뒤집어 생각하면 두 개의 양효가 네 개의 음효를 치받고 올라가는 의미도 된다. 그러니까 "림臨"에는 위(군주)에서 아래(백성)를 내려다 본다는 의미와 정의로운 세력이 불의의 세력을 치받고 올라간다는 양면의 의미가 동재同在한다.

「서괘전」에 고괘 다음에 림괘가 오는 이유를 다음과 같이 해설한다: "고괘의 고蠱는 일事이라는 것이다. 그런데 일이라는 것이 생기게 되면 항상 커지게 마련이다. 그래서 고괘를 림괘로 받은 것이다. 그러니까 림괘의 림臨은 크다大는 의미이다. 蠱者, 事也。有事而後可大, 故受之以臨。臨者, 大也。"

「서괘전」은 림臨을 대大로 해석하고 있다. 고蠱를 일事이라고 했을 때 느꼈던 황당함을 여기서도 느낄 수 있다. 왜 림할 림 자를 대大라고 해석하는가?

이것은 그 해답을 역시 괘상에서 찾아야 할 것 같다. 림괘는 소식괘의 12월에 해당되는 괘이다. 11월의 복復괘☷에서 양이 자라나기 시작해서 양이 건실한 세력을 형성하기 시작한 초엽의 사건이다(☷). 『주역』에서는 대체로 음은 소인을 말하고 양은 군자를 말한다. 군자가 소인을 점점 물리쳐서 결국은 나아가 큰 세력을 이룬다는 의미에서 림臨이 대大로 해석된 것이다. 그런데 이러한 역의 논리에서 우리가 주의해야 할 점은 대인과 소인이, 인간종자의 이야기라든가, 계급적 분별이라든가 신분적 차별, 혹은 선과 악의 실체적 분별을 전제로 해서 말하는 것이 아니라는 점이다.

소인과 군자는 고정불변의 실체가 아니다. 공자도 서인庶人을 소인小人이라고 규정한 적이 없다. 그러한 사례가 『논어』에 한 군데도 없다. "군자유君子儒, 소인유小人儒"라는 말이 있듯이 군자와 소인의 공통분모는 어디까지나 "유儒"이다. 즉 군자와 소인은 배운 사람들 사이에서, 사회적 책임을 질 만한 그룹 내에서 분별되는 도덕적 포폄일 뿐이다. 그러기 때문에 군자도 사익을 취하면 소인이 될 수 있고, 소인도 대의를 쫓으면 군자가 될 수 있다. 소식괘에서는 식息(증식)이 끝나면 다시 소消(소멸)가 이어진다.

상하의 트라이그램을 보아도 하괘는 태兌(☱)이니 기뻐한다(열說)는 성질이 있다. 그리고 상괘는 곤坤(☷)이니 순順의 성질이 있다. 그러기 때문에 바람이 크게 이루어진다는 희망을 약속하고 있는 것이다.

「대상전」을 한번 보자!

澤上有地, 臨。君子以教思无窮, 容保民无疆。
택 상 유 지 림   군 자 이 교 사 무 궁   용 보 민 무 강

연못 위에 대지가 펼쳐져 있는 모습이 림괘의 모습이다. 그러니까 대지 위에서 연못을 내려다 보는 다스림의 상이다. 그러므로 군자는 이 림괘의 모습을 본받

[19]
臨
☷☱

아(以) 대중을 가르치고 사랑하는 마음이 끊임이 없다. 그리고 대중을 포용하고
보호하는 자세가 대지와도 같이 너르고 또 너르다.

臨, 元, 亨, 利, 貞。至于八月, 有凶。
림 원 형 리 정 지우팔월 유흉

림괘는 민중에게 림臨한다는 뜻이며 매우 영향력이 큰 거대한 괘이다. 그러므로
원, 형, 리, 정의 사덕을 모두 갖추고 있다. 九二의 효는 양강陽剛하며 하괘의 中에 있으
며, 상괘의 六五와 應하고 있기 때문에 전진의 희망으로 가득차있다. 그러나 조심해
야 할 것이 있다. 전진은 항상 전진하지 않는다. 양(대인)의 세력이 지금은 피어나고 있
지만 거꾸로 양의 세력이 쇠퇴하는 반대의 상황이 꼭 도래하기 때문이다. 음이 자라나
양을 압박하는 그러한 가을의 시기가 꼭 온다. 그것은 凶한 것이다. 지금부터 대비해
야 한다. 군자의 도가 성盛한 시기에도 쇠衰하는 시기의 비극을 경계하는 마음자세를
지녀야 한다.

"지우팔월至于八月, 유흉有凶。"에 대한 해석은 두 가지가 있다. 첫째 설은
양기의 발생을 11월 즉 복괘▤▤로 놓고 시작하는 설이다. 그로부터 12월 림▤▤,
정월 태▤▤, 2월 대장▤▤, 3월 쾌▤▤를 지나 4월 건▤에 이르면 양기는 극성
한다. 그런데 5월 구▤부터 음기가 발생하여 6월 둔遯▤에 이르면 음이 확
실히 양을 물리치는 형국이 형성된다.

림괘▤▤와 둔괘▤는 방통괘旁通卦로써 음효와 양효가 반대인 착괘錯卦이다.
그래서 극적인 반대형국의 대비가 있다. 양이 음을 밀치고 들어가는 형상과
음이 양을 밀치고 들어가는 형상이 대비되는 것이다. 그런데 복괘로 시작해

서 둔괘에 이르기까지 8개월이다. 그래서 "8개월이 지나면 흉하다"라고 말한 것이다. 이 설은 정이천이 취하는 설이다. 그러니까 "八月"을 "8개월"로 해석하는 것이다("August"가 아닌 "eight monthes"). 현재 우리가 쓰는 달의 개념은 하나라역을 기준으로 한 것이다. 『논어』「위령공」10을 참고할 것.

또 하나의 설은 "八月"을 "August"로 푸는 설이다. 림☷☱으로부터 양기가 펼쳐지면서 태☷☱, 대장☳☱, 쾌☱☰, 건☰☰이 된다. 그리고 음이 아래로부터 발생하여 구☰☴, 둔☰☶, 비☰☷, 관☴☷이 된다. 그런데 이 관觀은 8월의 괘이다. 그리고 림臨괘와 반대괘, 즉 종綜의 관계이다(림☷☱, 관☴☷). 관괘는 음이 왕성하여 양이 찌그러드는 상이다. 그래서 "8월이 되면 흉하다"라고 한 것이다.

왕선산은 이런 복잡한 설명을 취하지 않고, 림臨의 내괘는 태兌, 태의 방위는 서西, 계절은 가을秋, 가을은 8월에 해당된다라고 말한다. 12벽괘에 관하여 설이 많으므로 하·은·주역의 차이를 여기 적어놓는다.

십이소식괘 十二消息卦	☷☱ 태 泰	☳☱ 대장 大壯	☱☱ 쾌 夬	☰☰ 건 乾	☰☴ 구 姤	☰☶ 둔 遯	☰☷ 비 否	☴☷ 관 觀	☶☷ 박 剝	☷☷ 곤 坤	☷☳ 복 復	☷☱ 림 臨
십이진 十二辰	인 寅	묘 卯	진 辰	사 巳	오 午	미 未	신 申	유 酉	술 戌	해 亥	자 子	축 丑
夏하 曆력	정월 正月	이월 二月	삼월 三月	사월 四月	오월 五月	유월 六月	칠월 七月	팔월 八月	구월 九月	시월 十月	십일월 十一月	십이월 十二月
殷은 曆력	이월 二月	삼월 三月	사월 四月	오월 五月	유월 六月	칠월 七月	팔월 八月	구월 九月	시월 十月	십일월 十一月	십이월 十二月	정월 正月
周주 曆력	삼월 三月	사월 四月	오월 五月	유월 六月	칠월 七月	팔월 八月	구월 九月	시월 十月	십일월 十一月	십이월 十二月	정월 正月	이월 二月

[19]
臨
☷☱

初九: 咸臨。貞, 吉。
초 구 함 림 정 길

첫 번째 양효: 림괘의 첫 효는 양위에 양효가 있으니 正을 얻고 있으며 또 상
괘인 六四(대신大臣의 자리)와 감응하는 관계다. 그러므로 윗사람을 강압적으로
압박할 필요가 없다. "함咸"은 "감感"의 뜻이다. 생명의 우주는 모든 것이
생동生動한다. 생명이 있기에 움직인다. 생명이 있다는 것은 감感, 즉 "느
낌"(Feeling)이 있다는 것이다. 이 우주의 원초적 사실은 느낌이다. 모든 교섭
이 느낌으로 이루어진다. 그것은 폭력이 아니다. 모든 창조를 향한 교섭이
느낌이기 때문에 다 함咸 자와 느낄 감感 자는 동일하다. 모든 것이 느낌이요,
느낌이 모든 것이다.

初九는 양효이고 감感의 주체이고, 六四는 음효이고 응應의 주체이다. 이 둘의
만남(Encounter)이 감응이다. 감응하는 우주가 곧 생명의 우주이다. 감응하는
사회가 곧 생명의 사회이다. 맑스는 억압을 풀기 위해 "투쟁"을 우주의 원
동력으로 내걸었지만(헤라클레이토스의 프라그먼츠를 그렇게 해석했다), 그러나 투쟁
보다 더 근원적인 것은 "느낌"이다. 느낌이 투쟁을 거부하는 것은 아니다.
그러나 투쟁이 느낌에 도달하지 못하면 투쟁은 반드시 그 자체의 얽힘에 의해
붕괴되고 만다.

"함림咸臨"은 "느낌으로써 임한다," "느끼면서 임한다"는 것이다. 모든
지성인의 의무는 대중에게 임하는 것이다. 반드시 바른 느낌으로 임해야 한다.
"정길貞吉"은 그러한 바른 군자가 미래에 관하여 물음을 던지면 길하다는
것이다. 느낌을 통해 새로운 세계를 펼쳐가기 때문이다.

점을 쳐서 이 효사를 얻으면, 사람들과 합심하여 하는 벤처를 행하면 성공
한다. 그러나 반드시 느낌이 통하는 사람들끼리 해야 한다. 경쟁심을 일으켜
서는 아니 된다.

九二: 咸臨, 吉。无不利。
구 이 　함 림　길　　무 불 리

두 번째 양효: 九二도 상괘의 六五와 응응(應)하고 있다. 六五는 유순(음효)하며 九二는 강한 생명력을 지니고 있으며 中을 얻고 있다. 그러므로 유순한 천자인 六五를 성의를 다하여 느낌으로 감동시킨다. 九二의 앞길은 길하다. 이롭지 아니할 이유가 없다(无不利). 九二의 "함림咸臨"은 初九의 "함림"보다 양강陽剛이 더 진전되어 그 성의와 느낌이 더욱 성대盛大하다.

六三: 甘臨, 无攸利。既憂之, 无咎。
육 삼　감 림　무 유 리　기 우 지　무 구

세 번째 음효: 六三은 하괘의 최상위에 있다. 림臨이란 것은 윗사람이 아랫사람에게 임하는 것이다. 六三은 임하는 지위에 있다. 그러나 그는 음유하며 재능이 없다. 六三의 위치는 中도 아니고 또 양위에 음효이니 正을 얻고 있지도 못하다. 소인의 한 전형이다. 그런데 이 소인이 처한 정황은 初九·九二의 이강二剛이 서서히 세력을 증강시키면서 4음의 제일 아래에 있는 六三을 육박하고 있는 상황이다. 이에 六三은 진실로 그들을 대하지 않고 꾀를 부려 감언이설로 대한다. 이것을 "감림甘臨"(달콤하게 임한다)이라 표현했다.

우리나라 정치인, 언론인, 법조계 사람들 중에는 이 감림甘臨의 술책을 쓰는 자가 많다. 그러나 감림은 결코 아무런 이득을 가져오지 않는다(无攸利). 六三은 이런 상황을 알아차리고 자신의 운명이 잘못될 것을 걱정하여(既憂之), 그러한 자세를 뜯어고친다. 자라 나오는 정의로운 세력을 성실하게 대한다. 그렇게 하면 허물이 없으리라(无咎).

이 효를 만나는 사람은 감언이설, 교언영색巧言令色으로 세사를 대하면 반드시 실패한다. 무엇이든지 가볍게 여기지 말고 신중하게 생각하고 대처하라.

六四: 至臨。无咎。
육 사   지 림   무 구

네 번째 음효: 六四는 음유陰柔의 대신大臣이다. 재능이 탁월하거나 하지는 않지만 그 位가 正하여 그 마음씨가 매우 방정方正하다. 初九와 응應한다. 初九는 양강하며 마음씨가 정의로운 현인賢人. 六四는 자기를 비우고 初九의 현인에게 직접 찾아간다. 자기를 낮추어 初九의 곳으로 찾아가는 이 방식도 하나의 림臨의 양태이다. 이것을 "지림至臨"이라 표현했다. 고답적인 림의 자세가 없다. 이렇게 서로 상하가 교류하고 친하게 소통하니 허물이 있을 수 없다(无咎). "지림至臨"을 그냥 지극정성으로 임한다는 뜻으로 풀기도 하는데, 유현덕이 공명을 찾아가는 것처럼 몸으로 간다는 이미지가 더 감동적이다. "몸으로 이르러 임한다"의 뜻이다.

六五: 知臨, 大君之宜。吉。
육 오   지 림   대 군 지 의   길

다섯 번째 음효: 六五는 유순柔順한 덕성을 지니고 있으며 그 자리로 말하자면 중용의 천자天子이다. 최고의 리더십 포지션. 그런데 음효이기 때문에 九二와 잘 응한다. 九二는 강중剛中의 현인賢人이다. 젊고 정의로운 사회세력이다. 六五는 九二를 신임한다. 그래서 자신의 지식을 사용하지 않고 아랫사람들의 의견을 활용할 줄 아는 지혜를 구사한다. 이러한 지혜로써 민중에게 임하는 자세를 "지림知臨"이라 했다. 자신의 지식을 사용하지 않고 세상을 무위의 지혜로써 다스리는 것이다. 여기서 "지知"는 "지智"를 가리킨다. 이 "지림" 은 아무나 실천할 수 있는 것이 아니다. 그것은 대군의 마땅함(大君之宜)이라 말함이 옳다. 이러한 리더를 가진 역사와 사회는 吉하다.

上六: 敦臨, 吉。无咎。
상 육 돈 림 길 무 구

맨꼭대기 음효: 上六은 상괘의 극한점이지만 六四, 六五와 함께 대지를 이루는 한 몸이다. 보통, 극상의 여섯 번째 자리는 좋지 않은 자리이다. 허慮가 없고 모든 것이 과過하다. 그러나 이 림괘의 上六은 임하는 괘이기 때문에 아래로 부터 치고 올라오는 이양二陽의 세력과 응하는 성격을 지니고 있다.

가장 높은 자리에서 교만하지 않고 정의로운 세력들을 도타운 마음으로 포섭한다. 이미 六五의 대군大君도 "지림知臨"의 마땅한 마음을 보여주었기 때문에 上六도 대군大君의 본보기를 따라 도탑게 임한다. 이것을 "돈림敦臨"이라고 표현했다. 이러한 인간세는 아름다운 세상이다. 모든 것이 吉하다. 허물이 없다(无咎). 해피 엔딩이다.

변함없는 고조선의 모습

[19]
臨

| 20 |

곤하坤下
손상巽上 풍지 관觀

Observation, Envisaging

괘명 "관觀"이란 글자는 우리 생활 속에서 흔히 만나는 글자로서 일차적으로 "보다"라는 의미를 지니고 있다. 그런데 과연 "본다"는 의미는 무엇인가? 오늘날 우리는 너무도 근세서구과학이 가르친 생리학적 사실이나 광학적 이론에 의하여 "본다"라는 의미를 해석하고 있다. 즉 "시력"의 문제로! 그러나 옛날사람들은 "본다"는 것을 단순히 시력의 문제로 생각한 것 같지는 않다.

"관觀"이라는 글자에서 성부에 해당되는 "관雚"은 "황새"를 의미하며, 신성시된 새인데, 이 관이라는 글자에서 황새의 역할은 조점鳥占(새를 활용하는 점)의 기능이 있었던 것 같다. 그러니까 "본다"는 것의 최초의 의미는 "신의 뜻을 헤아린다"는 뜻이 된다. 본다는 것은 광학적으로 본다는 뜻이 아니요, 봄으로써 신의 뜻을 찾아낸다는 뜻이다. 그렇게 보지 않는 사람은 진짜로 보고 있는 것이 아니다.

지금 이 관괘(☴)를 언뜻 쳐다볼 때, 그 모양에서 직감적으로 느낄 수 있는 사실은 그 모양이 파리의 개선문이나, 파리의 개선문을 본뜬 우리나라 서대문밖에 있는 독립문을 연상시킨다. 비비하는 괘들을 압축시켜 하나씩 묶으면 그것은 간괘☶의 모양이 되는데, 간에는 문궐門闕(큰 대문)의 뜻이 있다(「설괘전」11장). 그러니까 개선문처럼 멀리서도 잘 보이는 조형물이나 건물을 "관觀"이라고 했다. 옛날에는 왕이 사는 곳에는 특별히 높은 망루가 있어서 그것을 교喬(=경京: 경의 갑골문도 높은 망대의 모습)라고 했는데 그 망루 꼭대기에 올라가서 백성들을 내려다보는 것을 "경관京觀"이라 했다.

잘 보이는 곳에서 "보는 것,"그것이 관觀의 일차적 의미이지만, "본다"는 것은 또 잘 보이기 위한 것이므로 관에는 "보이다"라는 수동적 의미가 내포되어 있다. 보는 것은 보이는 것이다. 그것은 호상적인 봄Mutual Viewing이다. 괘상으로 말하면 위의 두 양효가 밑에 있는 네 음효를 내려다보고 있고, 또 밑에 있는 네 음효는 위의 두 양효를 올려다보고 있다. 이러한 상하상견上下相見의 모습이 관괘이다.

「서괘전」에는 림臨괘와 관觀괘의 관계를 이렇게 설명하고 있다: "림괘의 림臨은 사물이 커진다는 뜻이다. 사물은 커지게 되면 반드시 보이게 되어있다. 그래서 림괘를 관괘로 받은 것이다. 臨者, 大也。物大然後可觀, 故受之以觀。" 그럴듯한 설명이기는 하나, 사실 관괘☴☷는 림괘☷☱의 반대괘(종괘)이므로 그 순서는 상수적으로 결정된 것이다.

「대상전」은 어떻게 말하고 있을까?

風行地上, 觀。先王以省方, 觀民, 設敎。
풍 행 지 상 관   선 왕 이 성 방 관 민 설 교

바람(손괘☴)이 대지(곤괘☷) 위를 두루두루 가는 모습이 관괘의 형상이다. 선왕(culture hero, "작作"의 지도자)은 이 괘의 형상을 본받아 두루두루 여러 지방을 순행하면서 살피고, 백성들의 삶의 현실을 관찰하여 보고, 그 풍속에 맞게 예

[20]
觀
☴☷

교禮教를 설設한다. 예교를 설한다는 것은 백성들이 바라볼 수 있는(觀) 모범을 만드는 것이다.

역시 「대상전」의 저자는 『역』을 선왕의 작作이라고 하는 정치적 행위의 주제로서 파악하고, 『역』을 경륜經綸의 서書(Book of Political Act)로서 규정하고 그 의미를 상象과 관련지어 일관되게 확충시켜 나간다. 관觀(봄)은 선왕의 관(봄)이며, 우리에게 관괘의 의미도 선왕이 보는 눈으로 세상을 볼 때 그 진가가 드러난다는 것이다.

觀, 盥而不薦。有孚, 顒若。
관 관 이 불 천 　 유 부 　 옹 약

하느님의 뜻을 살핀다. 제주는 손을 씻어 자기 몸을 성화聖化한다. 아직 제수를 올리기 전 긴장된 순간 그 마음은 천지의 성실함으로 넘친다. 주변의 사람들도 공경하는 마음으로 우러러 본다. 하느님이 임재하신 듯하다.

———— ❧ ————

"관觀"의 의미가 단순히 본다는 뜻이 아니고, 신의 의지를 살핀다는 의미 맥락이 포함되어 있다는 것을 이미 괘명에서 말했다. 4세기 초부터 중국의 대승계열의 사상가들이 "Avalokiteśvara"를 "관세음觀世音" 혹은 "관자재觀自在"라고 번역했는데, 이때는 "관觀"도 『주역』의 괘명에서 따온 것이다. "세상의 소리를 본다" "관찰하는 것이 자유자재롭다"는 뜻이 결국은 "부처가 지닌 모든 덕성을 관찰한다"는 뜻과 통하는데 그 관觀이 바로 이 관괘의 관과 상통하는 것이다. 이때 관찰한다의 원어가 다르사나darśana 혹은 비파샤나vipaśyana이다. 『역』에서는 보살의 관찰이 선왕의 관찰, 사회적 책임을

지는 지도자들의 관찰이 된다. 정치적 지도자들이 세음을 잘 살필 줄 알 때
비로소 선왕의 도는 완성되는 것이다.

 "관觀"은 "관盥"과 발음이 비슷하다. 그리고 의미론적으로도 서로 연관되
어 있다. "관盥"이란 제사를 지낼 때 제주祭主가 손을 씻는 모습이다. 글자
를 보면(🖐) 그릇 속에 손이 들어가 있고 양옆으로 물이 흐른다. 갑골문에 있
다. 신에게 제사 지내기 전에 제주가 스스로의 몸을 정화시키고 자신을 성
화sacralization 시키는 상징으로서 손을 씻는 것이다. 그리고는 향기로운 울창
주와 제사음식을 올리고, 또 울창주를 땅에 뿌리는 작업을 통해 신이 강림케
하는 것이다. 술의 향기가 울려퍼지면 신이 흠향하기 위해 하늘에서 내려오
거나 땅속에서 나오거나 할 것이다. 『논어』의 「팔일」10에 공자의 말씀으로서
매우 유명한 파편이 하나 있다.

> 子曰: "禘自旣灌而往者, 吾不欲觀之矣。"
>
> 공자께서 말씀하시었다: "체禘제사에서 강신주를 따르는 절차가 끝난 이후로는,
> 나는 별로 체제사를 보고 싶은 생각이 없다."

 체제사는 상제上帝에게 올리는 제사인데, 당대 노나라에서 행한 제사에 관
하여 공자가 평을 한 것이다. 이 평에 대하여 두 가지 해석이 가능하다. 첫째
는 "관灌"(술을 뿌리는 행위)이라는 제식 이후로는 별 의미가 없다, 단지 번문욕
례일 뿐이다라는 식의 해석이 가능하다. 둘째는 "관灌" 이후로 엄청나게 복
잡한 예식이 진행되는데 그 과정이 고례에서 벗어난다, 선왕의 예식을 가장
잘 보존하고 있다고 자부하는 노나라의 체제사가 관灌 이후로는 다 엉터리다,
그래서 나는 별로 보고 싶질 않다는 것을 공자가 말하고 있다는 것이다.

 그런데 이 『역』의 저자는 그러한 논의와 비슷한 논의를 하고 있는 것이다.
관은 천하를 보는 것이요, 신의 의지를 보는 것이요, 세상의 소리를 보는 것

이다. 그런데 그것은 제사를 지낼 때, 제주가 손을 씻고(盥而) 깨끗한 몸과 마음으로 기다리며 음식과 술을 바치는 단계에 이르기 전(不薦: 아직 바치지 않았다. "薦"은 신에게 제수를 올림) 긴장된, 그 순일純一한 진심이 충만된 상태와도 같은 자세로 보아야 제대로 보는 것이다(觀, 盥而不薦). 관觀의 주체에게 그 내면에 우주적 성실함이 가득차있으니(有孚), 옹약顒若(공경스러울 옹, 그럴 약)하여 만인의 존경심을 얻는다.

역의 가치관은 모든 것이 쌍방적이다. 내려다 보는 사람의 시선은 올려다 보는 사람의 시선과 유부옹약有孚顒若하게 감응해야 하는 것이다.

효사

初六: 童觀。小人, 无咎; 君子, 吝。
초 육   동 관   소 인   무 구   군 자   린

맨처음 음효: 관괘의 첫째 음효인 初六은 양위에 있는 음효로서, 가장 아래에 위치하고 있다. 이 음효는 이 괘의 주효인 九五를 흠모하지만 너무 멀리 떨어져 있어서, 九五 천자의 중정의 미덕을 체화시키는 것이 불가능하다. 그러기 때문에 그가 일상적으로 보고듣는 것이 천박하고 비속할 수밖에 없다. 세상을 바라보는 것이 유치하다는 것을 여기 "동관童觀"이라고 표현했다. 그런데 이 동관은 세상운영의 책임을 지지않은 서민들의 경우에는 허물이 될 이치가 없다(小人, 无咎). 그냥 생활 속의 동관은 순수한 무지일 수도 있기 때문이다. 그러나 동관童觀(어린애처럼 세상을 바라봄)이 세상운영의 책임을 진, 位가 있는 군자의 동관이 되면 그것은 매우 위태롭고 많은 이에게 큰 허물을 끼친다(君子, 吝). 이 효사는 지식인의 책임을 강조한 것이다.

六二: 闚觀。利女貞。
육 이   규 관   리 여 정

두 번째 음효: 문틈으로 세상을 본다. 문틈으로 세상을 볼 수밖에 없는 여인이 점을 치면 이롭다.

———— ❧ ————

六二는 음유한 효이면서 初六보다는 높은 지위에 있지만 재능이 없고 아직 지위도 낮아 하급공무원 수준의 단계에 머물러 있는 인물이다. 당연히 九五 천자天子의 中正의 덕을 직접 우러러 보는 기회가 주어지지 않았다. 그래서 세상을 보는 눈이 협애하다. 우물 안의 개구리처럼 동굴 속에서 밖을 내다보는 것을 "규窺"라 하고 집에서 문틈 사이로 밖을 내다보는 것을 "규闚"라고 한다(엄밀한 구분은 없다). 옛날에는 여자가 문밖을 나다닐 수 없던 시기가 있었다. 여기 "규관闚觀"이란 집에서 문틈 사이로 바깥세상을 내다보는 것을 말한다. 六二의 세상보기는 "규관闚觀"에 머물러 있다는 것이다. 그런데 여성과 같은 삶의 공간을 지니고 있는 사람이 이 규관의 점을 친다면 그것은 오히려 이로울 수도 있다(利女貞). 그러나 문밖에서 말타고 다니면서 당당하게 세상을 보아야 할 대장부에게 이러한 "규관"은 수치스러운 것이다(「소상전」에 있는 말).

이 효도 역시 다양하고 너른 관점에서 세상을 바라볼 줄 알아야 삶의 세계의 개선이 가능하다는 것을 말하고 있다.

六三: 觀我生, 進退。
육 삼　관 아 생　진 퇴

세 번째 음효: 六三은 하괘의 제일 높은 자리에 있으며 양의 자리에 음효로서 머물고 있다. 항상 세 번째 자리는 위태로운 성격이 있으며 결단을 강요당하는 성향이 있다. 그러나 九五와 특별히 교감하는 자리에 있지도 않고 자기 스스로 자기 운명을 결단해야만 하는 위치에 있다. 우리의 삶은 우주적 생명의 한 프로세스이다. 나는 끊임없이 생성중에 있다. 지금 六三은 상괘로 나아갈 수도 있고 하괘로 물러날 수도 있다. 六三이기 때문에 물러날 여백이 있는 것

이다. 이렇게 자신이 결단해야만 할 시기에는 항상 나의 삶의 프로세스가 내어놓은 결실을 보고(觀我生), 그 기준에 의해 내가 나아갈지 물러날지를 결정해야 한다(進退). 나의 행위가 사태를 원만히 해결했을 수도 있고, 악화시켰을 수도 있다. 그러한 행위의 결과는 나의 진로를 반추하게 하는 훌륭한 기준이 된다. 이러한 처세방법이 도를 잃지 않는 좋은 방법이다.

─── ❧ ───

정이천은 "아생我生"은 "아지소생我之所生"(내가 생하는 바)이며, "아지소생我之所生"은 "나로부터 나오는 동작動作과 시위施爲이다"라고 말했다.

六四: 觀國之光。利用賓于王。
육 사 관 국 지 광 리 용 빈 우 왕

네 번째 음효: 六四는 원래 대신大臣의 자리이다. 음위에 음효이니 正을 얻고 있으며 또 유순한 성격을 지니고 있다. 실력자로서 양강중정의 덕성을 지닌 九五의 천자天子에 가장 접근이 용이한 자리에 있다. 여기 "빈우왕賓于王"이라는 것은 문자 그대로는 "왕에게 손님이 된다"는 의미이지만, 그것은 천자가 빈객賓客의 예를 갖추어 현인을 우대한다는 뜻으로 중요한 자리에 임용된다는 것을 의미한다. 이럴 때, 이 현자는 어떻게 해야 하는가?

그 천자의 지고한 덕성, 그 가치를 직접 보고 과연 내가 일을 할 수 있는지 없는지를 판단하는 것이 옳은 일인 것 같은데 효사는 다른 대답을 내어놓았다. "왕"이 아니라 그 "나라"(=일반인들의 삶)에 찬란한 빛이 있는가 없는가를 먼저 살펴보라(觀國之光)는 것이다. 우리가 지금 쓰는 "관광觀光"이라는 단어가 이 효사에서 유래된 것이다. 나라의 빛과 어둠을 보아서 내가 정치에 가담할지 않을지를 결정하라는 것이다. 六四의 효사는 이런 뜻이다: "나라의 빛을 보라! 성덕이 넘치는 그 나라의 왕에게 초빙되어 가는 것은 이로움이 있다(利用賓于王)."

─── ❦ ───

이 효를 만나는 사람이 재야에 있는 사람이라면, 정치에 나아가도 길한 결과를 얻을 것이다.

九五: 觀我生。君子无咎。
구 오　 관 아 생　 군 자 무 구

다섯 번째 양효: 九五는 양강陽剛하며 中正, 존위尊位를 얻고 있다. 아래의 네 개의 음효가 우러러보는 자리, 동시에 九五는 네 개의 음효를 내려다 보고 있다. 더 이상 좋을 수가 없는 강건중정剛健中正의 천자天子로서 관괘의 주효主爻이다. 이 유덕한 군주는 자기의 삶의 포지션에서 "관아생觀我生"을 다시 실천해야 한다. 관아생觀我生이란 자기 삶의 프로세스가 생산한 결실을 총체적으로 전관全觀하는 것이다. 자기의 삶을 되돌이켜 볼 때 끊임없이 도덕적인 의지를 도입시킴으로써 삶에 중용의 건강을 부여했다면 군자로서 아무런 허물이 없을 것이다(君子无咎). 모든 군주, 모든 리더들은 끊임없이 자기 삶의 과정을 반추해보아야 한다.

─── ❦ ───

「소상전」에 "관아생觀我生, 관민야觀民也"라는 표현이 있는데, 그것은 군주의 경우, 자기 삶을 되돌아본다는 것은 오히려 자기가 다스리는 민중의 삶을 봄으로써 자신의 덕성을 더 정확하게 평가할 수 있다는 것을 말하고 있는 것이다. 민중의 풍속의 좋고 나쁨이 나의 실존적 행위의 좋고 나쁨의 기준이 된다는 것이다. 문명은 정치의 축적태이다. 어떠한 정치를 했느냐, 그 민중의 삶의 족적이 문명의 호오好惡의 느낌을 형성하는 것이다.

上九: 觀其生。君子无咎。
상 구　 관 기 생　 군 자 무 구

꼭대기 양효: 上九는 九五의 군위君位보다도 더 높은 자리에 있다. 옛사람들도 한 사회에 최고의 정치권력자인 왕보다도 더 높은 사람들이 있다고 생각했다. 관작에 초연하게 사는 은둔자들, 정계政界의 밖에서 그 사회의 도덕의 기준을 만들어가는 유유자적의 현자들, 이런 사람들을 왕보다도 더 높은 사람들로서 생각했다.

여기 上九의 삶의 평가에 관하여 九五에서 "관아생觀我生"이라고 썼던 표현이 여기서는 "관기생觀其生"으로 바뀌어 있다. "관아생"과 "관기생"은 어떻게 다른가? "관아생"은 군주가 주체가 되어 군주 스스로의 삶을 반추하는 것이다. 그래서 "아생我生"이라 한 것이다. 그런데 이 上九의 주체는 고괘蠱卦의 上九와도 같은 은둔자이고 정치의 소임 밖에 있는 사람이다. 이 사람을 평가하는 것은 본인들 자신이 아니다. 민중이 평가하는 것이다. 평가의 주체가 민중으로 이동한 것이다. 민중이 그 삶을 평가할 때(觀其生) 이 무위無位의 은둔자가 군자다운 삶을 누리고 있다고 평가한다면 이 은둔자의 삶에는 허물이 없는 것이다(君子无咎).

은둔자라 해서 가치평가에서 벗어나는 것이 아니다. 항상 그의 삶도 민중에 의하여 평가되고 있기 때문에 그 삶의 의지는 평안할 수 없다. 항상 근신하며 근원적 도덕성을 유지해야 하는 것이다. 그래서 「소상전」에 "관기생觀其生. 지미평야志未平也"라 한 것이다. 上九의 은퇴한 삶도 항상 민중에게 관찰의 대상이므로 그의 뜻이 항상 편안할 수만은 없다라는 뜻이다. 즉 은자라고 해서 자유로운 것이 아니라, 항상 끊임없이 도덕적 가치기준을 유지해야 한다는 것이다.

```
┌──┐
│21│
└──┘
```

진하震下
리상離上   화뢰 서합 噬嗑

Biting Through,
Punishment

괘명 "서합噬嗑"이라는 것은 우리 일상생활에서 별로 쓰지 않는 단어인데, 그 일차적 의미는 "깨물다"는 뜻이다. "서噬"는 이빨로 문다는 의미고, "합嗑"은 윗턱과 아래턱의 이빨이 정확하게 합하여진다는 뜻이다. 그러니까 서합은 그냥 깨문다는 정도의 의미로 새기면 될 것이다. 그냥 괘의 형상으로 입, 즉 턱과 이빨의 모습을 그려보자! ䷚, 이렇게 그리면 상괘 간艮이 윗턱과 이빨이 되고, 하괘 진震이 아래턱과 이빨이 된다. 아주 쉽고 정확하게 입 모양이 그려진다. 이 괘의 명칭이 그림 그대로 산뢰 이頤, 턱을 의미하는 괘가 된다(27번째 괘). 그런데 이 이괘䷚에 비해 서합괘는 중간에 작대기가 하나 들어있다(䷔). 작대기가 들어있다는 뜻은 입 안에 뭔가 음식물이 있다는 것이고, 우리 입은 음식물이 있어야 "씹는"작용을 시작한다. 그러니까 "서합"이 된다.

그런데 작대기가 들어있다는 뜻은 서합을 방해한다는 뜻도 된다. 이빨이 맞물리는 질서에 대한 장애물이 있다는 것을 뜻하기도 한다. 장애물이 있다는 것은 그것을 씹어서 제거하는 서합에 정당성을 부여하는 것이다. 없어져야 이빨은 다시 짝짝 들어맞는 질서를 회복하게 된다. 그래서 "서합"은

"씹음Biting"의 의미와 함께 "제거," 또는 불순세력의 제거를 위한 "형벌 Punishment"의 의미를 지니게 된다. 씹음과 형벌! 진실로 오묘한 조합이다.

주역의 괘상이 단순한 그림처럼 이해되는 그런 써리알리즘적 해석방식 속에서도, 인간실존의 문제와 인간세경영의 핵심인 정치의 다양한 과제상황을 치열하게 규명해가는 『역』의 언어야말로, 성인의 작업이 아니고 누구의 짓이겠는가? 「서괘전」에는 관괘 다음에 서합괘가 오는 이유를 다음과 같이 해설하고 있다: "크게 보여진다고 하는 것, 즉 관괘의 볼 만한 모범이 정립된 후에야 각지에 흩어진 것들이 합해지기 위해서 모여든다. 그래서 합해짐을 뜻하는 서합괘로써 관괘를 잇게 된 것이다. 可觀而後有所合, 故受之以噬嗑。"하여튼 「서괘」의 저자는 "서합"을 "합하여진다"는 의미로 파악한 것이다.

「대상전」의 저자는 서합괘를 어떻게 파악했을까?

雷電, 噬嗑。先王以明罰勅法。
뢰 전　서 합　선 왕 이 명 벌 칙 법

우레가 요동하는 바탕 위에서 번개가 내려치는 형상이 서합괘의 모습이다. 번개는 밝은 것이요, 우레는 권위가 있는 것이다(電明而雷威). 선왕은 이 서합괘를 본받아서 형벌을 명확하게 하고, 법을 엄격하게 적용한다.

정이천과 주희가 모두 「대상전」의 관례가 상괘가 먼저 오므로 "뢰전雷電"은 "전뢰電雷"를 잘못 쓴 것이라 했는데, 나도 동감이다. 아래의 트라이그램은 진震이므로, 우레雷의 상징이다. 그런데 위의 트라이그램은 리離인데 그것은 불인 동시에 번개(電)의 형상도 되고, 또 밝음(명明)의 상징성이 있다. 앞서 인용한 "전명이뢰위電明而雷威"라는 말은 정이천의 말인데 정말 천하의 명언이라 할 수 있다. 법질서는 우레와 같은 위엄이 있어야 하고, 번개와 같은 클리어 커트한 밝음이 있어야 한다는 것이다. 리괘의 상징에 해(日)도 있는데, 법은 태양과 같이 공평하고 명찰(明察: 밝게 살핌)해야 하는 것이다. 서합괘의 성질은 위혁威嚇, 명찰明察, 적중的中(죄와 죄목이 들어맞음)을 모두 구비하고 있기 때문에 형벌을 자신있게 행할 수 있는 길조의 역사를 펼쳐나갈 수 있다. 민주가 권력을 분산시키는 것만이 장땡은 아니며, 사회질서가 검찰의 세력을 약화시키는 데서 바로잡히는 것은 아니다. 20대 대선의 실패는 바로 권력의 주체세력이 자신의 아가리 속에 씹을 수도 없는 방해 작대기들을 너무 많이 집어처넣어왔다는 데 있다. 서합을 방해하는 인사가 의미 없이 강행되어온 것이다. 진보의 낭패는 결국 인사의 파탄이다. 사람을 알아볼 줄 모르는 지도자는 지도자의 자격이 없다. 인사는 만사, 결국 만사가 다 파탄되고 만 것이다.

괘사

噬嗑, 亨。利用獄。
서 합　형　리 용 옥

서합은 진실로 사회체제를 바로잡는 데 필요한 모든 여건을 갖추고 있다. 하느님께 제사를 지내고 모든 사람과 함께 형벌의 공평한 의미를 향유할 만하다. 옥사를 일으키는 데 이로움이 있다. 평화는 형벌을 바르게 행하는 데서 획득되어지는 것이다.

효사

初九: 屨校, 滅趾。无咎。
초 구　구 교　멸 지　무 구

맨처음의 양효: "구屨"는 "신발"을 뜻하지만 또 "신발을 신다" "발에 ……을 채우다"의 의미도 있다. "교校"는 발에 채우는 형구刑具. 족쇄, 가쇄枷鎖, 고랑, 차꼬를 의미한다. "구교"는 "차꼬를 채우다"는 뜻이다. "멸滅"은 "없앤다"는

의미는 아니고 "상처를 낸다"는 뜻이다. 여기서 "지趾"는 발꿈치를 뜻한다.

첫 번째 양효 初九는 죄인이다. 初와 上은 본시 位가 없는 사람을 가리킨다. 그러니까 初와 上의 주체는 형벌을 받는 사람의 상황이다. 二, 三, 四, 五는 작위가 있는 사람들이며 형벌을 가하는 측에 있는 사람들이다. 初九의 효사는 이러하다.

初九는 죄인이다. 그래서 발에 차꼬를 채워 움직이지 못하게 한다(屨校). 그리고 발꿈치에 상처를 낸다(滅趾, 六二의 "멸滅"과 일관성을 유지하기 위하여 여기 "멸지滅趾"를 "차꼬를 채움으로써 발꿈치가 안 보이게 한다"로 해석하는 설도 있다). 이렇게 형을 받으면 본인에게 불운일 것 같으나 그렇지 아니하다. 「계사전」에 이 효사를 인용하여 다음과 같이 평론하고 있다: "작게 벌을 받고 크게 뉘우칠 수 있으니, 이것은 소인의 복이다. 小懲而大誡, 此小人之福也。"(「계사」下5). 그러니까 불선不善을 바로잡을 수 있으니 그것은 오히려 "허물이 없다(无咎)"라고 평한 것이다.

점을 쳐서 이 효사를 얻으면, 조금 상처받을 수 있는 일은 있을 수 있으나 빨리 잘못을 바로잡으면 허물을 면할 수 있다.

六二: 噬膚, 滅鼻, 无咎。
육이   서부   멸비   무구

두번째 음효: 六二로부터 六五에 이르기까지 "서噬"라는 글자가 공통되게 나온다. 첫 번째 효와 마지막 효에는 "서"라는 글자가 없다. "문다"는 것은 형벌을 가하는 사람들의 입장이다. 六二는 中正을 얻고 있다. 내괘의 중앙에 위치하며 음위에 음효이니 正하다. 이것은 형벌을 내리는 자가 中正의 미덕을 지녔다는 것을 의미한다. "서부噬膚"는 문자 그대로 "피부를 문다"는 뜻이

지만, 이것은 취조의 과정을 상징하는 것이다. 형벌을 내린다는 것은 재판의 과정을 필요로 하며, 재판의 과정이란 상대방의 죄상의 핵심을 파악하고 인정하게 하는 것이다. 여기 六二가 피부를 문다는 뜻은 음식을 먹는 과정을 비근한 예로 들어 그 정황을 서술한 것이다.

여기 피부는 "skin"이 아니라, 돼지고기의 피하조직 아래의 아주 부드러운 지방층을 가리킨다. 돼지고기를 먹을 때 비계의 아래 부드러운 고기 부분까지 단번에 물어버린다는 뜻이다. 그러면 그 부드러운 고기를 무는 사람의 코가 비계살 속에 푹 잠겨 보이지 않게 된다는 것이다(동파육을 맛있게 먹듯이). 그것을 "멸비滅鼻"라고 표현했다. 코가 푹 빠질 정도로 부드러운 살을 맛있게 먹듯이 상대방의 죄상을 단번에 쉽게 파악했다는 의미가 된다. 조금 현대인의 감각에 해석의 방식에 무리가 있는 듯이 보이지만『역』의 언어는 써리얼한 성격이 있기 때문에 황당하기도 하고 재미있기도 하고 적확하기도 한 것이다. 이것은 六二가 상대로 한 죄인이 그렇게 악성의 죄인이 아니라는 것을 의미하기도 한다. 맛있는 돼지고기를 먹어 코가 파묻히듯이 쉽게 단도직입적으로 죄상을 파악하고 판결을 내리니 허물이 없다(无咎)는 뜻이다.

점을 쳐서 이 효사를 얻으면 나쁜 사람을 엄정하게 판결하여도 후환이 없다.

六三: 噬腊肉, 遇毒。小吝, 无咎。
육삼　서석육　우독　소린　무구

세 번째 음효: 六三은 유약하면서(음효이다), 가운데 자리에 있지도 못하고(不中), 양위에 있으니 바른 자리를 얻지도 못했다(不正). 재판관 자신이 正하지 못하니 범인을 취조하는 과정에 있어서도 쉽게 자백을 받아내지 못하는 정황이 있을 수 있다. 취조당하는 사람이 강하게 반발할 수가 있다. 여기 "석육腊肉"이라는 것은 돼지고기를 그냥 햇빛에 말린 것으로 매우 질긴 건육이다. 그리고

말리는 과정에 문제가 있어 독이 있을 수가 있다. 그래서 취조과정의 어려움에 봉착하는 상황을 효사는 "석육을 씹다가 독을 만나는 것과도 같다. 噬腊肉, 遇毒。"라고 표현했다. 「소상전」은 "독을 만나는 것은 그 位가 부당하기 때문이다. 遇毒, 位不當也。"라고 해설했다.

그러나 어차피 이 六三의 정황은 서합이라는, 부당한 자들을 제거하는 작업의 정당성 속에서 이루어지고 있는 것이다. 六三의 행위가 근본적으로 잘못된 것은 아니다. 그래서 처음에는 약간의 아쉬움이 있겠지만(小吝), 결국은 허물을 남기지 않는다(无咎).

점을 쳐서 이 효사를 만난 사람은 무슨 일을 행할 때 의외의 저항을 만날 수 있다. 처음에는 당혹스럽겠지만 굳세게 밀고 나가면 대과大過가 없다.

> ## 九四: 噬乾胏, 得金矢。利艱貞, 吉。
> 구 사   서 건 자   득 금 시   리 간 정   길

네 번째 양효: 九四는 형벌을 주관하는 사법대신司法大臣이라 할 수 있다. 九四는 임금의 位에 가깝게 있으면서 서합(형벌)의 책임을 한몸에 지니고 있다. 서합괘 전체에서 가장 중요한 포스트에 있다. 음위에 있으면서도 강직한 양효로서 형벌의 책임을 완수하려는 의지가 강하다고 볼 수 있다. 국가사회의 질서를 해치는 인물들을 제거해야만 하는 임무를 지니고 있다. 그것은 결코 쉬운 작업이 아니다. 여기 "건자乾胏"는 뼈다귀와 함께 말린 돼지고기 육포로서 석육腊肉(뼈가 없는 살만의 육포)보다 훨씬 더 질기다. 그래서 먹기가 더 괴롭다.

형벌의 책임의 간난을 효사는 "건자를 씹는 것과도 같다. 噬乾胏。"라고 표현했다. 그런데 그 질긴 마른고기를 씹다가 그 속에서 뼈다귀에 박혀있는 금화살(金矢)을 발견한다. 여기 금화살도 상징성이 풍부한 표현이다. "금"은

"강강剛"의 상징이다. 또한 썩지 않고 녹슬지 않는 순일純一함의 상징이다. 또 "화살"은 곧음을 상징한다. 즉 "건자乾胏를 씹다가 금화살을 얻었다(噬乾胏, 得金矢)"는 표현은 불의의 세력을 물리치는 어려운 상황을 부패 없이 곧게 타개해나간다는 것을 의미하고 있다. 九四는 밝고(明: 외괘外卦 리離의 성질), 강인하고, 과단성이 있다. 이 효는 서합의 사명을 완수해나갈 수 있는 가장 좋은 일꾼이지만 끊임없이 간난의 상황에 봉착한다. 그러나 간난의 상황 속에서 점을 치면(미래의 운명에 관해 물음을 던진다) 항상 이로운 결과가 나온다(利艱貞). 전체적으로 吉하다.

점을 쳐서 이 효를 만나는 사람은 하는 일이 저항에 부딪혀도, 강하게 밀고 나가면 반드시 吉한 결과를 얻는다. 단 본인 자신이 정도正道를 지켜야 한다.

六五: 噬乾肉, 得黃金。貞, 厲。无咎。
육 오   서 건 육   득 황 금   정 려   무 구

다섯 번째 음효: 六五는 군주 자신이다. 이 효는 중대한 사안에 관하여 군주 자신이 판결을 내리는 상황에 해당된다. 상괘의 중앙에 있으며 중용의 덕성을 지닌 군주이다. 그러나 음효이므로 유순柔順한 성격의 군주이다. 그는 곤란한 중대범죄사건을 취조하는 데 있어서도 유화柔和하며 중용의 도道를 지킨다. 더구나 그에게는 九四의 능력 있는 사법대신의 보좌가 있다.

여기 "건육乾肉"은 돼지고기를 햇빛에 말린 것인데, 六三의 석육腊肉보다는 질기고, 九四의 건자乾胏보다는 씹기 편하다(이 건육乾肉은 건자처럼 뼈가 있지는 아니하다). 그러니까 재판과정이 어렵기는 어려워도 잘 진행된다는 것을 상징한다. "득황금得黃金"은 살 속에 박힌 황금 화살촉을 얻는다는 뜻으로 九四의 "득금시得金矢"와 큰 차이가 없다. 단지 "황금黃金"이라 표현한 것은 황색이 천자의 색이며 중앙의 색이니 판결이 중中을 얻었다는 것을 상징한다.

그러나 이러한 국가대사의 판결과 그에 맞는 형刑을 집행하는 문제는 항상 의문시된다. 과연 형벌이 범죄에 적당한가? 양자가 진실에 적중하고 있는가? "득황금"이라고 하지만 이 신중한 군주는 점을 친다. 그 정당성을 하느님께 묻는다(貞). 하느님은 말씀하신다: **"위태로운 상황이 전개될 수 있느니라(厲)! 조심하여라!"** 六五의 군주는 이러한 하느님의 계시에 따라 형을 집행하는 데 있어서는 정도正道를 지키고, 근신하며, 신중을 기한다. 끝내 허물이 없다(无咎).

上九: 何校, 滅耳。凶。
상 구   하 교   멸 이   흉

꼭대기 양효: 上九는 형벌을 의미하는 서합괘의 종국終局이다. 초효에서 이미 말했듯이, 初와 上은 형벌을 당하는 죄인의 입장이다. 上九는 벌을 받을 만한 요소들이 극에 달하였고, 또 그 죄값도 최대의 사태이다. 여기 "하교何校"의 "하何"는 "荷"와 같다. "걸머진다," "찬다"는 동사이다. "교校"는 상체에 걸치는 형구, "큰칼"이다. 여기 "멸이滅耳"는 六二의 "멸비滅鼻" 때문에 "멸"을 의미의 일관성을 위해 "감추다," "보이지 않는다"로 해석하는데, 적합하지 않다. 큰칼을 목에 차서 귀가 보이지 않는다는 것은 불가능한 사태이다. 여기 "멸이滅耳"는 初九의 "멸지滅趾"와 마찬가지로 신체의 일부를 도려내거나 상처를 주는 것을 의미한다.

이러한 중범죄자에게는 너무도 당연한 형벌이었다. 코를 자르는 것을 "의형劓刑"이라 했고, 귀를 자르는 것을 "이형刵刑"이라 했고, 발꿈치를 자르는 것을 "비형剕刑"이라 했다. 여기 "이형刵刑"은 다른 형벌에 비해 가벼운 형벌에 속한다. 初九의 발꿈치 베는 형은 初에 비해 너무 가혹하고 여기 귀 베는 형벌은 上九에 비해 너무 가볍다 하여 맞지 않는다는 설도 있으나, 나는 初九의 "멸지滅趾"는 상처를 냈다 정도로 해석하고, 상구上九의 "멸이滅耳"는 귀를 잘랐다 정도로 해석하면 수미일관 그 뜻이 맞아떨어진다.

이 효사의 전체 의미는 이러하다: "극악한 죄인이래서 큰칼을 채우고 귀를
벤다. 이런 죄인의 형벌 그 자체가 나라로 볼 때는 흉한 일이다."

이 효사에 관해 「계사전」下5에 의미심장한 해석이 있다.

> 선善이라고 하는 것은 쌓여지지 아니하면 그 아름다운 이름을 드러내기에
> 부족하다. 악惡이라고 하는 것도 쌓여지지 아니하면 그 악인의 몸을 파멸시
> 키는 데 이르지는 아니한다. 소인은 작은 선은 별로 이득이 될 것이 없다고
> 생각하여 행하지 아니한다. 그리고 작은 악은 별로 해가 될 것이 없다고 생각
> 하여 계속 행한다. 그러나 악이 쌓이면 엄폐할 방법이 없고, 죄행도 커지면
> 마무리지을 방도가 없다. 그래서 『역』에 "하교멸이何校滅耳, 흉凶"이라 한
> 것이다.

> 善不積, 不足以成名; 惡不積, 不足以滅身。小人以小善爲无益, 而弗爲也;
> 以小惡爲无傷, 而弗去也。故惡積而不可掩, 罪大而不可解。易曰: "何校滅
> 耳, 凶。"

참으로 명언이라 하겠다. 선악을 시간이라는 함수를 전제로 생각하는 동방
인의 지혜를 알 수 있다. 사소한 일상생활의 관습 속에서 이미 큰 선, 큰 악의
씨앗이 뿌려지고 있는 것이다. 역시 역易은 때時의 철학이다. 서합괘는 형벌
로써 사회의 질서를 잡고, 다음의 비괘는 문화적 역량으로 인간세의 생성의
과정을 장식한다. 때에 따라 운용하는 방식이 다르다.

리하離下
간상艮上 산화 비賁

Embellishment, Civility

괘명 『역』에 우리 발음으로 "비"라고 읽는 괘가 세 개 있다: 수지 비比, 천지 비否, 산화 비賁. 이 "비賁"는 갑골문에도 들어있는데, 그 일차적인 뜻은 "수식한다," "장식한다"이다. 우리말로 "꾸민다"는 뜻이다. 그 자형에서 특별한 의미를 찾기는 어렵다. 밑에 조개 패가 있으니 조개로 패물을 만들어 수식한다든가, 우리나라 자개장 모양으로, 조개로써 무엇을 장식하는 것을 대체적으로 의미한다고 볼 수 있다. 조개 패 위의 글자형태는 꽃이 핀 모습이다. 「서괘전」에 그 차서의 이유를 이렇게 말하고 있다: "서합괘의 합嗑은 합한다는 뜻이다. 사물이 합하여질 때 구차스럽게 아무렇게나 합하여지는 것은 아니다. 반드시 질서가 있고 합하여지는 아름다움이 내재한다. 그래서 서합괘를 비괘가 받은 것이다. 비賁라는 것은 수식修飾의 뜻이다. 嗑者, 合也。物不可以苟合而已。故受之以賁。賁者, 飾也。"

물론 비괘䷚는 앞의 서합䷔을 뒤집은 것이다(반대괘. 종괘綜卦). 이 「서괘」의 해설을 정이천이 다시 논술하고 있는데 들어볼 만하다.

사물이 합하여질 때는 반드시 그 내재적 생성의 질서가 있다. 그 질서(文)를 여기서 수식(飾)이라고 표현한 것이다. 예를 들면, 사람들이 모일 때는 위엄 있는 의례가 있게 마련이고 상하上下의 질서가 있게 마련이다. 사물들이 합하여질 때에도 차서次序와 행렬이 있게 마련이다. 합하여진다 하는 것은 반드시 새로운 질서를 형성한다. 그래서 비괘가 서합괘 다음에 오게 된 것이다. 비는 문명의 질서이다. 괘모양을 한번 살펴보자! 위에 산이 있고, 산아래로 불(리☲)이 있다. 산이라 하는 것은 초목과 온갖 물건이 모이는 장場이다. 아래에 불이 있다고 하는 것은 그 불빛이 위에 있는 산을 비추게 되니, 초목품휘品彙가 다 그 광채를 입어 빛을 발하니 그 모습이 장식을 한 것과도 같이 아름답다. 그래서 이 전체형상을 비賁라고 한 것이다.

物之合則必有文。文, 乃飾也。如人之合聚則有威儀上下, 物之合聚則有次序行列。合則必有文也, 賁所以次噬嗑也。爲卦, 山下有火。山者, 草木百物之所聚也。下有火, 則照見其上, 草木品彙皆被其光彩, 有賁飾之象。故爲賁也。

결국 비賁는 문文이고, 문은 질서이다. 질서는 우주의 과정Process의 필연적 공능功能이다. 문文에는 크게 두 가지가 있다. 그 하나는 천문天文이요, 또 하나는 인문人文이다. 천문은 하늘이 스스로 지어가는 문양이요 아름다운 질서이다. 그러나 그것은 인간의 인식이나 언어적 규정성을 뛰어넘는다. 천문은 우리의 작위의 대상이 아니다. 그러나 인문은 인간의 작위 속에 있는 것이다. 인문人文이 곧 우리가 문명文明이라고 말하는 것이다. 그러나 문명은 인간의 작위 속에 내팽개져서는 안된다. 여기 아래 트라이그램이 불(火)이요, 밝음(明)인데, 위에 있는 간괘☶는 산을 나타내고, 또 멈춤(지止)을 나타낸다. 다시 말해서 문명의 명(밝음)은 적당한 선에서 멈추어야만 한다. 문명은 지止의 한계를 가질 때 진실로 밝을 수 있다. 하여튼 비괘는 문명에 대한 진단이다.

그래서 「단전」에도 이렇게 말했다: "천문을 투시함으로써 때의 변화를 살피고, 인문을 투시함으로써 하늘아래 인간세를 변화시키고 또 새롭게 형성시킨다. 觀乎天文以察時變, 觀乎人文以化成天下。"

「대상전」은 말한다:

山下有火, 賁。君子以明庶政, 无敢折獄。
산 하 유 화 비 군 자 이 명 서 정 무 감 절 옥

산아래 불이 타고 있어 불빛이 산 전체의 모습을 찬란하게 비추고 있는 형상이 비괘이다. 그러나 이 찬란한 산의 모습은 어디까지나 천문天文이지 인문人文이 아니다. 이에 군자는 이 괘를 본받아 모든 정사를 명료하게 함으로써 산이 찬란하게 빛나듯이 인간세상을 찬란하게 만든다. 형刑이라는 것은 어디까지나 진실에 부합되어야 하는 것인데 그 진실을 밝히는 것이 어렵다. 비괘와 같이 위대한 정치를 행하는 사람은 서정庶政의 건실한 모습에 관심을 집중시키고 함부로 옥사를 일으키지 않는다.

괘사

賁, 亨。小。利有所往。
비 형 소 리 유 소 왕

비는 문명의 질서를 형성하는 수식이다(賁). 질서를 창조하는 작업을 위해 우리는 하느님과 소통해야 한다(亨). 제사를 지내라. 그러나 수식은 작을 수록 좋다(小). 문명의 모험을 감행하는데(有所往) 리利가 있다.

———— ❧❧❧ ————

이 괘사에 대한 해석이 전통적으로 매우 잘못되어 있다. "소소小小"를 모두 "리"에 붙여 읽는데 의미의 맥락이 통창通暢하지 못하다. 여기 "소小"는 위에 있는 트라이그램인 간艮의 속성, 즉 "지止"를 상징한다. "비賁"는 문명을 형성하는 모든 수식, 장식, 예의질서, 서정庶政의 아름다운 운행, 그 모든 것을 의미한다. 이러한 질서를 창조하는 작업에 우리는 하늘과 소통해야 한다. 그래서 하느님께 제사를 지내야 한다(賁, 亨). 그러나 문명은 멈추는 데(止) 그 아름다움이 있다. 수식과 장식과 꾸밈이 지나치면 문명은 질박함을 상실하고 타락한다. 그 비(수식)는 규모가 작아야 한다(小). 그러나 앞으로 나아가는 모험을 감행하는 데 리利가 있다. 문명의 진보는 좋은 일이나 수식을 줄여야 한다.

효사

初九: 賁其趾。舍車而徒。
초 구 비 기 지 사 거 이 도

맨처음 양효: 初九는 강의剛毅한 덕성을 지닌 무위無位의 군자이지만, 현명賢明(하괘 리離☲ 밝음의 덕성을 지님)하며 자기가 최하위에 있다는 것을 부끄럽게 여기지 않는다. 여기 "비기지賁其趾"는 문자 그대로는 "발꿈치를 장식한다"이지만 그 뜻은 "한 걸음 한 걸음을 깨끗하게 가꾼다"는 뜻이다. 발꿈치는 걸음의 가장 중요한 부분이며 이 걷는다(行)는 뜻은 "행동한다"는 뜻과 상통한다. 인생의 역정을 아름답게 가꾼다는 뜻이다. 이 군자에게 부귀한 자가 마차를 선물할 수도 있고, 또 지나가는 자가 마차를 권유할 수도 있다. 그러나 이 군자는 빨리 편하게 갈 수 있는 마차를 타는 것을 거부한다. 그리고 두 발로 천천히 걸어서 간다(舍車而徒).

아주 간결한 상징이지만 바로 괘사에 "소小"라고 말한 그 정신을 총체적으로 구현한 위대한 효사라 할 것이다. 나는 하바드대학에 있을 때 김우창 선생님과 오랜 기간 동안 이웃한 적이 있다. 나는 젊은 날 그에게서 배움을 많이 얻었다. 내가 어느 날 그의 집을 방문해서 왕선산의 시를 좀 같이 해석하자고 부탁을 드린 적이 있는데, 시를 읽다가 문득 김우창 선생은 이런 말을

했다: "김 선생! 나는 인류의 역사가 자동차 만들어지기 전까지만 발전하고 거기에 멈추었더라면 좋았을 것이라고 생각하오."

六二: 賁其須。
육 이 비 기 수

두 번째 음효: 자기의 수염을 아름답게 수식한다.

───── ◦◦◦◦◦ ─────

六二는 하괘의 중심이며 中正을 얻고 있다. 음위에 음효이니 正하다. 그런데 상괘의 중앙에 있는 六五가 같은 음효래서 應하지 않는다. 뿐만 아니라 九三도 上九가 양효이기 때문에 應이 없다. 하괘와 상괘의 감응이 없는 상태에서 六二는 바로 위에 있는(비比의 관계) 九三과 감응할 수밖에 없다. 그런데 九三의 형상을 보면 九三으로부터 4개의 효의 모습이 턱의 모습이다(☳). 이 모습에서 제일 밑에 있는 九三은 아래턱(하악下顎)에 해당된다. 그렇다면 九三 즉 아래턱에 붙어 있는 六二는 아래턱에 달린 수염이 된다. "수須"는 "수鬚"와 같은 글자이다. 장식(수염)은 턱이라는 실질實質 위에서만 그 가치를 발현한다. 수염은 턱이 움직이는데 따라 움직인다. 바탕의 질이 없는 수식은 허상이다. 문명文明도 천지자연의 바탕 위에서만 그 진정한 아름다움을 발현하는 것이다. 오늘날과 같이 농촌을 무시하는 도시문명은 허구의 수염과도 같은 꼴이다. 수염만 아무리 예쁘게 꾸며봤자 소용이 없는 것이다.

九三: 賁如, 濡如。永貞。吉。
구 삼 비 여 유 여 영 정 길

세 번째 양효: 九三은 지금 문명의 성대함의 극한에 처해있다. 아래 리괘☲의 상위이며 양효로서 실질實質을 확보하고 있으며 아래·위의 음효에 둘러싸

여 있다. 음효는 양효를 수식하고 장식한다. 그러니까 九三은 비賁(장식)의 아름다움의 극치를 과시하고 있다. 이러한 九三의 상태를 "비여賁如"하고 또 "유여濡如"하다고 표현했다. "여如"는 "연然"과도 같다. 형용의 어말조사語末助詞이다. "비여"는 수식이 성대한 모습이다. "유여"는 자체에 내재하는 아름다움 때문에 윤기가 흐르는 모습이다. 九三은 수식·장식의 성대함 속에 있다. 그러나 수식·장식은 존재의 본질이 아니다. 수식은 시대에 따라 변한다. 아름다움은 고정된 것이 아니다. 그러므로 역易의 하느님은 九三에게 말한다: "영원히 보편적인 주제를 향해 점을 처라."(永貞). 그래야 吉한 결과를 얻으리라.

六四: 賁如皤如, 白馬翰如。匪寇, 婚媾。
육사 비여파여 백마한여 비구 혼구

네 번째 음효: 六四는 하괘인 리괘 ☲ 를 벗어났고 이것은 문명(리離=명明)의 꾸밈에서 벗어났다는 것을 의미한다. 이 효사에서 나타나는 특이한 이미지는, 문명의 수식이나 꾸밈에서 벗어난 질박한 본래의 모습을 상징하는 것이 모두 "희다"로 되어있다는 것이다. "희다"는 우리민족이 그렇게도 간수하기 불편한 색조인 흰색의 옷을 입는 것을 고집했다는 것만 보아도 중원의 습속이 아닌 조선의 습속에 속하는 것임을 알 수 있다. 백의민족이라는 풍습은 태고로부터 우리민족을 특징지우는 사실로서 기록되어왔다. 삼신산은 중국에 있는 산이 아니라 우리나라에 있는 산으로서 비정되었고(금강산=봉래, 지리산=방장, 한라산=영주) 이 산의 특징이 조수와 초목이 모두 희다는 것이다.

흰 호랑이(白虎), 흰 뱀(白蛇), 흰 사슴(白鹿), 흰 꿩, 흰 매, 백학, 백마 등 우리 민간신앙에는 흰색 동물에 대한 존숭이 있다. 뿐만 아니라 우리나라 산에는 "백白"이라는 글자가 들어가는 것이 많다. 백두산, 장백산, 태백산, 백록담, 불함不咸, 도태徒太, 마이馬耳, 마니摩尼, 마리摩利, 마리산頭山, 이 모든 이름이 희다, 으뜸이다, 밝다는 뜻과 관련되어 있다. 하여튼 현란한 색깔은 비賁의 문명에 속하지만 비의 상괘는 문명을 벗어난 소박한 모습을 "흰색"으로써 상징하고 있다.

六四는 初九와 정당한 應의 관계에 있다. 당연히 六四는 初九에게 갈 마음이 있는데 그 길을 강의剛毅한 九三이 가로막고 있다. 九三은 양위에 양효로서 아주 군건한 자리를 차지하고 있다. 九三은 六四에게 마음이 끌린다. 그래서 쉽게 길을 내주지 않는다. 그렇지만 폭력적으로 길을 막지는 않는다.

여기 "비여파여賁如皤如"는 그 수식한 모습이 파여하다는 것이다. "파皤"는 노인의 깨끗한 백발의 흰색을 가리킨다. 六四는 문명의 치장을 좋아하지 않는다. 그래서 수식한 모습이 하이얗다는 것이다. 백의민족과도 같이 소박한 모습이다. 여기 "한여"의 "한翰"은 본시 "새의 깃털 혹은 날개"(鳥羽, 羽翼)를 가리킨다. "백마한여白馬翰如"는 "백마가 흰 갈기털을 휘날리며 새가 날듯이 달려간다"는 매우 다이내믹한 이미지다.

六四는 九三의 방해에도 불구하고 흰옷을 입고 백마를 타고 흰 갈기를 휘날리며 날아가듯 간다. 누구에게로 가는가? 六四의 짝은 역시 初九일 수밖에 없다. 행실을 깨끗하게 하고 수레를 주어도 거부하고 맨발로 걷는 무관無冠의 현자, 그 현자야말로 六四의 짝이다. 결국 모든 곤란을 극복하고 初九에게 달려간다. 고조선의 여인의 모습이다. 백마를 휘날리며 달려오는 그 여인은 도둑놈이 아니라면(匪寇) 훌륭한 혼인의 짝(婚媾)이다.

점을 쳐 이 효사를 얻는 사람은 자신을 장식할 무엇이 얻어지지 않는다 하더라도 절조節操를 관철하라. 일시의 곤란이 있을지 몰라도 결국은 승리하리라.

六五: 賁于丘園。 束帛戔戔。 吝, 終吉。
육 오 비 우 구 원   속 백 잔 잔   린 종 길

다섯 번째 음효: 六五는 외괘外卦의 中을 얻고 있으며 음유陰柔한 천자의 모습이다. 六五는 실제로 비괘의 주主이며 비賁의 본래적 정신을 구현하는 위대한 군주이다. 허식虛飾보다 실질實質을 숭상하며, 문명이라는 장식의 본질을 추구하는 인물이다. 六五는 六二와 應의 관계에 있지 않다. 그래서 음양친비陰陽親比의 관계에 있는 上九와 가까우려 한다. 上九를 초청하여 허세와 화미華美로 흐르고 있는 시세時勢를 광정하려 한다. 우리나라의 대부분의 도시의 건물이 허세, 허식에 흘러 실용성이 부족하고 낭비가 많고 오염을 전파시키고 있는 상황과 비슷하다. 새로 들어선 정권이 토건과 건설에 또 매진할까봐 걱정이다. 上九는 아주 질소하게 사는 산림의 처사이다. 그는 문명의 낭비로부터 떠난 은퇴의 현자이다. 여기 "구원丘園"을 上九의 현자 그 자신으로 비유하여 해석하는 방식이 많으나, 나는 "구원丘園"은 어디까지나 장소라고 생각한다. "비우구원"은 上九를 구원으로 초빙하여 그곳에 초빙의 예를 행하였다는 의미로 해석되어야 한다.

구원은 왕궁을 둘러싼 성곽 밖에 있는 언덕에 자리잡고 있는 왕의 별장 같은 곳이다. 왕궁보다 그곳이 질소하고 또 산림에 은둔하는 현자가 초빙되어 오기에도 불편이 없다. "구원에서 비한다(賁于丘園)"는 뜻은 "구원에서 초빙의 예를 행한다"는 뜻이다. 초빙할 때는 반드시 예물이 있다. 좋은 예물은 역시 비단이다(비단 금錦 자에 금이 들어가 있는 것은 비단과 황금을 동등하게 생각했기 때문이다). 그런데 六五의 임금이 손님에게 준 한 속의 비단은 잔잔戔戔한 것이었다(束帛戔戔). "잔잔"은 근소하다는 뜻이다. "일 속의 비단, 속백束帛"은 많지 않은 양이다. 오량五兩을 일속一束이라 하는데, 오량은 오필五匹이라 했다. 비단을 재는 도량형의 단위를 몰라 정확한 폭과 길이를 알 수는 없다. 하여튼 구원에서 만나 다섯 필의 비단을 예물로 주었다. 이 소식을 들은 사람들이 "쩨쩨하다"(吝)고 투덜댈지 모르겠다. 그러나 문명의 전환은 이러한 검약의 예로부터 이루어진다. 끝내 사람들이 이 왕의 노력을 평가하게 될 것이다. 길하다(吝, 終吉).

점을 쳐서 이 효를 얻는 사람은 허식을 버리고 질소한 삶의 방식을 확고한 신념을 지니고 고수하라! 행운이 따르리라!

上九: 白賁, 无咎。
상 구 백 비 무 구

꼭대기 양효: 上九의 효사는 담박하면서도 너무나 강렬하다. 꼭대기 양효인 上九는 비괘의 극점이다. 즉 문명의 꾸밈의 극점이다. 고조선의 사람들에게 극점極點은 반점反點이요, 환점還點이요, 귀점歸點이요, 복점復點이다. 꾸밈의 극치는 꾸밈이 없는 것이다. 꾸밈을 거쳐 꾸밈이 없는 꾸밈의 극점에 도달하는 것이 가장 바람직한 문명文明의 명명이다. 그것을 여기서 "백비白賁"라 표현했다. "백白"은 "무화無化"를 의미한다. 문명의 꾸밈은 예의禮儀로 표현된다. 그러나 예의의 화려한 발전은 인민의 삶의 본래적 의의와 멀어져만 가게 되어 있다. 그래서 꾸밈은 반드시 생생生生의 본래적 아름다움으로 귀환해야 한다. 그것은 결국 꾸밈이 없는 생지生地의 삶이다.

여기 백비白賁의 사상이야말로 『예기禮記』「악기樂記」에 나오는 "대악필이大樂必易, 대례필간大禮必簡"과 같은 위대한 사상이 어떻게 나온 것인가, 그 사상의 계보를 추적해볼 수 있는 실마리를 발견하게 된다. 진실로 서양사상사에는 "백비白賁"의 사상이 없다. 종교적 신앙의 성스러움을 강화하기 위하여 모든 리츄얼ritual은 인간의 생생한 삶의 현실을 기만하는 조작의 수단으로 활용되었기 때문이다. 우리민족은 이제 서구적인 신성Sacredness으로부터 벗어나야 한다. 그 기만에서 벗어나 "백비"로 돌아가야 한다. 그리하면 허물이 없으리라!(无咎).

———— ❧ ————

"백비"는 동학에서 말하는 "청수 한 그릇"이다.

23 ䷖ 곤하坤下
간상艮上 산지 박剝

Peeling Off, Collapse

괘명 우리가 일상적으로 쓰는 말에 이미 이 글자의 뜻은 매우 명료하게 드러나 있다. "박탈剝奪"이라고 하면 무엇인가 빼앗겼다는 의미가 된다. 소중한 나의 것인데 억지로 벗겨져서 사라졌다는 의미가 된다. 박삭剝削, 박락剝落, 박리剝離, 박탈剝脫, 박피剝皮, 박제剝製, 박상剝喪(「기미독립선언문」에서 쓰임) 등의 표현에서 일관된 주제를 읽어낼 수 있다. "박剝"이라는 글자를 살펴보면 "彔"과 "刀"로 이루어져 있는데, "彔"은 털이 깊게 박힌 짐승의 가죽을 의미한다(상형象形). 그 털가죽을 칼로 벗겨내는 것이 "박剝"의 정확한 의미이다.

지금 괘상을 보면 아래로부터 음효가 밀치고 올라와 5개의 음효가 장악하였고 이제 겨우 1개의 양효만을 남겨두고 있다. 소식괘인데 음의 세력이 극성한 시기로서 달은 9월이다. 이제 마지막으로 남은 양의 세력을 박탈剝脫해 버리기 직전의 형국인 것이다. 『역』에서는 상징적으로 음은 소인小人을 지칭하고, 양은 대인大人을 지칭한다. "상징적으로"라는 말은 논리의 방편으로서 그렇게 설정되었다는 의미이지, 실체적으로 고정된 의미는 아니라는 것이다. 그러니까 박剝괘는 20대 대선 후에 소인이 크게 득세하여 대인을 이제 다 밀어내는 형국에나 비유할 수 있다고 말할 수 있을지 모르나, 문제는 누가 소인이고 누가 대인인지를 알 수 없으니 함부로 말할 수 없는 것이다.

　괘상을 그냥 보면 위에 산(=간艮)이 있고 아래에 땅(=곤坤)이 있는데, 속이 쭉 갈라져 있어서 높이 솟은 산이 삼풍백화점처럼 붕괴될 조짐을 보이고 있다. 그래서 괘명에 껍질을 벗긴다(Peeling Off)는 의미와 붕괴한다(Collapse)는 의미를 동시에 영역으로 제시해놓았다. 양(大人)의 세력이 붕괴되기 직전인 것이다. 괘의 성질로 보면 하괘는 곤坤이고 "순순"의 성질을 갖는다. 상괘는 간艮이고 "지止"의 성질을 갖는다. 이 괘를 만난 사람은 시세에 역행함이 없이 순순하고 멈추어(止) 나아감이 없는 것이 상책일 것이다. 어차피 대인大人이 쌩피 보게 되어있는 형국이니깐.

　「서괘전」에서는 비괘 다음에 박괘가 오는 순서를 이렇게 해설한다: "비괘의 비는 꾸밈을 의미했다. 꾸밈을 지극하게 한 연후에 제사를 지내면 모든 것이 끝나버린다. 문명의 실질實質이 사라지는 것이다. 그래서 비괘를 박탈의 의미를 지니는 박괘로 받은 것이다. 박剝이라는 것은 나머지 하나까지도 도려낸다는 뜻이다. 賁者, 飾也。致飾然後亨則盡矣。故受之以剝。剝者, 剝也。"

　이에 대하여 정이천은 다음과 같이 해설한다:

　　대저 사물이 문식文飾(문명의 꾸밈)의 극치에 이르게 되면 그것은 향유(Enjoyment)의 극치를 의미하게 된다. 그러나 극極에 도달한다는 것은 다시 되돌아올 수밖에 없다는 것을 의미한다. 그러므로 비賁(수식)가 끝나면 다시 박탈되는 과정으로 갈 수밖에 없다. 괘의 형상을 보라! 다섯 개의 음효가 밑에 있고 위에 하나의 양효가 걸쳐 있다. 음이 밑에서부터 자라오르기 시작하여 점점 장대해져서 극성한 데까지 이르게 되었다. 이제 군음群陰의 세력이 양을 벗겨내어 사라지게 할 수 있는 지경에 이르렀다. 그래서 박괘라고 이름을 지은 것이다. 上・下의 트라이그램의 모습으로 말하자면 산(=간艮)이 땅위에 붙어있는데, 보통 산이라는 것은 땅위에 높이 솟아 당당하게 위세를 펼쳐야 하는데, 이것은 산이 간신히 땅에 걸려있는 꼴이니 이것은 위태로운 퇴박頹剝(Collapse)의 상象이다.

夫物至于文飾, 亨之極也。極則必反, 故賁終則剝也。卦, 五陰而一陽。陰始自下生, 漸長至于盛極。群陰, 消剝於陽, 故爲剝也。以二體言之, 山附於地, 山高起地上, 而反附著於地, 頹剝之象也。

「대상전」은 어떻게 이 상을 설명하고 있을까? 내가 생각키엔 참으로 명언을 펼치고 있다.

> ## 山附於地, 剝。上以厚下, 安宅。
> 산 부 어 지 박 　 상 이 후 하 　 안 택

산(간艮 ☶)이 땅(곤坤 ☷)에 간신히 납작하게 붙어있는 것이 박괘의 모습이다. 땅위에 우뚝 당당히 솟아야 할 산이 비실비실 짜부러져 있는 것은 산의 속을 다 갉아먹어 실實한 내용이 없기 때문이다. 여기 처음으로 주어를 군자, 선왕先王, 대인大人, 후后를 쓰지 않고 그냥 "상上"이라 한 것도 주목할 만하다. 이것은 "후厚"의 목적인 "하下"와 대비되는 상대개념으로 "상上"에 모든 상징적 의미를 담아 주어로 쓴 것이다. 기발하다 할 것이다. 이 박괘의 형상을 볼 줄 안다면 사회의 상층을 형성하는 사람들은 반드시 하층을 형성하는 인민을 평소에 후하게 살찌게 내용이 실하도록 만들어야 한다. 그래야만 그 삶의 세계(레벤스벨트=택宅)가 안정적 기반을 획득할 수 있는 것이다. 박의 상을 본받아 상上은 평소에 하下를 후하게 대하라! 그래야 그대의 택宅을 편안하게 할 수 있다.

괘사

> ## 剝, 不利有攸往。
> 박 　 불 리 유 유 왕

박괘는 진실이 박탈되고 있는 형국이다. 강인한 양효가 꼭대기에서 버티고 있으니 대견하다 할 것이다. 진실은 결코 사라지지 않는다. 그러나 이러한 위태로운 상황에서는 모험을 강행하는 것은 현명하지 않다.

───── ❦ ─────

이미 박괘의 의미의 다양한 측면이 해설되었다. 박괘는 대인이 몰려 박탈 당할 수밖에 없는 형국이다. 소인이 극성하여 군자가 곤궁한 시기이다. 이 시기에는 언어를 신중히 선택하고, 자기능력을 과시하지 말고 숨겨야 한다. 적극적으로 모험을 강행할 카이로스가 아니다. "박의 형국이니, 모험을 강행하는 데 리利가 없다. 剝, 不利有攸往"라는 괘사는 바로 이러한 뜻이다.

효사

初六: 剝牀以足。蔑, 貞。凶。
초 육   박 상 이 족   멸   정   흉

첫 번째 음효: 初六은 전체적으로 음(소인)이 성장하여 양(군자)이 박탈되어가는 박괘剝卦의 첫 단계이다. 初六은 양위에 음효가 있으니 正하지 못하다.

그런데 "박상이족剝牀以足"이라는 것은 무엇을 뜻하는가? 문자 그대로 해석하면 "침상을 박탈하기를 다리로서 한다"가 된다. 그런데 "이以"를 "급及"으로 해석하면, 침상을 박탈하는 것이 다리에 미친다(이른다)는 뜻이 된다. 이게 도대체 무슨 뜻일까? 혹자는 침상이란 군자가 누워있는 병상을 의미하고 그 박탈이 군자의 다리에 미친다로 해석해야 한다고 주장한다(청나라의 왕인지王引之, 유월兪樾의 설). 그렇다면 다리가 썩는다든가 하는 병에 걸린 모습이다.

이 표현은 六二, 六四의 효사에도 계속 나타나는데 初六의 "족足"을 사람의 다리가 박탈되는 것으로 해석하면 六二, 六四의 표현에 비해 너무 과한 박탈이 되기 때문에 初六의 상태를 그렇게 강하게 규정짓는 것은 좀 맥락적으로 적합지 않다고 본다. 왕필, 정이천, 주희가 모두 "족足"은 사람의 다리가 아니라, 침상의 다리로 보아야 한다고 주장한다. 왕부지도 "족"은 인간의 다리가 아니라, 침상의 다리로 보아야 한다고 단언한다. 음에게 양이 박탈되어가는 모습을 침대가 부식되어가는 모습으로 비유했다는 것이 참으로 써리얼하다. 그러나 옛 움막집에서 침대라는 것은 빈곤한 나무다리로 만든 것이고 또 흙바닥 위에 놓인 것이기 때문에 침대의 부식이 자주 일어났다고 보면 될 것이다.

"박상이족剝牀以足"은 음의 세력이 침대의 다리(대인의 세력을 상징)를 갉아먹고 있다는 것을 나타낸다. 결국 이렇게 되면 침대가 붕괴되는 것이니 박괘의 형상☶☷과도 일맥상통한다.

그 다음에 "멸정흉蔑貞凶"을 사람들이 정당하게 해석하지 못한다. "정貞"을 도덕적 가치를 나타내는 형용사로 해석하니 의미가 왜곡되는 것이다. 그래서 모두 "멸蔑"을 "멸滅"로 읽고, "정"을 "군자의 바른 도"로 해석한다. 그리하면 "군자의 정도를 멸망시키니 흉하다"로 된다. 그러나 "정貞"은 어디까지나 "점치다"의 뜻이다. 그리고 "멸蔑"을 "滅"로 바꿀 필요가 없다. "정貞"을 "점치다"로 해석한 고형高亨도 "멸蔑"이 "夢," "蒙"과 상통하는 글자라고 하여 "멸정蔑貞"은 "점몽占夢"(꿈을 점친다)이라고 해석한다. 황당한 견강부회이다. 왜 갑자기 꿈이 나오는가?

"멸, 정, 흉"은 있는 그대로 한 글자씩 해석하면 된다. "멸蔑"은 우리가 일상생활에서 잘 쓰는 "능멸凌蔑," "모멸侮蔑," "경멸輕蔑," "멸시蔑視"와 같은 단어의 의미대로 업신여김을 당한다는 뜻이다. 그 원의를 바꿀 이유가 없다. 지금 이 박괘剝卦의 전체상황이 군자가 소인에게 밀려 능욕을 당하고 있는 상황이다. 이러한 상황에 대하여 점을 친다. 그러나 그 해답은 凶하다. 양효(군자들)의 앞날이 밝지를 못하다는 뜻이다.

두 번째 음효: 음효는 계속 성장하고 있다. 初六의 상황과 같은 상황인데 더 악화되어 있다. 初六의 효사문장과 동일한데, 단지 "족足"이 "변辨"으로 바뀌었을 뿐이다. "변辨"은 침상의 동체이다. 다리와 다리를 가로지르는 널빤지로 보기도 하고, 원래 변 자가 "분변한다"의 뜻이 있으므로 침상의 다리와 몸체가 분변分辨되는 다리 윗부분으로 보기도 한다. 어찌 되었든 박탈이 위로 올라온 모습이다.

점을 쳐서 이 효사를 만난 사람은 흉운凶運이다. 화가 눈앞에 다가와 있다. 가볍게 일을 운영하면 실패한다. 어떤 사람도 믿고 일할 수 없다.

세 번째 음효: 이 박괘는 初부터 五까지 모두 음효다. 다시 말해서 5개의 음효가 힘을 합하여 위에 있는 하나의 양을 박락剝落시키려 하고 있다. 이러한 소인의 합세 와중에도 항상 양심세력은 있다. 이 다섯 개의 음효 중 유일하게 上九와 應하는 효가 바로 이 六三의 음효이다. 나머지는 모두가 음끼리라서 應이 없다. 여기 "박지剝之"는 六三이 음효의 패거리의식으로부터 벗어난다는 것을 의미한다. 항상 소인의 패거리 속에도 바르게 생각하는 인물은 있게 마련이다. 그것이 인간 세상사의 모습이다. 六三은 음효그룹에서 벗어남으로써(剝之) 허물을 면한다(无咎). 의로운 선택이다! 六三의 "박剝"은 패거리에서 벗어난다는 뜻이다.

「소상전」에도 "실상하失上下"라는 말이 있는데, 그것은 六三이 上下의 음효로부터 단절된다는 뜻이다. 나쁜 패거리와의 교섭을 끊고 군자와 손을 잡는다는 뜻이다. 빌헬름의 번역: He splits with them. No blame.

> ## 六四: 剝牀以膚, 凶。
> ### 육 사   박 상 이 부   흉

네 번째 음효: 六四는 음에 의한 양의 박탈이 더 심화되는 정황이다. 아마도 괘전체를 통해 六四의 정황이 가장 박탈이 심한 상태라고 할 수 있다. 음양의 순환의 논리는 직선적인 아포칼립스를 허용하지 않는다. 六五로부터는 이미 양의 세력의 활성화를 전제로 하지 않을 수 없다.

"박상이부剝牀以膚"의 해석도 주석가에 따라 엇갈린다. "부膚"를 침상 위에 누운 군자의 피부가 박탈되는 정황(피부병 등)으로 해석하는가 하면, "부"를 어디까지나 침대의 일부로서 해석해야 한다는 주장도 있다. 대체로 박괘의 初·二·三은 침대에 속하는 것으로, 四·五·上은 침대에 누운 사람에 속하는 것으로 보아야 한다는 견해를 왕숙王肅이 제기했고, 왕필·정·주가 모두 이러한 견해를 따랐다.

그러나 나는 일관되게 침대의 문제로 푸는 것이 더 설득력이 있다고 생각한다. 여기 "부膚"는 사람의 피부가 아니라 동물의 가죽으로 침대 위에 까는 "요"에 해당된다. 음사陰邪의 소인들이 정의로운 군자를 박해하는 형세가 침대의 다리로부터 시작하여 동체로 올라오고 이제 침대 위의 털가죽 요에 까지 미치고 있는 형국이다. 凶하다.

점을 쳐서 이 효사를 만난 사람은 위기가 절박하게 다가오고 있다. 피할 수 없다. 스스로 결정해야 한다.

六五: 貫魚, 以宮人寵。无不利。
육 오 관 어 이 궁 인 총 무 불 리

다섯 번째 음효: 六五는 보통 군주의 위치이지만 이 박괘에서는 다섯 음효의 최상위로 보기 때문에 그 음의 패거리에 소속된 자로 볼 수밖에 없다. 다섯 음효가 모두 궁인宮人이며, 六五는 그 궁인의 장長이니, 곧 왕후王后이다. 음은 결국 양을 좇을 수밖에 없다. 그래서 이 왕후는 궁인을 거느린 최상위에 있는 上九를 모실 수밖에 없다. 이 괘에서 군주는 上九이다.

처음에 있는 "관어貫魚"라는 표현은 "명태꾸러미"를 가리킨다. "어魚"는 본시 음물陰物에 속한다. 그리고 상괘인 간艮은 문궐門闕의 상징성이 있다. 그러니까 上九의 대궐 속에 중음衆陰이 살고 있다. 이들을 명태꾸러미에 꿰듯이 차례로 거느리고 上九의 잠자리를 거들어 드린다. "이궁인총以宮人寵"에서 "이以"는 "거느린다(率)"로 해석된다(주희, 왕부지). "총"은 "총애를 입는다"는 뜻이다. 어여쁜 궁인들로 하여금 차례로 모시게 하여 총애를 받는다는 뜻이다.

전체 뜻인즉, 아무리 소인배라 할지라도 소인들을 거느리고 현인을 대접하거나 선업을 행하면 끝내 허물이 없다, 이롭지 아니할 바 없다(无不利)라고 이 효사는 말하고 있는 것이다. 또한 음의 세력을 궁내의 문제로 환원시킴으로써 음의 세력이 이 절묘한 시점에서 정치의 대세에 관여하지 못하게 하는 의미도 내포되어 있다.

上九: 碩果不食。君子得輿, 小人剝廬。
상 구 석 과 불 식 군 자 득 여 소 인 박 려

맨꼭대기 양효: 음이 양을 박해하고 그 소인들의 세력이 날로 성장하여 최종적

으로 남아있는 하나의 양마저 밀쳐 떨어뜨릴 그런 기세이지만, 上九의 일양一陽은 홀로 나무 꼭대기에서 떨어지지 않고 버티고 있는 커다란 과일처럼 그 자리를 지키고 있다. 이 일양의 모습을 "석과불식碩果不食"이라고 표현한 효사의 작자는 정말 이매지네이션이 풍부한 시인이다. "나무꼭대기에서 멕히지 아니하고 남아있는 단 하나의 과일이여!"라는 뜻이다.

이 과일마저 밀어내버리겠다고 덤벼드는 소인배들이 있다면 그들은 문제를 크게 잘못 파악하고 있는 것이다. 박剝 ䷖ 의 上九를 제거하여 전음의 곤坤 ䷁으로 만든다 한들, 곤에 양이 없다고 생각하는 것은 판단착오일 뿐이다. 나무꼭대기에 매달려 있는 석과碩果가 떨어지면 땅속에서 다시 싹을 틔운다. 곤 ䷁ 은 음만으로 존재하는 것이 아니라 그 배후에 양효를 숨기고 있다. 건곤은 병건並建이다. 그 석과는 다시 땅(곤坤)속에서 자라나 복復 ䷗ 이 된다.

어찌되었든 上九는 박탈의 극치요, 음의 극성이다. 혼란이 극에 달한 상황, 이런 상황일수록 민중은 태평太平으로의 복귀復歸를 갈망한다. 소인이 발호하는 상황에서 고독하게 살아남은 높은 인격의 현자賢者! 그 존재의 명망은 후진을 홍기시키고 난세亂世를 다시 치세治世로 환원시키는 잠재력이 된다. 음이 전성全盛하여 나라의 난亂이 극에 달했을 때 민중은 통렬하게 치治의 질서를 갈망한다. 그래서 上九의 고결한 군자를 모든 사람들이 추대하여 그를 리더로서 모신다. 그것을 "군자는 수레를 얻는다. 君子得輿"라고 표현했다.

한편, 소인들은 어떠한가? 음사陰邪의 소인들은 자만감에 빠져 자기들의 세력이 사태를 완벽하게 장악해야 한다고 제멋대로 떠들면서 단지 홀로 외롭게 남아있는 上九의 군자마저 박락剝落시키려고 한다. 上九의 외로운 석과마저 삭락削落시키면 그 결과는 어떻게 될까? 그것은 곧 소인들이 살고 있는 집의 지붕(려廬)을 걷어버리는 것과 같은 꼴이 되고 만다. 자기들을 보호해줄 아무런 지붕도 남지 않게 된다. 비바람에 그대로 노출되고 혼란이 가중된다.

【23】
剝
䷖

즉 자기 존재의 기반을 스스로 붕괴시키는 꼴이 되고 마는 것이다. 이것을 "소인박려小人剝廬"라고 표현했다.

박괘剝卦의 아이러니는 박의 대상이 군자들이었지만 최종적으로는 박의 대상이 소인 자신들이 되고 마는 것이다. 스스로 존재의 장場, 그 그룬트Grund를 파멸시키는 것이다. 우리나라의 막돼먹은 언론들의 행태는 결국 이렇게 귀결되게 마련이다. 소인小人노릇을 하려 해도 작작 해먹어야 한다. 자기 마음대로 권력을 휘두르면 결국 자기를 파멸시키고 만다. 소인박려! 사필귀정이다! 이제 뒤집으면 복괘가 된다.

"머지않아 국권이 회복되리라!" 고광순의 깃발 원본. 독립기념관 소장.

24

진하震下
곤상坤上
지뢰 복復

Returning, Élan Vital

괄명 "복復"은 "다시"를 의미하고, 또 "돌아간다"를 뜻한다. "돌아간다"는 의미는 기존의 흐름에 역행하는 흐름을 의미하며, "복"은 그 흐름의 변화의 터닝 포인트turning point를 가리킨다. 『역』의 64괘 중에서도 복復이 특별히 사람들의 사랑을 많이 받는 것은, 소인들이 발호하여 그들의 천하가 된 마당에 최초로 시세가 역행하여 군자가 등장하는 터닝 포인트를 의미하기 때문이다. 복은 절망 속에서 싹트는 희망이다. 음을 죽음이라 하고 양을 생명이라 한다면 복☷은 죽음 속에서 피어나는 생명의 움틈이며, 암흑을 뚫고 피어나는 광명의 발출이다. 음이 극에 달하고 양이 다시 회복하는 터닝 포인트이다. 괘상을 보면 하괘가 진震☳이며 우레를 상징한다. 상괘의 곤坤☷은 땅이니까, 땅속에 우레가 숨어있는 모습이다. 아직 양기의 세력이 미약하여 우레, 즉 생명의 발출을 땅속에 숨기고 있는 것이다. 괘덕卦德을 보면, 하괘는 진震이니까 동動이고, 상괘는 곤坤이니까 순順이다. 즉 움직여 나아가는 데 무리가 없다. 해나가는 일에 장애가 별로 없다.

나는 고대 철학과에서 "철학개론"강의를 들을 때, 이 복괘의 「단전」에 나오는 "복기견천지지심호復其見天地之心乎"라는 말을 매우 인상깊게 들었다. 복괘에서 비로소 우리는 천지의 마음을 볼 수 있다는 뜻인데, 천지는 온생명이고, 생명인 이상 "마음"이 없을 수 없고, 그 마음은 "복復"을 근본으로 한다. 그러니까 복에서 천지의 마음을 볼 수 있다는 것이다. 생명의 특징은 끊임없이 다시 약동(엘랑비탈)한다는 데 있다. 그 "복기견천지지심호"에 왕필이 매우 유명한 주를 달았다:

"복復"이라는 것은 근본으로 돌아간다(반본反本)는 것을 의미한다. 천지는 근본을 그 마음으로 삼는다. 대저 움직임(동動)이 멈추게 되면 고요함(정靜)이 온다. 그렇다고 고요함이 움직임을 대적하는 것이 아니다(움직임을 포섭한다). 말(어語)이 멈추게 되면 침묵(묵默)이 온다. 그렇다고 침묵이 말과 대적하는 것이 아니다(말을 포섭한다). 그런즉, 천지가 비록 크다고는 하나, 만물을 풍부하게 포섭하고 있고, 끊임없이 우레가 치고 바람이 분다. 그래서 운화運化가 만변하지만 그것이 조용하게 되면 무無에 이른다고 말할 수 있다. 이 무無야말로 천지의 근본이다. 그래서 우레의 움직임이 땅속에서 쉼의 상태에 있는 것, 바로 이 상태에서 천지의 마음이 드러나는 것이다. 만약 천지가 유有를 가지고 마음을 삼는다면 다양하게 다른 종류의 사태를 포섭하지 못할 것이다.

復者, 反本之謂也。天地以本爲心者也。凡動息則靜, 靜非對動者也; 語息則默, 默非對語者也。然則天地雖大, 富有萬物, 雷動風行, 運化萬變, 寂然至无, 是其本矣。故動息地中, 乃天地之心見也。若其以有爲心, 則異類未獲具存矣。

왕필의 이와같은 견해를 노자의 무론無論적 입장에서 유가의 정경正經의 본의를 왜곡했다고 비판하는 의론이 많으나 왕필은 무無를 배타성이 없는 포섭적인 천지의 마음으로 규정한 것이다. 왕필의 무는 황 똥메이 교수가 말하는 "포섭적 조화Comprehensive Harmony"의 개념으로서 이해할 수 있다(Thomé H. Fang, *The Chinese View of Life*, H. K.: Union Press, 1957, pp.1~43.).

「서괘전」은 박괘 다음에 복괘가 오는 이유를 다음과 같이 밝힌다(기실 복괘는 박괘의 종괘綜卦이다): "박剝이라는 것은 박탈하여 없애버린다는 뜻이다. 그러나 사물이라는 것은 완벽하게 끝내버리거나 무화無化시킬 수 없는 것이다. 천지간에 반드시 그 존재의 변형이 남는다. 박괘가 위에서 궁하게 되면 반드시 아래로 되돌아오게 되어있다. 그래서 박괘를 복괘로 받은 것이다. 剝者, 剝也。 物不可以終盡, 剝窮上反下, 故受之以復。"

이에 대하여 이천이 설명한 것을 한번 살펴보자!

사물에 박진剝盡(박탈되어 사라진다)의 이치는 없다. 박剝이 극에 달하면 복復이 오고, 음이 지극하면 양이 생겨나게 되어있다. 양이 위에서 극한까지 견디다 박탈당하게 되면 그것은 다시 아래에서 생겨나게 되는 것이다. 그것이 곧 「서괘전」에서 위에서 궁窮하면 아래로 돌아온다(반하反下)라고 말한 바의 것이다. 그래서 복괘가 박괘 다음에 오게 된 것이다. 괘의 모양을 한번 살펴보자! 일양一陽이 오음五陰의 아래에서 생겨나고 있으니 이것은 음이 극하면 양이 되돌아온다는 이치이다. 10월에 음이 성하여 극한에 달했다가(곤䷁), 다음 달 11월 동지冬至가 되면 일양一陽이 땅속에서 다시 생겨나기 때문에 복(䷗)이라고 한 것이다. 양은 군자의 도이다. 양의 사라짐이 극한에 달하다가 다시 양이 돌아오는 것은, 군자의 도는 사라지는 것 같다가도 다시 자라나는 것이다. 그러므로 복괘는 선善으로 돌아온다는 뜻이 된다.

物无剝盡之理, 故剝極則復來。陰極則陽生。陽剝極於上而復生於下, 窮上而反下也, 復所以次剝也。爲卦, 一陽生於五陰之下, 陰極而陽復也。歲十月, 陰盛旣極, 冬至則一陽復生於地中, 故爲復也。陽, 君子之道, 陽消極而復反, 君子之道消極而復長也。故爲反善之義。

「대상전」은 말한다:

> 雷在地中, 復。先王以至日閉關, 商旅不行。后不省方。
> 뇌 재 지 중 　복 　선 왕 이 지 일 폐 관 　상 려 불 행 　후 불 성 방

우레가 땅속에 있고, 양의 기운이 피어나기 시작하는 미묘한 때를 나타내는 괘가 바로 복괘이다. 선왕은 이 복괘의 형상을 본받아 양의 기운이 미묘하게 움직이기 시작하는 동지의 날(해가 가장 짧은 날)에는 양기를 조용하게 기를 필요가 있으므로 사방의 관문을 닫아버리고 상인이나 여행객이 다니지 못하게 한다. 그리고 군주들도 지방을 순시하며 민정을 살피는 정무를 행하지 않고 조용히 쉰다. 양을 안정시켜야 할 때에 때에 앞서 행동하는 것은 옳지 않다.

"후불성방后不省方"의 "후"는 천자天子, 선왕先王에 대비되는 후왕後王이다. "성방"은 사방四方을 순시한다는 뜻이다. 옛사람들이 계절감각, 사계四季의 추이에 맞추어 정책을 결정하고 군주의 좌와坐臥가 결정되는 그러한 때의 감각은 실제적으로 지나간 시대의 유물이 아니라 오늘날에도 요청되는 중요한 천인합일天人合一의 사상이다. 천도와 인도의 상응이야말로 오늘날 모든 에콜로지사상의 기본골격이라 말할 수 있다. 이러한 상응의 도덕을 인위적 문명의 진로가 무시할 때 코로나바이러스사태와 같은 비극은 계속 벌어질 수 있다.

> **괘사**
>
> 復, 亨。出入无疾, 朋來无咎。反復其道, 七日來復。
> 복 　형 　출 입 무 질 　붕 래 무 구 　반 복 기 도 　칠 일 래 복
>
> 利有攸往。
> 리 유 유 왕

돌아오고 있다(復). 돌아옴을 찬양하여라! 하느님께 제사를 올리자(亨)! 숨어있던 생명이 밖으로 나와(出), 순음의 세계로 들어와(入) 성장하는데 병이 없다(无疾). 친구들도 같이 온다(朋來). 뭔 허물이 있으랴(无咎)! 복괘는 그 도를 되돌려 회복시킨다(反復

其道). 생명이 돌아오는데 이레 걸린다(七日來復). 생명의 봄이 피어나고 있다. 여행을 떠나자! 모험을 감행하는데 이로움이 있다(利有攸往).

─────── ⚜ ───────

음의 세력이 가득한 가운데 양의 세력이 돌아오는 터닝 포인트의 복괘! 죽음을 뚫고 생명이 다시 피어나는 이 복괘! 이때에는 뭇 생명의 근원인 천지에게 생명을 찬양하는 제사를 지내라!(亨). "출입무질出入无疾"에서 "입入"은 일양一陽의 기운이 음 속으로 들어오는 초효의 모습이고, "출出"은 그 초효가 자라나서 점점 위로 올라가는(밖으로 나아가는) 모습을 가리킨다. 정이천도 "입출"이라고 말해야 그 순서가 맞는데, 그냥 습관상 "출입"이라 말하는 것이 입에 순하여, 그렇게 말한 것일 뿐이라고 했다. 양이 들어와서(入) 자라나는(出) 과정에 "무질无疾"이라 한 것은 "꺾임이 없다," "좌절이 없다," "병이 없다"라는 뜻이다. 그러나 내가 풀이한 것처럼 "출입出入"을 "숨어있던 데서 나와 음 속으로 잠입한다"라고 해석해도 별 지장은 없다. 일양一陽은 매우 외롭고 연약하게 보이지만 이미 대자연의 대세를 타고 있는지라 좌절이 있을 수 없다. 백설 속의 매화꽃 봉오리를 연상하면 그 밀치고 피어나는 힘이 결코 연약치 아니함을 알 수 있다. 사람도 갓난아기의 생명력에서 그런 기운을 느낄 수 있다.

다음에 "붕래무구朋來无咎"는 이 외로운 初九의 일양一陽에게 九二, 九三의 친구들이 오게 되어 있는데(그것도 기실은 군음群陰을 자기편으로 끌어당겨 양효로 만드는 것이다), 이 친구들이 와도 하나도 허물될 것이 없다는 것이다. 나는 "친구들이 와도 허물이 없다"로 해석하는데(복復의 대세는 이미 잡혀서 허물이 없다), 정이천은 "친구들이 와야 허물이 없다"라고 해석한다. 아직 연약한 양의 생명을 보호해야 한다는 생각이 있는 것이다.

"반복기도反復其道"는 복괘는 흐름을 반전시켜 그 정도의 세계로 다시 돌아온다는 뜻이고, "칠일래복七日來復"은 일음이 성장하여 대세를 이루고 그것을 반전시켜 일양이 다시 들어오는데 7일(실제로는 7달 또는 7년)이 걸린다는 얘기인데 그것은 소식괘의 차서를 보면 쉽게 이해가 갈 것이다. 구☰와 복☷은 방통(=착錯)이다.

1	2	3	4	5	6	7
구姤	둔遯	비否	관觀	박剝	곤坤	복復
오午	미未	신申	유酉	술戌	해亥	자子
5월	6월	7월	8월	9월	10월	11월

노자는 "반자도지동反者道之動"이라 했는데, 『역』의 "복復"은 노자의 "반反"과 상통한 점이 있으나 그 색깔이 다르다. 노자는 역시 혼융한 무차별에로의 복귀라고 한다면, 『역』은 생명의 복귀를 말하는 것이니 이것은 엘랑비탈의 발출이다. 반反은 색깔이 어둡고 현묘玄妙하지만 복復의 색깔은 초봄의 살구꽃몽오리처럼 핑크색이다. 자아! 이런 살구꽃 피는 계절에 그대는 뭘 하겠는가? 여행을 떠나자! 모험을 감행하자! 그래서 "리유유왕利有攸往"이라 말한 것이다. "가는 데 이로움이 있다!" 『역』에서 "감往"은 모험Adventure이다. 모험이 없이는 새로움Novelty은 탄생되지 않는다.

효사

初九: 不遠復。无祗悔。元吉。
초 구   불 원 복   무 지 회   원 길

처음의 양효: 머지않아 회복되리라. 후회에 이르지 않을 것이다. 크게 길하다.

"지祗"는 "지至"이니, "이르다"는 뜻이다. 初九는 최초의 양효이며, 군자의 득세, 생명의 귀환, 양의 확대를 알리는 복음(유앙겔리온εὐαγγέλιον, good tidings)이다. 그리고 이것은 최초의 소식이다. 그 선포는 이러하다: **"머지않아 정의로운 군자의 도가 회복되리라不遠復."** 우리나라 구한말의 대지식인이며 임란 때의 의병장 고경명高敬命, 1533~1592의 13대 종손인 고광순高光洵은 기울어져가는 나라의 모습을 좌시하지 않고 크게 의병을 일으켜 싸웠다. 그는 **"불원복不遠復"**이라는 깃발을 들고 피아골 연곡사에서 최후항전을 했다. 그의 친구 황매천이 그곳을 달려갔을 때는 이미 타버린 깃발과 그의 시신만이 깨진 기왓장 사이로 나뒹굴고 있었다. 지금도 연곡사에 가면 고광순의 순절비殉節碑를 볼 수 있다. 황매천의 유명한 말, **"나같이 글만 하는 선비 끝내 뭔 짝에 쓸 것인가? 我曹文字終安用"**는 고광순의 무덤을 만들었을 때 그가 쓴 시 중에 나오는 한 구절이다(cf. 도올 김용옥, 『계림수필』 서울: 통나무, 2009. pp.130~145). 조선의 선비들은 『역』을 알았다. 우리나라가 비록 왜놈에게 당하고 있지만 반드시 국권을 회복하게 되리라는 믿음을 복괘를 통해 얻었다. 지금 현시국의 정치는 어떠한가?

初九는 시작이기 때문에 어떠한 시도를 해도 크게 잘못되지는 않는다. 아직 세력이 미미하고 항상 원점으로 되돌아올 수 있기 때문이다. 그래서 **"무지회无祗悔"**라고 했다. "후회에 이름이 없다," "후회에 이르지 않는다"는 뜻이다. 이 初九의 형세는 원길元吉이다. 크게 길하다!

점을 쳐서 이 효사를 만나는 사람은 점차 호전되는 기운을 감지하라! 그러나 무엇을 금방 이루려고 하지 마라. 바라는 것을 서서히 이루라!

六二: 休復, 吉。
육 이 휴 복 길

두 번째 음효: 이 복괘에는 양효란 初九밖에 없다. 나머지 효는 모두 음효이다. 이 음효는 中正을 얻고 있다(하괘의 가운데, 음위음효). 그러나 상괘上卦와 應은 없다. 자연히 미약하지만 강렬한 初九에 끌릴 수밖에 없다. 여기 "휴休"는 "아름답다"는 뜻이다. 여기 "복復"은 初九의 의로운 길로 돌아간다는 뜻이다. 그 돌아가는 길이 아름답다는 뜻이다. 아름답게 돌아가니 길할 수밖에 없다.

점을 쳐서 이 효사를 만나는 사람은 봄(春)의 기쁨이 있다.

六三: 頻復, 厲。无咎。
육 삼 빈 복 려 무 구

세 번째 음효: 어차피 이 복괘는 "복復"이라는 성격의 규정성 속에 있다. 六三은 中을 벗어나 있고 양위에 음효이니 正하지도 못하다. 不中不正하니 성격이 좀 경거망동하는 스타일이다. 그리고 三의 자리는 원래 불안정한 자리이다. 그래도 이 괘 전체의 주효는 初九이다. 六三은 그곳으로 돌아가지 않을 수 없다. 정도正道로 결국은 돌아간다. 전체 효사는 이렇게 번역된다: "六三은 안절부절못하면서 돌아간다(頻復). 그 과정에서 위태위태한 상황을 만들기도 한다(厲). 그러나 결국은 허물이 없다(无咎)."

六三은 아랫괘 진震(☳)의 최상위에 있다. 진괘는 "동動"의 성격이 있다. 六三의 안절부절못하는 모습을 "빈복頻復"(안절부절못하면서 돌아간다)이라고 표현했다. 왕필은 "빈頻"을 "빈축지모顰蹙之貌"라고 했다. 눈살을 찌푸리며 안절부절못하는 모습이다.

六四: 中行, 獨復。
육 사 중 행 독 복

네 번째 음효: 중도에 나홀로 바른 길로 돌아간다.

――― ❦ ―――

괘 전체에서 六四만이 홀로 初九에 應하는 위치에 있다. "행行"이라는 글자는 갑골문, 금문에 많이 나타나는데, 그 모양은(✚) 십자로를 의미한다. "중행中行"이라는 것은 "중도中途"라 말하는 것과 동일하다. 六四는 음의 무리들과 어울려 깊숙이 음의 길에 들어와 있다. 그러나 六四는 도중에 갑자기 자기 홀로 어려운 선택을 한다. 음의 길을 벗어나 정도正道의 길로 복귀하는 것이다. 初九의 정황은 너무도 외롭고 미약하기 때문에 도움을 필요로 한다는 것을 안다. 결단을 내린다. 선의 실천을 위해 나홀로 간다. 용감한 자기부정, 과감한 선善의 결단Entscheidung을 "독복獨復"이라 표현했다.

그런데 이 효사에는 吉이니 무구无咎이니 하는 가치평가어가 들어있질 않다. 이것은 해야만 할 일을 하는 도덕적 결단이기 때문에 길흉의 평가에서 벗어나는 것이다. 위대하도다! 역이여!

六五: 敦復。无悔。
육 오 돈 복 무 회

다섯 번째 음효: 六五는 六四처럼 初九와 應하지도 못한다. 그러나 六五는 상괘의 中이며 존위尊位에 있다. 그리고 상괘 곤坤은 "순順"의 덕성이 있다. 중용과 유순柔順의 위엄 있는 자로서 복復을 하기는 해야 하는데, 그것을 홀로 스스로의 노력에 의하여 감행해야 한다. 이 과정은 六五의 존엄한 입장에서 보면 참으로 난감하고 독실한 과정이다. 이 六五의 입장을 "돈복敦復"이라 표현했다. "독실하게 정도正道로 돌아간다"는 뜻이다. 오늘날 과연 우리나라의 음의 무리 중에서 이렇게 돈복하는 자가 생겨날 것인가? 六五, 돈복하니 후회를 남기지 않는다(无悔).

> 上六: 迷復, 凶。有災眚。用行師, 終有大敗,
> 상 육　미 복　흉　유 재 생　용 행 사　종 유 대 패
>
> 以其國君, 凶。至于十年不克征。
> 이 기 국 군　흉　지 우 십 년 불 극 정

맨꼭대기 음효: 이 上六은 음효로서 기가 약한 성격의 소유자이며, 복괘復卦의 카이로스의 최후에 해당된다. 六은 원래 항룡亢龍처럼 실수가 많은 자리이다. 이 上六은 하괘와 應의 관계가 없고 比의 친구도 없고, 初九의 강명剛明한 군자도 너무 멀리 떨어져서 도무지 복復의 실마리를 가늠할 수 없다. 이것을 "미복迷復"이라 표현했다. "돌아가는 것에 관하여 미혹된 상태로 남아있을 뿐이다"라는 뜻이다. 결국 돌아갈 마음의 결단이 없는 것이다. 유약하고 암우暗愚한 上六에게는 흉운만 있을 뿐이다(凶). 그래서 온갖 재난이 잇따르게 된다. "생眚"은 외부로부터 오는 재난이 아니라 자기내부로부터 오는 재난을 의미한다. "유재생有災眚"은 외(천재天災)·내(인재人災)의 재난이 잇따른다는 뜻이다.

上六은 군사를 일으키는(用行師) 바보짓까지 한다. 결국 대패를 하고 만다(終有大敗). 그 재난의 상황은 군주가 죽고 나라가 멸망하는 사태에까지 이를 수 있다(以其國君). "이以"는 "급及"을 의미한다. "흉凶"이라는 판단이 두 번씩이나 내려지고 있다. 십년이 지나 패배를 만회하기 위하여 다시 군사를 일으키지만 패배를 설욕할 수는 없을 것이다(至于十年不克征).

凶과 생眚, 凶과 정征, 압운이다. 다음의 키워드 정도는 외워두는 게 좋겠다.

初	二	三	四	五	上
불원복 不遠復	휴복 休復	빈복 頻復	독복 獨復	돈복 敦復	미복 迷復

25

진하震下
건상乾上

천뢰 무망无妄

Truthfulness,
Heavenly Sincerity

괘명 "무망无妄"은 문자 그대로 "망령됨, 허황됨이 없는 것"이다. 주희는 무망을 "실리자연實理自然"이라 했는데, 이것은 "리얼한, 실제의 이치가 스스로 그러하다"는 뜻으로 인위적 조작을 떠나 있는 천리의 실상을 말한 것이다.『사기』「춘신군열전春申君列傳」제18에 "무망无妄"을 "무망毋望, 无望"으로 쓰고 있는데, 그것은 "기대하지도 않았는데 그렇게 된다"는 뜻이다. "无妄"과 "无望"은 그 뜻이 상통한다. 그런데 왜 갑자기 이 무망괘가 여기 등장하게 되었는가? 정이천은 "망妄"을 "인욕人欲"으로 인한 것으로 보고, "무망无望"을 천리天理로 보아, 송유의 가장 근원적인 개념의 한 근거로 삼았다.

이 차서에 관한 질문은 「서괘전」에서 해답을 찾아야 할 것 같다.「서괘전」은 말한다: "복괘復卦는 정도正道가 회복되는 것이다. 회복되면 망령됨이 사라진다. 그러므로 복괘를 무망괘로 받은 것이다. 復, 則不妄矣。故受之以无妄。" 아주 간결한 한마디이지만 복괘 다음에 무망괘가 오는 이유를 밝힌 것으로서는 더 이상 좋은 설명이 없는 것 같다.

복復(정도에로의 복귀)이 이루어진 사회일수록, 그 "이룸"이라는 것이 매우

**[25]
无妄**

일천하고 또 뒤집어질 수 있는 것이므로 진실무망한 역사적 프로세스의 "다짐"이 있어야 한다는 것이다. 결국 우리나라 촛불혁명 이후의 사회상에 부족한 것은 "무망无妄"이었다. 복復에 대한 자만감 속에서 망妄(망령됨)에 빠져 살았다. 복이 자력에 의한 것이 아님에도 불구하고! 복復은 대세大勢요, 천리의 이치이다. 그러므로 복의 운세를 탄 지도자들은 그 대세를 이어나가고 굳히기를 무망无妄으로 해야 한다. 촛불혁명은 망妄으로 끝난 듯이 보인다. 그러나 장구한 역의 이치에서 보면 그 망妄이 무망无妄일 수도 있는 것이다.

정이천은 말한다:

> 복復이라는 것은 정도正道로 돌아옴이다. 일단 도道로 돌아오게 되면 정리正理(바른 이치)에 합하여 망령됨이 없게 된다. 그래서 복괘 후에 무망괘가 잇달아 오게 된 것이다. 괘의 형상을 살펴보면 건乾이 위에 있고 진震이 아래에 있다. 진은 동動이니, 그 움직임을 하늘로써 하면 무망无妄이 되고, 그 움직임을 인욕人欲으로써 하면 망妄이 되는 것이다. 이것이 바로 무망괘의 대의이다.

> 復者, 反於道也。旣復於道, 則合正理而无妄。故復之後, 受之以无妄也。爲卦, 乾上震下。震, 動也。動以天, 爲无妄; 動以人欲, 則妄矣。无妄之義大矣哉!

「대상전」의 저자는 이 무망괘에 대해 무엇을 말하고 있을까? 재미있게도, 「대상전」의 저자는 괘명을 괘상으로서 독립시키지 않고 상에 관한 문장 속의 한 요소로서 활용하고 있다. 즉 그 신택스 형식이 좀 독특하다는 것이다.

天下雷行, 物與无妄。先王以茂對時, 育萬物。
천 하 뢰 행　물 여 무 망　선 왕 이 무 대 시　육 만 물

하늘(건괘☰) 아래 우레가 다닌다("뢰雷"를 번개로, "행行"을 치다. 즉 번개가 친다라

고 해석할 수가 있다). 우레나 번개는 모든 사물에게 무망의(진실한) 계기를 부여한다("여與"는 "부여한다"는 뜻). 문명의 최초의 논리를 만드는 선왕들은 이러한 무망괘의 구조를 본받아 무성하게 각 사물에게 주어지는 때에 대응하고(對), 모든 사물의 개성에 맞게 만물을 생육시킨다.

이 「대상」의 언어는 결코 쉽게 해석될 수 없다. 그런데 나는 내가 대학교 때 읽었던 『주역』 텍스트 상단에 "물여무망物與无妄"에 관하여 이렇게 재미있는 멘트를 오두鼇頭에 써놓았다: "오파린의 화학진화를 연상케 한다." 나는 본시 학부생으로서 생물과를 다녔기 때문에 생명의 진화에 관하여 관심이 많았다. 오파린Alexander Ivanovich Oparin, 1894~1980은 "생명의 기원"에 관하여 새로운 가설을 세운 소련의 생화학자로서 유명하다(그의 저서, *The Origin of Life*, N. Y.: Dover Publication, 1953은 비교적 쉽게 읽을 수 있는 책이다).

그의 가설을 획기적인 사실은 생명에 관한 미신을 타파했다는 데 있다. 생명이라는 유기체에 특별한 별도의 족보가 있는 것이 아니라, 단순한 물질의 복합구조의 우발적이고도 특별한 계기에 의하여 원시적인 자기복제 기능을 획득한 입자가 태어남으로써 원시생명이 탄생했다는 것이다. 단순한 물질로부터 최초의 세포까지의 과정을 그 이후의 생물진화에 대비하여 "화학진화"라고 부르게 되었다. 사실 이 화학진화는 다윈의 진화론에도 이미 논리적으로 포함되는 개념이다. 오파린은 이러한 생명의 기원론을 맑스-레닌니즘의 유물론의 입증으로서 생각했지만, 나는 그러한 오리진이론을 온생명적 우주의 실상으로 파악했던 것이다. 물질도 생명이고, 생명도 물질이라는 혼원론의 한 과학적 단상으로서 오파린의 기원론을 규정했던 것이다. 그러니까 매크로 분자구조에 포함되어 있는 액상의 코아세르베이트Coacervate 방울에 번개가 내려친다든가 하는 계기에 놀라운 비약적 화학진화가 일어난다는 것도 지금 여기 무망괘에서 말하는 "뢰행雷行," "무망无妄"의 궁극적 의미와 상통되는 맥락이라고, 두주頭注에 써놓았던 것이다.

하늘아래 번개가 치는 것이 물物에게 무망(생명적 진실)의 계기를 부여한다는 것은 당시 대학생이었던 나에게 오파린의 생명기원설과 비슷한 논리라고 생각되었던 것이다. 사실 이「대상전」을 해설한 주희의『본의』는 매우 과학적인 메시지를 발하고 있다:"하늘아래 번개가 치고 우레가 진동하여 생명력을 발출하는 것이 만물에게 각각의 성性과 명命을 바르게 할 수 있는 기회를 부여한다. 이것이 물물物物마다 허망하지 않은 생명의 진실을 부여하는 것이다. 우리의 문명의 지도자인 선왕들은 이러한 이치를 본받아, 때(카이로스)에 맞게 만물을 양육하고(생명의 진화), 그 각기 그 본성에 따라 스스로 발전하게 하지, 그것을 문명의 논리에 복속시켜 사유화하지 않는다. 天下雷行, 震動發生, 萬物各正其性命, 是物物而與之以无妄也。先王法此, 以對時育物, 因其所性而不爲私焉。"

크게 보면, "무망无妄"은 허세나 위선이 없는 진실한 그대로의 자연의 도리라는 의미와, 기대하지도 않았던 망외望外의 복福이라는 의미를 같이 지닌다. 무망의 괘☰☳는 괘변으로 말하면, 송☰☵의 九二와 初六이 서로 자리를 바꾼 것이다. 송訟의 九二는 음위에 양효가 있으니 不正인데 초위初位로 가라앉으면서 正이 된다. 송訟의 九二의 움직임이 자연의 이치에 맞으므로 무망无妄이라는 이름이 걸맞게 된다.

无妄, 元, 亨, 利, 貞。其匪正, 有眚。不利有攸往。
무 망 원 형 리 정 기 비 정 유 생 불 리 유 유 왕

무망괘는 매우 중요한 괘이다. 원·형·리·정 그 사덕四德이 모두 갖추어져 있다. 무망은 허망虛妄이 없다. 있는 그대로의 자연의 모습이다. 지성진실至誠眞實하게 모든

사태에 대처하면 모든 사업이 번창하게 되어 있다. 그러나 정도正道를 지키지 아니하면(其匪正), 망령된 행위로부터 발생하는 재난이 잇따르게 된다(有眚). 무망의 때에는 소극적인 지킴의 의미가 강하므로 모험을 감행하는 것은 별로 좋지 않다(不利有攸往).

初九: 无妄。往, 吉。
초 구   무 망   왕   길

첫 번째 양효: 初九는 양강陽剛하며 내괘의 주인이다(일양이음에서 주효는 일양一陽이다). 송訟괘의 九二가 初位로 내려앉아 正이 되었으니 무망의 주인은 初九이다. 따라서 初九는 모험을 강행할 만한 자리이다. 여기 "왕往"은 코스모스cosmos에서 카오스chaos로 나아간다는 의미이다(내가 학위논문을 쓰면서 달아놓은 두주頭注). 망령되지 않게 모험을 시작하니(往) 그 앞날이 吉하다. 성誠이 있기 때문이다.

六二: 不耕穫, 不菑畬。則利有攸往。
육 이   불 경 확   불 치 여   즉 리 유 유 왕

두 번째 음효: 六二는 내괘의 중앙에 있으며 유순한 덕성을 지니며 中正을 얻고 있다. 때를 거역하지 않으며, 천리天理에 따라 움직이며 자기멋대로 원망願望(바램)을 갖지 않는다. 무망의 모범적 사례이다.

"경耕"은 경작의 시작이며 "확穫"은 경작의 결과이다. "치菑"는 "개간한다"는 뜻이다. "여畬"는 개간을 시작하여 3년째 되는 새 밭이다. 지미地味가 익은 밭이다.

"불경확不耕穫, 불치여不菑畬"는 여러 종류의 해석이 있으나 나의 소견은

매우 간결하다. 그 뜻인즉, 애써 밭을 갈지도 않았는데 수확을 얻으며(不耕穫),
개간하지도 않았는데 지미 익은 좋은 밭을 갖게 되었다는(不菑畬) 뜻이다.

내가 농산어촌개벽대행진(2021. 10. 26.~2022. 1. 19.)을 하는데, 그 시발지인
해남에서부터 많은 농부들이 농사짓기의 어려움을 토로했다. 한 농부(해남군
현산면 강준호)가 일어나 이렇게 말했다: "저는 농사짓는데 별 어려움이 없습
니다. 농약도 쓰지 않고, 비료도 쓰지 않고, 땅을 무리하게 갈아엎지도 않습
니다. 그래서 수고가 적게 들고 시간이 넉넉합니다. 순수한 자연농법으로 삼
대가 한 집에서 행복하게 살고 있습니다." 말인즉, 쉽게 들리지만 특별한 경
지가 있는 사람으로 느껴졌다. 여기 六二의 장본인일 것이라고 생각한다. 사
람의 기대와 욕심에 의존하지 않고, 많은 수확과 개간의 무리한 활동이 없이
스스로 그러하게 살아가는 모습을 이 六二의 효사는 그려내고 있다. 이러한
사람은 모험을 강행하고 앞으로 나아간다 해도 어려운 일이 별로 있을 수 없을
것이다(則利有攸往).

六三: 无妄之災。或繫之牛, 行人之得, 邑人之災。
육 삼 무 망 지 재   혹 계 지 우   행 인 지 득   읍 인 지 재

세 번째 음효: 六三은 양위에 있는 음효래서 不正하다. 그리고 중앙에 있지도 않아
중용의 도에서 벗어나 있다.

이 효사에서 "무망无妄"은 『사기』의 용례대로 "무망无望"으로 해석하는
것이 좋다. "무망지재"는 "예상치 못한 재난을 뜻밖에 당한다"는 뜻이다.
六三은 不中不正하기 때문에 기대치도 않았던 재난을 당하는 손재수가 많다는
뜻이다. 예를 들면 어떤 사람이 읍내 한가운데 소 한 마리를 묶어놓았다고
치자(或繫之牛)! 그런데 지나가던 타읍의 사람이 몰래 그 소를 가져가 버린
다(行人之得). 그런데 황당하게도 그 도난사건의 혐의를 읍내에 있었던 六三(여기

"읍인邑人"은 六三 본인을 가리킨다)이 뒤집어쓰게 된다(邑人之災). 이것은 정말 예상치 못했던 재난이요, 자기에게 전혀 허물이 없는 재난인 것이다. 이런 무망지재가 六三에게 닥치게 되어 있다는 것이다.

九四: 可貞。无咎。
구 사　　가 정　　무 구

네 번째 양효: 九四는 상괘 건乾의 아랫효이다. 건乾은 건健하다. 강한 성격을 지니고 있다. 初九도 陽이기 때문에 應이 없다. 사적私的인 교류가 없다는 것은 사심이 없다는 것이다. 그러니까 그것은 "무망无妄"에 속하는 것이다. 九四는 이렇게 강건하고 사심이 없기 때문에 점을 칠 만하다(可貞). 점을 쳐서 앞날을 물으면 허물이 없으리라(无咎).

점을 쳐서 이 효를 만난 사람은 미래를 기획해볼 만하다. 크게 잘못됨이 없을 것이다.

九五: 无妄之疾。勿藥有喜。
구 오　　무 망 지 질　　물 약 유 희

다섯 번째 양효: 여기 나오는 모든 효사가 기본적으로 무망괘에 속하는 것이며, 또 무망의 성격을 지니고 있다는 사실을 전제로 하는 것이 옳다. 여기 "무망지질无妄之疾"은 六三의 "무망지재无妄之災"와 같은 의미맥락을 지니고 있다. 즉 "예상치 못했던 질병"이라는 뜻이다.

九五는 상괘인 건괘☰의 중심이며 강건하다. 그리고 中正을 얻고 있으며, 존위에 있다. 그리고 하괘의 中正인 六二와 기맥히게 應한다. 무망괘에서 가장 좋은 효라고 말할 수 있다.

"예기치 못한 질병"이라는 것은 사고로 인한 외과적 질병이 아니라, 오랜 시간의 축적으로 인한 내과적 질병internal disease인 경우가 허다하다. 이런 경우에는 자기 병을 생각하지 말고 자기 삶을 반성해야 한다. 그러한 질병은 약을 쓰면 오히려 더 악화된다. 더구나 九五는 中正의 강건한 몸을 지니고 있다. 이러한 무망지질无妄之疾에 대해서는 몸의 천리에 맡기는 것이 진실무망의 정도이다. 그것을 "물약유희勿藥有喜"라고 표현했다. "약을 쓰지 않으면 오히려 기쁨이 있게 된다"는 뜻이다.

조선왕조의 임금들이 대부분 만성질환, 피부질환에 시달린 사람들인데 이 질병은 모두 어의들이 지나치게 약을 투여하는 데서 생긴 질병이다. 대부분 약을 안 쓰면, 그리고 제사음식(과도한 육류섭취)을 먹지 않으면 낫는 병인데, 약이 약을 치료하는 궁정의 시스템에 의하여 계속적으로 투약하지 않으면 아니 되는 구조 속에서 임금들은 희생되어 갔던 것이다. 정조도 과도한 투약으로 죽었다. 오늘날의 질병도 상당수가 병원인성病院因性의 질환iatrogenic disease이다. 병원 가서 나빠지는 증상과 병원 가서 도움받는 증상이 대체적으로 7:3정도의 비율이라 한다.

수운도 마지막 재판에서 한 말이 "내가 조선사회에서 한 일이라고는 아이들에게 서법書法을 가르친 것과, 일반인들에게 주문을 외우게 하여 물약자효케 한 것 외로는 아무것도 없다"라 했다. 수운의 "물약자효勿藥自效"(약 쓰지 않고 저절로 낫는다)는 바로 여기 九五의 "물약유희勿藥有喜"에서 온 것이다. "물약유희"는 작위作爲를 거부하는 무망无妄의 대표적인 사상의 표현이다.

上九: 无妄, 行, 有眚。无攸利。
상 구　무 망　행　유 생　무 유 리

꼭대기 양효: 여섯 효가 모두 무망无妄이지만 자리와 상황에 따라 망妄의 결과를

빚을 수도 있다. 上九는 무망의 궁극점이다. 궁극이란 더 이상 갈 곳이 없는 막다른 골목이므로 좋지가 않다. 上九 본연은 물론 무망无妄에 속하는 것이다(无妄). 그러나 가려고 하면(行: 새로운 어드벤처를 시도하려고 하면) 재앙이 따를 뿐이다(有眚). 이로울 바가 없다(无攸利). 단지 조용히 정도를 지키면서 무망의 삶을 마칠 생각을 해라.

점을 쳐서 이 효를 만나는 사람은 흉운凶運이다. 대재난을 만날 수 있다. 공功을 내세우지 말고 후퇴하는 것이 좋다.

| 26 | 건하乾下 간상艮上 | 산천 대축大畜 |

The Accumulating Power of the Great, Great Nurturing

괘명 이미 우리는 9번째 괘로서 소축小畜 ䷈ 을 고구考究한 바 있다. 소축은 작은 것으로써 큰 것을 멈추게 한다(억제한다)는 것을 의미했는데, 이 대축大畜 ䷙ 은 큰 것으로써 큰 것을 멈추게 한다는 뜻을 지니고 있다. 소축과 대축은 괘모양도 비슷하고 구조적으로 상통하는 측면이 있다. 대축은 하여튼 소축에 비해 스케일이 큰 것이다. "멈추게 한다"는 것은 "축적케 한다"는 것을 의미 하며, 정신적으로는 내면의 덕을 크게 온축시킨다는 것을 의미한다. 학문과 도 덕이 내면에 축적된 대학자의 상이 있다. 남명南冥 조식曹植, 1501~1572(퇴계와 같은 해에 출생, 비슷한 시기에 서거. 퇴계는 남인의 종장. 남명은 북인의 조종)이 지리산 기슭 (경남 산청군山淸郡 시천면矢川面 사리絲里)에 서당을 짓고(1561년) 산천재山天齋라 이름 한 것도 그 소이연을 알 만하다. 소축은 음(小)으로써 양(大)을 멈추게 한 형상 이라면, 대축은 양(大)으로써 양(大)을 멈추게 하고 있는 형상이다.

소축의 상괘는 손巽이래서 음에 속하고 대축의 상괘는 간艮이래서 양에 속 한다. 그들이 멈추게 하고 있는 대상이 하늘이니 그것은 "큼"의 최대치이다. 그러니 모든 것이 스케일이 클 수밖에 없다. 간艮의 덕성은 지止이니, 상괘의 간艮이 하괘의 건乾을 지止하고 있다. 간艮의 독실함으로 건乾의 강건剛健함을 멈추게 하고 있는 것이다. 간과 건이 모두 양이고, 양(大)이 양(大)을 멈추게 하고 있으니 그것은 지止의 최대치이다. 그래서 대축大畜이라고 한 것이다.

또 상괘 간艮은 산山이고, 하괘 건乾은 하늘이니, 산속에 하늘의 원기元氣가 축적되어 있어, 산속으로부터 초목이 생장발육하는 모습이니, 이것은 학술과 도덕이 온축되어 많은 제자를 길러내는 큰 선생님의 모습이다.

대축☷은 무망☷의 종괘綜卦 즉 반대괘反對卦이다. 그래서 무망 다음에 온 것이다.「서괘전」은 이 차서를 어떻게 설명하고 있을까?: "무망은 허망한 것이 없는 것이다. 허망한 것이 없어야 비로소 축적이 가능해지는 것이다. 그래서 무망괘 뒤에 대축괘가 따라오게 된 것이다. 有无妄, 然後可畜, 故受之以大畜。"

간략하지만 설득력이 있다. 이에 대한 이천의 해설도 매우 명료하다:

허망됨이 없으면 리얼한 열매가 있게 된다. 그리하면 모아서 쌓이는 것이 가능해진다. 그래서 대축괘가 무망괘 다음에 오게 된 것이다. 괘 모양을 살펴보면, 위에 간艮이 있고 아래에 건乾이 있다. 하늘이 산속에 있으니, 이것은 축적된 바가 지극히 크다(至大)는 것을 상징하는 것이다. "축畜"이란, 본시 "멈추게 한다"는 뜻인데, 또한 멈추게 함으로써 모이고 쌓인다는 뜻이 되니, 이것은 지止면 취聚라고 하는 것과 같다. 하늘이 산중에 들어있는 모습을 취하면 온축蘊畜의 뜻이 되고, 간이 건을 멈추게 하고 있는 상을 취하면 축지畜止의 뜻이 된다. 지止한 후에 반드시 쌓이게 되는(積) 것이니, "지止"는 곧 "축畜"의 뜻이 되는 것이다.

无妄則爲有實, 故可畜聚, 大畜所以次无妄也。爲卦, 艮上乾下。天而在於山中, 所畜至大之象。畜, 爲畜止, 又爲畜聚, 止則聚矣。取天在山中之象則爲蘊畜, 取艮之止乾則爲畜止。止而後有積, 故止爲畜義。

"축畜"이라는 글자는 본시 밭田 위에 초목이 무성하게 자라나는 모습이다. 축畜에는 원래 묘苗를 심는다는 종식種植의 의미가 있다. 양養, 적積, 취聚의 뜻이 내포되어 있다. 축은 농경문화와 관련되어 있다. 소축은 수확이 평년작이요, 대축은 수확이 풍년작임을 나타내고 있다는 해석도 있다.

괘사

大畜, 利貞。不家食, 吉。利涉大川。
대 축   리 정   불 가 식   길   리 섭 대 천

대축은 강건독실하고 그 휘광輝光이 날로 새로워지고 있으니 점을 치기에 매우 좋은 분위기이다(利貞). 이러한 대축의 혜택을 받고 있는 대인이라면 쩨쩨하게 집안에서 쪼그리고 앉아서 밥을 먹고 있으면 안된다. 먹는 것 자체가 천하의 밥을 먹어야 하고 천하를 위하여 밥을 먹어야 한다. 단지 내 한 몸을 위하여 밥을 먹고 학문을 하는 그런 쩨쩨한 스케일의 삶을 살면 안된다. 가식家食을 하지 않으면 吉하다. 대천大川을 헤쳐나가라! 모험을 결행하는 것이 이로우니라(利涉大川).

"불가식不家食"에 관하여 이천의 해설이 매우 명료하다.

> 대저 학자가 괴이한 이론에 빠질 수도 있고 치우친 이념의 학문에 심취할 수도 있다. 이러한 자들은 몸속에 쌓인 지식이 엄청나다 할지라도 결국은 부정不正한 인간이 되는 것이니, 이러한 상황이 진실로 허다하다. 도덕이 나의 내면에 충적充積되어 있으면 마땅히 사회에 나가 봉사해야 하고, 천록天祿을 누림으로써 천하에 베풀어야 하는 것이다. 오직 내 몸 하나의 편안함을 위해 베푸는 것이 아니라, 천하가 다같이 편안해져야 하는 것이다. 빈궁하게 살면서 홀로 집안에 쭈그리고

앉아 밥을 먹으면 그 도道는 점점 비색否塞하게 되고 만다. 그래서 여기에 "불가식즉길不家食則吉"이라고 말한 것이다. 쌓인 것이 크면, 마땅히 때에 따라 베풀어야 할 것이요, 천하의 간험艱險을 구제해야 한다. 이것이 곧 크게 축적한 것 즉 대축의 쓰임이다. 그러므로 인생의 모험을 감행하는 것이 옳다!

若夫異端偏學, 所畜至多而不正者, 固有矣。既道德充積於內, 宜在上位以享天祿, 施爲於天下則不獨於一身之吉, 天下之吉也。若窮處而自食於家, 道之否也。故不家食則吉。所畜既大, 宜施之於時, 濟天下之艱險, 乃大畜之用也。故利涉大川。

이천의 해설이 지극히 명료하다. 누가 동방인의 사유를 가족주의familism의 편협성에 사로잡힌 졸렬한 가치관이라고 말했는가? 막스 베버의 프로테스탄트윤리야말로 보편적 윤리가 아니라 하늘의 소명Beruf을 가장한 개인윤리이다. 그래서 자본주의가 "나눔"을 상실한 것이다. 요즈음 서양영화를 보아도 오직 "어린이보호윤리"만 있지, 가족을 넘어서는 보편주의적 가치관에 대한 소신이 결여되어 있다. 얄팍한 가치규정에 기초하여 문명의 족보를 운운하는 모든 천박한 사유는 사라져야 한다. 문명의 편견을 넘어 인간의 보편에 도달해야 한다. 오직 미래의 창조가 있을 뿐이다.

「대상전」은 말한다:

天在山中, 大畜。君子以多識前言往行, 以畜其德。
천 재 산 중   대 축   군 자 이 다 식 전 언 왕 행   이 축 기 덕

하늘이 산속에 온축되어 있는 형상이 대축괘의 형상이다. 군자는 모름지기 이 형상을 본받아(以), 성인들이 앞서 한 지혜의 말들 그리고 지나간 그들의 행적을(前言往行) 다양하고 자세하게 살피어(多識), 자신의 덕성을 온축해나간다.

【26】
大畜

初九: 有厲。利已。
초 구   유 려   리 이

첫 양효: 初九는 대축괘의 첫 효이다. 내괘 건☰의 덕성은 건健, 외괘 간艮☷의 덕성은 지止, 내괘의 3양효가 나아갈려고 해도 외괘에 의하여 저지당하고 있다. 대축괘 전체의 효를 살펴볼 때, 내괘 3효는 저지당하는(수동) 의미를 담고 있는 효사로 구성되어 있고 외괘 3효는 모두 저지하는(능동) 의미를 담고 있다. 初九는 대응하는 六四에 의하여 저지당하고 있다. 이 효사의 해석은 이러하다: 初九는 나아가려고 하지만 위태로운 상황에 많이 봉착할 것이다(有厲). 멈추는 것(已)이 이로울 것이다(利).

九二: 輿說輹。
구 이   여 탈 복

두 번째 양효: 九二는 대응하는 六五에 의하여 저지되고 있다. 그러나 九二는 내괘의 中으로서 중용을 지킬 줄 알고 스스로 움직임이 신중하다.

여기 "여輿"는 수레 전체를 가리킨다. 여탈복輿說輹은 "수레로부터 복이 빠졌다"는 뜻인데, 이때 우리나라 주석가들이 "복輹"을 해석하지 않는다. "바퀴통"이니 "바퀴살"이니 전혀 가당치 않은 용어선택을 해놓는다. "복輹"은 보통 "복토伏兎"라고 하는데 "웅크린 토끼"같이 생겼다 해서 붙여진 이름이다. 이것은 나무로 만든 것이고 긴 가죽끈이 양쪽으로 달려있다. 옛날 수레는 두 바퀴를 연결하는 축軸axis이 수레 몸체 밑판에 고정되어 있었다. 요즈음의 축 자체가 회전하는 자동차와는 전혀 다르다. 돌아가는 것은 바퀴일 뿐이다. 바퀴살이 공유하는 것이 곡轂이고, 곡을 축이 관통하고 있는데, 축은 고정되어 있고 곡이 돌아가는 것이다.

그런데 복토輹라는 것은 바퀴축을 수레의 몸통에 연결시키는 장치로서 축 양켠으로 자리잡고 있고 축을 가죽끈으로 묶어 고정시킨다.『설문』단옥재 段玉裁 주에 "謂以革若絲之類纏束於軸, 以固軸也。"라고 되어 있는데 정확한 설명이다. 제임스 레게James Legge의 번역 또한 정확하고 명료한 뜻을 담아내 고 있다: The second NINE, undivided, shows a carriage with the strap under it removed.

九二의 전체해석은 이러하다: 九二는 중용의 도를 지키려 한다. 그의 수레 가 아래 복토 가죽끈이 끊어져 축이 이탈되는 바람에 나아갈 수가 없게 되었다. 이것은 참 딱하게 보이지만 실은 그 자신의 중용의 덕을 지키고 나아갈 생각이 없었기 때문에 오히려 잘된 일이다. 중용의 덕을 심화시키며 때를 기다리면 허물이 없을 것이다(「소상전」에 의거).

점을 쳐서 이 효사를 만나면, 앞으로 나아갈 생각을 하지마라! 물러나 실 력을 기르고 때를 기다려라!

九三: 良馬逐。利艱貞。日閑輿衛, 利有攸往。
구 삼 양마축 리간정 일한여위 리유유왕

세 번째 양효: 九三은 저지당하는 하괘의 극상에 있으며 또 양효로서 건健의 극 점에 있다. 應하는 上九도 간艮괘의 극점에 있는 양효인데 결코 九三을 저지 할 생각이 없다. 九三과 함께(두 양이 힘을 합하여) 위로위로 돌파할 생각만 있다. 이 두 효의 모습은 도망가는 적을 천리마를 타고 뒤쫓아가며 함께 질주하는 다이내믹한 장면을 연출하고 있다(良馬逐). 그러나 이러한 질주는 반드시 위 험에 빠지게 되어 있다. 九三 그대여! 이 간난의 시점에 너를 묻는 점을 쳐라! 왜 나는 이렇게 미친 듯이 달려가고 있는가? 점을 치는 것이 이롭다(利艱貞). 생각을 바꾸어 한 발자국 물러나 매일 수련을 해라(日閑輿衛)! 수레몰이(輿)를

연습하고 호위무술(衛)을 연마해라! 그리하여 너 자신이 실력을 쌓고 멈출 줄을 알면, 모험을 감행하여 앞으로 나아가는 데 실패하는 일이 없으리라(利有攸往)!(이천의 해석 참고).

六四: 童牛之牿, 元。吉。
육사 동우지곡 원 길

네 번째 음효: 六四는 어린 소에게 곡을 씌우는 방식으로 사람들을 교육시킨다(童牛之牿). 그것은 원천적이고 보편적인 방법이다(元). 길吉한 미래가 보장된다.

"동우童牛"는 뿔이 아직 나지 않은 어린 소라고 모두 훈을 다는데 "곡牿"의 의미와 잘 들어맞지 않는다. "곡牿"은 소가 사람을 뿔로 치받지 못하게 하기 위하여 두 뿔을 가로지르는 횡목이라고 했다. 그런데 뿔이 없으면 어떻게 곡牿을 설치하겠는가? 그러니 동우는 그냥 "어린 소"라고 번역해도 좋을 것이다. 우리가 보통 질곡桎梏이라 쓸 때의 "질"도 이 의미와 통한다.

六四는 初九를 제어시키는 자리에 있다. 그런데 初九는 양효이기는 하지만 최하위의 어린 단계에 있기 때문에 힘이 강하지 않아 제어하기가 쉽다. 윤리적으로 말해도 불선不善의 조짐이 아직 구체적으로 드러나지 않았으니 방지하기가 쉽다. 여기 "동우지곡童牛之牿"이라는 것은 어린 소의 뿔을 가리는 횡목인데, 힘이 강성해지기 전에 미연에 방지한다는 뜻이 있다. 우리가 어린이 교육을 강조하는 것은 어린이를 강제적 규율 속에 집어넣는다는 얘기가 아니라, 문명의 생활을 영위하기 위한 가장 기초적 가치를 몸에 익히게 하는 데 매우 효율적인 시기라는 뜻이 있다.

그러나 지금은 서구식 그릇된 자유개념 때문에 어린이를 방임하고 커가면서 가르치려고 하니 과연 가르쳐지겠는가? 한국인이 지금 교육받는 것은 대학 졸업하고 직장 취직 전에 연수교육 받을 때나 받는 것이다. 그것은 교육이 아니다. 생존의 협박 때문에 타율적으로 얻는 방편적 규율일 뿐이다. 교육은 어릴 때 시켜야 하고 커가면서 자유를 허락해야, 자율적 도덕인道德人이 되는 것이다.

『예기』「학기學記」에 이런 말이 있다: "학생들이 오류를 범하기 전에 어린 시절에 조여 금지시키는 것을 예豫라고 한다. 禁於未發之謂豫。" 지금 "기살리기 방임교육"은 리버랄리즘의 최악의 형태이다. 동우에게 곡을 씌우는 방법이래야 원천적으로 적합한 방법이다(元). 동우지곡이래야 길한 미래가 보장된다(吉).

六五: 豶豕之牙。吉。
육 오   분 시 지 아   길

다섯 번째 음효: "분시豶豕"는 거세당한 멧돼지를 가리킨다. 六五는 九二를 제어해야 한다. 그런데 初九와는 달리 九二는 이미 강성한 기운이 하늘을 찌른다. 初九를 뿔 없는 새끼소라고 한다면 九二는 이빨이 나온 멧돼지다. 여기 "분시지아豶豕之牙"는 거세당한 멧돼지의 이빨이라는 뜻이래서, 매우 강압적으로 힘을 제어한다는 뜻이 있는 것처럼 보이지만 실상은 그와의 반대의 뜻이다.

지금 六五는 유순한 성격을 지니고 있으며(음효), 중용을 지키고 있으며 존위에 있다. 六五는 유순한 군주로서 단지 九二 하나를 상대하는 것이 아니라, 천하의 모든 사람들이 사욕邪欲에 물들어 악한 마음을 드러내는 것을 상대하고 있는 것이다. 九二는 단지 하나의 상징일 뿐이다. 그 멧돼지의 이빨을 정면으로 상대한다는 것은 너무도 어려운 일이다. 그래서 적절한 기회에 멧돼지를 거세함으로써 그 이빨을 쓰지 못하게 만드는 유화정책을 편다는 것을 상징적으로 말한 것이다. 엄형으로써 멧돼지의 이빨을 자르는 것도 아니고 강압을 가하는 것도 아닌, 스스로 이빨을 가지고 있어도 쓸 생각을 못하는 유순한 성품을 지니도록 만드는 것이 대축의 정치라는 것이다. 정이천은 말한다:

천하의 악을 힘으로 제압할 수 없으니, 그 기미를 살피고 그 핵심을 파악하여 그 본원本原을 색절塞絶시켜야 한다는 것을 六五는 깨닫고 있다. 그러므로 형법의 엄준함에 의존하지 않고도 악이 스스로 그치게 되는 것이다. 또한 도둑질을 그치게 하는 것과도 같으니, 백성들은 욕심이 있어 리利를 보면 동하게 되어 있다. 성인의 가르침을 알지 못하는 상태에서 굶주림과 추위에 절박해지면, 설사 형벌과 사형이 날마다 시행한다 한들 억조의 이익을 탐하는 마음을 감당할 수 있겠는가? 성인은 이것을 저지하는 방도를 알아 위엄과 형벌을 숭상하지 않고, 정교를 닦아서 농사짓고 누에 치는 생업生業이 있게 하고, 염치의 도리를 알게 하여, 비록 상을 주면서 도둑질을 하게 해도 도둑질하지 않는다. 그러므로 악을 저지하는 방법은 근본을 아는 데 있고, 그 핵심을 파악하는 데 있을 뿐이다. 저들에게 형벌을 엄하게 가하지 않고서도 정사가 오늘 이 자리에 잘 수행된다고 하는 것은, 멧돼지의 이빨의 예리함을 전제로 하면서도 그 이빨을 제지하지 않고도 그 세勢를 거세하는 현명한 방법과도 같은 것이다.

知天下之惡, 不可以力制也, 則察其機, 持其要, 塞絶其本原。故不假刑法嚴峻而惡自止也。且如止盜, 民有欲心, 則利則動。苟不知教而迫於飢寒, 雖刑殺日施, 其能勝億兆利欲之心乎! 聖人則知所以止之之道, 不尚威刑而修政教, 使之有農桑之業, 知廉恥之道。雖賞之, 不竊矣。故止惡之道, 在知其本, 得其要而已。不嚴刑於彼而修政於此, 是猶患豕牙之利, 不制其牙而豶其勢也。

六五의 효사의 해석은 이와같다: 난폭한 멧돼지를 슬기롭게 거세하여 그 이빨을 쓸 수 없게 만드니 六五의 정치는 吉하다.

上九: 何天之衢! 亨。
상 구 하 천 지 구 형

맨꼭대기 양효: 아~ 얼마나 아름다운 무애無礙의 사통팔달 하늘의 거리인가! 억제하고 멈추게 할 아무것도 없다. 이제 다같이 하늘에 제사를 지내자! 대축의 기쁜 마음으로!

앞서 말했듯이 하괘의 건☰은 삼양효의 약진이요, 상괘의 삼효는 삼양효의 성급한 진행을 억제시키고 멈추게 하여 내면의 실력을 향상시켜 타일에 발전을 기약하고자 한다. 대축하여 인재를 양성한 공功은 결국 上九에게로 돌아간다. 上九는 전체 괘의 주효이다. 上九는 대축괘의 마지막 효이며 축지畜止의 목적이 완성된 단계이다. 축지의 완성은 더 이상 억제할 필요가 없다는 것을 의미한다. 모든 인재로 하여금 자기의 실력을 마음껏 발휘하게끔 하는, 하늘의 노래가 울려퍼지는 축제의 장이요, 천제天祭의 장이다.

"구衢"는 사통팔달한 거리중심을 말하는데, 여기 이 구는 새가 자유롭게 날아다니는 천로天路의 모습이다. 初와 二는 땅의 자리요, 三과 四는 사람의 자리요, 五와 上은 하늘의 자리이다. 그침(止)의 궁극에는 그침이 사라지고, 쌓임(畜)의 궁극에는 쌓임 그 자체가 사라진다.『역』의 언어는 선善을 넘어 미美에로 날아간다. 아~ 아름다움의 슬픔이여!

진하震下
간상艮上 **산뢰 이頤**

The Jaws, Fostering

괘명 "이頤"는 우리 훈으로 보통 "턱"이라 하는데, 입 전체를 가리키기도 하고 턱만을 지칭하기도 한다. 군말 없이 그냥 이괘의 모양을 쳐다보자! 初九와 上九에 이양二陽이 있는데 그것은 아래턱과 윗턱을 가리킨다. 그리고 六二・六三・六四・六五에 사음四陰이 있는데 二・三은 아래턱에 달린 이빨을 四・五는 윗턱에 달린 이빨을 상징한다고 보면 정말 이괘는 괘상의 형상 그대로 입모양이 된다. 그런데 우리는 보통 아래턱과 윗턱을 같이 움직여 씹는다고 생각하는데 사실은 윗턱은 해부학적으로 윗 해골에 귀속되는 부분이래서 움직이지 않고, 실제로 움직이는 것은 아랫 턱이다. 그래서 괘상을 보면 상괘는 간艮이래서 산山이고 지止이니 움직이지 않는다. 하괘는 진震이니 동動이다. 하괘가 움직여 멈추어있는 상괘와 만나는 것이 씹는 형상이다. 이빨이 아래 위로 가지런히 있다는 사실은 씹기 위한 것이다. "씹는다"는 작용은 왜 일어나는가? 무엇을 위하여 씹는가?

"씹는다"는 것은 내 몸에 영양분을 공급하기 위한 것이다. 그래서 이頤괘의 일차적 의미는 "양養"이다. 희랍철학은 인간존재의 본질을 "씹는다"로 생각한 적은 없다. 칸트나 헤겔의 철학에도 "씹음"의 철학은 없다. 그들의 우주는 생명의 우주가 아니기 때문이다. 생명의 가장 본질적 사태는 "씹음"이다. 즉 생명이 유지되려면 "먹어야 한다." 씹음을 통해서 영양분이 공급되어야만 존재는 "느낄"(感) 수 있다. "씹음"과 "느낌"은 상통하는 개념이다.

그런데 "씹음," 즉 "먹음"은 나 혼자만의 일방적인 사태일 수 없다. 서양철학에는 "나Ich"라는 주체가 있고, 그 주체의 "씹음"만 있다. 베르그송의 유기체철학에도 씹음만 있다. 그러나 역의 철학에는 씹음과 동시에 씹힘이 있다. 먹음과 동시에 먹힘이 있다. 씹는 것은 씹히는 것을 전제로 한다. 먹는 것은 먹힘을 전제한다. 먹는 것만이 주체가 아니요, 먹히는 것도 주체이다.

오늘 내가 한 끼를 잘 먹었다고 하는 것은 그만큼 다른 주체들이 나의 주체를 위해 먹히었다는 것을 의미한다. 나의 생명의 유지를 위하여 다른 생명은 희생되고 있는 것이다. 이것이 바로 씹음의 음양론이요, 먹음과 먹힘의 유기체론이다. 이러한 이괘頤卦의 사상으로부터 해월의 "이천식천以天食天"의 사상이 나왔다. 하느님이 하느님을 먹는다는 것은 하느님이 무엇을 위해 하느님을 먹느냐 그것을 관觀(투시하다)해야 한다는 것이다. 내가 고기 한 점을 먹었을 때 나만 하느님이 아니라 먹히는 고기도 하느님이다. 하느님인 내가 다른 하느님을 먹을 때는 나는 먹음에 대하여 외경심을 가져야 한다. 그 먹히는 하느님이 나의 무엇을 위해, 내가 무엇을 하기 위해 먹히고 있는 것인가를 생각해야 한다는 것이다. 역의 음양론은 이렇게 우리 사소한 삶의 구석구석에 배어있는 것이다.

이괘의 등장을 「서괘전」은 다음과 같이 해설하고 있다: "사물은 모이고 난 후에야 기름을 받을 수 있다. 그래서 대축괘를 이괘가 계승한 것이다. 이頤라는 것은 기른다(養)는 뜻이다. 物畜然後可養。故受之以頤。頤者, 養也。" 이에 대하여 정이천은 다음과 같은 해설을 달았다:

대저 사물이란 축취畜聚하면 반드시 기름(養)이 있어야 하는 것이니, 기름이 없으면 살아 숨쉴 수가 없다. 그래서 대축 다음에 이괘頤卦가 오게 된 것이다. 괘의 모양을 살펴보면 상괘에 간이 있고 하괘에 진이 있다. 상하로 2양효가 있고, 가운데 4음을 포함하고 있다. 위는 지止하고 아래는 동動하며, 외外는 실實하고 중中은 허虛하니, 이것은 사람의 두 턱의 모습이다. 이頤라는 것은 "양養"의 뜻이다.

사람의 입은 마시고 먹기 위하여 있는 것이며 사람의 몸을 양養하기 위하여 있는 것이다. 그래서 이름하여 이頤라 했다. 성인은 이러한 사소한 듯이 보이는 사태에 대하여 그것을 괘로 설設하여, 그 양養(기름)의 의미를 우주론적으로 확대시켰다. 크게는 천지가 만물을 양육하는 데까지 "씹음"의 의미를 확대시킨 것이다. 성인께서 현자를 길러 만민에게 미치게 만드는 것도 결국은 "씹음"의 의미인 것이다. 또한 사람이 생명을 기르고(養生), 형체를 기르고(養形), 덕을 기르고(養德), 사람을 기르는 것(養人)이 모두 이 "씹음"의 도인 것이다. 움직이고 쉬고 절제하고 펼치는 리듬이 결국은 생명을 기르기 위한 것이다. 먹고 마시고 의복을 입는 것은 형체를 기르기 위한 것이다. 의례를 위엄있게 하고 의로움을 행하는 것은 덕을 기르기 위한 것이다. 자기 마음을 미루어 타자의 물物에 미치는 것은 사람(=인간)을 기르기 위한 것이다. 위대하다! 이괘여!

夫物旣畜聚, 則必有以養之。无養則不能存息, 頤所以次大畜也。卦, 上艮下震, 上下二陽爻, 中含四陰。上止而下動, 外實而中虛, 人頤頷之象也。頤, 養也。人口, 所以飮食, 養人之身, 故名爲頤。聖人設卦, 推養之義, 大至於天地養育萬物, 聖人養賢以及萬民。與人之養生, 養形, 養德, 養人, 皆頤養之道也。動息節宣, 以養生也; 飮食衣服, 以養形也; 威儀行義, 以養德也; 推己及物; 以養人也。

「대상전」은 말한다:

山下有雷, 頤。君子以愼言語, 節飮食。
산 하 유 뢰 　이　 군 자 이 신 언 어 　절 음 식

산아래에 우레가 요동치며 만물을 이양頤養하고 있는 모습이 이頤괘의 형상이다. 군자는 이 이괘의 형상을 본받아(以) 입에서 나가는 언어를 신중히 하여 덕을 기르고 입으로 들어가는 음식을 절제하여(과식은 최악의 죄악이다) 몸을 기른다. 입과 언어와 음식은 존재의 삼위일체이다.

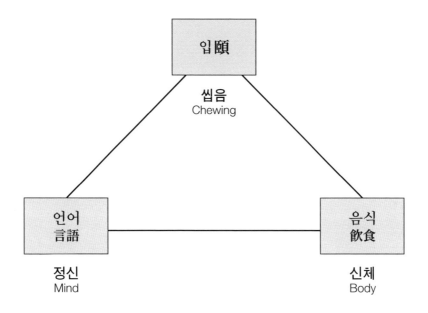

괘사

頤, 貞, 吉。觀頤, 自求口實。
이 　정 　길　 관 이 　자 구 구 실

이괘는 존재의 근원이다. 점을 치면 길할 수밖에 없다. 턱을 통찰한다는 것은(觀頤) 무엇을 이름인가? 스스로 자기가 입에 채울 것(口實)을 어떻게 무엇을 위하여 구하고

있는지, 그 소이연을 살피는 것이다(自求口實). 그 인간의 선악길흉이 다 씹음에서 드러나는 것이다.

—— ❧ ——

위대한 생명철학이라 할 것이다. 모든 존재는 관계되어 있다. 괘사의 의미는 이미 충분히 설說하였다.

효사

初九: 舍爾靈龜, 觀我, 朶頤。凶。
초 구   사 이 영 구   관 아   타 이   흉

첫 번째 양효: 이 初九는 양강陽剛하며 位가 正하며 강명剛明한 재능지혜才能知慧를 지닌 확실한 존재이다. 이 初九가 지닌 당당한 덕성을 천하에 영험스러운 동물로 알려진 영구("귀"로도 읽으나 "구"가 고음에 더 맞다)에 비유하고 있다. 이 初九는 六四에 應한다. 이 초구의 메시지(효사)는 六四가 初九에게 말하는 형식을 취하고 있다. 그래서 너 이爾 자를 쓰고 있다. 어떤 주석가는 이 효사의 주체가 上九라고 말하기도 하나 가당치 않다. 나는 정주程朱를 취한다.

이 초구는 자신의 고귀한 덕성, 즉 영구(영험스러운 거대한 거북이)와도 같은 영험스러운 덕성을 지니고 있으면서도 그것을 자각하지 못한다. 여기 "영구"의 비유는 이 거북이는 영험스럽고 그 캐퍼시티가 엄청나기 때문에 며칠 몇 날을 먹지 않고도 영험스러운 저력을 유지할 수 있다. 아~ 初九 그대여! 그대는 너의 영구와도 같은 영험스러운 덕성을 망각하고(舍爾靈龜) 나 六四를 보자마자(觀我) 아래턱을 늘어뜨리고(朶) 침을 질질 흘리며 나를 먹으려하는구나(朶頤)! 에끼 못난 놈 같으니라구! 흉하다!

점을 쳐서 이 효를 만난 사람은 타인의 부富를 부러워하지 말지어다. 그대 자신에게 무한한 가능성이 있다는 것을 깨달을지어다.

―――❦―――

"먹음"의 절제를 가르치고 있다.

六二: 顚頤, 拂經。于丘, 頤。征, 凶。
육 이 　전 이 　불 경 　　우 구 　이 　　정 　흉

두 번째 음효: 여기 "이頤"는 "……에 의하여 길러지기를 바란다"는 뜻이다. "경經"은 상리常理며, 상식common sense이다. "언덕丘"은 上의 位를 비유한 것인데 여기서는 구체적으로 上九이다. 六二는 음효이다. 아무래도 음효는 양효를 만나 서로 길러지기를 원한다. 결혼을 한다는 것도 서로 "길러지는 것"이다. 서로 씹는 것이요, 씹어지는 것이다. 그런데 六二는 六五와 應하지 않는다. 그래서 거꾸로(顚) 아래에 있는 初九에게 길러지기를 바란다(顚頤). 그러나 이것은 상식에 어긋나는 것이다(拂經). 이것을 "전이顚頤, 불경拂經"이라고 표현한 것이다.

그래서 六二는 상괘를 쳐다봐도 기댈 곳은 上九밖에 없다. 六五는 같은 음이래서 應하지 않는다. 그래서 무리하게 上九에게 길러지려고 한다(于丘, 頤). 그래도 上九가 양효이기 때문이다. 그러나 결코 자기와 應하는 짝이 아니다. 그렇게 무리한 시도를 한다(征)는 것은 凶한 일이다.

주희의 『주역본의』는 이 효를 간결하게 잘 설명하고 있다: "初九에게 길러지기를 구한다는 것은 전도된 방향이니 상리常理에 위배되는 것이다. 그렇다고 上九에게 길러지기를 구하여 그에게 나아간다면 흉凶을 얻을 뿐이다. 구丘는 토土의 높은 둔덕이니 여기서는 上九의 모습이다. 求養於初則顚倒, 而違於常理; 求養於上則往, 而得凶。丘, 土之高者, 上之象也。" 이 주희의 설명은 정이천의 『역전易傳』을 요약한 것에 지나지 않는다. 주희 사상의 원천은 역시 정이천이다. 정주사상程朱思想의 관계는 실로 『역易』에서 알 수 있다.

六三: 拂頤。貞, 凶。十年勿用。无攸利。
육 삼 불 이 정 흉 십 년 물 용 무 유 리

세 번째 음효: 六三은 음유陰柔하면서 不中한 자리에 있고 또 양위에 있으니 不中不正이다. 그럼에도 불구하고 하괘 진震(=동動)의 극상에 있다. 三은 본시 위태로운 자리이다. 근본적으로 동動의 모랄이 엉망이다. "불이拂頤"라 한 것은 六三의 행동양식이 "씹음,""먹음,""기름"의 기본적 모랄에 위배된다는 것이다. 자기 혼자 처먹고 배부르기 위해(도덕이 결여된 대기업이나 악덕상인, 그리고 악덕언론을 연상할 것) 어떠한 부정한 행위도 서슴지 않는다. 이 六三이 점을 치면 모두 흉운이 나온다. 이러한 자들은 십년 정도는 활동하지 않으면서(十年勿用) 자기를 반성하는 것이 좋다. 지금 활동한다는 것은 인간세를 위하여 利로울 바가 아무 것도 없다(无攸利).

───── ❧ ─────

매우 혹독한 폄하가 들어가 있는 효사이다.「소상전」에 "십년물용十年勿用"에 대하여 "도道가 크게 어그러졌다. 道大悖也"라는 주석을 달았다.

六四: 顚頤。吉。虎視眈眈, 其欲逐逐, 无咎。
육 사 전 이 길 호 시 탐 탐 기 욕 축 축 무 구

네 번째 음효: 우리가 일상생활에서 잘 쓰는 "호시탐탐"이라는 숙어가 유래한 유명한 효사이다. 그러나 "호시탐탐"과 더불어 "기욕축축"도 반드시 같이 외워두는 것이 좋겠다. 그런데 우리가 일상에서는 이 말을 "무엇을 빼앗아 먹기 위해 째려본다, 노려본다, 기회를 엿본다"는 의미로 쓰고 있으나, 실제로 그 의미맥락은 거의 반대라고 말할 수 있다. 이『역』의 효사가 "호시탐탐"의 최초의 출전이다. 그 뜻을 정확히 알아두는 것이 좋겠다. 지금 우리는 이괘頤卦를 해설하고 있다. 이괘는 "기름養"의 괘이고, 기름이라는 것은 나

개인의 배부름이 아닌 사회의 보편적 가치의 "기름"이다. 즉 이괘는 사회정의social justice와 깊은 관련이 있다.

六四는 음효로서 상괘의 하위이지만 대신大臣의 자리로서 천하를 길러야만 하는 공적인 고위高位에 있다. 그러나 음효이니 만큼 힘이 약하고, 자기 자신 하나 기르기에도 힘이 딸릴 지경이다. 六四는 그 위로 應하는 것은 없다. 따라서 하괘의 강인한 현인의 도움을 청하게 마련이다. 그가 갈 곳은 그와 應하는 자리에 있는 初九밖에는 없다. 初九는 양이고 무위無位의 현자이고 낮은 곳에서 살고 있다. 그런데 初九와 六四는 서로 應하고 양자가 모두 正하다. 그래서 六四가 初九의 도움을 청하는 모습은, 유순한 正의 四가 강명한 正의 初에게 결합되는 아름다운 모습이다. 그러나 이것은 "전이顚頤"임에는 틀림이 없다. 즉 전도된 이양頤養인 것이다. 그러나 전도되어 길러짐을 받는다고는 하지만 불경拂經의 판단을 받은 六二의 상황과는 전혀 다르다. 六二와는 달리 六四는 사회적 책무를 지닌 고위高位에 있고, 그러한 책무를 실현하기 위하여 하위下位의 사람들에게 전도된 요청을 한다는 것은 오히려 하민下民들의 사랑과 존경을 받아야 할 "자기낮춤"이다. 그래서 이 六四의 "전이"는 吉하다고 한 것이다.

그런데 六四의 전이顚頤는 사람들에게 오해를 불러일으킬 수 있다. 六四가 유순하고 힘이 없어 보이기 때문에 사람들에게 깔보임을 당할 우려가 있다. 능멸당하여 반란이 일어날 수도 있는 것이다.

이에 六四는 호랑이가 웅크리고 앉아 위엄있는 눈초리로 째려보듯이 아랫사람들을 압도시켜야 한다(虎視眈眈: 빼앗는다는 탈취의 의미가 아니라 위세를 과시한다는 정의로운 의미가 더 강하다). 그리고 반드시 자기가 원하는 정의로운 바램들을 계속해서 끊임없이 추구하여 성취시킴으로써 사람들에게 틈을 주지 말아야 한다(其欲逐逐). 정이천은 "기욕축축其欲逐逐"을 이렇게 해석했다: "기욕其欲이라

한 것은 그 사회에 쓰임이 있다는 것을 의미하는 것이니, 그 바램이 끊어지지 않게 계속 성취해나가 결핍이 없게 하면 정의가 실천된다는 것을 의미하는 것이다. 其欲, 謂所須用者, 必逐逐相繼而不乏, 則其事可濟。"

그렇게 하면 허물이 없을 것이다(无咎). 六四여! 호시탐탐하라! 기욕축축하라! 그리하면 허물이 없을 것이다.

———— ❧ ————

최근의 정치흐름에 희망찬 사태의 조짐이 보이는데 그 중의 하나가 젊은 여성들의 의식이 깨어간다는 것이다. 여권이 신장되고, 미투운동 이래 젊은 여성의 단결이 심화되면서 그 당당한 사회적 책임도 같이 지겠다는 의미로 풀이된다. 여기 六四와 같은 세력이라고 나는 본다. 기존의 권력의 관성에 물들지 않은 신흥세력들은 권력자들을 바라보는 시선이 호시탐탐해야 하고, 그 원하는 바를 기욕축축해야 할 것이다. 그리하면 허물이 없을 것이요, 한국사회의 사회정의를 이룩하는 데 도움을 줄 것이다. 『설문』에 "탐탐耽" 자를 해석하여 "視近而志遠也"라고 했다. "쳐다보는 시선은 매우 가깝고 세밀한 데 있지만 그 지향하는 바는 원대하다"는 뜻이다.

정이천은 "三으로부터 이하는 구체口體를 기르는 자이며, 四 이상은 덕의德義를 기르는 자이다. 군주로서 신하에 기름을 의뢰하고, 윗자리에 있으면서 아래에게 기름을 의뢰하는 것은 모두 덕을 기르는 것이다. 自三以下, 養口體者也。四以上, 養德義者也。以君而資養於臣, 以上位而賴養於下, 皆養德也。"라고 했다. 통찰력 있는 멘트이다.

六五: 拂經。居貞, 吉。不可涉大川。
육 오 불 경   거 정 길   불 가 섭 대 천

다섯 번째 음효: 六五는 음유陰柔하며 홀수자리에 음효이므로 不正하다. 단 군위 君位에 있으므로 만민을 길러야만 하는 의무가 지워져 있다. 그러나 만민을 이양頤養할 수 있는 힘이 없다. 그래서 하는 수 없이 자기보다 위에 있는 무위無位의 실력자, 上九의 강강剛에게 민중을 돕는 일을 부탁한다. 이렇게 六五로서 上九에게 부탁하는 사태는 상식적 관례에 위배되는 것이다(拂經). 그러나 이것은 민중에 대한 책무를 완수하기 위한 고육지책으로 하는 것이므로 정의로운 동기가 있고, 나쁜 가치판단의 대상이 되지 않는다. 그래서 편안한 삶의 자세 속에서 점을 치면 길하다(居貞, 吉)고 했다. 그러나 자기 독력獨力으로 무리한 모험을 감행하는 것은 불가不可하다(不可涉大川).

上九: 由頤。厲, 吉。利涉大川。
상 구 유 이 려 길 리 섭 대 천

꼭대기 양효: 上九는 六五의 군주에 의하여 위탁된 무위無位의 실력자이다. 양강 陽剛의 재능을 지니고 있다. 천하사람들은 실제로 이 上九에 의지하여 구원을 얻는다. 그것을 "유이由頤"라고 표현했다. 上九는 군왕에 의하여 무거운 책임을 떠맡은 실제적인 군주이기 때문에 그 여로에는 항상 위태로운 일이 많다(厲). 그러나 그것을 계신공구戒愼恐懼하는 자세로 극복해나간다. 결국은 吉하다.

上九는 최상위의 강자로서 두려움 없이 만민구제의 수완을 발휘할 수 있는 실력이 있다. 그러기 때문에 대천大川도 별 장애 없이 건널 수 있다(利涉大川).

점을 쳐서 이 효사를 얻는 사람은 대임大任을 맡을 수 있다. 잘 계신戒愼하면 吉. 위험을 극복해나갈 것이다.

[27]
頤

28

손하巽下
태상兌上
택풍 대과大過

The Excessiveness
of the Great

괘명 보통 음을 소小라 하고 양을 대大라 하기 때문에 "대과大過"의 실제적 의미는 "양이 너무 과하다," "양의 세력이 너무 쎄다"는 뜻이다. 대과의 괘 모양을 살펴보면, 중간에 양효가 4개나 있고 양끝으로 음효가 하나씩 있다. 양이 너무 쎄다는 것을 의미한다. 큰 것이 지나치게 쎄다는 의미에서 "대과大過"라고 이름지은 것이다. "너무 크게 지나쳤다"라는 의미도 된다. 62번째의 소과小過괘에는 음효가 4개, 양효가 2개이며(☶☳), 음이 양에 비해 지나치게 많다. 그래서 소과小過라고 이름한 것이다. 『역』중에 4양2음괘가 15개있다. 그럼에도 불구하고 이 괘를 특별히 "대과大過"라고 이름한 것은 2음이 상·하로 있어 약하고, 4양이 중앙부에 집결되어 있어 그 형상이 매우 강장强壯하기 때문이다.

대과의 괘상에는 집 용마루 밑의 마룻대(지붕의 무게를 거의 혼자 지탱한다)가 양단이 휘어 집이 붕괴될 듯한 모습이 들어있다. 택풍 대과가 64괘 속에 등장한 소이연은 그 과도함을 억제시키려는 데 있다. 나라로 친다면 권력의 중심부가 너무 비대해져서 내부에서 대신들의 권력암투가 심해 임금(최고지도자)의 세력은 약해지고, 백성은 아래에서 피곤한 모습이다.

대과䷛의 괘상을 보면 상괘가 태兌이고 택澤을 의미하며 하괘는 손巽이며 나무(木)를 의미한다. 못의 물은 나무를 성장시키는 힘이 있으나, 물이 너무 많아 나무가 물에 잠긴 모습도 들어있다. 하괘의 손巽은 따른다(從)는 의미가 있고 상괘의 태兌는 열悅의 의미가 있다. 따라서 기뻐하는 모습도 들어있다.

「서괘전」은 어떻게 얘기하고 있을까?: "이괘의 이頤는 기름이다. 기르지 않으면 움직일 수 없다. 움직임은 항상 지나치는 성향이 있다. 그래서 이괘가 대과大過괘로 이어진 것이다. 頤者, 養也。不養, 則不可動, 故受之以大過。"이에 대하여 정이천은 이런 주석을 붙였다: "대저 사물이란 길러진 후에 이루어진다. 이루어지면 반드시 움직이게 되어있고, 움직이면 반드시 과함이 있게 된다. 그래서 이頤괘 다음에 대과괘가 오게 된 것이다. 凡物養而後能成, 成則能動, 動則有過。大過所以次頤也。"

그리고 "대과라는 것은 양陽이 과하다는 것을 의미한다. 그러므로 대과괘는 큰 것이 지나친 것과, 지나침이 큰 것과, 대사大事가 지나친 것, 그 모든 사례에 해당된다. 성현의 도덕공업道德功業이 보통사람들과는 비교가 안될 정도로 뛰어난 것, 무릇 일이 보통 상식적인 스케일을 뛰어넘는 것, 이런 것도 모두 대과大過의 의미에 해당된다. 大過者, 陽過也。故爲大者過, 過之大, 與大事過也。聖賢道德功業, 大過於人, 凡事之大過於常者, 皆是也。"라고 했다. 정이천은 이 대과의 의미를 상당히 긍정적으로 해석하고 있다.

「대상전」은 이 대과괘를 어떠한 맥락에서 평가하고 있을까? 정이천의 괘상 풀이는 이「대상전」의 의미와 깊게 상관되어 있는 것 같다.

澤滅木, 大過。君子以獨立不懼, 遯世无悶。
택 멸 목　대 과　군 자 이 독 립 불 구　둔 세 무 민

연못이 나무를 잠기게 하고 있다. 연못이 적당히 나무에게 수분을 제공하면 나무는 윤택하게 자랄 텐데, 아예 나무를 침몰시키는 과한 행동을 하고 있다. 그

과도한 모습이 대과大過괘의 모습이다. 그래서 군자는 이 과한 모습을 본받아 보통사람들과는 비교도 되지 않는 과한 행동을 한다. 세간의 비난이 휘몰아쳐도 홀로 정의를 행하면서도 두려움 없이 나아가고, 세상과 가치관이 맞지 않아 세상을 등지고 은둔하여도 후회나 답답함이 없다.

大過, 棟橈。利有攸往。亨。
대 과　동 뇨　리 유 유 왕　형

지나침이 과하다. 그래서 마룻대가 휘었다(棟橈). 양효 4개가 과도하기는 하지만 그 중 九二와 九五는 내외괘의 中을 얻고 있다. 내괘의 손巽은 따르고(從), 외괘의 태兌는 기쁘다(悅). 중용의 덕을 밟고 있으며 순종하여 사람들에게 기쁨을 준다. 그러니까 붕괴를 초래할 과도한 구조를 개혁하는 큰일을 벌여도(有攸往) 利가 있다. 큰 지나침은 크게 대처해야 한다. 하느님께 제사를 올릴 만하다(亨).

初六: 藉用白茅。无咎。
초 육　자 용 백 모　무 구

첫 번째 음효: 初六은 음유陰柔하고 손괘☴의 제일 아래이며 "따른다"는 의미가 손괘 자체에 있으므로, 극단의 유순한 성격을 나타내고 있다. 전체의 괘가 "대과大過"(크게 지나침)의 성격을 가지고 있으므로 외경과 삼감의 미덕이 요구되고 있다. 이 괘를 본격적으로 해부하기 전에 알아야 할 사실은 正이라는 개념이 안 들어맞는다는 것이다. 正이라는 것은 음위에 음효, 양위에 양효를 의미하는 것인데 음위에 음효, 양위에 양효가 되면 너무 음의 세력, 또 양의 세력이 과도해지기 때문에, 대과大過의 시기에는 正이 좋지 않은 결과를 초래

한다. 그래서 여기 **初六**도 양의 자리이지만 양효가 오지 않고 극순極順한 음효가 온 것이 오히려 正을 得하고 있는 것이다. 그러므로 효사의 내용도 유순함과 공경심이 드러나는 행위의 표현으로 이루어져 있는 것이다.

여기 "자藉"는 "깐다"는 뜻이다. 자리를 깐다든가 밑받침을 깐다든가 하는 의미이다. "용用"은 "이以"와 같다. 혹은 그냥 "쓴다"의 의미로 해석해도 무방하다. 여기 "백모白茅"는 우리말로 "띠" 혹은 "띠풀," 혹은 "삐비," "삘기"라고도 한다. 벼과*Poaceae*의 다년생 초본으로서 그 학명은 "*Imperata cylindrica*"이다. 그 뿌리가 약초로 쓰인다. "백모근白茅根"은 유명하다. 백모 자체가 찬 성질이 강해, 좋은 청열이수淸熱利水의 약재로 잘 쓰인다.

옛날 제사에서 땅에 술을 부을 때, 그 땅에 띠풀을 깔아 그 위에 부었다고 한다. 여기 "백모"는 결코 하얀 풀도 아니고 잎이 넓지도 않다. 키가 80cm 정도 되는 벼모양의 풀잎이다. 보통 조두俎豆(식기食器) 밑에 백모를 깐다라고 주해를 다는데, 지금처럼 상을 놓고 그 위에 그릇을 놓는데 그 그릇 밑에다 백모를 깐다는 것은 이해하기 어렵다. 백모는 넓은 이파리도 아니고, 그릇을 불안하게만 만들 것이다. 그릇 밑에 까는 것이라면 아마도 띠를 엮어서 만든 어여쁜 깔개를 받쳤다는 얘기일 것이다. 그렇지 않다면 옛 제사에서는 조두를 그냥 땅바닥에 놓는데, 땅에 직접 조두가 닿는 것이 뭣하니까, 그곳에 띠를 깔아 공경과 삼감의 의미를 표현했다고 해석할 수 있다.

왕선산은 이것은 옛날에 교郊에서 상제上帝(God of Gods)에게 제사를 지내는 풍습에 관한 기술이라고 했다. 우선 제사를 지내는데 띠를 먼저 깔고 그 위에 조두를 설치함으로써 치신致愼(지극히 공경함)을 표현한 것이라고 해설한다. 띠를 까는 것은 화려한 인위적 물건으로써 지존한 존재를 장식하지 않는 소박함, 경건함을 나타낸 것이라고 해설한다: 古者, 祀上帝於郊, 掃地而祭, 以茅秀藉俎籩, 所以致愼, 而不敢以華美加於至尊。(『內傳』p.257).

하여튼 "자용백모藉用白茅"라고 하는 것은 지극히 경건하고 공경하는 모습을 나타낸 것이며 初六의 덕성을 표현한 것이다. 初六은 양위의 음효임에도 불구하고 자용백모하기 때문에 허물이 없다(无咎).

———❦———

종교라는 것은 초월자에 대한 신앙이나 유일신(=전쟁의 신)에 대한 복속을 의미하는 것이 아니라 경건한 삶의 자세이다.

九二: 枯楊生稊。老夫, 得其女妻。无不利。
구 이　고 양 생 제　노 부　득 기 여 처　무 불 리

두 번째 양효: 九二는 양효로서 음위에 있기 때문에 正을 얻고 있지 못하지만 앞서 말한 대로, 이 대과라는 괘의 성격상 九二가 음위에 있다는 사실은 오히려 대과大過의 지나침을 고칠 수 있는 좋은 성격이 부여되고 있다. 九二는 사양효四陽爻의 밑바닥이며 시작이다. 즉 양의 세력이 과대해지기 시작하는 단초에 있다. 그러나 음위에 있기 때문에 강유剛柔가 조화를 이루고 있고, 하괘의 한가운데 있어 중용의 덕을 지니고 있어 지나침의 성격이 상쇄되고 있다.

그러나 九二는 상괘와 應이 없다(五가 陽이다). 자연히 이 남성은 아래에 있는 겸손하고도 강인한 젊은 初六의 여성에게 친근감을 느낀다. 初六과 九二는 比의 관계로서 서로 감응感應한다.

여기 "고양생제枯楊生稊"의 "고양"은 "말라빠진 버드나무"라는 뜻이다. 九二를 상징하는 표현이다. 정이천은 "버드나무는 양기가 쉽게 감응하는 물체이고 양이 과하면 마른다. 楊者, 陽氣易感之物, 陽過則枯矣."라고 주석했다. 그러니까 九二는 좀 나이가 많이 든 남자 같다. 그런데 마른 버드나무 九二의 뿌리 한 켠으로 이변이 벌어졌다. 어린 처녀인 初六과 감응하는 바람에 뿌리 한

컨으로 새순이 돋는 것이다. 이 새순을 "제稊"라고 표현했다(稊者, 楊之秀也。). 그리고 이것을 다시 이렇게 리프레이즈했다: 늙은 남자가 어린 처녀를 부인 으로 얻는 것과도 같다(老夫, 得其女妻). 이 처녀는 아기를 낳아 행복한 가정을 꾸리게 될 것이다. 이롭지 아니할 것이 없다(无不利).

———— ❧ ————

양의 강대, 그 폭력의 가능성을 초기단계에서 이미 생명의 잉태로 승화시 켰다. 역은 평화의 철학이다. 서구정신사에 뿌리 깊게 박힌 전쟁과 도륙과 약탈과 초월의 논리와는 전혀 그라운드가 다르다. 유일신앙은 저급한 종족 신앙형태일 뿐이다. 『구약』에도 유일신은 존재하지 않는다. 다양한 중동지 역의 신들 속에서 이스라엘 민족의 유일한 보호자라는 야훼의 클레임만 있 을 뿐이다. 광막한 대지와 풍요로운 자연, 농경과 기마민족의 문화가 조화된 고조선의 본질을 생각지 아니하면 역은 바르게 이해되기 어렵다.

"여처女妻"는 처녀로서 부인이 될 여자(왕선산 설).

九三: 棟橈。凶。
구 삼 동 뇨 흉

세 번째 양효: "동棟"이라는 것은 지붕 아래, 안에서 보면 천정 꼭대기를 가로 지르는 나무이다. 보통 상량문을 그곳에 쓴다. 이 마룻대는 괘로 보면 二· 三·四·五 강효剛爻 전체에 해당된다고 보아야 하는데 효사는 三·四만이 "동棟"을 취급하고 있다. 三·四가 실제로 마룻대의 중앙을 차지하고 있으므 로 三·四로써 네 효를 대변하고 있다고 볼 수 있다. 그리고 九三과 九四는 그 位에 따라 동棟을 표현하는 방식이 다르다. "뇨橈"는 마룻대가 무게를 견디지 못하고 처져 휜다는 뜻이다. "뇨"는 우리 몸의 "요골橈骨radius"에도 쓰이는 글자이다.

우선 九三은 강효剛爻이면서 강위剛位에 있기 때문에 正하기는 하지만, 과강過剛의 좋지 않은 모습을 지니고 있다. 너무 강하기만 해서 유연한 세력의 도움을 받지 못한다. 應이라면 上六이 해당되지만 上六은 九三의 지나치게 강한 위세에 질려서 九三을 도울 생각을 하지 않는다. 그러니까 九三을 상징하는 마룻대는 자신의 강함 때문에 휘어지기만 하고 집 전체의 하중을 견디어내지 못한다. 도와주는 사람도 없으니 보수가 불가능하다. 이 집은 붕괴에 직면하고 있다. 흉운凶運이다!

점을 쳐서 이 효사를 만나는 사람은 자신이 너무 강강剛强하여 타인의 의견을 포용하지 못한다는 것을 반성하라! 실패하기 쉽다. 지혜로운 자를 찾아내어 물어라!

九四: 棟隆, 吉。 有它, 吝。
구 사 동 륭 길 유 타 린

네 번째 양효: **마룻대가 자력의 힘으로 건실하게 버티고 있다**(棟隆). 길하다. 그런데 **불필요하게 타자**(它=他: 여기서는 應하는 初六을 가리킴)**가 와서 돕는다**(有它). 그러면 오히려 **불미스러운 사태가 많이 발생하게 된다**(吝).

九三의 경우는 "동뇨棟橈"라 했고 九四의 경우는 "동륭棟隆"이라 했다. "융隆"을 모두 "솟아오른다"라고 번역하는데 위로 굽어도 마룻대는 불건강해진다. 그러니까 "융성隆盛하다," "건실하게 버틴다," "그 모습이 튼실하다"는 정도로 해석되어야 한다. 九四는 양강陽剛이지만, 그 자리가 유위柔位이다. 그러니까 대과의 괘 전체로 볼 때, 유위에 양효가 있는 것이 不正하다는 보통 효사들의 판단과는 달리 좋은 모습이다. 즉 양강하지만 유연한 자리에서 오는 부드러운 세력이 양강을 보완해주기 때문에 음양상조陰陽相調의 덕을 발현한다. 음양이 상조해야 새로운 관계가 생겨나고 사태가 보완되어 나간다. 그러기 때문에 九四는 중임重任을 맡아도 잘 수행해나간다.

나라의 동량 역할을 잘 수행하니 吝하다. 그런데 "유타有它"의 사태가 생길 수도 있다. "타它"는 "타他"와 동일하다. 여기서는 九四에 應하는 아랫괘의 初六이다. 九四와 初六은 양과 음의 관계이다. 初六은 九四가 자기 동지라고 생각하여 도우려고 한다. 그래서 九四에게로 온다. 그러면 九四는 이미 자체로서 음과 양의 발란스를 취하여 건실한(隆) 힘을 발휘하고 있는데 初六이라는 음이 이 판에 들어오게 되면 음이 과성過盛하게 되어 발란스가 깨진다. 불미스러운 결과가 초래된다. 타인의 유혹에 흔들리면 안된다. 이미 잘하고 있는데 타인의 도움을 받을 생각을 하지 마라! 돕는 자가 다 좋은 결과를 가져오지 않는다. 음양의 지혜는 깊고도 깊다.

> ## 九五: 枯楊生華。老婦得士夫。无咎无譽。
> 구 오 고 양 생 화   노 부 득 사 부   무 구 무 예

다섯 번째 양효: 九五는 사양효四陽爻의 최상의 자리에 있으며 강강剛의 과도過度의 극점이라 볼 수 있다. 양효가 양위에 있으니 正이라 말할 수 있기보다는 과강過强이라 말할 수 있다. 그런데 하괘와 應의 관계도 없다. 九二도 陽이다. 그러므로 이 九五에게는 比의 관계에 있는 上六밖에는 기댈 곳이 없다. 上六은 음효이다. 여성인 上六은 기쁜 마음으로 九五의 남성을 맞이한다. 그런데 上六의 음위에 음효이니 나약의 극치이고, 九五보다 상위上位에 있으므로 일단 九五보다 나이가 많은 여자이다. 극성한 양인 九五가 늙어 나약해빠진 上六과 결합하는 모습은 잔혹한 유모어라 할 수 있다. 진정한 생성의 발랄함이 결여되어 있다. 그 모습은 말라빠진 버드나무 가지에 꽃이 피는 것(枯楊生華)과도 같다.

九二의 경우에는 뿌리에서 새로운 가지가 솟아 올랐지만, 九五의 경우는 새 뿌리가 없이, 있는 가지에 일시적 자극으로 꽃을 피운 것이다. 그래서 이 꽃핌은 있는 생기生氣를 소모시켜 나무의 죽음을 촉진시킬 뿐이다. 이것은 늙은 여편네가 젊은 서방을 얻은 것과 같은 꼴이니(老婦得士夫) 생명의 잉태가 없고 발랄한 웃음이 없다. 독신은 면할 테니까 크게 나무랄 것은 없어도 칭찬할 건덕지는 아무것도 없다. "무구무예无咎无譽"는 나무랄 것도 없지만 칭찬할 것은 더더욱 없다는 뜻이다.

—— ❧ ——

역의 변화Changes는 창조적 전진Creative Advance이다. 새로움의 창조가 없는 낡음의 결합은 쇠락일 뿐이다. 모험은 반드시 새로움의 요소를 존재의 파지把知Comprehension속에 도입해야만 한다.

九五의 효사는 九二의 효사와 오묘하게 언어적으로 착종되어 있다. "노부老婦"는 上六을 가리키고 "사부士夫"는 九五를 가리킨다고 보는 것이 보통의 해석이다. 우번虞翻은 "老婦"가 初六을 가리킨다고 보았다. 하괘인 손괘를 "老"라 할 수 있기 때문에 "老婦"는 初六이 된다는 것이다. 취하지 않는다.

上六: 過涉滅頂, 凶。无咎。
상 육   과 섭 멸 정   흉   무 구

맨꼭대기 음효: 上六은 대과大過의 괘의 궁극의 지점이다. 그리고 上六은 음위陰位에 있는 음효이니 유약柔弱의 극치라 할 수 있다. 이 유약한 上六은 천하가 위난危難을 당했을 때, 그 위난을 구원할 수 있는 힘이 없다. 그러나 그는 절망하지 않고 과감하게 자신의 현실적 위상을 전혀 고려하지 않고 그 위기 속으로 자신을 던진다. 과감하게 헤쳐 나가지만(過涉) 결국 그는 대천大川의 물길 속에 머리가 잠기고 만다(滅頂). 애초에 그의 몸의 키보다 더 깊은 위난

의 강물이었다. 걸어서 건널 수 없는 강물이었다. 슈바이처가 그리고 있는 "역사적 예수Historical Jesus"의 모습이 이러하다(Albert Schweitzer, *The Quest of Historical Jesus*, N. Y.: Dover, 2005, pp.396~401). "멸정滅頂"은 주희의 주석대로 "살신성인지사殺身成仁之事"로 보는 것이 옳다(『本義』).

"과섭멸정"은 흉한 사건이지만, 그것은 연약한 上六으로서 결단할 수 있는 최선의 선택지였으며, 살신성인의 위용이었기에 허물을 남기지 않는다. 아니, 이상을 위하여 몸을 던졌기에 위대하다고 말할 수 있다.

전체적으로 볼 때 대과괘의 효사들은 그 의미론적 구조가 오묘한 대비의 짝(나는 착종이라 말했다)으로 이루어져 있다. 우선 하괘 九三의 "동뇨棟橈"와 상괘 九四의 "동륭棟隆"이 한 짝이고, 하괘 九二의 "고양생제枯楊生稊"와 상괘 九五의 "고양생화枯楊生華"가 한 짝이다. 그리고 하괘 初六의 "자용백모藉用白茅"와 上六의 "과섭멸정過涉滅頂"이 한 짝이다. "자용백모"는 극도의 신중과 겸손이고 "과섭멸정"은 극도의 결단과 참여이다. 역易의 이상은 중용이다. 중용은 불급不及과 과過가 없는 것이다. 그러나 대과는 불급에서 과를 지나 크게 과過한 것이다. 그렇지만 이 대과 괘 역시 대과를 찬양하는 것이 아니라 대과를 통하여 중용을 가르치고 있다는데 그 가치가 있다.

29

감하坎下
감상坎上 중수 **감坎**

Quagmire,
Continuous Adversity

괘명 "감坎"이 트라이그램 중에서도 "물水"을 상징하는 중요한 괘라는 것은 여러분이 잘 아는 사실이다. 우리나라 국민이 『역』과 필연적으로 떼어놓을래야 떼어놓을 수 없는 관계에 있는 것은 우리나라를 상징하는 국기가 역의 심볼로 이루어졌다는 사실에서도 확인할 수 있다. 조선조의 어기御旗부터 이미 역의 팔괘를 활용한 "태극팔괘도"였다. 『역』의 상경上經이 건과 곤으로 시작하여 감과 리로 끝난다는 사실, 그리고 하경下經도 화수 미제未濟(64번째 괘)로 끝난다는 사실은 태극기의 구성, 즉 음양과 하늘(☰) → 불(☲) → 물(☵) → 땅(☷)의 도식이 우리민족의 박달(朴達=배달倍達=단檀) 생명사상을 대변한다는 사실로부터 그 의미를 추론할 수도 있겠다. 우리가 역의 심볼을 따라 태극기를 도안하였다고도 볼 수도 있지만, 거꾸로 우리민족의 심층의식 속에 역의 사상이 깔려있었고, 그러한 동북대륙(고조선)의 기백이 한자문화권에 영향을 주었다고 말할 수도 있다.

8개의 트라이그램 중에서 건과 곤을 제외한 육자괘六子卦, 감坎☵, 리離☲, 진震☳, 간艮☶, 손巽☴, 태兌☱가 거듭 포개져서 만들어진 순괘純卦 중에서 감坎이 제일 먼저 등장했다. 이 감坎을 『역』은 특칭하여 "습감習坎"이라고 부르고 있다. 괘사에 이례적으로 괘명 앞에 습習 자를 더한 것이다.

"습習"이라는 것은 어린 새가 날개를 퍼득이며 나는 것을 배운다는 뜻이 있다고 하는데, 하여튼 그 코아 이미지는 "거듭된다," "아래위로 중복된다"는 뜻이다. 그래서 3획괘가 그대로 중복되어 6획괘가 된다는 의미에서 "습감習坎"이라고 한 것이다. 왕필은 "습習"을 "편습便習"이라 해설했다(반복하여 익숙하게 한다. 학습의 뜻). 공영달孔穎達도 습의 의미가 두 개가 있다고 했다. 하나는 중복의 의미, 아래위로 험난한 감坎의 상이 중첩重疊되어 있다는 것이다. 또 하나는 "습숙習熟"의 의미. 험조간난險阻艱難한 인생의 길을 배우고 익히면서 헤쳐나가야 득통得通할 수 있다는 것을 의미한다고 했다.

물이라는 것은, 생명이 원시바다 즉 물에서 태어났다는 것을 생각하면 생명의 근원으로서 없어서는 아니 될 엘랑비탈의 본질로서 밝은 이미지가 떠오르게 마련이지만 습감괘의 전체적 이미지는 그렇게 낙관적이질 못하다. 물은 온갖 재난의 근원이기도 한 것이다. 물에 갇히어 오도가도 못하는 진퇴양난의 실존적 상황을 그리고 있는 것이다. 감坎이라는 글자 그 자체에 "빠진다"는 "함陷"의 의미가 있다. 간난에 빠진다는 뜻인데, 일양一陽이 이음二陰 속에 빠져서 허우적거리고 있는데 그러한 모습이 거듭 중첩되어 있는 것이다. ☵은 곤괘 속에 건괘의 중획中劃이 들어가 있는 것으로 볼 수도 있고, 양 옆으로 곤坤의 두 획은 대천大川의 양안兩岸의 토土로서 간주할 수도 있다. ☵ 자체가 수水의 고대문자라고 보는 설도 있다.

「서괘전」은 뭐라 말하고 있을까?: "이 괘 앞에 '대과大過'괘가 있었다. 그런데 사물은 지나치기만 할 수 없다. 그래서 대과괘를 감괘로 받았는데, 감坎이라고 하는 것은 빠짐이다. 故受之以大過。物不可以終過, 故受之以坎。坎者, 陷也。" 하여튼 재미있는 의미론적 커넥션이다. 대과와 감 사이에는 상수학적 연결은 없다. 27(이頤)과 28(대과大過), 29(감坎)와 30(리離)은 방통旁通(=착錯)의 관계이지만 28과 29 사이는 그러한 연결이 없다.

이에 대하여 정이천의 해설이 매우 자세하고 설득력 있다:

사물의 이치에 있어서 지나치기만 하고 멈춤이 없다는 것은 있을 수
없다. 지나침이 극하면 반드시 빠지게(陷) 되어 있다. 그래서 감坎이
대과 다음에 온 것이다. 습감習坎은 중습重習(거듭함)이다. 다른 괘에도 아
래위 중복의 상이 있으나 습감習坎이라는 글자를 그 이름 위에 더하지 않
고, 오직 감괘의 경우에만 습감習坎 자를 더한 것은, 이 감괘에서 거듭되는
험난을 보았고, 또 험난 중에 다시 험난한 것이 있어 그 뜻이 크기 때
문이다. 괘 속에 일양一陽이 있고 上下로 이음二陰이 있다. 양은 실實
하고 음은 허虛하다. 아래위로 허하여 의지할 곳이 없어 일양이 이음
속에 빠져 허우적거리고 있으니 감함坎陷의 뜻이 있게 되는 것이다.
양이 음 가운데 거居하는 것은 빠짐(陷)이 되고, 음이 양 가운데 거하는
것은 붙음(麗)이 된다. 대저 양이 위에 있으면 그침(止)의 모습이 되고,
가운데 있으면 빠짐(陷)의 모습이 되고, 아래에 있으면 움직임(動)의
모습이 된다. 역의 일반적 법칙이다. 또 음이 위에 있으면 기쁨(說)의
모습이 되고, 가운데 있으면 붙음(麗)의 모습이 되고, 아래에 있으면
공손함(巽)의 모습이 된다. 이 감괘에서 함陷의 이미지가 나타나는 것
은 험난함을 상징하는 것이다. 습習이라는 것은 "거듭"의 의미이다.
"학습"이니 "온습溫習"이니 하는 말에 모두 중복의 의미가 들어가 있다.
감坎은 함陷이니, 이 감괘가 말하고 있는 것은 험난지도險難之道에 처
하는 방법을 가르치는 것이다. 감坎은 물(水)이다. 일양一陽이 그 물
속에서 시작하였으니, 생명있는 것으로 가장 먼저 생겨난 자가 물에
있다는 뜻이다. 그래서 감의 심볼리즘이 물이 된 것이다. 빠짐(陷)이란
물 즉 생명의 몸체의 성격이다.

理无過而不已, 過極則必陷, 坎所以次大過也。習, 謂重習。他卦雖重, 不加
其名, 獨坎加習者, 見其重險, 險中復有險, 其義大也。卦中一陽, 上下二陰。
陽實陰虛, 上下无據。一陽, 陷於二陰之中, 故爲坎陷之義。陽居陰中則爲陷,

陰居陽中則爲麗。凡陽在上者, 止之象; 在中, 陷之象; 在下, 動之象。陰在上, 說之象; 在中, 麗之象; 在下, 巽之象。陷, 則爲險。習, 重也, 如學習溫習, 皆複之義也。坎, 陷也。卦之所言, 處險難之道。坎, 水也。一始於中, 有生之最先者也, 故爲水。陷, 水之體也。

마지막에 나타나는 "일시어중一始於中"의 논리는 마치 정이천이 오파린의 생명기원설을 알고 있기라도 한 느낌을 준다. 이것은 우연의 일치가 아니라, 근세 서구인의 과학이라는 것이 결코 보편적 형이상학의 사유와 유리되는 타자他者가 아니라는 사실을 말하고 있는 것이다. 생명과 물의 관계는 너무도 명백한 것이다. 이러한 음양순환의 이치를 깨닫지 못하고 "창조론"을 운운한다는 것은 오직 우매의 소산일 뿐이다. 동방인의 사유는 과학적 세계관을 적극 수용하고 발전시킬 뿐이다. 생명과 물을 하나로 보는 이 감괘의 사유를 깨닫는 자라면 어찌 대지와 해양의 물을 오염시킬 수 있겠는가? 쓰레기의 유기가 곧 나의 혈관 속에 오물을 투기하는 것과 같다는 진리를 깨달아야 할 것이다.

「대상전」은 말한다:

水洊至, 習坎。君子以常德行, 習敎事。
수 천 지 습 감 군 자 이 상 덕 행 습 교 사

물이 넘쳐 흐르는 모습이 끊임없이 중첩되는 상이 습감괘의 모습이다. 군자는 이러한 감괘의 형상을 본받아(以), 덕스러운 행동을 일상적으로 끊임없이 행하고, 배우고 가르치는 일들을 끊임없이 실천한다.

──── ◈◈◈◈◈ ────

「대상전」의 저자는 "습감"의 이미지를 공자가 천상川上에서 "서자여사부逝者如斯夫! 불사주야不舍晝夜"(가는 것이 이와 같구나! 밤낮을 쉬지 않는구나! 9-16)라고 말한 것과 같은 이미지로서 받아들였다. "천洊"은 물이 넘쳐흐르는 모습이 계속되는 것이다. "상상常"과 "습習"은 동사로 쓰였다. 주희는 덕행을 자기내면의 문제로 교사敎事를 사회적 관계의 문제로, 즉 치기治己와 치인治人의 문제로 파악하였는데 취하지 않는다.

빌헬름은 괘명을 "The Abysmal"이라고 번역했고, 혹자는 "The Abyss"라했는데 너무 지옥과 같은 서양종교 냄새가 나서 취하지 않는다.

괘사

習坎, 有孚。維心亨。行, 有尚。
습 감　유 부　유 심 형　행　유 상

간난이 거듭되는 감괘의 모습 속에도 우주적 성심誠心을 지니고 분투하는 九二, 九五의 진실한 모습이 있다(有孚). 진실한 자들이여 마음에서 우러나오는 제사를 하느님께 지내라(維心亨)! 험난한 길들을 성심誠心으로 관통하라! 앞으로 나아가라(行)! 그리하면 모든 사람들이 그대들을 존경하게 되리라(有尚). 모험을 강행할 때다!

효사

初六: 習坎。入于坎窞。凶。
초 육　습 감　입 우 감 담　흉

첫 번째 음효: 간난의 구렁텅이가 중첩되어 있는 고난의 모습이다. 그 중첩된 간난의 가장 밑바닥에 있는 여리고 여린 초효. 不中不正하며 상괘로부터의 응원자도 없다(六四가 음이래서 應하지 않는다). "담窞"은 구덩이 중에서도 제일 깊은 구덩이를 가리킨다. 이 고립무원의 여린 初六이 깊은 구덩이에 빠져버렸다(入于坎窞). 마치 보도연맹 사람들이 묻히는 구덩이에 빠진 어린아이와도 같다. 절망이다. 꺼내줄 사람도 없다. 간난의 심연이라서 헤치고 나올 수도 없다. 아~ 절망이다. 凶하다!

인간의 실존에는 이런 감담坎窞이 있다. 『역』은 낙관만을 말하지 않는다. Alas!

九二: 坎有險, 求小得。
구 이　감유험　구소득

두 번째 양효: 九二는 上下 이음二陰 속에 빠져있다. 험난의 한가운데 있고, 상괘의 감坎, 그 험난이 또 기다리고 있다(坎有險). 험난 속에 완전히 둘러싸여 있기 때문에 자기 혼자 탈출할 수는 없으나, 九二는 初六과 달리 강건剛健하며 중용中庸의 덕을 지니고 있다. 그리고 初六, 六三과 比의 관계에 있기 때문에 그들의 도움을 얻을 수도 있다. 九二는 절망하지 않고 스스로의 생존을 모색한다. 바램을 크게 얻지 못한다 하더라도 스스로 구하니(求) 작은 소득은 있을 것이다(小得).

六三: 來之坎坎。險且枕(沈)。入于坎窞。勿用。
육 삼　래지감감　험차침　　입우감담　물용

세 번째 음효: "래지감감來之坎坎"에서 "래來"는 아래쪽으로 내려오는 것이고 "지之"는 위쪽으로 올라가는 것이다. 六三은 음유陰柔하며 不中不正하니 불안하다. 三이라는 자리가 또 어설픈 시도를 많이 하는 자리이다. 아래로 내려와 봐도 구렁텅이, 위로 가보아도 구렁텅이, 아래위로 험조간난險阻艱難이 기다리고 있을 뿐, 진퇴양난의 고뇌 속에 그 위험은 깊어만 간다(險且沈: 枕은 沈을 잘못 쓴 것으로 본다). 발버둥칠수록 더 깊은 구덩이로 빠질 뿐이다(入于坎窞). 이럴 때는 어찌해야 하는가? 일을 벌이거나 자신을 쓰이게 하려고 하지 말고(勿用) 조용히 탈출의 때를 기다려라! 움직일수록 공이 없는 삶의 시기(終无功也。「소상전」).

六四: 樽酒, 簋貳, 用缶。納約自牖。終无咎。
육사 준주 궤이 용부 납약자용 종무구

네 번째 음효: 이 효사에 관해서는 이설異說이 많지만 따지고 보면 별로 어려울 것도 없다. 나는 왕필의 주해를 기준으로 해석하였다. "준주樽酒"는 한 단지의 술이라는 뜻이고, "궤이簋貳"는 "이궤貳簋"라 함이 더 자연스러우며(損損의 괘사에도 "이궤貳簋"의 용례가 있다) 두 그릇의 식사라는 뜻이다. 그런데 이것은 모두 六四의 대신이 九五의 왕에게 바치는 것이다. 그러니까 준樽이니 궤簋이니 하는 것들이 엄청난 청동기로 만든 화려한 것이었다. 그런데 "용부用缶"라는 것은 전혀 치장이나 문양이 없는 소박한 질그릇(缶)에 담아 바치라는 것이다.

이제 우리는 전체적인 의미맥락의 핵심을 파악해야 한다. 감괘는 간난의 괘이다. 간난이 연거푸 닥치는 시대의 상징이다. 이 시대를 감당하는 리더가 九五의 군주이다. 그런데 군주는 훌륭한 대신의 보좌를 필요로 한다. 그러나 대신의 간언이 번문욕례에 사로잡히거나, 형식주의적 치장에 빠지거나, 화려한 문식의 과시에 소모되거나 하면 그 소박한 진실의 교감이 사라지고 간언이 간언으로서의 파워를 갖지 못하게 된다. 이러한 간난의 시대에 처한 대신의 자세에 관하여 이 효는 그 모랄의 핵심을 말하고 있는 것이다. 이러한 자세는 오늘날 21세기에도 권력자 주변에 꼭 있어야만 하는 진실이요 성실이요 소박한 교감이다. 우리식으로 말하면 한 호로의 약주, 한 그릇의 밥, 한 그릇의 찬을 모두 질박한 질그릇(缶)에 담아 바치는 것으로 그 진실성을 표현해야 한다.

그런데 "납약자용納約自牖"이라는 말이 중요하다. "용牖"이라는 것은 정식의 큰 대문이 아니고 방 한 켠에 뚫어놓은 작은 "창"이다. 정이천의 해설이 적확하다: "용牖이라는 것은 개통開通의 뜻이 있는 것이다. 방 속이 어둡기 때문에 용을 뚫어 설치하는 것이니, 그것은 밝음을 통하게 한다는 뜻이 있다. 牖, 開通之義。室之暗也, 故設牖, 所以通明。"

이것은 곧 군주의 어두운 마음에 밝은 빛줄기를 불어넣듯이 "통명通明"의 의미를 지닌다는 것이다. 그러니까 찬합을 받쳐들고 정식으로 대문으로 들어가는 것이 아니라, 그 소박한 질그릇에 담긴 술 한 병, 밥 한 그릇, 찬 한 그릇의 간략한 것(約)을 군주 방에 달린 작은 창문을 통해(自牖) 들이민다(納)는 것이다. 진심을 표명하는 방편을 지극히 아름답게 표현한 비유라 하겠다. 그리하여 마음이 통하면 끝내 허물이 없다(終无咎).

九五: 坎不盈。祗既平。无咎。
구 오   감 불 영   지 기 평   무 구

다섯 번째 양효: 九五는 양강중정陽剛中正의 덕을 지닌 천자天子이며 六四와 같은 진실한 신하의 도움을 받고 있고, 또 좋은 관계를 유지하고 있다. 험조간난의 시대의 군주로서 그 간난의 극복을 위하여 노력하고 있기 때문에 결국 그 간난으로부터 벗어나는 전망이 보이기 시작하고 있는 것이다.

여기 "감불영坎不盈"은 상징적인 표현이다. 감은 고난의 상징이고 "함함陷" 즉 함몰의 의미가 있다. 이 경우 감이라는 고난은 함몰된 저수지와도 같은 역할을 한다. 그 구덩이의 심연이 너무도 크기 때문에 채워지지 않는다(坎不盈). 그래서 범람의 혼란이 오지 않는다. "감불영"은 "구덩이가 차지 않으니 범람하지 않는다"는 뜻이다.

다음의 구절이 심히 다양한 해석의 의견이 있으나, 나는 "지祗"는 "지坻"를 잘못 쓴 것이라는 정현鄭玄의 설을 따른다. 지坻"는 큰 강 주변에 널려져 있는 삼각주, 언덕 등을 말한 것이다. "지기평祗(坻)既平"이란 범람이 없어 삼각주에 사는 사람들도 모두 평온하다는 뜻이다. 수몰을 면하여 평화롭다는 것이다. 九五가 강건중정剛健中正의 덕德으로 험조간난에 잘 대처하여 간난을 벗어나고 있는 모습을 그린 것이다. 아직 다 벗어나지는 못했지만 그 희망이 실현될 날은 머지않다(无咎)!

점을 쳐서 이 효사를 만난 사람은 기나긴 간난의 세월을 벗어나 서서히 행운을 맞이하게 될 것이다.

> ## 上六: 係用徽纆, 寘于叢棘。三歲不得。凶。
> 상육　계용휘묵　치우총극　삼세부득　흉

맨꼭대기 음효: 上六은 간난의 세월을 초래케 한 주범 중의 하나이다. 上六은 음유陰柔하며 재능도 없다. 中에서 벗어나 있다. 이제 간난의 세월이 끝나가는 마당에는 이런 자를 묶어 벌해야 한다. 새 시대를 맞이하기 위해서는 이런 흉악한 자들을 확실하게 벌해야 한다. 이런 자는 묶되 두꺼운 밧줄(휘徽는 세 가닥으로 꼰 동앗줄, 묵纆은 두 가닥으로 꼰 동앗줄)로써 묶어야 한다(係用徽纆). 그리고 깊은 가시나무 숲속에 있는 감옥에 가두어야 한다(寘于叢棘). 이런 자들은 3년이 되어도 회오悔悟하고 바른 길로 돌아올 가망이 없다(三歲不得). 다시는 세상에 나오게 해서는 아니 된다. 凶하다!

———— ✦◦❀◦✦ ————

정치적 범죄는 개인사의 문제가 아니라 사회 전체에 미치는 공과功過의 문제이므로 쉽게 사면될 수 있는 문제가 아니다. 21세기 정치사에 있어서도 우리 역사는 단죄할 인물들을 정확히 단죄하여 후세에 바른 기준을 세워야 한다.

재미있는 표현상의 문제이지만 『역』에서 흉사凶事에는 "삼세三歲"라 말하고, 길사吉事에는 "삼년三年"이라 말한다. 시간의 길이를 나타내는 말로서 "십년十年"이라는 표현도 쓴다(준屯괘의 "십년내자十年乃字," 복復괘의 "지우십년至于十年," 이頤괘의 "십년물용十年勿用"). 그러나 삼년과 십년 사이에 무슨 원리적 차이가 있는 것 같지는 않다.

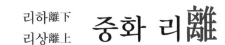

30

리하離下
리상離上 중화 리離

Clinging, Brilliance

괘명 이 불괘는 우리에게 친숙하다. 그리고 감괘처럼 의미의 반전도 별로 없다. 우리가 팔괘Trigram의 특성으로서 알고 있는 성품에서 이 중화重火의 괘 Hexagram의 성품이 크게 벗어나지는 않는다. 보통 나는 어려서부터 감☵ 하면 상하의 음효를 물로 보고 그 안에 있는 양효를 불로 보아, 물속에는 반드시 불이 있어야 물이 물의 구실을 하고, 리☲ 하면 그 반대의 상황, 즉 상하의 양은 밝은 생명의 작열灼熱을 의미하고 그 안에 있는 음효는 그 작열의 에너지를 공급하는 물로 인식했다. 즉 불 속에 물이 있어야 불이 불다움을 유지할 수 있다고 생각했다.

그러나 『역』의 저자의 이해는, 이런 수화상생의 이미지가 없는 것은 아니지만, 조금 다른 이미지로써 그 감·리의 생명력을 나타내고 있다. 감의 경우는 가운데 있는 양효陽爻를 두 음효 사이에 빠져 허우적거리는 고뇌의 주체로서 파악했고, 리의 경우는 속에 있는 음효를 외면의 실實에 대비되는 내면의 허虛, 그리고 "붙음"의 주체로 파악하고 있는 것이다. 이頤괘에서 생명적 우주는 "씹음의 우주"로 파악되었다면 리離괘는 "붙음의 우주"를 말하고 있다. 여기 우주 제1의 원리는 "나는 붙는다. 고로 나는 존재한다. I cling, therefore

제3장_역경 중화리 **407**

[30]
離

I am."이다. 이게 도대체 무슨 소리인가? 또 무슨 궤변이냐?

「설괘전」제7장에는 팔괘의 성품을 해설하는 자리에서 리離괘는 "**麗**"를 의미한다고 말한다.「서괘전」에서도 "리離라고 하는 것은 려麗를 의미한다. 離者, 麗也。"라고 말하고 있다. 리와 려는 우리 말로 읽을 때 발음이 구분되지만 중국말로는 발음이 구분되지 않는다. 리는 무엇이고, 려는 무엇인가? 앞에서 말한 적도 있지만 한자에서는 반대되는 의미가 한 글자에서 겹치는 상황이 많다. 예를 들면 어지러울 "란亂"자가 질서있는 "치治"를 의미하기도 한다. 치와 란은 반대되지만 결국은 같은 의미로 이해되고 있는 것이다.

"리離"는 분명히 "떠남"의 뜻이다. 이별離別이라든가, 분리分離, 격리隔離, 이간離間 등의 상식적 용례에서 "헤어짐," "분리," "떠남"의 의미를 발견할 수 있다. 그런데 왜 이 떠남의 리離를 려麗라고 하는가? 려麗는 분명히 "붙는다"는 뜻이다. 즉 리의 반대말이다. 보통 "붙는다"고 하면 "부附"자나 "착著, 著"자를 써야 옳은데, 구태여 "려麗"자를 쓰는 이유는 붙는다는 의미를 지니는 글자로써 "리離"와 동음同音의 글자이기 때문이다.

리괘의 형상을 살펴보자! ☲는 속이 비어있다. 속에 있는 음효는 밖에 있는 양효에게 붙어야만 한다. 리괘는 불을 상징한다. 불이란 무엇인가? 그것은 그 자체로서 실체가 없다. 불은 반드시 붙어야 한다. 붙어야만 산소와 급격히 결합하면서 빛과 열을 발생시킨다. 불은 붙으면서 확산되어 간다. 우리말의 "불이 붙는다"는 표현은 역시 역의 언어를 가장 잘 표현한다. 중국말도 영어도 우리말의 어감처럼 역의 딮 스트럭쳐를 표현하지 못한다.

불은 반드시 무엇인가에 붙어서만 존재한다. 불은 생명이다. 우리의 몸도 알고 보면 불이다. 물질대사의 모든 동화·이화작용도 "떠남"과 "붙음"으로 이해될 수 있다. 그 발란스로서 우리는 정온定溫의 체온body temperature을 유지한다. 우리 몸의 에너지대사도 산화의 일종이다. 그것은 우리 몸의 불이요 태양이요 밝음이요 문명이다.

예수도 씨뿌리는 자의 비유를 말했다. 씨는 자유로운 여행을 하지만 반드시 적합한 토양에 들러붙어야만 한다. 생명은 붙어야 생성한다. 우리의 사상도 반드시 적합한 사회환경에 붙어야만 생명력을 가지고 생성할 수 있고, 증대될 수 있다. 우리가 사회운동을 하는 것도 친근감을 느끼는 사람들끼리의 붙음이요, 우리의 결혼도 붙음이다. 붙어있다가 떠날 수도 있지만, 떠남은 반드시 새로운 붙음을 해후한다. 우주의 생성이 떠남과 붙음의 과정이요, 착종이다. 리離를 려麗로 보고, 려麗를 리離로 보는 역의 사상은 참 어른스러운 철학이다. 붙기만 하고, 또 떠나기만 하는 서양인의 사유에는 여백이 없다. 직선적 파멸만 있다. 순환과 착종의 여백이 없다.

「서괘전」은 감괘 후에 리괘가 오는 이유를 이렇게 설명한다: "감坎괘는 함陷의 의미가 있다. 구덩이로 빠지게 되면 반드시 어딘가에 달라붙는다. 그래서 감괘를 리離괘가 받았다. 리離라는 것은 려麗의 뜻이다. 坎者, 陷也。陷必有所麗, 故受之以離。離者, 麗也。" 정이천은 「서괘전」을 다시 이렇게 설명한다:

> 험난의 세계 속으로 빠지는 자는 반드시 어디엔가 부착한다는 것은 리理의 자연스러운 현상이다. 그래서 리괘가 감괘 다음에 왔다. 리는 려麗이고, 또 밝음(明)이다. 음이 위·아래의 양에 붙는 상을 취하면 부려附麗의 뜻이 되고, 가운데가 허虛한 상을 취하면 밝음의 뜻이 된다. 리離는 불이고, 불의 몸체는 허한 것이니 구체적인 물체에 붙어서만 밝은 것이다. 또 리괘는 해(日)를 상징하는데, 해는 허명虛明의 상징이다.
>
> 陷於險難之中, 則必有所附麗, 理自然也, 離所以次坎也。離, 麗也, 明也。取其陰麗於上下之陽, 則爲附麗之義; 取其中虛, 則爲明義。離爲火, 火體虛, 麗於物而明者也。又爲日, 亦以虛明之象。

「대상전」은 또 뭐라 말하고 있을까?

> ## 明兩作, 離。大人以繼明, 照于四方。
> 명 양 작 리　대 인 이 계 명　조 우 사 방

밝음이 또다시 겹쳐 오른다. 태양이 매일매일 끊임없이 떠오르는 모습이 리괘의 모습이다. 대인(성스러운 자)은 이 리괘의 모습을 본받아 태양의 밝음과도 같은 자신의 밝음을 계속 이어나가고, 그 덕의 빛을 천하사방에 구석구석 아니 비취는 곳이 없도록 비춘다.

───── ❧ ─────

『대학』의 "명명덕明明德"(이미 나에게 내재하고 있는 밝은 덕을 밝힘)의 사상이나 "고지욕명명덕어천하자古之欲明明德於天下者"의 사상이 여기서 나왔다고 볼 수 있다.

어찌하여 태양을 버리고 종교를 운운하는가? 어찌하여 태양과 같은 우리 내면의 덕성을 도외시하고 다시 인간이 만든 조월자를 이야기할까 보냐? 광막한 대지 위에서 먼동의 태양을 바라보며 제사를 올리는 인디언 추장이야말로 고조선의 사람이 아닐 수 없다(옛날에는 베링해협이 존재하지 않았다. 아메리칸 인디언의 풍속은 고조선의 풍속과 거의 같다. 인디언에게 남은 사유를 통해 우리 고조선의 모습을 찾을 수 있다. 그들이 쓰는 생활기구들의 모습이 우리가 농경문화에서 쓰던 기구들과 거의 차이가 없다. 특히 그들의 사회체제를 통해 고조선의 사유와 공동체 체제를 추론할 수 있다. 나는 하바드대학 재학 기간에 무수히 하바드대학박물관을 다녔는데 탁월한 인디언문화의 컬렉션이 그곳에 있었다).

괘사

> ## 離, 利, 貞, 亨。畜牝牛。吉。
> 리　리　정　형　휵 빈 우　길

리離는 생명의 근원이며 붙음의 괘이다. 일월이 하늘에 붙어있고 백곡초목이 모두 땅에 붙어있으니 천지간에 생명이 가득하다. 붙음과 떨어짐은 하나로 순환한다. 모든 존재는 붙어 존재한다. 붙어서 이롭다(利). 붙어서 점을 치고 하느님께 물어볼 수 있다 (貞). 그리고 붙어서 존재가 융합된 힘으로 하느님께 제사를 지낸다(亨). 하느님을 찬미하는 것은 인간을 찬미하는 것이다. 암소는 거대하고 힘이 세다. 우리 문명의 밝음은 암소를 기르는 것과도 같은 것이다(畜牝牛). 우리의 덕성이 암소와 같이 길러질 때 우리 문명사회는 길하다(吉). 암소는 평화의 메시지이다.

─── ❧ ───

이천은 말한다: "암소를 기른다고 한 것은 인간이 그 순한 덕성을 기르는 것을 상징한 것이다. 그것은 문명의 덕성이다. 사람의 순덕順德은 기름으로써 이루어지는 것이다. 우리의 존재가 바름에 붙었다면 당연히 기르고 익혀서 그 순한 덕을 이루어야 한다. 畜牝牛, 謂養其順德。人之順德, 由養以成。旣麗於正, 當養習以成其順德也。"

효사

初九: 履錯然。敬之。无咎。
초구   리착연   경지   무구

맨처음 양효: 발자국이 어지럽다(履錯然). 어디로 튈지 모른다. 이럴 때일수록 솟아오르는 불길을 억누르고 진지한 삶의 자세를 회복하라(敬之). 그리하면 허물이 없으리라(无咎).

─── ❧ ───

初九는 리괘의 제일 밑바닥이며, 또 양강陽剛하며 하괘 리離의 몸뚱이이다. 이 발랄한 청년의 모습은 리괘가 상징하는 화염과도 같다. 불꽃은 타오른다. 위로 올라가려 한다. 사회조직의 사다리로 말하면 승진하고 싶어한다. 어디로 튈지 모른다. 그 타오르는 갈망을 "발자국이 어지럽다"고 표현했다. 매우

[30]
離

문학적 감성이 돋보이는 표현이다. 동학의 사상, 고조선으로부터 내려오는 우리민족 고유의 사상은 실로 성誠과 경敬이다. 성誠은 천지우주의 실상이다. 그것은 가치를 넘어서는 가치의 표현이다. 스스로 그러한 모습이다. 경敬은 성을 인간내면으로 내재화시킨 것이다. 그것은 공경함이요, 진지함이요, 집중력이다. 경敬이 곧 "붙음"이다. 初九여! 이럴 때일수록 그대의 화염을 누르고 진지하게 계신戒愼하고 명덕明德을 기르라. 그리하면 허물이 없으리라!

六二: 黄離。元吉。
육 이 황 리 원 길

두 번째 음효: 중앙의 황색에 붙는다. 원천적으로 길하다.

六二는 유순하며 中正의 덕을 지니고 있다. 여기 황색은 중앙 토土의 색色이며 중용의 미덕을 상징한다. "황색에 붙는다"는 것은 가장 적합한 자리에 붙어 아름답게 타오르고 있다는 생명의 환희를 나타낸 것이다. 중용中庸이래야만 아름다움을 논할 수 있다. 지나치거나 못 미치면 아름다울 수 없다. 중용은 정적인 가운데가 아니다. 공간적 중앙이 아니다. 그것은 끊임없이 자신을 절제하면서, 새로움의 요소를 도입하는 동적 평형dynamic equilibrium의 상태이다. 그 동적 평형을 여기 "황黄"이라 표현하였다. 이 六二의 모습은 중정온화中正溫和한 군자의 모습이다. 六二의 행로에는 마땅함이 따른다. 모든 사람이 그를 경애敬愛한다. 하는 일마다 성취의 기쁨이 있다. 元吉이다!

순상荀爽, AD 128~190(영천穎川 영음穎陰 사람. 동한東漢 말 대신, 경학자)은 리괘의 初九는 해가 떠오를 때, 六二를 일중日中(한낮), 九三을 일측日昃(석양)을 비유하는 것이라고 했다. 참고할 만하다.

감괘의 경우에는 인간의 고뇌와 비감悲感이 서려 있었다. 그에 비하면 리괘는 인간과 삶의 밝은 모습, 희망찬 성취가 서려 있다. 리離는 붙음이요, 성취요, 밝음이다. 태양과도 같은 생명의 약동이다. 정이천은 "이 순괘 리離는 두 밝음이 계속하여 비추는 것을 상징하니 리괘의 의미는 인사人事에 있어서는 가장 큰 것이다. 離, 二明繼照 …… 而離之義, 在人事最大。"라고 하였다.

九三: 日昃之離。不鼓缶而歌, 則大耋之嗟。凶。
구 삼   일 측 지 리   불 고 부 이 가   즉 대 질 지 차   흉

세 번째 양효: 해가 기우는데 붙는다(日昃之離). 붙는다는 것은 부착附着한다는 뜻이다. 석양에 붙으면 결국 지고 만다. 스러지고 마는 것이다. 그러나 나의 스러짐은 스러짐이 아니라 새로운 생명의 탄생이요, 나의 삶의 궤적이 사라질 수 없는 불멸의 객관성을 획득하는 하나의 계기일 뿐이다. 석양은 석양 나름대로 빼어난 아름다움이 있다. 먼동의 신선함에 못지않은 화려한 황혼의 춤과 음악이 있다. 이때 나는 나의 스러짐(붙음 → 밝음 → 스러짐)을 노래하고 축복해야 한다. 질그릇장구를 두드리며(발가벗은 소박한 노인의 모습) 나의 삶을 흠상하며 향유의 마지막을 기려야 한다. 이것을 "고부이가鼓缶而歌"라고 표현했다.

"대질大耋"의 "질"은 70세 혹은 80세를 가리킨다. "대질"은 나이를 많이 먹은 노인네를 가리킬 수도 있고, "크게 늙음"이라는 추상명사일 수도 있다. "고부이가"까지는 긍정이다. 달관된 장자莊子의 경지이다. 그런데 이 효사는 그 긍정을 갑작스레 부정으로 바꾼다. 석양에 붙어 타오르는 인생을 노래하는 그런 여유로움이 없이 노래를 부르지 않는다면(不鼓缶而歌), 늙음과 종료에 대한 원망과 탄식, 그리고 썩음에 대한 비애로 이를 간다(則大耋之嗟). 이스라엘 국기를 들고 다니는 태극기부대 늙은이들에게 이런 현상이 너무 많다. 자기 무덤을 만들어놓고 여유롭게 인생을 향유하던 옛 동네어른들과는 너무도 그 모습이 다르다. 요즈음의 완고한 노인네들은 원망과 고집과 저주와 자기

학대에만 가득차 있다. 용서와 사랑과 화해가 없다. 기독교는 그 현세에 대한 욕망을 상쇄하기 위해 천당까지 만들어놓았는데, 종교적 광신에 사로잡힌 노인들은 편안히 천당 갈 생각은 아니하고 현세에 끝까지 원망으로 고집한다. Alas!

"고부이가鼓缶而歌"할 수 없는 사람들에게는 크게 늙음에 대한 탄식밖에는 남는 것이 없다(大耋之嗟). 凶하다. 리離와 가歌와 차嗟는 고음古音에서는 압운.

> # 九四: 突如, 其來如! 焚如, 死如, 棄如。
> ### 구사   돌여   기래여   분여   사여   기여

네 번째 양효: 여기 "여如"는 형용사나 부사의 사미詞尾로서 별 의미 없이 어조語調를 가지런히 한다. 어말조사語末助詞라고도 한다(『詞詮』). 지금 네 번째 효의 위치는 上下 리☲, 밝음(明)의 접점이다. 그러니까 앞의 태양이 가라앉고, 이어서 후의 태양이 솟아오르려고 하는 미묘한 시기이다. 九四는 양강陽剛하며 不中不正하고 그 성질이 강기조폭剛氣燥暴하다. "돌여突如, 기래여其來如!"는 문자 그대로 해석하면 "돌연하다! 그 옴이여!"라고 해석된다.

그것은 새로운 태양이 솟아오를 때 돌연히 끼어든다는 것인데, 九四는 이미 상괘에 속해있으므로, 그 돌연한 모습은 상괘의 중심축이며 음유한 군주인 六五를 돌연히 협박하는 모습으로 본다. 즉 정권이 바뀌는 틈을 타서 반란(쿠데타)을 시도하는 대신으로 간주하는 것이다(四가 본시 대신의 자리이다). 이렇게 반란의 시도로서 해석하는 것이 정이천과 주희의 입장이지만, 이러한 해석의 밑바닥에는 송나라를 유지했던 간신배들에 대한 혐오감이 기본적 기조를 이루고 있다. 나는 좀 과한 해석이라고 생각한다. 송유들은 윤리적 포폄을 너무 외재화시키는 경향이 있다. 九四는 그냥 두 태양이 바뀌는 틈바구니에 끼어들은 강포한 자의 비애로 보아도 큰 문제 없다고 생각한다.

정이천은 "분여焚如"를 "九四가 음유한 군주를 능멸하는 강성한 형세가 기염이 불타는 듯하다. 又承六五陰柔之君, 其剛盛陵轢之勢, 氣焰如焚然, 故云焚如"라고 해석했으나, 나는 "분여焚如, 사여死如, 기여棄如"를 그 나름대로 하나의 연속된 의미체계를 이루는 형용사의 병치로 보면 족하다고 생각한다. 九四가 돌여突如하게 양화兩火 사이에 끼어들어 그 몸이 불타고(焚如), 생명을 잃어도(死如), 그 사체는 버려져 아무도 돌보지 않는다(棄如)는 식으로 해석하는 것이 보다 순順하다고 생각한다.

점을 쳐서 이 효사를 얻는 사람은 매사에 성급하게 자기 뜻을 관철하려고 하지 말 것이다. 믿었던 자가 배신하고 불의의 재난을 당할 수가 있다.

六五: 出涕沱若。戚, 嗟若。吉。
육 오 출 체 타 약 척 차 약 길

다섯 번째 음효: "체涕"는 눈물이라는 뜻이고 "타沱"는 뺨에 눈물이 죽죽 흘러내리는 모습의 형용이다. "척戚"은 걱정한다, 근심한다는 뜻이요, "차약嗟若"은 비애롭게 탄식하는 모습의 형용이다.

六五는 음유하면서도 존위尊位에 있다. 그러나 位가 正하지도 않고 하괘에 응효가 없다. 더구나 九四와 上九의 양강兩剛에 끼어있다. 그러나 六五는 어디까지나 밝음을 뜻하는 리괘의 주체이며 명덕明德이 있다. 음하여 유순하고 중용의 미덕이 있다. 갑자기 九四와 같은 인물이 나타나서 나라를 혼란에 빠뜨릴 수도 있지만 六五는 진실로 눈물을 흘려가며 나라의 운명을 걱정한다. 범중엄范仲淹의 「악양루기岳陽樓記」에 "선천하지우이우先天下之憂而憂, 후천하지락이락後天下之樂而樂"이라는 말이 있으나 이 군주 또한 천하의 걱정을 천하의 사람들보다 먼저 하는 사람이다. 마침내 그의 눈물과 호소에 충신과 의사義士가 일어나 이 진실한 군주를 돕는다. 결국 吉한 운수가 이 나라에 찾아온다.

上九: 王用出征。有嘉, 折首。獲匪其醜。无咎。
상 구 왕 용 출 정 유 가 절 수 획 비 기 추 무 구

맨꼭대기 양효: 밝음(明)과 아름다움(麗)을 뜻하는 리괘의 최후단계. 上九는 양강陽剛의 재능이 있다. 그의 밝은 능력은 태양이 온 나라의 구석구석을 비추듯이 온 누리에 미친다. 명찰明察과 과단果斷의 화신인 上九의 힘을 빌려, 군주인 六五는 그와 함께 출정에 나선다(王用出征). 나라를 위태롭게 하는 적의 세력을 정벌하러 나서는 것이다. 그런데 출정出征이라는 것은 야욕을 가지고 무력을 사용해서는 아니 된다. 보국안민輔國安民의 "바르게 함"을 위해서만 허용될 뿐이다(「소상」에 대한 왕부지의 해석). "유가有嘉"라는 것은 출정의 결과로서 좋은 소식이 생겼다는 뜻이다. 즉 승전을 한다는 뜻이다. 승전의 결과로서 나라를 어지럽힌 괴수 한 명만을 목을 벨 뿐이다(折首). 전쟁에 승리를 한다(獲)는 것은 졸병 대중(醜: 대중의 의미가 있다)을 주살하기 위한 것이 아니다(獲匪其醜). 오직 괴수만을 처단하고 나머지는 방면하여 생업에 돌아가게 해야 한다. 그것이 곧 리괘의 문명의 모습이요, 패자가 아닌 왕자王者의 군대의 모습이다. 전쟁은 보국이지 살상이 아니다. 이런 나라에는 길운이 찾아온다. 허물이 없다(无咎).

———— ❦ ————

미국의 이라크침공은 잘못된 것이다. 대량살상무기제거를 명분으로 한 대규모의 침공인데 대량살상무기는 없었다. 과연 이러한 미국의 행태는 반성 없이 넘어가도 좋은 것인가? "획비기추獲匪其醜"는 문자 그대로 해석하면 "잡은 것이 대중이 아니라면"의 뜻이다.

【하경下經】

咸	恆	遯	大壯	晉	明夷	家人	睽	蹇	解
【31】	【32】	【33】	【34】	【35】	【36】	【37】	【38】	【39】	【40】

損	益	夬	姤	萃	升	困	井	革	鼎
【41】	【42】	【43】	【44】	【45】	【46】	【47】	【48】	【49】	【50】

震	艮	漸	歸妹	豐	旅	巽	兌	渙	節
【51】	【52】	【53】	【54】	【55】	【56】	【57】	【58】	【59】	【60】

中孚	小過	旣濟	未濟
【61】	【62】	【63】	【64】

간하艮下
태상兌上 **택산 함**咸

Feeling, Comprehension, Nuptial Bliss

괘명 "함咸"이라는 글자는 우리가 보통 "다 함"이라고 훈訓한다. 모두(皆)의 뜻이다. 그런데 함咸에다가 마음 심心 자를 더하면 감感이 된다. 사실 함咸도 "느낀다"는 뜻이 있다. 우리가 "감感"을 마음의 작용으로 본다면, 그때 "마음"은 의식을 뜻하고, 그것은 이미 언어화된 의식이므로 개념의 지배를 받는 의식이다. 그러니까 감感의 느낌은 언어적 개념을 포섭하는 고단위의 느낌이라 말할 수 있다. 즉 판단이 개입되는 느낌이다.

"감感"을 의식이 있는 동물의 느낌 속에서 이야기한다면, 함咸은 개념적 느낌 이전의 모든 교섭양태를 지칭한다고 말할 수 있다. 그러니까 함은 전부를 의미하고, 삼라만상 모두(함咸)가 느낀다고 말할 수 있다. 이 함은 우리말의 불함(붉)의 함일 수도 있다. 붉은 느낌Feeling이다.

우리의 인식체계에 있어서 칸트는 감성Sinnlichkeit을 아주 저차원의 느낌으로 간주하고 그 위에 오성Verstand을, 그리고 그 위에 또다시 이성Vernunft을 설정하였다. 그러나 지금 『역』이 함咸(모든 것)이 감感이라고 말하는 것은 인간에게 그렇게 구획화된compartmentalized 인식기능이 실체화될 수 없다는 것을 말하는 것이다. 오성이나 이성, 그리고 감성도 모두 느낌Feeling의 복합적 양태들이라는 것이다. 돌멩이도 느끼고, 흙도 느낀다. 우주삼라만상 모두가 모두를 느끼고 있는 것이다. 우리의 언어도 느낌을 떠나 존재하지 않는다.

지금 우리는 『주역』의 64괘가 상경上經과 하경下經으로 나누어져 있고, 상경이 건·곤으로 시작하여 감·리로 끝났고, 하경이 함咸괘로부터 시작한다는 것을 이야기해야 한다. 「서괘전」을 보면, 「서괘전」의 저자는 함괘에 특별한 의미를 부여하고 있다. 함괘를 타괘에 비해 매우 길게 설명하고 있다는 것을 알 수가 있다. 이것은 곧 「서괘전」의 저자에게 『역』은 이미 상경과 하경이 나누어진 형태로 전달되었고, 그만큼 함괘에 중요한 의미를 부여해야만 하는 정당성이 있었던 것으로 보인다.

그런데 재미있는 질문은 64괘를 상하로 나눈다면 32개씩 나누어야 정상일 것 같은데, 왜 상경이 30번째 괘에서 끝났고 하경이 31번째 괘에서 시작하는가에 관한 것이다. 이 상·하 언밸런스에 관한 질문은 끊임없이 있어왔다.

이 질문에 관하여 왕선산은 그의 저술 『주역내전발례周易內傳發例』에서 두 가지 해답을 제시한다. 첫째는 옛날 죽간의 분책사유에 관한 것이다. 가죽으로 꿴 것을 말다보면 너무 두꺼워지니까 상上·하권下卷으로("권卷"이라는 것 자체가 "만다"는 뜻이다) 나눌 수밖에 없는데, 상권에는 건괘와 곤괘에 꽤 분량이 많은 「문언」이 붙어있었기 때문에 두 괘가 밀려서 상경이 리괘(30번째)에서 끝나게 되었다는 것이다. 좀 코믹한 설명이기는 하나 물리적인 분량의 문제로 간단명료하게 해석했다는 의미에서 하나의 견해로서 수용될 수도 있겠다. 그러나 이런 설명은 좀 유치하다. 『역』이라는 텍스트가 워낙 복잡해서 「문언」하나만의 문제로 분량을 논할 수는 없을 것 같다.

왕선산은 또 하나의 탁월한 이유를 제시한다. 『역』은 64괘가 착錯(방통)과 종종(반대)으로 이루어져 있다. 그런데 이 순서의 미스테리는 1과 2, 3과 4, 5와 6(홀과 짝) ……이렇게 홀과 짝으로 이루어지는 관계는 착 아니면 종이라는 관계가 성립하지만, 2와 3, 4와 5, 6과 7 …… 다시 말해서 짝과 홀로 이루어지는 관계에 대해서는 하등의 법칙적 연결을 발견할 수 없다는 데 있다. 「서괘전」은 이 짝과 홀로 이루어지는 관계에 관해서도 괘명의 의미에 의존하여 논리적인 관련성을 밝혔다. 그러나 그것은 매우 임의적으로 볼 수 있다.

그런데 이 홀짝의 관계가 착錯만 되고, 종綜을 이루지 않는 것이 모두 8개가 있다: 건과 곤, 이頤와 대과大過, 감과 리, 중부中孚와 소과小過. 그런데 종의 관계에 있는 두 괘는 미러이미지로 뒤집은 것이기 때문에 실상 하나의 상象일 뿐이라는 것이다. 그러나 착의 관계에 있는 두 괘는 두 개의 상象이 된다. 하여튼 착종의 문제로 괘상을 접근하면, 상경에 종괘가 24개가 있는데 그것은 실상 12개의 상일 뿐이므로 착괘 6개와 합쳐서 18개가 된다. 하경에는 종괘가 32개 있는데 그 상은 16개, 거기에다 착괘 두 개(중부와 소과)를 더하면 18개가 된다. 그래서 결국 상·하경의 실제 상象은 18개씩 동일하다는 것이다. 내 말을 잘 이해하기 어려울 것이다. 그러나 옆에 있는 괘차서도를 보면 내 말이 뭔 말인지 쉽게 알 수 있다. 누구든지 상경의 상象 18개, 하경의 상象 18개라는 논리를 쉽게 이해할 수 있을 것이다. 매우 정교한 상학象學적 논의라 할 수 있다.

그럼 우선 「서괘」에 무어라 말하고 있는지, 그것부터 살펴보자!

有天地然後有萬物, 有萬物然後有男女, 有男女然後有夫婦, 有夫婦然後有父子, 有父子然後有君臣, 有君臣然後有上下, 有上下然後禮義有所錯。夫婦之道, 不可以不久也。故受之以恆。

천지가 있고 난 연후에 만물이 있고(※천지라는 장場과 동시에 만물이 생성한다는 논리적 구성이지, 꼭 시간적 선후를 말하는 것은 아닐 것이다. 방편설법), 만물이 있고 난 연후에 남녀가 있고, 남녀가 있고 난 연후에 부부가 있고, 부부가 있고 난 연후에 부자가

【괘차서도卦次序圖】

：三十卦次序圖[上經]

離 坎 大過 頤 无妄 剝 噬嗑 臨 隨 謙 同人 泰 小畜 師 需 屯 坤 乾
30 29 28 27 25 23 21 19 17 15 13 11 9 7 5 3 2 1

：三十四卦次序圖[下經]

既濟 小過 中孚 渙 巽 豐 漸 震 革 困 萃 夬 損 蹇 家人 晉 遯 咸
63 62 61 59 57 55 53 51 49 47 45 43 41 39 37 35 33 31

있고, 부자가 있고 난 연후에 군신이 있고, 군신이 있고 난 연후에 상하가 있고, 상하가 있고 난 연후에 이 세상의 예의禮義라는 것이 뿌리를 내릴 자리가 있게 되는 것이다. 부부지도는 인간세의 가장 기본적인 정칙이며 오래오래 지속되지 않을 수 없는 것이다. 그래서 그 다음으로 항恆괘가 받았다.

이것을 해설하기 전에 「서괘전」이 건곤괘로부터 어떻게 시작했나를 한번 살펴보자!

有天地, 然後萬物生焉。盈天地之間者, 唯萬物, 故受之以屯。

천지가 있고 난 연후에 만물이 생겨났다. 천지지간에 가득찬 것이 오직 만물이다. 그러기 때문에 준괘로 받았다.

이 「서괘전」의 저자는 상경上經의 머리를 "천지天地"로 생각하였고, 건괘와 곤괘라는 괘명을 띠로 설정하지 않았다. 하늘이라는 아버지, 땅이라는 엄마를 전제로 해서 만물이 생성한다는 것이고, 그 생성의 단초로서 "준屯"이라는 생명의 약동을 이야기하는 것으로써 64괘의 구체적 시작을 이야기하고 있다. 즉 건괘와 곤괘는 무괘無卦의 괘卦이며, 모든 착종에 전제되어 있는 무형의 실질이다.

그런데 「서괘전」의 저자는 함咸괘를 건곤에 비교될 수 있는 새로운 출발로 생각하여, 건곤 해설과 동일한 "유천지연후유만물有天地然後有萬物"(※건곤괘의 경우는 "有天地然後萬物生焉"인데 거의 동일한 표현이다)로써 시작하고 있다. 건괘와 곤괘의 괘명을 명시하지 않고 천지로 대변한 것과 동일한 무게를 함咸괘에 부여하고 있는 것이다. 함괘가 하경下經을 시작하는 또 하나의 건곤이라는 것이다. 따라서 함괘는 괘명이 명시되고 있질 않다. 함괘는 천지를 대변하며 하나의 괘로서 구체적인 지목을 해서는 안된다는 생각이 「서괘전」의 저자에게는 있는 것이다.

역사적으로 상경의 마지막 괘인 리괘離卦와, 하경의 시작인 함괘의 「서괘」적인 커넥션을 나타내는 문구가 있었는데 탈락되었다는 설이 있었으나(송 초의 경학자 왕소소王昭素가 "離者, 麗也。"다음에 "麗必有所感, 故受之以咸。咸者, 感也。"라는 14글자 있는 판본이 있다는 설을 내었는데, 많은 학자들이 그 설을 보강하는 주장을 하였다. 그러나 모두 엉터리로 입증되었다. 「서괘전」에 대한 구조적 이해가 없는 낭설일 뿐이다) 역시 「서괘전」의 저자에게는 상경과 하경이 단절된 양식으로 주어져 있었고, 「서괘전」의 저자는 이 함괘에 특별한 무게를 실어 새롭게 의미부여를 한 것이다. 『순자』의 「대략大略」편에 이 함괘에 관하여 언급한 것이 있다. 우선 그것을 한번 살펴보자!

> 易之咸, 見夫婦。夫婦之道, 不可不正也, 君臣父子之本也。咸, 感也。以高下下, 以男下女, 柔上而剛下。

『주역』의 함咸괘는 부부의 모습을 나타내고 있다. 부부의 도는 정도를 지키지 않을 수 없는 것이요, 사회적인 군신의 관계나 가정의 하이어라키인 부자의 관계의 근원이다. 함咸이라는 것은 느낌感Feeling이다. 높은 자로서 아래에 있는 자 밑으로 고개를 숙일 줄 알고, 남자로서 여자의 아래에 처할 줄 알며, 또 부드러운 연못이 위에 있고(음괘인 태괘), 강한 산이 아래에 있어(양괘인 간괘) 산천초목을 부드럽게 적셔주니 아름다운 모습이다.

이미 『순자』라는 문헌의 저자는 오늘 우리가 접하는 『역』이라는 문헌과 「서괘」의 구조까지 그대로 인지·계승하고 있다. 함괘의 중요성을 「서괘전」의 저자가 의도하는 바대로 의식하고 있으며, 함괘를 곧바로 부부夫婦를 의미하는 것으로 인식하고 있다. 부부는 생명의 출발이며, 군신·부자관계의 근원이며, 감感의 우주the Feeling Cosmos의 진면목이라는 것이다. 「서괘전」의 기술과 「대략편」의 기술은 놀라운 일치를 보이고 있다. 『순자』에 의거하여 「서괘」의 문헌학적 정통성authenticity를 입증할 수도 있다. 「서괘」의 기술을 다시 한 번 뜯어보면 이런 시퀀스로 되어 있다.

[31]
咸

천지 → 만물 → 남녀 → 부부 → 부자 → 군신 → 상하上下 → 예의禮義

이러한 차서에서 놀라운 것은 조선조의 유학이 중시한 사회적 예의라든가, 상하의 하이어라키라든가, 군신의 정치권력질서라든가, 부자父子의 가정권위질서를 모두 부부에 대해 부차적이고 파생적인 것으로 간주하는 과감한 발상이다. 그리고 이 부부라는 관계조차도 젊은 남녀의 관계로 다시 환원시키고 있는 것이다. 上의 태괘는 소녀少女이고, 下의 간괘는 소남少男이다(「설괘」 10장). 그러니까 젊은 남녀의 호상감응이야말로 감感의 가장 발랄한 표현이며, 그것은 천지만물의 생성의 핵이라는 것이다. 함괘가 말하는 우주는 교감의 우주이며, 느낌의 우주이며, 결혼의 우주이다. 그것은 모두가(咸) 느끼며(感) 결혼하는 우주인 것이다. 「서괘전」의 저자는 중간에 위치한 함괘를 통하여 생명적 우주의 본질을 다시 한 번 확인하면서, 살아있음의 기쁨을 다시 한 번 선포하는 것이다.

우리는 결혼이라고 하면 사람만의 문제로 생각하기 쉽다. 심지어 동성연애homosexuality조차 우주의 정당한 원리로서 인정해야 한다는 것을 강요한다. 그것이 개인의 취향으로서 보호받을 수 있다는 것은 당연한 논리에 속하는 것이지만 그것을 정당한 이법으로서 선포하는 것은 부끄러운 일이다. 한 사회에 동성연애자가 많다는 것은 그 사회가 그만큼 병들었다는 것을 의미하며, 또 상당수의 동성연애자가 생리적 욕구와 무관하게 사회적 분위기에 도취되어 자신의 본질을 기만하는 그릇된 선택을 한다는 것이다.

음양의 화합은 생성의 기본이다. 남녀의 발랄한 교감은 우리가 소중하게 여겨야 할 자연의 에로스(이상을 향한 충동)이다. 남녀의 교감은 사람에게만 국한되는 것이 아니라 천지만물에 공통되는 것이다. 우리가 먹는 모든 식물의 열매도 결혼의 산물이요, 쌀도 벼의 꽃이 교배함으로써 이루어지는 결실이다. 그렇지 못할 때는 쭉정이가 되고 만다. 우리가 죽어있다고 생각하는 광

물조차도 그 물질의 단위인 원자는 양전기를 띤 원자핵(양성자＋중성자)과 음전기를 띤 전자로 이루어져 있으며 그 밸런스는 매우 다이내믹한 교감운동을 통하여 이루어지고 있는 것이다. 이 세계는 결혼의 우주이며, 결혼의 기쁨으로 충만한 느낌의 우주인 것이다. 다함께 느끼고, 다함께 결혼함으로써 끊임없이 생성하고 있는 우주인 것이다.

이 「서괘전」에 대한 이천의 주석을 한번 살펴보자!

天地, 萬物之本; 夫婦, 人倫之始。所以上經, 首乾坤; 下經, 首咸繼以恆也。天地二物, 故二卦分爲天地之道。男女交合而成夫婦, 故咸與恆, 皆二體合爲夫婦之義。咸, 感也, 以說爲主; 恆, 常也, 以正爲本。而說之道自有正也。正之道, 固有說焉。巽而動, 剛柔皆應, 說也。咸之爲卦, 兌上艮下, 少女少男也。男女相感之深, 莫如少者。故二少爲咸也。艮體篤實, 止爲誠慤之義。男志篤實以下交, 女心說而上應。男, 感之先也。男先以誠感, 則女說而應也。

천지는 만물의 근본이요, 부부는 인륜의 시작이다. 그러므로 상경上經은 건괘와 곤괘를 머리로 하였고, 하경下經은 함괘를 머리로 하여 항恆괘로 이어지게 하였다. 함괘와 항괘가 한 짝이다. 하늘과 땅은 두 개의 물물物이므로, 두 괘로 나누어 천지의 도로 삼은 것이다. 남녀가 감응하여 교합하여 부부를 이루기 때문에 함咸과 항恆의 두 괘가 모두 남녀 두 몸이 합하여 부부를 이룬 그 뜻을 전하고 있다. 함咸은 감感이니, 느낌이란 기쁨을 주로 삼는 것이다. 항괘의 항恆은 항상스럽다는 뜻이니 남녀사이라는 것은 정도를 지키는 것을 근본으로 삼아야 한다. 서로 기뻐하는 도道에는 스스로 바름이 있게 되는 것이다. 바름의 도道는 원래 환희 속에 있게 되는 것이다. 공손함과 움직임의 양면에 모두 강과 유가 응하고 있으니 그것이 곧 기쁘다는 뜻이 된다. 함괘의 생긴 모양을 보면 태兌☱가 위에 있고 간艮☶이 아래에 있으니, 태가 소녀少女이고 간이 소남少男이다. 남녀가 서로 느끼는 발랄한 교감의 깊이는 젊음보다 더한 것이 없다. 그러므로 이 두 청춘의 교감으로써 함咸괘를 구성한 것이다. 간艮의 체體는 독실하며 지止의 성품을 가지고 있는데 멈춘다는 것은 진실됨의 깊은 뜻을 말하는 것이다. 젊은 남성의 뜻이 독실하여 아래에서 여자에게 교감하면, 여자의 마음은 환희에 차서 위에서 응應하게 된다. 남자는 아무래도 느낌을 적극적으로 선취한다. 남자가 먼저 성실함으로써 감응하면 여자는 환희 속에서 應하게 마련이다.

정이천은 젊은 남녀의 사랑의 감정을 우주의 본체로 간주하였고, 하괘의 간艮과 상괘의 태兌를 소남과 소녀의 깊은 상감相感으로 파악하였다. 남자가 여자 밑에서 겸손하게 엎드리며 구애하는 모습으로 해석한 것이다. 주도권을 쥔 남자가 겸손해야 한다는 것이다. 그러나 다음의 항恆괘에서는 항상스러운 평상의 부부의 도리를 말하므로, 남자가 위에 있고 여자가 아래에 있게 된다. 상괘의 진震☳의 상은 동動, 하괘의 손巽☴의 상은 순順. 남자는 밖에서 적극적으로 활동하고 여자는 안에서 유순하게 있는 모습이 항상스러운 부부의 모습이라는 것이다.

「대상전」의 저자는 이 괘를 어떻게 말하고 있을까?

> **山上有澤, 咸。君子以虛受人。**
> 산 상 유 택　함　군 자 이 허 수 인

산 위에 연못이 있는 모습이 함괘의 상이다. 백두산 꼭대기의 천지의 물이 흘러내려 백두산을 윤택하게 하듯이 연못과 산은 서로를 생성한다. 그런데 산은 실상 물로 배를 채우지 않고 항상 계곡으로 물을 흘러내려 버림으로써 배를 비운다. 산은 물을 내보내고 속을 비워야만 그 형태를 유지할 수 있고 또 비가 내리면 끊임없이 그 수분을 저장할 수 있다. 산의 특징은 허심무아虛心無我이다. 군자는 이 함괘의 상象을 본받아(以) 마음을 비움으로써 타인들을 포용한다. 여기서 포용(受)은 함괘에서 말하는 느낌(感)이다. 자기를 비움으로써 많은 것을 느낀다. 노자의 허虛와도 상통하는 바 있다.

咸, 亨, 利, 貞。取女, 吉。
함 형 리 정 취 녀 길

모두가 모두를 느끼는, 느낌이 충만한 우주. 이 우주 속에서 제사를 지내는 것은 축복이다. 이롭다. 점을 칠 만하다. 함괘는 혼인의 괘이다. 이 괘사를 만나면 부인을 얻거나 며느리를 얻거나 혼인의 거사(取女)는 모두 길한 결과를 얻을 것이다.

점을 처서 이 괘사를 얻으면 매사에 감통感通이 잘 이루어진다. 성실한 자세로 임하면 하느님이 감복할 것이다.

효사

初六: 咸其拇。
초 육 함 기 무

첫 번째 음효: 그 엄지발가락의 느낌을 느끼며 앞으로 나아간다.

느낌의 최초의 단계. 엄지발가락의 느낌만으로 어디론가 걸어간다는 것은 무모한 일이다. "엄지발가락을 느낀다"는 것은 느낌의 미약한 단계를 가리킨다. 함괘는 느낌의 괘인데, 사람의 몸의 부위를 가지고 그 느낌의 천심淺深을 말하였다. 역시 기발한 표현양식이다. 초육에는 아무런 평가어가 없다. 너무도 당연하다. 엄지발가락이라는 좁은 인식의 단계에서 무슨 길흉을 운운하겠는가!

六二: 咸其腓, 凶。居, 吉。
육 이 함 기 비 흉 거 길

두 번째 음효: 六二는 느낌의 두 번째 단계. 엄지발가락에서 장딴지(종아리)로 올라왔다. 느낌은 엄지발꼬락보다는 폭이 있겠지만 장딴지가 주체적으로 느낄 수는 없다. "함기비"는 장딴지의 느낌을 느끼면서 걸어간다는 뜻이다. 혹자는 六二가 九五와 정응正應의 관계에 있는데 九五의 부름을 기다리지 못하고 比의 관계에 있는 九三으로 가려고 하는 모습이라고 하나, 나는 그런 효의 음양 상응관계에 너무 집착하여 해석할 필요는 없다고 생각한다. 하여튼 장딴지의 느낌에 의지하여 간다는 것은 위태롭다. 흉凶하다.

그러나 六二는 원래 순종의 성격이 있으며 아주 제대로 된 中正의 미덕을 지니고 있고 또 九五와도 정응正應의 관계에 있다. 六二는 서두르지 않고 평온하게 기다리는 것(居)이 좋다. 길吉하다.

점을 쳐서 이 효사를 만나는 사람은 자기자신의 삶의 본령에서 벗어나는 일을 하려고 하지 말 것이다. 기다려라! 지켜라!

九三: 咸其股。執其隨。往, 吝。
구 삼 함 기 고 집 기 수 왕 린

세 번째 양효: "고股"는 허벅지를 의미하니, 허벅지는 무릎 위를 가리키는 것이다. 허벅지는 하체의 최상위이고, 九三 또한 아랫효의 최상위이다. 九三은 中을 벗어나 위태로운 자리에 있으나 양강陽剛한 품성이 있고 正을 얻고 있다. 그러한즉 가만히 자리를 지키고 있어도 좋을 텐데(더구나 上六과 감응한다) 자꾸 움직이려고 한다.

허벅지의 느낌을 느끼며 앞으로 나아가려고 한다(咸其股). 그러나 자기가 고집하는 바가 창조적인 주관적 판단이 아니고 엄지발꼬락과 장딴지가 느끼는 것(其)을 맹목적으로 따라가는 수준이다(執其隨). 허벅지는 독자적인 판단을 할 수 있는 위치에 있지 않다. 그럼에도 불구하고 앞으로 나아가면(往) 후회할 일만 남는다(吝).

주회의 주석도 대강 이런 논조이다: "허벅지는 다리를 따라 움직이며 자기 스스로 온전히 판단을 내리지 못한다. 집執이라고 한 것은 주체적으로 당면하여 잡아 지킨다는 뜻인데, 아래 두 효가 모두 주책없이 움직이려는 것들이었고 九三 역시 자기 자리를 지키지 못하고 아래 두 효를 따라가기만 하는 모양새이니, 앞으로 나아가면 후회할 일만 남아있다. 그래서 그 상象과 점占이 모두 이와 같도다. 股, 隨足而動, 不能自專者也。執者, 主當持守之意。下二爻, 皆欲動者。三, 亦不能自守而隨之。往則吝矣。故其象占如此。"

九四: 貞, 吉。悔, 亡。憧憧往來, 朋從爾思。
구 사 정 길 회 망 동 동 왕 래 붕 종 이 사

네 번째 양효: 九四의 자리는 하괘를 벗어난 상괘의 아랫자리이다. 엄지발꼬락에서 시작하여, 장딴지, 허벅지를 지나 상체의 부위를 가리키고 있다. 그런데 九四에는 부위에 대한 언급이 없다. 그런데 九五가 심장 위의 등짝살을 가리키므로 九四는 심장임에 틀림이 없다. 그래서 효사가 "너의 생각爾思"으로 끝난다. 옛날에는 사유의 자리가 뇌가 아니었고 심心이었다. 뇌는 오행도 배당되지 않은 기관이었다. 그런데 九四에서 "함심咸心"과 같은 말을 하지 않은 것은 "심心"의 작용은 무심無心할수록 감感의 보편성이 획득된다는 사유가 깔려있기 때문이다.

지금 함괘咸卦, 감괘感卦를 말하는데, 몸의 부위를 이야기하는 것은 우리 동방인이 생각하는 느낌Feeling은 의식적이고 언어적인 "심감心感"이 아니라 "몸감身感"이기 때문에 그 몸감의 확대과정을 논의하고 있는 것이다. 매우 오묘한 논의방식이라 할 것이다.

그렇게 무심하게, 사심 없이 점을 치면 길한 결과가 나올 것이다(貞, 吉). 그대의 미래를 조작하려는 생각을 하지 말라! 九四는 양효이면서 음위에 있기 때문에 正하지 못하다. 그래서 후회스러운 일도 생긴다. 그러나 무심하게 생의 바른 자세를 유지하면 모든 후회가 사라질 것이다(悔, 亡).

심心은 감응의 범위가 넓다. 엄지발꼬락, 장딴지, 허벅지와는 비교도 되지 않는다. 그러나 심의 감응은 不正한 감응이 많다. 번거롭게 반응하다. 그것을 "동동왕래憧憧往來"라고 표현했다. 왕往은 내內로부터 외外로 가는 것이요, 래來는 외外로부터 내內로 오는 것이다. "동동憧憧"은 여러 설이 있다. 1) 안절부절 설레는 모습 2) 발을 동동 구르며 걸어가는 모습 3) 끊임없이 왔다갔다 하는 모습 4) 머뭇머뭇거리는 모습 등의 설이 있으나 그냥 "九四야! 너 가슴을 설레며 왔다갔다 하는구나!" 정도로 해석하면 될 것이다. 여기 "왔다갔다"라는 표현은 九四가 자기와 應하는 初六에게로 왔다갔다 한다는 뜻이다. 그러나 九四의 마음이 오직 初六에게만 설왕설래한다는 것은 매우 어리석은 것이다. 인간의 마음은 폭넓게 모든 가능성을 형량하고 포용할 줄 알아야 한다.

여기 제일 마지막의 구문, "붕종이사朋從爾思"는 교감의 편협성을 의미한다는 것으로 주석가들의 의견이 일치하고 있다. 즉 "오직 동류의 친구들만이 너의 생각을 따를 것이다"로 해석하는 것이다. 여기 "동류의 친구"가 初六을 의미할 수도 있고 일반적인 상황으로 해석할 수도 있다. 인간의 마음은 우주를 꿰뚫어볼 수도 있는 위대한 것이다. 엄지발꼬락만을 생각할 필요는 없는 것이다. 이 마지막 구절은 「계사」下5에 인용이 되었고 공자가 주석을 달았기 때문에 꽤 유명해졌다. 그러나 나는 이전에는 그 뜻을 잘 파악하지 못했다. 이제 조금 알 것 같아 그 「계사」의 논의를 번역해보려 한다.

『易』曰: "憧憧往來, 朋從爾思。" 子曰: "天下何思何慮? 天下同歸而殊塗, 一致而百慮, 天下何思何慮? 日往則月來, 月往則日來, 日月相推而明生焉。寒往則暑來, 暑往則寒來, 寒暑相推而歲成焉。往者屈也, 來者信也, 屈信相感而利生焉。尺蠖之屈, 以求信也, 龍蛇之蟄, 以存身也。精義入神, 以致用也。利用安身, 以崇德也。過此以往, 未之或知也。窮神知化, 德之盛也。"

『역』의 함괘 九四의 효사에 이런 말이 있다: "마음을 무심하게 비우지 못하고 초조해하며 왔다갔다 하고 있구나! 그리하면 너의 이권과 관계되는 동류의 인간들만이 네 생각에 동조하게 될 것이다. 너의 감응은 협애하게 될 것이다." 이 함괘의 효사에 대하여 공자께서는 이렇게 부연하여 말씀하시었다:

"천하사람들이여! 뭘 그렇게 생각하고 또 걱정하느뇨? 이 세상에 일어나는 사건들이 각기 다양한 루트를 가지고 있지만 결국 같은 곳으로 귀속되고, 오만가지 생각이 다양하게 있다 해도 하나의 원리로 귀결된다. 천하사람들이여! 뭘 그렇게 번거롭게 생각하고 걱정하느뇨? 다 부질없는 일이로다. 해가 가면 달이 온다. 달이 가면 해가 온다. 해와 달이 이렇게 서로를 밀고 받고 하면서 이 세상에 밝음을 준다. 추위가 가면 더위가 온다. 더위가 가면 추위가 온다. 추위와 더위가 서로 밀고 받고 하면서 세월의 리듬이 이루어진다. 간다는 것은 구부러지는 것이요, 온다는 것은 펼쳐지는 것이다. 구부림과 폄이 서로 감응할 때 이 세계가 풍요롭게 생성되는 것이다. 자벌레가 몸을 구부리는 것은 몸을 펼치는 것을 구하고 있기 때문이다. 용이나 뱀이 칩거·동면하는 것은 그 몸을 보존하고 낭비하지 않기 위함이다.

사람으로 말해도, 인간이 사물의 뜻을 정밀하게 연구하여 신神의 경지를 개척한다는 것은(구부림), 언젠가 크게 사회적 효용을 발현하기 위한 것(폄)이다. 그 효용을 날카롭게 하여 내 몸을 편안하게 한다는 것은 나의 내면의 덕을 숭고하게 하려 함이라. 이것을 넘어서는 하느님의 세계는 우리가 다 헤아릴 수 없다. 음양의 신묘한 세계를 탐구하고 변화의 오묘한 이치를 아는 것이야말로 보편적 덕의 극치라 말할 수 있다. 덕의 효용은 나 개인에게서 그치는 것이 아니라 인류의 덕행 그 자체를 제고시키는 것이다."

논리적으로 다 설명할 수는 없지만 함괘의 궁극적 의미를 설파한 위대한 논설이다. 모든 것은 감感이고, 느낌은 개방적이어야 하며 관념의 폭력성을 초월하는 것이다. 그리고 느낌은 우주 전체를 느끼는 것이며, 그 느낌은 우주의 리듬을 따라 생성의 작용을 한다. 그 리듬을 파악하는 것이야말로 존재의 부질없는 사려思慮를 벗어나 우주와 더불어 춤Cosmic Dance을 출 수 있게 되는 것이다.

『역』이 거부하는 것은 관념의 폭력이요, 수용하는 것은 동귀일체의 리듬이다. 심감心感의 궁극적 가치는 무심無心에 있으며, 무심은 무사심無私心을 의미하는 것이며, 무사심이란 "붕종이사朋從爾思"와 같은 끼리끼리의 편협한 이념, 편당, 권력을 초월하는 것이다. 그러한 한계를 타파할 때 만물감통萬物感通의 경지가 열린다. 천지도 사심이 없기 때문에 해가 지면 달이 뜨고, 추위가 가시면 더위가 오고, 끊임없이 봄이 찾아오는 대자연의 순환이 있게 되는 것이다. 그 순환의 핵심, 그 동귀일치同歸一致(수운은 이 개념을 "동귀일체同歸一體"로 표현했다)의 수렴되는 핵을 무심으로 느낄 줄 알아야 한다는 것이다.

九五: 咸其脢。无悔。
구 오   함 기 매   무 회

다섯 번째 양효: 九五는 양효이면서 中을 얻고 있고, 또 양자리에 양이 있으니 正을 얻고 있다. 확실한 中正이며, 괘 전체의 주체이다. 그리고 六二와도 정응正應하니 모든 자격을 갖추고 있다. 우주의 느낌의 센터에 있는 것이다. 그런데 이 九五가 느끼는 대상이 "매脢"로 되어있다. 화려한 언어가 없다. 그래서

주석가들이 "함기매咸其脢"의 의미를 파악하지 못하고 애매하게 얼버무린다. "느낌의 인식론Epistemology of Feeling"이 결여되어 있는 것이다. 이 함괘가 진정 무엇을 말하고자 하는지를 파악하지 못하는 것이다.

"매脢"는 해부학적으로 심배근Deep muscles of back을 의미하며, 심배근 중에서도 등쪽의 상부를 가리킨다. 경반극근semispinalis cervicis m., 경장늑근iliocostalis cervicis m., 경최장근longissimus cervicis m., 흉장늑근iliocostalis thoracis m. 등을 가리킨다. 주희도 배육背肉으로서 심장 위로 등짝의 근육이라고 하였다. 그런데 이 뒤쪽은 인간의 감각기관이 직접적으로 사물을 인지하지 않는다는 특성을 지니고 있다. 다시 말해서 등짝의 인식체계는 언어적 표현이나 직접적인 감정, 시비의 표출이 없다는 것이 특징이다. 다시 말해서 편견이 없는, 좁은 대상에 집착하지 않는 무덤덤한 인식체계, 고고독립孤高獨立의 상태를 가리키는 것이다. 당연히 六四의 "동동왕래, 붕종이사"와 대비되는 中正의 기품인 것이다.

이제마李濟馬, 1838~1900도 그의 성명론性命論에서 인간을 바라보는 시각에 관하여 "앞에서 보는 인간"과 "뒤에서 보는 인간"을 구별하여 논하였다. 우리는 인간론 하며는 아리스토텔레스나 에른스트 캇시러를 연상할지 모르지만, 그것은 진정 "우리적인" 사유를 유실한 채 헛소리만 하게 되는 것이다. 동무東武는 앞에서 보는 인간을 함頷(턱 부위), 억臆(가슴 부위), 제臍(배꼽 부위), 복腹(아랫배 부위)으로 이야기하고 턱에는 주책籌策이 있고 가슴에는 경륜經綸이 있고, 배꼽에는 행검行檢이 있으며, 아랫배에는 도량度量이 있다고 하였다.

그리고 뒤에서 보는 인간을 두頭, 견肩, 요腰, 둔臀으로 말하였다. 머리에는 식견識見이 있고, 어깨에는 위의威儀가 있고, 허리에는 재간材幹이 있으며 궁둥이에는 방략方略이 있다고 하였다. 이러한 신체적 특징을 사상四象이라는 의학과 연결시킨 그의 논의의 특이함은 범인의 치졸한 인간관을 크게 벗어

[31]
咸

난다. 그리고 또 말한다: 이목비구耳目鼻口는 하늘을 보는 것이요(觀於天), 폐비간신肺脾肝腎은 사람을 세우는 것이요(立於人), 함억제복頷臆臍腹은 그 앎을 행하는 것이요(行其知), 두견요둔頭肩腰臀은 그 행하여야 할 바를 행하는 것이다(行其行).

이를 상세히 논구할 자리는 아니지만 앞에서 보는 인간보다 뒤에서 보는 인간이 더 진실할 수도 있다는 것이다. 뒷모습의 사진이 진짜 그 사람의 순수한 모습일 수 있다. 행기지行其知(감각기관을 통해 아는 바를 행하는 것)에 대하여 행기행行其行(몸각으로 느끼는 대로 행하는 것)의 인간형성이 "뒷태"에서 나타나는 것이다.

다시 말해서 함괘의 주효인 九五는 앞에서 바라볼 때 느끼는 인간이 아닌, 뒤에서 보여지는 인간을 말하고 있는 것이다. 사소한 자극에 무관심하며, 함부로 감동하지 않으며, 고고孤高하게 움직이며, 정밀靜謐(고요하고 언행을 삼감)한 삶의 자세를 지키는 이 "함기매"야말로 후회 없는 족적을 남기게 되는 것이다(无悔).

모든 주석가들이 이 九五를 부정적인 맥락에서 해석한다. 그러나 동무나 수운의 사상은 이 九五의 의미를 인생의 고경高境으로 받아들인다. 『역』은 고조선의 풍토에서 제 빛을 발한다. 「소상전」의 멘트도 효사의 의미를 왜곡하고 있다.

上六: 咸其輔頰舌。
상 육   함 기 보 협 설

맨꼭대기 음효: 上六의 효사를 보면, 九五의 효사를 왜 긍정적으로 해석해야 하는지를 알 수가 있다. 上六은 함괘 즉 감Feeling의 궁극이다. "보輔"는 입의 기관에서 윗턱(상함上頷)을 가리킨다. 그리고 "협頰"은 뺨을 가리키고, "설舌"은

혀를 가리킨다. 공영달이 『정의正義』에서 마융馬融을 인용하여, "輔·頰·舌者, 言語之具。윗턱·뺨·혀는 언어의 도구를 가리킨 것이다"라고 했는데 적확한 지적이라 할 것이다. 지금 함괘는 감感을 사람의 신체에서 이야기했기 때문에, 직립인간을 전제로 하여 하체=하괘, 상체=상괘로 나누어 그 효사의 성격을 규정한 것이다. 따라서 하체의 初, 二, 三이 엄지발꼬락 → 장딴지 → 허벅지가 되었고, 상체의 四, 五, 上은 심장 → 어깨등살 → 얼굴의 언어기관으로 규정되었다. 느낌의 최종복합단계가 언어라고 하는 고도의 주제에까지 미치고 있는데, 함괘의 저자는 이 "언어"라는 것을 느낌Feeling의 주체로 보지 않고 느낌의 외곽적 파생물로 보고 있다는 데 그 특징이 있다.

에른스트 캇시러Ernst A. Cassirer, 1874~1945는 인간을 상징적 동물homo symbolicus로 보고, 그 상징적 형상화의 능력을 고귀한 것으로 파악했는데, 그것은 너무도 지나치게 서구의 과학주의적 인간론을 예찬한 계몽주의 여담에 불과하다. 상징적 동물의 하이어라키에서는 결국 언어(대뇌피질적 느낌)가 지니는 상징능력을 지고의 선으로 바라보게 된다.

그러나 『역』의 저자는 상징능력이라고 하는 것은 인식의 모든 단계에 적용되는 원초적인 것이며 언어에만 귀속시키지 않는다. 언어의 상징체계는 상징성의 폭이 넓고 연역적 폭력이 쉽게 개입되기 때문에 오류의 가능성이 크다. 여기 上六은 함괘의 궁극이며, 태兌괘 ☱ 의 끝인데, 태괘는 「설괘전」에서 이미 "구口"와 "설說=열悅"로서 규정되었다. 태괘에는 이미 언어로써 사람을 기쁘게 한다는 뜻을 내포하고 있다. 이 上爻에서 "보협설이 느끼고자 하는 대로 느낀다(咸其輔頰舌)"로 말한 것은 느낌의 본질이 결코 언어적 표현에 있지 않다는 것을 말한 것이다. "보협설"은 결국 교언영색巧言令色에 지나지 않는다. 언어는 반드시 언어 이전의 느낌의 바탕 위에서만 유효한 것이다. 발꼬락에서 등근육에까지, 그 몸의 총체적 느낌 위에서만 의미를 지니는 것이다. 나의 논의를 접하는 독자 중에서 보협설의 기능이 "느낌"의 전개과정에 있어서 과연 부정적으로 해석될 필요가 있는가 하고 의문을 제기할 수도 있다. 역의 저자는 인간의 언어를 느낌의 완성태로서 존숭하기보다는, 그것이 고도의 의식의 산물이기는 하지만 그 고도성 때문에 느낌을 왜곡하는 상황이 있을 수 있다는 것을 경계하고 있다. 인간의 언어가 추상화되고 정밀화되고 고차원화 될 수록 함괘의 총체적 느낌을 상실할 수도 있다고 보는 것이다.

우리가 말만 잘하는 사람들, 매끄럽게 느낌 없이 입을 놀리는 사람들을 소인小人이라 말하고, 천박한(돈 많고 허세 부리는) 여인女人에 비유하는 것도 이 함괘의 사상이 바탕이 된 것이다.

4세기 동진東晉의 고승, 혜원慧遠과 형주자사荊州刺史 은중감殷仲堪이 나눈 한 대화가『세설신어』「문학」편 61에 실려있다.

> 은중감이 묻는다: "원공遠公께서는『역』의 본체가 무엇이라고 생각
>   하십니까? 易以何爲體?"
> 혜원이 답한다: "『역』은 감感(느낌)으로써 본체를 삼는 것 같소. 易以
>   感爲體。"
> 은씨가 또 물었다: "서쪽에 있는 동산銅山이 무너지니까, 동쪽에 있
>   던 동銅으로 만든 영종靈鐘이 감응하여 울었다는데, 이
>   것이『역』입니까? 銅山西崩, 靈鐘東應, 便是易耶?"
> 원공은 빙그레 웃고 답하지 않았다. 遠公笑而不答。

혜원은『역』의 본체를 이 함괘의 뜻에서 깨닫고 있었던 것 같다.

32

손하巽下
진상震上   뢰풍 항恆

Duration, Constancy

괘명 "항恆"이라는 말은 우리 일상언어에서 아주 잘 쓰는 말이다. "항상"이라는 말이 가장 보편적으로 쓰이는 말이라 할 수 있는데, 이 "항恆"과 "상常"의 의미를 왜곡하는 데서 동양과 서양의 철학사가 갈리게 된 것이다. 오늘날까지도 이 "상常" 또는 "항恆"의 의미를 왜곡함으로써 많은 터무니없는 문제들이 제기되고 있다는 것을, 나의 저서 『노자가 옳았다』 첫째 가름(통나무, 2020, pp.12~92)에 설진說盡하여 놓았으므로 그곳을 참고하여 주기 바란다.

많은 사람들이 "항상"을 "불변不變"(Changelessness: 시간의 초월. 시간의 무화無化, 변하지 않음)으로 그릇되게 해석하는데 『역』의 세계관뿐 아니라, 동방인 특히 고조선의 세계관 속에는 "불변"이라는 단어는 없다. 모든 "불변"은 변화하는 패턴의 지속이요, 모든 형形의 불변은 그 형을 구성하는 질質의 끊임없는 변화를 통해서만 유지되는 것이다. 그것은 불변이 아닌 지속이다. 부부관계도 지속되는 것이지 불변하는 것이 아니다. 부부관계가 불변한다면 그것은 곧 단절되고 파멸되며 생성하지 않는다. 불변을 사랑하는 문명은 미친 문명이다.

항상 끊임없이 봄, 여름, 가을, 겨울, 또 봄이 찾아오는 것은 변화의 지속이며 음양화합의 존속이며 조화패턴의 상속이다. 자연질서뿐만 아니라 인간질서도 마찬가지다. 역사에 이상의 총체적 실현이란 없다. 역사는 진보하지 않는다. 역사도 사계와 마찬가지로 아름다운 균형을 계속 유지하는 것만을 이상으로 삼을 뿐이다. 진보는 미래의 유토피아에 있는 것이 아니라 지금, 여기의 발란싱balancing에 있는 것이다. 천국은 미래에 있는 것이 아니라 지금 여기에서 실현되어야 하는 것이다.

"항恆"은 "구야久也," "상야常也"라고 해석된다. 상괘 진震은 장남長男, 하괘 손巽은 장녀長女. 장남이 장녀 위에 있다. 결혼의 성립을 의미하는 함괘에는 소남少男(산山)이 소녀少女(택澤) 밑으로 내려가 있었지만 성숙한 결혼이 이루어진 가정에는 건강한 남자가 건강한 여자 위에 올라가 있다. 가정질서가 항상된 모습을 유지하고 있는 것이다. 상괘 진震의 상은 동動, 하괘 손巽의 상은 순順. 진의 남자가 밖에서 활동하고, 손의 여자가 집안에서 유순하게 살림하고 애기 낳고 기르며 가사를 돌보는 것이 인간세의 상리常理라는 것이다.

「서괘전」은 함괘 이후의 괘들을 상경과 같은 방식으로 해설해나간다. 사실 항괘☳☴는 함괘☱☶의 반대괘(종괘)이다. 「서괘전」은 말한다: "부부의 도는 오래가지 않을 수가 없다. 그래서 함괘를 항괘로 받은 것이다. 항恆이라는 것은 구久의 뜻이다. 夫婦之道, 不可以不久也, 故受之以恆。恆者, 久也。"이에 대한 이천의 해설은 이미 내가 논한 것과 대차가 없다.

「대상전」은 무어라 말하고 있을까?

雷風, 恆。君子以立, 不易方。
뢰 풍   항   군 자 이 립   불 역 방

우레와 바람은 항상 같이 간다. 우레와 바람은 움직이는 속에서도 만물을 소통시키고 생장시킨다. 그 모습이 항상성을 의미하는 항괘의 모습이다. 군자는 이 항괘의 모습을 본받아 비바람 속에서도 굳건히 주체적으로 서있는다. 그리고 인생의 방향을 함부로 바꾸지 않는다. 동動 속에서의 굳건한 항상성을 말하고 있다.

「대상전」 저자의 괘인식이 지금 우리가 이해하는 괘상 이해방식과는 출입이 있다. 뢰풍 항의 「대상전」의 언어는 풍뢰 익益의 「대상전」의 언어와 대비시켜 이해해도 좋을 것이다. 항에서는 "불역방不易方"의 항상성이 당위로써 제시되고 있지만 익에서는 "개과천선"의 본질적 변화가 요청되고 있다.

恆, 亨。无咎。利。貞。利有攸往。
항 형 무 구 리 정 리유유왕

항상성을 상징하는 항괘의 분위기는 변화의 지속을 말하며 매사가 잘 성취되고 바르게 발전하는 모습이다. 천지신명께 제사를 지내어 이 아름다운 균형을 찬미하라. 허물이 없을 것이다. 매사에 수확이 있을 것이다. 그대의 미래에 관하여 물음을 던져라! 모험을 할 만한 시기다(往). 모험을 함으로써만이 새로움의 계기가 도입되고, 새로움의 계기가 도입될 때만이 항구한 균형이 이루어진다. 여행을 떠나라! 새로운 길을 개척하라! 감에 리가 있다(利有攸往).

初六: 浚, 恆。貞, 凶。无攸利。
초 육 준 항 정 흉 무유리

맨처음의 음효: 하괘를 신혼부부의 부인으로 보고, 상괘를 남편으로 볼 수 있다. 初六은 손괘☴의 주효이고, 九四는 진괘☳의 주효이며, 이 양자는 정응正應의 관계에 있으므로 부부관계로 볼 수 있다. 初六은 항괘의 가장 밑바닥이며, 남편의 집으로 시집온 신부이다. 그런데 이 신부는 음유하면서 양위에 있으며, 총명치 못하고 기가 쎈 여자이다. 그리고 손巽☴괘가 본시 "입入"이라는 성격이 있다. 빠져 들어간다는 뜻이다.

여기 "준浚"이라는 글자는 "준설한다," "깊게 판다"는 뜻이다. 시집온 여자는 우선 집안사정을 넓리 살피고 주변사람들과 사귐으로써 그 시집의 항상된 분위기를 파악하는 밝은 형태가 요구된다. 그런데 한 우물을 깊게 판다는 식으로 집안에 쑤셔박혀 매사를 깊게 천착하고 남편의 삶도 준설하는 식으로 파헤친다면 이 여인은 진실로 피곤한 캐릭터이다. "준浚, 항恆。" 나는 이것을 깊게 파헤치는 자세를 항상스럽게 한다는 식으로 해석하였다. 이런 여자와의 삶에 관하여 점을 쳐보면 흉한 신탁이 나올 것이다(貞凶). 이로울 것이 없다(无攸利). 결혼의 시작은 가벼워야 한다. 천천히 서로를 알아가는 것이다. 깊게 팔 이유가 없다.

九二: 悔亡。
구 이   회 망

두 번째 양효: 양효로서 음위陰位에 있기 때문에 不正. 후회스러운 일이 생길 수밖에 없는 상황이지만 다행히 하괘의 중앙에 있어 중용의 품덕을 지니고 있고, 또 다행스럽게 六五와 應하여 친밀한 관계에 있다. 六五도 중용의 덕을 가지고 있기 때문에 후회할 일이 없다. 항구한 중용의 덕성에 들어맞는다. 그러므로 후회가 사라진다.

九三: 不恆其德。或承之羞。貞, 吝。
구 삼 불 항 기 덕   혹 승 지 수   정   린

세 번째 양효: 중용의 자리를 떠난 이 三의 양효는 항상 불안한 모습이다. 그 자리는 正하지만 너무 지나치게 강강剛强하여 중용의 미덕을 망각하고 산다. 기가 쎄어 조진躁進(조급하게 나아감)하는 경향이 강하다. 여기 "불항기덕不恆其德"이라고 하는 것은 九三의 삶의 자세에 관한 것으로 한번 품은 좋은 덕성을 지속시키지 못한다는 것이다. 그러기 때문에 사람들로부터 치욕을 당하기

십상이라는 것이다(或承之羞: 그것 때문에 수치를 입을 수 있다). 점을 치면 후회스러운 결과가 나올 것이다(貞吝).

───── ❧ ─────

이 구절은 전공자들에게는 꽤 유명한데, "불항기덕, 혹승지수"라는 말이 그대로 『논어』「자로子路」22에 나오고 있기 때문이다. 공자가 남쪽사람들 말에 이런 말이 있다고 하면서, "사람된 자가 항상된 마음이 없으면 무당을 해서도 아니 되고 의사가 돼서도 아니 된다" 하면서 이 말을 다시 인용하고 있는 것이다. 이 공자의 말이 공자 본인이 『주역』을 직접 인용한 것인지, 또는 공자에게 『역』과는 별도로 전해내려온 속담 같은 것인지를 확정짓기는 곤란하다. 하여튼 『주역』의 효사가 다양한 소스로부터 왔다는 것을 말해주는 한 예일 수도 있고, 또 공자에게 『주역』이라는 텍스트가 확실히 주어져 있었다고 볼 수도 있다. 간백자료 발굴 이후의 최근의 동향은 공자가 『역』을 알고 있었다는 추론이 강세이다.

九四: 田, 无禽。
구사 전 무금

네 번째 양효: 九四는 양강陽剛하며 不中不正하다. 항구한 도는 中正을 근본으로 해야 되는데, 九四는 不中不正하니 항상됨이 없는 사람이다. 이 사람의 상황을 비유적으로 말한 것이 "전田, 무금无禽"이다. 즉 사냥을 열심히 하지만 짐승을 잡지 못한다는 것이다. 즉 헛지랄만 한다는 것이다. 권세의 지위에 앉아있는 자라고 한다면 중정의 덕을 지니지 못하면서 백성을 못살게 굴고 힘으로 복속시키려 하지만, 백성이 복종하지 않는 모습이다.

───── ❧ ─────

지금 여태까지의 모든 효사가 "중中"이라는 것을 기준으로 논의되고 있다. 중용의 덕성과 역의 관계는 매우 중요한 테마이지만, 특히 항상성을 테마로 하는 항괘에서는 中의 의미가 더욱 두드러지고 있다. "中"은 "middle"이 아니라, "dynamic equilibrium"이다. 中의 역동성이 곧 항상성이 된다는 것을 잊어서는 안될 것이다.

六五: 恆其德。貞。婦人吉。夫子凶。
육 오　항 기 덕　정　부 인 길　부 자 흉

다섯 번째 음효: 六五는 음유하며 상괘의 中을 얻고 있다. 그리고 양강하며 中을 얻고 있는 九二와 應하고 있다. 이 六五는 유순柔順의 덕德을 변치 않고 항상스럽게 지킬 줄 아는 사람으로서 정의로우며 심지가 굳건한 인물임에 틀림이 없다. 그 덕을 항상스럽게 지키는(恆其德) 六五는 물음의 주체가 될 수 있다(貞).

그러나 六五의 덕은 어디까지나 음적인 덕성이고 유순柔順과 양보의 미덕이다. 그리고 이러한 덕을 항상스럽게 한다는 것은 부인의 입장이라면 吉한 것이나(婦人吉), 남편의 입장에서 보면 凶한 것일 수도 있다(夫子凶). 남편은 과단강결果斷剛決의 심지가 있어야 하며 유순하기만 해서는 아니 되기 때문이다. 남성은 실존적 결단에 직면하여 무無에로 자기를 던질 줄 알아야 하는 것이다.

上六: 振, 恆。凶。
상 육　진　항　흉

맨꼭대기 음효: 上六은 음유陰柔하며 굳건하게 항구(항상)한 도를 지키는 것이 어려운 성격을 지니고 있다. 상괘는 진괘이며 우레의 괘이다. 항상 한군데 지긋하게 있지를 못하고 움직이는 성격이다. 그 우레괘의 끝자락에 있는 上六은 움직일 생각만 한다. 여기 "진振"은 우리가 보통 떨칠 진이라고 훈하는데, 좋은 훈이다. 계속 떨쳐버리고 튕겨나갈 생각만 하는 것이다. 원래 六의 자리가 불안하기 그지없다. 여기 효사의 의미는 "上六은 떨치고 움직여 더 나아

가려는 것을 항상적인 삶의 태도로 삼으니 흉할 수밖에 없다"는 뜻이다.

이 괘 전체를 살펴볼 때, 항恆괘는 항상성에 관한 논의이다. 그러나 『역』의 항상성에 관한 논의는 중中이라는 개념을 떠나서 이루어질 수 없다. 中에서 벗어나는가 들어맞는가에 따라 항상스러움의 길이 열리는 것이다. 中을 벗어나는 것은 항상스러울 수가 없다. 노자는 우주의 스스로 그러한 본래 모습으로서 "상도常道"를 이야기하지만 "상도" 그 자체에 관한 구체적인 논의를 하지 않는다. 그러나 『역』은 그 항상성을 음양의 밸런스로서 모든 다양한 정황에 따라 이야기한다. 시時와 위位와 덕德의 모든 관계함수에 따라 정교하게 논의를 진행시킨다.

여기 항괘의 효사에서 두드러지는 현상은 "吉"이라는 판단이 거의 없다는 것이다. 六五에 "吉"이 있지마는 그것은 조건부로 말한 것이다. 初六의 "준항浚恆," 九三의 "불항기덕不恆其德," 九四의 "전무금田无禽," 上六의 "진항振恆" 등 九二와 六五를 제외한 모든 효가 항상성을 획득하지 못하고 있다. 九二, 六五조차도 중용의 자리에는 있지만 不正하여 정의롭게 사태에 대처하지 못하고 있다. 이것은 항구한 도라는 것이 얼마나 달성하기 어려운 것인가, 그 어려움을 진지하게 논의하고 있는 것이다.

천지의 대덕大德은 생生이다(天地之大德曰生。「계사」下). 우리가 살고 있는 이 시공(=우주)은 생명을 끊임없이 생성하고 존속시키는 데 근원적인 가치가 있다. 생하고 또 생하는 것이 역易이라 했다. 끊임없이 생하는 그 항상성을 달성하기 위해서는 강과 유가, 음과 양이 호미오스타시스homeostasis적인 밸런스 즉 中을 유지해야만 한다. 그 득중得中의 역동성이 곧 육효六爻의 세계인 것이다. 천지 생물지심天地生物之心이 나 인간의 몸에 구현되는 것을 인仁(=생명에 대한 민감성)이라 했고, 그 인仁을 지켜나가는 사회적 가치를 의義라 한 것이다.

그래서 「설괘전」에 "하늘의 길을 세워 음과 양이라 했고, 땅의 길을 세워 유와 강이라 했고, 사람의 길을 세워 인과 의라 한다. 是以立天之道曰陰與陽, 立地之道曰柔與剛, 立人之道曰仁與義。"라고 했다.

천·지·인이 모두 상통하는 화합의 밸런스를 이룰 때, 이 삼재三才의 천지는 영원할 수 있는 것이다. 그래서 「서괘전」의 저자는 함괘와 항괘를, 상경의 머리에 있는 건괘와 곤괘처럼 병건竝建시켜 구체적인 우주의 착종을 새로운 각도에서 논의하고자 한 것이다. 「서괘전」과 현행 64괘의 차서에 관한 여러 가지 논의가 있을 수 있으나, 「서괘전」도 그 나름대로 깊이 있는 전체적인 논의를 하고 있다고 보아야 할 것이다.

33

간하艮下
건상乾上

천산 둔 遯

Retreat, Seclusion

괘명 "둔遯"은 보통 우리가 쓰는 "은둔隱遁"의 둔 자와 통용되는 글자이며, 뜻도 "은둔"의 뜻이다. 내가 책들을 집필하는 서재가 본시 서울의 낙산 아래 있어, "낙한재駱閒齋"라고 했는데, 그 뜻은 기실 혜강惠崗 최한기崔漢綺, 1803~1877 가 그의 서재를 "양한정養閒亭"이라 부른 것에서 힌트를 얻은 것이다. 나는 "낙산 아래서 한가히 지내는 곳"이라 하여 낙한재라 이름지은 것이다. 그런데 사람이 빈번히 왕래하게 되니, 좀 격리된 삶을 살 필요가 있다고 생각하여 몇 년 전에 그 이름을 "천산재天山齋"로 바꾸었다. 이 이름은 남명의 산천재 에서 계발을 받은 바도 없지 않다. 그런데 내가 내 문인화나 책에 싸인을 할 때 "우천산재于天山齋"라고 쓰면, "어찌하여 은둔하실 생각만 하시는지요" 하고 멋있게 대꾸하는 사람을 한 사람도 만나지 못했다. "천산재"를 모두 내가 하늘 꼭대기에 있는 산에서 할렐루야 찬송을 부르고 있는 것으로 착각 하곤 한다. 그러나 "천산재"라는 이름을 나는 계속 애용하고 있다.

둔괘의 괘상은 위에 하늘이 있고, 아래에 산(간괘=멈춤止)이 있다. 하늘 아래 산이 있다는 것은 너무도 지극히 상식적인 광경이며 "은둔"이라는 이미지가 확 가슴에 닿지를 않는다. 정이천은 이 하늘과 산의 이미지를 이렇게 설명하고

있다: "하늘은 위에 있는 물건이고 양성陽性의 지극한 것이며 위로 계속 올라가는 성질이 있다. 산은 높이 솟은 물건이지만 땅에 뿌리박고 있어 형체가 비록 높이 솟아있어도, 그 몸체는 어디까지나 멈추어 있는 것이다. 높이 솟아 위를 능멸하는 모습이 있고, 그 자체는 멈추어 나아가지 않는다. 이에 비하면 하늘은 한없이 위로 나아갈 수 있고 떠나가려고만 한다. 그러니 아래에는 능멸하는 상이 있고 위는 떠나가는 상이 있으니, 이 양자는 서로 엇갈려 멀어지게 된다. 그래서 둔거遯去(은둔하여 사라진다)의 뜻이 생겨나게 된 것이다. 爲卦, 天下有山。天, 在上之物, 陽性上進。山, 高起之物, 形雖高起, 體乃止物。有上陵之象而止不進, 天乃上進而去之。下陵而上去, 是相違遯, 故爲遯去之義。"

하늘과 산과 은둔, 이 삼자를 꿰맞추는 설명으로서 가슴에 와닿지는 않지만 산과 하늘을 격리시킴으로써 그 은둔의 뜻을 부각시키고 있다. 별로 신통한 설명은 아니라고 사료된다.

가장 평범한 설명으로는, 이 둔괘 역시 소식괘 중의 하나라는 사실로부터 설명하는 방식이 편하게 가슴에 와닿는다. 밑에 음효가 두 개, 그 위로 양효가 네 개 있으니 소인(음)의 세력이 아래서부터 만만치 않게 성장하여 군자(양)의 세력을 밀쳐내고 있으니, 군자가 그냥 소인을 피해버리는 양상이다. 그래서 은둔이라 한 것이다. 둔은 6월의 괘이고, 하지夏至(5월)의 괘인 천풍구姤䷫ 다음에 오는 괘이다.

「서괘전」은 이렇게 설명한다: "앞에 있는 항恆괘의 항恆은 항구하다permanent는 뜻이다. 사물은 자기가 살던 곳에서 영구히 살 수는 없다. 그래서 둔괘로 받았다. 둔遯이란 물러난다(退)는 뜻이다. 恆者, 久也。物不可以久居其所, 故受之以遯。遯者, 退也。"

「대상전」은 뭐라 말할까?

天下有山, 遯。君子以遠小人, 不惡而嚴。
천 하 유 산   둔   군 자 이 원 소 인   불 오 이 엄

하늘아래 산이 있는 모습이 둔괘의 모습이다. 군자는 이 둔괘의 모습을 본받아 소인들을 멀리한다. 그렇다고 소인들을 증오할 필요는 없다. 증오치 아니하면서도 그들을 엄정하게 심판한다. 그러기 위해서는 자신에게 엄정한 잣대를 대어 생활하며 소인들이 근접 못하게 해야 한다. 몸은 산중에 격절되어 살고 있지만, 그 산은 하늘을 떠받들고 있다. 대의가 없는 격절은 은둔이 아니다.

괘사

遯。亨。小利貞。
둔   형   소 리 정

은둔의 형국이다. 은둔하여 그대 홀로 하느님께 제사를 지내고 하느님과 소통하는 삶을 살아라! 九五의 양강陽剛이 군위君位에 있으며 하괘의 六二가 응원하고 있다. 따라서 세상을 구원하려는 노력이 없는 것은 아니지만 소인小人의 두 효의 성장이 너무도 필연적인 위세를 가지고 치고 올라오고 있기 때문에 군자는 이럴 때는 은둔의 전략을 세우는 것이 좋다. 은둔하지 않으면 군자는 자기의 절조節操를 굽히지 않을 수 없는 곤혹한 상황에 처하게 된다. 나아가면 궁窮하고(막히다), 물러나면 통通하는 시운이다.

시운의 대국을 논하는 데 있어서는 물러날 시기임이 분명하지만, 작은 사건에 있어서는 모든 것이 정의롭게 흘러가고 있다. 작은 일에 관해서는 점을 치면(정의롭게 앙가쥬망한다는 의미) 이로움이 있다(小利貞).

효사

初六: 遯尾。厲。勿用有攸往。
초 육   둔 미   려   물 용 유 유 왕

맨처음 음효: 初六과 六二의 효사를 은둔하는 군자를 주체로 하여 해석하지 않고, 은둔을 강요하는 소인배들의 입장에서 해석하는 옛 주석가들도 많다. 그러나 이것은 효사의 근본의도를 왜곡하는 것이다. 전체 괘상의 구조를 보고 내리는 상수적 해석과 효사의 주체가 일치해야 할 이유는 없다. 본괘의 6효는 모두 은둔하는 군자를 가리킨다.

여기 "둔미遯尾"라는 것은 은둔의 순서가 꼴찌라는 뜻이다(은둔함이 꼴찌이다). 우유부단하여 은둔의 적절한 시기를 놓치고 뒤늦게 은둔하여 위험에 노출된다(遯尾, 厲)는 뜻이다. 이럴 때는 나아갈 생각을 하지 말고 조용히 있는 자리를 지키며 근신하는 것이 좋다(勿用有攸往).

六二: 執之用黃牛之革。莫之勝說。
육 이   집 지 용 황 우 지 혁   막 지 승 탈

두 번째 음효: 六二는 中正을 얻고 있으며, 상괘의 九五와도 유순한 모습으로 正應하고 있다. 첫 구절은 직역하면 "그것을 묶음에 견고한 황소가죽으로써 한다"인데, 문제는 "집지執之"의 "지之"가 무엇을 가리키는 것인지를 확정짓기 곤란하다는 데 있다. 많은 주석가들이 황우의 황색이 중앙을 상징하므로 九五와 六二를 동시에 가리킨다고 본다. 그렇게 되면 "집지執之"는 六二와 九五의 은퇴의 연합전선을 형성하는 묶음으로 이해할 수 있다. 六二와 九五가 같이 은둔하는 그 의지를 묶는 것을, 황소가죽끈으로 묶는 것처럼 단단히 묶기 때문에 "막지승탈," 즉 아무도 그 결합을 풀 수 없다는 것이다. 고구려 벽화에도 황우의 모습은 강렬하게 표현되어 있다(덕흥리 고분벽화).

나는 九五와의 관계를 연루시키지 않고 그냥 六二의 은퇴의지를 묶는 것이 황소가죽으로 묶는 것과도 같이 견고하여 아무도 그것을 풀 수가 없다라고 단순하게 해석했다(주희의 설). "설說"은 "탈脫"로 읽는다.

九三: 係遯。有疾, 厲。畜臣妾, 吉。
구 삼 계 둔 유 질 려 휵 신 첩 길

세 번째 양효: 상괘 건의 세 양효는 이미 멀리 은둔하여 버렸지만 九三은 같은
양효임에도 아직 하괘 속에 있어 六二의 음효와 친비親比의 관계에 있고 하괘
의 여러 사정에 연루되어 있다(※둔괘는 초효로부터 주체적으로 시작되는 것이 아니라
초효 위에 있는 효들이 모두 은둔을 먼저 시작했고 그것을 뒤따라가는 형국이래서 시간의 흐름의
설정이 타 괘와 다르다).

그래서 九三은 은둔하고자 하는 의지는 있지만 六二에 이끌리어 산뜻하
게 모든 것을 끊고 은퇴하지 못하는 사정에 놓여있다. 이것을 효사의 작자는
"계둔係遯"이라 표현했다. 은둔하는 데 걸리는 것이 많다는 뜻이다. "계係"
는 "계繫"와 같다. "계둔"은 일례를 들면 처자식문제라든가, 부귀에 연연할
수밖에 없는 사정이 있는 것이다. 이 "계둔"의 정황은 마치 병에 걸려(有疾) 매
사가 불투명한 것(厲)과도 같다.

여기 "휵신첩畜臣妾"은 "노예를 기른다"라고 번역하는데 그것은 좀 이상한
번역이다. 전통적으로 남자노예를 "신臣"이라 하고 여자노예를 "첩妾"이라
한다고 하지만(『좌전』 희공僖公 17년조), 신첩은 여자들이 자기를 겸칭하여 부르는
표현도 되고, 그냥 일반적 의미는 "가정을 보살핀다"는 의미로도 해석될 수
있다. 그것은 국가의 대사에 관여하거나 관에 나가지 않고 가사에 전념하여 보신
한다는 뜻이다.

九三의 효사를 번역하면 다음과 같다: "九三이 은둔할 의지는 확고하지만 걸
리는 일이 너무 많다. 꼭 병에 걸려 모든 것이 불확실해지고 위태로운 일이 발생할
것만 같은 상황이다. 이럴 때는 국가대사나 관직의 업무에서 벗어나 가사를 돌보는
데 전념하는 것이 좋다. 그리하면 吉하다."

[33]
遯

점을 쳐서 이 효사를 만나는 사람은 결단을 내려라! 재액이 닥치고 있다. 깨끗이 물러나는 것이 상책이다.

九四: 好遯。君子吉, 小人否。
구 사 호 둔 군 자 길 소 인 부

네 번째 양효: "호好"는 4성으로 읽는다(hào). "좋아한다"는 동사이다. 九四는 初六의 음효와도 應한다. 그러나 九四는 강효剛爻이면서 상괘 건☰의 제1효. 건괘는 건健하다. 그러니까 九四는 강건剛健한 성격이다. 九三과 같이 사정私情에 이끌리지 않고 깨끗하게 즉각 은퇴해버린다.

"好遯"은 "은둔하기를 좋아한다"라고 읽을 수도 있지만 그냥 3성으로 읽어 "훌륭하게 은둔한다," "아름답게 은둔한다"로 읽을 수 있다. 이런 자리를 감당할 수 있는 군자에게는 더없는 길운이요 행복이다(君子吉). 사정私情에 이끌리는 소인배들에게는 이렇게 멋있게 은퇴하는 것이 불가능하다(小人否). "소인부"의 "부否"는 해내지 못한다는 뜻이다.

九五: 嘉遯。貞, 吉。
구 오 가 둔 정 길

다섯 번째 양효: "가둔嘉遯"이란 "아름다운 은둔" "가장 바람직한 은퇴"를 일컫는다. 九五는 보통 괘의 정황에서는 군주君主이지만, 여기서는 은퇴, 은둔을 말하는 괘이므로 반드시 군주일 필요는 없다. 그러나 모든 관직을 벗어난 인물이 아니고 현직의 가장 중요한 포스트를 점하고 있는 현실적 인간이다.

九五는 양강陽剛하며 中正을 얻고 있다. 모든 이상적 위상을 지니고 있다. 하괘의 六二와 상응相應하고 있으며, 六二 또한 中正하며 음효로서 엄청 매력이 있다. 그러나 九五는 카이로스를 아는 사람이다. 九三처럼 데데하게 계루繫累되지 않는다. 九五는 표표飄飄하게 세정을 절연하고 아무런 흔적도 남기지 않는다. 이런 위대한 인물은 자신의 미래에 관하여 하느님께 물을 수 있다(貞). 고독을 달래며 정의와 도덕을 지킬 수 있다. 吉하다.

인생은 결단의 연속이다. 결단 중에 가장 중요한 결단은 자신을 무화無化시키는 결단이다. 여기 둔괘에서 말하는 "둔"의 행위는 비단 은둔만을 말하는 것이 아니라, 오늘날 여러 양태의 "떠남"을 의미할 수도 있다. 다니던 직장을 떠난다든가, 정계를 떠난다든가, 교계를 떠난다든가 …… 그 "떠남"이 어떤 이유에서 이루어지든지간에 그 떠남의 임팩트는 실로 중대한 것이다.

나도 그렇게 어렵게 들어간 신학대학을 떠났고, 또 남들이 그지없이 부러워한 고려대학교 정교수 자리를 떠났다. 그 결단은 결코 쉬운 결단이 아니었다. 신학대학을 떠나지 않았더라면 나는 철학을 못했을 것이고, 신학이라는 울타리 속에 갇힌 인물이 되었을 것이다. 고려대학교에서 양심선언을 하고 정교수 자리를 박차고 나오지 않았더라면 오늘의 나와 같이 자유로운 저술가, 사상가는 되지 못했을 것이다. 물론 자유를 유지하기 위한 자기규율의 고통은 어느 타인의 삶의 고통보다 더 심할 수도 있다. 자유는 쉽게 얻어지는 것이 아니다. 뼈를 깎는 자아생성의 수련이 요청되는 것이다. 함괘, 항괘, 둔괘는 하나의 느낌Feeling 속에 연속되는 것이다.

여기서 말하는 "가둔嘉遯"이 九四의 "호둔好遯"보다 더 고귀한 것이요, 上九의 "비둔肥遯"보다 더 고매한 것이다. 九五는 진실로 누구나 떠나기를 싫어하는 고귀한 자리에 있기 때문이다. 떠나기가 가장 어려움에도 불구하고 초연한 결단을 내렸기에 그의 가둔이 그만큼 더 고귀한 것이다. 20대 대선의 낭패 후에 벌어지고 있는 정가의 행태는 실로 참담한 것이다.

上九: 肥遯。无不利。
상구 비둔 무불리

맨꼭대기 양효: "비둔"은 "여유로운 은둔"이라는 뜻이다. 보통 괘에서 六의 자리는 "과도過度"나 "길막힘," "막다른 골목"의 뜻을 지니는 나쁜 자리이다. 그러나 본괘는 은둔의 괘이므로 그러한 上의 나쁜 의미가 사라진다. 上의 무위無位야말로 은퇴의 의미와 자연스럽게 맞아떨어지기 때문이다.

上九는 원래 음위陰位이지만 양효로서 그 자리에 있다. 上九이지만 연약하지 않고 강의剛毅하다는 뜻이다. 하괘에 應이 없다. 그래서 계루될 커넥션이 없다. 이미 세간을 떠나있는 자리에 있으므로 그의 은둔은 여유작작하다. 감추어진 장소에서 자유자적의 삶을 보낸다. 이를 "비둔肥遯"이라 표현했다. 이롭지 아니할 것이 아무것도 없다(无不利).

혹자는 上九의 비둔이 九五의 가둔보다 더 경지가 높다고 말하나, 그것은 인생을 모르는 자의 한담閒談일 뿐이다. 九五의 가둔이야말로 둔괘의 클라이막스다. 上九의 비둔은 양념이다.

34

건하乾下
진상震上

뢰천 대장大壯

The Exuberance
of the Great

괘명 우리가 일상생활에서 잘 쓰는 말에 "장성壯盛"이라는 말이 있다. 장대하여 그 기운이 씩씩하고 힘차다는 뜻. 우리가 쓰는 "장대壯大하다"는 말도 대장大壯을 거꾸로 한 말이니 의미가 상통한다. 여기 "대大"라는 것은 양陽을 가리킨다. 대장은 양이 성대盛大하다는 뜻이다. 소인(음효)들이 장악하고 있던 자리를 대인군자들이 밀어내고 있는 중에, 그 대인의 세력이 아주 강성한 모습을 보이고 있다. 『역』에서는 완결이란 없다. 밑으로 양이 연달아 4개 있으면 그것으로 이미 최강이다. 최강이면 우선 조심부터 해야한다. 힘의 과시는 파멸이다.

이 괘는 실상 짝수에 오는 괘이므로(34), 앞의 괘 둔三을 뒤집은 것이다(=반대=綜). 그리고 이렇게 양효와 음효가 섞이지 않고 음·양이 연속적으로 진열되는 괘가 소식괘消息卦이다. 복復(11월)으로부터 시작해서 4번째, 춘분에 해당되는 2월의 괘이다. 양기가 진행하여 극성으로 치닫고 있다. 하늘 위에서(하괘=건괘 ☰) 우레번개(상괘=진괘 ☳)가 치고 만물이 광화光華를 발출하니 그 모습이 장려壯麗하다. 대장大壯이다!

「서괘전」에는 이렇게 말한다: "앞에 있는 둔괘遯卦의 둔은 물러나 있다라는 뜻이다. 그러나 사물은 끝내 물러나 숨어있을 수만은 없다. 은둔하여 지내다보면 기지개를 펴는 때가 온다. 그래서 대장大壯으로 받은 것이다. 遯者, 退也。物不可以終遯, 故受之以大壯。"

「대상전」은 말한다:

雷在天上, 大壯。君子以非禮弗履。
뢰 재 천 상　대 장　군 자 이 비 례 불 리

우레(번개)가 하늘 위에 있는 형상이 곧 대장大壯괘의 형상이다. 군자는 이 대장괘의 모습을 본받아(以), 삶의 태도에 있어서 예가 아니면 밟지 않는다(실천에 옮기지 않는다).

번개, 우레와 예禮는 무슨 관계일까? 뢰雷가 천상에서 번쩍이고 있다는 것은 제우스Zeus의 모습과도 같은, 극성極盛, 극장極壯의 상징이다. 그러나 우리 동방인의 가치관에 있어서는 제우스와 같이 힘부로 번개방망이를 휘두르는 짓을 하지 않는다. 대장大壯의 때일수록 힘을 과시하면 안된다. 장壯은 승勝이 아니다. 남을 이기며는 아니 되고 자기를 이겨야 한다. 노자도 남을 이기는 자는 힘쎄다는 소리를 들을 뿐이다. 자기를 이기는 자야말로 진정한 강자라 말할 수 있다(勝人者有力, 自勝者強。『노자』 33장)라고 했다. 군자는 번개·우레와 같은 위엄과 결단으로써 자기를 이기려고 노력해야 한다. 자기를 이긴다는 것은 구체적으로 무엇을 뜻하는가?

「대상전」의 저자는 말한다: 그것은 예를 실천하는 것이다. 예라는 것은 무엇인가? 예는 곧 우리가 살아가는 삶의 질서이고, 그것은 지극히 상식적인 것이다. 자기를 이긴다고 하는 것은 상식에 복속되는 것을 의미한다. 상식은 가장 보편적인 항상된 가치관이다. 하느님을 믿는다고 하는 것은, 상식적으로 이해될 수 있는 하느님을 믿는 것이다. 그것이야말로 극기자의 믿음이요, 진정한 예배禮拜의 의미이다.

『논어』「안연」1에 공자와 안연의 유명한 대화가 있다.

> 안연이 묻는다: "인仁이란 게 무엇입니까?"
>
> 공자가 대답한다: "자기를 이기어 예로 돌아가는 것이 인仁이다."
>
> 안연이 다시 묻는다: "구체적으로 말씀해주시겠습니까?"
>
> 공자가 대답한다: "비례물시非禮勿視, 비례물청非禮勿聽,
>
> 　　　　　　　비례물언非禮勿言, 비례물동非禮勿動."
>
> 안연이 말씀드린다: "제가 불민하오나 해주신 말씀을 공경되이
>
> 　　　　　따르겠나이다."

이 공자의 말씀은 소위 답답한 예의禮儀 형식주의자들, 권위주의자들이 생생한 인간을 억압하는 사악한 도구로 활용되어왔다. 이 말씀으로써 유교는 매우 편협한 이데올로기가 되었다. 그러나 그 말씀의 원래의 『역』적인 콘텍스트에서는 공자의 "예가 아니면 보지도 말고, 듣지도 말고, 말하지도 말고, 움직이지도 말라"는 사물四勿의 가르침은 형식적 예에 복속되는 인간이 되라는 뜻이 아니고 대장大壯의 인간이 되라는 공자의 진취적 기질을 나타낸 말이라고 해석해야 할 것이다. 대학교 때 내가 읽은 『주역』 텍스트에 내가 이런 적극적 맥락으로 두주頭注를 달아놓았다.

괘사

大壯。利。貞。
대 장 　 리 　 정

크게 양의 세력이 강성하다(大壯). 군자가 소인을 몰아내어 정의가 득세하는 시기이니 매사에 이로운 수확이 있다(利). 이럴 때일수록 겸허하게 하느님과 소통하는 것이 좋다. 나의 실존이 나의 결단으로만 이루어진다고 자만하지 말고 신의 의지를 물어라!(貞).

初九: 壯于趾。征, 凶。有孚。
초 구 장 우 지 정 흉 유 부

맨처음의 양효: 발에 왕성한 기운이 돈다(壯于趾). 발의 왕성한 기운만 믿고 앞으로 나아가면(征) 반드시 흉운이 닥친다(凶). 初九답게, 아직 성숙하지 않은 초짜답게 반드시 약속을 이행하는 성실함으로 일관하는 것이 좋다(有孚).

———— ❧ ————

여기 "지趾"는 "foot"이며 발 전체를 가리킨다. 初九는 이 대장괘의 맨아래이며 인체로 보면 발에 해당된다. 그러나 발의 왕성한 기운만으로는 행진을 할 수 없다. 어디로 왜 가야하는지 그 전체적 실상을 감지할 수 없기 때문이다. 初九는 양위에 있는 양효이기 때문에 正을 얻었다 말할 수 있다. 그러나 이 괘 전체가 대장大壯의 성격을 가지고 있기 때문에 正은 과강過剛으로 간주되며 좋은 의미를 지니지 못한다. 하위에 있으면서 강하기만 하기 때문에 판단에 오류가 있다. 역사의 진보는 때가 있는 법이다. 아무 때나 출정하면 아니 된다.

마지막의 "유부有孚"를 주희는 "정흉征凶"에 붙여 해석했다. "부孚"를 "신信"으로 해석하여 "필必"의 뜻으로 풀었다. "정征하면 반드시 흉凶하다"는 식으로 얼버무린 것이다. 유치한 억지춘향의 해석이다. 취하지 않는다.

九二: 貞, 吉。
구 이 정 길

두 번째 양효: 아주 간결한 효사이지만 너무도 많은 것을 명료하게 말해주고 있는 명 효사라 할 것이다. "대장大壯"이라는 괘명을 설정한 것 자체가 『역』은 조화의 지혜를 나타내기 위한 것이라는 테제를 입증하는 것이다. 역은 변화이고, 변화이기 때문에 진보이고, 진보이기 때문에 조화를 달성할 수 있다. 조

화를 달성할 수 있기에 새로움의 계기가 또다시 창출된다. 이 모든 조화의 근본은 역에서는 강강剛과 유유柔의 밸런싱으로 이야기되고 있다. 그래서 대장大壯의 괘를 설정하였고, 대장의 괘를 설정함으로써 대장은 규제되고 구속되어야 한다는 것을 말하고 있는 것이다. 선善은 발양만 되어야 할 것이 아니라 규제되고 억제되어야 한다. 이것이 바로 고조선 사람들의 지혜이다.

재미난 사실은 대장괘의 효 중에서 正을 얻고 있는 효들은(初, 三, 上)은 운세가 좋지가 않다. 오히려 正을 잃고 있는 不正한 효들은(二, 四, 五)이 모두 형세가 좋다. 그 이유는 이들이 처한 장場 그 자체가 지나치게 장壯하기 때문이다. 양위陽位에 양효陽爻가 오면 과강하여 음·양의 밸런스가 깨진다. 그러나 不正한 효들은(음의 자리인데 양효가 와있다) 오히려 음·양의 밸런스가 잘 맞아떨어지기 때문에 좋은 운세를 창조한다.

지금 九二는 유위柔位에 있는 양강陽剛이다. 더구나 두 번째 중앙효이므로 중용의 미덕을 보지保持하고 있다. 지나치게 강강剛하지도 않고, 지나치게 유柔하지도 않고, 강과 유의 조화가 아름답게 이루어지고 있다. 대장大壯의 카이로스, 정의가 득세한 이 시기야말로 시세를 넓게 관찰할 줄 알아야 한다. 그것이 바로 묻는 행위이다(貞). 점은 물음이다. 이렇게 물을 줄 아는 인간만이 정도를 지킬 수 있다. 吉하다.

> 九三: 小人用壯, 君子用罔。貞, 厲。
> 구 삼 소 인 용 장 군 자 용 망 정 려
>
> 羝羊觸藩, 羸其角。
> 저 양 촉 번 리 기 각

세 번째 양효: 소인이라면 이 九三의 무모하게 장성壯盛한 기운을 즐겨 쓸 것이다(小人用壯). 그러나 군자라면 그러한 장성한 기운을 쓰지 않고(用罔＝用無＝쓸이 없다) 자기를 이기는 데로 그 강한 기운을 돌린다(君子用罔). 九三의 분위기는 중용을 벗어나

있고, 돌진하기만을 좋아하는 분위기라서 하느님께 물음을 던지면(貞) 모두 상서롭지 못한 것으로 돌아온다(厲). 이것은 마치 들이받기 좋아하는 강성한 숫양(羝羊)이 탱자나무 울타리를 들이받아(觸藩), 그 뿔이 걸려 곤혹스러워하는 모습과도 같다(羸其角).

九三은 양효로서 양위에 있으니 대장괘에서는 과강過剛이다. 더구나 三에 있으니 중용을 상실하였다. 과강부중過剛不中하니 강이 지나친 小人이다. 그래서 이 효사는 小人이 제일 먼저 나온다. 소인이 주체인 것이다.

양의 세력이 장대壯大해진 시세를 타고 九三의 小人은 자기의 권세만을 믿고 매사를 강력하게 진행하려고만 한다. 균형을 상실한 것이다. 음양의 조화를 꾀할 줄 아는 군자君子는 그렇게 무모한 방식의 진행을 선호하지 않는다. "군자용망君子用罔"의 "망罔"은 "무無," "망亡"과 같은 글자로서 "소인용장小人用壯"의 "장壯"을 부정하는 뜻을 지니고 있다(『시경』『서경』에 이런 용례가 많다). 그리고 둔괘의 九四 「소상전」에 있는 "군자호둔君子好遯, 소인부야小人否也"와 그 통사론적 구조syntactic structure가 동일하다.

"촉번觸藩"의 "번藩"은 산나무로 이루어진 울타리인데, 의미맥락을 돋보이게 하기 위하여 "탱자나무 울타리"로 번역하였다. 그 지독한 가시에 뿔이 끼었다는 뜻이다. "리기각羸其角"의 "리"는 "걸린다" "걸려 고생한다"는 뜻이다.

九三의 효사는 오늘 우리나라 정계의 판도 위에서 노니는 많은 인간들을 연상시킨다. 역은 영원한 현재의 역이다.

九四: 貞, 吉。悔亡。藩決不羸。壯于大輿之輹。
구 사 정 길 회 망 번 결 불 리 장 우 대 여 지 복

네 번째 양효: 九四의 관례적 분위기는 좋지 않다. 九四는 강효로서 유위柔位에

있어 不正하다. 그리고 양효가 4개나 겹쳐있는 최전선에 있으니 대장大壯괘의 가장 강한 모습을 지니고 있는 것이다. 이 과강한 효가 상괘인 진震괘의 동체動體 속에 있으니 그 부작용은 클 수밖에 없다. 그러나 다행스럽게 九四는 유위柔位에 있어 강함의 부작용을 상쇄시켜주는 깊이가 있다. 이러한 아이러니칼한 분위기 속에서 점을 치면(貞: 九四의 신수에 관하여 하느님께 묻다) 후회스러울 것 같은 분위기가 싹 사라지고 吉하기만 하다(吉。悔亡).

九三에게는 출구가 없었다. 또다시 양陽인 九四가 가로막고 있었다. 그러나 九四의 전도에는 유연한 六五가 기다리고 있다. 숨쉴 틈이 있는 것이다. 이것을 "번결불리藩決不羸"라고 표현했다. 숫양의 비유를 계승하여, 가시울타리가 뻥 뚫려버려서(決=開) 뿔이 걸려 고통을 받는 그런 곤혹스러움이 없다고 표현한 것이다. 그리고 "장壯"을 "대여지복大輿之輹"에 귀속시켰다(대여지복에 장壯하다). 매우 긍정적이다. 복은 복토伏兔를 가리키는데 이미 대축괘의 九二에 나온 표현이다. 상설詳說하였다. 수레바퀴의 축과 수레의 차체車體를 연결하는 나무장치와 가죽끈이다. 이 복輹이 장성壯盛하다는 뜻은 큰 수레(大輿, 大車)가 힘차게 굴러간다는 것을 뜻하며, 군자의 세력이 지배하는 역사는 결코 좌절됨이 없이 전진한다는 희망찬 메시지를 전하고 있다.

전체적인 분위기로 보면 양의 전진이 여기서 멈추는 듯이 보였지만 결코 그렇지 아니하다. 진보의 역사는 계속 간다. 그러나 진보에 대한 과도한 신념을 갖지 마라! 진보는 강유의 조화에 있는 것이다. 강은 돌진이요, 유는 멈춤이요 포용이다. 돌진은 배타를 전제로 하는 것이다. 그러나 영원히 돌진할 수는 없다. 서구적 진보사관이 『역』에서는 무용지물이다.

六五: 喪羊于易。无悔。
육오　상양우역　무회

다섯 번째 음효: 六五는 음효이며 양위陽位에 있다. 그리고 中을 얻고 있다. 六五는

유순중용의 덕을 지닌 인물이다. 대장의 기운은 숫양으로 표현되었다. 숫양은 기운이 넘쳐 뿔로 아무나 들이받는 모습을 상징성으로 하고 있다. 여기 "역易"은 "역場"이라는 글자의 변형태이며, "전반田畔"의 뜻이다. 즉 밭의 변경을 의미한다.

六五는 밭의 변경에서 숫양을 잃어버렸다(喪羊于易). 멀리 도망가버리고 만 것이다. 양은 돌아오지 않는다. 즉 "장심壯心"이 상실된 것이다. "장壯"의 심볼인 숫양이 사라졌다! 이것은 대장괘의 입장에서는 정말 큰 손실이다. 아이덴티티의 손실이기 때문이다. 흉凶할까? 그렇지 않다! 오히려 속이 후련하다! 반야의 지혜가 말하는 무아無我가 이미 여기에 있다. 후회할 일이 없다(无悔)! 실패가 없을 것이다.

六五는 不正한데 대장大壯이기 때문에 오히려 吉한 것이다.

上六: 羝羊觸藩, 不能退, 不能遂。无攸利。艱則吉。
상 육　저 양 촉 번　불 능 퇴　불 능 수　무 유 리　간 즉 길

맨꼭대기 음효: 上六은 음효로서 음위에 있으니 대장괘에서는 과히 좋은 평을 들을 수가 없다. 음효이기 때문에 강인한 실력이 없고 상괘 진동震動의 극극極에 있으며, 대장의 괘의 종점에 위치하고 있다. 그런데 이 上六은 자기의 처지를 전체적으로 돌보지 아니하고 활동만을 좋아하고, 무리하게 위로 나아가려고만 한다. 이 모습은 九三의 효사에서 주제로 다룬 그 숫양의 상징태와 비슷하다. 숫양은 빽빽한 탱자나무 울타리를 들이받는다(羝羊觸藩). 그런데 이 숫양은 뿔을 빼면서 후퇴할 능력도 없고(不能退), 돌진한 그 힘으로 빠져나갈 힘도 없다(不能遂). 上六의 처지는 문자 그대로 진퇴양난進退兩難이다. 진퇴양난의 상황은 이로울 바가 없다(无攸利). 그러나 다행히도 上六은 음효로서 유연한 성격이 있다. 운명을 거스르지 말고 그 간난을 견디어 낼 생각을 하면 머지않아 희망이 보일 것이다(艱則吉).

| 35 |

곤하坤下
리상離上

화지 진晉

Advancing, Shining

괘명 "진晉"의 의미는 "진進"이다. "나아간다"는 뜻이다. 『설문해자』에는 "晉, 進也。日出而萬物進. 진晉은 나아간다는 뜻이다. 해가 떠오르니 만물이 해와 더불어 점점 성대해지는 것을 의미하는 것이다"라고 하였다.

「서괘전」에는 진晉괘가 대장大壯괘 다음에 오는 이유를 이렇게 말하고 있다: "사물은 처음부터 끝까지 장壯하기만 할 수는 없다. 장성하면 나아가는 바가 있으니 진괘晉卦로 받은 것이다. 진晉은 '진進' 즉 나아간다는 뜻이다. 物不可以 終壯, 故受之以晉。晉者, 進也。"

이에 대하여 정이천은 이렇게 설명을 가하고 있다:

사물은 장성壯盛하고, 장성한 채로 멈추어 끝나버리는 이치는 있지 아니하니, 장성해지면 반드시 어디에론가 나아간다. 이래서 진晉괘가 대장大壯괘를 이은 것이다. 진晉의 괘상을 한번 살펴보자! 리離괘가 곤괘 위에 있는 모습이다. 밝음이 지상으로 나오는 모습이니, 해가 땅에서 나와서 오르매 더욱 밝아지고 있다. 그래서 그것을 진晉이라 한 것이다. 진晉은 나아가 광명성대해진다는 뜻이다.

物无壯而終止之理, 旣盛壯則必進, 晋所以繼大壯也。爲卦, 離在坤上, 明出
地上也。日出於地, 升而益明, 故爲晋。晋, 進而光明盛大之意也。

그러니까 진픱은 단지 나아간다(進)는 뜻만 있는 것이 아니라 광명성대光明
盛大하다는 뜻도 내포하고 있다. 진픱괘는 상괘가 리離☲이며 태양을 상징한다.
아래 곤괘☷이니 땅을 상징한다. 태양이 처음 땅에서 솟아올라 점점 올라가
면서 밝아지는 모습이다. 일출의 시간성을 나타낸다.

『역』에는 "나아간다"는 의미를 갖는 괘가 3개 있다: 진픱, 승升, 점漸. 이 3괘의
의미는 나름대로의 맥락을 지니고 있다. 진픱은 태양이 떠오르는 상이니 그
진進의 이미지가 가장 명료하고 탁월하다. 서양의 번역가들이 "프로그레스
Progress"라는 말을 잘 쓰는데 그것은 서양의 진보사관과 연루되어 있는 말이
므로 우리 동방의 사유에는 적합하지 않다. 우리 동방에는 직선적 발전이나
진보라는 것이 없다. 서양인들의 "프로그레스"는 유대교-기독교적인 아포
칼립스를 선세로 한 것이다. 역의 우주에는 진보도 없고 종말도 없다. 일본의
사이놀로지스트들에게는 이런 의식이 별로 없다. 철학적 사유가 없이 훈고
에만 치중하여 일본어화된 서구철학개념을 아무런 반추없이 사용한다. 대학
체제 내에서 서철西哲과 동철東哲이 완전히 분리되어 교섭이 부재한 상황에서
오는 부작용이기도 하다.

"승升☷"은 나무의 새싹이 땅속에서 양분을 저축하여 땅을 뚫고 나와 성
장하는 이미지를 가지고 있다. "점漸☶"은 그 다음 단계로서 새로 솟은 나
무가 산 위에서 점점 영양분을 섭취하여 거대한 나무로 자라나는 이미지를
지니고 있다. 이에 대하여 유염兪琰(송말원초의 경학자. 『역』에 관하여 많은 연구를 하였
다)은 말하였다: "진픱괘는 태양이 떠오르는 것을 상징했고, 승升괘와 점漸괘
는 나무가 자라 오르는 것을 상징하였으니 같은 차원에서 논의할 수는 없다.
태양은 땅위에서 떠올라 그 밝음이 온 천하를 밝게 비추는 것이지만, 승升과
점漸의 나무 이미지는 진進의 뜻은 있다 해도 명성明盛의 상象은 없다."

「대상전」은 말한다:

明出地上, 晋。君子以自昭明德。
명 출 지 상 진 군 자 이 자 소 명 덕

밝음이 땅위로 솟는 형상이 진괘의 모습이다. 군자는 이 진괘의 모습을 본받아
(以) 스스로 자기에게 구유具有되어 있는 밝은 덕(明德)을 밝게 한다(昭). 태양이
온 누리를 밝게 비추듯이!

역시「대상전」의 해석은 탁월하다. 그 나름대로 독자적인 세계관과 해석
방식이 있다. 여기서 중요한 개념은 "자自"라는 이 한마디의 뜻이다. "自"는
"스스로"의 뜻이다. 다시 말해서 태양의 밝음은 그 자체로 가지고 있는 밝
음이지 달처럼 타에 의지하여 밝은 것이 아니다. 인간의 덕성은 존재 그 자
체에 고유한 덕성이다. 이 고유성은 태양에 비유할 때만이 그 의미가 명료하
게 드러난다. 이 우주에 태양처럼 그 밝음을 고유하게 지니고 있는 것은 없
다. 태양만이 그 에너지를 아가페적으로 타자에게 부여한다. 우리 존재가 태
양처럼 영원한 것은 아니라고 해도 나의 존재의 덕성과 가능성은 태양을 닮
은 것으로 이해해야 한다는 것이다. 이미 고유한 밝은 덕성을 밝힌다. 이 사
상이『대학』의 "명명덕明明德" 사상을 이루었고, 선불교의 불성사상을 전개
하도록 만든 것이다.

괘사

晋, 康侯用錫馬蕃庶。晝日三接。
진 강 후 용 석 마 번 서 주 일 삼 접

진괘의 모습은 태양이 솟아올라 땅의 구석구석을 비추는 형상이니, 은혜를 입은
제후들이 태양과도 같은 천자를 알현하고 그 은공을 찬미하는 모습이다. 나라를 강녕
하게 만든 제후가 천자를 알현하여 말(馬) 여러 마리(蕃庶)를 하사받고(錫), 또 주간에

세 번이나 천자를 직접 만나뵙는(晝日三接) 은혜를 입는 정경의 괘이다.

점을 쳐서 이 괘사를 만나는 사람은 정의롭고 순종하는 덕성이 있으면 사람들로
부터 사랑받고 신임을 얻어, 모든 사업이 다시 일어나고 복기復起하는 분위기가 있으
리라.

──── ❧ ────

"강후康侯"는 역사적으로 주나라 무왕武王의 동생인 위강숙衛康叔을 가리킨
다. 『서경』의 「강고康誥」가 주공(강숙의 형이 됨)이 강숙에게 내리는 훈계라고
알려져 있다. 그러나 여러 정황으로 보아 "강후"를 "나라를 편안하게 만드는
제후 혹은 제후들"로 해석하는 것이 옳다는 의견도 있다. 문왕이 지은 문장
속에 위강숙이 출현하는 것은 넌센스라는 것이다. 일반명사로 보자는 것인데
정·주가 모두 그런 설을 취하였다. 나도 정주를 따랐다.

"석錫"도 "말을 바친다"로 해석하기도 하고, "말을 하사받는다"로 해석
하기도 한다. 어떻게 해석하든지 별 문제는 없다. 上과 下가 화합하는 형상
이라는 사실이 중요하다.

효사

初六: 晉如摧如。貞, 吉。罔孚, 裕, 无咎。
초 육　진 여 최 여　정　길　망 부　유　무 구

맨처음 음효: 初六은 나아가는 모습이다. 初六은 음효이며 힘이 약하다. 나아감
의 최하위의 시발점이니 일체의 연대세력이나 가속도가 없다. 상괘의 九四
와 應의 관계에 있지만, 九四 자체가 不中不正(五가 아니고, 음위에 양효다)하니,
근본적으로 관심이 없다. 그러기 때문에 나아가려고 하면(晉如), 좌절이 된다
(摧如). 그러니까 일시적인 좌절이 불가피하다 해도, 대세를 점을 쳐보면(대세를
종합적으로 관찰하면 나아감의 기세가 좌절될 이유가 없다) 吉하다(전망이 밝다). 이웃하고
있는 六二, 六三이 모두 호의적이 아니다. 比하는 六二에게 신임을 얻지 못한다

할지라도(罔孚), 여유롭게 기다리면(裕: 여유작작한 태도) 허물이 없다(无咎). 결국 나아감의 승리이다!

六二: 晋如愁如。貞, 吉。受茲介福于其王母。
육이　진여수여　정 길　수 자 개 복 우 기 왕 모

두 번째 음효: 六二도 나아가려고 애쓰고 있다. 六二는 하괘의 중심이며 음위에 음효이니 正을 얻었다. 中正의 실력을 지녔으니 응당 승진해야만 할 상이다. 그런데 나아가려고 노력해도(晋如) 전도가 곤란하다. 그와 應의 자리에 있는 六五가 음효래서 전혀 감응하지 않는다. 六二에게는 비애로운 느낌이 감돈다(愁如). 그러나 대세를 점쳐보면(貞) 그의 전도는 吉하다. 처음에는 고립무원인 듯이 보이지만, 六二에게 본질적으로 주어져있는 中正의 덕성을 고집하면 최종적으로는 吉하게 되어있다. 결국 그는 할머니(王母)에게 큰 복(介福)을 받을 것이다(受茲介福于其王母).

여기 할머니는 六五를 가리킨다. 순량順良한 신하가 순량한 덕을 지닌 군주에게 발탁되어 나아가는 행운을, 효심 깊은 손자가 마음이 따뜻한 할머니로부터 큰 복을 받는 것에 비유하여 말한 것이다.

점을 쳐서 이 효사를 만난 사람에게 행운은 바로 찾아오지는 않는다. 그러나 초조함이 없이 전진을 계속하면 반드시 성공한다. 기대치 않았던 상이 그대를 기다리고 있다.

六三: 衆允。悔亡。
육삼　중윤　회망

세 번째 음효: 이 六三은 음효가 나란히 셋이 있는 하괘 곤坤의 최상위이며 유순

의 극치라 할 수 있다. 初六, 六二의 음효가 모두 六三을 따른다. 그러기 때문에 六三은 진晉괘의 분위기 속에서 상괘로의 진출을 꾀하지 않을 수 없는데, 혼자 무리하게 점프하는 것이 아니라 初와 二와 함께 "나아감"을 시도하는 것이다. 여기 "중윤衆允"의 "중衆"은 初六과 六二를 가리키기도 하고 땅위의 뭇 동지들을 가리킨다. "윤允"은 "신뢰하다to trust"는 동사이다. 대중이 그를 신뢰한다는 뜻이다. 그러니까 六三의 시도 자체에 대한 성패의 판결이 중요한 것이 아니라, 대중과 함께 현상現狀을 타파하려 했다는 사실이 중요한 것이다. 중衆이 신뢰했기에, 不中不正함에도 불구하고 그에게 후회할 일은 남지 않는다(悔亡).

『중용』20장에 이런 말이 있다: "아랫자리에 있으면서 윗사람에게 신임을 얻지 못하면, 대중을 다스릴 기회를 얻지 못한다. 윗사람에게 신임을 얻는 것은 또한 방법이 있으니, 먼저 친구들에게 신임을 받지 못하면 윗사람에게도 당연히 신임을 얻지 못한다. 在下位不獲乎上, 民不可得而治矣。獲乎上有道, 不信乎朋友, 不獲乎上矣。"

九四: 晋如, 鼫鼠。貞, 厲。
구 사 진 여 석 서 정 려

네 번째 양효: 九四는 거대한 들쥐와도 같은(鼫鼠) 비열한 이미지가 있다. 『시경』 위풍魏風의 민요에 "석서碩鼠"라는 제목의 시가 있다. 어렵게 살림을 꾸려가는 빈궁한 농가의 찰기장을 훔쳐 먹는 야비한 들쥐에게 호소하는 노래이다: "큰 쥐야, 큰 쥐야 내집 기장을 훔쳐 먹지 말지어다. 내가 너를 삼 년이나 받들어 모셨거늘 너는 날 돌보려 하지 않는구나! 너를 버리고 너에게 고통받지 않는 낙토로 가야겠구나! 碩鼠碩鼠, 無食我黍。三歲貫女, 莫我肯顧。逝將去女, 適彼樂土。" 없는 살림에 들쥐에게 계속 당하는 농민의 심정을 애절하게 읊은 민요이다. "석서鼫鼠"와 "석서碩鼠"는 같다. 큰 들쥐이다.

九四는 대신大臣의 위상이다. 그런데 不中不正이다(음위에 있는 양효이다). 그러니까 不正한 행위를 일삼으며 높은 자리에 올라가 있는 탐욕스러운 인간이다. 九四는 유순한 하괘(곤괘)의 세 음효가 六五의 군주를 도우려 하는 길을 막고 있다. 효사를 번역한다면 나는 이렇게 하겠다: 잘도 올라갔구나(晉如)! 들쥐같이 야비한 대신놈아(鼫鼠)! 네 인생에 관하여 점을 쳐보아라(貞). 하나부터 열까지 다 괴롭고 위태로운 운세만 너를 기다리고 있으리라(厲)!

———— ❦ ————

21세기 우리나라의 진로가 "석서"와 같은 인물들이 주요한 포스트를 장악하는 그러한 비운이 없기만을 빌고 또 빌건만, 전망이 어둡다. 우리 역사를 어둡게 만드는 핵은 결국 석서와도 같은 자본의 횡포이다.

六五: 悔亡。失得勿恤。往, 吉。无不利。
육 오　회 망　실 득 물 휼　왕　길　무 불 리

다섯 번째 음효: 六五는 음효이면서 양의 位에 있기 때문에 그 位가 바르지 못하여 후회할 만한 일이 생기게 마련이다. 그러나 한편 떠오르는 태양의 중앙에 있으며 중용의 덕을 보지하고 있는 존위尊位의 대덕이다. 따라서 어차피 아래 괘의 음효의 종순從順한 자들이 따르게 되어있다. 그러므로 결국 후회스러운 일들은 일어나지 않는다(悔亡).

六五에게는 실失과 득得의 양면이 다 있다. 九四의 대신이 땅의 삼음三陰(민중)이 따라오려고 하는 것을 막고 있는 것은 실失이지만, 결국 그 땅의 민중이 九四의 훼방을 초월하여 도약, 존귀한 덕성을 지닌 六五를 보좌하는 것은 득得의 가능성이다. 그러므로 六五의 위상을 가진 자는 잃을까 얻을까, 실패할까 성공할까, 그런 일을 근원적으로 우려하면 아니 된다. 득실을 개의치 말라!(失得勿恤). 개의함이 없이 정도正道로 나아가면 길운吉運이 따를 것이다

(往, 吉). 군주는 모험을 할 줄 알아야 한다. 모험하지 않는 군주(리더)는 정치를 모르는 자이다. 모험을 강행하라! 민중은 따를 것이다. 이롭지 아니할 일이 하나도 없다(无不利).

점을 쳐서 이 효사를 만나는 사람은 이해득실을 따지지 않고 앞으로 나아가면 오히려 성공한다.

上九: 晋其角。維用伐邑。厲, 吉。无咎。貞, 吝。
상구 진기각 유용벌읍 려 길 무구 정 린

맨꼭대기 양효: 上九는 양강陽剛하며 진진괘의 최상단에 있다. "진여진如"라 말하지 않고 "진기각晋其角"이라고 말한 것은 나아감이 그 극에 달한 것을 말한 것이다. 동물로 치면 "뿔"은 몸의 최상단이다. "진기각晋其角"이란 "나아감이 그 뿔에까지 이르렀다"라는 뜻이다. 上九는 양강한 기운을 가지고 있으면서도 더 이상 나아갈 수 없는 극한에 이르렀다. 따라서 上九는 양강이 넘쳐나는 그 기운을 내부로 돌린다. 밖으로 싸움을 거는 것이 아니라 내부를 평정하는 것이다(維用伐邑). "벌읍伐邑"이란 자기 영지領地 내의 질서를 어지럽히는 세력을 토벌한다는 의미이다. 언뜻 쉽게 생각할 수 있는 것은 군주와 민중 사이의 친화를 막는 九四와 같은 대신을 정벌하는 것이다. 이 정벌과정은 물론 위태로운 정황도 없는 것은 아니지만(厲), 끝내 吉할 수밖에 없다. 정의로운 일이니까 허물을 남기지 않는다(无咎). 그러나 하느님께 물음을 던져보면(貞) 마음에 꺼림직한 느낌은 남는다. 반란의 싹을 제거한 것은 좋은 일이지만 무력을 사용했어야만 했다는 사태는 아쉬움이 남는다(吝).

리하離下
곤상坤上

지화 명이明夷

A Time to Conceal Your Brilliance,
The Hour of Darkness

괘명 "명이明夷"라고 하면 우리는 "밝음"의 뜻을 지니는 명明과 "평탄함,"
혹은 동이족의 이夷를 의미하는 글자로 구성되어 있어, 별로 부정적인 의미를
느끼지 못한다. 그러나 "명이明夷"는 "밝음"에 반대되는 말로서 "어둠"을 뜻
한다. 내가 어렸을 때는 "상이군인"이라는 말이 많이 쓰였다. 그때는 6·25
전쟁 직후인지라 부상당한 퇴역군인이 몹시 많았다. 이 "상이"라는 우리말이
"상이傷痍"에서 온 것이다. 상傷은 부상의 의미이고, 이痍 또한 상처를 입는
다는 뜻이다. 명이明夷의 이夷는 "痍"를 간략하게 쓴 것이다. "명이明夷"는
"상처받은 밝음Wounded Brilliance"이라는 뜻인데 그것은 밝음이 이지러졌다
는 뜻으로 "어둠Darkness"을 뜻하는 것이다. 명이☷☲는 진晉☲☷을 뒤집은 것
이다. 지화 명이이니 그 상은 명료하다. 해☲가 땅밑으로 가라앉았으니 일몰
후에 어둠이 깔리는 것과 같다. 그것은 암흑의 시대를 가리키는 것이다.

우리에게 이 "명이明夷"라는 말은 그 뜻이 정확하게 전달되지 않은 채, 많은
사람들이 그 단어를 기억하고 있는데, 그것은 우리가 잘 아는 책이름 속에
이 괘명이 들어있기 때문이다. 황종희黃宗羲, 1610~1695(왕부지, 고염무顧炎武와 함께
명말청초의 3대 사상가 유로遺老로 꼽힘)는 강희 2년(1663년)에 『명이대방록明夷待訪

錄』이라는 정치철학서를 완성한다. 그 책을 펼치면 "원군原君"(임금의 본질을 캔다), "원신原臣"(신하라는 게 도대체 뭐냐), "원법原法"(법률제도의 근원을 밝힘)과 같은 주제의 장이 강렬하게 눈길을 끄는데 그 내용도 또한 국가권력의 주체는 천하의 인민이지 군주가 아니라고 주장하여 군주전제제도를 정면으로 부정하고 있다.

「원군原君」에서는 "나 개인의 큰 사욕을 천하의 대공大公으로 삼는 것은 천하의 대해大害일 뿐이다"라고 하였고, 「원신原臣」에서는 신하의 책임은 "천하를 위한 것이지 임금을 위한 것이 아니다. 만민을 위한 것이지 일성一姓을 위한 것이 아니다"라고 하였고, 「원법原法」에서는 현행법은 "일가一家의 법이지, 천하의 법이 아니다"라고 일갈하고 있다. 그의 『명이대방록』은 서양 근대사상의 영향을 받아 쓴 것이 아니고 『맹자』 이래의 경군중민輕君重民사상, 즉 민본주의의 전통을 발현한 것이다. 그 성립연대가 룻소의 『사회계약론On the Social Contract; or, Principles of Political Right』(1762)보다 꼭 백 년이 빠르다. 여기서 양자의 이동異同을 논할 여유는 없겠으나, 책이름만 정확히 풀이할 필요는 있을 것 같다. 황종희는 명明이라는 큰 나라가 멸망해가는 과정을 목도하고 그 나라를 구하기 위해 의병도 일으키고 지식인으로서의 책무를 다한 사람이다. 천붕지해天崩地解의 시대를 살았고, 그 고통 속에서도 철저히 절개와 지조를 지켰다.

"대방待訪"이란 "방문을 기다린다"는 뜻이다. 누가 누구를 방문한다는 것일까? 뭣하러 방문한다는 것이냐? 주나라 무왕武王이 혁명에 성공한 후에 은나라의 현인賢人인 기자箕子를 방문했다는 고사가 있다. 기자는 은나라 주왕紂王의 잘못된 정치를 간諫하다가 구금이 된 사람이다. 그 역사적 상황과 명말청초의 상황을 대비시킬 필요는 없다. 그 대의인즉슨, 황종희 본인은 죽은 후에라도, 명주현군明主賢君이 나타나 자기의 처소(즉 저술)를 방문하여 자기의 생각을 구현하게 되는 그날을 기다린다는 뜻으로 제목을 정한 것이다. 원래 이 책의 초고에 해당되는 원고를 『유서留書』라 했다는데 후세에 남겨 실현하게 만든다는 뜻을 내포하고 있다. "대방"이라는 말 자체가 래디칼한 민주혁명의 뜻보다는 입헌군주제와 같은 제도를 전제로 한 것이다. 그런데 "명이"가 앞에 있는 것은 "현재의 흑암黑暗 속에서 방문(실현)을 기다린다"는 뜻을 내포하고 있다. 황이주黃梨洲(이주는 황종희의 호)는 "명이"를 초저녁의 흑암이 아니라, 먼동이 트기 직전의 암흑으로 생각한 것이다. 그는 명나라 멸망의 암흑 속에서도 새롭게 트는 먼동에 대한 희망을 버리지 않았던 것이다. 지금 오늘날의 한국의 지성인들이야말로 자신의 "명이대방록"을 집필해야 하지 않을까, 나는 그렇게 생각한다.

명이의 괘는 해(明=日)가 지하地下로 들어가 버렸기 때문에 밤(夜)의 상象이다. 진진晉은 명성明盛의 괘이며, 명군明君이 위에 있고, 군현群賢이 줄지어 명군을 보좌하려는 모습을 과시하고 있었다. 그러나 명이明夷는 암흑의 괘이며 암군暗君이 위에 있고, 아래에 있는 군현群賢이 상처받는 괘이다. 따라서 이 괘의 성격은 꽤 비극적이며, 흑암의 시대에 처하는 방법을 가르치고 있다.

「서괘전」에는, 그 차서의 이유를 이렇게 말하고 있다: "진괘의 진晉은 나아간다는 뜻이다. 그런데 나아가다 보면 반드시 상처를 입게 되어 있다. 그래서 밝음이 상처를 입는 명이明夷괘로 받았다. 이夷는 상처를 입는다는 뜻이다. 晉者, 進也。進必有所傷, 故受之以明夷。夷者, 傷也。"「서괘전」은 효사에서 쓰이고 있는 "이夷"의 의미에 매우 충실하다. "이夷"를 "상傷"으로 해석했다. 우리 일상생활에서 "이夷"라 하면, 보통 "오랑캐"나 "평탄함"을 의미한다. "상처받음"의 맥락으로 쓰이는 예는 별로 없다.

「대상전」의 저자는 명이괘의 상象을 어떻게 해석하고 있을까?

明入地中, 明夷。君子以莅衆, 用晦而明。
명 입 지 중   명 이   군 자 이 리 중   용 회 이 명

밝음(태양, 지혜)이 땅속으로 들어가 그 밝음이 가려져버린 모습이 명이괘의

모습이다. 민중을 섬기는 군자는 민중에 임할 때(涖는 임할 리) 이 괘의 모습을 본받아(以) 자신의 지혜를 밝게 빛내기보다는 흐리게 만들어 오히려 그들과의 관계를 여유롭고 명료하게 만든다.

「대상전」의 저자는 명이괘의 본질을 "도광양회韜光養晦"(자신의 재능이나 명성을 겉으로 드러내지 않는다)의 뜻으로 해석했다. 『노자』58장에도 이런 말이 있다: "정치가 답답한 듯이 보이면 그 백성은 순후해지고, 정치가 너무 세밀한 데까지 다 살펴내면 그 백성은 얼빠진 듯 멍청해진다. 其政悶悶, 其民淳淳; 其政察察, 其民缺缺。"

「대상전」의 저자는 회晦한 것이 오히려 명明하다는 아이러니를 깨닫고 있다.

明夷。利艱貞。
명 이　리 간 정

밝음이 상처받는 괘의 모습이다(明夷). 암군暗君이 上에 있어서 신하가 상처받고 있는 모습이다. 간난의 시세時勢이다. 이 간난의 시세에 대하여 정의롭게 물음을 던지며(貞) 헤쳐나가면 반드시 이로움이 있으리라(利艱貞)!

初九: 明夷于飛, 垂其翼。君子于行, 三日不食。
초 구　명 이 우 비　수 기 익　군 자 우 행　삼 일 불 식

有攸往, 主人有言。
유 유 왕　주 인 유 언

첫 양효: 初九는 양강陽剛하며 총명하고 강단이 있는 패기 있는 군자이다. 광

명이 무너져 암흑시대로 빠져 들어가는 가장 초기단계에 총명강기剛氣의 이 군자는 비극적 사태를 먼저 감지하고 탈출의 시도를 한다(옛날에는 오늘과 같은 국가개념이 없었다. 성읍만 나가도 별세계였다).

이 군자는 날아간다(비유). 날음에 상처를 입는다(明夷于飛). 그러나 상처가 깊지는 않다. 날개를 늘어뜨리고 저공비행을 한다(垂其翼). 눈에 띄지 않게 조용히 날아간다. 이 군자는 간다. "군자우행君子于行"의 "우于"는 "여기"라고 훈할 수도 있고, "간다"라고 훈할 수도 있다. 군자 여기에 간다, 혹은 군자가고 또 간다 라고 해석할 수 있다. 이 떠나감의 여로에도 상처를 받는다. 급하게 떠나왔기 때문에 삼 일 동안이나 음식을 먹지도 못했다(三日不食).

그래도 강행군을 한다(有攸往). 숙식을 요청하는 여관집 주인도, 이 군자의 위기감지 능력을 알지 못하고 잔소리를 한다(主人有言). 당신같이 훌륭한 군자가 왜 있는 곳을 버리고 타지로 그렇게 급히 가느냐고. 과연 당신이 가는 곳에서 당신의 이상을 실현할 수 있겠냐고. 세상은 군자의 이상을 이해할 수가 없다. 선각자는 외로울 수밖에 없다. 이상과 현실의 괴리는 항상 슬프다.

> **六二: 明夷。夷于左股。用拯馬壯, 吉。**
> 육이 명이 이우좌고 용증마장 길

두 번째 음효: 밝음이 해침을 당함이(明夷) 점점 깊어만 가고 있다. 六二는 중용의 덕성을 지니고 있다. 유순중정柔順中正의 인물이기에 해침을 당함이 심하기는 했어도 좌쪽 허벅지에 상처를 입는 것으로 그쳤다(夷于左股). 다행이다. 그러나 걷기는 심히 곤란하다. 이때 그를 구원하는 말이 나타난다(用拯馬壯). 그 말이 아주 건장하다. 좌절의 시대, 어둠의 시대에도 이렇게 돕는 자들이 있다. 길하다(吉). "용증마장用拯馬壯"의 정확한 해석은 "구함에 건장한 말로써 한다"이다. "증용장마拯用壯馬"와도 같다.

九三: 明夷。于南狩, 得其大首。不可疾, 貞。
구 삼　명 이　우 남 수　득 기 대 수　불 가 질　정

　　세 번째 양효: 광명이 상처를 입는(明夷) 암흑의 세계에서 九三은 총명강건한 군자이다. 강위剛位에 있는 강효. 득정得正. 하괘 밝음의 최상효이며 뛰어난 명지明智의 소유자이다. 이 九三은 밝고 따뜻한 남방을 향해 그곳에서 이 암흑의 질서를 퍼뜨리고 있는 악의 근원을 정벌하러 간다(于南狩). 중원의 레벤스벨트Lebenswelt(삶의 질서)에서는 남방이 上일 수 있다(갈릴리사람들이 예루살렘을 "올라간다"고 말하는 것과도 같다). 남수南狩의 목적은 그 흉악한 괴수를 잡아 처단하는 것이다(得其大首). 효로 말하자면 그 괴수는 上六이다.

　　그런데 上六을 처단하는 일은 혁명적 사건이다. 비상사태이다. 이때는 하느님의 의지를 물어야 한다(貞). 하느님은 말씀하신다: "함부로 속단하여 질속하게 처단하면 안된다."(不可疾). 혁명은 더 이상 방치할 수 없다는 최후 마지노선까지 왔을 때 결행해야만 성공률이 높다. 혁명은 온 민중의 갈망이 모아지는 카이로스를 타야 하는 것이다. 혁명가의 개인적 판단으로 쉽게 거사할 수는 없다. 혁명은 갈아치움을 필연으로 만드는 "부득이不得已"의 기운을 타야 한다.

六四: 入于左腹。獲明夷之心。于出門庭。
육 사　입 우 좌 복　획 명 이 지 심　우 출 문 정

　　네 번째 음효: 밝음이 점점 이지러져 암흑으로 가는 과정에 있다. 암흑의 세상을 만들어내고 있는 그 장본인은 이 명이괘䷣에서는 上六이다. 맨꼭대기의 上六을 제외한 그 아래의 다섯 효는 모두 암흑을 저지하려고 노력하는 군자들이다(蓋下五爻, 皆爲君子。獨上一爻, 爲闇君也。『본의』). 六四는 上六의 배腹(속마음)의 왼쪽으로 들어간다. "입우좌복入于左腹"이라는 표현은, 오른쪽에 비하여 왼

쪽은 사람이 잘 안 쓰기 때문에 궁벽하고 은벽隱僻하여 쉽게 접근할 수 있는 통로를 확보했다는 뜻이 된다. 그렇게 은밀하게 사귀어 上六의 마음을 사로 잡는다는 뜻이다.

그렇게 속마음에까지 들어가 밝음을 해치는 군주의 마음을 확실하게 파악한다는 뜻이다. 그것을 "획명이지심獲明夷之心"이라고 표현했다. 六四와 上六의 사귐이 깊다는 것을 의미한다. 六四는 上六 군주의 마음속으로 잠입하여 그의 속셈을 다 파악해보지만 결론은 이 암우暗愚한 군주의 마음을 개오改悟시켜서 다시 밝은 세상을 만든다는 것은 불가능하다는 것이다. 이러한 상황에서는 빨리 암울한 군주의 영역으로부터 탈출하는 것이 상책이다. 무의미한 희생을 치를 필요가 없다. "우출문정于出門庭"은 군주의 영역으로부터 탈출한다는 의미도 되고, 내가 철저히 보호받을 수 있는 나의 문정으로부터 나온다는 의미도 된다. "우于"는 "행行"의 의미도 있다.

점을 쳐서 이 효사를 만나는 사람은 상대방의 내면을 파악하여 그 본심을 헤아려라! 이득이 될 일이 하나도 없다는 판단에 이르게 되면 깨끗하게 그를 버리고 떠나라! 우물쭈물하는 것이 재난을 만나는 길이다.

六五: 箕子之明夷。利貞。
육오 기자지명이 리정

다섯 번째 음효: 명이明夷괘의 특징 중의 하나가 제5위가 천자의 位가 아니라는 것이다. 천자의 위를 제6위 上으로 규정하고 있다. 보통은 제6위는 무위無位의 효이며 지나치고 실권이 없는 자리이다. 그러나 명이의 제6위는 실권이 있고 位가 있는 군주이다. 왜 6위에 그런 군주위를 설정하였을까? 괘 전체가 명이明夷, 즉 밝음의 해침, 즉 암흑의 괘이기 때문에 군주는 5위에 앉을 수가 없다. 국가사회를 파멸시키는 인물이기 때문에 제5위에 앉을 수 없고 지나침의 극치인 제6위에 앉을 수밖에 없는 것이다.

제5위의 음효는 上六에 가장 가까이 있는 측근의 현자이다. 포학暴虐한 지배자의 바로 밑에서 양심을 지켜야 하는(실제로 제5위의 권위를 담지擔持하고 있다) 대신이기 때문에 그 처신의 모습이 기자箕子에 비유될 수 있다고 본 것이다.

역대의 폭군으로 이름이 높은 제신帝辛 즉 주紂왕의 폭정을 간諫하는 3명의 현신이 있었다. 미자微子와 비간比干과 기자箕子 세 사람이었다. 은나라의 마지막 시기를 장식한 삼인三仁으로 불린다. 주가 간언을 듣지 않자 미자는 六四처럼 최선을 다하다가 피신을 했다. 은나라를 떠났다(遂去). 비간은 계속 간언을 했다. 주왕은 마침내 그의 간언이 지겨워 그의 배를 갈라 심장을 해부하였다(충신의 심장에는 구멍이 일곱 개 있다는 설을 확인하기 위함). 그런데 학식이 높은 기자箕子는 머리를 풀어 헤치고 미친 척 하면서 남의 집 노비노릇을 하는 둥, 자신의 총명함을 가리고 보신을 했다.

어기 효사에 있는 "기자지명이箕子之明夷"라는 표현은 폭군(上六)의 바로 밑에 있는 六五의 처지가 "기자의 명이明夷"와 같다는 뜻이다. "명이"는 "밝음을 해침"이다. 곧 기자의 보신행위, 즉 자신의 밝음을 가리고 미친 척 하는 "도회韜晦"(=도광韜光: 재능이나 학식 따위를 숨겨 감춤)의 행위를 가리키는 것이다.

마지막에 있는 "리정利貞"은, "기자처럼 도회를 실천하고 있는 六五여! 그대의 정의로운 의도는 누구나 아는 것이다. 그대의 미래에 관해 물음을 던져보아라! 이로운 일만 있을 것이다."라는 뜻이다.

───── ❦ ─────

"기자동래설箕子東來說"에 관해 20세기 우리나라 학계는 대체적으로 부정적인 태도를 취해왔다. 역성혁명에 성공한 주나라의 무왕이 기자에게 통치의 모든 원리를 집약한 홍범구주洪範九疇의 지혜를 배운 후에, 그를 조선에 봉했다(封箕子於朝鮮)는 이야기에서 "봉했다"는 이 한마디 때문에 그 설이 부정적으로 들리는 것이다. 그런데 가까스로 혁명에 성공한 신흥세력, 그것도 동북방과 무관한 서역에서 온 이방세력인 주나라가, 전혀 다른 방향에 있었던 독자적인 제국 조선을, 누구를 봉할 수 있는 세력권에 두고 있었다는 것도 도무지 어불성설이다.

당시 고조선의 강역은 그 서쪽이 난하灤河(만리장성이 끝나는 지점)에 이르고 있었다. 다시 말해서 기자로서는 자기가 충신노릇을 한 은나라가 멸망했고, 그 은나라의 위대한 전통을 한 몸에 지니고 있는 현자인 자기가 그 은나라를 멸망시킨 주나라에서 녹을 먹을 수는 없는 일이었다. 그래서 당대 기자라는 문화체를 받아들이고 소화시킬 수 있는 거대한 문명국가인 고조선에 자기 몸을 의탁하려 하자 주무왕이 그것을 추인한 것뿐이다. 대문명인이고 당대 중국에서 가장 존경을 받는 지성인이었고 주왕의 서형庶兄(동작빈은 주紂의 숙부叔父라고 주장한다)이기도 한 기자에게 난하 하류 서쪽 연안의 조그만 땅에 정착할 수 있도록 배려를 해준 사건을 "봉했다"라고 표현한 것뿐이다.

그러기 때문에 『사기』「송미자세가宋微子世家」에도 "봉封"이라는 말 뒤에 "불신야不臣也"(봉하고 그를 신하로 생각하지 않았다)라는 표현이 첨가되어 있는 것이다. 그 "봉"은 상하위계질서적인 봉이 아니고, 조선에게 정중히 부탁했다는 뜻일 것이다. 은나라는 주나라와는 비교도 되지 않는 위대한 문명국이었고, 은나라의 문명 그 자체가 고조선이 배양한 문명이다. 백색을 좋아하고, 종교적 신앙이 두텁고, 제사를 사랑하는 민족기질이 공통된다.

사마천이 본기本紀를 쓰면서 삼황三皇을 없애고 오제五帝부터 기술한 것은 존재하지도 않았던 화하華夏의 아이덴티티를 새롭게 창출하기 위한 "작作"이었다. 황제黃帝를 화하의 시조로 삼은 것은 자기가 소속한 한문명漢文明의 족보를 단일한 것으로 귀속시키기 위한 조작이었다. 사마천은 역사 그 자체를 "작作"의 대상으로 삼았다. 이러한 작위의 배경에는 고조선문명의 엄존이 자리잡고 있었다. 삼황오제가 모두 동이東夷를 배제하고서는 성립할 수 없는 존재들이었다. 동북공정은 이미 사마천으로부터 시작된 것이다(cf. 이덕일, 『사기, 2천년의 비밀』).

"기자조선"이라는 것은 실재하지 않았다. 그리고 평양 지역과는 아무런 관련도 없는 이야기다. 그러나 기자는 우리 고조선문명의 일부로서 받아들이는 것이 옳다. 기자가 원래 고조선의 현인이었던 것이다. 그래서 공자도 항상 "이夷"의 문명에 대한 동경이 있었던 것이고(「자한」13), 맹자도 순임금을 "동이지인東夷之人"이라 불렀고 중국문명의 패러곤인 주나라의 문왕을 "서이지인西夷之人"이라고 부르는 것을 서슴지 않았다(「이루장구 하」4b-1).

> ## 上六: 不明, 晦。初登于天, 後入于地。
> ### 상 육 불 명 회   초 등 우 천   후 입 우 지

맨꼭대기 음효: 上六은 천자를 상징한다. 처음 등극할 때에는 국민들의 기대를 한 몸에 모으고 하늘 높이 승천이라도 할 듯한 밝은 기세였다(初登于天). 그러나 그에게 밝음이 없었다(不明). 그 인간의 본질이 어두웠다(晦). 그에게는 빛이 보이지 않았다. 지고한 지위에 있으면서 아랫사람들의 밝음에 상처만 냈다. 끝내 그는 자기자신을 훼손하고 만다! 민중은 외친다! 혁명이다! 혁명의 깃발 아래 그의 모가지가 떨어진다. 그는 원칙을 상실했다(失則也。「소상전」). 그의 시신은 땅속으로 들어간다(後入于地).

——— ❧◈❧ ———

『역』은 인간의 삶의 다양한 양태들을 보여준다. 『역』은 다양한 삶의 백화점이다. 『역』에는 금기가 없다. 천자라도 목이 짤린다. 『역』은 혁명의 서이다. 조선의 땅에서 대통령이 되고자 하는 자는 목이 짤릴 생각을 하고 나아가야 한다. 도올은 말한다: "왕住. 사단思斷."

리하離下
손상巽上

풍화 가인家人

Family Life,
Family Morals

| 괘명 | "가인家人"은 "일가一家의 사람들"이라는 뜻이며 "가족"을 의미한다. 나는 가정생활을 의미한다고 풀이하여 "Family Life"라고 영역하였다. 『이아爾雅』에도 "실내室內"를 가家라 한다 하였다. 이 괘는 가족을 치治하는 도를 설파한다. 가인의 괘는 상괘가 손巽, 그것은 장녀長女의 상이다. 하괘는 리離, 중녀中女의 상이다. 장녀가 위에 있고, 중녀가 아래 낮은 位에 있다. 중녀는 순종하며 장녀를 따른다. 즉 여자아이들이 큰언니를 잘 따르는 집은 화목한 가정이다.

아랫괘 중녀인 리離의 六二는 음이면서 中을 얻고 있으니 位가 正하다. 유순중정柔順中正의 이상적인 여자이다. 윗괘 장녀인 손巽의 六四도 음이면서 位가 正하다. 이와같이 장녀長女와 중녀中女가 함께 유순하고 정의로운 덕성을 구비하고 있다. 중녀는 장녀의 덕을 따르며 능멸하는 기세가 없다. 일가一家의 평화를 지키는 도道의 핵심에는 여성의 역할이 중요하다는 것을 말해주고 있다. 가정을 남자중심의 가부장적 하이어라키patriarchical hierarchy로 보지 않는 참신한 관점이 이 괘에 배태되어 있다. 가부장적 하이어라키를 전제로 해도 가정의 평화는 결국 여성에 의하여 유지되는 것이다. 그 생생生生의 주체가 여성일 수

밖에 없다.

「서괘전」에서는 명이明夷에서 가인家人으로 오는 논리적 구조를 이와같이 밝힌다: "명이괘의 이夷는 상처를 받는다는 뜻이다. 밖에서 상처받는 사람들은 반드시 가정으로 되돌아오게 되어 있다. 그래서 가인家人으로 받은 것이다. 夷者, 傷也。傷於外者, 必反於家。故受之以家人。"

이에 대한 이천의 해설이 송학宋學의 도덕주의를 깔고는 있지만 한번 들어볼 만하다:

夫傷困於外, 則必反於內。家人所以次明夷也。家人者, 家內之道。父子之親, 夫婦之義, 尊卑長幼之序, 正倫理, 篤恩義, 家人之道也。卦, 外巽內離, 爲風自火出, 火熾則風生。風生自火, 自內而出也。自內而出, 由家而及於外之象。二與五, 正男女之位於內外, 爲家人之道。明於內而巽於外, 處家之道也。夫人有諸身者, 則能施於家; 行於家者, 則能施於國, 至於天下治。治天下之道, 蓋治家之道也。推而行之於外耳。故取自內而出之象, 爲家人之義也。

대저 밖에서 상처를 입고 곤요로운 자는 반드시 가정으로 되돌아오게 되어 있다. 그래서 가인괘가 명이괘 다음에 오게 된 것이다. 가인家人이라고 하는 것은 가내家內의 도道이니 다음과 같은 것이다. 아버지와 아들의 친함, 부부지간의 의로움, 존비, 장유의 서열, 윤리를 바르게 함, 은의恩義를 돈독하게 함, 이런 것들이 모두 가인의 도이다(※ 가정교육의 기본원리를 말함).

괘상을 보면, 밖이 손괘이고 안이 리괘離卦이다. 즉 바람이 불로부터 나오고 있는 모습이다. 불길이 치성해지면 바람이 분다. 바람이 불로부터 생긴다는 것은 안으로부터 밖으로 나온다는 뜻이다. 안으로부터

밖으로 나온다는 것은, 집안에서 축적된 덕성이 밖으로 미치게 되어
있다는 인간세의 원리를 가르치고 있는 것이다. 제2효와 제5효는 여
자(六二)와 남자(九五)가 내괘와 외괘에서 정위치를 차지하고 있으니,
이것이야말로 가인 즉 가정생활(Family Life)의 원칙이 되는 것이다.

안에서는 해와 같이 밝고, 밖에서는 겸손하고 순종하는 것이 가정에
처하는 도리이다. 이러한 품덕을 자기 몸에 구현하고 있는 사람은 가
정을 제대로 다스릴 수 있다. 가정 하나래도 제대로 다스릴 수 있는
사람은 나라를 다스릴 수 있고 천하를 질서있게 만드는 데까지 이를
수 있다. 세계의 평화가 결국은 가정에서 출발하는 것이다. 천하를
다스리는 도와 가정을 다스리는 도는 둘이 아니다. 안에서 축적한 것을
미루어 밖에서 실천하는 모습이 곧 가인의 의로움이다.

참으로 가정도덕이 자본주의의 횡포와 과학적 합리주의의 몰느낌적 획일
성으로 인하여 의미 없이 무너지고 있는 현세태! 이 세태는 우리 조선만의
문제가 아니요, 전 세계 인류의 공통과제상황이라 할 때, 가인괘의 의미는
지대하고 또 지대하다 하겠다.

「대상전」은 말한다:

> 風自火出, 家人。君子以言有物, 而行有恆。
> 풍 자 화 출   가 인   군 자 이 언 유 물   이 행 유 항

바람(巽☴)이 내괘의 불(離☲)로부터 나오고 있는 모습이 가인괘의 모습이다.
내면에서 축적된 밝은 덕이 밖으로 미치는 모습이다. 풍화風化의 근본이 가家요,
가의 근본이 몸身이다. 따라서 군자는 이 괘상을 본받아 평소의 언행言行을 정
의롭게 하는데, 그 언言(말씀, λόγος)에는 반드시 실증적 사물의 근거(物, 수운이
말하는 신信)가 있게 하고, 그 행行(프락시스πρᾶξις, doing)에는 반드시 원칙적 항
상성(constancy)이 있게 한다.

「대상전」의 작자는 "가정"이라는 시각에서 이 괘상을 풀지 않았다. 독자적인 자기 상象풀이가 있는 것이다.

家人, 利女貞。
가 인 　 리 여 정

가정을 구성하는 사람들끼리 지켜야 할 덕성을 말하고 있는 괘이다. 이 괘에서 제일 중요한 것은 부인(여주인)의 품덕이다. 여인이 주체적으로 가정을 리드하면서 하느님께 미래를 묻고 난관을 헤쳐가는 데 이로움이 있다.

여기 "정貞"을 모두 도덕주의로 해석하고 여성의 정결chastity, 정조로 풀었다. 그러면 "여자가 정조를 지키는데 이로움이 있다"는 뜻이 된다. 구역질나는 왜곡이다. 정貞은 "물음"이요, 실존적 결단이요, 하느님과의 만남이요, 신성과의 대면이다. 인간의 삶은 끊임없는 물음으로 이루어진다. 정貞은 단순히 점을 친다는 의미가 아니라, "기도한다"는 뜻이요, "삶을 주체적으로 헤쳐나간다"는 뜻이다.

"리여정利女貞"은 "여성이 정결을 지키는 것이 이롭다"가 아니라 "가정의 주체가 되는 여성이 주체적으로 물어 나가는 삶에 축복이 있다"는 뜻이다. 예수의 십자가를 지켜본 사람 중에 12제자는 한 사람도 없었다. 이름 없는 여인들만 있었을 뿐이다.

효사

初九: 閑有家。悔亡。
초 구 　 한 유 가 　 회 망

맨처음의 양효: "유有"라는 것은 의미 없는 접두어이다. 옛말이 단음절어이기

때문에 단음절로 문장을 만들다 보면 이런 허사虛詞가 필요하게 된다. 주로 나라이름 앞에 많이 붙었다(유하有夏, 유은有殷, 유송有宋, 유명有明, 유주有周, 유가有家, 유방有邦, 이런 식으로 의미 없이 붙었다.『경의술문經義述聞』).

初九는 양효이고 양위陽位에 있으니 강강剛强한 뜻을 지닌 군자君子이다. 여기 "한閑"이란 문 안에 나무가 있으니 출입을 자유롭게 하지 않고 제약한다는 의미가 있다. "한사존성閑邪存誠"의 용례가 있듯이 잘못되어가는 것을 막는다는 의미가 있다. 여기 초구初九의 의미는 가정을 이룬 초기라는 맥락을 내포한다. 따라서 훌륭한 初九의 군자는 가정을 이룬 초기로부터 정의로운 규율을 확립하여 지키고, 그리함으로써 가족의 멤버들이 과실에 빠지지 않도록 한다는 것이다.

여기 "한유가閑有家"는 "집안의 법도를 초기로부터 잘 세운다"는 뜻이 있다. 부인과의 관계도 그러하고 자식들도 어렸을 때 버릇을 잘 들여놓아야 한다. 그래야 후회할 일이 없어진다(悔亡). 우리말에 "세살버릇 여든까지 간다"는 말은 천하의 명언이다. 세 살 전에 이미 틀을 잡아놓으면 그 아이의 인품은 자유롭게 길러도 아름답게 성장한다. 결혼도 마찬가지. 첫 삼 년을 아름답게 적응하면 후회할 일이 없어진다.

六二: 无攸遂。在中饋。貞, 吉。
육 이　무 유 수　재 중 궤　정　길

두 번째 음효: 六二는 음효로서 음위陰位에 있을 뿐 아니라 빛나는 아랫괘 밝음의 중심이다. 괘 전체의 가장 중요한 포스트라고 말할 수 있다. 가족의 밝음의 에너지원源이라 말할 수 있다. 中正의 품덕을 지닌 부인이다.

여기 "수遂"는 자기가 매사를 주제넘게 참견하고 주도하여 완수해버리는 것을 의미한다. "완수"의 수遂이다. 六二의 中正의 품덕을 지닌 이 여인은 그렇게 완수하는 일을 주도할 바가 없다(无攸遂). 六二는 그런 식으로 나서지 않는다. 오히려 드러나지 않게 가정의 중심을 지키고 가정의 멤버들이 식사를 제때에 할 수 있도록 음식을 만든다.

"재중궤在中饋"의 "중中"은 "집안에서"의 뜻이다. "궤饋"는 "음식을 만든다"의 뜻이다. "재중궤"는 집안에서 음식을 만드는 것을 六二가 주도한다는 뜻이다. "재중궤在中饋"야말로 온 식구의 밝음의 근원이다. "불이 타는 것처럼" 음식물이 우리 몸속에서 타는 것(산화)이야말로 우리 생명에너지의 근원이다.

여인의 덕성은 중용에 있다. 겉으로 드러나 무엇을 완수하는 폼을 잡지 않는다. 이 중용의 여인은 점을 친다(貞). 가정의 미래에 관해 끊임없이 질문하고 기도한다. 여인은 점으로써 가인!의 주도권을 잡는다. 이런 여인의 집안은 매사가 吉하다.

九三: 家人嗃嗃。悔厲, 吉。婦子嘻嘻, 終吝。
구 삼　가 인 학 학　　회 려 길　　부 자 희 희　　종 린

세 번째 양효: 九三은 과강부중過剛不中하여 집안을 다스리는 데 너무 지독하게 엄격한 룰을 세워 집안사람들을 다룬다. 그렇게 융통성 없는 엄부 밑에서는 집안사람들이 삼복더위에 숨을 헉헉 내쉬듯이 고통스러워한다(家人嗃嗃. "嗃嗃"은 "熇熇"과 동의. 화열火熱에 고통받는 모습). 이런 정황에 대하여 九三의 군자여! 근원적으로 그대의 엄격성을 반성하라(悔厲)! 그리하면 집안에 길운이 찾아오리라!(남자의 반성을 요구한다).

그런데 이와는 반대로 너무 느슨한 분위기를 생각해볼 수 있다. 남자의 규율

구속이 너무 없이, 엄마(六二)와 아들(初九)이 하루종일 실없이 히히덕거리며 지낸다(婦子嘻嘻). 이런 집안에는 겉으로는 화기애애한 듯이 보이지만 끝내 후회할 일만 생긴다(終吝). 자모慈母에 패자敗子가 많다는 속담이 이를 두고 한 말이리라!

자애와 엄격은 음양의 관계이지, 선악의 문제가 아니다. 지금 서구에서 수입해들어온 의무교육제도 하에서는 자애로우면 엄격이 사라지고, 엄격하면 자애로움이 사라지고 있다. 어떻게 인간형성에 있어서 이런 기본적인 상식조차 모르는 교육방법이 있을 수 있단 말가!

六四: 富家。大吉。
육사 부가 대길

네 번째 음효: 훌륭한 부인은 집안을 잘 이끌다 보면 반드시 그 집안을 부유하게 만든다. 이러한 부인을 얻은 집안은 큰 행복을 누린다.

六四는 음위陰位에 있는 음효이다. 그러니 正을 얻고 있다. 그리고 상괘 손巽☴의 주효이다. 그리고 순종의 뜻이 있다. 유순하며 정의로운 마음씨가 있는 주부主婦의 모습이다. 보통 괘에서 六四는 대신大臣의 자리이다. 그러나 이 괘는 가인家人의 괘이므로 대신大臣 대신으로 무게 있는 주부가 자리잡는다. 결혼하여 시간이 흘러 꽤 중후한 위치를 차지한 여인이다. 陽은 실實이며, 陰은 허虛이다. 부는 허해야 들어오게 되어 있다. 六四는 九三의 위에 타고 있으면서 九五를 받고 있다. 그리고 初九와 應한다. 그러니까 상하내외上下內外로 모두 양의 기운을 받아들일 수 있는 허虛가 있기 때문에 부富를 이룩할 수 있다. 六四는 또 상괘 손巽의 주효이며,「설괘전」11장에 의하면, 손괘는 利에 가까우며, 시장 매매를 통해 3배나 되는 이득을 본다고 하였다. 하여튼 이러한 부인에게는 돈이 모인다.

九五: 王假有家。勿恤, 吉。
구 오 왕 격 유 가 물 휼 길

다섯 번째 양효: 九五는 천자天子의 位이며, 양효로서 양위에 있으니 中正의 모든 덕성을 구현한 천자天子이다. 뿐만 아니라 中正의 六二와 應하고 있다. 여기 "假"는 "격格"과 같으며 "이른다至"의 의미이다. 주희는 "격假"을 "집안 사람들을 감격시킨다"는 뜻으로 해석했다. 하여튼 九五의 왕은 천하뿐만 아니라 집안도 이상적으로 다스리는 군주이다(王假有家). 부자, 형제, 부부의 가족이 모두 서로를 아끼고 사랑하게끔 만든다. 많은 왕들이 결국 자기 집안사람들을 다스리지 못해 나라도 제대로 다스릴 수 없게 되고 만다. 로마의 황제들도 대강 그런 꼴이었다. 여기 "물휼勿恤"이란 결국 그러한 걱정을 하지 않아도 된다는 말이다. 집안사람들을 잘 다스리는 훌륭한 인품의 왕이기 때문에 천하를 잘 다스릴 수 있다는 것이다. 별로 걱정할 일이 없다. 吉하다.

上九: 有孚威如, 終吉。
상 구 유 부 위 여 종 길

맨꼭대기 양효: 보통 괘풀이에서는 제6위라는 자리의 位를 따지지만 이 괘는 가인家人괘이므로, 그런 위가 별 의미가 없다. 모두가 가족이기 때문이다. 따라서 上九는 가인괘의 상징적 의미, 가정을 올바르게 만드는 구원久遠한 길을 제시하려고 한다. 上九는 강효剛爻이며 가인괘의 최상위에 있다. 가장家長으로서의 권위를 지니고 있으며 가인괘가 끝나는 오메가 포인트적인 상징체이다. 여기 "유부위여有孚威如"라는 말은 유부와 위여가 변증법적 관계에 있음을 말해준다. 집안을 다스리는 최초의 원칙은 성실함(有孚), 마음속으로부터 우러나오는 진실, 그리고 사랑과 같은 것이다. 그러나 이런 자비와 사랑만 있게 된다고 가정이 훌륭한 가정이 되지 않는다.

가정에는 반드시 가장家長의 위엄과 의례적인 형식이 필요하다. 즉 유부有
孚와 위여威如는 서로가 힐항하는 동시에 상생하는 원칙이라는 뜻이다. 유부
하면서도 위여하고, 위여하면서도 유부해야 하는 것이다. 사랑과 위엄을 동
시에 확보하는 것은 인간세상의 가장 어려운 일에 속하는 것이다. 이것만 확
보된다면 끝내 길하다(終吉). 집안이 화평해야 나의 삶의 코스모스가 화평해
진다. 그것은 세계평화의 근원이다.

맹자는 말한다: "만물이 나에게 다 구비되어 있다. 내 몸을 돌이켜보아 우
주의 성실함을 자각할 수 있다면 인생의 즐거움이 그것보다 더 큰 것은 없다.
萬物皆備於我矣。反身而誠, 樂莫大焉。"가인의 출발이며 종착지는 성誠이다(「소
상전」의 해석과 관련하여).

"풍화가인"이라는 이미지(䷤)를 소박하게 놓고 볼 때, "집"과 관련하여
만주대륙벌판에 바람이 쌩쌩 부는 곳에 외롭게 불씨(생명의 온기)를 지키고 있는
외딴집이라는 이미지가 떠오른다. 내가 연변에 살 때 그런 느낌 속에서 이
괘를 연상해보곤 했다. 시인 정지용의 「향수」에도 이런 가사가 있다: "질화로에
재(火)가 식어지면 빈 밭에 밤바람(風) 소리 말을 달리고 ……"

38

태하兌下
리상離上 **화택 규睽**

Antagonism, Opposition

괘명 "규睽"는 우리가 우리의 일상생활에서 그리 익숙하게 쓰는 말이 아니다. "규려睽戾"(어긋나 틀어짐), "규괴睽乖"(서로 반목함), "규리睽離"(서로 등져 떨어짐) 등의 말이 있지만 별로 쓰지는 않는다. 결국 "반목한다," "서로 등진다"는 뜻이 있다. 못 위에 불이 있으니 서로 화합되고 융합될 리는 없을 것이다. "규睽"라는 글자는 눈 목 자를 의부意符로 하고 "癸"를 성부聲符로 하는데, "癸"는 "乖"와 통한다. 그러니까 서로 눈을 부라리고 반목하는 것이다. 우리가 흔히 쓰는 "괴리乖離"라는 말과 통한다.

괘의 모양을 보면 불☲과 못☱으로 이루어져 있고 서로 괴리되는 성격을 지니고 있다. 리☲는 중녀中女, 태☱는 소녀少女, 성숙치 못한 여자 둘이서 같이 살면 반드시 반목한다. 자취도 같이 하기 어렵다. 상괘인 불은 점점 염상炎上하여 위로 타오른다. 그러니 화火와 택澤은 성질이 괴리된다. 이것은 인정이 서로 괴리된다는 뜻도 된다. 규睽의 괘는 반목하여 화합하지 못하는 상황에 인간이 어떻게 처해야 할지, 그 도리를 설파한다.

「서괘전」은 그 차서에 관하여 이렇게 말한다: "가도家道는 궁하게 되면 반

드시 어그러진다. 그러므로 규睽괘로 가인家人을 받았다. 규睽라는 것은 어긋
난다는 뜻이다. 家道窮必乖, 故受之以睽。睽者, 乖也。"이에 관하여 이천이 한 말은
이미 내가 설說한 바에 다 들어있다. 실제로 화택 규는 풍화 가인을 뒤집은
것이다. 「대상전」은 뭐라 말하고 있을까?

> ## 上火下澤, 睽。君子以同而異。
> 상 화 하 택　규　군 자 이 동 이 이

위에 불(☲)이 있고 아래에 못(☱)이 있어 서로를 용납 못하는 이질성이 있는
것이 규라는 괘의 모습이다. 군자는 이 괘의 모습을 본받아(以) 근원적인 대세의
흐름이나 비전의 궁극적 목표에 관해서는 동질성을 인정한다 할지라도, 자기가
걸어가는 구체적인 삶의 자세에 관해서는 유니크한 이질성을 고수한다.

『논어』의 「자로」편 23에 이런 말이 있다: "군자는 사람들과 조화를 이루며
살아가지만 동류로써 휩쓸리지는 않는다. 그러나 소인은 사람들과 동류로서
휩쓸리기만 할 뿐 오히려 조화를 이루지는 못한다. 君子和而不同, 小人同而不
和。"그리고 『중용』 10장에는 "화이불류和而不流"라는 말이 있다. 『논어』나
『중용』에서 말하는 "화和"는 여기서 말하는 "이異uniqueness"가 살아있는
화和이다.

괘사

> ## 睽, 小事, 吉。
> 규　소 사　길

어긋남의 길을(睽) 생각할 때, 그랜드 스케일의 대사大事에 있어서는, 모든 사람들
의 생각이 화합일치되지 않으면 그 큰일을 행하는 것은 불가不可하다. 그러나 작은
일(小事)에 있어서는 많은 다중의 의견이 일치되어야 할 필요가 없고, 모두 개성 있게

각자의 길을 가는 것이 좋기 때문에, 어긋남의 길은 소사小事에 있어서는 吉하고 복福을 얻을 수 있다.

—— ≈≫⌇≪≈ ——

유대교-기독교를 기반으로 하는 서구문명의 최대의 병폐는 선·악의 기준이 획일적이라는 것이다. 그래서 선·악의 잣대만 들이대면 배타가 일어나고 무자비한 박멸의 폭력이 자행된다. 아무래도 유일신론은 인류가 고안한 최대의 죄악인 것 같다. 대부분의 민족신앙에 기반한 유일신은 포용성을 결여하며 악을 자행하는 데 하등의 가책을 느끼지 않는다. 절대라는 명목하에 주관적 폭력을 합리화 한다.

역은 중용을 중시하며 개성과 다양성을 존중하며 따라서 화합을 사랑한다. 규괘The Hexagram of Antagonism에 있어서조차도 다양성을 존중하고 괘 전체를 규정하는 괘사에서도 吉이라는 판단을 내리고 있다. 부처님 말씀에도 "부동주不同住"라는 매우 특이한 계율적 훈계가 있다. 사소한 문제로 의견이 다를 때는 같이 거居하지 말라는 뜻이다. 위대하도다! 역이여!

효사

初九: 悔亡。喪馬, 勿逐。自復。見惡人, 无咎。
초 구　회 망　상 마　물 축　자 복　견 악 인　무 구

맨처음의 양효: 初九는 괴리의 초기단계이다. 인생을 살아가면서 괴리, 즉 기대로부터의 어긋남, 인간들의 배반 등의 사태는 반드시 체험하기 마련이다. 이 괴리에 잘 대처하는 것이 인생의 지혜이다. 初九와 應하는 효는 九四이다. 初九와 九四는 모두 양효이기 때문에 등을 돌리고 서로 반목하게끔 되어 있다.

여기 "회망悔亡"은 初九와 九四 사이에서 반드시 후회할 일들이 생겨나기 마련이라는 것이다. 그런데 그러한 후회스러운 일이 일어나지 않았다(悔亡).

왜냐? 初九는 位가 正하고, 때묻지 않은 양강의 사람이기 때문에 경거망동하지 않는다. 지긋하게 자기 자리에 머물러 전진하지 않는다.

여기 "상마喪馬"의 "말馬"은 등돌리고 도망가는 九四를 의미할 수도 있고, 그냥 상징적 표현일 수도 있다. 상마는 괴리의 전형적 표현이다. "말을 잃는다(喪馬)." 사랑하는 그 무엇을 잃는다. 그러나 初九는 신중하여 말을 쫓아 헤매지 않는다(勿逐). 나를 버리고 간 자를 뒤쫓지 않는다. 결국 그 말은 되돌아오게 되어있다(自復). 九四는 初九를 빼놓고 應이 없다. 갈 곳이 없다. 자기자리로 되돌아 온다. 반자反者, 도지동道之動! 자연에 맡기면 되돌아온다.

인생의 여로에서는 필연적으로 악인惡人을 만나게 되어 있다(見惡人; 악인을 九四로 간주하는 해석도 있다). 악인은 실제로 "오인惡人"(미울 오惡)으로 읽어야 한다. 악인은 악한 사람이 아니라, 내가 싫어하는 사람, 나와 맞지 않는 사람일 뿐이다. 악인이 나를 만나고자 하면 기꺼이 그를 만나라! 내치지 말라! 만나면 허물이 없으리라(无咎)!

김대중이 김정일을 만난 것이나, 유현덕이 조조를 만나는 것이나, 바이킹의 대인 라그나 로트부로크Ragnar Lodbrok가 웨섹스의 왕 엑버트King Ecbert of Wessex를 만나는 것은 모두 규괘의 지혜에 속하는 것이다.

九二: 遇主于巷。无咎。
구 이 우 주 우 항 무 구

두 번째 양효: 여기 "주主"라고 하는 것은 임금을 가리키며, 괘로 치면 군위에 있는 육오六五일 수밖에 없다. "항巷"은 촌이나 읍내의 골목이다. 우리가 많이 쓰는 "항간巷間"(일반사람들 사이)이라는 의미와 비슷하다. 九二는 六五와 應한다. 정위正位는 아니지만 양효와 음효의 관계이기 때문에 짝짝꿍이 잘 맞

제3장_역경 화택규 **491**

[38]
睽

는다. 九二와 六五의 관계는 응당 합체合體의 관계이어야 하지만 괴리의 시기를 맞이하여 이 두 사람은 만나기가 어렵다. 서로를 사랑하면서 서로를 찾아 헤매지만 길이 엇갈릴 뿐이다.

그러다가 우연한 기회에 이 둘은 평범한 골목길에서 맞닥뜨린다(遇主于巷). 보통 같으면 서민인 九二가 군주인 六五를 만난다는 것은, 대단한 격식을 차려야 하고 번문욕례를 거쳐 궁궐대문으로 들어가는 의례를 따라야 한다. 그러나 괴리의 시대에는 오히려 이러한 격식을 떠난 만남이 가능한 시기이기도 하다. 진심이 동하여 상하가 소통되는 만남! 그 만남에 뭔 격식과 언어의 수식이 필요있으리오! 허물이 없다(无咎).

점을 쳐서 이 효사를 만나는 사람은 번문욕례에 구애됨이 없이 성심성의를 다하여 매사에 곧바로 몰두하라! 반드시 성공한다. 괴리된 세상이기에 오히려 이런 격외格外의 만남이 가능해진다.

> ## 六三: 見輿曳。其牛掣。其人天且劓, 无初有終。
> 육삼 견여예 기우철 기인천차의 무초유종

세 번째 음효: 六三은 上九와 應하는 관계이다. 이 六三의 효사는 六三이 괴리의 난세 속에서 上九를 만나러 가는 어려운 여정을 그리고 있다.

六三은 上九와 應하지만, 둘 다 자체의 문제가 있다. 六三은 음유부중정陰柔不中正 하고, 上九는 또 不中한 데다가 음위에 양효이니 不正하다. 六三과 上九는 만나야 할 운명이면서도 괴리의 시대이기 때문에 서로를 시의猜疑하고 서로를 쉽게 받아들이지 못한다. 그래도 六三은 수레를 타고 上九에게로의 여정을 떠난다. 그런데 그 수레는 아래에 있는 九二에 의하여 빠꾸를 당한다. 九二가 뒤에서 끌어당기는 것이다(見輿曳). 그리고 이 수레를 끌고 전진하는 소는 九四에 의하여 저지당한다(其牛掣). 음유한 세력이 九二, 九四의 이강부정二剛不正의 세력에 의하여 전진할 수 없는 고통을 당하게 된다. 六三은 上九와 화합할 수 있는 길이 막히고 두절된 상태에서 그 사람(기인其人은 六三 본인을 가리킴)은 이마에 문신을 당하고(天. 여기 "천天"이라는 글자는 머리정수리에 문신을 당한다는 의미, 또는 이마에 문신을 당한다는 두 가지 해석이 있다), 코를 베이는 형을 당한다(劓). 고난의 극치이다(其人天且劓). 특별히 죄도 없는데 단지 늦게 도착한다는 이유만으로 그런 무실無實의 형벌까지 받게 되는 것이다.

그러나 결국 진심과 본의의 성실함은 승리하게 되어 있다. 초기에는 악운만 가득하지만 결국 나중에는 유종의 미가 있게 된다(无初有終). 上九와 만나 소통이 이루어진다. 괴리의 시대에 어렵게 소통을 만들어가는 사람들의 이야기이다.

九四: 睽孤。遇元夫。交孚。厲, 无咎。
구 사　규 고　우 원 부　교 부　려　무 구

네 번째 양효: 九四는 대신大臣의 자리이다. 그러나 응효의 자리에 있는 초구初九 또한 양효이기 때문에 서로 감응을 일으키지 않는다. 그래서 九四는 모든 사태로부터 괴리되어 고독할 수밖에 없다(睽孤). 그러나 대신으로서 일을 하려면 반드시 동지를 필요로 한다.

재미있는 사실은 괴리를 뜻하는 이 규괘에서는 두 양이 교감하지 않는다는 음·양의 원리가 원칙대로 통하지만은 않는다는 사실이다. 九四는 初九를 찾아가 만난다. 初九는 양효이지만 初의 신선한 正을 지니고 있다. 그는 타락하지 않은, 리더십이 있는 사나이이다. 이 初九를 "원부元夫"라고 표현했다. "원元"은 원천적으로 선하다는 뜻이며 리더십이 있다는 것을 의미한다(元=首). 九四는 "원부元夫"를 만난다(遇元夫). 그리고 마음을 터놓고 진심을 토로한다.

서로 믿음이 생긴다(交孚). 지금은 양효끼리라도 힘을 합쳐 이 괴리된 상태를 극복해야 한다고 호소한다. 괴리된 세상에서 오히려 이러한 합심合心이 이루어진다. 물론 이들에게는 위험이 많이 도사리고 있다. 그러나 진정眞情의 교감이 있는 상태에서는 위험이 닥칠수록 오히려 허물이 없다(厲, 无咎). 그리고 뜻이 이루어진다(志行也。「소상전」).

六五: 悔亡。厥宗, 噬膚。往, 何咎。
육 오　회 망　궐 종　서 부　왕　하 구

다섯 번째의 음효: 六五는 음유하면서 양의 位에 앉았으니 不正하다. 그러면서 존위尊位의 책임을 지고 있으니 후회할 일이 많이 생길 수밖에 없다. 그러나 유순柔順하면서 中의 덕성을 지니고 있고, 지고한 위치에서 하괘의 九二와 정당한 음양관계로써 應하고 있다. 강건하고 중용의 덕이 있는 九二 현인賢人의 도움을 얻을 수 있기 때문에 전체적인 괴리의 상황에서도 후회할 일은 생겨나지 않는다(悔亡).

이 현명한 조력자 九二를 효사는 같은 동족의 사람이라 표현했다. "궐厥"은 "그其"의 뜻으로 별 의미가 없다. "종宗"은 동종同宗 친족간이라는 뜻이다. 그러니까 실제로는 믿을 수 있는, 기질이 같은 친구라는 의미다. "서부噬膚"는 제21 서합괘의 六二에 나온 "서부멸비噬膚滅鼻"와 상통하는 의미이다. "부膚"는 피부 밑의 야들야들한 돼지고기 부분을 가리키는데 "서부"는 씹으면 이빨의 아래위가 착착 맞아들어가는 "용이함"을 가리킨다. 뼈다귀를 씹는 것에 비하면 비계살 부분은 너무 기분좋게 씹힌다는 뜻이다. 九二와 六五의 의기투합 상태를 "궐종서부厥宗噬膚"라 표현했다.

이렇게 의기투합 하는 상태에서 모험을 시도하면(往), 무슨 장애가 이들을 가로막겠는가? 무슨 허물이 있겠는가(何咎)!

이 규괘는 전체적으로 관망해보면 확실히 나쁜 의미를 지닌 괘이다. 괴리되고 두절되고 융합이 안되는 사회의 모습을 그리고 있다. 그러나 재미있게도 효사들의 분위기는 괴리 속에서 합동合同되고 교감되는 희망적인 메시지를 전하고 있다. 역은 항상 절망 속에서 희망을 말하고, 두절 속에서 교감을 논한다.

上九: 睽孤。見豕負塗。載鬼一車。先張之弧,
상구 규고 견시부도 재귀일거 선장지호

後說之弧。匪寇, 婚媾。往遇雨, 則吉。
후탈지호 비구 혼구 왕우우 즉길

맨꼭대기 양효: 上九는 六三과 正應하고 있으며 고독하다고 말할 수는 없다. 그러나 강극剛極하며 명明(☲)이 과過하고 시의심猜疑心이 가득하여 인정仁情에 위배되는 짓을 많이 하여 위에 고립되어 있다(睽孤).

여기 上九의 효사는 응효인 六三의 효사, 그 행태와 관련지어 해석되어야 한다. 六三은 上九를 향해 소가 끄는 수레를 몰았다. 그러나 九二가 뒤를 끌어당기고, 九四가 앞에서 끄는 소를 저지시켰다. 上九는 이렇게 어렵게 곤란을 무릅쓰고 그에게 다가오는 六三을 도와줄 생각을 하지 않는다. 의혹의 눈초리로만 그를 바라본다. 그래서 수레를 끄는 소가 마치 진흙구덩이에서 뒹굴고 있는 더러운 돼지처럼 보인다(見豕負塗: 見은 피동을 나타냄. 塗는 진흙). 그리고 또 의심이 짙어지니까 六三이 이끌고 오는 사람 실은 수레가 마치 귀신을 한 수레 가득 싣고 오는 것처럼 보인다(載鬼一車). 피해망상에 걸린 上九는 먼저 활을 당긴다(先張之弧). 그러나 六三의 수레가 가까이 다가오자 그것이 자기의 시의심에서 비롯된 착각이라는 것을 깨닫게 된다. 얼른 팽팽하게 당겼던 활줄을 느슨하게 놓는다(後說之弧, 說은 탈脫로 읽는다).

최후적으로 깨닫는 것은 六三이 자기에게 적대하는 반대세력이 아닌(匪寇), 자기와 혼인하기 위해서 오는 신부라는 사실이다(婚媾). 두 사람은 서로의 본심을 깨닫고 화해하게 된다. 이것은 곧 규睽의 세계(반목反目의 코스모스)의 종언終焉이기도 한 것이다. 반목과 괴리가 극에 달하여 다시 화합하는 순간인 것이다. 이들은 새로운 인생의 모험을 떠난다(往, 遇雨). 비는 음양이 화합하는 만물의 소생을 상징한다. 결국 "吉"로 끝난다.

———— ✦ ————

어마어마한 서사시를 읽은 느낌이다. 이 규괘는 모든 효사가 서로 짝을 이루면서 그 의미가 조응照應되고 있다. 매우 치밀한 결구를 과시하는 명작이라 하겠다. 인간관계에서 서로 괴리되고 반목하게 되는 것은 대부분 사소한 의심으로부터 발생케된다는 것을 규괘는 말해준다. 사람마다 서로 다른 가치관이 있음을 인정하고 함부로 의심치 않는 것, 역易의 지혜이다.

初九의 "상마물축喪馬勿逐, 자복自復"은 九四의 "규고睽孤, 우원부遇元夫"와 짝을 이루고, 九二의 "우주우항遇主于巷"은 六五의 "궐종서부厥宗噬膚"와 짝을 이루고, 六三의 "무초유종无初有終"은 上九의 "왕우우往遇雨"와 한 짝을 이룬다.

점을 쳐서 이 효사를 만나는 사람은 의심을 자제하는 것이 좋다. 의심은 불화를 가져오고, 사람을 증오하게 된다. 결과적으로 그 증오는 나에게 돌아온다. 의심을 버리면 지금까지 원수처럼 여겼던 사람들로부터 큰 도움을 얻을 수 있다.

간하艮下
감상坎上 수산 건蹇

Destitution, Travails

괘명 "건蹇"이라는 글자는 우리 일상생활에서 친숙한 글자는 아니다. 형성자래서 상형의 특별한 의미도 없다. 그 일차적 의미는 "절름발이," "절뚝거린다"는 뜻이다. 그러니 잘 걷지 못한다는 뜻이 있으며 따라서 전진하지 못하고 곤경에 빠져 고생한다는 의미가 있다. "건각蹇脚"(절름발이), "건건蹇蹇"(고생하는 모양), "건둔蹇屯"(운수가 막힘) 등의 어휘가 있다.

「서괘전」에는 규괘에서 건괘로 넘어오는 논리적 연결을 다음과 같이 설명한다: "규괘의 규睽라고 하는 것은 어긋남, 괴리를 의미한다. 그런데 어긋나면 반드시 어려움이 생겨난다. 그래서 건蹇괘로 받았다. 건이라는 것은 곤란, 어려움, 난국難局을 의미한다. 睽者, 乖也。乖必有難, 故受之以蹇。蹇者, 難也。" 정이천은 이 괘의 상을 이와같이 설명한다: "건蹇은 험조險阻의 의미가 있다. 그래서 건난蹇難이 된 것이다. 괘의 형상을 살펴보면 감坎이 위에 있고, 간艮이 아래에 있다. 감坎은 험險이요, 간艮은 그침止이다. 험險이 앞에 있어 가로막고 있으니 앞으로 나아갈 수 없다. 앞으로 위험한 함정이 있고 뒤로는 높은 산이 막고 있다. 그래서 건蹇이라고 이름한 것이다. 蹇, 險阻之義, 故爲蹇難。爲卦, 坎上艮下。坎, 險也; 艮, 止也。險在前而止, 不能進也。前有險陷, 後有峻阻, 故爲蹇也。"

「대상전」의 저자는 이 상에 대하여 이렇게 말하고 있다.

山上有水, 蹇。君子以反身脩德。
산 상 유 수 건   군 자 이 반 신 수 덕

산 위에 물이 있는 모습이 건괘의 모습이다(백두산 꼭대기에 있는 천지의 모습을 연상하기 쉬운데 여기 上은 괘상의 上이므로 山 앞에 또 물이 있다는 식으로 해석하는 것이 옳다). 뒤에는 높은 산이 있고 앞에는 건너지 못하는 큰물이 있으므로 앞으로 나아가기 힘들다. 군자는 이 괘의 모습을 본받아(以), 전도가 곤란할 때에는 앞으로 나아가기보다는 일보 뒤로 물러나 자기자신을 반성하고(反身), 덕을 쌓는다(脩德).

괘사

蹇, 利西南, 不利東北。利見大人。貞, 吉。
건 리 서 남 불 리 동 북 리 견 대 인 정 길

건괘의 대세는 간난험조艱難險阻가 앞을 가로막고 있어서 전진하는 것을 곤란하게 만든다. 이럴 때는 이 곤란을 벗어나기 위하여 서남쪽의 평평한 땅을 향해 가는 것이 유리하다. 동북쪽의 산악지대를 향하여 가는 것은 이롭지 않다. 맹목적으로 돌파할 생각을 하는 것은 어리석다. 이러한 곤란을 극복하기 위해서는 반드시 대덕대재大德大才의 큰 인물(괘상 내에서는 강건하고 중정中正을 얻고 있는 九五를 가리킬 수도 있다)을 만나 상담하고 조력을 얻는 것이 좋다(利見大人). 고난 속에서는 변절을 하지 않는 것이 중요하다. 하느님과 소통하면서 계속 물음을 던져라(貞)! 정도를 고수하면 吉할 것이다.

문왕팔괘방위도文王八卦方位圖상으로 보면 동북방이 간艮☶이고 그 반대편인 서남방이 곤坤☷으로 되어 있다. 건蹇괘는 위가 물☵이고, 아래가 산☶이다. 곤☷은 포함되어 있지 않다. 즉 동북의 의미는 나오지만 서남의 의미는 나오지 않는다. 이에 대하여 주희는 『어류』72권에서 재미있는 설명을 한다.

효사의 작자는 상괘인 감☵을 곤☷으로 간주했다는 것이다. 일양이음一陽二陰의 괘, 즉 ☳, ☵, ☶은 모두 곤괘☷로부터 온 것이라는 것이다. 진震은 곤의 제1획변, 감坎은 곤의 제2획변, 간艮은 곤의 제3획변이라는 것이다. 『역』이 상징을 취하는 방식은 고정되어 있지 않다라고 말한다. 재미있는 설명이다.

우리 인생에서 막혀있는 처지, 곤란한 처지는 반드시 다가온다. 건蹇괘는 곤란에 처하는 우리 삶의 방식에 관하여 지혜를 준다.

효사

初六: 往蹇, 來譽。
초 육　왕 건　래 예

첫 번째 음효: **가면 간난에 빠지고, 오면 명예를 얻는다.**

———— ✦ ————

『역』에서는 "왕往"은 아래에서 위로 올라가는 것이고, "래來"는 위에서 아래로 내려오는 것이다. "래"가 여기서는 初六의 상황이므로 제자리에 가만히 있는 것이 된다. 初六은 음유陰柔하고 不正하며, 건난蹇難의 출발점이다. 位가 낮고, 재才가 약하고 상괘의 응원이 없다. 六四가 음효래서 응하지 않는다. 따라서 이러한 상황에서는 움직이지 않는 것이 상책이다. 앞으로 전진하는 것만이 인생의 선善이라는 생각은 잘못된 것이다. 맹진盲進은 간난艱難만을 증진시킨다. 인류문명의 어리석음은 앞으로 가기만 하고 뒤로 물러설 줄을 모른다는 것이다. 험險을 보고 적시에 멈출 줄 아는 자는 지혜로운 자로서 명예를 얻는다(來譽). 「소상전」은 "대시待時"라는 말을 쓰고 있다. "시時"는 카이로스(καιρός)의 의미이다.

인류의 20세기는 "과학의 세기"라 불러도 아무도 이의를 달지 않을 것이다. 과학은 진리성, 객관성, 가치중립성 등의 성격규정을 보장받았다. 그런데 과학의 가장 큰 병폐 중의 하나가 과학은 전진前進만 알고 멈춤을 모른다는 것이다. 과학은 과연 무조건 진보해서 좋은 것일까? 과연 과학은 진리의 체계일까? 요즈음 테크놀로지와 결부된 과학의 본질은 진리와는 거리가 멀다. 과학은 돈이고, 돈을 위해서 과학은 연구되고, 또 그 과학과 결탁된 자본을 위하여 인간이 희생되고 있다. 여기 멈추는 것이 예譽라는 효사의 의미를 잘 생각해볼 필요가 있다.

六二: 王臣蹇蹇。匪躬之故。
육 이   왕 신 건 건   비 궁 지 고

두 번째 음효: 六二는 유순중정柔順中正의 이상적 덕을 소유하고 있으며 九五의 천자天子와 정응正應의 관계에 있다. 그러니까 六二는 천자의 충량忠良한 대신이다. 여기 효사에 "왕王"이 등장하는 것은 九五의 천자가 험險☵의 한가운데 빠져있기 때문이다. 지금 九五의 왕을 구할 수 있는 자는 하괘의 중심인 六二밖에 없다. 六二는 왕신王臣(왕의 신하)으로서 있는 힘을 다하여 간난신고 속에 허덕이는 왕을 구출해내려고 모든 힘을 쏟고 있다(王臣蹇蹇). 六二가 건건蹇蹇하게(힘들여 수고하는 모습의 형용) 노력하고 있는 것은 "나 하나의 몸뚱이를 위함이 아니다"(匪躬之故). 대의를 위하여 헌신하고 있는 것이다. 여기 六二의 효사에는 아무런 길흉판단이 없다. 성패成敗에 관한 언급도 없다. 왜냐? 대의를 위한 노력은 성패를 전제로 하는 것이 아니다. 그것은 대의를 위하여 노력하는 것 그 자체에 절대적 가치가 있는 것이지 결과나 성과에 의하여 평가되는 것이 아니다. 이 효사가 말하는 "비궁지고匪躬之故"야말로 칸트가 말하는 정언명령Categorical Imperative과 상통하는 것이다.

九三: 往蹇, 來反。
구 삼   왕 건   래 반

세 번째 양효: 九三은 하괘에서 유일한 양효이며 강건剛健한 재목이다. 하괘의

최상위에 있으며 하괘의 두 음효는 이 九三에게 의지하려 하는 경향이 있다. 그러나 九三이 바라는 지향처는 상괘의 응효應爻인 上六이다. 그러나 上六은 음유陰柔하며 位가 없으며 실권이 없다. 전혀 의지할 수 있는 재목이 되지 못한다. 그러나 제3효인 九三은 "To be or not to be"의 결단에 몰리게 된다. "왕往"이라는 것은 상괘로 올라가는 것이다. 인생에 있어서 승진이라는 것이 꼭 장땡만은 아니다. 이 九三의 경우 올라가면 올라갈수록 험조간난險阻艱難의 상황에 겹겹이 둘러싸이게 된다. 감괘의 수렁에 빠지게 되는 것이다(往蹇). 생각을 돌려 자기 자리로 다시 내려오면 내괘의 본연의 분위기로 회귀하게 된다(來反). 初六과 六二, 모두 충정忠貞의 신하이며 九三과 같은 강명剛明한 인재를 요구하고 있다. 이들과 함께 손을 잡고 곤란을 타개해나가는 것이 九三의 정도일 것이다.

점을 쳐서 이 효사를 얻는 자는 무리한 승진을 시도하지 말지어다. 그대의 노력은 결코 받아들여지지 않는다. 오히려 자기의 본래적 자리에서 할 수 있는 일을 더 잘하는 것이 더 구원한 가치를 창조하리라! "진보"라는 맹랑한 서구적 가치에 기만당해온 인간들은, 자기 삶의 정당한 자리를 잃어버리고도 그것이 잘못된 선택이라는 것을 자각하지 못한다.

六四: 往蹇, 來連。
육사 왕건 래련

네 번째 음효: 六四는 이미 험난을 의미하는 상괘☵ 속에 들어와 있다. 험난의 제일 밑에서 치고 올라가려 해도 더욱 곤란한 곤경만이 닥칠 뿐이다. 그것을 "왕건往蹇"이라고 표현했다. 그 "왕往"에 대하여, "래來"라고 하는 것은 그 반대의 방향, 즉 하괘로 내려오는 것을 의미한다. 六四의 주인공은 음위에 음효, 正을 얻고 있는 정의로운 인물, 세상의 건난蹇難을 구하려는, 보편적인 가치에 대한 헌신이 있는 인물이다. 그런데 때마침 아래에 정의롭고(양위양

효陽位陽爻) 강건한 인물이 기다리고 있다. 혁명의 동지다! 六四는 아래에 있는 九三과 손을 잡고 세상의 간난을 구하려 한다. 이것을 효사는 "래련來連"이라고 아주 간결하고도 멋있게 표현했다.

혁명은 앞으로 나아가는 것으로만 이루어지지 않는다. 혁명은 궁극적으로 파워의 교체가 아니라 생활의 혁명이다. 이 혁명은 내려와서 동지들을 규합하여 자기와 이웃의 삶을 바꾸는 것이다. 예수의 천국운동도 하나님나라의 케리그마적 선포가 아니라 실제로 공동식사open commensality와 공짜치유free healing를 의미하는 것이었다. 그것은 당대 팔레스타인의 최하층민 서로간의 연대를 의미하는 것이었다. 예수는 요단강에서 갈릴리로 갔다. 그것은 "래련來連"이었다.

점을 쳐서 이 효사를 얻은 자는 독력으로 나아갈 생각을 하지 말라. 동지를 발견하고 규합하라. 때를 기다려라. 때가 차면 나아가라!

九五: 大蹇。朋來。
구 오 대 건 붕 래

다섯 번째 양효: 九五의 효사는 건蹇괘 전체의 상징이며 중심이다. 九五는 강건 중정剛健中正의 모든 품격을 지닌 훌륭한 천자이다(※ 천자라는 뜻은 "리더"를 의미하며 어느 상황에서도 적용가능하다). 그는 건난蹇難의 한가운데 빠져있으며 천하의 난難을 한몸에 걸머지고 있는 곤요로운 인물이다. 이 비상한 간난을 효사는 "대건大蹇"이라고 표현했다. 또한 九五의 천자는 대건 속에서 대건스럽게 어려움을 극복하려는 의지를 보이고 있기 때문에, 충절을 지키고 대의를 걱정하는 양신良臣들이 몰려들게 된다. 효사가 이들을 "신臣"으로 표현하지 않고 "붕朋"으로 표현한 것은 혁명동지들 사이에는 수평적 인간관이 있다는 것을 의미한다.

우선 六二는 九五와 正應의 관계이며 유순중정柔順中正의 신하이다. 九三도 강건하고 마음이 정의로운 영걸英傑이지만 九五와 직접 應하거나 比의 관계가 없다. 그러나 九三은 유순중정柔順中正한 六二와 比의 관계에 있으며 각별히 친하다. 九三은 六二의 자리로 내려와서 六二와 협력하여 혁명의 뜻을 키우고 있다. 그러기 때문에 九三 또한 六二와 더불어 六二와 正應관계에 있는 천자를 도울 수 있는 길이 열린다. 九三이 돕게 되면 九三과 관계를 맺은 모든 효들이 九五의 천자를 도운다. 그러니까 건괘의 모든 효들이 일심一心으로 九五의 천자를 도와 국가의 대난大難을 구하려고 노력한다. 이것이 바로 "붕래朋來"의 의미이다. "붕래" 후에 아무런 평어가 없다. "붕래"라 하여 반드시 흉한 일만 있지는 않기 때문이다. 九五의 단계에서도 건난蹇難은 아직 끝나지 않았다. 그래서 흉이라는 평어가 붙지 않았다.

건괘의 효사들을 읽다 보면 가슴이 벅차게 달아오르는 흥분을 느끼지 않을 수 없다. 『역』은 괘명이 비극적인 정황을 전달할수록 효사는 희망적이고 긍정적이고 격동하는 내용이 많다. 이것은 인간세에 윤리가 필요하게 되는 정칙과도 같은 것이다. 되돌아보건대 최근 우리정치사에는 "대건붕래大蹇朋來"의 감격이 너무도 부재했다. 우선 촛불혁명 후 5년이 "대건"이라는 인식이 없었다. 그래서 촛불혁명의 근원적 의미를 파멸시킬 인물들만 기용시켰다. 붕朋이 래來한 것이 아니라, 적敵이 침침浸한 것이다. 그들은 『역』이 말하는 "구구寇"였을 뿐이다. 너무도 뼈저린 반성을 강요하는 민중의 소리, 하느님의 물음(貞)이 아니고 그 무엇이랴!

그런데도 아직도 정신을 못차리고 있고 합심하여 온당한 리더십을 창출하지 못 하고 있다. 우리는 알아야 한다. 걸주가 폭군이래서가 아니라, 나라를 잃었기에 폭군이 된 것이다. 촛불의 에너지를 살리지 못하는 정권은 결국 해체되고 민중의 기억 속에서 사라질 뿐이다. 민중은 스스로의 정貞을 통하여 스스로를 구원할 뿐이다. 단지 기다림이 고통스러울 뿐이다.

【39】
蹇

上六: 往蹇, 來碩。吉。利見大人。
상 육 왕 건 래 석 길 리 견 대 인

맨꼭대기 음효: 여기 "왕건往蹇"은 "왕往하면 건"이라 읽지 않고, "왕往하려 하면 건이 기다리고 있을 뿐"이라 읽어야 한다. 上六은 음유陰柔하며 재능이 없고 난국을 타개할 힘이 없다. 더구나 上六은 건괘의 끝자리에 있어 더 올라가려고 해도 더 나아갈 곳이 없다. 난국을 타개하기 위하여 억지로 공을 세우려고 노력하면 할수록 더욱 난국에 빠질 뿐이다. 그러나 생각을 바꾸어(메타노이아μετάνοια) 거꾸로 가면 바로 위대한 리더인 九五가 있다. 九五와 힘을 합쳐서 난국을 헤쳐나간다면 풍석豐碩한 공적을 남길 수 있을 것이다. 이것을 효사는 "래석來碩"이라 표현했고, 곧 이어서 "吉"이라는 판단을 내렸다. 여태까지 건괘蹇卦에 吉이라는 판단은 한 번도 내려지지 않았다. 그러나 上六에서 처음이자 마지막으로 나타난다.『역』의 언어가 얼마나 정밀한가를 보여주는 대목이다. 여기서는 건괘의 건蹇이 끝나는 자리이기 때문이다.

대다수 주석가들이 "래來"를 九五에게가 아니라 응효應爻인 九三으로 가는 것으로 해석하는데, 그렇게 우회할 필요는 전혀 없다. 건난의 상황에서는 반드시 應을 따라갈 필요가 없다. 上六과 九五는 比의 관계이며 바로 갈 수 있다. 그리고 "리견대인利見大人"의 "대인"을 모두 九五로 해석하는데 그것은 넌센스이다. 九五는 건난의 주체이며 역전의 피눈물나는 노력을 하고 있는 리더이다. 그는 지금 건괘乾卦에서 말하고 있는 "대인"의 역할을 할 겨를이 없다. 대인은 어디에든지 있다. 上六과 九五의 합심의 노력이 대덕의 인간을 만날 때, 위대한 어드바이저를 만날 때, 이들의 노력은 풍요로운 결실을 맺는다는 의미이다. 지금 대한민국의 정가政街에는 대인大人이 없다. 그러나 생각을 바꾸어 찾으면 있다.

점을 쳐서 이 효사를 만나는 사람은 큰 인물을 찾아라! 그를 좇아서 대의를 구현하라. 난국을 타개할 방도가 생기리라.

40

감하坎下
진상震上 뢰수 해解

Dissolution,
Overcoming Agony

괘명 "해解"는 우리말로 "풀다" "풀리다"라는 단어가 가장 적합하게 그 뜻을 전한다. 숙제를 푼다, 문제가 해결된다, 그리고 "해빙解氷"이라 하면 얼음이 녹는다는 뜻도 된다. "해解"괘는 "해체Dissolution"를 의미하며, 간난의 해소를 의미한다Solution to the Agony.

나는 언젠가 이른 봄철에 하바로프스크의 아무르강변을 거닌 적이 있다. 거대한 아무르강이 겨울 내내 엄청난 두께로 얼었다가 봄철의 온기에 금이 가고 깨지고 부딪히는 소리가 천둥소리보다도 더 샤프하고 크게 들렸다. 그 쩌렁쩌렁하는 소리는 내 인생에서 내가 들어본 가장 심오한 자연의 울림이었다. 우레가 물(얼음) 위에 있다는 이미지는 나에게는 아무르강변을 생각나게 한다. 그 우레와도 같은 소리에 그 강변을 산책하는 청춘남녀 아베크 족속들이 환희작약하는 그 장면! 그 장면 속에서 나는 한국 최초의 콤뮤니스트이자, 여성이며, 이동휘의 스승이기도 했던 킴 알렉산드라 스탄케비치가 처형되었던 강변언덕을 찾고 있었다.

「대상전」의 저자는 뢰수의 수水를 비雨로 해석했다. 우레가 울리면서 봄비가 내리면 얼었던 모든 것들이 풀리고 만물이 소생하는 생성의 기쁨의 모습으로 이 상을 해석한 것이다. 주자는 『본의』에서 이렇게 말한다: "해解라고 하는 것은 건난蹇難의 해체를 의미한다. 험險을 상징하는 감괘에 거居하면서 능히 잘 움직일 수 있으니(상괘 진震☳은 동動), 이 괘는 전체적으로 험난함의 밖으로 나아가는 모습이다. 解, 難之散也。居險能動, 則出於險之外矣。"

「서괘전」은 건괘 다음에 해괘가 오는 이유를 이렇게 밝힌다: "건괘의 건蹇이라는 것은 환난을 의미한다. 그런데 사물은 환난 속에서만 끝나버릴 수는 없는 것이다. 그래서 해괘로 받았다. 해괘의 해解는 풀림緩이다. 蹇者, 難也。物不可以終難, 故受之以解。解者, 緩也。" 이에 대한 이천의 설명은 다음과 같다:

> 物无終難之理, 難極則必散。解者, 散也, 所以次蹇也。爲卦, 震上坎下。震, 動也; 坎, 險也。動於險外, 出乎險也。故爲患難解散之象。又震爲雷, 坎爲雨, 雷雨之作, 蓋陰陽交感, 和暢而緩散, 故爲解。解者, 天下患難解散之時也。

사물이 건난蹇難 속에서만 끝난다는 이치는 없으니, 환난이 극에 달하면 반드시 흩어지게 마련이다. 해解라고 하는 것은 흩어짐이다. 그래서 건괘蹇卦 다음에 오게 된 것이다. 해괘의 모습을 한번 살펴보자! 진震이 위에 있고 감坎이 아래에 있다. 진은 동動이고, 감은 험險이다. 험 밖에서 동하게 되면 험을 벗어나게 된다는 뜻이다. 그래서 해解에는 환난을 해산시킨다는 뜻의 상징성이 들어있다. 또한 진은 우레요, 감은 비雨가 되니, 우레와 비가 일어나는 것은 음양이 교감한다는 것을 의미한다. 화창한 봄날에 모든 것이 느슨해져서 흩어진다는 의미가 들어있으니 해괘가 된 것이다. 해解라고 하는 것은 천하의 환난이 해산되는 타이밍이다.

「대상전」의 저자는 이 괘를 어떻게 해석했을까?

> 雷雨作, 解。君子以赦過宥罪。
> 뢰 우 작   해   군 자 이 사 과 유 죄

우레와 비가 일어나는 모습이 해괘의 모습이다. 이때는 만물이 소생한다. 군자는
이 해괘의 모습을 본받아(以) 과실을 사면하고 형기를 단축시킨다. 사赦는 사면,
유宥는 벌의 경감.

———— ❧ ————

중국에서는 봄이 되면 죄수의 사형을 멈추고 늦가을 되어야 형을 다시 집
행한다. 내가 대만으로 유학한 그 해(1972년)에 이행李行 감독이 연출한『추결
秋決』이라는 영화가 개봉되었다. 천하의 명작이다. 추결을 기다리는 동안 부
잣집 망나니 죄수가 변모해가는 모습. 결국 용감하게 죄값을 받는다. 대만대학
곁에 있는 동남아희원東南亞戲院에서 보았다. 감동이었다.

괘사

> 解, 利西南。无所往, 其來復吉。有攸往, 夙。吉。
> 해   리서남   무소왕   기래복길   유유왕   숙   길

해괘라는 것은 건난蹇難의 세월이 지나가고 간난이 해소되고 있음을 나타내는
괘이다. 장기간에 걸친 간난고로苦勞가 드디어 풀리기 시작했으므로 곤坤의 방위인
서남쪽으로 리利가 있다(利西南). 곤☷은 대지를 상징하고 평탄하고 광활하며 무사평
온한 기운으로써 국가공동체를 운영해야 한다는 훈계를 내포하고 있다. 이 해괘는 괘
변으로 말하면 승괘升卦(䷭)로부터 왔다. 승의 九三과 六四를 서로 교환하면 해괘解卦
(䷧)가 된다. 승의 상괘가 곤☷이므로, 서남방에 리가 있다는 말이 괘상적 근거를
갖는다. 다음에 "무소왕无所往"은 나아갈 건덕지가 없다는 말인데, 간난의 세월이 풀
렸기 때문에 특별히 무엇을 해야 할 필요가 없을 때는 그러한 상황을 잘 파악해서 자
기의 본래적 위치로 돌아가면 吉하다는 것이다(其來復吉). 풀려났다고 함부로 행동하
다가 신세를 망치는 경우도 많다. 그러나 나서야 할 상황도 물론 있다. 그것은 해결하지

않으면 안되는 곤란이 아직도 남아있다는 것을 의미한다. 이때는 나아가서(有攸往) 과감하게 빨리 결단하여 문제를 해결해버려야 한다. 여기 "숙夙"이라는 글자는 "조속히 문제를 해결한다"는 뜻이다. 풀려날 시기에는 조속히 문제를 해결하는 것이 상책이다. 시간을 끌 필요가 없다. 숙夙하면 吉하다. 빨리 나아가고 빨리 돌아와라.

효사

初六: 无咎。
초 육　무 구

맨처음의 음효: 해괘의 출발이다. 간난이 풀리는 초기상태. 初六을 음유陰柔하고 正하지 않다(양위음효) 하여 미천한 소인小人으로 간주하는 것은 과도한 해석이다. 九四와도 음양 바르게 상응하고 있고, 九二와도 상비相比하고 있다. 매우 침착하고 눈에 띄지 않게 행동하는 인물이다. 대길大吉이라 할 것은 없지만 허물이 있을 까닭이 없다(无咎). 풀림의 초기에는 이와같이 조용한 것이 좋다.

九二: 田獲三狐, 得黃矢。貞, 吉。
구 이　전 획 삼 호　득 황 시　정 길

두 번째 양효: 九二는 양효로서 하괘의 중앙에 위치하는 매우 중요한 인물이다. 양효이니까 강건하고, 또 중용의 미덕이 내재화되어 있다. 천자의 位에 있는 六五가 음효로서 九二와는 잘 감응하도록 되어 있다. 九二는 천하의 간난을 해소하는 영걸英傑이며, 아직도 처리해야 할 일들이 많다. 九二가 사냥을 나가(田), 세 마리의 여우를 잡고(獲三狐), 그 여우몸에 이미 박혀 있던 황동의 화살을 얻었다고(得黃矢) 한 것은 중요한 의미를 지닌다. 세 마리의 여우는 六五의 천자를 둘러싸고 있는 세 음효(三爻=三狐)를 가리킨다. 初六, 六三, 上六의 삼음三陰은 복심이 시커먼, 나라를 어지럽히는 소인들이다. 九二는 천자의 신임을 얻어 이들을 제거시켰다고 해석된다.

황동의 화살(황시黃矢)이란 두 가지 의미를 지닌다. 황색은 우선 중앙토의 색으로 천자의 색깔이다. 다시 말해서 황시를 얻었다는 것은 천자의 인가를 받았다는 뜻이다. 또 하나의 의미는 화살은 꾸불거림이 없이 곧바로 나아간다. 그것은 나쁜 놈들을 가차없이 곧바로 처단한다는 것을 상징한다. 그렇게 九二가 중용의 미덕을 보지하면서도 과단성 있게 일을 처리할 때, 이 나라와 이 개인에게는 길운이 찾아온다. 미래를 물으면(貞) 吉하다. 즉 "풀림"의 방향이 잘 잡힌다는 얘기다.

六三: 負且乘。致寇至。貞, 吝。
육삼　부 차 승　치 구 지　정　린

세 번째 음효: 六三은 음유하며 不中不正하다. 그러면서 하괘인 감괘坎卦의 최상에 있다. 三은 대체적으로 불안한 자리이다. 이 인물은 도덕재능이 부족하고 인품도 초라한데 억지로 점프하여 九四의 大人에게 잘 보여 고위고관 노릇을 하고 있는 듯이 보이는, 뭔가 잘 들어맞지 않는 인물이다. 이 자의 꼴을 효사의 작자는 너무도 재미있게 표현했다. 이것은 괴나리봇짐을 걸머진 꾀죄죄한 행색의 천민(負: 봇짐을 걸머진 자)이 고관이 타고 다니는 삐까번쩍하는 수레를 타고 가며(乘) 폼잡는 꼴과도 같다(負且乘). 이 꼬라지는 당장 도둑놈들을 꼬이게 만드는 원인을 제공할 뿐이다. 괴나리봇짐이고 수레고 다 도둑질 당할 뿐이다(致寇至).

고관자리에 억지로 앉은 놈이 대중의 신뢰를 얻을 수 없을 뿐 아니라, 나라를 어지럽히는 원인이 아니 될 수 없다. 아무리 합법적인 절차를 밟아 그 고위의 자리를 얻었다 할지라도, 도덕재능이 결핍되어 있는 자가 고위에 앉아있으면 자기 스스로 고통스러울 뿐이다. 점을 치면 후회스러운 일만 있다(貞, 吝).

───※───

우리나라는 과학기술, 예술, 학술 분야에 있어서 세계적으로 높은 평가를 얻고 있음에도 불구하고 정치는 매우 후진적인 양상에 머물고 있다. 六三과 같은 인물들이 너무 많기 때문이다. 철저한 반성을 요구한다. 역사는 우리의 반성을 위하여 존재하는 것이다. 점을 쳐서 이 효사를 만나는 자여! 실력이 안되면서 높은 자리를 탐하지 말라! 반드시 실패한다. 괴나리봇짐을 지고 롤스로이스를 몬다 한들 그것이 뭔 의미가 있으랴!

九四: 解而拇。朋至, 斯孚。
구 사　　해 이 무　　붕 지　　사 부

네 번째 양효: 너의 엄지발가락을 풀어 버려라! 그리하면 진정한 동지들이 너에게로 모이게 될 것이다. 그리하면 믿음과 성실함으로 일을 잘 풀어나갈 수 있으리라.

――――― ❧ ―――――

여기 "이而"는 "爾," "너"라는 뜻이다. "해解"라는 글자는 본시 소(牛)의 뿔(角)을 칼(刀)로 자르는 뜻의 전형적인 회의자會意字이다. 『장자』의 「양생주養生主」에 매우 유명한 "해우解牛"의 일화가 하나 실려있다. 포정庖丁이 문혜군文惠君(맹자가 만난 양혜왕이라고는 하나 픽션)을 위하여 소를 잡는 이야기이다.

여기 九四는 양강한 효이지만 陰位에 있으므로 부정하다. 그런데 이 九四는 初六과 음양으로 應하고 있는데 初六 또한 양위에 있는 음효이므로 不正하다. 어차피 不正한 자들끼리 應하고 있는 것이다. 그러나 九四가 진정한 우레의 멤버가 되기 위해서는 不正한 初六과의 짝짜꿍을 단절시켜 버려야 한다.

"너의 엄지발가락을 풀어 버려라(解而拇)"는 뜻은 우선 "엄지발가락"은 나의 몸의 최하위에 있으면서 또 내 몸에 영향을 주는 꼬무락지 같은 것이다. 여기 "解"는 엄지발가락을 잘라버리라는 뜻이 아니고 "初六을 멀리하다," "初六과의 관계를 단절시켜라"라는 뜻이다(初六 대신 六三으로 보는 시각도 있다).

지금 九四는 영향력 있는 대신大臣이다. 그리고 이 괘는 해괘解卦다. 간난의 세월(건괘蹇卦)을 풀어내는 괘다. 진정으로 간난을 해결하기 위해서는 누적된 썩은 관계들을 잘 잘라버려야 한다. 우리 국민이, 소신을 가지고 정의를 선택한 대다수의 민중이 절실하게 바라는 것이 바로 "해이무"의 결단이다. 자신의 엄지발가락과도 같은 소인배들을 잘라내야 하는 것이다. 그대들에게 조그만큼이라도 권력이 있다면 그 권력은 그대의 것이 아니다. 나라를 망치고 있는 썩은 발가락들을 잘라버리라고 권력이 주어진 것이다. 너의 발가락을 풀어 버리면 소인들은 물러나고, 진정한 친구, 혁명의 동지들이 그대에게 모이게 되리라(朋至). 그리하면 서로 믿고 서로 성의를 다하여 解의 형국을 완성해가리라(斯孚). "사부斯孚"는 "바로 여기에서 진실하게 완성된다"는 뜻이다.

점을 쳐서 이 효사를 만나는 사람은 친한 친구와 이별하지 않으면 안되는 상황에 직면하리라! 이별해라! 끊어라! 더 좋은 친구가 너에게 모이리라! Amen.

六五: 君子維有解。吉。有孚于小人。
육 오   군 자 유 유 해   길   유 부 우 소 인

다섯 번째 음효: 六五의 군자는 오직 기존의 관계를 단절하는 일만을 행한다. 그리하면 吉하다. 六五의 영명한 인군人君이 단절시키는 대상은 소인일 수밖에 없다. 그 단절의 성과는 소인이 떠난 자리에서 실증되게(有孚) 마련이다.

여기 六五의 군자君子는 천자를 말하는 것이며 실제적으로 해괘解卦의 주체이다. 그러니 당연히 이 리더가 하는 일은 "해解"(풀음, 구악의 단절, 갱신)일 수밖에 없다. "유維"는 발어사로서 특별한 의미가 없다. "부孚"는 "신험信驗된다," 즉 "구체적인 사실로서 입증된다," "증명된다"는 뜻이다. 동학에서 말하는

"신信"의 의미에도 항상 "험驗"의 의미가 들어 있다. 우리 현대어의 최대 오염 중의 하나가 "신信"이 기독교신앙적인 "Belief"로 해석된 것이다. 우리의 전통적인 "신信"은 맹목적 믿음(의타依他)이 아니라 구체적 증명(입증立證)이다.

이 괘에는 음효가 4개 있다. 그 중에 六五는 군위君位이므로 제외된다. 나머지 3음효는 모두 소인小人의 성격이 있다. 군자는 군자와 사귀어야 한다. 그러므로 삼음三陰을 멀리한다. 삼음과의 관계의 단절을 "유유해維有解"라고 표현했다. 소인이 물러나면 군자들이 몰려들게 되어 있다. 떠나간 소인들에 의하여 해解의 결단은 입증되게 마련이다(有孚于小人). 吉하다.

九二, 九四의 양강한 보좌에 의하여 六三의 소인을 물리친다는 해석도 있으나 취하지 않는다. 이 구절에 대한 정이천의 해석이 나의 해석과 거의 같다.

六五居尊位, 爲解之主, 人君之解也。以君子通言之, 君子所親比者, 必君子也; 所解去者, 必小人也。故君子維有解, 則吉也。小人去, 則君子進矣。吉孰大焉! 有孚者, 世云見驗也, 可驗之於小人。小人之黨去, 則是君子能有解也。小人去, 則君子自進, 正道自行, 天下不足治也。

六五는 존엄한 位에 거하여 해괘解卦의 주체가 되었으니 이 효사는 인군人君의 品, 즉 지존의 단절시킴을 말하고 있는 것이다. 존위의 군자 입장에서 전체를 통언通言하면, 군자가 친비親比하는 자는 군자일 수밖에 없다. 풀어 잘라버리는 자는 반드시 소인일 수밖에 없다. 그러므로 군자가 기존의 관계를 단절시키는 일만을 행하면 吉하다라고 말한 것이다.

소인이 물러나면 군자들이 모여든다. 길함에 있어서 이보다 더 좋은 일이 무엇이 있으리오! 유부有孚라고 말한 것은 세상에 증험되어 나타난다는 뜻이니, 해解의 결단은 소인에게 증험될 수 있다는 뜻이다. 소인들의 당파가 물러나면, 곧 군자들이 품의 세상을 주도하게 된다. 소인이 떠나면 군자가 스스로 그 자리를 메우게 되니 정도正道가 스스로 행하여진다. 이렇게 되면 천하는 다스리지 않아도 스스로 다스려진다.

우리나라 정치사에 있어서 군자와 소인의 관계는 어떻게 될까? 누가 과연 소인이고 누가 과연 군자일까? 이러한 문제는 개방적인 토론을 요구한다. 그 최종적 기준은 민의民意이지만, 민의 자체가 매우 복합적인 착종의 관계이기 때문에 시공의 복잡계 속에서 역동적으로 파악되어야 한다. 제일 큰 함수는 역시 남북관계에 대처하는 자세에 관한 것이고, 미국을 응대하는 방식에 관한 것이다.

上六: 公用射隼于高墉之上。獲之, 无不利。
상 육 공 용 석 준 우 고 용 지 상 획 지 무 불 리

맨꼭대기 음효: 上六은 이 해괘의 최고위이다. 六五만큼 지고하지 않기 때문에 주어가 "공公"이 된 것이다. 공작公爵의 제후이다. 上六은 유순하며 정의롭다 (음위에 음효). 그래서 해괘의 해의 최후 마무리를 담당한다. 여기 "준隼"은 매 (송골매, 중형맹금류. falcon)이며 상당히 거칠고 사나운 새로서 인간세에 해를 끼치는 소인으로 상징화되고 있다. 길들여진 좋은 매사냥으로 좋은 역할도 하지만, 보통 야생의 매는 가축을 해치는 새이다. 매는 하늘을 나는 새들도 가차없이 공격하여 잡아먹는다.

上六의 공公은 높은 담 위에서(于高墉之上: "용墉"은 토담을 가리킨다. 上六의 본거지가 해괘의 가장 높은 位이기 때문에 고용高墉이라 한 것이다) 불상응不相應의 고위를 탐하여 날아드는 송골매를 쏘아 떨어뜨림으로써(公用射隼于高墉之上) 解의 과업을 완수한다. 이 효사에 관하여 「계사전」下5에 공자의 말씀으로 되어 있는 상세한 주석이 있다. 공자는 말한다:

준隼이라는 것은 맹금의 일종이다. 그리고 활과 화살이라는 것은 잡는 수단이 되는 기물器物이다. 쏘는 주체는 사람이다. 군자는 반드시 그 기물을 몸에 감추고 있어야 한다(실력이 항상 배양되어 있어야 한다). 그러다가 그때를 당하여 움직이는 것이니, 무슨 이롭지 아니함이 있을 수 있겠는가? 그가 움직임에 그 움직임을 방해하는 장애물이 아무 것도 없다. 그러므로 나아가자마자 곧 매를 잡아들인다. 이것은 기물(수단)이 완성되어 있고 나서 때에 맞추어 움직인다는 뜻이다.

隼者, 禽也; 弓矢者, 器也; 射之者, 人也。君子藏器於身, 待時而動, 何不利之有? 動而不括, 是以出而有獲。語成器而動者也。

이순신에게도 전쟁발발 당시 이미 판옥선과 거북선, 그리고 온갖 사이즈의 대포가 준비되어 있었다. 아무리 명장이라 한들 이런 기器가 없이는 백전백승의 놀라운 성과는 기대할 수 없었다. 맥락이 정확하게 맞아떨어지는 것은 아니지만 「계사」의 이 언급은 사회를 안정시키고 매듭을 푸는 길은 기물을 완성하고 때를 기다려 동動하는 것에 있음을 말한 것이다. 解의 종국적인 측면이 내면의 실력과 때의 활용에 있다는 것을 강조한 것이다. 매를 제때에 잡으니 이롭지 아니함이 있을 수 없다(獲之, 无不利).

정이천은 말한다: "해괘의 종終에 이르렀는데도 아직 풀리지 않았다는 것은 패란悖亂의 큰 것이다. 쏨은 이것을 풀기 위한 것이니, 풀면 천하가 평화로우리라. 至解終而未解者, 悖亂之大也。射之, 所以解之也。解, 則天下平矣。"

태하兌下
간상艮上 산택 손損

Decrease

[괘명] "손損"은 우리 일상생활에서 많이 쓰이는 글자이다. "손損"하면 먼저 "손해본다"는 생각을 하기 쉬운데 가장 원초적 의미는 우리말의 "던다"에 가장 가깝다. 『설문해자』에서도 손을 "감減"이라 하였으니 "덜어낸다, 줄인다"는 뜻이다.

손損과 익益은 『논어』에서도 한 짝으로 쓰이고 있다. 공자가 "나를 보태주는 친구가 세 종류가 있고, 나를 깎아내리는 친구가 세 종류가 있다. 益者三友, 損者三友。16-4"라고 하였다. 또 "나를 보태주는 즐거움이 세 가지가 있고, 나를 깎아내리는 즐거움이 세 가지가 있다. 益者三樂, 損者三樂。16-5"라고 하였다.

『역』에서는 양陽을 "남는다, 여유가 있다"라고 하고, 음陰을 "모자라다, 부족하다"라고 생각한다. 손괘는 "하괘를 덜어서 상괘에 보탠다"는 의미를 지니고, 익괘는 "상괘를 덜어서 하괘를 보탠다"는 의미를 지닌다. 모두 양陽을 덜어서 음陰을 보태준다는 의미를 주로 하고 있다. 손損의 괘는 하괘인 택澤의 바닥의 흙을 준설하여 상괘인 산山의 흙에 보태어 더 높게 만든다는 의미를 지니고 있다. 다시 말해서 못이 깊으면 깊을수록 산은 높아진다.

제후가 그 나라의 부富를 덜어내어 천자에게 헌상하는 것은 손괘의 모습이다. 건乾의 괘☰의 최상위의 양효를 덜어내어 음효로 하면 태괘☱가 된다. 곤坤의 괘☷의 제일 위의 음효를 보태어 양효로 하면 간艮괘☶가 된다. 손損의 괘☶는 이와 같이 아래를 덜어내어 위에다가 보탠 모습이다. 그래서 손損이라고 이름하는 것이다. 하괘를 중심으로 이름하는 것이다.

「서괘전」은 해괘 다음에 손괘가 오는 이유를 다음과 같이 설명한다. 기실 양자간에 상수학적 관계는 없다: "해解라고 하는 것은 느슨해진다는 것을 의미한다. 그런데 느슨하면 반드시 잃어버림이 있다. 그래서 손괘損卦로 바톤을 이었다. 解者, 緩也。緩必有所失。故受之以損。"

이에 대해 이천의 긴 설명이 붙어있는데 매우 명료하게 이 괘 전체의 의미를 설명하고 있으므로 좀 길지만 인용하기로 한다.

> 縱緩則必有所失, 失則損也, 損所以繼解也。爲卦, 艮上兌下。山體高,
> 澤體深。下深則上益高, 爲損下益上之義。又澤在山下, 其氣上通, 潤
> 及草木百物, 是損下而益上也。又下爲兌說, 三爻皆上應, 是說以奉上,
> 亦損下益上之義。又下兌之成兌, 由六三之變也; 上艮之成艮, 自上九
> 之變也。三本剛而成柔, 上本柔而成剛, 亦損下益上之義。損上而益於
> 下則爲益, 取下而益於上則爲損。在人上者, 施其澤以及下, 則益也。
> 取其下以自厚, 則損也。譬諸壘土, 損於上以培厚其基本, 則上下安固
> 矣, 豈非益乎。取於下以增上之高, 則危墜至矣, 豈非損乎。故損者, 損
> 下益上之義, 益則反是。

풀어놓아 느슨해지면 반드시 잃어버림이 있고, 잃어버림이 있으면 손損이 되니, 손괘가 해괘를 이어받은 이유이다. 이 손괘의 괘상을 뜯어 보면 간艮괘가 위에 있고 태兌괘가 아래에 있다. 산의 체體는 높고,

못의 體體는 깊다. 아래가 깊으면 깊을수록 위는 더욱 높아지게 되어 있으니, 이는 아래를 덜어내어 위에다가 보탠다는 의미가 되는 것이다. 또한 못이 산 아래에 있으니 그 못의 氣가 위로 통하여 초목백물을 윤택하게 만드니, 이것 또한 아래를 덜어서 위를 보탠다는 의미가 되는 것이다. 또한 아래의 태괘兌卦는 기뻐한다는 뜻이 있고, 태괘의 세 효가 모두 상괘의 효와 應하고 있으니, 이것은 기쁨으로써 위를 받든다는 의미가 있다. 결국 이것 또한 아래를 덜어 위를 보탠다는 의미가 있다. 또한 아래의 태괘兌卦가 태괘가 된 까닭은 六三의 효가 건괘로부터 변한 것이기 때문이요, 위의 간괘艮卦가 간괘가 된 까닭은 上九의 효가 곤괘로부터 변한 것이기 때문이다. 三은 본래 강한 것인데 유柔로 변하였고, 제6효는 본래 유한 것이었는데 강剛으로 변하였다. 이것 또한 아래를 덜어 위에다가 보탰다는 뜻이 되는 것이다.

위를 덜어서 아래를 보탰다면 그것은 익益이 되는 것이요, 아래를 덜어내어 위에다 보탰다고 하면 그것은 손損이 되는 것이다.

사람의 위에 있는 자(지배계급)가 은택을 베풀어 아래 민중에게 미친다고 하면 그것은 익益이 되는 것이요, 아래 민중의 것을 빼앗아 자기를 살찌우게 하면 그것은 곧 손損이 되는 것이다. 예를 들면 흙을 다져 성벽을 만들 때, 위쪽을 깎아내려 그 기층의 근본을 후덕하게 만들면 상·하가 모두 안정되고 단단해질 것이니 어찌 익益이 아니겠는가! 아래를 파내어 위에다 보태 높이기만 한다면 그것은 무너질 위험에 이르게 될 것이니 어찌 손損이 아니겠는가! 그러므로 손損이라 하는 것은 아래를 덜어 위를 보탠다는 의미가 있고 익益은 그 반대라는 사실에는 변함없는 진리가 들어있다.

송대 유학의 기본정신을 잘 나타낸 글이라 할 수 있다. 결국은 인간세의

"정치"라 하는 것은 "손"과 "익"의 문제인 것이다. 지배계층의 부를 덜어 내리느냐? 하층민의 고혈을 더 착취하느냐의 적나라한 문제의식 속에서 어떤 방식의 발란스를 취하느냐가 결국 정치의 핵심인 것이다.

「대상전」의 저자는 뭐라고 말하고 있을까?

山下有澤, 損。 君子以懲忿窒欲。
산 하 유 택   손   군 자 이 징 분 질 욕

산 아래에 못이 있는 것이 손괘의 모습이다. 이것은 못의 흙을 파내어 산을 더 높게 만드는 것이니, 자기 몸을 깎아 이상을 드높게 만드는 상이다. 군자는 이러한 손괘의 "자기깎음"을 본받아(以) 나의 몸에 내재하는 분노와 욕망을 덜어내어 버린다. 즉 분노를 억제하고 사욕私欲을 제압한다. 택을 사적인 영역으로 보고 산을 공적인 영역으로 볼 수 있다. 사적인 영역을 깎아내어 공적인 영역을 보탠다는 것은 군자의 기본도덕이다.

———— ❧❧❧ ————

이 「대상전」의 메시지로부터 송유들은 "존천리거인욕存天理去人欲"의 명제를 끄집어내었다. 그러나 실상 이 「대상전」의 본의는 인간내면의 도덕에 관한 얘기가 아니라, 지배계급(君子)의 "깎아내림"에 관한 것이다. 즉 인민을 착취하는 "덜음"에 대하여 인민을 착취하는 자기들의 사욕을 억제시켜야 한다는 사회적 메시지를 발하고 있는 것이다. 손괘의 주체가 민중이 아니고 군자이므로 이러한 의미맥락은 너무도 당연한 것이다. 지배계급의 "징분질욕懲忿窒欲"은 인민에 대한 손損을 완화시키는 것이다. 「대상전」은 철저히 사회과학적 맥락에서 괘의 상象을 본다. 오늘날 우리나라 정치인들이 삶의 모토로 삼아야 할 것도 징분질욕이다. 분노를 억제하고 사욕을 제압하라!

損, 有孚。元吉。无咎。可貞。利有攸往。曷之用。
손　유부　원길　무구　가정　리유유왕　갈지용

二簋可用。享。
이 궤 가 용　향

　"손損"이라는 것은 결국 아래(하괘)를 덜어 위(상괘)에 보탠다는 것인데, 이것은 우리 감각으로는 매우 부정적으로 들린다. 칼 맑스가 혁명이론을 제기한 것도 결국 上이 下를 너무도 착취하는 현상에 대한 반발이었고, 결국 맑스의 이론으로 전 인류가 평등에 대한 새로운 인식을 갖게 되었다. 그러나 맑스의 이론이 새로운 보편적 인식을 심어주었다 해도 맑스의 혁명이 현실적으로 성공한 사례는 하나도 없다. 러시아도 공산주의에서 벗어났고, 동구도 무너졌고, 소비에트연방국가들도 공산주의라면 진저리를 치고 있고, 중국은 자본주의 불평등구조의 첨단을 달리고 있다. 북한이 하나 남아있는 듯하지만 북한은 애초로부터 공산주의국가가 아닌 김일성주의 주체사상국가였다. 북한은 주체를 지키고 있는 것이지 공산주의를 지키고 있는 것이 아니다.

　이것은 무엇을 의미하는가? 맑스는 역사관이 부실했고, 인성론이 없었고, 삶의 철학, 특히 천지자연에 대한 이해가 없었다. 환경론적 고려가 거의 없었다. 에콜로지가 없는 평등주의는 새로운 불평등과 착취를 만들어낼 뿐이다. 맑스는 자연에 대한 이해가 없이 문명에만 매달렸다. 『역』에는 아포칼립스가 없다. 그러나 맑스에게는 아포칼립스가 전부라 말해도 할 말이 없다. 그의 공산사회 그 자체가 아포칼립틱한 이상사회인 것이다. 혁명 이후의 세계를 맑스는 전혀 제시하지 못했다. 혁명 이후 사회에 대한 그림이 전무한 것이다. 혁명 그 자체의 당위성, 그 프로세스의 필연성만을 기술한 것이 그의 『자본론』이다. 그래서 공산주의 이후의 사회는 더 악랄해진 자본주의의 횡포에 시달리고 있는 것이다. 맑스는 예수의 제자가 아니라 바울의 제자일 뿐이다.

　이 손괘는 어차피 인간이 군집동물이고 사회를 형성하여 살 수밖에 없는 동물인 이상, 下를 덜어내어 上을 보태는 현상은 불편한 진실인 동시에 인간사회의 필연이라고 말한다. 국가사회의 유지가 돈이 드는 것이고, 그 돈은 국민의 세금으로부터 나온다. 오늘날 민주사회건 공산사회건 이 사실은 전혀 변화가 없다. 검찰이 발호하고 판사가 판결의 권위를 과시하는 것도 다 下의 돈으로 이루어진 시스템의 작동일 뿐이다.

따라서 "損損"은 현실이다!『역』은 이 하나의 명제로부터 출발한다. 그런데 "損損, 유부有孚"라는 것은 "덜어내는 방식이 성실함이 있어야 한다"는 것이다. 덜되 민심의 찬동이 있는 수준에서 덜어야 한다는 것이다. 여기 "유부有孚"는『중용』이 말하는 "성誠"을 의미하는 것이고, 자연의 순환을 전제로 하는 음양론적 상부상조를 가리키는 것이다. 자연에는 과도한 착취가 없다.

덜어내되, 성실함이 있어야 한다. 덜어냄을 당하는 민중에게 믿음을 주어야 한다(損, 有孚). 그리하면 원천적으로 吉하리라(元吉). 사회적 혼란을 발생시키는 그러한 허물이 없으리라(无咎). 그리하면 너희는 점을 칠 수 있으리라(可貞). 하느님께 너희 미래를 물을 수 있게 되리라. 나 하느님은 너희에게 말한다. 너희들이 가는 길에는 이로운 일만 있으리라(利有攸往). 損損은 바람직하지 않게 보일 수도 있지만 성의가 있기에 새로운 모험을 시도할 만하다. 앞으로 나아가라! 나아감에 하느님께 제사를 지내야 한다.

이때 과연 하느님께 드리는 제사음식을 무엇으로 할까(曷之用)? 화려하게 차리지 마라! 손괘를 당하여, 민중의 삶을 덜었는데 그것으로 화려하게 신에게 바치면 안된다. 오직 두 그릇의 제사상이면 족하다(二簋可用). 하느님께서는 너희들의 성실함을 느끼시고 향수하실 것이다(享). "갈지용曷之用"의 "갈曷"은 "하何"와 같다. "무엇을 제삿상에 쓸 것인가?"라는 뜻이다.

『논어』「양화」11에 공자의 말이 있다: "예禮다! 예다!라고 말하지만, 어찌 그것이 옥백玉帛을 말하는 것이겠느뇨? 禮云禮云, 玉帛云乎哉?"예라는 것은 옥이나 비단으로 장식된 상징체계가 아니라 그 내면에 깃든 인간의 진실한 마음이라는 것이다.

初九: 已事遄往。无咎。酌損之。
초 구　이 사 천 왕　　무 구　　작 손 지

맨처음의 양효: 여기 "천遄"은 "빠르다"는 의미이다. 천발遄發하면 빨리 떠난다는 의미이고, 천행遄行, 천정遄征하면 빨리 간다는 의미이다. 그런데 "이사천왕已事遄往"에 관해서는 이설이 많다. 역시 정주의 생각을 따르는 것이 제일 무난하다는 생각이 든다.

初九는 位가 正하다. 양위에 양효로서 씩씩하고 정의로운 자이다. 그런데 **初九**는 六四와 應한다. 正應이다. 그런데 六四는 너무 약해서 병에 걸렸다. "이已"에 "병을 낫게 한다癒"는 뜻이 있어서 그렇게 전제하는 것이다. 양효는 아무래도 남아돌아 가는 힘이 있고 음효는 부족을 의미하기 때문에 初九의 양을 덜어 六四의 음에게 보태주는 것이 당연하다고 보는 것이다. 어차피 손괘이니까. 고치러 가야 한다면 빨리 신속히 가라(已事遄往). 그래야 허물이 없으리라(无咎).

그러나 정이천은 六四의 병을 전제로 하지 않는다. 그냥 **初九** 자신의 문제로써만 푼다. 너의 일을 완수했다면(已事) 그 일에 머물지 말고, 신속히 새 일을 찾아가라(遄往)! 그리하면 허물이 없을 것이다(无咎). "이사천왕"을 그렇게 푼다. 즉 노자가 말하는 바, "공성이불거功成而弗居"(제2장)의 뜻으로 푸는 것이다. 주자는 六四를 도와주러 간다는 사실의 전제를 없애지 않는다. 그리고 말한다: "이왕 도와주러 갈 것이면 네가 하던 일을 멈추고 신속히 가라! 속히 가서 더해주는 것이 허물이 없는 길이다. 輟所爲之事而速往以益之, 无咎之道也。"

마지막의 "작손지酌損之"는 아래 있는 자가 자기를 덜어서 위에 있는 자에게 보태줄 때에는, 없는 자기를 덜어내는 것이므로 그 천심淺深을 잘 헤아려서 덜어내야 한다는 것이다. "작酌"은 헤아린다는 뜻인데, 과·불급이 있어서는 아니 된다는 뜻이다.

요즈음과 같이 있는 자와 없는 자가 구조적으로 고정되어 있는 세계에서 아래를 덜어낸다는 의미맥락에의 "손損"이라는 것은 미덕이 되기 힘들다. 그러나 이 『역』이 쓰여지던 시기에는 下와 上의 경계가 지극히 모호했던 시기이며 쏘시알 모빌리티social mobility가 활발했던 시기였다는 것을 가정해도 좋을 것 같다.

九二: 利貞。征凶。弗損益之。
구 이   리 정   정 흉   불 손 익 지

두 번째 양효: 九二는 아랫괘의 중심이며 中을 얻고 있다. 강의剛毅한 인물로서 중용을 지킬 줄 아는 당당한 재목이다. 중용의 덕성을 지킨다는 것은 함부로 움직이거나 망동하여 전진하지 않는다. 九二는 六五의 군주와도 음양 바르게 應하는 포지션에 있다. 그러나 九二는 六五에게도 비굴하게 아양 떨지 않는다. 자기를 굽히지 않고 자기자리에서 중용을 지킨다.

"리정利貞"이라는 것은 자기 미래에 관하여 스스로 물어본다는 것을 의미하며, 중용의 자리를 지킨다는 것을 의미한다. 물음에 리가 있다(利貞). 그런데 비굴하게 자기를 꺾고 六五에게 나아가는 것은 오히려 흉운을 몰고 온다(征凶). 九二와 같이 강직한 재목이 할 수 있는 일이란 자신을 덜어내지 않고, 자기의 자리에서 중용의 덕성을 지킴으로써 오히려 六五를 보태주는 결과를 초래하는 것이다.

"불손익지弗損益之"는 매우 래디칼한 혁명선언이다. 국가의 폭력에 대해 불복종의 여백을 열어주는 명언이다. 효사 중에서 우리가 꼭 기억해야 할 명언이다. 아랫사람이 위를 도와주지 않고도 도덕적으로 당당한 삶을 영위함으로써 위의 도덕적 가치를 확보한다는 의미이다. 이에 대하여 정이천도 명료한 입장을 표명하고 있다: "세상의 어리석은 자들은 비록 사악한 마음은 없지만, 오직 있는 힘을 다하여 위에 순종하는 것만이 충성이라고 생각하는 자가 많으니, 이는 불손익지弗損益之의 뜻을 알지 못하는 것이다. 世之愚者, 有雖无邪心, 而唯知竭力順上爲忠者。蓋不知弗損益之之義也。"

또 주희는 말한다: "불손익지弗損益之라는 것은 자기가 지켜야 할 바를 변함없이 지키는 도덕적 자세야말로 진정으로 윗사람을 명예롭게 한다는 것을 의미하는 것이다. 弗損益之, 言不變其所守, 乃所以益上也。"

써로우Henry David Thoreau, 1817~1862의 시민불복종원리(Civil Disobedience, 원명은 Resistance to Civil Government민주시민정부에 대한 저항이다)가 이미 『역』의 "불손익지"사상에 배태되어 있다는 것을 누가 부인할 수 있겠는가? "불손익지"의 사상이 제도적으로 성립하지 못한 정황은 동서고금이 다 동일하다. 그러나 아직도 "불손익지"에 대한 도덕적 요구는 모든 시대의 시스템 장악자들이 수용해야만 하는 당위이다.

六三: 三人行, 則損一人。一人行, 則得其友。
육삼 삼 인 행 즉 손 일 인 일 인 행 즉 득 기 우

세 번째 음효: 六三은 변變의 자리이다. 원래 손損괘☳☱는 태泰괘☷☰로부터 변變해온 것이다. 아래에 있는 건괘☰의 세 양효(세 사람)가 같이 가다가 제일 위에 있는 한 양효를 덜어낸 꼴이요, 또 위에 있는 곤괘☷의 세 음효(세 사람)가 같이 가다가 제일 위에 있는 한 음효를 덜어낸 꼴이다. 그러니까 세 사람이 같이 가게 되면 한 사람을 덜어내어야(三人行, 則損一人) 음양착종의 변화가 잘 일어난다는 뜻이다.

또 손괘 전체로 보면☶☱, 태괘(☱)에서 제일 꼭대기에 있는 음효가 六三의 자리로 내려온 꼴이요, 또 원래 六三의 자리에 있었던 양효가 홀로 上六의 자리로 여행을 간 꼴이다. 그러니까 혼자서 가면 반드시 친구를 만나게 되어 있다(一人行, 則得其友). 세 사람이 가면 한 사람을 덜어내는 것이 좋고 나 홀로 가도 친구를 만난다. 고독은 아름다운 것이다. 고독하기 때문에 음양의 화합에 참여할 수 있게 되는 것이다.

점쳐서 이 효를 만나면 홀로 가는 것이 좋다. 많은 것을 쫓지 말고 하나에 전념하라. 광야의 외뿔소처럼 가라.

六四: 損其疾。使遄, 有喜。无咎。
육 사 손 기 질   사 천 유 희   무 구

네 번째 음효: 六四는 陰位에 음효니까 중음重陰, 약해빠진 소인이다. 그 소인은 지금 심각한 질병을 앓고 있다. 그런데 이 "질疾"이라는 것을 신체적 질환, 육신의 병으로만 해석하지 않고, 도덕적, 정신적 결함으로 생각할 수도 있다. 그리고 손괘損卦에서 중요한 것은 1·2·3은 손損의 자리이지만, 4·5·6은 익益(보탬)의 자리라는 것이다. 다시 말해서 六四의 질병을 줄이는(損其疾) 데는 강건한 하괘의 初九의 도움이 필요하다는 것이다. 初九가 와서 도덕적 에너지를 보태줌으로써 六四의 질병은 쾌유됨을 얻을 수 있는 것이다. 그런데 조건은 "사천使遄"이다(만약 使, 빠를 遄). 빠를수록 좋다. 六四가 빨리 자신의 결함을 인정하고 初九의 조력을 받아들이면 도덕적·신체적 결함이 사라지고 기쁜 일만 있게 된다(有喜). 허물이 없으리라(无咎).

———— ❧ ————

중요한 것은 "빠름"이다. 신속히 자신의 결함을 인정하고 신속히 현자賢者의 도움을 받아들여라. 질질 끌면 병이 만연되어 개선의 여지가 없다.

六五: 或益之, 十朋之。龜, 弗克違。元吉。
육 오 혹 익 지   십 붕 지   구 불 극 위   원 길

다섯 번째의 음효: 六五는 유순柔順하고 허심虛心의 중용의 덕을 지닌 천자天子이다. 九二의 양강하고 중용의 덕을 지닌 현신賢臣과 應하고 있다.

여기 "십붕지구"를 그냥 붙여서 읽는 해석이 많은데(십붕지구는 엄청 고가의 거대한 거북이라는 뜻으로 최상의 점복 재료이다. 붕朋은 화폐단위인데 조개껍질화폐 2매二枚를 일붕一朋이라 했다), 나는 정이천의 해석을 따랐다.

六五는 인품이 훌륭하고 마음을 비울 줄 알고 스스로 겸손하니 아래의 현자賢者들이 따르지 아니하는 자가 없다. 천하사람들이 모두 자진하여 자기를 덜어 六五에 보태주려고 한다. 그러므로 혹시 더해줄 일이 있으면 열 벗이 도와준다고 말한 것이다(或益之, 十朋之。 "붕朋"을 동사로 해석). "십十"은 많다는 뜻의 최대치를 상징한다. 거북은 시비와 길흉을 결단하는 물건이다. 여러 사람의 공론公論이 이와 같이 정리正理에 합하면, 비록 거북점이나 시초점이라 할지라도 대세의 도움을 어기지 못할 것이니(龜弗克違), 원천적으로 길하다(元吉).

이 효사의 해석에 관한 잡설이 많다. 잡설에 귀를 기울이지 말지어다. 효사의 해석은 상식에 호소함을 제1의로 삼아야 하고, 그 궁극적 함의가 나의 삶에 무엇을 의미하는가, 그것을 생각해야 한다. "구불극위龜弗克違"라는 말의 함의는 이러하다: 점 그 자체도 인간의 행위에 대하여 절대적인 우위를 지니지 못한다는 것을 효사의 작자는 표방하고 있는 것이다. 인문주의정신의 극상의 표현이다. 대세大勢의 상식常識이 점占을 뛰어넘는다.

上九: 弗損益之。无咎。貞, 吉。利有攸往。得臣, 无家。
상구 불손익지 무구 정 길 리유유왕 득신 무가

맨꼭대기 양효: 上九는 손괘의 마지막 단계이다. 손損이 사라지고 익益으로 변해

가는 전환점에 있다. 보통 상上의 자리는 나쁜 자리이지만, 이 上은 손이 익으로 변해가는 자리이므로 새로운 시작을 의미할 수도 있다. 上九는 손損의 종언이면서 강효剛爻로서 최상위를 차지하고 있다.

그런데 여기 九二에 있었던 "불손익지弗損益之"라는 말이 다시 등장한다. 동일한 언어이지만 그 놓여진 맥락이 다르므로 그 뉘앙스가 달라진다. 九二의 불손익지가 아래로부터의 개혁을 의미한다면, 여기 上九의 불손익지는 위로부터의 개혁을 말하고 있다. 둘 다 기존의 역량을 깎아내지 않고 전체 역량을 강화시킨다는 의미에서 서구의 수학적 합리주의 사유와는 전혀 다른 차원의 논의이다. 九二에서 양의 힘을 어떻게 쓸 것인가에 대한 도덕적 논의가 있었는데, 上九는 강한 힘을 가지고 최상위에서 아래의 역량을 깎아내리는(덜어내는) 짓을 하지 않는다는 뜻을 내포하고 있다(弗損). 오히려 그 넘쳐나는 양효의 힘들을 위로 끌어올리지 않고 아래 민중들의 삶을 보태는 데 사용하는 것이 上九가 해야 할 일이라는 것이다. 전환의 시대에 上九가 해야 할 일은 아래를 깎지 않고 아래의 힘을 아래를 더 윤택하게 만드는 데 사용한다는 것이다(弗損益之). 그러면 허물이 없을 것이다(无咎).

上九는 자신의 운명을 개척하는 점을 치면 吉하다. 명예로운 일을 하고 있기 때문이다. 앞으로 나아가는 데 리가 있다(利有攸往). 천하의 사람들이 모두 동지가 된다. 그것을 "득신得臣"이라 표현하였다. 그리고 이어서 "무가无家"라 하였다. 이것은 손문孫文, 1866~1925이 즐겨 썼던 자신의 신념,『예기』「예운禮運」편에 나오는 "천하위공天下爲公"과도 같은 의미이다. 천하가 모두 하나의 가家이니 "무가无家"라는 것이다. "무가无家"는 "공公"을 의미한다. 손損의 궁극적 기준은 공公이다.

42

진하震下
손상巽上 **풍뢰 익益**

Increase

괘명 "익益"은 자형으로 말하면 그릇(皿) 위에 물(水)이 있는 모양이다. 갑골문에도 있다. 우리말로는 "보탠다," "는다"(增)는 뜻이다. 기실 이 익괘는 손괘와 의미상으로도 짝을 이루지만 괘상으로 보아도 손괘䷨를 뒤엎은 것이다 ䷩(반대괘). 괘변으로 말하자면 비否괘䷋의 상괘인 건괘☰의 아래 一陽을 덜어내어 하괘인 곤괘의 제일 아랫자리로 보낸 것이다. 그러니까 비괘에서 1과 4가 교환된 것이다. 익益은 전체적으로 상층부의 사람들이 하층의 인민人民에게 은혜를 베푼다는 의미를 지니고 있다. 손이 아래를 덜어내어 위를 보탰다면, 익은 위를 덜어내어 아래를 보탠다는 의미를 지니고 있다. 그 괘명은 하괘를 중심으로 말한 것이다. 「서괘전」은 이렇게 설명한다: "손괘의 손損은 덜어낸다는 뜻인데, 덜어내기를 그치지 않으면 반드시 보태는 시기가 온다. 그래서 익益의 괘로 받은 것이다. 損而不已, 必益。故受之以益。"

이에 대한 정이천의 설명은 다음과 같다. 매우 명쾌하다:

盛衰損益, 如循環, 損極必益, 理之自然, 益所以繼損也。爲卦, 巽上震下。雷風二物, 相益者也。風烈則雷迅, 雷激則風怒, 雨相助益, 所以爲益。此, 以象言也。巽震二卦, 皆由下變而成。陽變而爲陰者, 損也; 陰變而爲陽者, 益也。上卦損而下卦益, 損上益下, 損以爲益。此, 以義言也。下厚則上安, 故益下爲益。

성함과 쇠함, 그리고 손과 익은 고리를 물고 돈다. 그래서 손이 극하면 반드시 익이 찾아온다는 것은 리理의 자연이니, 익괘가 손괘를 이은 이유이다. 괘상을 한 번 살펴보면 위에 손괘☴가 있고 아래에 진괘☳가 있다. 우레(아래)와 바람(위), 두 물체는 서로 보태주는 것이다. 바람이 극렬해지면 우레가 신속하고, 우레가 격렬해지면 바람 또한 격노한다. 이 양자는 이와 같이 서로 돕고 보태니, 익괘가 된 ䷩ 이유이다. 이 것은 상象으로써 말한 것이다. 손과 진 두 괘는 모두 그 최하위의 효가 변해서 이루어진 것이다. 양이 변하여 음이 된 것은 손괘의 상황이고, 음이 변하여 양이 된 것은 익괘의 상황이다. 상괘의 제일 아래 효를 덜어내어 하괘의 제일 아래 효에다가 보탰으니, 이는 上을 손하여 下를 익한 것이다. 위를 덜어서 아래를 보태었으니 이것은 의義로써 말한 것이다. 아래 민중이 후하게 되면 위의 지배계층도 편안하게 된다. 그러므로 아래를 더해줌이 진정한 보탬이 되는 것이다.

「대상전」은 어떻게 말하고 있을까?

風雷, 益。君子以見善則遷, 有過則改。
풍 뢰 익 군 자 이 견 선 즉 천 유 과 즉 개

상괘가 손巽이며 바람, 하괘가 진震이며 우레, 이 바람과 우레가 같이 있는 모습이 익괘의 상象이다. 바람이 격렬하게 불면 우레의 소리도 신속하게 되고, 우레의 소리가 격렬해지면 바람도 격노하여 양자가 서로 도와가면서 그 세勢를 보태는 모습이다. 군자는 이러한 익괘의 모습을 본받아(以) 자기를 보태는 방편으로써, 타인他人의 선함을 보면 바람처럼 즉각 실천에 옮기고, 자신의 과실을 자각하면 번개가 치듯 즉각적으로 자기의 잘못을 고친다. 개과천선改過遷善이야말로 내 몸을 익益하는 최대의 도이다.

공자가 말했다: "덕이 잘 닦이지 않는 것, 배운 것을 잘 강습하지 못하는 것, 의를 듣고도 실천하지 못하는 것, 나에게 불선不善이 있는 것을 알고도 즉각 고치지 못하는 것, 이것이 평소 나의 삶의 걱정이다. 德之不修, 學之不講, 聞義不能徙, 不善不能改, 是吾憂也."(『논어』 7-3). 우리가 잘 쓰는 "개과천선"이라는 말이 「대상」에서 유래되었다.

益, 利有攸往, 利涉大川。
익   리 유 유 왕   리 섭 대 천

익은 上을 손損하여 下를 익益한다는 의미이다. 지배자의 부를 덜어내어 민중에게 보태준다는 뜻이 있다. 六二와 九五가 다 中正이며 서로 應하여 모두 손과 익의 발란스를 잡고 있는 대축을 형성하고 있다. 기본적으로 안정적인 괘의 모습이다. 그리고 하괘의 진震☳에는 동動의 덕이 있다. 이러한 때에는 진취적으로 나아가는 데 리가 있다(利有攸往). 적극적으로 일을 벌려라! 이러한 괘사의 정신은 初九의 효에서부터 이미 드러나고 있다. 대천大川을 헤쳐나가는 데 리가 있다(利涉大川). 이 괘는 곤란困難과 싸우는 진취적 정신으로 가득차있다. 모험을 강행하라!

初九: 利用爲大作。元吉。无咎。
초 구   리 용 위 대 작   원 길   무 구

맨처음의 양효: 初九는 양강陽剛하며 강명한 재능이 있고, 하괘 진동震動의 주主. 六四와 바르게 應하고 있다. 이 괘는 익괘이며 상괘가 하괘를 보태는 상이다. 여기 "대작大作"이라는 것은 "중대한 일"이라는 뜻이다. 初九는 전체 괘의 최하위에 있으며 경험이 미숙하고, 본래 거대한 일을 도맡아 할 수 있는 처지가 아니다. 그러나 上으로부터 전적인 보탬이 있는 괘의 初九이다. 따라서

初九가 주도하여(用) 큰일을 하는 것(爲)에 이로움이 있다(利用爲大作). 그러나 큰일을 한다는 것은 원천적으로 선해야 한다(元吉). 조금이라도 불선한 구석이 있으면 감당해내기 어렵다. 초위初位라고 박해하고, 의구심 어린 눈초리로 바라보는 세력이 많을 테니까.

과감하게 큰일을 도모하라! 전폭적인 지원이 있을 것이다. 원천적으로 크게 선善하여 吉하여야 허물이 없을 것이다(无咎). 하위에 있기 때문에 오히려 일을 크게 벌려야만 좋은 결과를 낼 수 있다. 이 포인트에 관하여 정이천의 설명이 이러하다:

아래에 거居하면서 윗사람에게 기용을 당하여 큰 뜻을 행할진대, 반드시 행하는 바가 크게 선하여 吉하면 허물이 없을 것이다. 원천적으로 吉하지 못하면 자기에게 허물이 올 뿐 아니라, 윗사람도 연루시켜, 윗사람들에게도 허물을 남긴다. 지극히 낮은 곳에 있으면서 대임大任을 맡으면 이것은 예외석 상황이니 작은 신善은 기론될 만한 것이 못 된다. 그러므로 반드시 원천적으로 크게 선善하여 吉한 후에나 허물 없을 수 있는 것이다.

居下而得上之用, 以行其志, 必須所爲大善而吉, 則无過咎。不能元吉, 則 不唯在己有咎, 乃累乎上, 爲上之咎也。在至下而當大任, 小善不足以稱也。 故必元吉, 然後得无咎。

六二: 或益之, 十朋之。龜, 弗克違。永貞, 吉。
육 이   혹익지   십붕지   구   불극위   영정   길

王用享于帝。吉。
왕 용 향 우 제   길

두 번째 음효: 六二는 유순하고 中正의 덕을 지니고 있으며 九五와 정응正應하고

있다. 九五의 천자天子로부터 두터운 신임을 얻고 있다. "혹익지, 십붕지. 구, 불극위"는 손損괘의 六五에 나왔던 문장이다. 손의 六五도 보태어지는 정황이고, 익의 六二도 보태어지는 정황이다. 대칭적인 그 시츄에이션situation이 같다. 그러므로 같은 메시지가 같은 맥락에서 적용된 것이다.

六二는 하괘의 중심이며 유순하고 허심하다. 만물을 소생시키는 힘이 있는 우레의 중심이며 동動의 중앙이다. 그를 보태주어야 할 일이 있을 때는(或益之) 주변의 모든 친구들이 기꺼이 나선다(十朋之. 십은 수의 극치, 많다는 뜻, 比하고 있는 강효인 初九도 도우려 하고 상괘의 九五도 도우려 한다. 상하 모두가 六二에게 보태려 한다). 이러한 대세의 흐름을 신묘하다는 거북점도 어기지 못한다(龜弗克違). 六二를 돕는 것이 정당하기 때문이다. 대세의 정당함은 하느님도 이길 수 없다. 六二여! 손익을 초월하는 보편적 주제를 향해 점을 쳐라! 영원한 주제, 보편적 선을 위해 점을 쳐라(永貞). 吉하리라! 그리고 하느님께 제사를 올려라. 너의 훌륭한 제사는 九五의 천자天子가 상제上帝에게 향불을 피우는 것과도 같은 것이다 (王用享于帝). 吉하리라!

六三: 益之。用凶事, 无咎。有孚, 中行。告公用圭。
육 삼 익 지 용 흉 사 무 구 유 부 중 행 고 공 용 규

세 번째 음효: 六三은 음유陰柔하며 부중부정不中不正하다. 또한 하체(하괘)의 맨 꼭대기이며, 항상 불안하고 결단을 해야만 하는 위험의 고지이다. 아래를 보태는 괘이기는 하지만 지금 六三에게는 보탠다 하는 것이 불가능하다. 무엇인가 불안한 상위에 있기 때문이다. 우레의 제일 꼭대기인 것이다. 六三을 돕기는 도와야 한다(益之). 그러나 六三을 돕는 방법은 보통의 돕는 방법으로는 불가하다. 어떻게 돕는가?

방법이 있다! 돕되 길사吉事가 아닌 흉사凶事로써 돕는 것이다(用凶事). 흉사란 무엇이냐? 일례를 들면 기근이 들게 하는 것이다. 정이천은 말한다: "오직 환난과 비상한 일에 있어서는 마땅함을 헤아려 급작스레 닥치는 사태에 대응하지 않을 수 없다. 그는 분발하여 자기 일신을 돌보지 아니하고 있는 힘을 다하여 민중을 비호한다. 그러니 허물이 있을 수 없는 것이다. 唯於患難非常之事, 則可量宜, 應卒, 奮不顧身, 力庇其民, 故无咎也."

六三은 이러한 재난에 당면하여 있는 힘을 다하여 민중을 비호한다. 허물이 있을 수 없다(无咎). 기근의 흉사를 당해 그 마음이 괴롭고 그 육신이 고통스러우니 六三은 더욱더욱 분발하게 된다. 이것이야말로 六三을 진정으로 돕는 길이 되는 것이다. 이렇게 되면 오히려 六三은 재난을 당할 일이 없다. 성심성의로써 일을 처리하며 중용의 도리를 행할 수밖에 없다(有孚中行). 六三은 六四의 공후公侯를 찾아가 재난의 상황을 고한다(告公). 옥으로 된 홀(圭)을 들고 모든 예를 갖추어 정부의 미창米倉을 개방하여 기근을 구해줄 것을 신실信實하게 고한다(告公用圭).

六四: 中行。告公從。利用爲依, 遷國。
육 사 중 행 고 공 종 리 용 위 의 천 국

네 번째 음효: 이 효사는 해석하기가 심히 어렵다. 다양한 의견이 있으나, 우리의 상식에 가장 가깝게 오는 온건한 의미체계를 구성하는 수밖에 없을 것 같다. 六四는 九五와 비효比爻이며, 전체 괘의 주도적 위치를 차지하고 있다. 그리고 初九와 정응正應의 관계에 있다.

이 효사는 앞에 있는 六三의 효사("고공용규告公用圭"를 운운함)와 관련지어 생각해야 할 것 같다. 여기 "고공종告公從"의 "공公"을 六四 본인을 의미하는 것(六三의 효사 그대로)이라고 보는 견해가 있는가 하면(아무래도 이러한 해석이 논리적으로 명쾌한 설득력은 지닌다고 나는 생각한다), 또 六四의 입장에서 자기보다 더 높은 지위에 있는 사람에 대한 일반명사로 보기도 한다. 하여튼 괘변으로 말하면 六四는 핵심적 위치를 차지한다. 비否괘 ䷋로부터 익益괘 ䷩로 변했을 때 六四는 자기의 양을 덜어내어 제일 밑에 있는 음에 보태었으므로, 고귀한 신분의 인물로서 자신을 희생하여 下의 민중을 도우려는 마음자세가 두터운 인물이다.

그러므로 이러한 인물에게 와서 어려운 부탁을 해도 그 부탁에 대하여 긍정적 대답이 나온다(從)는 것이다. 그러나 그 앞에 반드시 "중행中行"이라는 단서가 있다. "중도를 행한다"는 뜻이다. "중도를 행하는 자들이 六四공에게 부탁을 하면 긍정적인 대답을 얻는다"는 것이 곧 "中行, 告公從"의 뜻이 된다. "종從"은 공公이 그 부탁을 따른다는 뜻이다.

이것을 六四의 입장에서 해석해도 된다. 六四는 四의 자리에 있기 때문에 中을 얻고 있지 못하다. 그러나 그럼에도 불구하고 六四는 中을 행行한다. 中을 행하여 윗사람들에게 국가의 대사를 아뢰면 이 六四의 견해를 존중하고 따라준다. 대강 이런 뜻이 될 것이다.

다음에 "리용위의천국利用爲依遷國"이 난감한 숙제인데 정이천은 이 문제를 매우 명쾌하게 해석했다. 여기에는 두 가지 주제가 있다는 것이다. 하나는 "위의爲依"(의지로 삼음)요, 또 하나는 "천국遷國"(국읍을 옮김)이다. "천국遷國"은 나라를 옮긴다는 얘기가 아니고 수도를 옮긴다는 뜻이며 이것은 옛 시절에는 그리 큰 공사가 아니었던 것 같다. 『역』의 고래성古來性을 말해주는 대목이라고 나는 생각한다. "위의爲依"는 상층권력자들과의 관계를 말함이요, "천국遷國"은 기층민중과의 관계를 말하는 것이라고 이천은 주장한다(爲依, 依附於上也; 遷國, 順下而動也。). "위의爲依"는 상층권력자들까지도 의지로 삼을 수 있도록 관계를 좋게 만든다는 뜻이다. "위의"를 통해 "천국"이 가능하게 만드는 것이다.

국읍을 옮기는 것은 백성들이 현재의 서울에 만족감을 느끼지 못하기 때문에 옮기는 것이다. 사실 우리나라도 수도를 계속 옮겼더라면 매우 건실한 나라가 되었을 것이다. 노무현 대통령이 행정수도이전안을 내놓은 것은 매우 훌륭한 생각이었다. 강남의 부동산 가격이 떨어진다고 해서 반대할 그런 수준의 안이 아니었다. 대의를 모르고 가진 것에 집착하는 가진자들의 횡포에 우리 역사는 부유하고 있는 것이다.

정이천은 말한다: "위로는 강중剛中한 군주에게 의지하여 익괘의 익을 달성하고(爲依의 문제), 아래로는 강양剛陽한 재목에게 순종하여 국가대사를 행하니(遷國의 문제), 그 쓰임이 이롭다 하는 것이 이와 같다. 上依剛中之君而致其益, 下順剛陽之才以行其事, 利用如是也。"

九五: 有孚惠心, 勿問元吉。有孚, 惠我德。
구 오　유 부 혜 심　물 문 원 길　유 부　혜 아 덕

다섯 번째 양효: 九五는 군위君位이다. 九五는 강의剛毅하고 또 中正을 얻고 있다. 하괘의 六二 또한 中正을 얻고 있으며 양자는 정응正應하고 있다. 모든 이상적 덕성과 관계가 갖추어져 있다. 문제는 이러한 덕성과 지위와 권위가 갖추어져 있을 때 진정으로 필요한 것은 우주적인 성誠(=Cosmic Sincerity)의 마음이요(有孚), 정성이며 혜심惠心이다. "혜심"이란 주희의 말대로 타인에게 은혜를 베풀려는 마음이다. 九五에게는 지배자로서의 성의가 있고 백성에게 베풀려는 마음이 있는 익益(보탬)의 군주이다. 이런 훌륭한 정치가가 우리에게 없는 것이다. 부귀권세가들에게 놀아나는 치자만 있다. 이 "유부혜심"의 훌륭한 군주는 물어보나마나(勿問) 원천적으로 길하다(元吉). 국가의 운세가 더불어 길한 것이다. 이렇게 되면 국민들도 또한 성실한 마음을 갖게 된다(두 번째 有孚). 그들도 자기가 얻은 바를(德=得, 얻음) 남에게 베풀려는 자세가 있게 된다(惠我德). 위대한 국가의 모습이다. 미국은, 기축통화사기로, 자신의 성실함이 없이 타국

에게 모든 죄업을 전가시키고 있다. 그리고 끊임없이 무기를 팔기 위한 전쟁을 조장한다. 이러한 미국의 교란으로 어지러워지는 세계질서가 과연 얼마나 더 갈 수 있을까?

上九: 莫益之。或擊之。立心勿恆。凶。
상구　막익지　혹격지　립심물항　흉

맨꼭대기 양효: 上九는 익괘益卦의 종극終極이다. 그런데 익괘는 본시 上을 덜어 내어 下를 보태주자는 도덕적 원리를 가진 괘였다. 그런데 上九 이놈은 그러한 도덕을 철저히 파괴한다. 양강陽剛하며 자신의 높은 위치만 생각하고 타인을 도와줄 생각을 일체 하지 않는다(莫益之). 여기 "막익지莫益之"의 "지之"를 上九 본인으로 해석하기도 한다. "아무도 그를 도와주지 않는다"는 식으로 해석하는 것이다. 나는 上九를 주체로 해서 해석할 수도 있고 목적으로 해서 해석할 수도 있다고 생각한다. 하도 이놈이 나쁜 짓을 많이 하고 자기 콧대만 세우니깐 민중 가운데는 그를 공격하려는 자들도 생겨난다(或擊之). 이 자는 점점 횡포해지고 마음이 완악하게 된다. 그 마음을 세움에 항상성이 사라진다 (立心勿恆). 항상성이 사라진다는 뜻은 도덕적 절조가 사라진다는 뜻이다. 凶하다!

왕선산이 이 익괘를 가리켜 성인우환의 괘라고 했는데, 어렴풋이나마 그 의미를 알 것도 같다(故益者, 聖人憂患之卦也. 『周易外傳』, p.926). 음양 그 자체는 사회적 불평등에 대하여 우환을 느끼지 않지만, 성인은 느낀다는 것이다(陰陽不患, 而聖人患之). 음양은 만물과 더불어 공을 이루지만 더불어 우환을 같이하지는 않는다. 그러나 성인은 만물과 우환을 같이함으로써 공을 이룬다는 것이다. 그래서 성인의 도덕성은 무책임한 해탈을 말하는 붓다의 길과도 구별되는 것이라고 왕선산은 말한다. 나 도올은 말한다: 익괘는 경제민주화의 괘이다! 우리 시대의 당위다!

【42】
益

43

건하乾下
태상兌上 **택천 쾌夬**

Resoluteness, Decision

괘명   비슷한 글자는 많지만 실제로 우리 생활에서 별로 쓰이지 않는 글자
이다. "쾌," 중국어로는 "quài"라고 발음한다. "夬"의 생긴 모양으로는 활을
당길 때 엄지손가락에 끼는 "가죽깍지"라고 한다. 활줄을 당겼다가 놓는 순
간을 의미하니까 무엇이 터진다, 떠난다, 그리고 결단한다는 뜻이 생겨난다.
"쾌夬"가 우리 생활에서 가장 친근한 느낌으로 다가오게 만드는 글자는 "결決"
이다. 쾌음이 보존되어 있는 글자는 "快"이지만, 決, 抉, 訣, 袂은 모두 결決의
음을 따르고 있다. 玦(한 쪽이 터진 원형의 패옥), 缺은 쾌夬계열의 글자라기보다는,
"흠欠"에서 온 글자로 보아야 할 것이다. 하여튼 쾌괘夬卦의 "쾌"는 "결決"로
생각하면 그 의미를 이해하기가 쉽다. 거사의 결정, 결단, 혁명의 결의를 나타내는
글자이다. 실존적 결단Entscheidung, 사회적 결정Decision을 의미하며 단호한
결의를 의미한다. 그래서 "resoluteness"라는 역어를 썼다.

『맹자』 「고자」상에 맹자와 고자가 인간의 본성에 관해 논의하는 대목이
있다. 고자는 인간의 성에 선천적인 도덕성이 내재하는 것이 아니라면서, 인
간의 본성이란 여울목에 잠시 고여 있는 물과도 같다고 한다. 동쪽으로 물길을
트면 동쪽으로 흐르고, 서쪽으로 물길을 트면 서쪽으로 흐른다(決諸東方則東

流, 決諸西方則西流)는 것이다. 쾌괘는 여기 쓰이는 "결決"과도 같은 의미이며 어느 방향으로 거사를 진행시키는 결단 같은 것을 의미한다. 쾌괘는 모양을 보면 ☱☰ 금방 알 수 있듯이 소식괘 중의 하나이다. 식괘息卦(양이 자라난다)의 마지막 단계인 3월에 해당되며 소괘消卦의 마지막 단계인 박剝괘 ☶☷(9월)와 방통旁通(착錯) 관계에 있다.

그러니까 양의(군자의) 세력이 점점 성장하여 이제 음의(소인의) 세력 하나만을 남겨두고 있다. 요즈음의 달력으로 치면 4·5월경이니까 정말 아름다운 신록新綠이 대세를 이루는 시기이다. 다섯의 양효(군자집단)가 맨꼭대기에 있는 음효(소인배) 하나를 밀쳐내기만 하면 되는, 이미 대세가 결정된 낙관적 시기인 것 같지만, 『역』은 이러한 시기일수록 낙관하지 않는다. 모든 낙관은 비관적 결말을 전제로 하지 않으면 안된다. 역사에 일방적 승리라는 것은 없다. 실제로 맨꼭대기에 소인배 한 놈이 권력을 쥐고 있어, 수많은 군자들이 대세를 이루면서도 그 소인배 한 놈을 밀어내지 못하고 신음하는 인간세의 역정歷程이 얼마나 많은가? 모든 조직에서 "그 한 놈" "그 소인배 한 새끼" 때문에 이를 갈면서도 굴욕적 세월을 보내야만 하는 답답한 심사가 얼마나 많은가? 쾌괘는 이러한 아이러니에 젖어있다.

「서괘전」은 쾌괘가 익괘益卦 다음에 오는 이유를 이렇게 설명한다: "익益은 보탠다는 의미인데, 계속 보태기만 하다보면 반드시 터지게 되어있다. 그래서 익괘를 쾌괘로 받은 것이다. 쾌夬는 터진다는 뜻이다. 益而不已, 必決。故受之以夬。夬者, 決也。" "쾌夬"를 명료하게 "결決"이라는 의미로 파악하고 있다. 이천은 태상건하兌上乾下의 이체二體로써 말하면, 상괘의 택澤은 수지취水之聚요, 또 하늘 위에 있으니 지고한 곳에 처하였다고 말한다. 그 모습에는 궤결지상潰決之象이 있다고 하였다. 하여튼 터지는 모습이다.

「대상전」은 무어라 말하고 있는가?

> 澤上於天, 夬。君子以施祿及下, 居德則忌。
> 택 상 어 천 쾌   군 자 이 시 록 급 하   거 덕 즉 기

못이 하늘 위로 올라가있는 모습이 쾌괘의 모습이다. 그것은 못이 증발하여 하늘로 올라가 구름이 되고 또 비가 되어 천하를 윤택하게 만든다는 의미를 지니고 있다. 그래서 군자는 그 상을 본받아(以) 천하사람들에게 은택을 골고루 베풀려고 노력한다. 그러나 그 덕을 베푸는 것을 자기의 공로라고 생각하는 것을 금기로 여긴다(노자가 말하는 "공성이불거功成而弗居"의 맥락으로 해석).

———— ❧ ————

왕필의 텍스트는 "則忌"가 "明忌"로 되어 있었던 것 같다. 그래서 "금기를 밝힌다"로 해석하였고, 정이천은 그것을 본받아 "則忌"를 "칙기"로 읽고, "금기사항을 법제화한다"는 식으로 해석하였다. 모두 어색한 해석이다.

왕부지의 『주역대상해周易大象解』의 해석이 명쾌하다. "시록급하施祿及下"라 하는 것은 천록天祿으로써 천민天民(하늘과도 같은 민중)에게 베푸는 것을 의미하므로 그것을 자기의 덕으로 삼는다는 것은 넌센스이다. 거덕居德 그 자체가 금기사항이다! 소인을 처단하는 것도 무심無心으로 하면 천하가 심복心服하지만, 유심有心으로 하면 천하가 반란을 일으킨다.

「대상전」의 해석에 있어 재미난 점은 일체 소식괘적인 개념이 들어있지 않다는 것이다. 상·하괘의 괘상만으로써 의미를 끌어내었지 5양이 1음을 밀쳐낸다는 관념이 「대상전」의 저자에게는 없다.

괘사

> 夬, 揚于王庭。孚號, 有厲。告自邑。不利卽戎。
> 쾌   양 우 왕 정   부 호   유 려   고 자 읍   불 리 즉 융
>
> 利有攸往。
> 리 유 유 왕

이 괘사는 심히 해석이 곤란한 측면이 많다. 그것은 주어와 목적어에 관한 명료한 지정이 없기 때문일 것이다. 그러나 오래오래 생각해보면 별로 어려울 것도 없다. 그러나 나는 여러 날을 곰곰이 생각해야만 했다.

쾌라는 괘는 오양五陽의 군자가 일음一陰의 소인을 판결하여 잘라내어 버리는 도를 설파하는 괘이다. 이때 판결의 주체가 누구일까? 九五의 천자가 아래 건실한 사양四陽의 군자들과 힘을 합세하여 上六을 내친다고 볼 수도 있고, 또 아래 사양의 군자들이 힘을 합쳐 九五의 천자를 감싸고 도는 上六의 간신배를 내친다고 볼 수도 있고, 또 그러한 명료한 주어의 지정이 없이 5양의 정의로운 분위기가 1음의 소인배를 처단하는 사태를 의미한다고 볼 수도 있다.

하여튼 이 쾌夬의 결의에는 매우 신중한 배려와 프로세스가 필요하다. 우선 간신배이며 상괘(태兌는 열說과 입口의 상징이 있다. 말 잘하고 남을 기쁘게 하는 간신의 상象)의 주효인 이 上六을 왕의 뜰인 공개법정으로 끌어내어(揚于王庭) 성실하게(孚) 그의 죄상을 울부짖는(號) 심정으로 낱낱이 까발겨 국민 모두에게 호소해야 한다. 여기 "유려有厲"라는 말이 나오는데, 이것은 두 가지 해석이 있다. 하나는 그러한 과정 그 자체가 녹록치 않다는 것이다. 上六이라는 고관을 끌어내어 왕정王庭에서 죄상을 밝히는 일이 쉽지가 않다는 것이다. 위험이 따를 수도 있다(有厲)는 뜻이다. 또 하나의 해석은 왕정에서 까발김으로써 아직도 숨어 있는 많은 소인들에게 그러한 나쁜 짓을 하는 것은 반드시 본인들에게 위태로움이 닥친다고 하는 것을 경고하는 의미가 있다는 것이다.

다음에 "고자읍告自邑"이라는 말이 나오는데, 정이천도 이 "자읍自邑"을 "사읍私邑"이라고만 말했고 누구의 사읍인지를 말하지 않았다. 그래서 해석이 명료해지질 않는다. 여기 "고자읍"은 "불리즉융不利即戎"과 관련지어 해석되어야 한다. "불리즉융"은 무력을 사용하여 上六의 간악한 무리를 치는 것은 불리하다는 뜻이다. 그런 무력진압은 반드시 부작용을 초래한다. 제일 좋은 것은 민중에게 고지하는 것(告)을 통하여 "여론몰이"를 해야 한다는 것이다. 그러므로 "사읍私邑"은 두 가지 해석방법이 있다. 하나는 上六의 사읍에서 여론몰이를 한다는 뜻이 가능하고, 또 하나는 왕王의

【43】
夬

사읍에서 여론몰이를 하여 上六을 곤궁하게 만든다는 것이다. 무력을 사용치 않고도 스스로 물러나게 만드는 정황을 만든다는 것이다. 그런데 두 개가 모두 의미가 명료하지 않다. 그래서 "고자읍告自邑"을 그냥 "고우읍告于邑"으로 해석하는 것이다. 밑바닥 민중의 여러 읍에서 여론몰이를 하는 것이다. 무력으로 간신배를 쫓아내는 것은 불리하다(不利卽戎). 후유증이 남는다.

그러나 마지막 한 구절이 중요하다. 어디까지나 앞으로 나아가야 한다는 것이다. 혁명의 대세를 추진해나가야만 한다는 것이다. 上六을 처단하라! 그를 처단하러 앞으로 나아가는 길만이 정의롭다(利有攸往). 이로울 것이다.

初九: 壯于前趾。往不勝。爲咎。
초 구 장 우 전 지 왕 불 승 위 구

맨처음의 양효: 먼저 이 쾌괘의 전체분위기가 맨꼭대기에 있는(上六) 소인배를 제거하기 위한 의로운 행동을 결행하려는 군자들의 움직임을 나타내고 있다는 것을 상기할 필요가 있다. 여기 初九도 그 군자 중의 한 사람이지만 位가 낮으며 응원應援도 없으며 친한 친구도 없다. 단지 소장기예少壯氣銳의 객기客氣가 충천하여 용맹하게 직진直進하려고만 한다. 소인小人을 제거시켜야 한다는 그 의협심은 가상하지만 그러한 맹목적 기세만 믿고 거사를 도모하다가는 반드시 패배를 몰고 올 수밖에 없다(往不勝).

여기 이러한 상황을 표현한 初九의 효사, "장우전지壯于前趾, 왕불승往不勝"이라는 표현은 이미 대장大壯괘의 初九의 효사에 나왔던 표현과 거의 동일한 맥락의 표현이다. 대장大壯 ䷡ 은 소식괘로 말하자면 양의 기운이 장성하게 자라나는 바로 쾌 ䷪ 전단계의 괘로서 2월의 괘이다. 대장大壯이란 "양이 왕성하다"는 뜻이다. 따라서 初九에 말하기를 "장우지壯于趾。정征, 흉凶。유부有孚。"라 했는데 그 뜻은 여기 효사의 내용과 거의 같은 맥락이다: "발에 왕

성한 기운이 돌아, 그 전진의 기운만 믿고 맹목적으로 돌진하면 흉하다. 초
짜답게 성실하게 약속을 이행하는 것이 좋다."

여기서도 마찬가지다. "장우전지壯于前趾"란 발 앞쪽으로 왕성한 기운이
쏠리고 있다는 것을 의미한다. 그리고 전체적인 몸의 감관을 동원하지 않고
앞발의 기운만을 믿고 앞으로 나아간다는 뜻을 동시에 내포한다. 그렇게 나
아가면 반드시 패배할 수밖에 없다(往不勝). 上六에게 그런 식으로는 이길 수
없다는 도리가 명백함에도 불구하고, 그러한 불리한 조건을 알면서도 맹목적
으로 나아가게 되면 소인小人들의 반란이 있을 수도 있고, 이런저런 이유로
군자가 피해를 입게 된다(爲咎). "유구有咎"보다 "위구爲咎"는 더 직접적인
표현이다.

점을 쳐서 이 효사를 만나는 사람은 자신의 실력을 과신하지 말 것이다.

九二: 惕號。莫夜有戎。勿恤。
구 이 척 호 모 야 유 융 물 휼

두 번째 양효: 九二는 양효이기 때문에 강강剛强한 기운이 넘친다. 그럼에도 불
구하고 하괘의 중앙에 있으니 중용의 덕이 있다. 신중한 우환의식이 있으며
방비할 줄 알며, 사람들에게 호소하면서 울분을 표현하고 경계태세를 서서히
넓혀 나간다(惕號: 두려워하며 외친다). 上六을 제거하는 거사를 행할 때에 야간에
돌연히 군사가 습격해 온다 할지라도(莫夜有戎: "莫"은 "暮"와 같다) 이 九二의 영
역에 있는 사람들은 방비태세를 게을리하지 않았기 때문에 결코 걱정할 일이
일어나지 않는다(勿恤).

이 九二의 효사는 건괘의 중앙에 있으며, 중용을 얻고 있는 아름다운 효로서
이 쾌괘 전체정신을 나타내는 괘사의 전체적 테마를 가장 잘 전달하고 있는
명문이다. 九二의 "척호惕號"는 괘사의 "부호孚號, 유려有厲"와 같은 맥락

이고, 九二의 "모야유융莫夜有戎, 물휼물휼勿恤"(모莫는 모暮의 본자本字이다)은 괘사의 "고자읍告自邑, 불리즉융不利即戎"과 같은 테마를 다루고 있다.

점을 쳐서 이 효사를 만나는 사람은 매사에 사려를 깊게 하여라. 소략하게 덤벙덤벙 덤비지 말라. 때를 기다려라.

九三: 壯于頄。有凶。君子夬夬。獨行遇雨。
구삼 장우구 유흉 군자쾌쾌 독행우우

若濡有慍。无咎。
약유유온 무구

세 번째 양효: 九三은 양효이면서 양위에 있으며 내괘의 상효로서 中을 지났다. 그러니까 강한 측면만 남은 극히 강강剛强한 인물이다. 그 강장한 기색은 얼굴 용모에도 드러나니 고조선의 사람들처럼 광대뼈顴(구頄=관골顴骨=광대뼈: 고조선계 몽골로이드의 특징. 지금은 몽골로이드라는 인종은 존재하지 않는 개념으로 판정났다. 고조선계로 족하다)가 불거져 튀어나올 정도이다(壯于頄). 이러한 외골수의 기색으로 나아가면 흉사만 기다리고 있게 된다(有凶).

그러나 이 九三의 군자는 악인은 반드시 제거되어야 한다는 견결한 의지를 지니고 있다(君子夬夬: "夬夬"는 결연한 모습). 워낙 혈기가 강장하고 용기가 충천한지라, 上六의 소인을 처단해야 한다는 일념을 포기하지 않고 홀로 나아간다(獨行). 여기 "비를 만난다"(遇雨)는 표현이 나오는데 비는 음양화합을 상징하는 생생生生의 상징이다. 그리고 상괘의 上六과 교응할 수 있는 자는 하괘에는 九三밖에 없다. 九三과 上六은 양과 음으로 서로 교감한다. 비를 맞았다는 것은 九三과 上六 사이에 모종의 교섭이 있었다는 것을 의미한다. "비를 맞았다"는 것은 오염되었다는 것을 의미할 수도 있다. 절조節操를 상실했다고 의심될 수도 있다. 그것을 "약유유온若濡有慍"(비에 젖은 모습이 부끄럽게 보인다)이라고 표현했다.

우리 주변의 현실에서도 이런 현상은 자주 볼 수 있다. 정의로운 사회운동을 했던 탁월한 인물들 사이에서도 한때는 서로가 서로를 "약유유온"의 눈으로 바라볼 때가 있었다. 그러나 과연 배신했나? 九三이 上六을 만났다고 과연 비에 젖은 것일까? 결국 九三의 순결성은 입증된다. 그는 결코 혁명의 의지를 퇴색시키지 않았다. 오해가 풀린다. 허물이 남지 않는다(无咎).

九四: 臀无膚, 其行次且。牽羊, 悔亡。聞言, 不信。
구 사 둔 무 부 기 행 차 저 견 양 회 망 문 언 불 신

네 번째 양효: 九四는 양효이며 강강剛强한 소질을 지닌 사람이지만, 어디까지나 음위에 있고 중용中庸에서 벗어나 있기 때문에 四라는 위치가 진취적이라기보다는, 틀어박혀 칩거할 궁리만 하는 좀 소극적 자리이다. 그러니까 九四는 용왕매진勇往邁進하는 기력을 상실한 인간이다. 지금 이 쾌괘는 혁명의 대열에 참여하는 다양한 인간상을 그리고 있다. 볼셰비키혁명에도 레닌이 있었는가 하면, 트로츠키, 블라디미르 안토노프 오브센코, 스탈린, 지노비예프 등등의 다양한 인물이 있었다. 九四는 그 하나의 유형을 대변한다고 볼 수 있을 것이다.

제일 먼저 "둔무부臀无膚"라는 말이 먼저 나온다. 물론 주어는 九四이다. 九四는 "궁둥이에 살이 없다"라고 표현했다. 궁둥이에 살이 없다는 표현은 지방이 없이 깡말라붙어 뼈만 앙상하므로 편히 앉아있을 수 없다는 뜻도 되지만 무엇인가 꾸물꾸물거리고, 머뭇거리고, 주저주저하는, 그러니까 독자적인 과단성이 없다는 뜻으로 해석될 수도 있다. 궁둥이에 살이 없는가 하면, 앞으로 가는 것도(其行) 용맹스럽게 전진하지 못한다(次且)고 했다. "차저次且"는 정이천이 "진난지상進難之狀"(나아가기 어려워하는 모습)이라고 훈을 달았다. 혁명의 시기에 가만히 앉아있지도 못하고 용감히 대열에 참여하여 나아가지도 못하는 캐릭터인 것이다. 결국 후회만 남기는 그런 캐릭터인 것이다.

그 다음에 "견양회망牽羊悔亡"이라는 표현이 나오는데, 이 九四는 지위가 높으며 初九, 九二, 九三의 중양衆陽의 군자들을 거느리는 위치에 있으며 위로 는 강양한 九五의 천자를 모시는 입장이다. 이때에 그는 홀로 움직이는 것이 아니라 아래에 있는 뭇 군자들과 함께 움직인다. 여기 "견양"이란 양떼를 몬다는 뜻인데, 양떼를 모는 방식은 양들로 하여금 자연스럽게 나아가게 하 고 자기는 뒤따라가면서 때로 호루라기만 불거나 대열을 맞춰주는 최소한의 액션만 하면 된다. 그렇게 양떼를 몰듯이 따라가기만 하면 후회가 없을 것이 라는 것이다.

그러나 九四는 뒤따라가기만 해도 충분하다는 주변의 충고를 듣고도(聞言), 그대로 실천에 옮기지 아니한다(不信: 신험한 행동을 하지 않는다는 뜻). 결과는 뻔 하다. 九四에게 불리한 상황이 전개될 것이다. 만약 九四가 정신을 차리고 주 변의 말을 듣는다면 凶을 吉로 전환시키는 것이 가능하리라!

九五: 莧陸夬夫。中行, 无咎。
구 오 현 륙 쾌 쾌   중 행   무 구

다섯 번째 양효: 九五는 양효로서 位가 正하며, 강강剛强하고 정의로운 천자이다. 쾌괘 전괘의 주체이며 모든 덕성을 갖추고 있는 탁월한 인물이다. 그러나 上六 의 음유陰柔한 소인小人이 比하고 있어서 항상 그의 은근한 접근에 노출되어 있으며 음양의 교감이 있기 때문에 가깝게 교류하고 있는 정황이다. 上六은 九五천자의 환심을 사려고 노력하고 있기 때문에 인정으로 보면 그를 쉽게 내칠 수도 없는 정황이다. 그러나 이미 대세는 기울었다. 그리고 九五는 어디 까지나 대의를 위하여 강건중정의 덕을 발현해야 하며, 과감하게 의연毅然하 게 上六이라는 小人을 제거해야만 한다. "현륙쾌쾌莧陸夬夬"라는 말은 여태

까지 제대로 해석되지 않았다. "현륙莧陸"을 심지어 왕선산은 "산양山羊"의 일종이라고 풀이하는데 매우 무리한 해석이다. 그것은 동물로 볼 수 없다. 전통적인 해석은 "현륙"을 "상륙商陸"이라고 본다. 상륙(Radix Phytolaccae)은 우리가 보통 "자리공"이라고 하는데 다년생 초본으로 그 뿌리를 말려 약재로 쓴다. 주희는 현륙을 "마치현馬齒莧"(Herba Portulacae)이라고 해석했는데, 마치현은 우리말로 "쇠비름"이라는 것인데, 일년생 육질초본肉質草本으로서 그 전초를 말려서 약초로 쓴다.

내가 생각하기엔 현륙은 상륙으로 해석하는 것이 마땅하다. 자리공(=상륙)은 고苦, 한寒하며 독성이 강하다. 이것은 이변二便을 통리通利하는 데 효력이 강력하다. 그리고 이 자리공은 음지에서 번식이 강렬하다. "현륙쾌쾌"라는 말은 음지의 상륙을 도려내듯이 쾌쾌하게 上六을 제거한다는 뜻이다. 시원하게 통변을 시킨다는 의미도 곁들여있고, 독초를 제거한다는 의미도 들어있다. 九五는 결정적 시기에 上六의 小人을 제거하는 쾌도난마를 휘둘러야 한다는 것이다. 인정에만 끌릴 수는 없는 노릇이다. 그러나 그렇게 결단을 내려도 중용의 도를 잃지 않는다(中行: 중행한다). 그러기에 허물을 남기지 않는다(无咎).

上六: 无號。 終有凶。
상 육   무 호   종 유 흉

맨꼭대기 음효: 아~ 드디어, 上六의 자리까지 왔다. 쾌괘의 종국終局이다. 이 효사는 당연히 도륙당하는 上六 본인의 심정을 읊은 것이다. 上六의 소인은 다섯 군자가 마련한 사형대로 올라온다. 上六은 큰소리로 울부짖으며(號) 타인에게 애련哀憐을 호소한다. 그러나 이미 게임은 끝났다. 대세는 결정되었다. 그대는 있을 자리에 있을 만큼 있었다. 역은 무정하다. 사정에 좌우되지 않는다. 이 효는 바로 이렇게 무정한 판결을 내린다: "무호无號!" 울부짖지 말아라! 너의 몰락은 필연적 운명이었다. 끝내 흉이 있을 뿐이다(終有凶).

손하巽下
건상乾上　천풍 구姤

Encounter

괘명 "구姤"는 만남Meeting의 뜻이 있다. 해후邂逅의 후逅와 동음동의同音同義, 단지 구姤는 약속 없이 문득 만나는 것unexpected encounter이다. 후逅는 책받침이 있으므로, 그것은 길에서 만나는 것이다(辶＝道). 구姤는 여자가 남자를 만나는 것이다(女변. 여자가 주체).

구姤☰는 쾌夬☰의 반대괘이다. 그러니까 순서는 그냥 상수적으로 결정된 것이다. 그런데 「서괘」는 다음과 같이 말한다: "쾌夬는 결별하는 것이다. 그런데 이별하다 보면 반드시 만나게 되어있다. 그래서 쾌괘를 구姤괘로 받았다. 구姤는 만남遇이다. 夬, 決也。決必有遇, 故受之以姤。姤, 遇也。"이에 대한 이천의 설명은 다음과 같다:

決, 判也。物之決判, 則有遇合。本合, 則何遇? 姤所以次夬也。爲卦, 乾上巽下。以二體言之, 風行天下, 天之下者, 萬物也。風之行, 無不經觸, 乃遇之象。又一陰始生於下, 陰與陽遇也, 故爲姤。

쾌夬를 결決이라고 했는데, 결決이란 것은 나뉨判이다. 사물은 나뉨이 있고 나서 만나고 또 합하여짐이 있으니, 본래 합하여진 것이라면 만난다 하는 말이 어떻게 성립할 수 있겠는가? 그래서 구姤괘가 쾌夬괘

다음에 오게 된 것이다. 구괘의 생김새로 보자! 건乾이 위에 있고, 손
巽이 아래에 있다. 상하 이체二體로 말하자면, 바람이 하늘 아래를
다니는 것이니, 하늘의 아래라는 것은 만물을 가리키는 것이다. 그러
니 바람이 다닌다고 하는 것은 만물을 접촉하지 아니함이 없으니, 그것
이 곧 만남의 상象이다. 또한 일음一陰이 아래에서 생겨나고 있으니
음과 양이 처음으로 만나기 시작하는 것이다. 그래서 음과 양이 만나는
구姤가 된 것이다.

구姤괘는 12소식괘 중의 하나이며, 5월에 해당된다. 그 앞에 4월은 양으로
완전히 덮여버린 건괘䷀이다. 쾌夬䷪와 구姤䷫는 건乾䷀을 가운데 끼고
있는 오양일음五陽一陰의 괘이다. 쾌夬를 강剛의 끝이라고 한다면 구姤는 유柔
의 시작이라 할 것이다. 이 구괘로부터 음의 세력은 성장하기 시작한다. 저
밑에 일음一陰이 등장한 것은 매우 돌연한 것이다. 그것은 기대하지 않았던
만남이기 때문에 구姤라고 이름한 것이다. 혼자서 이 다섯 남자를 상대로 하는
이 여인은 보통 여자가 아니다. 정말 쎈 여자이다.

「대상전」은 이 괘를 어떻게 파악하고 있을까?

> 天下有風, 姤。后以施命誥四方。
> 천 하 유 풍 구 후 이 시 명 고 사 방

하늘 아래 바람이 있는 모습이 구괘의 모습이다. 하늘 아래라 하는 것은 만물
이요, 바람은 만물을 두루두루 만난다. 그것은 만남의 보편성이다. 후왕(군자보다
한 급이 높은 군왕이다. 왕후王后의 후비와 관계없다)은 이 구괘의 모습을 본받아 명
령을 시행하고, 사방에 고誥하여 만민을 가르친다.

여기에도 전혀 12소식괘의 상수학적 원리가 개입되어 있지 않다. 그리고
구姤라는 괘명의 해석에도 5양과 1음의 만남이라는 음양의 논리가 전혀 배태

되어 있질 않다. 구姤라는 괘명의 의미를 선왕에 버금가는 군왕의 의미로만 파악하였다. 구姤를 천자의 위치에 있는 후后로서 파악한 것이다. 다시 말해서 철저히 후后의 정치철학적 명제를 괘상, 그것도 오직 상·하 트라이그램의 이체관二體觀의 상에서 끌어내는 데만 「대상전」작가의 정신이 집중되어 있다.

주희는 구姤의 괘는 본시 부정不貞한 괘이고, 한 여자가 다섯 남자를 상대로 행패부리는 나쁜 괘인데 어떻게 「대상전」의 내용은 그렇게 좋을 수 있는가 하고 반문한다. 그리고 자신의 반문에 대하여 궁색한 해답을 내어놓는다. 성인은 고정적인 사유를 하지 않으며, 나쁜 시기에도 임기응변의 좋은 방도를 찾아낸다는 등 별 의미 없는 얘기를 한다. 이것은 『역』의 주석가들이 「대상전」의 근원적 성격을 파악하지 못한 데서 오는 망언이다.

「대상전」의 저자는 인간사회에 복리를 도모하는 것이야말로 정치의 본질이며, 정치가(당대에는 행정·입법·사법·군사 그 모든 권력을 장악한 자)는 교육자가 되어야 한다고 믿는다. 성치는 교화라고 생각하는 것이다. 그런데 정치가의 교화는 오로지 자신의 내면적 덕성을 완성함으로써만 달성되는 것이다. 이 수기치인修己治人의 과제는 오직 자연의 덕성(팔괘가 상징하고 있는 자연의 질서)을 내면화함으로써만 달성될 수 있는 것이다. 그래서 「대상」은 먼저 자연의 질서를 말하고, "이以"라는 접속사 이후에는 인간세의 당위를 말한다.

자연을 관찰하고, 자연을 배우고, 자연의 덕성을 내면화하는 치자의 함양공부涵養工夫의 신적인 모델Divine Models을 8괘가 중첩된 64개의 상에서 발견한 것이다. 통치자는 자연으로부터 배울 수 있는 지성을 확보해야만 하며 그 지성을 통해 덕을 함양하고, 부단히 진행하는 자연 속에서 끊임없이 자기를 발전시키는 공부를 해야한다. 이 「대상전」의 독자적 철학체계가 유교라는 엄청난 사유체계를 촉발시켰다는 것을 「대상전」의 저자 본인이 미처 기획하지 않았을 수도 있다. 「대상전」의 세계에는 효사나 괘사, 그리고 단전의 언어가 끼어들 틈이 없었다.

姤, 女壯。勿用取女。
구 여장 물용취녀

구괘에는 맨 밑바닥에 여자가 등장했다. 그런데 그 여자는 보통 여자가 아니다. 그 기운이 장대하다(女壯). 혼자서 다섯의 남자를 상대해도 끄떡없다. 이런 상황에서 여인을 취娶(그런 여인과 결혼한다) 하는 것은 어리석은 일이다. 취하지 말라!(勿用取女)

이 괘는, 아내를 취하면 아니 되는 괘이다.

初六: 繫于金柅。貞, 吉。有攸往, 見凶。羸豕孚蹢躅。
초육 계우금니 정 길 유유왕 견흉 리시부척촉

맨처음 음효: 初六은 그 무시무시한 여인이다. 그 막강한 건괘의 밑바닥을 쑤시고 들어간 小人의 세력으로서, 앞으로 닥치는 모든 군자의 세력을 제압해버리는 가능성과 파괴력을 지닌 여인이다. 막강한 여인이다. 우선 이 初六의 효사는 이 여인을 수레에 비유하였다. 이 수레는 전진하면서 막강한 힘을 발휘할 수 있기 때문이다. 여기 "금니金柅"라는 것은 수레를 멈추게 만드는 브레이크 시스템인데, 쇠로 만든 것은 강력한 저지능력이 있다. 그래서 애초에 이 수레에 브레이크를 장착해놓아야 한다. 미연에 방지한다는 뜻이 있다. 쇠 브레이크에 수레를 묶어놓는다(繫于金柅). 그렇게 이 여인을 제압하고서 하느님께 점을 친다. 미래를 묻는다(貞). 吉하다. 초기에 제압하는 것이 현명하다는 신탁이 떨어진다.

그런데 만약 이 수레를 나아가게 한다면 흉한 꼴만 보게 되리라(有攸往, 見凶)! 음(소인)의 세력이 양(군자)의 세력을 다 제압하고 나아가는 꼴을 보게 되리라.

여기 "리시羸豕"는 수척한 돼지를 말한다. 이 수척한 돼지는 또다시 이 여인을 상징한 것이다. 돼지는 음에 속하며 조급한 성미를 가진 것으로 상징화된다. 그런데 수척한 돼지는 연약하게 보이지만 엄청난 파괴력을 지니고 있다. "척촉蹢躅"이란 발길질이다. 돼지가 뒷발질을 하면 무서운 파괴력을 지닌다. "부孚"는 영어로 말하면 "truly, indeed" 정도의 의미이다. "리시부척촉羸豕孚蹢躅"은 "수척한 돼지새끼라도 뒷발질하며 날뛰면 진실로 무섭다"라는 정도의 함의를 지닐 것이다. 이것은 군자들에게, 조금의 틈이라도 보이면 공격당할 것이므로, 조심하라는 경계의 뜻을 나타낸 것이다.

점을 쳐서 이 효사를 만나는 사람은 흉운凶運이다. 마음으로는 아무리 이끌려 가려고 하지 않아도, 자기의지와 반대되는 방향으로 자꾸 이끌려간다. 실패한다.

九二: 包有魚。无咎。不利賓。
구 이 포 유 어 무 구 불 리 빈

두 번째 양효: 당연히 九二를 주체로 하여 해석해야 할 것이다. 初六이 음사陰邪의 소인小人이라는 것은 지금 누구나 다 아는 일이다. 지금은 初六의 세력이 미약하지만 점점 성장하여 위에 있는 양효들을 해치게 될 것이라는 정황이 감지되어 있다. 이천은 말한다: 구姤라는 괘에서 일차적으로 중요한 것은 "만남"이다. 따라서 보통 괘에서는 初六은 九四와 應하기 때문에 그 감응의 관계를 먼저 따지지만, 이 구괘에 있어서는 "감응"보다 직접 "만남"이 더 중요하다. 九二는 가장 가까이서 직접 부닥칠 수 있는 初六과의 만남을 그 일차적인 과제상황으로 삼게 된다.

九二는 강의剛毅하며 음의 자리에 있지만 中의 자리에 있다. 바람風의 핵이다. 그런데 바로 만날 수 있는 初六은 음효이며 심히 매력적인 여인이다. 음양관계에서 그냥 음에게 잡아먹힐 수도 있는 포지션이다. 그러나 강인하며 중용의 미덕을 지닌 이 九二는 初六을 짚새로 만든 생선꾸러미에 집어넣어 꼼짝못하게 한다. 여기 "어魚"는 음물陰物이다. "포유어包有魚"는 "꾸러미 속에 고기가 있다"라는 표현이지만, 九二가 매혹적인 初六의 여인을 꾸러미에 묶듯이 제압해버렸다는 뜻이다. 그렇게 되면 당연히 "무구无咎," 허물이 없다. 즉 初六의 폐해가 차단된다는 뜻이다.

"불리빈不利賓"에 관해서도 정이천의 해석이 명료하다. 여타 주석가들이 꾸러미에 들어있어 이미 불신선해진 냄새나는 생선을 손님에게 대접하는 것은 불리하다는 등의 헛소리를 하지만, 여기 물고기는 냄새나고 지지고 하는 것과는 아무런 상관이 없다. 여기 "빈賓"은 밖에서 온 자이다(賓, 外來者也). 즉 빈은 九二와 初六 이외의 남성들이다. "불리빈不利賓"이란, 初六의 여인을 딴 남성들과 만나게 해줄 필요는 없다는 것이다. 손님접대할 때 이 여자가 있게 하는 것은 매우 불리하다는 것이다. 이 여자의 폐해가 확산되어갈 우려가 있기 때문에 꾸러미 속에 꿰어놓는 것이 상책이라는 것이다. 이천의 말이 명언이다: "만남의 도는 마땅히 전일해야 한다. 둘이면 잡스러워진다. 遇道當專一, 二則雜矣."

九二는 음의 폐해를 초기에 제압하는 데 성공하였다. 점을 쳐서 이 효를 만나는 사람은 음험한 인물 때문에 고생하는 일이 있다. 그 인물을 꾸러미에 집어넣을 방도를 잘 생각해보라!

九三: 臀无膚, 其行次且, 厲无大咎。
구 삼 둔 무 부 기 행 차 저 려 무 대 구

세 번째 양효: "둔무부, 기행차저"는 쾌괘夬卦 九四에 이미 나온 표현이다. 쾌夬와 구姤는 종괘綜卦(반대괘)이므로 쾌를 미러이미지로 뒤엎으면 쾌의 九四는 구姤의 九三이 된다. 양 괘가 서로 구조적으로 관련되어 있다는 것을 나타내주는 효사이기도 하다.

【44】
姤

九三은 강위剛位에 있는 강효이며, 또 내괘의 中을 벗어나 있기 때문에 중용의 미덕이 없다. 그러니까 너무 강하기만 한데다가 중용의 미덕이 없어 불안하기만 하다. 원래 三의 자리가 침착한 미덕이 없다. 上九와는 같은 양이니 應하지 않는다. 그러니까 상괘로 점프할 수 있는 의욕이나 동력이 없다. 그리고 역시 "만남"의 대상은 남성이 아닌 여성이고 현재로서는 初六밖에는 없는데, 이 初六의 여인은 이미 九二에 의하여 장악되었다. 손길이 뻗치지 않는다. 이런 좌불안석의 상태를 "궁둥이에 살이 없다"(臀无膚)라고 표현하였고, 앞으로 나아갈 방향이 없는 것을 "그 감 또한 어물쩍물하다"(其行次且)라고 표현하였다. 그러나 근본적으로 여인을 만날 일이 없고, 또 악인을 만나 상처받을 일이 없으니, 어물쩍물한 모습이 위태롭게는 보이지만 큰 허물을 남기지 않는다(厲无大咎).

인생에서 어중간한 채로 있는 것이 허물이 없고 도리어 좋을 수 있는 상황은 허다하다. 이럴 때는 전진하지 않는 것이 좋다.

九四: 包无魚。起, 凶。
구 사 포 무 어   기   흉

네 번째 양효: 꾸러미 안에 물고기가 없다. 가만히 앉아있으면 괜찮을 텐데 일어나면 흉하다.

───── ❧❧❧ ─────

九四는 상괘 건乾의 시작점이며 음위陰位에 있는 양효이니 正하지 않고, 중용을 얻고 있지도 못하다. 不中不正하다. 그런데 원래 九四는 初六과 제대로 應하는 사이이다. 그러니까 음양의 정감응으로 말하자면 初六은 九四에게 왔어야 한다.

그러나 구姤괘에서는 九二가 初六의 여인을 만났고, 제압하였고, 꾸러미에 가두어 버렸다. 그런데 정응正應관계에 있는 九四의 꾸러미에는, 막상 있어야 할 여인이 없는 것이다. 이러한 상황을 "포무어包无魚"라고 표현하였다. 기발한 표현이다. 짧은 몇 마디로 그 복잡한 상황을 아름답게 표현하였다. 효사가 얼마나 구조적으로 치밀하게 레토릭을 구사하고 있는지를 보여주는 대목이다. 九四의 꾸러미에는 물고기(=여인)가 없다. 이 상황은 분명 구조적인 문제이며 九四의 죄罪는 아니다. 그러나 민중은 九四의 정황을 九四 본인의 능력이 없기 때문에 그의 꾸러미가 공허하게 된 것이라고 생각한다. 구조적인 문제임에도 그 죄를 옴팍 뒤집어쓰는 상황은 우리 인생에서 허다하게 일어난다.

이런 경우 가만히 앉아 웅크리고 있는 것이 상책이다. 일어나서(起) 무엇인가 액션을 취하려 하면 凶하다.

"起, 凶。"을 "起凶," 즉 "흉을 일으키다"로 읽는 주석도 많은데 맥락을 제대로 파악하지 못한 자들의 못미친 주석이다.

九五: 以杞包瓜。含章。有隕自天。
구 오 이 기 포 과 함 장 유 운 자 천

다섯 번째 양효: 九五는 양강하며 양위양효로서 中正을 얻고 있다. 상괘인 건괘의 중앙일 뿐 아니라 전체 구괘姤卦의 주체主體로서 힘力과 정의감正을 구비한 위대한 지도자이다. 소인들의 어떠한 발흥이나 발호에도 대처할 수 있는 거대한 역량을 지닌 인물이다. 이 九五의 역량을 효사는 매우 센스 있게, 아름답게, 간결하게 표현하였다. 九五는 음의 세력과 대립하고 무력적으로 대결하는 것이 아니라 그들을 오히려 감싸고 포용하여 제압하는 것이다. 여기 "기杞"라는 나무는 우리말로 "키버들"이라고 하는데 학명은 *Salix purpurea*이다. 이것은 버드나무과의 낙엽교목인데 이 나무의 껍질을 벗겨내어 키를 만들었기 때문에 "키버들"이라 한 것이다. 이 나무로 고리궤짝을 만들기도 하기 때문에 "고리버들"이라고도 한다. 보통 이 키버들로 바구니를 만든다.

여기 "이기포과以杞包瓜"라는 표현은 키버들로 만든 바구니 속에다가 온갖 외를 담는다는 것이다. 외(瓜)는 참외, 오이, 박, 멜론 등을 의미하는데 땅에 기어다니면서 생성되기 때문에 음의 세력을 상징한다. 달콤하면서 부서지기 쉬운 그 성격이 음(소인)의 모습을 닮았다. 그러나 九五는 자만하거나 교만하거나 하는 태도가 없이 자체 내에 아름다운 덕을 함장하고 있다. 여기 쓰인 "함장含章"이라는 표현은 곤坤괘의 六三 효사에 이미 나온 바 있다. "함장"은 한나라, 당나라의 궁전의 이름으로도 잘 쓰였다(含章殿). 아름다움을 그 내면에 머금고 있다는 뜻이다. 조비曹丕의 보검에도 "함장"이라는 도끼가 있다. 하여튼 九五는 음효의 증장增長에 대응하여 평정하게 자신의 아름다움을 지키면서 그들을 모두 자신의 버들소쿠리 안에 주워담는다(포용하여 소란을 못 피우게 만든다).

소인과 군자가 이겼다 졌다 하는 것은 역에 있어서는 완 사이드 게임one-sided game이 아니다. 결국 그 모든 것이 시운時運의 상常이다. 문재인이 집권했다가 또 윤석열이 집권하곤 하는 어처구니없는 현실이 모두 시운의 상常이다. 그렇다면 역사에는 정의란 게 없는 것일까? 혁명이라는 게 없는 것일까? 그렇다! 역사라는 복합체적인 관계망 속에서는 절대적인 정의, 절대적인 혁명이라는 것은 존재하지 않는다. 오직 역易의 회전 속에서 축적되는 진실의 승리만이 있는 것이다. 눈에 보이는 승·패의 변화는 헛것이다. 그 승·패의 반복 속에서 과연 그 역사의 진실이 무엇을 쟁취해나가는가 하는 것은 오직 하느님이 알고, 민중이 알고, 나 내면의 신령神靈이 안다.

제일 마지막에 있는 "유운자천有隕自天"은 문자 그대로는 "하늘로부터 떨어짐이 있다"는 뜻인데 어떤 이변적인 변화가 일어난다는 의미이다. 물론 긍정적인 사태를 지칭하는 것이다. 다시 말해서 이 九五가 음의 세력을 미연에 방지하는 그 함장含章의 아름다운 태도가 축적되다 보면 음의 세력이 이 세상을 지배하는 그런 사태마저도 일거에 뒤집을 수 있는 그런 혁명적 역량이 발현될 수 있다는 뜻이다. 정이천은 말한다: "그러므로 반드시 아름다운 덕성을 평소에 함축하여 그 내면에 지성至誠을 쌓으면, 곧 위기의 해결이 하늘로부터 떨어지는 듯 이루어진다는 것을 말한 것이다. 그것은 하늘로부터 내려온다라고 말하는 것과 같으니 반드시 얻음이 있다는 뜻이다(음의 세력의 제압에 성공한다). 故必含蓄章美, 內積至誠, 則有隕自天矣。猶云自天而降, 言必得之也。"

여기 "유운자천有隕自天"이야말로 진정한 혁명의 의미라고 해야할 것이다. 서양의 "revolution"은 그냥 천체의 궤도를 돈다는 의미만 있고, 그것을 벗어난다는 의미가 없다. "유운자천"이야말로 하늘의 궤도를 벗어나는 진정한 혁명이다!

上九: 姤其角, 吝。无咎。
상구 구기각 린 무구

맨꼭대기 양효: 上九는 양강하면서 不中不正, 천풍 구괘姤卦의 극한이다. 뿔(角)이란 동물의 몸의 최상위의 강강剛이다. 그러니까 이 괘에서 보자면 맨꼭대기에 있는 上九야말로 뿔에 해당된다. 上은 位가 없다. 스스로 고립되어 있다. "구姤"라는 것은 어디까지나 음과 양이 만난다는 뜻인데 上九에게는 전혀 그러한 기회는 없다.

"구기각姤其角"이라는 표현을 쉽게 풀자면 "上九는 사람을 만나는데(姤), 그 뿔로써 만난다"는 뜻이다. 아무런 감응이 없고, 상대방은 오만하다는 느낌만 받을 것이다. 그러나 어찌 되었든 上九는 음의 소인들과 접촉하지는 않는다. 변절이나 배반은 없다. 그의 행동이 편협하기는 하지만(吝), 악에 물들지 않았으니 허물은 없다(无咎).

| 45 | ䷬ | 곤하坤下
태상兌上 | 택지 췌萃 |

Gathering Together

괘명 "췌萃"는 "모으다," "모이다"의 뜻이다. "집集"이라는 글자와 상통한다. 아마도 우리 일상생활에서 가장 많이 쓰이는 단어는 "발췌拔萃" 정도일 것이다. "가려 뽑아 모으다"는 뜻이다. 췌萃는 풀이 총생叢生하는 모습이다. 췌의 괘상은 땅(곤坤) 위에 연못(태兌)이 있으니 그 연못에 물이 모여있는 모습이다. 순상荀爽(AD 128~190. 동한 말 경학자)이 말하기를, "택澤은 비하卑下를 의미한다. 그 물이 흘러 만물을 생하게 하니, 췌萃라 한다"라고 하였다. 또한 췌萃의 괘는 이양사음二陽四陰인데 사음이 이양 중심으로 모여있는 꼴이다. 그래서 췌萃라 한다. 하괘 곤坤의 상象은 순順이고, 상괘 태兌의 상은 열悅이다. 기뻐하면서 따르는 만민萬民이 모여드는 상象이다.

「서괘전」은 췌괘가 구괘 다음에 오는 이유를 이와같이 말한다: "구괘의 구姤는 만난다는 것이다. 사물과 사물이 서로 만나게 되면 반드시 모이게 된다. 그러므로 췌괘萃卦가 구괘를 받은 것이다. 췌萃라는 것은 모인다는 뜻이다. 姤者, 遇也。物相遇而後聚。故受之以萃。萃者, 聚也。"

하여튼 「서괘전」에는 합리적인 설득논리가 있다. 괘의 이름만을 가지고 의미론적으로 그 논리를 엮어가는 능력은 탁월하다. 무조건 성인의 작作이 아니라고 깔볼 수 있는 수준의 논의는 아니다. 우연적인 서열에 대하여 필연적인 논리를 제공한다는 것은, 망문생의望文生義, 견강부회牽强付會의 념念을 배제하기 힘들다. 그러나 「서괘」에는 그 나름대로 깔려 있는 철학이 있고 오늘날 우리가 접하고 있는 현행 『역』의 모습에 결정적인 역할을 한 하나의 익翼임에는 틀림이 없다.

천지만물天地萬物이라는 음양이체론陰陽二體論에서 성립하는 건과 곤, 그리고 함咸과 항恆의 틀은 「계사전」이후 혹은 동시대의 사상적 발전으로 간주되며, 「대상전」과는 별도이지만, 괘명에 관한 해석의 체계는 「단전」과 가장 밀접하다. 「단전」의 해석방법 직후에 「서괘전」이 저작되었다고 사료된다. 『역』의 신성성神聖性을 인정하게 만들고, 상경과 하경을 나누고, 상경이 천도天道를 다루고, 하경이 인사人事와 관련된다는 대강의 틀을 확립한 것은 「서괘전」의 공로일 수도 있다. 『역』이라는 카오스에 일정한 코스모스적인 논리를 제공함으로써 **그 카오스의 권위를 높인 것**이 「서괘전」의 기능이었을 것이다.

정이천은 말한다:

> 物相會遇, 則成群, 萃所以次姤也。爲卦, 兌上坤下。澤上於地, 水之聚也, 故爲萃。不言澤在地上, 而云澤上於地, 言上於地, 則爲方聚之義也。

사물들이 서로 만나게 되면 그룹을 짓게 되니, 이것이 바로 췌萃괘가 구姤괘 다음에 오게 된 이유이다. 췌괘의 괘모양을 살펴보자! 태兌괘가 위에 있고 곤坤괘가 아래에 있다. 연못이 땅 위에 있는 모습은 물이 모여있는 모습이다. 그러므로 췌萃라고 한 것이다. 연못이 지면상에 있다고 말하지 아니하고 땅 위에 올라가 있다고 말한 것은, 땅 위에 올라가 있다고 말하면 곧 모여들었다는 의미가 강화되기 때문이다.

「대상전」은 뭐라 말할까?

> 澤上於地, 萃。君子以除戎器, 戒不虞。
> 택 상 어 지 췌   군 자 이 제 융 기   계 불 우

연못이 땅 위로 올라가 형성되는 모습이 췌괘의 모습이다. 사물(사람들)이 이렇게
적극적으로 모여들게 되면 항상 쟁송이 일어나게 마련이다. 군자(=통치자)는
이러한 췌괘의 모습을 참고하여(以) 자신의 통치의 질서를 도모한다. 우선 병기를
점검하고 소제하고 수리한다. 그리고 예기치 못한 불행한 사태들에 대비한다.

"불우不虞"는 예기치 못한 불행을 의미한다. "우虞"는 "헤아리다度"의
뜻이다.

괘사

> 萃, 亨。王假有廟。利見大人。亨。利貞。用大牲吉。
> 췌 형 왕 격 유 묘 리 견 대 인 형 리 정 용 대 생 길
>
> 利有攸往。
> 리 유 유 왕

췌괘의 췌萃는 모여든다는 뜻이다. 만물이 모여들어 풍성해지고 인심이 모여들어
한마음이 되면 모든 사회현상이 여유롭고 풍족해진다. 아랫괘가 곤☷이니 순順의 의
미가 있고, 윗괘가 태兌☱이니 열說의 의미가 있다. 만민이 기뻐하고 따르고 모여드는
상이다. 또한 연못☱이 땅☷ 위에 있으니 물이 모여들어 저수지를 이룬 형상이다.

게다가 九五는 中正을 얻고 있고, 六二는 내괘의 中正을 얻어 아주 제대로 정응正
應하고 있으니 그러한 감응의 축만 해도 췌萃의 의미가 있다. 이러한 췌괘의 시기야
말로 제사를 드릴 만한 위대한 시기라 할 수 있다(萃, 亨。: 이 "亨"을 형통할 형으로 해석하여
이 글자가 연문衍文이라고 보는 견해가 있다. 어리석은 견해이다. 마융馬融, 정현鄭玄, 육적陸績,

우번虞翻의 본본本本에는 이 "형" 자가 없다. 그러나 왕숙王肅본에 있고, 왕필이 왕숙본을 따르고 있다. 형亨은 "제사를 드릴 만한 때"라는 뜻이다). 제사를 드리는 대묘야말로 조상의 영혼들이 모이는 곳이며 췌괘의 상징처이다. 그래서 왕께서 대묘에 이른다(王假有廟). "假"는 격格이라고 발음하는데 이른다(至)는 뜻이다(가인家人괘 九五를 참고할 것). "有"는 의미 없는 접두어이다.

왕이 제사를 지내러 종묘에 가면 사람도 모여들고 물자도 모여든다. 그러나 가장 중요한 것은 통치를 제대로 할 수 있는 위대한 신하를 거느리는 것이다. 대묘에서 제사를 지낼 때도 대인을 만나야 이로움이 있다. 그래야 참된 제사가 이루어진다(利見大人。亨). 제사에서 하느님의 뜻을 묻는다. 이로울 것이다(利貞).

그리고 이렇게 풍요로운 모여듦의 시기에는 풍요롭게 제사를 지내야 한다. 제사음식이 풍요로워야 모든 사람들이 풍요로운 나눔의 혜택을 얻는다. 이 대제에서는 거대한 소를 희생으로 쓰는 것이 吉하다(用大牲吉). 췌萃의 시절에는 무엇이든지 적극적으로 진취적으로 사업을 벌이는 것이 이롭다(利有攸往).

이 괘는 묘제廟祭에 적합한 괘이며 위대한 인물을 만나야 하고, 또 거대한 희생을 사용하면 좋고, 또 모험을 감행해도 좋다.

효사

初六: 有孚不終。乃亂乃萃。若號, 一握爲笑。勿恤,
초 육   유 부 부 종   내 란 내 췌   약 호   일 악 위 소   물 휼

往无咎。
왕 무 구

이 효사에 대해서도 많은 다양한 해석이 있다. 나는 정이천의 해석이 가장 명쾌하고 무리가 없다고 생각하여 그의 견해를 따랐다. 췌괘는 사람들이 많이 모여드는 분위기의 괘이다. 곤궁의 시대가 아니고 풍요의 시대이며, 고독의 시대가 아닌 함께함의 시대이다. 이럴 때일수록 인간관계가 중요한 것이다.

제대로 된 정의로운 사람들과 사귀어야 하고, 지조나 정절이 중요하게 된다. 그렇지 아니하면 무리들에게 휩쓸리어 자기정체성을 잃고 타락하기 쉽다. 무리에 휩쓸리는 비본래적 자아Uneigentlichkeit를 버리고 본래적 자아Eigentlichkeit로 복귀해야 한다. 이 효는 췌의 시대의 실존의 정도를 가르치고 있는 것이다.

初六은 자기를 지키려는 성실함, 그리고 자기와 정응正應하는 九四와의 관계를 지키려는 성실함이 있다. 九四는 강의剛毅한 정의로운 인물이다. 그런데 初六은 세 음효가 모여 있는 좀 난잡한 분위기 속에 있다. 유암柔暗하고 부중정不中正하며 절조가 없다. 그래서 정응正應하는 九四와의 관계를 버리고 가까이 있는 六二・六三의 음사陰邪한 무리들과 사귀면서 끝내 정응正應하는 九四와의 관계를 지켜내지 못하는 경향성이 있게 된다. "유부有孚"는 두 음효의 장난에도 불구하고 初六은 九四와의 약속을 지키려는 성의가 있다는 뜻이다. 그러나 "부종不終"은 그러한 성의가 있음에도 불구하고 끝내 그 절조節操를 지켜내지 못한다는 뜻이다. 이렇게 되면 初六의 마음이 어지럽혀지거나, 음사의 무리에 휩쓸리고 말게 된다(乃亂乃萃: 乃는 "…하다간 …하다간"의 뜻이나).

아~ 이럴 수가 있는가! 이 유혹을 탈피해야지 하고 九四를 향해 울부짖는다(若號). 그러면 주변의 음사의 무리(一握, 俗語一團也。일악은 속어로 일단을 의미한다. 『傳』)들이 비웃는다(一握爲笑). 그래! 비웃어 봐라! 나는 너희들의 비웃음을 상관치 않는다 하고(勿恤) 끝내 정도를 향해 나아가면(往), 허물이 없다(无咎).

우리 삶에 여러 형태로 유혹은 항상 도사리고 있다. 점을 쳐서 이 효를 만나는 사람은 미혹의 시대를 살고 있다. 확고한 방침을 세워 정도를 향해 전진해야 한다. 풍요의 시대일수록 우리는 절조가 있어야 하고 또 지조를 지켜야 한다.

六二: 引, 吉。无咎。孚乃利用禴。
육 이 인 길   무 구   부 내 리 용 약

두 번째 음효: 이 효사는 비교적 해석이 용이하고 그것이 말하고자 하는 메시지도 명료하다. 六二는 유순柔順하고 또 中正을 얻고 있다. 음위陰位에 음효이다. 그리고 九五의 천자와 음양바르게 감응하고 있다. 강건중정의 천자 九五와 유순중정의 六二의 교감, 융합은 이상적 관계, 즉 만물의 생성의 당연한 길을 제시하는 것이다. 여기 모두에 "引, 吉"이라고 한 것은 이 둘은 서로가 서로를 잡아당기는 것이 길운吉運을 창조한다는 것이다. 六二는 현재 初六과 六三, 소인小人의 무리에 둘러싸여 있다. 이럴 때는 역시 九五의 당겨주는 힘이 췌萃의 결정적인 역할을 한다. 九五와 六二가 서로 당길수록 길하다(引, 吉). 허물을 남기지 않고 생생의 길에 참여할 수 있게 된다(无咎).

이러한 서로 당김의 조화는 군주와 신하의 일체감을 상징하며 또 동시에 하느님(神)과 인간의 상교相交를 상징한다. 그것은 제사로 표현된다. 여기 "약禴"이라는 것은 우리가 잘 쓰지 않는 글자로서 발음이 같은 "약約"과 상통한다. 은나라의 봄철제사라고도 하고, 주나라의 여름제사라고도 한다. 하여튼 매우 간략한 약식의 소박한 제사이다. 六二와 九五의 교감은 진실한 것이다. 六二는 中正의 미덕이 있으며 무엇보다도 허심虛心한 덕성이 있다. 허심하게 제사를 지내면 하느님도 허심하게 응답한다. 그것은 "부孚" 즉 "성실함"이라고 표현했다. 성실함의 교감이 있을 때는 곧 약禴의 제사를 지내는 것이 옳다(孚乃利用禴). 냉수 한 그릇으로도 하느님은 응답하실 것이다. 동학의 제사법이 이런 고조선역古朝鮮易의 사유로부터 나왔다.

六三: 萃如, 嗟如。无攸利。往无咎。小吝。
육 삼   췌 여   차 여   무 유 리   왕 무 구   소 린

세 번째 음효: 六三은 음유陰柔의 소인小人이다. 中의 자리를 벗어난 三의 자리이며 음효양위이니 不正하다. 不中不正하다. 여기 "췌여萃如"는 모으려고 하는 모습이다. 그런데 "차여嗟如"는 모으려고 해도 모여지지가 않아 한숨만 푹푹 쉬고

있는 모습이다.

六三이 應하는 자리는 上六이지만, 上六이 음효이기 때문에 감응이 일어나지 않는다. 六三은 不中不正하므로 매력이 없다. 그래서 할 수 없이 가깝게 있는 初六, 六二의 두 음효와 췌하려고 하지만(萃如), 이들은 음사소인陰邪小人의 무리로서 근원적으로 의지할 자들은 못된다. 그러나 六二는 이미 九五와 정응正應관계에 있으므로 六三 따위는 거들떠보지도 않는다. 가까이 있는 九四에게 끼웃거려 보지만(양효래서 감응이 可하다), 九四는 이미 初六의 상대가 되었다. 九四는 용감하게 지조를 지킨 初六을 받아주었다. 그러니 六三은 누구하고도 췌萃하려고 하지만(萃如) 췌가 되지 않는다. 그러니 한숨만 나온다(嗟如). 그의 노력은 수포로 돌아간다. 어떠한 이익도 얻을 수 없다(无攸利).

그런데 六三에게 남은 선택은 단 하나. 아무리 음효끼리라 할지라도 자기가 접근할 수밖에 없는 최후의 보루는 형식적으로 應의 관계에 있는 上六밖에는 없다. 그는 上六의 한 곳으로 용감히 나아간다(往). 上六의 상괘 태兌☱의 최상위이며 열說의 상징성이 있다. 그는 찾아온 六三을 유순하게 받아들인다. 따라서 六三에게 허물은 남지 않는다(无咎). 그러나 上六은 음이고 六三도 음이기 때문에 진정한 췌萃의 교섭은 이루어지지 않는다. 上六은 位가 없다. 그리고 가생이로 밀려난 말단의 음효이다. 그러니 六三에게는 약간의 아쉬움은 남을 수 있다(小吝).

六三이 마지막으로 가는 곳을 上六이 아니라 九四로 보는 해석방법도 있다. 그러나 왕필도 上六으로 보았고 정주程朱가 모두 上六으로 보았다. 정주의 해석이 매우 친절하고 합리적이다. 진정한 만남(모임)을 이루기가 어려운 인간의 실존적 정황을 묘사하고 있다. 권세 등등한 권력자와의 만남이 아니라 초라한 모임이라도, 그러한 변두리에서 행하는 진실이 더 가치 있을 수도 있다.

九四: 大吉, 无咎。
구 사 대 길 무 구

네 번째 음효: 이 九四의 효사는 매우 많은 문제를 포함하고 있다. 우선 상사象事 (상과 관련된 사건의 언어)가 없이 점사占辭만 있는 매우 희귀한 예에 속한다. 점사만 남아있기 때문에 그 해석은 정확한 근거가 있을 수 없다. 점사에 대한 논리적 근거를 제시할 수 있는 상象의 관계양상이 여기 전혀 나타나 있질 않은 것이다.

"大吉, 无咎"의 설명은 실로 간단하다. 그러나 이 두 마디를 어떻게 토를 달아 연결하는가에 따라 의미는 사뭇 달라질 수 있다. 역사적으로 문제가 되는 현토방식은 크게 "대길大吉하니 무구无咎로다"라고 하는 것과, "大吉이면 (이래야) 无咎로다"라고 하는 것으로 나뉜다. 전자는 대길大吉하도록 진선盡善의 노력을 하여 그런 결과를 얻으면 허물이 없다는 논리로서 철저한 동기주의motivationalism적 윤리를 표방하는 해석이고, 후자는 대길의 결과를 얻어야만 허물이 없을 수 있다는 결과주의consequentialism적 윤리를 표방하는 해석이다.

자아! 무엇이 문제인가? 왜 이런 문제가 생겨나는가? 이것 또한 인간실존의 한 측면일 것이다. 九四는 양효이며 강강剛强한 재질이 있는 대신大臣이다. 그러나 位가 正하지 않고(음위에 양효), 中을 얻고 있지 않다. 그러니까 不中不正한 자이므로 본시 吉하다고 말할 수 있는 조건이 없다. 재화災禍를 만날 수밖에 없는 인물인 것이다. 그런데 왜 대길大吉, 무구无咎라는 좋은 판단이 나왔는가? 이 九四는 不中不正함에도 불구하고 아주 강건한 정도의 천자天子를 바로 밑에서 보좌하고 있는 강강剛强의 재목이며, 또 아래에 있는 삼음三陰이 모두 이 九四를 따르고 있다. 즉 대중을 거느리고 그들의 신망을 얻고 있는, 대중의 정신적 리더로서의 위상이 있다. 그러기에 동기주의적으로 이 九四가 절대적 선의지를 발현하여 大吉하면 허물도 없으리라는 판단이 나온다.

그러나 이것을 결과주의적으로 해석하면 大吉은 九四의 노력의 결과일 수 없고, 그 時와 位가 대길大吉의 운을 만나면 모든 허물이 사라진다는 뜻이 된다. 즉 대길大吉은 이 사람의 내면적 노력의 결과가 아니라, 운좋게 주어지는 것일 뿐이라는 것이다.

九四는 대중의 지원을 얻고 있으므로 대길大吉의 호운을 만나면 허물이 없으리라는 것이다. 이 九四의 맥락에서는 결과주의적 해석이 자연스럽다고 여겨지지만 동기주의적 해석도 대길大吉 속에 포함되지 않는다고 말할 수는 없다. 정주程朱는 대체적으로 동기주의적 윤리관을 따른다. 임마누엘 칸트에 가깝다.

九五: 萃有位。无咎。匪孚, 元, 永貞。悔亡。
구 오   췌유위   무구   비부   원   영정   회망

다섯 번째 양효: 이것은 천하의 인민을 거느리고 또 그들의 신망을 얻고 있는 훌륭한 천자天子(=a political leader)에 관한 이야기이다. 九五는 天子의 位이며, 또 췌괘萃卦 전체의 주효主爻이다. 강건한 덕성을 지니고 있으며 또 중용의 位를 얻고 있다. 中正의 지도자이며 하괘下卦의 六二와도 정응正應하고 있다.

위대한 지도자는 민중을 품을 수 있어야 한다. 또 그들의 진정한 사랑을 얻어야 한다. 여기 "췌유위萃有位"라는 것은 민중을 모으는 데 적합한 位를 지니고 있다는 뜻이다. "췌함에 位가 있다"라고 해석한다. 位와 덕을 다 구비하고 있으므로 기본적으로 그의 다스림에는 허물이 없다(无咎). 그런데 그 다음에 나오는 "비부匪孚"는 그럼에도 불구하고 다스림의 행위에는 성실함과 신험이 통하지 않는 상황이 있을 수 있음을 보여준다. "비부匪孚"는 두 가지로 해석된다. 첫째는 九五에게 신복信服하지 않는 자들이 있다는 것이고, 둘째는 九五의 지도자에게도 민중에게 믿음을 주지 못하는 상황이 발생할 수 있다는 것이다.

이러한 "비부"의 상황에 대해서는 "원元, 영정永貞"해야 한다. "원, 영정"의 표현은 수지 비괘比卦(8)의 괘사에도 보였다. "원元"은 민중의 리더로서 리더답게 보편적 가치를 구현하는 리더십을 과시해야 한다는 것이다(나의 원元의 해석은 기존의 입장과 다르다. 건괘에서 이미 해설함). 그리고 "영정永貞"은 영속적인 주제에 관해 점을 친다는 뜻이다. 하느님께 불성실, 불신의 사태가 벌어진 것에 관하여 묻고 반성하고 한다는 것이다. 그리하면 후회를 남길 그런 결점이 모두 소멸될 것이다(悔亡). 천하天下의 만민이 훌륭한 지도자의 리더십 아래 췌萃하게 되리라.

上六: 齎咨涕洟, 无咎。
상 육 재 자 체 이 무 구

맨꼭대기 음효: 上六은 모임(萃)의 괘의 최후의 효이며, 유약하기 그지없고 또 位가 없다. 친구를 모으려고 백방으로 노력하지만 아무도 응해주지 않는다. 그러니 슬플 수밖에 없다. 사람이 모이지 않는 사람은 고독하다. 따돌림당한 느낌이다. 여기 "재자齎咨"는 한탄하는 모습이다. "체涕"는 눈물이고 "이洟"는 콧물이다. 上六은 한탄하며 눈물과 콧물을 흘린다(齎咨涕洟). 그렇게 슬퍼할 수 있다는 것 자체가 上六의 본성을 나타낸다. 그리고 췌괘는 끝난다. 막이 내리면 또다시 새로운 국면이 시작된다. 눈물을 흘리고 콧물을 흘리며 슬퍼할 수 있다는 것 그 자체로 上六에게 허물은 없다(无咎). 마지막 "무구无咎"에 대한 정이천의 해석은 너무 각박하다. 눈물 콧물 흘리며 슬퍼한다는 것은 너무도 당연한 자취自取의 결과이니 누구를 허물하겠는가, 라는 식으로 풀었다.

46

손하巽下
곤상坤上

지풍 승升

Pushing Upward,
Ascending

괘명 "승升"은 "오른다"의 뜻이다. "상승上昇ascension"을 의미한다. 이 괘는 췌괘▤의 반대괘▦이므로 그 순서는 자동적으로 결정된 것이다. 그 차서를 「서괘전」은 이와같이 설명한다: "췌괘의 췌萃라는 것은 모인다聚는 뜻이다. 무엇이든지 모이게 되면 쌓여 올라가게 되어 있다. 그래서 오름을 의미하는 승升괘로 받았다. 萃者, 聚也。聚而上者, 謂之升。故受之以升。"

이에 대한 이천은 이런 설명을 가하고 있다: "사물이 모여 쌓이게 되면, 더욱 높아지고 커지게 되어 있다. 모여서 올라가는 것이 승升괘의 모습이다. 그래서 승괘가 췌괘 다음에 오게 되었다. 그 괘의 모양을 살펴보면 곤坤이 위에 있고 손巽이 아래에 있다. 나무(木=巽)가 땅아래에 있으니 이것은 땅속에서 나무를 자라게 하는 모습이다. 나무가 땅속에서 생겨나서 영양분을 흡수하여 자라나서 더욱 높아지는 모습이 바로 승괘升卦의 모습이다. 物之積聚而益高大, 聚而上也, 故爲升, 所以次於萃也。爲卦, 坤上巽下, 木在地下, 爲地中生木。木生地中, 長而益高, 爲升之象也。"

자연현상으로서 땅속에 바람이 있다는 것은 자연스러운 이미지로서 성립하기 어렵다. 그래서 트라이그램 손巽괘의 이미지를 바람風에 한정시키지 않고, 다른 심볼리즘을 부가함으로써 그 괘명과의 의미론적 연속성을 확보하였다. 손巽이 바람風과 함께 나무木라는 심볼리즘이 있다는 것은 이미 「설괘전」 11장에 명시되어 있다. 「대상전」을 한번 보자!

地中生木, 升。君子以順德, 積小以高大。
지 중 생 목 승 군 자 이 순 덕 적 소 이 고 대

땅속에서 나무가 생성하여 높게 자라나는 모습이 승升괘의 모습이다. 군자는 이 괘의 모습을 본받아(以) 덕을 순조롭게 쌓아가고, 작은 것을 쌓아서 높고 장대함을 이룩한다.

———— ❧ ————

"순덕順德"의 "순順"을 "신愼"(삼가한다)으로 해석하기도 하지만 순에 신의 의미는 없다고 나는 생각한다. "순덕"은 역시 덕을 순조롭게, 순리대로 쌓아간다는 의미로 보아야 한다. "적소이고대積小以高大"를 "적소이성대積小以成大"로 보아야 한다는 설도 있으나(유월兪樾의 설), 그냥 "고대高大"를 자동사로 해석하는 것이 옳다고 본다(주희朱熹의 설).

나무는 땅속에서 하루라도 생장生長을 정지하면 고사枯死해 버리고 만다. 마찬가지로 정치적 지도자는 하루라도 덕을 닦는 것을 멈추면 고사해버리고 만다. 그러므로 군자는 미소微小한 일상생활에서 덕을 쌓는 것을 게을리하면 안된다. 작은 것을 쌓음으로써만 높고 장대해질 수 있는 것이다.

원불교의 초기 창립정신에 "이소성대以小成大"라는 것이 있는데, 소태산이 이 말을 직접 승괘의 「대상전」에서 인용한 것인지 아닌지는 알 수가 없으나, 그 정신은 구태여 언어의 계보를 따지지 않아도 이미 우리민족의 심성의 바닥에 깔려있다고 본다. "이소성대"야말로 승괘의 정신인 동시에 원불교 교단 발전에 있어서 천리의 원칙이었다.

升, 元亨。用見大人。勿恤。南征, 吉。
승 원형 용견대인 물흘 남정 길

이 괘는 해解괘☷☵로부터 왔다. 해의 三, 음효가 올라가서 九四와 바꿔치기를 하면 승升☷☴이 된다. 내괘의 손巽☴도 순종한다는 의미가 있고, 외괘인 곤坤☷에도 순順의 의미가 있다. 땅속에서 자라오르는데 아무런 방해가 없다는 뜻이다. 승升하면 우두머리(元)가 될 수 있고, 우두머리로서 하느님과 소통할 수 있다(亨). 그렇게 하느님과 소통하는 지혜를 활용하여(用) 반드시 대인을 만나라(見大人).『역』에 있어서 성장하는 괘에는 "견대인"이라는 말이 나온다. 인간은 대인을 만나지 않고서는 정신적으로 성장하기 어렵고 정치를 행하기도 어렵다. 창조는 교섭에서 이루어지는 것이요, 교섭의 으뜸은 대인을 만나는 것이다. 대인이란 내가 진정코 배울 수 있는 사람을 의미한다. 역은 만남의 역이요, 역의 변화는 만남으로써 이루어지는 것이다. 대인을 만나기만 한다면 그대는 크게 걱정할 바가 없다(勿恤).

여기서 "남정南征"이란 미지의 세계를 향한 발돋움을 의미하는 것이다. 중원사람들의 삶의 코스모스에 있어서는 남방이 진취적, 이데아적 미래를 가리키는 것이라 한다. 그래서 정이천도 주희도, "남정南征은 전진야前進也"라고 주석을 달았다. 그러나 실상 남을 향한 에로스는 고조선사람들의 이상이었다. 우리는 왜 고구려의 광개토대왕이 중원이나 북방에 대한 욕심이 없이 끊임없이 남쪽의 조선대륙(백제와 신라, 그리고 주변의 나라들)을 향한 동경심으로 가득차 있었는지를 이러한『역』의 효사에서도 그 향심을 엿볼 수 있다. 남정하면(南征) 길하리라(吉).

初六: 允升。大吉。
초육 윤승 대길

맨처음의 음효: 初六은 음효, 유순하며, 최하위에 있다. 최하위에 있다는 것은

이 승괘에 있어서는 "힘이 없다"는 뜻이 아니고, 승升할 수 있는 모든 잠재력을 구유한 연약함이기 때문에 실로 강력한 것이다. 여기 "윤允"은 "진실로," "성실," "확실한 신험"을 의미한다. 이 初六은 확실하게 자라날 것이다. 그 잠재력을 표현하는 말이 "윤승允升"(진실로 오른다)이다. 하괘 손巽의 주효이며 전체 모양으로 보면 初六은 뿌리에 해당된다. 다음의 九二・九三은 건실한 줄기(幹)에 해당되고 그 위의 삼음三陰은 활짝 피어난 거목의 모습이다. 이 初六의 승진의 미래는 확보되어 있기 때문에 "대길大吉"이다. 그냥 길하다 하지 않고, 대길大吉이라 한 것은 역은 항상 이소성대以小成大의 잠능潛能potentiality의 다이내미즘을 파악하기 때문이다.

九二: 孚乃利用禴。无咎。
구 이　부 내 리 용 약　무 구

두 번째 양효: 여기 九二는 췌萃 ䷬ 의 六二의 정황과 상통한다. 췌괘의 경우는 음유한 하괘의 中이 강건한 상괘의 中을 섬겼는데 그것은 둘 다 中正을 얻고 있는 이상적인 상황이었다. 그런데 여기 승괘의 九二와 六五의 관계는 그 位가 正하지는 못하지만 서로가 감응하는 데는 지장이 없다. 췌괘에서는 下의 유중柔中이 上의 강중剛中을 섬겼지만, 여기 승괘에서는 下의 강중剛中이 上의 유중柔中을 섬긴다. 그 음양의 감응은 동일하다.

下의 강중이 上의 유중을 섬길 때는, 마치 강강剛强한 신하가 유약柔弱한 군주를 섬기는 상황과 동일하니, 이럴 때일수록 신하는 자신을 질박하게 꾸 밈없이 만들어야 한다. 문식文飾을 쓰지 않고 오로지 정성으로 위의 군주를 감통시켜야 한다(孚). 이러한 관계는 인간과 신의 관계와도 같다. 하느님께 나를 벌거벗기는 것과 같으니 제사상을 거하게 차리는 제사는 옳지 않다. 검약한 약禴의 제사를 쓰는 것이 옳다(利用禴). 이렇게 해야 허물이 없다(无咎). 미래의 성장을 위해 검약하고 성실해야 한다.

九三: 升虛邑。
구 삼　승 허 읍

세 번째 양효: 九三은 양효이면서 이미 中을 지났다. 상괘의 上六과도 應하고 바로 위에 있는 六四와도 比하고 있다. 강강剛强하면서 응원이 탄탄하다. 그리고 상괘의 곤坤은 順의 성격이 있으면서 광활하게 빈 대지의 형상이다. 여기 "승허읍升虛邑"(오르는 모습이 빈 마을을 지나가는 듯하다)의 "허읍"을 앞에 있는 곤괘로 보는 해석도 있다. 양을 실實이라고 하면 음은 허虛의 성격이 있기 때문이다. 그러나 나는 그냥 "허읍"을 지나가는 데 저항이 없는 "빈 마을"의 의미로 새기는 것이 무난하다고 본다. 승升(성장, 전진, 세력의 확대)의 길이 순탄한 모습을 "빈 마을을 지난다"라고 표현한 것이다. 승升하는데 장애가 없다는 뜻이다. 아름다운 문학적 표현이다. 왕부지는 말한다: "吉하다는 표현은 하지 않았지만 당연히 吉하다."

六四: 王用亨于岐山。吉。无咎。
육 사　왕 용 향 우 기 산　길　무 구

네 번째 음효: 여기 "왕용향우기산王用亨于岐山"은 수隨(17, 택뢰 수)괘의 上六에 있는 "왕용향우서산王用亨于西山"과 거의 같은 표현이다. 기산岐山과 서산西山은 동일한 산의 다른 이름일 뿐이다. 주나라 도읍지의 서쪽에 있는 산이다. 여기 "형향亨"은 "亨"이 본래 "제사지낸다"의 "향享"의 뜻의 글자라는 것을 증명하는 사례이다. 『역』에 나오는 형향은 모두 일차적으로 "제사지냄"으로 해석되어야 한다. "형통하다"는 것은 신과 인간의 감격感格에서 파생되는 부차적인 의미일 뿐이다. 고문古文에는 "亨"과 "享"의 구분이 없었다. "享"을 "亨"으로 썼다.

주희는 이러한 문구가 모두 고대의 왕자王者가 실제로 제사지냈을 때의 판단사였으며, 『역』에 끼어들어 온 후에도 왕이나 제후가 산천山川에 제사지낼 때 점단占斷으로서 계속 사용한 말들일 것이라고 추정한다.

四는 제후의 자리位이다. 그래서 왕王이 이 효사의 주어가 될 수는 없다. 왕王은 六四가 아니라 六五로 해석되어야 한다. 고대의 예법의 위계질서에 따르면 왕王은 천지天地, 상제를 제사지내고, 제후는 산천에 제사지내는 것이 허락되었다. 여기 六四의 제사는 비록 왕의 제사는 아니지만 王이 제사를 지내는 것과도 같은 감통이 있다는 것이다. 다시 말해서 월권을 하지 않으면서도 王이 될 수 있는 기반을 닦았다는 것이다. "王用亨于岐山"은 "왕이 기산에서 제사를 지내듯이 성심성의껏 제사를 받들면 吉하고 허물이 없다"는 뜻이다. 수괘隨卦 ䷐ 의 上六의 효사를 참고하는 것이 도움이 될 것이다. 정이천이 이 구절에 대해 매우 명료하게 해석하고 있다:

四, 柔順之才。上順君之升, 下順下之進, 己則止其所焉。以陰居柔, 陰而在下, 止其所也。昔者文王之居岐山之下, 上順天子而欲致之有道, 下順天下之賢而使之升進。己則柔順謙恭, 不出其位, 至德如此。周之王業, 用是而亨也。

四는 음효이니 유순柔順한 재목이다. 유순한 재질로서 위로는 군주의 오름을 순하게 하고, 아래로는 아랫사람들이 올라오는 것을 순탄하게 만들어준다. 그러면서도 자기자신은 그 있어야 할 四의 자리에 머물러 있을 뿐이다. 음효로써 유위柔位에 머물고, 또 음으로서 하위에 그대로 있는 것은(반란을 일으키지 않았다) 그 마땅한 자리에 머물러 있다는 것을 의미하는 것이다. 옛날에, 문왕이 기산岐山의 아래에 거할 때에 위로는 천자(주紂 임금)에게 순종하면서 그를 도가 있는 곳으로 잘 인도하였고, 아래로는 천하의 현자賢者들을 잘 이끌어 그들이 승진하게끔 도와주었다. 그러나 자기자신은 유순하고 겸손하고 공경하여 자기의 位를 벗어나지 않았으니, 그 덕의 지극함이 이와 같았다. 주周나라의 왕업은 이러한 문왕의 덕성 때문에 오래오래 형통하게 된 것이다.

四는 유순하면서(음효) 正을 득得하고 있기 때문에 승升의 길이 순조롭다. 이러한 덕성을 활용하여(用) 산천에 제사를 지내면(亨于岐山), 길하다. 허물이 없다(无咎).

"왕용향우기산王用亨于岐山"은 반드시 문왕文王의 사례로 해석할 필요가 없다. 주몽이 엄호수淹狐水에 이르러 다리가 없으니, "나는 천제의 아들이요, 하백의 외손이다. 내 어찌하리오"라고 기도를 올린 것도 일종의 제사이다. 그가 부여에서 선사자善射者로서 이름을 날리고 말사육자로서 자신을 비하시킨 것도 모두 월권을 하지 않는 순順의 모습이다. 주몽이 남하하여 이룩한 제국은 문왕이 무왕을 통해 이룩한 왕국에 비할 바가 되지 않는 장대한 위용을 과시하였다.

六五: 貞, 吉。升階。
육 오 정 길 승 계

다섯 번째 음효: 六五는 유효柔爻로서 양위陽位에 있으니 正하지는 못하다. 즉 유약한 천자이다. 그러나 승괘라는 분위기를 타고 있다. 그리고 九二와 같은 강효의 응자應者가 있다. 유능한 신하들의 조력을 얻고 있다는 말이다. 六五는 자신의 미래에 관하여 하느님께 질문을 던진다(貞). 이 나라를 어떻게 끌고 나가면 좋을까 하고 하느님과 소통한다. 그 모습, 그 자체가 吉하다. 다음에 나오는 "승계升階"라는 것은 "계단에 오른다"는 의미인데 이것은 왕좌王座에 오르는 계단을 상징한다. 六五는 단지 유순하고 허약한 왕이 아니라 승괘의 분위기를 타고 진정한 왕좌의 권위를 획득한다는 것을 상징한다. 현명한 신하들이 성심껏 보필하는 진실로 권위있는 왕이 된다는 의미이다.

———— ❦ ————

"정貞"의 해석이 잘못되는 바람에 내가 지금 여기서 토로한 해석에 아무도 도달하지 않았다. 정이천은 "승계升階"도 "아래에 있는 현자들이 모두 계단을 사용하여 올라온다. 在下之賢, 皆用升之階也, 能用賢則彙升矣."라고 엉뚱한 해석을 내렸는데 맥락상 적합하지 않다. 승계의 주체는 어디까지나 六五이다.

上六: 冥升。利于不息之貞。
상 육　명 승　리 우 불 식 지 정

맨꼭대기 음효: 上六은 음유陰柔하며 상승의 가장 높은 자리에 달達하였다. 이 자리에 왔다는 것 자체가 항룡과도 같은 바보짓을 했다는 얘기이다. 올라감을 알면 물러남도 알아야 하는데 上六은 올라감만 알고 물러남을 몰라 막다른 골목에 이른 것이다. 여기 "명승冥升"은 "어둡게(어리석게도) 올랐다"라고 번역할 수도 있고, "오름에만 어둡다(미쳐있었다)"라고 번역할 수도 있다. 하여튼 이 자리에 있는 상태가 혼몽昏懜한 상태라는 것이다. 이 어리석은 자는 끊임없이 묻는 것이(점을 치는 것이) 이롭다(利于不息之貞). 자신을 끊임없이 쉬지 않고 반성하는 것만이 살길이다. "오름"도 반성과 물음으로 끝난다.

지풍 승升을 전체적으로 놓고 생각해보면 반드시 땅아래에 바람이 있다는 것이 자연현상으로서 성립하지 않는다는 생각을 할 필요는 없다. 승升은 생명의 생성이요, 성장을 의미한다. 농부가 김을 매는 것도 땅속에 바람을 넣는 것이라고 생각할 수도 있다. 잔디의 잡초를 제거할 때에도 딴딴해진 땅에 바람을 넣음으로써 잔디가 더 왕성하게 자랄 수 있게 만든다. 바람은 생명의 상징이요, 기의 흐름이요, 생성의 프로세스이다. 태풍만이 바람은 아닌 것이다. 신라의 신성한 왕관(금관)도 나무와 바람을 소재로 한 것이다. 그것은 바람이 부는 생명의 나무Tree of Life in Breeze인 것이다.

47

감하坎下
태상兌上 **택수 곤困**

Deprivation, Exhaustion

[괘명] "곤困"은 곤궁困窮하다는 의미이다. 『설문해자』에 보면 "困"은 낡은 초막집 안이 다 무너져 내려 나무가 헝크러져 있는 모양이라고 했다. 또 담으로 둘러싸인 집이나 동네를 막고 있으니 출입이나 소통이 어려운 상태이기도 하다. 괘상을 보면 상괘가 태兌, 즉 택澤이다. 그리고 하괘가 감坎, 즉 수水이다. 못의 물이 아래로 다 빠져나가서 택澤이 고갈枯渴되는 현상이다. 아래위로 다 물이지만 실제로는 고갈되어 물이 없는 모습이다. 그래서 곤궁을 상징한다.

또한 괘형으로 보면, 九二, 九四, 九五의 삼양효가 모두 음효에 둘러싸여 자유롭게 행동할 수 없는 상이다. 이것을 인간세에 적용해보면, 군자가 소인에게 둘러싸여 곤궁한 모습이다.

「서괘전」은 말한다: "승괘의 승升이라는 것은 올라감인데, 끊임없이 올라가기만 하다보면 반드시 곤요롭게 된다. 그래서 승괘를 곤괘困卦로 받게 된 것이다. 升而不已, 必困。故受之以困。"

이에 대한 이천의 설명은 다음과 같다:

升者, 自下而上。自下升上, 以力進也, 不已, 必困矣。故升之後, 受之以困也。困者, 憊乏之義。爲卦, 兌上而坎下。水居澤上, 則澤中有水也。乃在澤下, 枯涸无水之象, 爲困乏之義。又兌以陰在上, 坎以陽居下, 與上六在二陽之上, 而九二陷於二陰之中, 皆陰柔揜於陽剛, 所以爲困也。君子爲小人所揜蔽, 窮困之時也。

승升이라고 하는 것은 아래로부터 위로 올라가는 것이다. 아래로부터 위로 올라간다고 하는 것은 힘으로 밀어붙인다는 뜻인데, 그침이 없이 계속 밀어붙이기만 한다면 반드시 곤궁하게 된다. 그래서 승升괘 이후에 곤困괘가 오게 된 것이다. 곤困이라고 하는 것은 피폐하다는 뜻이다. 곤困괘의 괘모습을 살펴보면, 위에 태兌가 있고 아래에 감坎이 있다. 물(坎)이 택(兌) 위에 있다고 하면 그것은 곧 연못 속에 물이 고여있다는 뜻이 된다. 그런데 물(坎)이 연못(兌) 아래에 있다는 것은 물이 다 빠져서 고갈되어 물이 없다는 상象을 지니게 되니, 곤핍困乏의 뜻이 된다.

그리고 또한 태괘는 음으로서 위에 있고 감괘는 양으로서 아래에 거하고 있다. 그리고 上六이 두 양의 위에 있고, 九二가 두 음 가운데 빠져 있으니 모두 음유陰柔한 것이 양강陽剛한 것을 제압하고 있는 모습이다. 그래서 곤困괘困卦라고 이름한 것이다. 군자가 소인에 의하여 제압당하고 있으니 필시 이것은 곤궁한 카이로스를 말하는 것이다.

「대상전」은 뭘 말하고 있을까?

澤无水, 困。君子以致命遂志。
택 무 수　곤　군 자 이 치 명 수 지

연못에서 물이 다 빠져 내려가 물이 없는 것이 곤困괘의 모습이다. 군자는 이러한 곤궁한 위기상황에 처할 때에는 괘상을 본받아(以) 자신의 생명을 내던질지라도 천하의 위기곤액困阨을 구원하는 뜻을 달성한다.

─── ❦ ───

『논어』「자장」19-1에도 이런 말이 있다: "선비는 모름지기 나라가 위태로울 시기에는 목숨을 바치며, 이득을 볼 때에는 의로움을 생각한다. 士見危致命, 見得思義。"

困, 亨。貞。大人吉, 无咎。有言, 不信。
곤 형 정 대인길 무구 유언 불신

곤궁의 괘이다. 곤궁함 속에서 인간은 종교적이 된다. 그러나 초월자에게 매달리는 것이 아니라 자신이 그 곤궁한 상황을 하느님께 알리고 또 묻고 하는 것이다. 고조선의 도덕은 축제의 도덕이고, 하느님이 이울 속에(성취와 시듦: 『용담유사』, pp.315~7 참고) 참여하는 도덕이다. 여기까지가 "困, 亨, 貞"의 해석이다. 인간은 곤궁 속에서 성장하고, 곤궁함 속에서 하느님을 만난다. 수운도 철점을 운영하다가 낭패 보고 곤궁한 가운데서 하느님을 만났다. 나도 관절염 때문에 신학대학을 갔다. 곤란 속에서 정도正道를 견고히 지키는 것은 대인大人만이 가능한 것이다. "대인길大人吉"은 "대인이래야 길하다"는 뜻이다. 곤란 속에서 비로소 대인과 소인이 갈린다. 대인이래야 허물이 없다(无咎).

대인은 곤란이 내 몸에 닥칠 때 말하지 않는다. 침묵 속에서 곤란을 극복한다. 자기의 곤란을 말로 떠벌리는 사람은 신용이 없다, 신험이 없다, 대중이 그를 믿어주지 않는다. 곤란, 환난의 시기에는 구변口辯은 무익無益하다. 이상이 "유언有言, 불신不信"의 해석이다. 짧지만 천하의 명문이다.

初六: 臀困于株木。入于幽谷。三歲不覿。
초 육   둔 곤 우 주 목   입 우 유 곡   삼 세 부 적

맨처음의 음효: 初六은 陰柔하고 지극히 낮은 데 처하고 있다. 곤괘의 가장 아래에 있으니 곤궁의 밑바닥을 헤매고 있다. 하괘는 감坎인데, 감은 어두운 이미지가 있고 또 험險의 성격이 있다. 곤궁의 밑바닥을 헤매는 初六을 제일 먼저 묘사한 언어가 "둔곤우주목臀困于株木"이다. 이제 독자들은 "궁둥이 둔臀"자에 관하여 친근감을 느낄 것이다. 여기 "주목株木"은 특정한 나무가 아니고 큰 나무를 잘라 의자로 쓰는 그루터기 등걸을 의미한다. "궁둥이가 등걸에 곤궁하다臀困于株木"는 뜻은 역시 곤궁한 상황 속에서 침착하고 안정된 삶을 영위할 수 없는 제반 불안요소를 지칭하고 있다. 궁둥이는 나의 몸의 동체의 최하부이니까 初六의 위치와 맞아떨어진다. "유곡幽谷"은 문자 그대로 "어둡고 깊은 골짜기"를 가리킨다. 왕선산은 그것이 문자 그대로 "어둡다"는 뜻만이 아니라 "지혜가 불명하다"는 뜻도 동시에 내포한다고 말한다. 그루터기에 걸터앉은 궁둥이가 살도 없고 편안히 앉아있질 못하며 안절부절하다가 점점 더 깊은 인생의 유곡幽谷(어두운 골짜기)으로 빠져들어간다(入于幽谷).

그에게 도움을 줄 수 있는, 상괘의 응효인 九四의 현인이 있기는 하나, 九四 본인이 음효에 둘러싸여 타인에게 도움을 줄 수 있는 처지가 되지 않는다. 그래서 결국 3년 동안이나 初六은 유곡(무지의 세계)을 헤매면서 사람다운 사람을 만나지 못한다(三歲不覿). "적覿"은 "사람을 만난다"는 뜻이다.

최근에(2021) 만들어진 영화 중에 『랜드Land』라는 작품이 있다. 로빈 라이트Robin Wright(1966~ : 숀 펜과의 사이에서 1남 1녀. 『포레스트 검프』에 출연)라는 여성이 여주인공으로 나오고 또 직접 감독을 한 영화이다. 이 효사가 말하는 곤궁, 유곡幽谷(깊은 산골), 부적不覿(사람 안 만남), 그리고 대상전(자연과 인간의 관계)의 주제를 심도 있게 다루고 있다. 『역』의 효사는 그 하나하나가 한 편의 영화 같다는 생각을 하기도 한다.

> **九二: 困于酒食。朱紱方來。利用享祀。征凶。无咎。**
> 구 이　곤우주식　주불방래　리용향사　정흉　무구

두번째의 양효: 九二는 강효剛爻로서 中을 얻고 있으며, 初六・六三의 음효에 둘러싸여 곤요로운 상황이다. 그러나 九二는 전체 괘(괘 전체를 말할 때 "성괘成卦"라는 표현을 쓴다)의 주효라 말할 수 있는 중요한 위치에 있다. 더구나 상괘의 중앙에 있는 天子와도 교감이 가능하다. 九五는 中正을 얻고 있지만 九二는 음위에 양효이므로 正하지 못하다. 그렇다면 九五와 九二는 같은 양효이기 때문에 서로 감응하지 않는 것이 원칙이다. 그런데 이 괘는 곤괘困卦이므로 예외적인 법칙이 성립한다. 즉 양이 음에 의하여 제압되고 곤혹스러운 처지에 놓여있기 때문에, 음에 대항하여 양끼리 연합하는 특별한 상황이 전개된다. 이러한 특수사례는 소축小畜괘에서도 엿볼 수 있었다. 정이천의 설명을 한번 들어보자!

> 일반적으로 모든 괘에서 二와 五는 음과 양으로 만나야 상응하고 길하다. 그러나 소축과 곤의 경우에는 예외적으로, 양이 음에 의하여 곤욕을 치르고 있으므로, 같은 양끼리라도 서로 구하고 돕는 것이 가능하다. 소축괘는 양이 음에 의하여 저지되고 있는 모습이고, 곤괘는 양이 음에 의하여 엄폐되어 있는 모습이다.
> 諸卦二五, 以陰陽相應而吉。唯小畜與困, 乃厄於陰, 故同道相求。小畜, 陽爲陰所畜; 困, 陽爲陰所揜也。

맨처음에 나오는 "곤우주식困于酒食"은 "곤困"이 꼭 나쁜 의미로만 쓰인 것은 아니다. 九二는 음효에 둘러싸여 곤혹스러운 사태에 빠져있지만 강건한 신체와 중용의 자리를 지키고 있기 때문에 먹고 마시는(술) 데는 아무런 지장이 없다는 것이다. 즉 곤혹스러운 환경 속에서도 주식酒食에 부족함이 없이 지내고 있다는 뜻이다. 어찌 보면 주식으로 곤혹스러운 환경을 견디어내면서 때를 기다린다는 뜻이다.

다음의 "주불朱紱"은 정식 관복에 쓰이는 무릎덮개(행주치마같이 늘어뜨리는 것)를 일컫는데, 주색朱色은 천자의 복식이고 적색赤色은 제후의 복식이라고 하지만 실상 그런 구분은 사라지고 대체로 높은 관직의 사람을 상징한다고 보면 된다. 주불(높은 관직의 사람)이 왜 왔는가? 주불은 九五천자의 명을 받고 九二라는 현인을 기용하기 위하여 온 것이다. 주식(酒食)으로 곤혹스러운 나날을 이겨내고 있는 九二에게 주색의 무릎덮개를 한 고관이 찾아왔다(朱紱方來). 九二는 그와 더불어 제사를 올린다. 제사를 통하여 하느님과 소통하고, 九五의 천자에게 감사하고 지성至誠으로 진실하게 살 것을 다짐하는 것이다(利用享祀).

九二가 만약 자진하여 높은 자리를 구하러 나선 것이라면(征) 그것은 흉하다. 곤액困阨을 면할 수 없는 것이다. 그러나 九二는 조용히 때를 기다려 기회를 얻은 것이므로 허물이 있을 수 없다(无咎).

六三: 困于石。據于蒺蔾。入于其宮, 不見其妻。凶。
육 삼　곤 우 석　거 우 질 려　입 우 기 궁　불 견 기 처　흉

세 번째 음효: 효사는 그냥 문자를 따라 읽는다고 읽어지는 것이 아니다. 이 효사의 주인공의 삶이 처한 정황을 총체적으로 파악하고 읽을 줄 알아야 한다. 지금 곤괘는 곤궁하고 고난의 때를 당한 인간의 여러 실존적 상황을 이야기하고 있는 것이다. 九二의 경우는 성공적으로 고난에 대처한 한 인간의 이야기였다. 그러나 지금 六三의 이야기는 고난의 대처에 실패한 불행한 한 인간의 이야기가 된다.

六三은 음유하고 不中不正하다. 유약하고 지혜가 없는 小人이다. 마음씀씀이가 바르지 못하다. 그리고 행동방식이 과분하다. 도를 지나친다. 대체로 三의 정황이 그러하다. 위로 진출하는 것을 시도하지만 앞길에는 강강剛强한 九四가 버티고 있다. 이것은 마치 견고한 바위에 꽝 부딪히는 느낌과도 같다. 이것을 "곤우석困于石"이라 표현했다. "바위에 곤궁하다"라는 뜻이지만 실은 바위에 부딪히는 듯 곤궁한 상황은 여전하다는 뜻이다.

따라서 이 六三은 방향을 바꾸어 九二에 의지하려 하지만, 그것은 마치 가시방석 위에 엉덩이 붙이는 격이다. 여기 "질려蒺藜"는 우리말로 납가새, 혹은 남가새라고 하는데, 남가새과(Zygophyllaceae)에 속한 일년생 혹은 다년생초본인 남가새의 열매(Fructus tribuli)를 한약재로 쓴다. 평간소간平肝疏肝, 거풍명목祛風明目의 효능이 있다. 그런데 그 열매가 단단한 목질에다가 날카로운 가시를 지니고 있어서 자전거 타이어에 쉽게 빵꾸를 낸다. 그러니까 질려에 궁둥이를 댄다는 것은 "가시방석에 앉는다"는 우리말 표현과 동일하다(據于蒺藜).

앞으로 가자니 거대한 바윗덩어리가 꽉 막고 있고, 뒤로 물러나 기대자니 가시방석 위에 앉는 꼴이다. 자아~ 어떻게 할까? 갈 곳이 있나? 그제서야 집 생각이 난다. 그래도 내가 의지할 곳은 집밖에 없지! 그래서 집으로 돌아온다(入于其宮). 그러나 집의 주체인 아내(안락과 기댐의 근원)는 이미 떠나버리고 없었다(不見其妻). 텅 비었다. 아~ 비극이다! 흉하다(凶)!

六三의 비극은 그 결말이 불가항력적인 외압이나 횡역橫逆에 의한 것이 아니라, 자신의 능력과 처지와 때를 모르고 촐싹거리다가 당한 자작얼自作孽이라는 데 있다. 이 효사는 꽤 중요한 효사로서 아필이 되었던 모양이다.

「계사」하5에 공자가 특별히 멘트한 것이 있다.

易曰: "困于石, 據于蒺藜, 入于其宮, 不見其妻, 凶。" 子曰: "非所困而困焉, 名必辱。非所據而據焉, 身必危。既辱且危, 死期將至, 妻其可得見邪?"

공자님께서는 이 효사에 관하여 이렇게 말씀하시었다: "인생에 곤궁함이 없을 수는 없는 것이다. 그런데 곤궁치 않아도 될 그러한 환경 속에서 곤궁을 자처하니, 명예를 획득하려고 했지만 오히려 그 이름을 욕되게 하였다. 그리고 또 거據하지 않아도 될 곳에 거하여 그 몸의 위태로움을 자초하였다. 욕되고 위태로움이 심하여 죽을 날도 얼마 남지 않았는데, 도대체 도망가버린 마누라를 어디서 찾을 수 있단 말인가!"

공자의 혹평은 이 효사의 적확한 내면을 잘 전달하고 있다. 인생은 모험이 없이는 진·선·미가 진·선·미로서 그 모습을 유지할 수 없다. 그러나 모험은 때가 있다. 불필요하게 전진만을 강행하거나 비겁하게 퇴행하거나 하는 것은 모두 음양의 중용이 아니다. 역사의 진보만을 믿는 어리석은 우중愚衆들에게 역의 변화의 논리는 진보가 과연 무엇인지를, 서구적 진보사관의 논리를 초월하는 새로운 차원에서 각성시켜준다. 마누라는 가고 없다! 우리 역사와 문명이 정말 의지할 수 있는 주체가 사라지고 있는 것은 아닐까? 과연 새 대통령의 머릿속에 들어있는 역사의 비전은 무엇일까?

九四: 來徐徐。困于金車。吝。有終。
구 사 래 서 서   곤 우 금 거   린   유 종

네 번째 양효: "래來"라는 것은 외괘에서 내괘로 "오는" 것이니, "래"의 주어는 九四일 수밖에 없다. 九四는 양강하고 양강불굴의 인재이지만, 그 位가 바르지 못하다. 따라서 덕이 부족하다. 그런데 九四는 음양바르게 初六과 應한다. 그런데 初六은 곤궁에 처해있다. 유곡幽谷에 빠져서 헤어날 수가 없다. 과연

初六을 누가 구하겠는가? 初六을 구할 자는 대신大臣인 九四밖에 없다. 래來의 주어는 九四이다. 九四는 온다. 누구에게로? 初六에게로 온다. 그러나 그의 옴은 너무도 많은 시간이 걸린다(來徐徐). 결심하는 데도 시간이 많이 걸렸고, 이 곤란의 시대를 당하여 방해하는 세력도 많다.

여기 "금거金車"는 금으로 장식된, 고관이 타는 수레이다. 정이천과 주희는 모두 이 금거를 九二로 간주하고 九四가 가는 길을 막았다고 해석했는데, 그러한 해석은 뜬금없는 해석이다. 지금 이 래來의 과정은 九四와 初六의 문제이며 그 과정에 九二가 끼어들 하등의 이유가 없다. 금거는 九四가 타고 오는 것이다. 그런데 황금마차도 그 길을 수월하게 갈 수가 없다. "곤우금거困于金車"(황금마차에 곤하다)라는 뜻은 마차를 탔어도 그 가는 길이 곤요롭다는 뜻이다. 가는 과정에 아쉬운 일들이 많이 일어난다(吝). 그러나 결국 九四의 구원(=옴)은 유종의 미를 거둔다(有終). 九四는 강강불굴의 덕을 지녔기에 대신의 위치에 있으면서도 일반서민의 곤궁을 구제할 수 있었다.

점을 쳐서 이 효사를 만나는 사람은 사업이나 계획이 생각하는 대로 진행되지 않을 것이다. 적극적으로 그것을 진행시킬 때가 아니다. 생각지 못한 어려움이 닥칠 수 있다.

九五: 劓刖。困于赤紱。乃徐有說。利用祭祀。
구 오 의 월 곤 우 적 불 내 서 유 열 리 용 제 사

다섯 번째 양효: 九五의 효사는 전체적으로 해석하기가 난감하다. 주어와 목적을 명료하게 지정하기가 어렵고, 또 사건과 사건을 어떻게 연결지을지에 관해 제설이 분분하기 때문이다. 나도 이 효사의 해석 때문에 사흘을 곤고롭게 지내었다. 우선 "의劓"는 코를 베는 형벌이고(의형) "월刖"은 발꿈치를 베는 형

벌이다(월형, 5형 중의 하나: 묵墨, 의劓, 월刖, 궁宮, 대벽大辟). 우선 의와 월의 대상을 九五 본인으로 보는 견해도 있다. 이것은 넌센스다. 九五는 中正의 덕德을 지닌 천자이며 九二의 양효와도 협조가 성립하는 관계이다(九二의 효사에서 이미 설명. 동도상구同道相求의 관계).

따라서 九五는 곤궁의 괘 전체의 주도권을 잡고 있는 인물이며 지금은 곤궁의 시기를 벗어나는 결단을 내려야 할 시기인 것이다. 의형의 대상은 음사陰邪의 소인小人인 上六이다. 그리고 월형의 대상은 음사의 소인인 六三이다. 아래, 위로 그를 엄폐시키고 있는 소인들을 과감하게 처단함으로써 곤궁을 벗어나는 새로운 계기를 마련하고 있는 것이다.

따라서 "의월"은 "上六의 코를 베고, 六三의 발꿈치를 베다"라고 해석되어야 한다. 코는 신체의 상부에 있어서 上六을 상징하고 다리는 신체의 하부에 있어서 六三을 상징한다. 위·아래를 다 청소해버리는 것이다.

다음에 있는 "곤우적불困于赤紱"에 관해서도 이견이 많다. 많은 주석이 적불을 九二로 보고 있으나 九二는 九五와 대적관계에 있지 않으며 九二에게 곤궁함을 당할 아무런 이유가 없다. 효사의 상징성을 어느 특정 개체로 한정시켜 해석하는 것은 어리석은 결과를 낳는다. 여기 "적불"은 그냥 대체적으로 고관들의 상당수 일반을 가리킨다(赤紱: 적색의 무릎덮개를 한 고관). 다시 말해서 곤우적불은 上六과 六三에게 의형과 월형을 가하는 극단적 방법drastic measures을 취하자 상부 하이어라키에서 반발이 있어 천자가 곤욕스럽게 되었다는 뜻이다. 이러한 상황에 대처하여 九五의 의로움을 도우려는 하부로부터의 궐기가 시작된다. 강건한 九二가 九五를 응원하여 정征한다.

그러자 점점 국가정세가 혼란을 극복하고 곤궁을 벗어난다. 그것을 "내서유열乃徐有說"이라고 표현했다. "이에 점점 기쁜 일이 생긴다"라는 뜻이다.

九五는 천자로서 신에게 감사하는 제사를 지낸다(利用祭祀). "제祭"는 본시 천신天神에게 드리는 것이요, "사祀"는 본시 지신地神(or 지기地祇)에게 드리는 것이다. 모든 사건은 제사로 마무리된다. 제사는 화합과 평화를 상징하는 것이다. 서방의 제사처럼 희생을 주요테마로 삼지 않는다. 유대교-그리스도교의 희생테마가 바이킹의 발할라Valhalla 인신공양과 결합하여 완고한 의식저변을 형성하였다. 서양의 제사는 야만이고 폭력이고 희생이고 저주다.

上六: 困于葛藟, 于臲卼。曰動悔。有悔, 征吉。
상 육 곤 우 갈 류 우 얼 올 왈 동 회 유 회 정 길

맨꼭대기 음효: 上六은 음유의 소인이며 재덕才德이 없으면서 오로지 높은 자리에 매달려 군자들에게 악영향을 끼치고 있는 인간의 한 유형이다. "곤우갈류"라는 것은 "칡덩쿨에 곤요롭다"는 뜻이다. 上六은 높은 지위에 있어 높은 나무의 모습이지만 그곳에 달라붙어 기어오르는 칡덩쿨에 의하여 매우 곤궁한 위상이다. 이 칡덩쿨은 六三으로 보아도 좋을 것이다. "얼올臲卼"이란 높고 위태로운 자리에 있어 불안불안한 모습의 형용이다. 上六은 깜냥이 안되면서 높은 자리만 고수하니깐 엉겨붙는 놈들 때문에 곤요롭고, 불안불안한 지위 때문에 곤궁하다는 뜻이다. 이것은 上六에 대한 설명인 동시에 곤궁을 나타내는 곤괘의 궁극을 상징하고 있다.

여기 "왈曰"은 "이에爰"라는 어조사이며 아무 뜻도 없다. 이 上六은 그렇게 불안한 자리에서 그 불안을 극복한다 하면서 망령되이 움직이면 반드시 후회스럽게 된다(曰動悔). 그러나 "후회스럽다"고 하는 것 그 자체가 자신의 궁극적 처지에 대한 반성이 있는 것이다(有悔).

이 효사는 "후회가 있기 때문에 나아가면 길하다"(有悔征吉)라는 묘한 말로 끝나고 있다. 왜 곤궁의 마지막을 "吉"로 끝냈을까? 여기 "정征"이라는 말을 깊게 해석해야 한다. 上六에서 더 나아간다는 것은 곤괘를 근본적으로 벗어나난다는 뜻이다. 정이천은 말한다: "곤이 지극한 상태에서 또다시 모험을 시작한다고 하는 것은 결국 곤에서 벗어난다는 뜻이다. 그러므로 길하다. 困極而征, 則出於困矣, 故吉。"

최종적 포인트는 인간은 곤궁의 지극함 속에서 후회와 반성을 아니할 수 없다는 것이다. 후회와 반성이 없는 곤궁은 파멸일 뿐이다. 역의 지혜는 인간에게 곤궁의 지극함에서 곤궁을 벗어날 길을 열어놓고 있는 것이다.

곤괘를 주석하는 작업은 나에게 매우 곤궁한 시간이었다. 독자들에게 작은 보탬이라도 되었으면 한다.

| 48 |

손하巽下
감상坎上

수풍 정井

The Well

괘명 "정#"은 우물이다. 나는 우물이 있는 집에서 태어나서 우물과 더불어 자라났다. 우리집은 높은 언덕에 위치하고 있었지만 그토록 맛있는 물이 일 년사시 내내 마르지 않고 쏟아졌다. 우물이 안채에 하나 있고, 아랫집에는 동네우물이 또 하나 있었는데, 우리 개인집 속에 있는 우물이지만 아랫우물은 24시간 개방되어 있었다. 아랫우물이 시원하고 맛이 좋았기 때문에 안채 우물은 거의 쓰지 않았다. 우리집 우물은 동네사람 한 4·50가호의 생명줄이었다. 그래서 나는 우물에 관한 추억이 많다.

재미있는 사실은 우리나라 우물은 돌을 쌓은 방식이 대체로 원형이라는 사실이다. 이에 비하면 중국의 우물은 거의 예외없이 사각이다. 그런데 또 재미있는 사실은 만주의 고조선-고구려-발해 영역의 옛 우물들은 모두 원형 이라는 사실이다.

중국의 우물이 사각인 사실은 바로 우물 정# 자, 이 글자의 모양에서 출발 하는 것 같다. 이 정# 자는 본시 정전법과 관련이 있다. 사방 1리의 밭田을 9등분 하여 주변의 8개를 사전私田으로 하고 가운데 하나를 공전公田과 택지宅地로 사용했는데, 그 중앙에는 반드시 우물이 있어, 공동으로 사용했다. 그러니까 정전제도의 핵심이 우물이었던 것이다. 전국시대의 병법서인 『사마법司馬法』(전국 초기에 성립, 5편이 잔존)에 의하면 네 개의 정井을 일읍一邑으로 한다고 되어 있다. 괘사에 나오는 "읍邑"의 개념은 이러한 지역단위를 가리키는 것이다.

정井괘는 곤困괘의 반대괘이므로 그 순서는 자동적인 것이지만, 「서괘전」은 그 순서에 관하여 다음과 같이 말하고 있다: "곤괘의 곤困은 위로 올라가서 곤궁해졌다. 그러니 반드시 반대로 내려오게 되어있다. 그래서 정井괘로 곤을 받은 것이다. 困乎上者, 必反下, 故受之以井。"

정이천은 이에 대해 말한다:

承上升而不已, 必困爲言, 謂上升不已而困, 則必反於下也。物之在下者, 莫如井。井, 所以次困也。爲卦, 坎上巽下。坎, 水也。巽之象, 則木也。巽之義, 則入也。木, 器之象。木入於水下, 而上乎水, 汲井之象也。

원래 곤괘라고 하는 것은 그 앞에 승升괘를 이은 것인데, 올라감에 그침이 없으면 반드시 곤궁하게 된다는 것으로 그 이유를 삼았다. 이것은 위로 올라가서 그치지 않으면 곤궁해지므로 반드시 아래로 내려오게 되어있다는 것을 말한 것이다. 사물로서 아래에 있는 것으로 말하자면 우물만한 것이 없다(옛날에는 땅 밑으로 깊게 파는 것은 우물이 가장 보편적인 것이었다). 그래서 정井괘가 곤困괘 다음에 오게 된 것이다.

정괘의 괘됨을 살펴보면 감☵이 위에 있고 손☴이 아래에 있다. 감坎은 물이다. 손巽은 상象으로 말하면 나무木요, 뜻義으로 말하자면 입入이다. 여기서 나무라는 것은 기물의 상징이니 나무가 물 밑으로

[48]
井
☵
☴

깊게 들어가 물 위로 나온다는 것은 우물을 긷는 모습이니, 그 모든 우물의 심볼리즘이 여기에 갖추어져 있다.

「대상전」의 작자는 정괘井卦에 대하여 무어라 말하고 있을까?

木上有水, 井。君子以勞民, 勸相。
목 상 유 수   정   군 자 이 로 민   권 상

나무 위에 물이 있는 모습이 정괘의 모습이다. 군자는 이 우물의 모습을 본받아(以) 백성들을 위하여 근로하며(public service), 또 백성들로 하여금 서로를 도울 것을 권면한다(mutual help. 공동체정신의 장려).

———— ❦ ————

사실 이 정井괘의 상象은 그 이미지가 괘명의 뜻과 잘 맞아떨어지지 않는다. 사실 "목상유수"를 나무 두레박 위에 물이 담겨져 있다는 것으로 해석(정이천의 설)하는 방식은 무리가 있다. 효사에 보면, 두레박이 옹기일 수도 있다고 보여진다. 하여튼 8괘의 심볼리즘과 정괘井卦는 그 의미론적 구조를 맞추어내기가 어려웠던 것으로 보인다.

그러나 우물의 일반적 의미는 그것이 문명의 센터라는 것, 즉 모든 사람에게 골고루 생명의 근원을 나누어준다는 것, 그러기에 도덕의 근원으로 비유될 수 있다는 것이다. 그리고 끊임없이 퍼내어도 끊임없이 샘물이 솟아난다는 새로움의 이미지가 우물에는 곁들여져 있다. 그러기 때문에 이천은 "'로민勞民'은 우물의 쓰임(用)을 본받는 것이요, '권상勸相'은 우물의 베품(施)을 본받는 것이다. 勞徠其民, 法井之用也; 勸民使相助, 法井之施也。"라고 하였다. 우물은 생명의 젖줄이며 상부상조하는 공동체정신의 심볼이며, 끊임없이 자기갱신을 도모하는 창조의 상징이다.

> 井, 改邑不改井。无喪无得。往來井井。
> 정　개읍불개정　　무상무득　　왕래정정
>
> 汔至, 亦未繘井。羸其瓶, 凶。
> 흘지　역미귤정　　리기병　흉

우물은 문명의 핵심이다. 우물이 있고 나서 도시가 성립하고 문명이 성립한 것이다. 그러기 때문에 도읍은 바꿀 수 있어도(改邑. 1읍邑은 4정井이며 작은 규모이다) 그 우물은 바꿀 수 없다(不改井). 도읍이 옮겨가도 우물은 항상 그 자리에 남는다. 우물은 정상적으로 운영되면 물이 없어지지도 않고 물이 올라와 차지도 않는다(无喪无得). 우물은 항상성을 유지하며 개방성과 보편성을 유지한다. 오가는 모든 사람들이 우물을 우물로서 활용할 뿐이다(往來井井. 공동체의 공동소유. 개방성과 보편성).

"흘汔"은 "거의幾 ……"의 뜻이다. "귤繘"은 두레박줄을 의미한다. "흘지汔至, 역미귤정亦未繘井"의 해석은 다음과 같다: 샘물을 퍼올리기 위해 두레박줄을 샘 속으로 내린다. 그때 두레박이 거의 수면에 닿았으나(汔至), 끈의 길이가 충분하지 못하여, 그 수면에 충분히 닿아 두레박이 잠기면서 퍼올려야 할 물이 들어가질 못한다(亦未繘井). 그리고는 두레박이 깨지고 만다(羸其瓶). 그러면 물을 긷는 것은 수포로 돌아간다. 凶하다! "미귤정未繘井"은 "두레박줄이 우물에 닿지 않는다"의 뜻이다. "리기병羸其瓶"의 "리羸"는 "깨다"의 뜻이다.

이것은 무엇을 의미하는가? 「대상전」이 말한 대로 우물이라는 것은 끊임없이 퍼올려야 하는 것이다. 퍼올리지 않으면 그 물은 썩는다. 인간 내면의 도덕이나 사회의 도덕(공동체윤리)이 이와같이 끊임없이 길어 올려져서 쓰여야 하는 것이다. 내가 지금 이토록 죽도록 이 글을 쓰고 있는 것도 샘물을 퍼올리는 것과 같은 이치라 할 것이다.

初六: 井泥不食。舊井无禽。
초 육 정 니 불 식 구 정 무 금

맨처음의 음효: 初六은 음유한 효이며 정괘의 맨 밑바닥에 있으니 그 자체로 이미 맨 밑바닥에 깔리는 진흙의 뜻이 있다. 상으로 응효가 없으며 고독하고 재능이 박약하고 일을 잘 처리하는 능력이 없다. 그래서 폐정廢井에 비유된 것이다.

우물은 항상 사람들이 길어 퍼내야 그 아름다운 수량과 수질이 확보된다. 학문도 문화도 도덕도 계속 생산해내지 않으면 정체되는 것이다. 우물에 사람의 발길이 끊어지면 물이 마른다. 지하수맥이 이동하고 마는 것이다. 그러면 우물 밑바닥에 진흙이 깔린다. 진흙이 깔린 우물의 물은 사람이 먹을 수 없다.

여기 20세기 우리 언어현상의 왜곡에 대하여 한마디 덧붙일 일이 있다. 우리 한국인들은 "먹다to eat"와 "마시다to drink"의 구분을 두지 않는다. "물"도 "음식food in general"의 일종이며 그것은 일차적으로 "먹다"의 대상이다. 그런데 서구인들은 이 양자를 엄격히 구분한다. 그런데 더욱 한심한 것은 한국인들이 서양말의 용례에 따라 우리말 고유의 용법과 용례를 왜곡하는 것이다. 우리는 "물먹는다," "술먹는다"가 일차적으로 가장 편리한 용례이다. 그것이 틀렸다고 생각하는 것은 매우 황당한 관념의 왜곡이다. 물이 음식으로서 존중되어야만 그 홀리스틱한 생명의 본원으로서의 성격이 살아있게 되는 것이다. 일본인들도 "노무"와 "타베루"를 서구인들처럼 구분한다.

여기 "정니불식井泥不食"은 우리말의 용례와 같다. "샘에 진흙이 깔렸으니 그런 샘물은 먹지 않는다"라는 뜻이다. 『역』을 만든 사람들은 물을 홀리스틱한 "먹음"의 대상으로 생각했다.

다음에 나오는 "구정무금舊井无禽"도 유사한 문제가 있다. "구정"은 "폐

정"이다. "버려진 옛 우물에는 새도 날아오지 않는다"라고 해석된다. 그런데 청나라의 대학자 유월俞樾, 1821~1907(장태염章太炎, 오창석吳昌碩이 모두 그의 문하에서 나왔다. 함풍황제의 애호를 받았다)이 『군경평의群經平議』에서, "우물은 깊어서 새가 날아와 물을 마시지는 않는다. 금禽이라는 글자는 새가 아니라 수서동물水棲動物일 것이다"라고 했다. 그러나 그후 유월은 그의 저서 『다향원경설茶香園經說』에서 전설을 고치어 말하기를, "북방은 샘물이 얕아, 새도 샘의 물을 마시러 온다. 역의 문구는 북방의 실정에 부합한다"라고 했다. 이것 또한 『역』의 효사가 고조선 영역의 생활상을 반영한다고 하는 사실의 한 유례이다.

『역』의 64괘가 대부분 천도天道와 인사人事에 관한 추상적 주제abstract themes를 그 괘명으로 하고 있다. 그에 비하여 48번째의 정井과 50번째의 정鼎은 구체적인 물상을 주제로 하여 괘명과 테마를 구성하였다. 매우 특별한 사례에 속하지만, 우물과 세발솥은 구체적인 물건이면서도 추상적인 테마를 풍요롭게 제시하고 있다. 우물은 "부유富有," "일신日新," "생생生生"의 상이다.

九二: 井谷射鮒。甕敝漏。
구 이 정 곡 사 부 옹 폐 루

두 번째 양효: 이 효사를 제대로 이해하려면 이 효사에 깔려 있는 철학을 제대로 이해하여야 한다. 샘물이란 반드시 인간의 노력에 의하여 퍼올려져서(도덕성의 문제), 반드시 그것을 필요로 하는 사람들에게 먹임을 당함으로써 그 가치를 발현하는 것이다. 샘물이 곁으로 새어 버리거나, 물동이가 깨져 버리거나 하면 그것은 생명의 근원으로서의 역할을 다하지 못한다. 물은 귀하게 다루어져야 하고 귀하게 순환되어야 한다.

"정곡사부井谷射鮒"의 사射는 "물을 댄다"는 뜻이다. 부鮒는 두꺼비, 개구리

류의 양서류. 정곡井谷이란 우물을 쌓은 돌이 무너져서 그냥 옆의 계곡으로 흘러나간다는 뜻이다. 혹은 우물 밑바닥의 수맥구멍이 잘못되어 딴 곳으로 새어나간다는 뜻이다. "곡谷"이라는 글자는 물 수水와 입 구口로 구성되어 있어 본시 수맥의 구멍이라는 뜻이 있다. 그러니까 전체 뜻은 우물이 잘못되어 물이 새어나가 버리니 우물은 두꺼비에게 물을 대주는 형국에 그치고 있다. 우물이 제 기능을 못하는 것이다. 즉 인재양성의 기능을 못하고 있는 것이다. 국가의 샘물이 말라버리고 있는 것이다.

九二는 양강陽剛하며 중용의 덕을 갖추고 있다. 上의 九五와는 같은 양효래서 應하지 않는다. 위로는 九二를 끌어 올려주는 세력이 없고, 아래로 친한 初六이 있어, 그 양강한 넘치는 에너지를 아래로 흘려보내고 있다. 그러니까 이 효사는 九二의 실력이 제대로 쓰이고 있지 못한 상을 그려 내고 있는 것이다. 샘물은 한 방울이라도 흘려 내버려질 것이 아니라, 퍼올려져서 필요한 모든 사람에게 드넓게 생명수로서 제공되어야 하는 것이다. 이 효사를 번역하면 다음과 같다:

우물이 무너져 계곡으로 흘러나가 잔존하는 물은 겨우 두꺼비를 적셔 주는 노릇만 하고 있을 뿐이다. 그 뿐이랴! 물 긷는 항아리도 깨져서 물이 새고 있으니(甕敝漏) 사람들에게 생명수를 전할 길이 없도다! Alas!

점을 쳐서 이 효사를 만나는 사람은 내면에 실력이 있음에도 불구하고 그 실력을 발휘할 수 있는 환경을 만나지 못한다. 허무하게 끝나버릴 수도 있는 인생이다. 슬프다!

왕선산도 이 효사에 관해 이런 멘트를 했다: "아래로 흐르는 물은 소인小人들의 소혜小慧로 쓰일 뿐이니 그것은 참된 용도가 아니다. 옹기가 깨졌으니 물 또한 아래로 샐 뿐이다. 물을 긷는데 이 옹기가 없으면 물을 얻을 수 없다. 이것은 사람을 쓰려고 해도 현명한 재질을 가진 사람들의 실질實質을 끌어올

릴 수 없음을 말함이니, 이렇게 되면 결국 그 나라에 군자가 있어도 기용될
수가 없는 것이다. 흉운임을 알 수 있다."(『內傳』p.392).

九三: 井渫不食。爲我心惻。可用汲。
구 삼 정 설 불 식 위 아 심 측 가 용 급

王明, 並受其福。
왕 명 병 수 기 복

세 번째 양효: 나의 우물은 준설하여 맑고 깨끗하건만 아무도 와서 먹을 생각을 하지
않네! 아~ 내 마음에 슬픔이 가득차네. 나의 샘물은 진실로 길어 먹기에 너무도
훌륭한 것이라네. 나는 올 사람을 기다리네. 왕께서 만약 영명하셔서 오신다면
그것은 나의 복일 뿐 아니라, 임금님의 복도 되고 또 만민의 복이 되리. 모두가
다함께 복을 받으리라!

『시경』의 노래처럼 번역되어야 할 효사이다. 여기 "우물 井"은 九三 본인을
상징화하는 것이다. 九三은 양효이며 강건한 재능이 있다. 양위陽位에 양효이니
그 位가 正하다. 따라서 이 九三의 마음 지향처가 바르다. 정의로운 재목이다.
하괘의 최상위에 있다.

"정설井渫"은 우물을 준설하여(깨끗이 밑바닥을 쳐내는 공사) 맑고 깨끗하게 되
는 것을 의미한다. "불식不食"은 그런데도, 즉 먹을 만한 좋은 물임에도 불구하
고 먹을 생각을 하지 않는다는 뜻이다. 다음에 나오는 "위아심측爲我心惻"은
그냥 "내 마음의 측은함이 된다"라고 번역된다(이 번역은 정주를 따른 것이다). 그
러나 혹자는 九三과 應爻가 되는 上六을 개입시켜 해석하기도 한다. 九三이
기용되지 않는 현실을 보고 上六이 슬퍼한다는 것이다. 그렇게 되면 "위아
심측"은 "나(九三)를 위하여 上六의 마음이 서러워하노라"가 된다. 실력자가
기용되지 않는 불우한 현실을 보고 上六이 슬퍼한다는 뜻이다. "가용급可用

[48]
井

汲"은 "진실로 퍼서 먹기에 너무도 좋은 샘물이건만 ……"의 뜻이 된다.

여기 "왕명王明"이란, "왕이 명철하다면"의 뜻인데, 결국 인재를 알아볼 수 있는 눈이 있다는 뜻이다. "병수기복竝受其福"은 왕도 현자도 모두 복을 받는다는 뜻이다.

점을 쳐서 이 효사를 만난 사람은 실력이 있건만 인정되지 않는 처지에 놓여 있다. 참고 때를 기다리는 수밖에 없다. 실력의 향상은 무한한 향상의 길이니까.

六四: 井甃。无咎。
육 사 정 추 무 구

네 번째 음효: 여기 "추甃"는 벽돌을 쌓는다는 뜻인데 「소상전」에서 해설하는 바, 우물의 내벽을 수선한다는 뜻이다(井甃). 六四는 음유陰柔하지만 음위陰位에 있어 位가 正하다. 재능이 특출나다고 말할 수는 없어도 마음씀씀이가 바르고 정직한 사람이다. 九五의 中正한 천자를 보좌하면서 그를 선도하고 있는 대신大臣이다. 우물의 내부는 흙이 떨어져 물이 흐려질 수도 있으므로 계속 수선을 요한다. 내부로부터 우물벽을 다시 쌓을 수 있는 정도의 착실한 실력은 있다. 그러니까 세상을 구원할 수 있는 거창한 능력은 없을지라도 정의로운 의지를 가지고 천자天子를 순종하며 그를 바르게 선도할 수 있는 실력은 있는 것이다.

기실 우물의 깨끗함은 이런 사람들의 보이지 않는 내부 노력에 의하여 유지되는 것이다. 당연히 六四에게는 허물이 없다(无咎). 정이천은 말한다: "고위에 거하면서 강양중정剛陽中正의 임금을 얻었으니, 단지 옳음에 처할 줄 알고 임금의 뜻을 받들어 정사가 그릇된 길로 가지 않게 하면 또한 허물을 면할 수 있는 것이다. 居高位而得剛陽中正之君, 但能處正承上, 不廢其事, 亦可以免咎也。"

九五: 井洌。寒泉食。
구 오　정 렬　한 천 식

다섯 번째 양효: 우물이 차고 맑다. 차디차고 감미로운 샘물을 모든 사람이 같이 마신다.

우물물은 당연히 차고 맑은 것이 상품이다. 이 효사는 간결하기 그지없지만 우물이라는 상징체의 클라이막스를 간결하고 강렬하게 보여준다. "열洌"이라는 글자에는 차다(신선함)라는 느낌과 맑다라는 느낌이 다 들어가 있다. 고조선시대의 강이름에도 많이 쓰였다.

정괘井卦는 初六의 진흙(井泥)으로부터 시작하였다. 진흙으로부터 점점 멀어져서 강건중정剛健中正의 九五에 당도하여 완벽하게 청렬감미淸洌甘味로운 샘물의 이미지를 창출하고 있다. 이 샘물은 푸면 풀수록 우러나온다. 모든 사람들이 그 솟구치는 한천寒泉의 물을 먹는다. 이것은 천자가 강명청결剛明淸潔의 미덕이 있어서 그 덕이 두루두루 만물이 미치어, 천하사람들이 모두 그 은택을 입는 것과도 같은 이미지인 것이다. 생명의 근원으로서의 샘, 동시에 민중의 삶의 최기본요소이면서 개방성과 보편성, 그리고 공동체적인 공유성을 지니는 정井의 의미는 "한천寒泉, 식食"으로 마무리되고 있다. 중용의 최상의 표현이기도 하다(寒泉之食, 中正也。「소상」).

上六: 井收。勿幕。有孚。元吉。
상 육　정 수　물 막　유 부　원 길

맨꼭대기 음효: 이 효를 해석하기 전에 주의해야 할 한 가지 사실이 있다. 보통 효는 六의 자리가 나쁘다. 항룡亢龍의 자리이며, 낭패를 보는 자리이며, 모든 것이 지나쳐 망신하는 자리이다. 그러나 생명의 본원인 이 정괘井卦의 경우는

【48】
井

六의 자리가 五의 자리보다 더 완성된 자리이며 단순히 끝나 사라지는 자리가 아니라 공을 이루는(成功) 자리이다. 정괘井卦와 더불어 정괘鼎卦의 경우도 동일하다. 이에 관하여 정이천은 이렇게 말한다: "대저 우물의 쓰임을 체화하여 널리 베풀고, 항상됨이 있는 것은 대인(上六)이 아니면 누가 능할 수 있겠는가? 다른 괘들의 종국終局은 극極이 되고 변變이 되는 것인데, 오직 정괘井卦와 정괘鼎卦, 이 두 괘는 그 종국終局이 공功을 이룸을 의미하니 그러므로 六의 자리가 吉의 자리이다. 夫體井之用, 博施而有常, 非大人孰能? 他卦之終, 爲極爲變。唯井與鼎, 終乃爲成功, 是以吉也。"

그리고 왕선산도 이렇게 말한다: "정괘井卦의 군위君位는 五에 있지 아니하고 六에 있다. 역의 세계에는 고정된 원칙이 없다."

자아! 이제 효사를 해석해보자! "정수井收"의 "수"는 "물을 길어 올린다"는 뜻과 "도르래로써 두레박끈을 거둔다"라는 뜻이 있다고 한다(주희 설). 하여튼 우물에서 물을 퍼올리는 모습이다. 九五에서 말한 바 "한전寒泉"의 물을 끌어 올리는 것이다. "물막勿幕"이라 하는 것은, 지금은 우물 위에 정자를 지어 천정을 만들었지만 옛날에는 그런 건물덮개가 없었다. 그래서 샘물을 긷지 않을 때는 천막으로 아구리를 덮어쌌다. 그런데 사람들이 이 샘물을 너무 좋아하므로 천막을 덮을 기회도 없거니와, 그렇게 금지의 뜻을 나타내는 막을 치지 말라는 뜻이다. 모든 사람들이 한마음이 되어 우물을 공유한다는 뜻이다. 즉 이상적인 통치는 개방성과 보편성을 원칙으로 한다는 뜻이다.

천하를 이끄는 이상적인 리더는 샘물처럼 끊임없이 생성을 해야 하며 그 생성의 결실을 모든 사람에게 개방적으로 나누어줄 수 있어야 한다(勿幕). 그에게는 그러한 천지대자연의 성실함이 있으니(有孚), 원천적으로 길하다(元吉).

정괘井卦와 혁괘革卦와 정괘鼎卦의 배열은, 상수학적 관계를 떠나, 어떤 전

체적 의미론적 관계 속에 틀 지워져 있다는 인상을 받는다. 정井은 민중의 삶의 원천이며 문명의 원점이다. 끊임없이 생성되는 대자연의 엑기스의 분출이다. 그리고 정鼎은 통치자의 권위를 상징하며 피라미드와도 같은 안정성을 의미한다. 그것은 또 문명의 성대함을 의미한다. 현인賢人의 양육, 하느님과 인간의 소통, 군신일치의 조화로운 정치, 그리고 법령의 반포 등을 포섭한다.

그 정井과 정鼎 사이에 혁革이 끼어있다. 혁은 혁명이고 변화이고 새로움의 추구이며 부패의 박멸이다. 혁명은 맑고 깨끗하고 차가운 샘물을 밑천으로 해서만 가능한 것이고, 혁명은 반드시 새로운 안정적 질서로 진화해야 한다는 것을 암시하고 있는 것은 아닐까? 나는 그렇게 생각해보았다. The Well → Revolution → The Caldron.

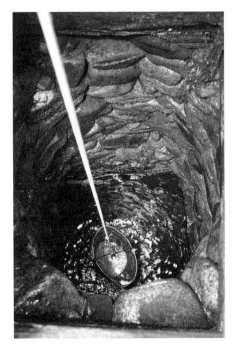

【옛 발해지역의 우물】

49

리하離下
태상兌上

택화 혁革

Revolution

괘명 "혁革"은 피혁이다. 동물의 가죽이다. 혁이라는 글자는 순수한 상형자로서, 동물의 가죽껍질을 벗겨서 벌려놓은 모습이다(𩕃). 독자들은 어찌하여 동물의 가죽이 "혁명革命"이 될 수 있는가? 그 양자 사이에 무슨 관련이 있는가 하고 매우 궁금해 할 것이다.

서양사람들은 혁명을 "revolution"이라고 하는데, 그것은 "to revolve"라는 동사가 말해주듯이 천체의 운행을 의미한다. 그냥 어떤 축으로 회전하는 것을 의미하며, 그 질서를 이탈한다든가, 구질서를 뒤엎는다든가, 새로운 질서를 만든다든가 하는 변혁의 의미는 내포되어 있지 않다. 이것은 서구의 역사에는 혁명의 관념이 없었기 때문에 진정한 혁명이라는 단어가 발생하지 않았다는 사실을 입증하는 것이다. 플라톤도 완벽한 기하학적인 형상인 이데아에 모든 변화를 귀속시켰기 때문에, 변화야말로 불변보다 더 상위의 고귀한 가치라는 상상조차 하지 못했다. 그리고 서양의 중세는 교회권력의 절대적 우위를 확보해야 했기 때문에 플라톤의 이데아론을 이단적 사유를 박멸하고 질식시키는 데만 사용하였다. 권력의 불평등이야말로 초월적 하느님이 존재하는 이유이며, 그러한 불합리한 복속을 민중 다수가 감수하는 것만이 이상적 사회질서를 유지케 하는 최선의 방책이라는 완고한 신념이 르네상스 이전의 서구의 정신사를 지배했기 때문에 혁명이라는 개념은 설 자리가 없었다. 기실 서구인의 혁명은 루이16세를 단두대에 올리는 경험(1793년 1월 21일)으로부터 시작한다고 말할 수 있을 것이다.

서양문명처럼 유일신론monotheism이 모든 가치를 지배하고 있는 문명의 논리 속에서는 혁명은 발생하지 않는다. 거기에는 지나친 억압에 반발하는 국부적인 반란(rebellion: 싸움을 다시 한다라는 라틴어에서 유래)만이 있을 뿐이다. 혁명은 명命을 혁革하는 것이다. 혁명은 일차적으로 인간과 인간 사이에서 일어나는 것이다. 그러기 때문에 인간존재가 신이라는 절대적 존재에 귀속되는 체제 하에서는 혁명이라는 개념이 생겨날 수 없다. 인간이 신을 개혁할 수가 없기 때문이다.

그러나 인간세를 지배하는 권력이 하늘의 명命을 받은 것이라 해도, 그 명의 실체는 초월적 하늘이 아니라 궁극적으로 백성의 의지라는 생각, 즉 민심民心이 곧 천심天心이라는 생각이 지배적인 문명에서는, 혁명의 정당성이 항존恒存하게 된다. 혁명은 신의 이름을 빌었다고는 하나 결국은 사람과 사람 사이의 문제로 귀속되는 것이다.

그런데 왜 가죽인가? 사실 "가죽"이라고 하는 것은 살아있는 동물의 피부, 즉 표피층과는 다른 개념이며, "무두질tanning"이라는 매우 정교하고 오랜 시간을 소요하는 과정을 통하여 만들어지는 거의 새로운 물질이라고 말할 수 있는 것이다. 가죽의 무두질은 BC 7000년경부터 이미 파키스탄의 메르가르Mehrgarh 지역(신석기문명)의 주민들에 의하여 개발되어 전 세계로 퍼져나갔다. 사실 "가죽"은 우리문명의 전부라고 말해도 과언이 아닐 만큼 고문명의 중심에 있었던 과제상황이었다. 가죽을 사용하여, 의복, 신발, 장갑, 물통waterskins, 배낭, 마구馬具harnesses and tack, 칼집scabbards, 화살통quivers 등등 수없는 생활도구와 전쟁도구가 만들어졌다. 가죽이 없었더라면 전쟁도 하지 못했을 것이다.

[49]
革

수피獸皮hide를 가죽leather으로 만드는 작업은 피부의 프로테인 구조를 영구하게 변화시켜, 지속적인 물체로 변화시키며, 부패와 색깔변화에 복속되지 않는 튼튼한 물질로 만드는 작업이다. 이 프로세스는 매우 복잡해서 지금 이 문제를 다 설명할 수 없지만, 옛 사람들의 의식구조에서는 이 무두질이야말로 전혀 새롭고 단단한, 그리고 유용한 물질로 변혁되는 화학변화의 대명사로서 인식되기에 충분한 생활체험이 있었다. 내가 어릴 때만 해도, 가죽공장에서는, 동물의 스킨에 부패를 일으키고, 또 부패를 제거하는 과정에서 심한 악취가 났기 때문에 생활권 밖에 위치하고 있었다. 하여튼 변혁이란 권력의 변화만을 의미하는 것이 아니고, 썩은 것을 제거하여 새로운 것을 만들어내는 창조적인 의미를 지니고 있었다.

괘의 형상을 살펴보면, 상괘가 택☱이고 하괘가 불☲이다. 수피獸皮를 물에 담그어 일정한 부분을 썩게 만들어 벗겨낸 다음, 그것을 불에 쬐이는 형상이다. 그리고 또 아랫괘의 모습☲은 부뚜막과 아궁이의 모습이다. 그리고 윗괘의 ☱은 연기로 그슬려지고 있는 수피의 모습이다. 아래의 두 양효는 단단한 가죽의 본체에 해당되고, 위의 한 음효는 제거되어야 할 털이 난 표면부분을 가리키고 있다. 무두질로 변한 가죽은 동물의 스킨의 성격을 일신한 것이지만 그 내면의 실질은 변화가 없다. 촛불혁명이 일어났다고는 하지만 그 바탕의 민중은 거의 변화가 없다. 혁명의 주체가 반혁명의 주체도 될 수 있는 변함없는 그 무엇이다.

왕부지는 말한다: "왕조의 혁명, 역성혁명이라 해도 제도풍습이 전부 변하기는 하지만, 나라를 다스리는 대본大本의 도道는 변함이 없다." 혁명은 매우 신바람 나는 것이지만 흥분할 것도 못된다. 『역』의 저자는 혁명의 본질을 꿰뚫고 있었다. 그래서 가장 거창한 문명의 주제임에도 불구하고 혁명을 천체의 운동과 같은 헛소리로 말하지 않고 "가죽"과 같은 생활사의 구체적 과제상황으로 말한 것이다.

『설문해자』는, "수피獸皮에서 그 털을 제거하고 새롭게 만들어진 것을 혁革이라 한다. 혁革은 갱신更新의 뜻이다. 그리고 혁革이라는 글자 속에는(卄+十) 삼십三十이 들어있다. 30년을 일세一世로 잡으면, 모든 도道는 변하게 되어있다. 三十年爲一世而道更也." 『설문해자』에서 "30년" 운운한 것은 헛소리라고 봐야 할 것이다. 일반적으로 혁괘에 관하여 논의하는 얘기들은 다음의 5종이 있다.

1) 혁의 상괘가 태兌이며 택澤이다. 하괘가 리離이며 화火이다. 물과 불이 동거하고 있으니 물은 불을 끄고, 불은 물을 말려버린다. 반드시 개변改變된다.

2) 태兌의 소녀少女가 리離의 중녀中女와 동거하고 있는 모습이다. 그러나 여성들은 결국 시집을 가야 하니까 오래 자기들끼리 동거할 수 없다. 그래서 변혁의 의미가 있다. 규괘☲☱(38) 상괘는 리離, 하괘는 택澤. 중녀中女가 위에 있고 소녀少女가 아래에 있으니 순서가 바르다. 두 여자가 차례대로 시집가기 때문에 서로 싸울 일이 없다. 그러나 혁괘에는 소녀少女가 위에 있고, 중녀中女가 아래에 있어 서로 투쟁하게 되어있다. 그래서 혁革이다.

3) 태兌는 가을이고, 리離는 여름이다. 사계절의 변화는 여름과 가을의 시기에 음양의 일대변혁이 있다. 그래서 혁革이다.

4) 혁革은 무두질을 거친 동물의 피혁이다. 혁괘는 리離의 불로 동물의 생피生皮를 끄슬리어 무두질조작을 하고 있는 형상. 그래서 혁革!

5) 오행설로는 태兌는 금金이고, 리離는 화火이다. 불로써 금에 열을 가하면 금은 녹아서 형태가 변하게 되어있다. 그래서 혁革.

대부분 별 의미 없는 이론들이다. 「서괘전」은 정괘井卦 다음에 혁괘革卦가 오는 이유를 이렇게 말한다: "우물의 물길은 오래되면 더러워지게 되어있다.

그래서 반드시 더러운 것을 갈아치워야 한다. 그래서 혁괘革卦로 받은 것이다. 井道不可不革。故受之以革。"

정이천이 이에 대하여 말한 것을 한번 살펴보자:

井之爲物, 存之則穢敗, 易之則淸潔, 不可不革者也, 故井之後, 受之以革也。爲卦, 兌上離下, 澤中有火也。革, 變革也。水火, 相息之物, 水滅火, 火涸水, 相變革者也。火之性上, 水之性下, 若相違行, 則睽而已。乃火在下, 水在上, 相就而相剋, 相滅息者也, 所以爲革也。又二女同居, 而其歸各異, 其志不同, 爲不相得也, 故爲革也。

우물이라는 것의 사물됨이, 그대로 두면 썩고 계속 퍼서 물을 바꾸면 청결해진다. 그래서 혁革하지 않을 수 없는 것이다. 그래서 정괘井卦 다음에 혁괘革卦가 오게 된 것이다. 괘상을 살펴보면, 태兌☱가 위에 있고 리離☲가 아래에 있다. 못 가운데 불이 있는 꼴이다. 혁革이라는 것은 변혁變革을 의미하는 것이다. 물과 불은 서로를 차단시키는 것이다. 물은 불을 끄고, 불은 물을 말린다. 서로를 변혁시키는 것이다. 불의 성질은 위로 올라가는 것이요, 물의 성질은 아래로 내려가는 것이다. 만약 이 양자의 방향이 반대가 되면 규괘睽卦☲가 되어 상황은 서로 멀어질 뿐인데, 이 혁괘의 상황은 불이 아래에 있고 물이 위에 있으니 서로에게 덤벼들어 서로를 극剋하고 서로를 멸식滅息시켜 버린다. 그래서 혁革이 되는 것이다. 또한 두 여자가 동거하여 서로 지향처가 달라 그 뜻이 같지 않으니, 이는 두 여인의 분위기가 서로 맞지 않는 것이다. 그러므로 혁革이라 한 것이다.

「대상전」은 무어라 말할까?

澤中有火, 革。君子以治歷明時。
택 중 유 화　혁　　군 자 이 치 력 명 시

못 가운데 불이 있는 형상이 혁괘의 모습이다. 군자는 이 혁괘의 모습을 본 받아(以: 혁괘가 의미하는 그 혁명의 카이로스와 혁신의 과제상황을 잘 파악하여) **역曆을 새롭게 정하고, 삶의 기준이 되는 때를 밝힌다.**

"역歷"은 "曆"이다. 역을 새롭게 정한다는 것은 혁명의 상징이다. 새로운 국가의 탄생을 알리는 것이다. 주희가 말하기를, "사시의 변화는 변혁 중에서도 아주 큰 것이다. 四時之變, 革之大者。" 왕자王者는 천명天命을 받아 천하天下를 일통一統하면 반드시 정삭正朔을 개改한다.

괘사

革, 己日, 乃孚。元, 亨, 利, 貞。悔亡。
혁   기 일   내 부   원   형   리   정   회 망

혁명이다! 명을 가는 것이다. 빨라도 안되고 늦어도 아니된다. 무르익은 바로 그 때에 행하여라! 그리하여 사람들에게 신험함을 안겨주어라! 새로운 세상의 으뜸이 되어라! 민중이 모두 하느님과 소통할 수 있도록 제사를 지내라. 매사를 이로운 수확이 있도록 처리하라. 미래에 관해 끊임없이 물어라. 그리하면 모든 회한이 사라지리라.

십간十干									
1	2	3	4	5	6	7	8	9	10
갑甲	을乙	병丙	정丁	무戊	기己	경庚	신辛	임壬	계癸

혁명이다! 왕조의 변화가 아니더라도 근원적인 변혁, 모든 물갈이에는 카이로스가 있다. 적합한 때를 타야만 성공할 수 있다. 여기 "기일己日"이라는 것은 여러 가지 해석이 있으나 십간의 싸이클에서 중간을 약간 지났지만 중

앙에 위치한 날짜나 시간을 가리킨다. 그 전체 상황 싸이클의 가장 무르익은 중앙을 지시하는 것이다. 혁명은 사람들의 공감을 바탕으로 하는 것이며 서로간의 신뢰를 전제로 하는 것이다. "기일己日" 다음의 "경일庚日"은 "갱신更新"의 뜻이 있다. 무와 기의 사이가 가운데이지만, 기의 타이밍이야말로 혁명의 분위기가 무르익는 때이며 경庚으로 이어진다.

너무 초기에 거사를 하면 생뚱맞어 사람들을 어리둥절하게 만들 수 있다. 여기 기일은 분위기가 무르익은 결정적인 타이밍의 뜻이다. 어떤 시간의 싸이클이든지 그 길이는 잡기에 달려있다. 하루 중의 한 시점일 수도 있고 1년 중의 한 시점일 수도 있다. 세조 2년 6월 창덕궁에서 명나라 사신을 향응하는 기회에 유응부가 운검을 서기로 되어있었고, 유응부는 단칼에 세조의 목을 벨 수 있는 기회를 포착했다. 그런데 서생인 성삼문이 세자가 아직 도착하지 않았다는 이유로 유응부의 거사를 만류한다. 때를 놓쳐버린 사육신에게는 참혹한 형벌이 가해졌고 이 단종복위운동의 실패로 800여 명이 처형·학살되었다.

유응부는 죽으면서 외쳤다: "서생놈들과 대사를 논한 것이 내 일생일대의 실수로다." 단순한 타이밍의 유실로 조선건국초기의 정의로운 인재들이 역사의 무대에서 사라졌고, 훈구파의 세상이 도래하는 부정不正한 계기가 마련되었다. 그 한 카이로스의 유실이 조선왕조를 비굴하게 만들었고 사대事大의 논리가 계속 판치게 만들었다.

괘사의 뜻은 이러하다: 혁명은 분위기가 무르익은 기일에 하라! 더 빨리도 더 늦지도 말아라! 서생들처럼 머뭇거리지 말라(己日). 과단성 있게 행동하라! 그리하면 그대의 거사는 주변사람들에게 신험함과 믿음을 안겨주리라(乃孚). 새로운 세상을 열었으니 리더십을 확보하라(元). 하느님께 제사를 지내어 민중이 다함께 향수케 하라(亨). 매사에 이로움이 있도록 일을 잘 처리하라(利). 혁명의 미래에 관해 끊임없이 묻고 겸손하게 하느님과 소통하라(貞).

원·형·리·정의 사덕을 구비하고 새 세상을 열어가면, 개혁에 뒤따르는 유감스러운 일이 없을 수는 없겠지만, 결국 그런 후회스러운 일들이 다 사라지리라(悔亡). 이천은 말한다: "혁명은 본시 회한이 따르는 일이다. 그러나 개혁이 지극히 정당한 길을 밟으면, 개혁의 과정에서 밀려난 구파세력이나 새로 등장한 신파세력이 느끼는 모든 회한이 다 사라지리라. 故革有悔之道。唯革之至當, 則新舊之悔, 皆亡也。"

初九: 鞏用黃牛之革。
초 구 공 용 황 우 지 혁

첫 번째 양효: 혁명의 시기이다. 初九는 그 혁명의 괘의 최초의 계기이다. 강위에 강효로서 正을 얻고 있으며 강인한 의지를 가진 반듯한 인물임에 틀림이 없다. 혁명의 의지는 불타오른다. 그러나 初九는 제일 아래의 미천微賤한 자리에 있으며 윗괘의 응효應爻인 九四는 양효인지라 應하지 않는다. 혁명은 불타는 의지만으로는 이루어지지 않는다. 반드시 때를 만나야 한다. 수운도 정말 별볼일없는 미천한 신분의 인간이었다. 그러나 때를 기다렸다. 당대의 어느 누구도 이룩할 수 없는 대업을 달성했다.

황소가죽으로 만든 단단한 허리띠로써 그대의 허리를 졸라라! 황색은 중앙 토의 상징성이 있다. 그리고 황소는 유순하다. 경거망동하지 않는다. "공鞏"은 자기자신을 단속하여 자신의 위상을 단단하게 만든다는 뜻이다. 우리가 쓰는 말에 "공고히 한다"와 통한다. "공용황우지혁鞏用黃牛之革"을 직역하면, "공고히 함에 황소가죽의 단단한 허리띠로써 한다"는 뜻이다.

六二: 己日革之。征, 吉。无咎。
육 이 기 일 혁 지 정 길 무 구

두 번째 음효: 六二는 유순(음효)하며 中正(하괘의 중앙, 음효음위)을 얻고 있다. 하괘 ☲의 주효이다. ☲는 명明의 덕이 있다. 六二는 문명文明의 덕을 지닌 매우 주체적인 인간이다. 혁명의 주체세력으로서의 당당한 자격이 있으며 상괘의 혁명주체세력인 九五와 음양바르게 감응하고 있다. "기일己日"은 괘사에서 이미 풀이했듯이, "무르익은 카이로스"를 의미한다.

기일이다! 때가 찼다! 혁명의 전선으로 나아가라(己日革之)! "기일"은 이미 현존하는 권력자의 시대가 지났음을 암시한다. 이때의 흐름을 타고 혁명을 감행하면(征), 吉하다. 허물이 없다(无咎).

부드럽게 혁명은 시작된 것이다.

九三: 征, 凶。貞, 厲。革言三就, 有孚。
구 삼 정 흉 정 려 혁 언 삼 취 유 부

세 번째 양효: 九三은 양효이며, 양위에 있기 때문에 그 뜻이 정의로운 강강한 인물이다. 양강陽剛하며 하괘의 상위에 있기 때문에 중용의 길에서는 벗어나 있다. 그리고 하괘 리離는 명明의 덕성이 있다. 그러니까 九三은 명찰明察(밝게 살핌)의 인물로서 좀 소소한 일까지 다 신경쓰면서 과하게 반응하는 성향이 있다. 여기 "정征, 흉凶"이라 한 것은 九三은 개혁의 의지에만 매달려 무리하게 나설 때는 흉한 꼴을 당하게 된다는 것이다. 三의 자리가 원래 결단을 요구하는 자리이다. 하괘에서 상괘로 점프해야 하는 갈림길에 있다. 함렛의 고민이 항상 있다. 점을 쳐보면 좋지 않다는 경고가 많다(貞, 厲).

그러나 혁명은 진행되어야 한다. 결단은 내려져야 한다. 그리고 九三은 기본이 정의로운 인물이다. 여기 "혁언삼취革言三就"라는 말은 특별한 술어로서 혁명의 핵심멤버들이 혁명의 정당한 시기에 관하여 세 번이나 모여서 의

견을 교환한 사태를 가리킨다. 그런데 세 번 다 의견의 합의를 보았다는 것이다. 이천은 말한다: "취就라는 것은 이룸이며 합함이다. 就, 成也, 合也." 이렇게 신중하게 합의를 보았으면 혁명의 거사는 이루어져야 한다. 그러한 혁명은 정당하고 진실한 것이다(有孚). 사람들이 모두 지지하기 때문에 성공하게 되는 것이다.

九四: 悔亡。有孚, 改命。吉。
구 사 회 망 유 부 개 명 길

네 번째 양효: 九四는 양강하며 中을 얻고 있질 못하다. 그리고 음위에 양효이기 때문에 그 位가 正하지 못하다. 그러기 때문에 본시 九四에게 후회스러운 일이 많이 있게 마련이다. 그러나 한편 九四는 혁괘의 반을 뛰어넘었고 상괘의 물과 하괘의 불이 서로 부딪히는 갈림길에서 혁명의 결단을 내려야만 하는 절묘한 위상을 지니고 있다. 이러한 절묘한 위상에는 그가 음위에 양효라는 사실이 오히려 득이 된다. 즉 강유를 겸비兼備한 너그러운 덕성의 사나이가 될 수 있다. 겁유怯懦하지도 않고 저돌적猪突的이지도 않은, 혁명가의 기질을 지닌 적임자가 된다. 그래서 후회스러운 일들은 다 사라진다(悔亡). 주변의 사람들이 그를 신뢰하게 되면(有孚), 그는 과감하게 혁명에 착수해야 한다. "개명改命"은 "혁명革命"과 같은 말이다. 명을 바꾼다는 의미이다. 이런 상황에서 유연하고 강하게 혁명을 진행시키면 吉하다.

점을 쳐서 이 효를 만나는 사람에게는 성운盛運이 다가오고 있다. 개혁을 단행하여, 폐해를 제거하라!

九五: 大人虎變。未占有孚。
구 오 대 인 호 변 미 점 유 부

다섯 번째 양효: 九五는 양강하며 中正(외괘의 가운데, 양위양효)을 얻고 있다. 여기

효사가 "대인"으로 시작한 것은 **九五**야말로 대인의 자격을 지니고 있다는 것을 의미한다. 혁괘의 주효主爻이며 혁명의 진정한 주체세력이다.

혁명의 시기에 그 주체는 어떠한 모습을 지녀야 하며, 어떠한 행동을 해야 하는가? 이 효사의 답이야말로 혁명革命의 진정한 의미가 될 것이다. 그런데 우리의 효사는 이 답을 이 한마디로 표현했다: "호변虎變!"

정말 호랑이와 같이 산 동북방대륙지역의 사람들의 인식체계가 아니면 이런 말은 나올 수 없을 것이다. 이에 대하여 「소상전」은 "**大人虎變, 其文炳也。**"라는 해설을 붙였다. 즉 대인의 호변이란 그 털의 문양이 찬란하게 빛나는 것을 의미한다는 것이다. 호랑이의 털은 아름답기 그지없다. 그것이 늦가을이 되면 기존의 지저분한 털을 다 뽑아버리고 짧고 단단하게 그리고 선명한 색채를 뽑낸다. 게다가 호랑이는 산림의 왕자이며 아무도 그 권위를 당해낼 수 없다. 혁명은 땜빵(보전補塡)이 아니라 일신一新이다. 기존의 것을 적당히 고치는 것이 아니라 완전히 새롭게 물갈이를 하는 것이다. 국가의 법률제도, 언론, 국세國勢, 인심人心의 모든 면모를 일신하여 찬란한 문채를 드러내는 것이다.

혁명의 당사자는 호랑이가 자기 털갈이를 하듯이 자기 몸을 먼저 닦지 않으면 안된다. 위대한 도덕재능을 구비한 대인이라야 구폐, 악습을 모두 제거하고 나라의 모습을 문채 나는 호랑이의 모습처럼 선명하고 찬란하게 만들 수 있는 것이다. 단, 호변虎變의 혁명에는 하나의 조건이 있다. "미점유부未占有孚!" 점을 치기 이전부터 이미 사람들로부터 신임을 얻은 그런 호랑이 대인 이라는 사실!

혁명은 보전補塡이 아니라 일신一新이다. 일본의 경학자 혼다 와타루本田濟, 1920~2009가 이 효사를 해설하면서 남긴 말인데 참으로 새겨둘 만한 명언이다. 그리고 호변의 혁명은 정치혁명에 그치는 것이 아니라 삶의 혁명, 도덕의 혁명을 실현하는 것이다. 불란서혁명French Revolution보다는 예를 들면, 산업혁명Industrial Revolution이 더 본질적인 혁명이었다. 그러나 산업혁명은 본질적인 만큼 더 악랄한 폐해를 가져왔다. 인류역사의 진로를 자본주의라는 몰인정한 획일주의의 횡포에 맡겨버렸고, 개인의 양심과 선택과 권리를 모두 체제The System의 압제에 복속시켰다. 과학만능주의, 이성주의와 결합된 자본주의가 체제를 장악하는 한 민주Democracy의 꿈은 허망하다. 조선의 "촛불혁명"조차 그 혁명의 주체세력인 민중에 의해 좌절되고 말았다. 과연! 우리는 어디로 가고 있는 것이냐? 백두산 설산의 호랑이에게 물어보고 싶은 심정이다! 오호라!

上六: 君子豹變。小人革面。征, 凶。居貞, 吉。
상 육   군 자 표 변   소 인 혁 면   정   흉   거 정   길

맨꼭대기 음효: 혁명은 성공했다. 대인의 리더십에 의하여 이루어졌다. 그러나 이제 上六의 시대는 그 성공을 완성시켜야 할 후속의 시대이다. 그래서 대인大人보다 한 급이 낮은 군자君子가 나오고 또 서민을 상징하는 소인小人이 나온다. 군자, 소인이 다 합심해서 혁명을 완수시켜야 하는 시기인 것이다. 혁명의 괘에서는 上의 자리도 결코 나쁜 의미를 지니지 않는다. 군자의 술부에는 호변虎變 대신 표변豹變이 자리잡고 있다.

우리가 일상생활 속에서 잘 쓰는 말 중에 "표변"이라는 말이 바로 『역』의 혁괘에서 온 말이라는 것을 아는 사람은 별로 없다. 그러나 『역』에서는 철저히 긍정적인 말인데 우리 일상생활에서는 그 의미가 왜곡되었다. 대체로 "나쁘게 갑자기 변한 것"을 의미한다. 그러나 혁괘 효사에서는 호변의 조금 축소된 의미에 지나지 않는다. 하해何楷, ?~1645?(천주泉州 진강인晉江人. 1625년 진사進士. 명말의 경학자)가 말한다: "호변은 문장文章의 큰 것이다. 표변은 문장文章의 작은 것이다." 표범은 호랑이와 거의 같은 문채를 지녔으나 좀 작다. 내가

어렸을 때 천안 잿배기 시장에서 호랑이가죽을 파는 사람들이 있었는데, 대강 표범가죽이었다.

혁명의 완성을 위하여 군자들은, 대인이 호변했듯이, 표변하라는 메시지를 발하고 있다. 여기 의미하는 것은 자기존재의 변화이다. 찬란한 문채가 나도록 자아각성과 반성과 개혁이 있어야 한다는 것이다.

다음에 나오는 "소인혁면小人革面"의 해석이 대강 잘못되어 있다. 정이천이 군자와 소인에 대한 경직된 도덕주의moral rigorism를 표방하면서 의미를 왜곡시켰다. 그렇게 되면, "소인은 얼굴만 바꾼다"라는 뜻이 된다. 이것은 넌센스다! 여기 "혁革"은 동사가 아니라 "면面"이라는 동사의 목적이다. 『역』의 언어는 중원의 "S+V+O" 스트럭쳐가 아닌 고조선의 "S+O+V" 스트럭쳐가 많이 나타난다. 태泰괘 九二의 "붕망朋亡"(패거리를 없앤다)도 한 예이다. 혁은 혁명이다. "면面"은 향한다(向)는 뜻이다. 소인(일반 서민)들도 혁명의 완성을 향하여 함께 노력한다는 뜻이다. "소인혁면小人革面"은 "소인도 혁革을 면면한다"는 뜻이다. 군자, 소인이 다함께 혁명의 완성을 향해 새로운 체제를 정착시키려고 노력하는 모습이다. 혁명은 이러한 민중의 협력이 없으면 혁명이 아니다. 허상일 뿐이다.

이러한 후속의 시기에는 함부로 움직이면 좋지 않다. 외부로 나가지 말라! 내면을 공고히 할 시기이다. 그래서 말한다: "정征하면 흉凶하다." 그리고 또 말한다: "안정적으로 평범하게 지내면서 미래를 물어라. 그리하면 길하리라."(居貞, 吉).

『역』은 혁명의 서이다. 혁명을 위하여 이 책은 만들어진 것이다. 혁명은 끊임없는 자기변혁이다. 정치적 혁명은 부차적인 것이다. 정치혁명은 반드시 정井과 혁革과 정鼎이 삼위일체를 이룰 때만 성공한다. 이 혁명의 서의 핵심인 혁괘革卦가 끝났다. 인류고대문명에 혁명을 가르친 책은 『역』이 유일하다. 고대인의 지식은 모두 종교와 결탁되어 있었고, 종교는 권력의 하이어라키의 다른 이름이었기에 사자死者의 서書는 있을지언정 혁명의 서는 있을 수가 없었다.

이 혁괘의 하괘 3효는 모두 "혁革"자가 들어가 있다. 혁명의 필요를 느끼고 혁명을 모의하고는 있으나, 혁명에 착수하는 것은 위험한 일이며, 신중을 요구하는 일이며, 부작용까지를 다 계산해야만 하는 일이라는 것을 강조하고 있다. 그래서 하3효는 모두 신중할 것을, 망동하지 않을 것을 가르친다. 참으로 지혜로운 발상이라 아니할 수 없다.

그러나 상3효는 과감하게 개혁에 착수하고 카이로스를 장악하고 혁명을 완수할 것을 가르친다. 혁은 변變이며, 변變은 좋은 것이며, 시대의 요청임을 가르친다.

初九의 "공용황우지혁鞏用黃牛之革"은 아직 혁명의 때가 이르지 않았다는 것을 말한다. 六二의 "기일내혁지己日乃革之"는 혁명의 카이로스가 이르렀다는 것을 알린다. 九三의 "혁언삼취革言三就"는 혁명을 해야만 한다는 것을 전제하면서도 방법론적인 신중함이 있어야 한다는 것을 가르친다. 九四의 "유부개명有孚改命"은 시대가 혁명을 맞이하고 있음을 알린다. 九五의 "대인호변大人虎變"은 혁명의 주체세력에게는 성인과도 같은 신성함이 있어야 한다는 것을 말한다. 上六의 "군자표변君子豹變, 소인혁면小人革面"은 천하사람이 모두 같이 변해야만 혁명은 완성되는 것이라는 교훈을 우리에게 남기고 있다. 고조선이여 오라! 혁명이여 만세!

50

손하巽下
리상離上 화풍 정鼎

The Caldron

괘명　"정鼎"은 거대한 세발솥이다. 정을 지칭하는 우리 고유의 말은 없다. 그냥 "세발솥"이 가장 좋은 번역일 것 같다(중국고대문명사에서, 정은 세발짜리만 있는 것은 아니고, 네발짜리도 있다. 그러나 세발이 원칙이다). 그냥 상징적인 것만은 아니고, 실제로 제사용의 고기를 오래 달이는 용기였다. 『설문해자』에 "삼족양이三足兩耳, 오미五味를 조화시키는 보기寶器"라고 되어있다. 기실 화풍 정괘☲의 상은 택화 혁☱을 뒤집은 것이다(반대괘. 종괘綜卦). 그러니까 혁에서 정으로 오는 과정은 상수학적으로 결정되어 있다. 그럼에도 불구하고 정괘의 모습은 헥사그램의 모습 그대로 그릇 정鼎의 모양을 본뜨고 있다. 제일 아래의 음효는 세 발이 떠받치고 있는 빈 공간. 그리고 九二, 九三, 九四는 정鼎의 불룩한 배복(몸체). 그리고 六五는 양 옆에 사각으로 올라와 있는 귀(耳)를 나타낸다. 그리고 上九는 정현鼎鉉(또는 鼎弦이라고도 쓴다)이라 하는데 정의 귀에 끼어 정을 들어올리는 활모양의 큰 쇠막대이다. 보통 "거정지구擧鼎之具"(정을 들어올리는 기구)라고 한다.

그리고 정괘☲는 혁괘☱를 뒤집은 것이므로, 二와 五의 자리의 음양이 서로 바뀌어있다. 혁괘의 九五가 정괘의 九二로 내려갔고, 혁괘의 六二가 정괘의 六五로 올라와 있다. 그러니까 혁괘의 중심인 천자天子자리에는 강강剛強한 양효가 괘 전체를 리드하고 있고, 정괘의 중심인 천자天子자리에는 유순한 음효가 자리잡고 있는 것이다. 이것은 「잡괘전雜卦傳」에서 말하는 바, "혁革은 고故를 제거하는 것이요, 정鼎은 새로움新을 정착시키는 것이다. 革去故也, 鼎取新也。"라고 한 의취를 살려내는 것이다. 혁명의 시기에는 과감하고 강강한 리더가 필요하고 정신鼎新의 시기에는 음유하고 포용적인 리더가 필요하다는 것을 말하고 있는 것이다.

하여튼 내가 말하고자 하는 것은 상象의 변화와 그 변화에 맞아떨어지는 괘의 의미론적 체계가 어떻게 그렇게 잘 상응할 수 있는지, 그것이 과연 상수가 앞서고 그에 따라 괘명과 괘사가 만들어진 것인지, 혹은 선재하는 괘명에 따라 상象이 선택된 것인지, 단정지을 수 없는 수수께끼가 무한히 많다. 끝없이 신묘한Divine 코메디라 말해야 할 것이다.

정鼎은 손하리상巽下離上, 상괘는 불의 상이고, 하괘는 목木과 입入. 손괘의 나무를 들이밀면 리괘의 불이 일어나 식물食物을 끓여내는 모습이다. 정鼎은 천지종묘의 하느님을 제사하고, 천하의 현인賢人들을 대접하는 데 쓰이는 거대한 그릇. 그러기 때문에 이 괘는 천하의 현인을 길러내는 방법을 설說한다.

정현鄭玄은 말한다: "정鼎이라는 것은 음식물을 팽숙烹熟하여 사람을 기른다. 이것은 성군聖君이 인의仁義의 도道를 일으켜 천하를 교육하는 것과 같은 의미를 지닌다. 그래서 정괘라고 한 것이다." "혁거고야革去故也, 정취신야鼎取新也"라는 「잡괘전」의 논리를 따른다면, 혁괘는 낡은 것을 무너뜨리고 제거하는 데 중심을 둔 괘라고 말할 수 있다(전 왕조의 멸망). 그리고 정괘는 새로운 국가체제를 정립하기 위하여 모든 물사物事를 새롭게 하는 데 중심이 있는 괘라고 말할 수 있다. 즉 새로운 왕조가 들어서면서 서정庶政을 일신一新시키는 그런 의미가 있다. 정鼎은 끓이는 그릇이므로 뭐든지 먹기 힘든 딱딱하고 단단한 물체가 들어가면 부드럽고 맛있는 물체로 변화한다. 사물이 변화를 일으켜 새로운 성질의 물체로 된다는, 생성의 새로움novelty을 강조하는 의미도 들어있다.

　정鼎은 고대로부터 왕자王者의 권위를 나타내는 가장 존귀한 보물로 여겨져왔다. 이것은 하느님을 제사지내고 현자를 기르는 보기이다. 여기에 새겨진 매우 오묘한 문양이 마야문명의 유적, 여기저기서 발견되는 문양과 매우 공통된 스트럭쳐가 있기 때문에, 은허殷墟지역-고조선-북아메리카-메소아메리카 마야문명의 연결된 축을 연상케 한다. 그 문양들은 신과 소통하고 인간세에 폐해를 끼치는 악령을 제압한다. 그리고 새로운 법령을 반포할 때에도 정에 새겨 백성들에게 보였다.

　왕필은 말한다:"정鼎이라는 것은 변화를 완성한다는 의미를 지닌 괘이다. 혁革괘는 변화를 일으킨 괘이다. 변화가 이미 일어났으면 새로운 국가의 탄생을 알리는 보기寶器를 제작하고 거기에 법률을 새겨넣어 반포함으로써 혁명을 완성시켜야 한다. 변하기는 했는데 그 변화를 제어할 수 있는 새로운 질서가 없다면 오직 혼란만이 기다리고 있을 뿐이다. 법제法制가 때에 맞어야, 비로소 길吉한 것이다. 鼎者, 成變之卦也。革旣變矣, 則制器立法以成之焉。變而无制, 亂可待也。法制應時, 然後乃吉。"

　「서괘전」은 뭐라 말할까? 아주 간략하게 그 괘명의 의미만을 취했다:"사물을 변혁시키는 데 정鼎 만한 것이 없다. 그래서 정괘로 받은 것이다. 革物者莫若鼎, 故受之以鼎。"

　이에 관한 정이천의 해설이 좀 길기는 하지만 정에 관한 논의의 대체를 요약하고 있으므로 번역해둔다.

鼎之爲用, 所以革物也, 變腥而爲熟, 易堅而爲柔。水火不可同處也,
能使相合爲用而不相害, 是能革物也, 鼎所以次革也。爲卦, 上離下
巽。所以爲鼎, 則取其象焉, 取其義焉。取其象者有二。以全體言之,
則下植爲足, 中實爲腹, 受物在中之象。對峙於上者, 耳也; 橫亘乎上
者, 鉉也。鼎之象也。以上下二體言之, 則中虛在上, 下有足以承之,
亦鼎之象也。取其義, 則木從火也。巽, 入也, 順從之義。以木從火,
爲然之象。火之用, 唯燔與烹。燔不假器, 故取烹象而爲鼎。以木巽
火, 烹飪之象也。制器, 取其象也。乃象器以爲卦乎? 曰製器, 取於象
也。象存乎卦, 而卦不必先器。聖人制器, 不待見卦而後知象, 以衆人
之不能知象也, 故設卦以示之。卦器之先後, 不害於義也。或疑鼎非
自然之象, 乃人爲也。曰固人爲也, 然烹飪, 可以成物, 形制如是則可
用, 此非人爲, 自然也。在井亦然。器雖在卦先, 而所取者乃卦之象,
卦復用器以爲義也。

세발솥의 쓰임은 물체를 변혁시키는 데 있다. 날 비린내를 변화시켜 푹
익힌 것으로 만들고, 단단한 것을 변화시켜 부드러운 것으로 만든다.
원래 물과 불은 같은 곳에 같이 있을 수 없는 것이다. 그런데도 그 양
자를 합하여 쓸 수 있게 만드는 기물이 있어 서로가 해치지 않게만
한다면 그 에너지는 사물을 변혁시키는 데 유용하게 쓰일 수 있다.
그래서 정䷱이 혁䷰ 다음에 오게 된 것이다.

괘의 모습을 보자! 위에 리離☲가 있고, 아래에 손巽☴이 있다. 정괘가
성립하게 된 소이연을 말하자면, 그 상象에서 취한 바도 있고 또 그
의義에서 취한 바도 있다. 우선 그 상象에서 취한 바도 두 가지로 논
할 수 있다. 그 전체 모양을 보고 이야기하자면, 제일 아래서 세워진
음효의 모양이 다리足이고 중간에 양효의 실한 모습이 배腹가 되니 그
부분에는 물체가 들어가 있는 모습이다. 그 위로 있는 음효의 양 옆에

대치하고 있는 모습은 귀耳다. 그리고 그 귀를 관통하여 가로지르는 양효(上九)가 정을 드는 데 쓰는 도구인 현鉉(쇠멜대)이다. 이것도 육효의 배치가 그대로 정의 모습이니 상象을 취한 것이다. 상하上下 트라이그램(二體)으로 말하자면, 중간이 비어있는 리離☲가 위에 있고, 아래는 다리가 있어 받치고 있는 모습☵이니 이것 또한 정鼎의 상象이다.

이제, 의義(뜻)를 취하여 말하자면, 나무가 불을 따르는 것이다. 손巽은 입入의 의미가 있고, 순종順從의 뜻이 있다. 나무가 불을 따른다는 것은 불이 타오르는 모습이 된다. 불의 쓰임이란 오직 태우는 것과 삶는 것이다. 태우는 것은 기물을 필요로 하지 않는다. 그래서 삶는 것이래야 구체적 상象이 필요하고 그 상이 정鼎(솥)이 되는 것이다. 나무로써 불에 순종하는 것은 먹을거리를 삶아 요리하는 상象이다.

그릇을 제작하는 것은 그 상象을 취하는 것이다. 그렇다면 괘가 만들어지는 것도, 그 그릇의 상을 본떠서 괘가 만들어졌다고 해야 할 것인가? 그릇을 제작하는 것은 그 상象에서 취한 것이라 말하곤 한다. 그러나 상은 괘에 들어있는 것이지만 괘가 실제의 그릇보다 앞선 것이라고 말할 필요는 없다(※ 문명의 이기가 역의 괘상을 본떠서 만들어졌다는 무리한 상수학자들의 논의에 대하여 보다 합리적인 논의를 이천은 제시하려고 시도하고 있다. 그러나 논의가 명료하지 않다).

성인이 그릇을 만드는 데 꼭 괘를 먼저 보고 나서야 그 상象을 알았다고 말할 수는 없는 것이다. 보통사람들이 그 상象을 알지 못하기 때문에 괘를 설設하여 그 상을 보여준 것이다. 괘가 먼저냐? 실제 그릇器이 먼저냐? 하는 선후의 논의는 꼭 대립적으로 논할 필요가 없는 것이다. 그 뜻이 상통하는 측면이 있는 것이다. 누군가 나에게 "정鼎은 자연自然의 상이 아니고 인위人爲올시다"라고 의문을 제기했다. 나는 그래서, "맞소. 사람이 만든 것이오."라고 대답했다. 그러나 먹을거리를 삶아 요리를 하려면 거기에 맞게 물체를 이루어야 하고, 형제形制가 잘 갖추어지게 되면 그릇으로서 쓸 수 있게 되는 것이니 이것을 꼭 인위라고만 말할 수는 없다. 그릇도 스스로 그러하게 만들어진 것이다. 즉 그릇도 자연이다. 우물도 마찬가지다. 그릇이 괘보다 앞서 존재한다 할지라도 취한 것이 곧 괘의 상象이 되는 것이요, 괘는 또다시 기물을 사용하여 그 뜻을 삼고 있는 것이다.

후반부를 정확히 번역해보려고 자세한 주의를 기울였으나 결코 그 뜻이 정확하게 우리에게 전달되지 않는다. 본인이 명료한 개념적 의식을 가지고 있지 못하기 때문일 것이다. 그리고 괘와 기물의 상응이나 선후문제는 전혀 철학적 논쟁의 대상이 될 수 없는 것이다. 송유의 페단티즘pedantism의 한 유폐流弊에 불과하다. 역의 괘상과 문명의 관계는 구체적 기물器物에 구속되지 않는 보다 포괄적인 논의가 되어야 한다.

「대상전」의 저자는 또 무어라 말하고 있을까?

木上有火, 鼎。君子以正位凝命。
목 상 유 화　정　군 자 이 정 위 응 명

나무 위에 불이 있으니 자양분이 될 수 있는 새로운 물체를 만들어내고 있는 솥의 모양이 정鼎이다. 정의 시대는 국가가 새로운 체제를 만들어가고 있는 타이밍이다. 이때 국가의 지도자(君子)들은 이 정괘의 상象을 본받아(以) 그 위位를 바르게 하고(正位), 천지의 모든 기운을 나에게 응집시켜 천명天命을 완성한다.

──── ≈≈≈≈≈ ────

『중용』27장에 "지극한 덕이 아니면 지극한 도는 모이어 내면에 응축되지 아니한다. 苟不至德, 至道不凝焉。"라는 말이 있는데 여기 "응명凝命"의 "응凝"과 그 용례가 같다. 새로운 질서가 정착되는 정신鼎新의 시기에 천명을 응축시켜 새로운 국가의 방향을 제시하여야 할 것이다.

괘사

鼎, 元。 吉。 亨。
정 원 길 형

정은 모든 그릇의 으뜸이 되는 그릇이다. 그것은 새로운 시작을 의미한다(元). 정의 시기에는 모든 것이 화합하여 길해야 한다. 화합의 시기이다(吉). 새로운 시대를 여는 데 도움을 준 하느님께 제사를 지내어 정으로 끓인 음식을 모두가 함께 나누어 먹는다(亨).

───── ❧❧❧ ─────

정이천은 「단전象傳」에 "길吉"이 없기 때문에 여기 괘사에서 "吉"은 빠져야 한다고 주장했다. 주희도 "吉"이 연문衍文이라고 말했다. 취하지 않는다.

효사

初六: 鼎顚趾。利出否。得妾以其子。无咎。
초 육 정 전 지 리 출 비 득 첩 이 기 자 무 구

맨처음의 음효: 初六은 정鼎의 맨 밑바닥이며, 그 다리에 해당된다. 양위에 음효이니 正하지 못하고 또 유약하다. 상괘의 九四와 응한다. 九四로 다리 하나가 올라가다가 그만 정 전체가 뒤뚱거리며 넘어진다. 이것을 "전지顚趾"(발이 엎어짐)라고 표현했다. 전지가 되면 세발솥에 담긴 먹을거리가 쏟아져나와 대단히 피해를 보는 사건이 될 텐데, 이 시기는 아직 먹을거리를 넣지 않고 물만 끓이는 초기단계였다. 그래서 엎어진 김에 바닥에 깔렸던 나쁜 것들을 다 쏟아내고 청소하는 호기好機가 된다. 이것은 새로운 국가의 출발은 묵은 때를 씻고 또 씻어야 한다는 것을 상징하고 있다(利出否: 더러운 것을 쏟아내는 데 리가 있다).

이 시대에 첩을 얻는다는 것은 양생의 원리로 보나 도덕적으로 보나 잘하는 짓은 아니지만 새로운 자식을 얻는데 이르게 되면(得妾以其子。以＝及), 그것 또한 새로운 출발의 상징이며 정이 뒤엎어져서 오히려 기회가 된 것과도 같은 행운일 수도 있다. 허물이 없으리라(无咎).

정신鼎新의 시대의 출발의 어려움을 나타내고 있다. 그러나 약간의 좌절이 온다 해도 새로운 비전을 밀고 나가면 긍정적인 미래가 보장된다. "전지顚趾"에도 불구하고 "무구无咎"로 끝났다. 문일다聞一多, 1899~1946(호북 희수현浠水縣 사람. 현대시인. 경학자. 민주전사. 국민당특무대에 의하여 암살됨)는 "리출비利出否"의 "비否"를 예비 솥으로 해석한다. 그러면 "본 솥이 자빠졌으니까 예비 솥을 내는 것이 이롭다"라는 뜻이 된다.

九二: 鼎有實。我仇有疾。不我能即。吉。
구 이 　정유실 　아구유질 　불아능즉 　길

九二는 양효이기 때문에 충실充實하다는 의미가 있다. 솥으로 말하자면 다리가 아닌 몸통이니 솥 안에 먹을거리 내용물이 가득하다는 것을 의미한다(鼎有實). 그리고 九二는 하괘의 중앙이다. 중용의 덕이 있으면서 六五의 군주와 음양 바르게 상응한다. 六五의 군주를 따르면 바름을 얻어 그 도가 형통할 수 있다(二, 陽剛, 有濟用之才, 與五相應。上從六五之君, 則得正而其道可亨。『程傳』. 이상은 "정유실鼎有實"의 해석이다).

그런데 九二는 위치적으로 初六과 매우 가까운 거리에 있다. 初六은 음이고 九二는 양이다. 그런데 初六의 음은 양을 병적으로 따르고 집착한다. 그것을 "아구유질我仇有疾"이라고 표현했다. "아구我仇"는 "나의 원수 같은 짝"이라는 뜻이며 구체적으로 "初六"을 가리킨다. 初六은 九二에 원수처럼 달려붙는다. 이러한 상황은 인생에서 흔히 해후하는 정황이다. 과연 九二는 어떻게 해야 할까? 아무리 난처하더라도 九二는 가깝게 추근거리는 初六의 접근을, 중용의 미덕을 발휘하여 과감하게 막아야 한다. 그녀가 나에게 접근하는 것을 차단해야 한다(不我能卽). "즉卽"은 "접근하다to approach"는 뜻이다. 九二의 충실한 내용물은 初六에게 갈 것이 아니라 六五의 군주를 통하여 인민 전체에게 가야 하는 것이다. 九二는 初六의 접근을 차단하는 결단에 의해서만 吉하다.

――― ❧ ―――

사람의 접근을 막는다는 것은 어려운 일이면서도 쉬운 일이다. 그것은 나의 결단, 나의 삶의 가치관에 딸린 것이다. 내가 참으로 결단하면 아무리 병적으로 집착하는 상대라도 차단할 수 있다. 하찮은 감정에 끌리어 대사를 그르치지 말아야 한다.

九三: 鼎耳革。其行塞。雉膏不食。方雨虧悔。終吉。
구 삼　 정 이 혁　 기 행 색　 치 고 불 식　 방 우 휴 회　 종 길

세 번째 양효: 九三은 정鼎의 복부에 해당되며, 양효로서 충실하다는 의미를 내포한다. 매우 맛있는 먹을거리가 그 속에 충실하게 들어있다. 그러나 九三은 강효강위에 있으니 지나치게 강강剛强한 측면이 있다. 내괘의 中을 이미 지나쳤으므로 중용을 얻고 있지 못하다. 앞서 말했듯이 정솥의 귀耳는 六五인데 그 귀의 뿌리는 九三에까지 내려와 있다. 혹자는 내괘內卦만을 가지고 이야기하면, 初六이 정족鼎足이고, 九二가 정복鼎腹이고, 九三이 정이鼎耳가 된다고 한다.

하여튼 九三의 효사는 "정이혁鼎耳革"으로 시작되는데 해석이 난감한 측면이 많다. "혁革"이라는 것은 변한다는 뜻이며 "솥귀가 변했다"는 것은 "솥귀가 부러지거나 찌그러지거나 깨지거나 해서 귀의 역할을 하지 못한다"는

뜻을 내포하고 있다. 어느 주석가는 솥귀가 너무 뜨겁게 달궈져서 손을 대지 못한다고 하는데 그것은 말이 되지 않는다. 세발솥은 큰 것은 높이가 1.33m에 무게가 832.84kg가 나가는데(후모무대방정后母戊大方鼎. 상조商朝 후기) 그것을 손을 대서 든다고 하는 것은 넌센스이다.

지금 九三은 내괘의 가장 높은 자리에 있으며, 또 양효로서 양위에 거하면서 또 성질이 강맹剛猛하다. 정괘의 의미는 모든 사람들이 같이 제사음식을 먹는다는 데 있다. 예수의 천국운동도 결국 공개적인 공동식사open commensality였다. 적은 음식을 가지고도 5천 명이 나누어 먹는 나눔의 자리였다. 지금 정괘에도 비슷한 의미가 있다.

황하유역의 사람들이 고조선 사람들의 풍속을 얘기할 때도 "제천祭天"을 그 특징으로 말하였고, "국중대회國中大會," "연일음식가무連日飮食歌舞," "주야음주가무晝夜飮酒歌舞," "음주주야무휴飮酒晝夜無休"를 말하였다. "국중대회"란 요즈음의 무슨 운동경기대회 같은 것을 가리키는 어법이 아니다. "국중"의 "중中"은 부사적 용법으로서 "나라 전체가" "온 나라를 통틀어서"의 뜻이다. "대회大會"는 "크게 모인다"는 술어적 표현이다. 나라 전체가 크게 모여서 먹고 마시고 노래 부르고 춤춘다는 뜻이다.

정鼎의 시대에는 이런 개창改創의 자리에 정이 가도록 되어있다. 그런데 정의 귀가 무너져버렸다. 깨지거나 막혀버렸다(革). 그래서 멜대를 낄 수가 없다. 그러니 대회大會(크게 모이는 장소)하는 곳으로 정을 가지고 나아갈 수가 없다(其行塞). 낭패다! 그 다음에 나오는 "치고불식雉膏不食"은 솥이 나아가지 못하는 상황과 관련이 있다. 꿩은 六五를 상징한다. 그 아름다운 문양은 고귀함을 나타낸다. "치고"는 꿩고기인데 六五의 군주가 하사한 최고의 미식이다. "불식不食"은 "안 먹는다"가 아니라, "먹을 수 없다"는 뜻이다. 솥이 나아갈 수 없으니 솥에 담긴 최고의 미식인 꿩고기도 먹을 수 없다.

그런데 또 "비를 만나려 하고 있다"(方雨)는 표현이 나온다. 九三은 강강하며 양위에 양효로서 正을 얻고 있다. 九三과 六五는 應하는 관계는 아니지만 음과 양으로서 서로 만날 수 있다. 비는 九三과 六五가 서로 화합하는 모습을 나타낸다. 비가 오게 되면 후회스러운 일들이 사라진다(虧悔: 다른 곳에는 용례가 없는 특별한 표현이다). 결국 끝내는 해피 엔딩이다(終吉).

——— ❧ ———

정괘 내의 九三의 여정을 그린 것인데 논리적으로 명쾌하게 해석되기에는 초현실주의적인 비약이 많이 개재되어 있다. 그 간극을 다 메꿀 수는 없다. 간결하게 해석하면 다음과 같다: **"정솥의 귀가 이지러져 들을 수가 없구료. 국중대회 잔치마당에 가는 길이 막혔소. 아~ 임금님께서 하사하신 꿩고기도 못먹겠네요. 아~ 비가 내리는군요. 음양이 화합하여 후회가 사라지겠소. 결국 길운이구료."**

> ### 九四: 鼎折足。覆公餗。其形渥。凶。
> 구 사 정 절 족 복 공 속 기 형 악 흉

네 번째 양효: 九四의 효사도 "정절족鼎折足"으로 시작되는 것을 보니 하여튼 기분좋은 효사는 아니다. 그리고 또 凶으로 끝나는 것을 보니 전체적으로 흉운凶運을 그리고 있다. 왜 이렇게 부정적인 효사를 계속 써나가고 있는 것일까? 정鼎이란 혁명이 성공한 이후의 정신鼎新의 희망찬 세계를 그려야 하지 않을까? 『역』의 정신은 항상 희망과 낙관 속에서 절망과 우려를 말하고, 좌절과 고뇌 속에서 절망은 있을 수 없다는 암시를 발한다. 정신鼎新의 과정은 실패와 좌절과 어설픈 시도의 반복일 수밖에 없다는 것을 초현실주의적으로 시사하고 있는 것으로 생각된다.

九四는 양강하며 不中. 이미 상괘로 진입했으며 六五의 군주를 가까이 모시고 있는 대신大臣이다. 九四는 군주를 모시면서 정립鼎立의 혁명을 계속 진행중이다. 그런데 九四가 거느리고 있는 應爻는 初六의 小人이다. 정을 운반한다는 것은 정신鼎新의 혁명적 과업을 진행시킨다는 의미이다. 그런데 九四는 그 엄청난 과업을 初六의 능력없는 小人에게 위임한다. 물론 같이했을 수도 있다. 그 결과는 무엇인가?

"정절족鼎折足"이다! 정의 다리가 부러지는 불상사가 발생한다. 세발솥의 다리는 단단한 청동주물이고 형태가 건고하기 때문에 물리적으로 부러지거나 망가지기는 어렵다. 이것은 정단계의 혁명의 일시적 좌절을 의미하는 것이다. 정鼎도 혁革만큼 어렵다.

지금 상징적으로 九二・九三・九四는 모두 정의 몸뚱이에 해당되고 그 속에 든 먹을거리 내용물이 九四의 단계에는 엄청 가득차있다.

뛰뚱! 다리가 부러졌다. 어떻게 될까? 여기 "공속公餗"이라는 것은 임금께서 드실 맛있는 찬饌이다. 그것은 결국 국민이 다함께 먹는 먹을거리이다. 그런데 그 거대한 음식물이 몽땅 엎어지고 만다(覆公餗). 그 다음에 나오는 말이 "기형악其形渥"인데 다른 고판본에는 "기형옥其刑剭"으로 되어있는 것도 있다. 그러면 "이들에게 내려진 형벌이 가혹하다"는 뜻이 된다. 엄벌에 처해진다는 뜻이다. 그러나 갑자기 형벌의 차원으로 도약하는 것은 어색하다.

"기형악"은 "그 모양이 악하다"는 뜻이 되는데 세 가지 해석이 있다. 하나는 정鼎 자체가 음식물을 뒤집어서서 질펀하게 되었다는 뜻, 하나는 이 효사의 주체인 九四가 엎어진 음식물로 몰골이 뒤범벅되었다는 뜻, 또 하나는 황당한 일을 당한 九四의 내면의 모습을 표현한 상황설명이라는 것이다. 그 임무를 감당치 못하여 부끄러움이 심한 꼴이라는 것이다. 이것은 정이천의 설인데, "기형악은 무안하여 땀이 남을 일컬은 것이다. 其形渥, 謂赧汗也。"라고

【50】
鼎

하였다. "赧"은 "얼굴붉힐 난"이다. 하여튼 "무안하여 땀을 흘린다"는 해석이
"엄한 형벌을 받는다"보다는 더 나은 해석임에는 틀림이 없다.

九四의 효사의 전체적 해석은 이러하다: 九四가 지휘해 가던 정鼎의 다리가 부
러졌다. 군주에게 바칠 음식이 모두 엎어져 쏟아져 나왔다. 그 몰골들이 말이 아니다.
九四는 무안하여 얼굴을 붉히며 땀을 질질 흘리고 있다. 凶하다!

"凶하다"로 매듭지은 것은 매우 간결하고 전체적 성격에 대한 정확한 가
치판단을 내리고 있는 것이다. 혁명은 정의 단계를 통과해야만 제대로 된 혁
명이다. 그러나 정의 단계에서 인재를 잘못 등용하여 낭패보는 일이 많다는
것을 이 효사는 우리에게 일러주고 있다. 지난 정권도 인재를 제자리에 못
써서 망했고, 오는 정권도 인재를 잘못 씀으로써 전망을 어둡게 한다. 「계사
전」의 저자는 이 효사를 중시하여 특별한 멘트를 달았다. 그 내용이 매우 적
확的確하다(下5).

> 子曰: "德薄而位尊, 知小而謀大, 力小而任重, 鮮不及矣。"易曰: "鼎折
> 足, 覆公餗, 其形渥, 凶。"言不勝其任也。

> 공자께서 말씀하시었다: "덕이 박한 놈인데 위는 높고, 아는 것은 별로 없는데
> 큰일을 도모하고, 역량이 작은데 무거운 짐을 지었으니, 그런 자가 일을 바르게
> 성취하는 예는 거의 없다." 관련된 『역』의 문구는 다음과 같다: "정절족, 복공속,
> 기형악, 흉." 이것은 책임을 감당치 못하는 사례를 지적한 것이다.

왕필본도 "刑剭"이 아니고 "形渥"이다.

六五: 鼎黃耳, 金鉉。利貞。
육오 정황이 금현 리정

다섯 번째 음효: 六五는 음유하지만 상괘의 중앙에 있으며, 중용의 덕이 있다. 정의 시대에는 음유한 리더가 더 큰 역량을 발휘한다. 五자리의 음효, 그 자체가 정솥의 큰 귀이다. 이 귀야말로 정주鼎主이며, 정의 활동을 관장한다. 정의 행동은 완전히 이 귀에 의존한다. 그래서 귀에 해당되는 六五가 정괘 전체의 괘주卦主가 된 것이다. 독자들은 곤괘의 六五 효사에 있는 "황상黃裳, 원길元吉"이라는 말을 기억할 것이다. 황은 중앙을 나타내고 최상의 권위를 나타내며 상裳은 겸손과 포용의 미덕을 나타낸다.

여기 "황이黃耳"라는 것이 물리적으로 금으로 만든 "황금의 귀"일 수는 없다. 정은 주물이기 때문에 그 부분에 도금을 할 수는 있어도 귀 전체를 금으로 만들 수는 없다. 그리고 금은 오히려 귀 노릇하기에는 약하다. "황이"는 "황상"과도 같은 새 시대의 새 정권의 심볼이다. 이 정鼎을 들기 위해서는 반드시 쇠로 만든 멜대가 필요하다. "금현金鉉"에 대한 해석이 대체로 잘못되어 있는데, "현鉉"을 잘못 해석하고 있기 때문이다. 귀에 달린 무슨 고리 같은 것으로 생각하는데 정의 귀에는 그런 부착물이 없다. 현鉉은 오직 "거정지구擧鼎之具"일 뿐이다. 금현은 "금고리"가 아니라, 튼튼하고 거대한 "쇠막대"이며, 그것은 구체적으로 上九를 가리킨다.

정鼎의 시대에는 아래 민중과의 관계보다 상층부의 리더들과의 관계가 더 중요하다. 따라서 六五는 九二와 놀지 않는다. 강력한 上九와 화합하여 새 질서를 정착시키고 혁명을 완수해야 한다. 그것을 표현한 말이 "정황이금현鼎黃耳金鉉"이다. 황금의 귀를 단 정솥에 쇠막대의 현이 결합하니 혁명은 완수되었다는 뜻이다.

"리정利貞"은 지금이야말로 국가대계의 미래를 위해 점을 쳐야 할 시기라는 것이다. 묻는 데 리가 있다. 만세! 만만세!

上九: 鼎玉鉉。大吉。无不利。
상구 정옥현 대길 무불리

맨꼭대기 양효: 맨처음에 나오는 "정옥현鼎玉鉉"에 대한 기존 주석가들의 해석이 대체로 잘못되어 있다. 정鼎의 성격을 근원적으로 이해하지 못하는 데 오는 오석誤釋이 허다하다. 우선 "옥현玉鉉"을 "옥으로 만든 현"이라고 해석하는 데 그것은 넌센스 중의 넌센스이다. 옥으로 현을 만들면 그것은 금방 부서진다. 보통 4·500kg 나가는 정솥을 어떻게 옥막대로 든단 말인가? 지금 上九의 현鉉은 六五에서 언급한 "금현金鉉"과 동일한 현이며 별도의 것이 아니다. 현은 어디까지나 단단한 청동으로 만든 것이다. 그래야 들것의 역할을 한다.

여기 정井과 혁革과 정鼎의 관계를 다시 생각해봐야 한다. 정·혁·정의 上의 자리는 밀려난 자리라든가 허상의 무위가 아니라, 五보다 더 실권 있고 중요한 자리였다. 정井은 물이고 정鼎은 음식이다. 井은 자연이고 鼎은 문명이다. 井은 생식生食의 세계이고 鼎은 화식火食의 세계이다. 그런데 둘 다 퍼내야 한다. 퍼내서 사람들에게 나누어주어야 한다. 물은 민중의 삶에 가장 중요한 생명원生命源이고 정의 음식은 나라를 리드하는 현자賢者들을 기르는 영양원이다. 둘 다 퍼내어져야 한다.

정의 음식을 현자들이 모인 대잔치의 자리로 가져가는 역할은 上九의 몫이다. 上九 그 자체가 현鉉의 심볼리즘이다. 이 上九의 현鉉에 권위를 주기 위하여 쇠현을 옥으로 장식하였다(鼎玉鉉). 멜대로 쓸 때 반드시 손으로 금현金鉉을 잡게 되어있는데 그 부분을 옥으로 감싼다. 그리고 무늬를 집어넣는다. 정鼎의 음식은 안전하게 부러지거나 엎어짐이 없이 대회大會의 장소로 간다. 大吉,

크게 길하다. 이롭지 아니함이 없다(无不利). 혁명은 정에서 완성된다.

수풍 정井과 화풍 정鼎! 이 두 개의 정을 그냥 소박하게 쳐다볼 필요가 있다. 『역』을 주석한 모든 이들이 풍의 역할을 제외시켰다. 풍에 대한 이해가 잘못되었기 때문이다. 수풍 정이나 화풍 정이나 하괘는 어디까지나 "바람"이다. 손巽괘의 기본 심볼은 바람이다. 그것이 나무로 변치되어야 할 이유가 별로 없다. 우물은 민중의 생명원, 우물도 역시 바람을 타고 그 수맥이 정도를 걷는다. 솥도 바람을 타고 불길이 음식을 끓인다. 그 사이에 끼어있는 것이 혁革! 혁 또한 바람이다. 트로츠키가 혁명은 매드 인스피레이션mad inspiration, 광적인 영감이라 말했지만, 우리 고조선의 사람들은 말한다. 혁명은 바람이다. 촛불혁명도 신바람을 타고 일어난 것이다. 그 바람이 사라졌기에 촛불혁명이 만들어놓은 정권도 사라진 것이다. 혁은 물(井)과 불(鼎) 사이에 끼어있다. 즉 물(자연)의 평등에서 불(문명)의 평등으로 나아가는 것이 혁명이다.

혁명의 본질은 물과 불을 일으키는 바람이다. 그래서 고조선의 사람들은 바람의 종교를 믿었다. 그래서 그 본질을 꿰뚫은 최치원이 이런 말을 했다: "우리나라에는 유·불·도가 들어오기 이전에 이미 우리에게 고유한 도가 있었다. 그 도는 현묘한 도였다. 그 현묘한 도를 보다 쉽게 말하자면 바람(風)이요 흐름(流)이라 한다. 國有玄妙之道, 曰風流。"

51

진하震下
진상震上

중뢰 진震

Thunder, Shaking, Apprehensiveness

괘명 "진震"은 우리 일상언어에는 보통 "우레"라고 번역되는데, 우리말의 우레는 "천둥"을 의미하며 주로 소리와 관련된다. 그것은 "번개"와 구분된다. 번개는 빛이 번쩍하는 방전현상이며 "lightning"으로 번역된다. 이에 비하면 우레는 "thunder"라고 번역된다.

『역』에 보면 "우레"는 "땅의 흔들림"과 관계된다. 진震은 흔들림이라는 의미의 "진振"과 첩운이 된다. 『설문해자』에도 진震을 "벽력霹靂"이라고 규정했는데, "벽력은 의성어이며, 사물을 흔드는 것이라고 규정하고 있다. 震, 霹靂, 振物者." 하여튼 우리가 생각하는 물리학적 지식과는 약간의 차이가 있기 때문에 그 개념도 약간의 출입이 있다. 사실 우레는 "지진地震"과 구분되는 별도의 개념이 아니었다. 고대인들은 "우레"를 지하 속에 숨어있는 양기陽氣가 지면의 음기陰氣를 뚫고 나오는 현상이라고 생각했으니, 오늘날 우리가 알고 있는 번개lightning의 부산물로 생기는 사운드 개념과는 다르다. 하여튼 "흔들림"이라는 개념은 안정적으로 무엇을 정착시킨다는 것이라기보다는 흔들어서 무엇인가 새로운 것을 만들어낸다는 의미가 있다. 진震괘의 의미에는 항상 그런 뜻도 들어가 있다.

그런데 하늘이 흔들리고 땅이 흔들리는 느낌은 보통의 느낌이 아니다. 그것은 매우 공포스러운 느낌인데도 불구하고 패닉을 자아내는 그런 피어fear가 아니라, 존재의 은은함 속으로 파고드는 걱정이다. 그것은 공포인 동시에 공구계신恐懼戒慎을 불러일으킨다.『중용』1장의 "군자는 보이지 않는 데서 계신戒慎하고, 들리지 않는 데서 공구恐懼한다"라고 하는 그러한 반성을 불러일으킨다.

진震은 동動이며, 감동이며 행동이다. 진震에는 뢰雷, 동動의 의미 외에 "장자長子"의 상이 있다. 건☰과 곤☷이 만나 낳은 첫 아이가 진震☳, 즉 장남長男이다(팔괘 중에 양효가 하나인 것은 모두 양괘이고, 음효가 하나인 것은 모두 음괘이다).

여기 진震괘가 장남長男이라는 사실과 그것이 정鼎괘 다음에 온다는 사실은 상관성이 있는 것으로 여겨진다. 정鼎은 통치의 정통성과 관련된 보기實器이다. 그런데 그 정통성을 이어가는 것은 고대 왕제 속에서는 장남 즉 태자였다. 그러니까 진괘는 정鼎의 대권을 이어가는 우레 같은 권력이다. 그러나 그것은 동시에 공구恐懼와 계신戒慎을 상징한다. 본질적인 존재의 두려움이 없는 자는 권력을 계승할 자격이 없다. 이 진괘는 암암리 이러한 철학을 깔고 있다고 나는 생각한다.

「서괘전」은 정괘 다음에 진괘가 온 이유를 이렇게 말한다: "정鼎과 같은 보기를 주관하는 데는 장자長子만한 사람이 없다. 그래서 정괘를 진괘로 받은 것이다. 진震이라는 것은 동動이다. 主器者, 莫若長子, 故受之以震。震者, 動也。"

이에 대한 정이천의 설명은 진괘에 관한 제네랄 인트로덕션general introduction이므로 번역해 둔다:

鼎者, 器也。震爲長男, 故取主器之義, 而繼鼎之後。長子, 傳國家繼

位號者也。故爲主器之主。序卦, 取其一義之大者, 爲相繼之義。震
之爲卦, 一陽生於二陰之下, 動而上者也, 故爲震。震, 動也。不曰動
者, 震有動而奮發震驚之義。乾坤之交, 一索而成震, 生物之長也, 故
爲長男。其象則爲雷, 其義則爲動。雷有震奮之象, 動爲驚懼之義。

정鼎이라고 하는 것은 그릇이다. 진震은 장남長男의 심볼리즘이 있다.
그래서 그릇을 주관한다는 뜻을 취하여 정鼎괘의 뒤를 이었다고 「서
괘전」은 말한 것이다. 그러나 장자는 나라와 가정을 후세에 전하고
또 직위와 칭호를 계승한다는 뜻이 있으므로 기물을 주관하는 주인이
된 것이다. 그런데 「서괘전」은 그릇을 주관한다는 한 가지 뜻의 큰
것만을 취하여 서로 잇는다는 뜻으로 삼은 것이다(※ 지극히 논의가 애매
하다. 장자의 역할이 단지 기물의 전달뿐만 아니라 국가의 정통성의 계승이라는
큰 뜻이 있는데 그 본질적 측면을 「서괘전」은 살리지 못했다고 비판하고 있는
것으로 보인다).

진震의 괘됨을 한번 살펴보자! 일양이 이음의 아래에서 생겨나고 있
으니, 그것은 움직여 올라가고 있는 것이다. 그래서 진동의 진震이라
고 한 것이다. 진震은 동動이다. 그런데 단지 동動이라고 말하지 않
은 것은 진震에는 동動이라는 기능 이외에도 분발시켜 사람들을 놀라
게 하고 반성케 한다는 내면적 뜻이 또 있기 때문이다. 건과 곤이 사
귀어서 첫 결합을 하여 낳은 것이 진震이니, 진이야말로 생성되는 모
든 존재의 우두머리라는 뜻이 있다. 그래서 장남長男이라고 말한 것
이다. 그 상象으로 말하면 우레雷요, 그 뜻義으로 말하자면 동動이다.
우레에는 흔들어 분발시킨다는 상象이 있고, 동動에는 놀라게 해서
반성케 한다는 내면의 뜻義이 있다.

「대상전」은 무어라 말하고 있을까?

洊雷, 震。君子以恐懼脩省。
천 뢰　진　군 자 이 공 구 수 성

우레가 거듭되는 형상이 진괘의 모습이다. 우레는 하느님의 분노이다. 군자는
이 괘의 모습을 본받아(以) 내 몸에 잘못이 없는가 공구恐懼하며, 자기자신을
닦고 성찰한다.

—— ⊱⊰ ——

"천洊"은 거듭된다는 뜻이다. 『논어』「향당」편에 이런 얘기가 있다: "공
자께서는 번개와 우레, 맹렬한 바람이 일면, 반드시 표정과 몸매를 가다듬으
시었다. 迅雷風烈必變。"

괘사

震, 亨。震來虩虩。笑言啞啞。震驚百里。不喪匕鬯。
진　형　진 래 혁 혁　소 언 액 액　진 경 백 리　불 상 비 창

우레의 괘, 우리에게 떨림과 경건함을 가르친다. 하느님께 제사를 지내기에 좋은
때이다(震, 亨). "혁혁虩虩"은 공구恐懼의 모습, "액액啞啞"은 즐겁게 웃는 소리의 형용.

우레가 온다(震來). 천둥이 친다. 모든 것이 울린다. 사람들이 혁혁하게 놀랜다. 공
구恐懼하며 자기를 가다듬는다. 우레는 변화의 상징, 나태한 사람을 부지런하게 만들고,
해만懈慢한 자를 장경莊敬하게 만든다. 우레는 자연의 리듬. 오래가지 않는다. 우레가
지나가면 사람들은 일상을 회복한다. 깔깔대고 웃으며 말하고 삶을 즐긴다(笑言啞啞).
공구자성하는 사람들에게는 이런 복이 찾아온다.

우레의 소리는 크다. 하느님의 진노! 백리 사방을 놀라게 한다(震驚百里). 그러나
하느님의 진노에도 불구하고 선조의 제사를 지내는 천자天子, 장자長者는 정鼎으로

[51]
震
☳☳

부터 음식을 떠서 제사상에 올리는 큰 숟갈(匕)을 떨어뜨리거나, 하느님께 드리는 울창주를 담은 그릇을 떨어뜨리거나 하는 일이 없다(不喪匕鬯). 어떠한 사변이 일어나도 태연자약하게 집중하여 제사를 집행한다. 평생을 계신戒愼하며 살아온 사람들은 어떠한 경우에도 자기를 잃어버리지 않는다.

이 괘사를 만나는 사람은 공구자성恐懼自省하는 삶을 살면, 언제고 복이 온다. 후손에게까지 그 복이 미치리라.

효사

初九: 震來虩虩。後笑言啞啞。吉。
초 구　진 래 혁 혁　후 소 언 액 액　길

맨처음의 양효: "後後"라는 글자가 하나 첨가된 것. 그리고 "吉"이라는 판단사가 뒤에 붙은 것을 빼놓고는 괘사와 완전히 동일하다. 이 初九는 진괘☳의 주효主爻이며 전 괘의 주체이다. 따라서 괘 전체의 의미를 나타내는 괘사와 내용이 같다는 것은 자연스러운 사태이다.

初九는 진괘의 가장 밑바닥에 있기 때문에 진의 울림을 누구보다도 먼저 민감하게 느끼는 존재다. 하느님의 진노의 울림이 오면(震來) 혁혁하게 공구恐懼하고(虩虩), 그 후에 웃으며 담소하고 화락한 삶을 즐긴다(後笑言啞啞). 처음에 계신공구하면 후에는 안정화평安靜和平의 행복이 찾아온다(吉).

20세기 서구식 대중교육은 발산만 하고 수렴할 줄을 모른다. 인간의 웃음은 반드시 계구戒懼하는 삶의 정감을 기반으로 해야 한다. 서구의 거룩함은 초월자에 대한 믿음과 인간의 왜소함에 대한 자각에서 온다. 그러나 고조선의 거룩함은 인간 내면의 도덕적 깊이에서 우러나온다. 초월자의 계율을 전제로 하지 않고, 자연의 이법으로부터 배우는 각성이 계구戒懼의 본질이다.

혹자는 "진래震來"는 문왕文王이 유리에 갇혀있을 때의 일이고, "소언笑言" 은 나중에 문왕이 주나라를 개창한 이후의 일이라고 한다. 효사를 이렇게 역사적 사건에 귀속시켜 말하는 것은 모두 역의 본질을 망각한 어리석은 논의다. 차라리 이렇게 말하라! 진래震來는 웅녀가 동굴에 갇혀있을 때의 일이고, "소언笑言"은 웅녀가 신단수 아래에서 환웅과 결혼한 이후의 일이라고.

六二: 震來厲。億喪貝。躋于九陵。勿逐, 七日得。
육 이 진 래 려 억 상 패 제 우 구 릉 물 축 칠 일 득

두 번째 음효: 六二는 음효로서 음위陰位에 있으며 중을 얻고 있다. 그러니까 中正의 핵심적 자리에 있지만 진괘의 주효主爻는 初九이며, 진震의 진원震源은 어디까지나 初九이다. 初九는 강력하다. "진래震來"는 강력한 初九의 우레가 밀려온다는 뜻이다. "려厲"는 그 위세가 자못 쎄다는 것이다. 그 피해도 크다. 六二는 갈 자리가 없다. 初九와 가장 친근한 상비相比의 관계에 있기 때문에 그 피해를 가장 많이 입게 되어있다. "억億"은 많음의 정도를 나타낸다. "억상패億喪貝"는 "크게 재화(貝)를 잃는다"는 뜻이다. "구릉九陵"은 높고 높은 언덕을 상징적으로 말한 것이다. 높은 언덕으로 올라가(躋) 피신하여 난難을 피하는 수밖에 없다(躋于九陵). "제躋"는 "등登"과 같은 의미이다(『설문』).

六二는 中正의 미덕을 지닌 자이다. 피신하였다가 다시 본래의 장소로 돌아온다. 그러나 사라진 재화를 일일이 찾으러 다닐 필요는 없다(勿逐). 칠일七日이 지나면 그것들은 제발로 제자리에 돌아오게 되어있다(七日得). "칠일七日"이라는 표현은 한 효를 하루로 상정하면 제7일이면 제자리로 돌아오기 때문에 생겨난 말이다. 기제旣濟 六二의 효사에도 같은 표현이 있다. 복괘復卦의 괘사도 참고하라.

천하치란治亂의 혼란기에는 반드시 민중의 삶의 상실이 있다. 그러나 결국

[51]
震

흩어졌던 것들은 다시 제자리로 되돌아오게 되어있다(流散者, 可還復其所). 찾으러 쫓아 다니는 것은 자연의 순리를 역행하는 것이니 오히려 상실을 초래한다. "칠일"이라는 표현은 복괘의 괘사에도 있다. 복復괘나 진震괘나 모두 양이 새로 자라나는 모습이다(이것은 왕부지의 해설이다. 『內傳』, p.415). 이것은 모두 진震의 격동기에 대처하는 방법에 관한 것이다.

점을 쳐서 이 효를 만나는 사람은 경천동지驚天動地의 대사건이 닥칠 것이다. 물러나 재난에 대피하는 것이 좋다.

六三: 震, 蘇蘇。 震行, 无眚。
육 삼   진   소 소   진 행   무 생

세 번째 음효: 六三은 유약하고 不中不正하다. 그러나 六三은 최초의 강력한 진원震源인 初九로부터는 멀리 떨어져 있다. 初九의 격렬한 전율(흔듦)로부터 멀리 떨어져 있기 때문에 우레가 치기는 치지만 그 소리가 미약하고 부드럽고 은은히 들려온다. 정주는 "소소蘇蘇"를 六三이 망연자실하여 넋빠진 모습이라 해설했는데 적합치 못하다. 소소는 진동 자체가 부드럽게 완화되었다는 사태의 형용이다.

六三은 유약하지만 강강剛의 位에 있다. 본시 三의 자리는 결단을 요구하는 자리이다. 나아갈 것인가? 제자리에 웅크리고 있을 것인가? 우레는 여전히 모든 것을 흔들고 있다. 이때다! 六三은 이러한 은은한 우레 속에서(震, 蘇蘇) 앞으로 전진하는 모험을 감행한다(震行). 허물이 없다(无眚).

점을 쳐서 이 효를 만난 사람은 행동해야 할 것을 참고 행동하지 않으면 오히려 재난을 당한다.

──── ≈≋≈ ────

"소소蘇蘇"에 관해서는 왕선산의 설명이 훌륭하다: "소蘇는 부드러운 풀이다. 소소蘇蘇는 시간이 지나면서 점점 느슨해지고 부드러워지는 모습이다. 六三의 位는 初九로부터 멀리 있고 그 정황이 점점 흩어지는 분위기이다. 그러니 지진을 당해도 소소하고, 부드러우니 어디로 급히 도망갈 필요도 없다. 蘇, 柔草也。蘇蘇, 荏苒緩柔之貌。三去初遠, 情漸懈散。雖受震而猶蘇蘇, 柔而不可驅策也。"(『內傳』, p.415).

九四: 震, 遂泥。
구 사 진 수 니

네 번째 양효: 우레, 드디어 진흙구덩이에 빠져 흔드는 힘을 잃다.

———— ❧ ————

九四는 양강하지만 位가 正하지 않다. 그 位 자체가 유위柔位이기 때문에 강건한 도를 잃고 있는 것이며 上下로 모두 음효가 싸고 있으니 우레가 진흙구덩이에 빠져 뇌성이 침체되어 흔드는 위력을 잃은 것이다.

사람으로 친다면 너무 용맹하게 돌진하고 너무 많은 일을 해서 "피로"에 빠진 모습이다. 곤비困憊하여 지기志氣가 떨쳐지질 않는다.

六五: 震, 往來厲。億无喪有事。
육 오 진 왕 래 려 억 무 상 유 사

다섯 번째 음효: 뭐니뭐니 해도 六五는 天子의 자리이다. 그 位가 正하지는 않지만 中을 얻고 있다. 오히려 음효이기 때문에 유순하며 포용력이 강하다. 九四에서는 진震이 구렁텅이에 빠져 힘을 잃었지만 천자天子의 자리에서는 다시 위세가 드높다. 여기 "왕래往來"라는 표현은 보통 괘풀이에서처럼 上·下운동을 의미하는 것이 아니라, 시간의 추이를 나타내는 표현이다. "왕往"은 이전에 온 것이고 "래來"는 새로 온 것이다. 그러니까 初九의 격뢰激雷가 왕년에 쓸고

간 자리에 九四로부터의 격뢰激雷가 다시 온다는 것이다. 이것은 순괘純卦의 중첩현상을 전제로 해서 얘기하는 것이다.

"진왕래려震往來厲"는, 우레가 계속해서 밀려오는 위세가 참으로 격렬하다는 뜻이다.

이러한 환난 속에서도 음유한 천자天子, 六五는 크게 반성하고 공구恐懼하는 자세로 선조先祖들에게 제사를 지낸다. 여기 "억億"이라는 것은 지극함을 나타내는 것이고(六二의 효사의 용례와 같다), "무상유사无喪有事"는 "불상비창不喪匕鬯"이라는 괘사의 언어를 전제로 해서 풀어야 한다. "유사有事"는 "기사其事"(그일, 곧 제사)이다.

"무상유사"라는 것은 선조에게 제사를 지낼 때 정으로부터 고기를 떠내는 큰 수저를 떨어뜨리거나, 땅에 붓는 울창주를 담은 그릇을 떨어뜨리거나 하는 일이 없이 제주祭主로시 종묘사직의 제사를 공경되이 완수한나는 것이나. 진괘의 괘주는 初九이지만, 六五는 유순한 군주이기 때문에 진震이 가지고 있는 모든 긍정적 덕성을 구현하는 아름다운 존재가 되는 것이다.

점을 쳐서 이 효를 만나는 사람은 간난이 속출하여도 현재의 방침을 고치지 말 것이다.

上六: 震, 索索。視矍矍。征, 凶。
상 육　 진　 삭 삭　 시 확 확　 정　흉

震不于其躬, 于其隣, 无咎。婚媾有言。
진 불 우 기 궁　 우 기 린　 무 구　 혼 구 유 언

맨꼭대기 음효: 上六은 음유부중陰柔不中하고 진동震動의 괘의 극한이다. 우레(상괘에서는 九四의 발출)의 소리가 점점 멀어져서 上六에서는 작게 드문드문 들릴

뿐이다. 그러나 上六은 소심한 소인이기 때문에 공포에 사로잡혀 의기저상意氣沮喪(索索)하고, 또 여기저기 두리번거리며 눈알만 돌리고 있다(視矍矍). 그렇게 자신없고 침착성이 없는 상태에서는 무엇이든 기획하여 일을 하면 凶하여 재난을 당한다(征, 凶).

九四에서 발출하는 우레(번개)는 上六 본인의 몸에 떨어지지 않고 있지만(震不于其躬), 그 주변의 이웃들에게는 떨어지고 있다(于其隣). 그들의 정황을 살펴보면서 부지런히 계신공구戒愼恐懼하여 적당한 조치를 강구하면 재난을 당하지 않는다(无咎). 그 다음에 나오는 "혼구婚媾"라는 말은 주석가들이 특정한 결혼상대로 규정하는데 그것은 적합지 않다(應爻의 六三이라고 말하는 자도 있으나 가당치 않다). "혼구"는 결혼으로 맺어진 인척 일반을 가리킨다. "유언有言"은 원망의 말을 한다는 것이다. 지금 上六은 우레 속에서 자기 몸 하나 간수하기도 급급한 실정이다. 그런데 上六의 친인척들은 자기들 좀 도와달라고 아쉬운 소리를 하지만 上六은 그런 소리 들을 경황이 없다. 그래서 매정하게 끊어버리니 그 사람들은 원망의 소리를 할 뿐이다. 인간 세상사가 다 이러하다.

이 효사를 정리해서 풀면 다음과 같다:

> 上六은 우레의 흔들림에 풀이 죽어 있네.
> 두리번 두리번 눈알만 돌리고 있네.
> 나아가면 凶하리.
> 우레가 내 몸에 미치지 않지만 주변 사람들에게 미치고 있네.
> 자기 몸을 계신하고 주변 사람들을 도와주니 허물은 없어라.
> 먼 곳의 친척들이 자기들은 안 도와준다고 투덜투덜.

점은 이러하다. 운기運氣가 폐색閉塞하는 때이다. 적극적으로 일을 하면 실패한다.

간하艮下
간상艮上

중산 간艮

**Mountain, Keeping Still,
Cessation**

괘명 "간艮"이라는 글자는 『역』을 하는 사람들 외에는 별로 일반인이 부 딪힐 기회가 없는 글자이다. 눈 목目 자와 사람 인人이 만난 회의자인데 그 형 상에 특별한 의미가 있지는 않다. 간艮이라는 글자의 일차적 의미는 멈춤(止) 이다. 멈춤이라는 것은 인간학적으로 말하면 "억제"를 의미하며 또 "절제" 를 의미한다. 해야 할 것을 하는 것, 그리고 멈추어야 할 것을 멈추는 것, 그 동정動靜이 마땅한 바를 얻는 것이 간괘의 의미이다. 멈추어야 할 그 타이밍 에 멈추는 것이 간괘의 주제이다. 그러한 윤리적 관심에서 이 괘를 높이 평 가하는 유자儒者들이 많았다.

「서괘전」은 말한다: "진괘의 진震이라는 것은 움직임이다. 사물은 끝내 움 직일 수만은 없다. 움직임이 있으면 멈춤도 있어야 한다. 그래서 진괘를 간 괘로 받은 것이다. 간艮이라는 것은 멈춤止이다. 震者, 動也。物不可以終動。動必 止之, 故受之以艮。艮者, 止也。"

이에 대한 이천의 해석이 간괘에 대한 좋은 서설이므로 번역해둔다.

動靜相因, 動則有靜, 靜則有動, 物无常動之理, 艮所以次震也。艮

者, 止也。不曰止者, 艮山之象, 有安重堅實之意, 非止義可盡也。乾
坤之交, 三索而成艮。一陽, 居二陰之上。陽, 動而上進之物, 既至於
上, 則止矣。陰者, 靜也, 上止而下靜, 故爲艮也。然則與畜止之義何
異? 曰畜止者, 制畜之義, 力止之也。艮止者, 安止之義, 止其所也。

동動과 정靜은 서로가 서로의 원인이 된다. 동하면 정이 있게 되고,
정하면 동이 있게 된다. 사물이 항상 동하기만 하는 이치는 없다. 그
래서 멈춤을 의미하는 간괘가 진괘 다음에 오게 된 것이다(※실제로는
간괘는 진괘의 종괘綜卦이다). 간艮이라는 것은 멈춤(止)이다. 그럼 왜 이
괘이름을 지止라고 하지 않았을까? 간艮은 일차적으로 산의 형상이며,
산에는 안정적이고 무겁고 견고하고 내실이 있다는 다원적 의미가
들어있기 때문이다. 지止라는 뜻만으로 이 괘의 속성을 다 말할 수
없다. 건과 곤이 서로 사귀어서 세 번 맺어져서 간艮을 생성하였다.
그래서 일양一陽이 이음二陰 위에 거居하고 있다. 양이라는 것은 움
직여서 위로 올라가는 물건이며, 그 극상에 이르게 되면 멈추게 된다.
음이라는 것은 본래 고요한 것이니, 위에서 멈추면 아래에서 고요하게
있는 것이다. 그래서 간괘가 만들어졌다. 그렇다면 "축지畜止"의 의미
와는 무엇이 다른가?(※ 제9괘인 소축小畜☴의 괘명의 설명을 볼 것).

축지畜止라고 하는 것은 제지시킨다는 의미이니, 그것은 힘으로 저지
시키는 것이다. 그것은 저지의 결과로 발생하는 축적이다. 그러나 간
지艮止라는 것은 편안하게 멈추는 것을 의미하니(지止가 자동사적으로
해석되어야 한다), 그것은 그 마땅한 자리에 멈추는 것이다.

매우 중요한 설명이라 하겠다. 「대상전」은 무어라 말할까?

兼山, 艮。君子以思不出其位。
겸 산　간　군 자 이 사 불 출 기 위

산 위에 산, 산이 중첩되어 각기 제자리에 안주하고 있는 모습이 간괘의 형상이다. 군자는 이 형상을 본받아(以) 자기의 지위나 직분을 넘어서는 것을 생각하지 않는다. 즉 나의 분제分際를 넘어서는 주제넘는 욕망에 끌려가지 않는다.

라캉Jacques Lacan, 1901~81이 말하는 "대타자의 욕망"이라는 주제가 본 괘와 관련지어 논의될 수도 있겠다.

괘사

艮其背, 不獲其身。行其庭, 不見其人。无咎。
간 기 배　불 획 기 신　행 기 정　불 견 기 인　무 구

등에서 멈추었으니, 그 몸이 욕망의 괴롭힘을 당하지 않는다. 사람이 오가는 마당을 다녀도 사람들의 유혹에 끌림이 없다. 허물이 없으리.

이 괘사처럼 철학적으로 많은 논쟁을 불러일으킨 괘사도 없을 것이다. 일차적으로 정이천이 이 괘사를 너무도 철학적으로 멋있게 해석하였고, 그의 해석 이후에는 그가 해석하는 틀을 벗어나서 이 괘사를 해석하기가 매우 어려워졌기 때문이다. 하여튼 간괘艮卦는 멈춤의 괘이다. 멈춤이라는 것은 송유들에게는 "존천리거인욕存天理去人欲"이라는 도덕적 명제를 떠나 존재하지 않는다. 송나라에는 진실로 유능한 학자관료scholar-administrator(사士계급)가 어느 조대보다도 많았지만, 그만큼 사士계급에 대한 도덕적 요구가 높았다. 그것은 권력을 잡은 관료들의 도덕적 삶의 문제였고, 그 주제가 "존천리거인욕"으로 표현되기에 이른 것이다.

송나라는 어느 조대보다도 훌륭한 나라였지만, 또 가장 처참하고 굴욕적인

망국의 설움을 껴안은 나라였다. 관료들의 핵심과제가 "거인욕去人欲"이라 생각된 것이다. "존천리存天理"는 너무 추상적이래서 논의의 대상이 되지 못한다. 인간의 구체적 삶의 과제는 "거인욕去人欲"의 문제였다. 송유들은 인욕人欲의 소재所在를 감각기관으로 보았다. 송학의 선하인 장재張載, 1020~77가 이미 인간의 성性을 기질지성氣質之性과 천지지성天地之性으로 나누었고, 인간의 인식의 원천을 견문지지見聞之知와 덕성지지德性之知로 나누었다. 맹자도 이목지관耳目之官을 작은 것(小者)으로 보았고 심지관心之官을 큰 것(大者)으로 보았다(「告子」上).

우리의 감각기관은 모두 우리 신체의 전면에 있다. 눈·코·입·귀가 모두 전면에 있으며 직접적인 자극을 받는다. 우리의 인식이 이러한 감각기관에 머무르게 되면 인간의 욕망은 극대화되고 점점 더 파괴적인 진로로 빠져들어간다. 그러나 우리의 몸에서 가장 운동이 적고 고요한 부분, 소리없이 뼈대를 세우고 있는 부분을 척추가 있는 등이라고 본 것이다. 그것은 우리 몸의 산山과도 같이 장중한 것이다.

"간기배艮其背"라는 것은 "우리의 인식이 등에 머문다"는 뜻이다. 그렇게 되면 감각적 자극sensational stimulations에 머물지 않게 되고, 그 결과로서 내가 신체를 가지고 있다는 사실마저 망각하게 된다는 것이다. 그것을 괘사의 저자는 "불획기신不獲其身"(그 몸을 얻지 않는다)이라고 표현했다. 정이천은 자기 철학에 맞는 구절을 만나 기분이 좋아서, "그 몸을 얻지 못한다는 것은 그 몸을 인식하지 않는다는 뜻이니, 그것은 망아忘我를 일컬음이다. 不獲其身, 不見其身 也, 謂忘我也。"라고 주석을 달았다.

그 다음에 "행기정行其庭"이라는 것은 "사람이 많이 다니는 뜰로 나아간다"는 뜻인데, "간기배"가 인간내면의 인식체계를 의미한다면, "행기정"은 나의 사회적 행위, 즉 사적인 나를 벗어나는 공적인 영역에서의 행위를 의미하는 것이다. 사람이 많이 다니는 뜰에 나아가도 사람들이 보이지 않는다는 뜻이다(行其庭, 不見其人). 등으로 세상을 인식하고 감각적 관심이 없기 때문에, 즉 욕망의 대상으로서 사람을 쳐다보지 않기 때문에, 사람이 보이지 않는다는 것이다. 인간의 동정動靜으로 나의 인식이 흔들리거나 유혹되지 않는다는 뜻이다. 이 괘사는 아我가 사라지고 인人(타인)이 사라지는 "머묾"의 경지를 노래하고 있다고 정이천은 갈파한 것이다. 그러한 멈춤의 경지에 도달한 사람에게 무슨 허물이 있을 수 있겠는가!(外物不接, 內欲不萌, 如是而止, 乃得止之道。 於止, 爲无咎也。 외물에 접하지 않으니 내욕이 싹트지 않고 이렇게 멈춤의 경지에 이르니, 이는 멈춤의 도를 터득한 것이다. 이러한 경지에 이른 사람에게 어찌 허물이 있겠는가. 『程傳』).

효사

初六: 艮其趾。无咎。利永貞。
초 육 간 기 지 무 구 리 영 정

맨처음의 음효: 初六은 멈춤괘의 가장 아래에 있다. "지趾"는 발(족足) 전체를 의미하기도 하고 발꿈치를 의미하기도 한다. 하여튼 행동의 최초의 계기이다. 그 계기에 "간艮," 즉 멈춤이 개입된다. 그것은 모든 움직임을 미연에 멈추게 하는 작용이 있다. 初六은 음효이면서 양위에 있으니 位가 正하지 않다. 뿐만 아니라 음효이니 심약心弱하고 강력한 추진력이 없다. 이런 상황에서는 그 초장에 멈추는 것이(艮其趾) 상책이라는 얘기다. 그러면 허물이 있을 수 없다(无咎). 이런 상황에서 初六은 무엇을 해야 할까? 지속적인 보편적 주제에 대하여 점을 치는 것이 이롭다(利永貞). 사심私心에 끌려 작은 일들을 묻지 말고 보편적인 주제들에 대해 묻고 꿈을 키워라. 원대한 기획을 하라!

점을 쳐서 이 효를 만나는 사람은 초심을 굽히지 말라! 사태를 길게 보고 마음을 가볍게 움직이지 말라!

六二: 艮其腓。不拯其隨。其心不快。
육 이　간 기 비　불 증 기 수　기 심 불 쾌

두 번째 음효: 간괘의 주제인 "멈춤"의 단계들을 해설하고 있다. 六二의 상황이란 멈춤이 "비腓"에 와있다는 것이다(艮其腓). "비腓"는 발목 위이며 무릎의 아래이다. 그러니까 장딴지에 해당된다. 그러나 명백한 것은 장딴지는 가고 멈추는 행위나 결단의 주체가 아니라는 것이다. 그 주체는 하체의 상위부분인 九三이라고 보는 것이 이들의 인체의 지식이다. 九三은 가랑이(股)나 허리(腰)에 해당된다. 그러니까 장딴지 즉 종아리는 스스로 멈추거나 가고 할 수가 없고, 그러한 행동거지는 九三을 따라갈 뿐이다.

六二는 하괘의 중심에 있으며 中正을 얻고 있다. 그런데 하괘의 주체는 九三이지 六二가 아니다. 장딴지는 허리나 가랑이 부분의 의지에 따라 움직일 뿐이다. 그런데 九三은 중용을 벗어나 있으며 강위에 있는 강효로서 지나치게 강하다. 九三이 과강過剛하게 움직이고 있는 것이다. 六二는 자신의 中正의 미덕을 살려 과강하게 움직이는 九三에게 충고를 하고 그를 구하려고 한다. 그러나 六二는 九三을 구원하기에는 너무 힘이 미약하다. 九三은 六二의 말을 듣지 않는다. 六二는 끝내 九三을 구원하지 못하고 따라가기만 한다. 그 정황을 표현한 말이 "불증기수不拯其隨"이다. "불증기수不拯其隨"는 "그 따라감을 구원하지 못한다"라고 읽을 수도 있고, "九三을 구원하지 못하고 따라가기만 한다"라고 읽을 수도 있다. 함괘咸卦의 九三 효사에도 비슷한 표현이 있다. 자기 의지에 따라 움직이지도 못하고 주체세력이 아무런 영향도 끼치지 못하고 따라가기만 하는 六二의 마음(其心)은 불쾌不快하기만 하다.

이 효사는 진실로 온전하게 해석하는 것은 심히 어렵다. 그러나 확실한 것은 자기에게 명령권을 지닌 자에게 아무리 간諫해도 그것을 들어주는 아량이

없는 상황에서 무조건 따라가야만 하는 비애로운 실존의 정황을 그리고 있는 것이다. 六二 본인의 신체에 대한 개탄이라기보다는 도道가 행하여지지 않고 있는 현실 일반에 대한 우려를 표명하고 있는 것이다. 인생은 나의 의지대로만 움직여주지 않는다.

九三: 艮其限。列其夤。厲薰心。
구 삼　간 기 한　열 기 인　려 훈 심

세 번째 양효: "한限"이라는 것은 문자 그대로 한계라는 것인데, 신체의 하부의 한계와 상부의 한계가 만나는 절묘한 구획부위를 말하는 것이며 이것은 우리 신체의 "허리腰"에 해당된다. 허리야말로 가장 자유로워야 하는 부위며 민활해야 하는 부위이다. 우리의 모든 질병이 대체로 허리의 부자유에서 비롯되며, 그것은 직립존재homo erectus의 부작용이기도 하다. 九三은 과강부중過剛不中하며, 양위에 양효인지라 이 경우에는 正하다는 표현보다는 너무 지나치게 뻣뻣하다고 해야 할 것이다. 전체 괘상을 보면 4음효의 한가운데 있으므로 음효에 둘러싸여 활동을 하려 하지 않는다. 九三의 효사는 이렇게 시작된다: "그 허리에 멈춤이 이르렀다(艮其限)." 허리가 멈추게 되었다는 것은 상하좌우의 자유로운 운동이 불가능하고 경직된 상태가 된다는 것을 의미한다.

다음에 "열기인列其夤"이라는 표현에 대한 합리적이고도 적합한 설명이 거의 없다. "인夤"에 대하여 대부분의 주석가들이 두 가지 해석을 내린다. 그 하나는 "척주"로 해석하는 것이고, 또 하나는 "등가죽 밑의 척주를 지지하는 근육"을 의미하는 것으로 본다. 그렇다면 척주 양옆으로 나있는 척추뼈를 짤라 버린다는 얘기가 되는데 이것은 형벌 중에서 가장 무서운 형벌로 인류사상, 바이킹에게만 존재한 형벌이었다. 이것이 중원이나 고조선에 있었다는 잔혹한 얘기는 들어본 적이 없다. "인"을 근육으로 해석해도 마찬가지다. 그것이 모두 복강 밖에 있는 것이며 그래서 생명을 유지시켜 가면서

페인을 극대화시킬 수 있는 가장 악랄한 형벌이다. 십자가형보다도 더 고통스러운 형벌이다. 이러한 형벌이 『역』의 효사에 나올 까닭이 없다. 정이천도 주희도 다 엉터리 주석을 달고 있다.

"열기인"은 뼈나 근육을 짤라버리는 것이 아니다. "인夤"은 그냥 상하연접을 나타내는 보통명사이다. 『한어대사전漢語大詞典』에도 "연접連接"이라고 설명이 되어있다. "열기인"은 상하로 통하는 기혈이 맥힌다는 뜻으로 한의학에서 말하는 "관격關格"을 의미한다. 九三의 효사는 매우 단순한 것이다. 허리가 멈추어 관격현상이 일어났다는 것이다(외과적 질병이 아닌 내과적인 맥힘이다). 그 위태로운 경지가 심장을 훈제하듯이 안타깝다는 뜻이다. 이천은 "려훈심厲薰心은 그 불안한 형세가 그 심중을 태워 녹이는 것과도 같다. 厲薰心, 謂不安之勢, 薰爍其中也."라고 했고, 주희는 "위태로움이 마음을 태움은 불안함이 심한 것이다. 危厲薰心, 不安之甚也."라고 했다.

六四: 艮其身。 无咎。
육 사   간 기 신   무 구

네 번째 음효: 六四는 상괘의 제일 아래에 있다. 음유하면서 음위에 있다. 位는 正하지만 유약한 대신大臣이다. 그러나 왕부지는 이 효가 대신의 역할과 관계되지 않는 일반론으로 풀어야 한다고 주장한다.

여기 "신身"은 九三의 허리(限)를 지났으므로 허리 이상의 몸통(胴體)을 가리킨다고 본다. 몸(身)이라는 것은 심心이 머무는 곳이며(心之舍), 오관의 영험스러운 기운이 발發하는 근거처이며, 언행의 추뉴를 콘트롤하는 자율적인 곳이다. 그래서 여기 "간기신艮其身"이란 하괘의 상황과는 달리 자율적으로 자기행동의 조절이 가능한 새로운 차원을 이야기하고 있다. 그래서 허물이 있을 수 없다(无咎)고 말한다(『內傳』).

다른 견해의 주석도 있다. 六四의 본분은 대신大臣이며, 대신은 모름지기 인군人君의 비非를 막고, 천하의 사邪를 제압해야 하는데, 六四는 성질이 유약하고 자기 일신一身만을 생각하여 그 몸을 적극적으로 움직이지 않고 자기 개인의 행동거지를 바르게 지키는데만 힘쓴다(艮其身). 허물을 면하기는 하겠지만(无咎) 그것은 대신의 본분을 지키는 자세는 아니다. 대체로 양은 활동적이고 음은 정靜을 좋아한다. 六四는 유순하고 고요한 음효의 대표적 캐릭터이다. 둘째 번의 해석은 정이천계열의 해석이다. "신身"의 뜻을 왕선산은 적극적으로 해석했고, 이천은 소극적으로 해석했다.

六五: 艮其輔。言有序。悔亡。
육 오 간 기 보 언 유 서 회 망

다섯 번째 음효: 六五는 상괘의 중앙이며 인체에 견주어 말하면 "뺨"이 된다. 보輔는 "광대뼈"의 의미도 있지만 여기서는 "뺨"이 더 좋다(※ 함괘咸卦의 上六 효사를 참고할 것). 뺨은 여기서 발성기관으로서 인지되고 있다. 그런데 멈춤이 뺨에 와있다(艮其輔). 뺨이 민활하게 움직이지 않는다.

六五는 양의 자리에 음효로서 있다. 그 位가 正하지 않은 군주이다. 따라서 반드시 후회할 일이 생긴다. 그러나 六五는 유순하고 중용을 얻고 있다. 그의 뺨에 멈춤이 있다(艮其輔)는 것은 곧 그가 발성기관을 함부로 움직이지 않기에 그의 언어가 질서가 있다는 것이다. 궁극적으로 멈춤은 언어의 멈춤에까지 진화한다. "언유서言有序"(말에 질서가 있다) 하니 모든 후회스러운 일들이 사라진다(悔亡).

上九: 敦艮。吉。
상 구 돈 간 길

맨꼭대기 양효: 上九는 양강陽剛하며 간괘의 극極이다. 간이 겹쳐지는 여섯 효의 제일 꼭대기, 멈춤의 극상이다. 『대학』에 "지어지선止於至善"이라는 말이 있지만, 이 효사야말로 "지선至善"(The Highest Good)을 나타내고 있다. 인간이 산다고 하는 것은 말년의 영예에 의하여 그 가치가 결정되는 것이다. 멈춤이 독실한 경지에 이르는 것, 즉 멈추어야 할 곳에 성실하게 확실하게, 진실하게 멈추는 것이다. 『역』의 저자는 그것을 "돈간敦艮"이라 표현했다. **돈간에 도달한 인생! 吉하고 복스러울 것이다.**

점을 쳐서 이 효사를 만나는 사람은 오랜 시간에 걸친 숨은 노력이 결실을 맺고 인정을 받게 되리라.

백두산, 문왕팔괘도 상의 간방艮方(동북방)은 암암리 백두산을 가르키고 있다.

53

간하艮下
손상巽上 **풍산 점漸**

Gradual Advance

괘명 "점漸"의 뜻은 "나아간다," "물이 점점 젖어오른다." 괘상의 모습이 산 위에 나무가 있으니 나무가 산의 물과 영양분을 빨아들여 점점 성장하여 키 큰 거목이 되어가는 점진漸進의 상이다. 차례대로, 순서를 밟아 고대견실 高大堅實하게 되어간다는 것이 이 괘의 본의本義이다. 베르그송이 말하는 "창 조적 진화Creative Evolution, L'Évolution créatrice"의 뜻이 여기에 들어있다. 우주 를 관통하는 근원적 생명의 창조적 진화야말로 참다운 "실재"라고 말할 수 있는 것이다.

「서괘전」은 이렇게 말한다: "간괘의 간艮이라고 하는 것은 멈춤止을 의미 하는 것이다. 사물은 끝내 멈추어있기만 할 수는 없다. 그래서 점괘漸卦로 받 았다. 점괘의 점漸이라는 것은 나아감進이다. 艮者, 止也。物不可以終止, 故受之 以漸。漸者, 進也。"이에 대한 이천의 설명이 정갈하다:

> 止必有進, 屈伸消息之理也。止之所生, 亦進也; 所反, 亦進也。漸,
> 所以次艮也。進以序爲漸, 今人以緩進爲漸。進以序, 不越次, 所以緩
> 也。爲卦, 上巽下艮。山上有木, 木之高而因山, 其高有因也。其高有
> 因, 乃其進有序也, 所以爲漸也。

멈춘다고 하는 것은 반드시 나아감이 있게 마련이니, 굴신소식의 이치를 벗어나지 않는다. 멈춤이 생생하는 바도 나아감進이요, 멈춤의 반대도 또한 나아감進이다. 이러한 이유로 점괘가 멈춤괘인 간괘艮卦 다음에 오게 된 것이다. 진進이라는 것은 순서를 밟아 점차로 나아갈 수밖에 없다. 요즈음 사람들이 느리게 나아가는 것을 점漸(＝점진漸進)이라고 한다. 나아감이란 순서가 없을 수 없으며, 차례를 뛰어넘을 수 없는 것이니 느릴 수밖에 없다.

괘의 전체 모양을 보자! 산 위에 나무가 있는 모습이다. 나무가 높은 것은 그것이 산 위에 있기 때문이다. 그 높음은 거저 높은 것이 아니라 원인이 있는 것이다. 그 높음의 원인이 있다고 하는 것은 그 나아감의 순서를 밟았다는 뜻이다. 그래서 점漸이라고 한 것이다.

「대상전」은 무어라 말했을까?

> 山上有木, 漸。君子以居賢德, 善俗。
> 산 상 유 목　점　군 자 이 거 현 덕　선 속

산 위에 나무가 점점 성장하여 고대高大하게 되는 과정의 모습이 바로 점괘의 모습이다. 군자는 이 괘상을 본받아 현명한 덕에 거하며 나무가 산의 덕을 빨아 크듯이 커나간다. 그리하여 자기가 살고 있는 세상의 풍속을 점점 좋게 만든다. 즉 풍속을 좋게 만드는 것이 군자의 당위에 속하는 것이나 그것은 반드시 점진적 노력에 의하여 눈에 보이지 않게 이루어지는 것이다.

"선속善俗"이 "선풍속善風俗"으로 되어있는 텍스트도 있다(위魏나라 왕숙王肅의 텍스트).

漸, 女歸, 吉。利貞。
점 여 귀 길   리 정

점괘漸卦는 하괘가 간☶, 멈춤止의 뜻이 있다. 상괘는 손☴, 순종順의 뜻이 있다. 멈추면서 유순하게 나아간다는 맥락에서 점진漸進의 뜻이 있다. 그런데 점괘漸卦의 괘사는 여자의 결혼과 관계되어 있다.

여기서 결혼이라는 것은 우리가 말하는 일상적 가정사라는 의미를 초월하는 어떤 우주론적 과정cosmic process을 의미한다. 그리고 결혼을 여성을 중심으로 생각했다는 것도 특별한 의미가 부여되어 있다. 여자의 "시집감"은 그 과정 모든 것이 예에 맞아야 하고 일정한 프로세스를 따라 점진적으로 진행되어야만 행복과 미래의 생성生成이 보장된다. 결혼하는 과정 그 자체가 우주의 생성의 과정 중에서도 핵심적인 심볼리즘을 구현한다고 볼 수 있다. 여성의 결혼과정이 점진적으로 행복을 가져다주는 것이 아니라면 우주의 모든 사건이 헝크러져 버린다.

점괘漸卦는 六二부터 九五까지의 爻가 모두 正하다. 시집가는 여자의 몸가짐이 정의롭다는 것이야말로 더없는 축복이다. 여자가 사람을 따른다는 것, 그것보다 더 위대한 우주적 사건은 없다(女之從人, 最爲大也。『傳』). 점괘의 점漸은 여자가 시집가는 과정의 점진적 진행을 가리킨다(漸, 女歸). 급진急進이나 건너뛰기는 거부된다. 납채納采, 문명問名, 납길納吉, 납치納徵, 청기請期, 친영親迎의 육례六禮를 밟아 나아간다("納徵"은 납징으로 읽기도 하나 『의례』의 용어로서는 "납치"로 읽는 것이 원칙이다). 이렇게 점진적으로 진행되니 吉할 수밖에 없다.

이 점괘의 시기야말로 이들의 앞날에 관해 하느님께 예배를 드려야 할 시기이다. 묻는 것에 이로움이 있다(利貞). 인생은 물음이다. 남녀는 만사에 최우선이다(男女, 萬事之先也。『易程傳』).

初六: 鴻漸于干。小子厲。有言, 无咎。
초육 홍점우간 소자려 유언 무구

맨처음의 음효: 이 점괘는 여섯 개의 효사가 모두 "홍점鴻漸"으로 시작된다. 한 글자가 6효에 다 나오는 경우는 있으나(정괘井卦, 정괘鼎卦, 진괘震卦, 간괘艮卦), 이 괘처럼 6효가 다 홍鴻(기러기=대안大雁)이라는 심볼과 점漸이라는 괘명을 같이 쓰는 용례는 없다.

기러기(鴻, wild goose, *Anser fabalis*)는 아시아대륙의 북부에서 번식하며 겨울에는 남쪽으로 이동하는 철새이다. 우리나라에도 흑기러기·회색기러기·쇠기러기·흰이마기러기·큰기러기·흰기러기 등이 알려져 있다. 가을에 큰 무리를 지어 남쪽으로 이동할 때 V자 모양의 대열을 이루어 움직인다. 그 행동거지가 질서가 있고, 나아가는 모습이 점진적이기 때문에 점괘는 기러기를 그 상징체계로 쓴 것이다.

처음에 "홍점우간鴻漸于干"의 "간干"은 물과 뭍이 닿는 지점. 그러니까 "물가"를 일컫는다. 기러기는 물에서 사는 동물이지만 육지를 사랑한다. 원래 양조陽鳥이다. 그러나 물로부터 뭍으로 나오는 것은 일정한 단계를 거쳐야 한다. 기러기가 물가로 점漸하였다는 것은, 최초로 육지를 탐색하며 조심스럽게 두리번거리고 있는 모습이다(鴻漸于干). 이것은 점괘의 최초의 효이다. 아직 완전히 상륙하지는 않았고 뭍에 오르기 위해 물가를 조심스럽게 배회하고 있는 기러기의 모습을 점괘의 초효로 삼은 것이다.

그리고 갑자기 "소자小子"가 튀어나온다. 기러기와 소자는 결국 같은 심볼이다. "소자"는 공자가 어린 제자들을 부를 때도 자주 썼던 호칭이다. 소자는 初六의 대명사이다. 初六은 양위陽位에 있는 음효이며 유약하다. 그리고 점괘의 가장 처음이므로 세상의 경험이 없는 초짜이다. 初六은 六四와 應爻의 관계에 있지만 같은 음이래서 應하지 않는다. 기러기가 물가에서 조심스럽게 탐색하고 있는 모습은 初六의 소자가 세상물정을 모르고 예법도 익히지 못한 상태에서 세상을 체험하는 것과도 같은 어설픈 광경이다. 모든 것이 불안하고 위태롭다(小子厲).

그래도 初六은 應爻의 자리에 있는 六四에게 나아가려고 하지만 그는 六四에게서 핀잔만 얻어먹는다(有言: "욕을 먹는다"는 의미). 사실 유언有言을 六四의 언言으로 지정하지 않아도 상관없다. 그는 뭍에서, 즉 경험하는 새로운 세계로부터 야단을 맞는다. 어설프니 욕을 얻어먹을 수밖에. 그러나 욕을 얻어먹는 것도 좋은 일이다. 경험을 쌓을 수 있기 때문이다. 그리고 점괘의 初六은 기러기처럼 항상 삼가고, 결코 망진妄進하지 않는다. 그러니 허물이 없다(无咎).

六二: 鴻漸于磐。飮食衎衎, 吉。
육 이　홍 점 우 반　음 식 간 간　길

두 번째 음효: 자아! 이제 기러기는 어디로 왔을까? 그는 물에서 뭍으로 서서히 진행중이다. 그런데 六二는 본시 여유만만한 인물이다.

六二는 유순중정柔順中正의 덕을 구유하고 있으며 이상적인 하괘의 중심이다. 서두를 이유가 아무것도 없다. 九五의 天子와도 음양 바르게 應하고 있다. 초조함이 없이 하위에서 편안히 자신을 수양하면서 때를 기다리고 있다.

기러기는 이제 물가(水際)를 지나 뭍 위에 있는 너럭바위에까지 왔다(鴻漸于磐). 그곳은 여럿이 앉을 수 있는 편안한 곳이다. 六二는 친구들을 초청하여 조촐한 잔치를 벌인다. 너럭바위 위에서 음식을 즐기며 친구들과 화락和樂한다(飮食衎衎). "간간衎衎"은 즐기는 모습이다. 『이아爾雅』는 "衎"을 "樂"이라 했다. 吉하다.

九三: 鴻漸于陸。夫征不復。婦孕不育。凶。利禦寇。
구 삼   홍 점 우 륙   부 정 불 복   부 잉 불 육   흉   리 어 구

세 번째 양효: 6효의 과정은 항상 좋은 국면만 있는 것이 아니다. 우리의 인생 자체가 리드믹한 과제상황이다. 三의 자리가 본시 불안한 자리라는 것은 독자들이 이미 파악하고 있을 것이다. 무리한 시도를 많이 하고, 어떠한 인생의 중요한 결단을 강요당하는 자리이다.

九三은 과잉부중過剩不中하고 지나치게 과강過剛하다. 應爻인 上九는 같은 양이므로 반발하며 應하지 않는다. 그에 비하면 가깝게 比하고 있는 六四는 음양화락하여 서로 사이가 좋다.

여기 맨처음에 나오는 "홍점우륙鴻漸于陸"은 기러기(鴻)의 위치를 말해주는 동시에 과강過剛한 九三의 불안한 처지를 말해준다. 여기 "륙陸"이라는 것은 그냥 육지가 아니라, 높은 산의 평지를 가리킨다. 우번虞翻이 "고평高平을 륙陸이라 칭한다"고 했다. 그러니까 고원까지 기러기가 올라온 것이다. 기러기는 물의 새인데 고원高原까지 왔다는 것은 모든 것이 불안하다는 얘기다. 너무 과감하게 도를 넘어서 전진한 것이다. 이러한 불안한 상황을 효사의 작자는 매우 문학적으로 표현했다: "남편은 전장에 나가 돌아오지 않고夫征不復, 아내는 애기를 배었으나 제대로 낳아 기를 수가 없네婦孕不育."

아~ 어쩔 것이냐? 어쩔 것이냐? 여기 "남편夫"는 九三 본인이다. 그리고 "아내婦"는 九三이 사귀었던 六四를 가리킨다.

그 다음에 오는 "凶"은 "총체적인 난국"이라는 것을 판단하고 있다. 즉 점괘에서 점漸의 논리를 무시했을 때 발생하는 난국이라는 것이다. 九三은 과강하여 절차를 무시하고 이목耳目의 유혹에 따라 월권을 행한 것이다.

그 다음에 "리어구利禦寇"라는 말이 나오는데 이 "구寇"를 六四로 보는 주석이 있는데 그것은 넌센스이다. 여기 도둑놈들은 九三의 낭패를 보고 그를 쳐부수기 위해 달려드는 악당들을 말한다. 이제 九三이 할 일이라고는 정신을 차리고 이 악당들과 싸워 이겨야 한다. 외적을 방비하는 데(禦寇) 전력하라! 그리하면 이로울 것이요(利), 그렇지 못하면 흉운으로 끝나고 말리라.

점을 쳐서 이 효사를 만나는 사람은 자기의 실력을 과대평가하고 일을 벌리면 반드시 실패한다. 유혹을 물리치고 사욕을 삼가라! 그리고 가정에 풍파를 일으키지 말라!

> **六四: 鴻漸于木。或得其桷, 无咎。**
> 육 사　홍 점 우 목　혹 득 기 각　무 구

네 번째 음효: 六四는 대신大臣의 자리. 六四는 음유陰柔하고 재능이 별로 없는 대신이다.

자아! 이제, 기러기는 점점 높게 나아가서 나뭇가지에 이르렀다(鴻漸于木). 기러기는 높게 나를 때는 날렵하게 보이지만 땅에 서있을 때는 외관이 오리와 다를 바가 없다. 오리과는 기러기목에 속한다. 그러니까 기러기는 참새처럼 나뭇가지를 잡을 수가 없다. 앞을 향한 3개의 발가락 사이에 물갈퀴가 있어서 납작한 평면 위에서 잘 서있지만 나뭇가지는 영 불안하다. 그래서 서까래로 쓰는 튼튼한 사각목(카쿠목)이래도 얻으면 안정적일 수 있다.

여기 "혹득기각或得其桷"은 "혹시 사각목이라도 얻으면"의 뜻이다. 그 내용인즉, 나뭇가지 위에서는 불안하지만 사각목이라도 얻게 되면 허물이 없어진다는(无咎) 뜻이다. 이것은 음유한 六四의 처지에서는 높은 자리에서 불안하지만 九三(양강하다)의 지원이라도 얻게 되면 안정적으로 그 위상이 바뀐다는 뜻을 내포하고 있다.

점을 쳐서 이 효사를 만나는 사람은 안위安危의 갈림길에 서있다. 판단은
스스로 내릴 것이다.

九五: 鴻漸于陵。婦三歲不孕。終莫之勝。吉。
구 오 　 홍 점 우 릉 　 부 삼 세 불 잉 　 종 막 지 승 　 길

다섯 번째 양효: **九五**는 강건중정剛健中正의 덕이 있으며 모든 좋은 조건을 구비
하고 있다. 유순중정柔順中正의 **六二**와 正應하고 있으니 여기서 말하는 "부
婦"는 당연히 **六二**를 가리킨다.

기러기가 드디어 릉陵에 이르렀다(鴻漸于陵)는 것은 **九五**의 존엄을 상징적으로
나타낸 것이다. "릉陵"은 "높은 언덕"을 의미한다. **九五**와 **六二**는 합체合體임
에도 불구하고, 즉 서로 사랑하는 사이임에도 불구하고 **九三**과 **六四**의 방해
로 서로 만날 수가 없다. 존엄한 위치라도 자기 마음대로 할 수 없는 상황은
항상 있는 것이다. 그래서 3년이 지나도록 부인(六二)은 임신을 하지 못한다
(婦三歲不孕). **九三**의 경우에는 이런 정황에서는 도둑 같은 방해꾼들과 싸움을
해서 승리해야 한다고 했지만, 여기 **九五**는 그렇게 경솔히 움직일 수 없는 中正
의 위상과 권위가 있다. **五**와 **二**는 모든 中正을 얻고 있는 정당한 배우자이
며 리더들이다. 그 中正을 제대로 지키기만 해도 결국은 승리하게 되어있다.
"종막지승終莫之勝"은 "끝내 사邪의 세력이 정도正道의 중정을 이기지 못한
다"는 뜻이다. 결국 **九五**의 승리다! 吉하다.

上九: 鴻漸于陸(逵)。其羽可用爲儀。吉。
상 구 　 홍 점 우 륙 규 　 　 기 우 가 용 위 의 　 길

맨꼭대기의 양효: "홍점우륙"의 "륙"은 본시 "陸"으로 되어있으나 "陸"은 九三에서 나왔고, 그 위상이 반복될 이유가 없다고 보아, "陸"을 "규逵"자로 고쳐 읽자는 제안이 있다. 송나라 호원胡瑗, 993~1059(북송 초기의 리학理學의 선구. 보통 호안정선생胡安定先生이라 부른다. 손복孫復, 석개石介와 함께 송초삼선생宋初三先生이라 병칭된다)의 설인데 정이천, 주희가 받아들였다. 규逵는 "운로雲路"라 했으니 기러기가 이동하는 하늘의 길을 의미한다.

이 점괘를 전체적으로 개관해보면 처음 물가(水際, 干)로부터 시작하여, 너럭바위(大石, 磐)로 올라왔다. 너럭바위에서 다시 평평하고 높은 육지(陸)로 올라왔고, 육지에서 다시 나무(木)로 올라왔다. 나무에서 다시 웅장한 고릉高陵으로 올라왔다. 이제 릉에서 하늘로 비약해야 할 시기인 것이다. 본시 기러기의 특징은 하늘을 날아가는 능력에 있다(鴻漸于逵). 이들은 깃을 매우 효율적으로 사용하여 에너지를 절약하면서 먼 거리를 날아간다. 대열을 맞추는 것도 에너지를 적게 사용하는 효과와 연관되어 있다.

나는 천안 대홍동 작은재빼기에서 태어나 자라났다. 그런데 나의 어린 시절만 해도 늦가을이면 하늘을 새카맣게 덮은 기러기떼가 줄 맞추어 날아가는 것을 볼 수 있었다. 때가 되면 어김없이 날아오던 기러기떼, 그러한 낭만이 사라진 지금 이 시대가 과연 더 발전된 세상인지 뭔지 도무지 헤아릴 길 없다. 아마도 새만금으로 가는 길에 들렀을 것이다. 왕선산이 태어난 곳도 회안봉廻雁峰이라는 이름으로 불렸는데, 기러기떼가 그 봉우리(형양衡陽의 남악)를 세 번 빙빙 돌고 남쪽으로 내려갔다 해서 붙은 이름이다. 선산은 「안자시雁字詩」라는 시집까지 남기었다. 고도의 추상성을 과시하는 난해한 시들이다.

점괘는 기러기의 점진적인 나아감을 통해 세파의 역정歷程을 그리고 있으나 최후 上九에서는 하늘을 나르는 초속적인 해탈감까지 표현하고 있다. 그래서 말한다: "하늘을 나르는 기러기의 깃털이야말로 우리 삶의 기준으로 삼을 만하다(其羽可用爲儀)."　"가용위의可用爲儀"의　"의儀"는 우리 삶의 기준, 의표儀表, 질서감을 의미하는 것이다. 점괘에 대한 총체적인 판단은 吉이다. 하늘을 자유롭게 나르면서도 질서감이 있는 기러기떼의 날개의 모습은 우리 삶의 질서의 기준이 될 수 있다고 말한다. 전체 괘상으로 말해도, 上九는 九五보다도 더 가치론적으로 우위에 있다고 말할 수 있다(정鼎괘나 간艮괘의 경우와 같이). 결국 점진적 과정을 통하여 자유와 해탈을 획득하는 것이다. 돈오와 점수는 둘이 아니다(頓漸不二).

율곡의 시가 걸려있는 화석정에서 찍은 기러기떼

〔53〕
漸

54

태하兌下
진상震上

뢰택 귀매歸妹

The Marrying Maiden, Marriage

괘명 "귀매歸妹"는 문자 그대로 "시집가는 새악씨(소녀少女)"이지만 여기서 말하는 이 "귀歸"라는 글자가 원래 부인(帚=婦)에게로 간다(皀)라는 뜻을 내포하고 있어, 남자를 주체로 해석해야 한다는 설도 있다. 그러니까 "귀歸"가 남자가 여자의 곳으로 가는 것인지, 여자가 남자의 곳으로 가는 것인지에 관해서는 제설이 분분할 뿐만 아니라, 역사적으로 다양한 결혼제도가 있었으므로 그것은 일양적으로 논할 수가 없다.

왕부지도 이렇게 말한다: "상고의 시대에는 여성중심이냐 남성중심이냐 이런 것에 관한 남녀차별이 일체 없었다. 황제가 혼인제도를 처음 만들었을 때는 짝짓기만을 말한 것이다. 여자가 자기집을 나와 남가男家로 가야 한다든가, 혹은 남자가 자기집을 나와 여가女家로 가야 한다든가 하는 것에 관한 정해진 제도가 없었다. 고대에는 대체로 모계로써 그 성姓을 삼았다. 자씨, 사씨, 희씨, 강씨가 모두 모계성이다. 上古之世, 男女無別。黃帝始制婚姻, 而匹偶定。然或女出適男家, 或男就女室, 初無定制。故子・姒・姬・姜, 皆以女爲姓。"

하여튼 귀매괘는 결혼marriage 그 자체를 의미하는 괘라고 보면 된다. 「단전」에 "귀매는 천지의 대의이다. 하늘과 땅이 교섭하지 않으면 만물이 일어나질 않으니, 귀매는 사람의 끝과 시작이다. 歸妹, 天地之大義也。天地不交而萬物不興。歸妹, 人之終始也。"라고 한 것만 봐도 귀매괘는 우주론적 의미cosmological significance를 지닌 중요한 괘라는 것을 알 수 있다.

"매妹"는 『설문』에서 말하는 바, 젊은 여자이다. 『시경』「소남召南」"채빈采蘋"이라는 노래에 "유제계녀有齊季女"라는 표현이 있는데 이 "계녀季女"와 "매妹"는 같은 뜻이다. 귀매의 괘의 상괘는 진震☳이고 하괘는 태兌☱이다. 진은 장남長男의 심볼이 있고 움직임(動)의 뜻이 있다. 태는 소녀少女의 심볼이 있고 기뻐한다(열說)는 뜻이 있다. 남자가 움직이면(작업을 걸면) 에너지 넘치는 젊은 여자가 기뻐한다. 이 여자는 음분淫奔의 소질이 농후하다. 귀매의 괘는 정식결혼만을 다루는 괘가 아니다. 남녀의 다양한 관계가 내포되어 있다. 고구려의 서옥제壻屋制나 신라·고려를 통해 유지되었던 방혼제訪婚制Visiting Husband 등등의 다양한 우리 관습을 같이 고려해야 할 것이다.

「서괘전」에는 점괘 다음에 귀매괘가 오는 것을 이렇게 얘기한다:"점괘의 점漸은 나아감(進)이다. 나아감은 반드시 돌아감(歸)이 있게 마련이다. 그래서 귀매괘로 받았다. 漸者, 進也。進必有所歸, 故受之以歸妹。"

이에 대한 이천의 설명이 길지만 포괄적인 서론緖論 역할을 하므로 여기 번역해둔다:

進則必有所至, 故漸有歸義, 歸妹所以繼漸也。歸妹者, 女之歸也。妹, 少女之稱。爲卦, 震上兌下。以少女從長男也, 男動而女說, 又以說而動。皆男說女, 女從男之義。卦有男女配合之義者四, 咸、恆、漸、歸妹也。咸, 男女之相感也。男下女, 二氣感應, 止而說, 男女之情相感之象。恆, 常也。男上女下, 巽順而動, 陰陽皆相應, 是男女居室夫婦唱隨之常道。漸, 女歸之得其正也。男下女而各得正位, 止靜

【54】
歸妹
☳☱

而巽順, 其進有漸, 男女配合, 得其道也。歸妹, 女之嫁歸也。男上女下, 女從男也, 而有說少之義。以說而動, 動以說, 則不得其正矣。故位皆不當, 初與上, 雖當陰陽之位, 而陽在下, 陰在上, 亦不當位也。與漸正相對。咸、恆, 夫婦之道; 漸、歸妹, 女歸之義。咸與歸妹, 男女之情也。咸, 止而說; 歸妹, 動於說, 皆以說也。恆與漸, 夫婦之義也。恆, 巽而動; 漸, 止而巽, 皆以巽順也。男女之道, 夫婦之義, 備於是矣。歸妹, 爲卦, 澤上有雷。雷震而澤動, 從之象也。物之隨動, 莫如水。男動於上而女從之, 嫁歸從男之象。震, 長男; 兌, 少女。少女從長男, 以說而動, 動而相說也。人之所說者少女, 故云妹。爲女歸之象, 又有長男說少女之義, 故爲歸妹也。

나아가다 보면 반드시 멈추는 곳이 있게 된다. 그래서 점漸에는 귀歸라는 뜻이 있다. 귀매괘가 점괘를 잇게 된 까닭이 여기에 있다. 귀매歸妹라고 하는 것은 여자가 돌아가는(시집가는) 것이다. 매妹는 소녀少女의 칭호이다. 귀매괘의 괘상을 보면, 진☳이 위에 있고, 태☱가 아래에 있다. 아래의 소녀少女(태)로써 위의 장남長男(진)을 따르는 형상이요, 또 위의 남자가 움직이니 아래의 여자가 기뻐하고, 또 아래의 여자가 기뻐함으로써 위의 남자가 움직이는 형상이다. 이것은 모두 남자가 여자를 기쁘게 하고, 여자가 남자를 따른다는 뜻이다.

괘 중에서 남녀배합男女配合의 뜻이 있는 것이 4개 있다: 함咸, 항恆, 점漸, 귀매歸妹이다. 함괘는 남녀가 서로 느끼는 그 느낌을 중심으로 한 것이다. 남자가 먼저 느끼어 여자 밑으로 자기를 낮추어 들어가 음양의 이기二氣가 감응하고 있고, 아래서는 멈추고(止, 少男) 위에서는 기뻐하니(說, 少女), 젊은 남녀의 감정이 서로 감통感通하는 연애시절의 상象이다.

항괘恆卦는 항상성을 상징한다. 장남이 위에 있고 장녀가 아래에 있어서, 손순巽順☴하고 또 동動☳하니, 음양이 모두 서로 應하고 있다. 이것은 남녀가 이미 결혼하여 살림을 차리고, 서로 부르고 따르고 하는 항상성의 도道이다. 연애감정을 이미 지났다.

점괘漸卦는 여자가 시집을 가는 데 있어서 그 정당한 점진적인 프로세스를 밟아나간다는 듯을 내포하고 있다. 남자가 자기를 낮추어 여자 아래에 있으니 남녀가 각각 정위正位를 얻었다. 아래에서 멈추어 고요하고(☶) 위에서 손순巽順(☴)하여, 그 나아감이 점진적인 과정을 밟고 있으니, 남녀의 배합配合이 그 정도를 획득한 것을 의미한다.

이에 비해, 귀매歸妹괘는 여자의 입장에서 결혼하는 것을 그리고 있다. 귀매괘는 남자(진震☳, 長男)가 위에 있고 여자(태兌☱, 少女)가 아래에 있으니, 여자가 남자를 따르는 모습이며, 또한 소녀를 기쁘게 해준다는 뜻도 있다. 기쁨(兌)으로써 움직여 나아가고(震), 또 동動함으로써 기쁘게 한다는 것인데, 이러한 모습은 결코 正을 얻었다고 말할 수는 없는 것이다. 그러므로 二・三・四・五의 位가 모두 정당하지 아니하다. 初와 上은 음과 양의 位가 바르기는 하지만, 상괘☳와 하괘☱가 모두 양효가 아래에 있고, 음효가 위에 있으니 또한 당위當位라고 말할 수 없다. 이러한 귀매괘의 상황은 점괘☴와는 반대가 된다(양효가 위에 있고 음효가 아래에 있다).

함괘와 항괘는 기본적으로 부부의 도리를 말한 것이다. 그런데 점괘漸와 귀매괘는 여자를 주체로 해서 여자가 시집가는 과정을 그린 것이다.

함괘와 귀매괘는 남녀의 정감의 세계를 그리고 있다(※ 사랑이 그 주제다). 함咸☱은 멈춤(止, 하괘)으로써 기쁨을 자아내는 것(說, 상괘)이요, 귀매歸妹☳는 위에서 동動하여 아래를 기쁘게 하는 것이니, 그 양자에 공통된 것은 바로 사랑의 기쁨(說)이다.

그런데 비하여 항恒과 점漸은 부부간의 도의를 말한 것이다. 항恒☳☴은 손巽하여 동動하고, 점漸☶☴은 지止하여 손巽하니, 모두 손순巽順을 공통분모로 하고 있다. 부부는 서로가 서로를 이해하고 따라야 하는 것이다. 남녀지도男女之道와 부부지의夫婦之義가 이 4괘에 다 갖추어져 있는 것이다.

귀매의 괘형상을 보자! 아랫괘의 못☱ 위에 우레☳가 있으니, 우레가 위에서 울리면 아래의 못이 움직인다는 것은 따름(從)의 형상이다.

무엇을 따라 움직인다고 할 때, 사물 중에서 그러한 속성을 지니는 것은 물(水) 만한 것이 없다. 위에서 남자가 동動하고 있으니 아래의 여자가 따른다는 것은, 여자가 결혼을 하여 남자를 따르는 형상이다. 진震은 장남長男이요, 태兌는 소녀少女이다. 소녀가 장남을 따른다는 것은 여자가 기쁨으로써 남자를 동하게 한다는 것이며, 또한 남자가 동함으로써 여자를 기쁘게 한다는 것이니, 서로 기뻐하는 것이다.

사람 중에서도 사랑으로써 기쁨을 느끼는 것은 소녀이기 때문에 주어를 "매妹"라고 표현한 것이다. 이 괘상은 여자가 시집가는 모습이요 또한 성숙한 남자(長男)가 애틋한 소녀를 사랑한다는 뜻도 포함되어 있으니, 귀매歸妹라고 이름지은 것은 참으로 정당하다.

함・항・점・귀매 이 4괘에 대한 개설적 논의는 참으로 정이천 학문세계의 대가다운 면모를 보여주는 탁월한 담론이라 할 것이다. 64괘 중에서 4괘가 남녀의 사랑을 주제로 하고 있다는 이 사실은 음양의 교합이 얼마나 이 우주(우리의 생활세계)의 중심과제인가 하는 것을 잘 나타내고 있다(4괘가 다 하경에 있다). 오늘처럼 동성연애를 정당화하고(※ 희랍의 전쟁문화에서 비롯된 그릇된 문화관념.

대부분 생리현상이 아니다), 남녀가 독신주의를 선호하고, 근원적으로 남자와 여자가 서로를 두려움과 공포Fear의 대상으로 인지하는 시대적 풍조에서, 이 『역』의 주장은 우리에게 깊은 반성을 자아낸다. 남·여의 사랑을 근원적으로 경시하고 죄악시하는 것은 모두 서방의 가치관에서 온다. 기독교와 불교가 모두 이러한 가치관에 염습染習되어 있다. 발랄한 청춘의 사랑을 새롭게 구가해야만 할 시대이다!

「대상전」을 한번 살펴보자!

澤上有雷, 歸妹。君子以永終知敝。
택 상 유 뢰   귀 매   군 자 이 영 종 지 폐

연못 위에 우레가 있는 모습이 귀매의 상이다. 연못 위에 우레가 있다는 것은 무엇을 뜻하는가? 연못으로부터 수증기가 증발하여 하늘에 구름이 끼고 그것이 하늘의 기운과 방전하고 우레를 일으킨다는 것을 고대인들도 인식하였다. 그러한 번개, 천둥 현상을 음양의 교합으로 생각하였고, 우리 인간, 남녀간의 사랑 또한 그 기쁨과 환희가 번개 같고 또 천둥과도 같다고 생각한 것이다. 사랑의 환희처럼 더 큰 우레가 어디 있으랴!

군자는 이 귀매의 상을 본받아 우선 그 끝(終)을 영속永續하는 시간의 한 고리로서 생각한다. 남녀의 결합에는 끝이라는 것이 없다. 끝이 끝이 아니라 영속의 한 고리라는 것을 깨닫는 것이다. 끊임없이 이어지는 생성을 위하여, 종終(죽음)을 알면서도 결혼을 하는 것이다. 종료와 영속은 상반되는 개념 같지만 음양의 우주에서는 종료가 곧 영속이 되는 것이다. 끝남을 영속으로 만드는 것이 "영종永終"이다. 영이 타동사이다.

다음에 나오는 "지폐知敝"야말로 귀매괘의 지혜에 속하는 명언이다. 결혼을 해서 아이를 낳는 것은 새로움을 창출하는 것이지만 그것은 동시에 자신들이

"낡아져 버린다는 것을 아는 것이다." "지폐知敝"의 "폐敝"는 "해질 폐"이다. 나의 존재는 새로움을 창출만큼 낡아져 죽음을 향하는 것이다. 그것을 아는 것이 곧 삶의 지혜이다.

"택상유뢰澤上有雷"라는 자연현상에서 "영종永終"(끝남을 영속시킴)과 "지폐 知敝"(나의 존재의 해짐을 앎)라는 인생의 교훈을 도출해내는 「대상전」 저자의 지혜야말로 진실로 위대하다 말하지 아니할 수 없다. 이 단의 해석은 거의 모두가 송유의 도덕주의적 말폐에 빠져있다. Alas!

괘사

歸妹, 征凶。无攸利。
귀 매 정 흉   무 유 리

여기 귀매歸妹는 그냥 "시집가는 여자" 일반을 가리키며 특정한 계급이나 신분의 규정이 없다. 뿐만 아니라 결혼제도에 관한 규정도 없다. 절도 있는 질서를 전제로 한 점漸괘와는 사뭇 다르다. 귀매歸妹의 "귀歸"가 과연 무엇을 의미하는지에 관한 규정도 다양할 수밖에 없다. 우리 말에 "시집간다"라는 표현은 남성 가부장제도 중심의 개념이다. 여자가 자기가 살던 집을 떠나 시집(남자의 집)으로 간다는 뜻이니, 그것은 남성 중심의 개념이다. 그 반면에 "장가간다"라는 표현은 남자가 자기 살던 집을 떠나 장가(장인의 집)로 간다는 뜻이니 이것은 당연히 모계중심의 혼인구조를 반영하는 말이다. 실제로 우리나라 결혼풍습은 이 "시집간다"와 "장가간다"의 혼합형태였다. 율곡도 여섯 살 때까지는 외가인 오죽헌에서 자랐다. 이것도 장가감과 시집감이 섞인 시스템에서 나온 삶의 행로이다.

귀매괘를 보면 위의 진震괘가 장남長男이고, 아래의 태兌괘가 소녀少女이다. 소녀가 장남을 따라나선다는 것은 이 양자의 결합이 정식결혼이 아니라는 것을 나타낸다. 함괘咸卦에서처럼 소남少男과 소녀少女가 서로 느끼는 것과는 상황이 다르다. 귀매는 고조선의 여인이다. 용맹스럽게 주체적으로 사랑을 찾아 모험을 감행한다(征). 그러나 어린 여인에게 찾아오는 세태는 흉운만을 안겨준다(凶). 이로울 일이 아무것도 없다(无攸利). 그러나 고조선의 여인은 용맹하다. 독자적으로 자기 운명을 개척해나갈 것이다. 부창부수夫唱婦隨의 운명에 복속되지 않는다.

효사

初九: 歸妹以娣。跛能履。征, 吉。
초 구 귀 매 이 제 파 능 리 정 길

맨처음의 양효: 젊은 여인이 시집을 가는데 정처의 신분으로 제대로 시집가는 것이 아니고 언니 시집가는데 세컨드로(개부介婦) 얹혀간다(歸妹以娣). 이것은 마치 절름발이가 제대로 걷는 사람의 뒤를 쩔뚝쩔뚝 따라가는 것과도 같다(跛能履).

그러나 初九는 양효이면서 양위陽位에 있으니 그 기세가 정당하다. 사실 한 여인의 일생이라는 것이 꼭 정처로 시집을 가야만 행복이 보장되는 것은 아니다. 소녀少女가 장남長男에게 꼬심을 받아 시집간들 불행의 덫만 기다리고 있는 것은 아니다. 이 절름발이와 같은 개부介婦로서의 결혼이지만 당당하게 전진해나가면 행운이 찾아오리라(征, 吉).

운명의 장난에도 굴하지 않고 자기의 정당한 길을 개척해나가는 고조선의 여인의 정의로운 모습을 그리고 있다. 사랑은 제도적 구속을 초월한다. 고려시대만 해도 현종은 공주절도사 김은부의 세 딸을 다 왕비로 맞이한다. 자매간에 처첩의 구분이 없었다. 처첩제도가 종법질서와 관련하여 폭력성을 지니게 된 것은 조선왕조 초기로부터였다. 고려시대만 해도 결혼제도는 매우 융통성이 있었다.

여기 初九에 나오는 "파능리跛能履"와 九二에 나오는 "묘능시眇能視"는 그 표현이 리괘履卦의 六三 효사에 나왔다. 여기 중간에 있는 "능能"은 "이而"라는 접속사로 바꾸어 읽는 것이 옳다. "절룩거리면서 걷고" "애꾸눈이면서 본다"는 뜻이다: "파능리跛能履," "묘능시眇能視。"

귀매괘의 효사의 해석에 있어서 주의할 점은 효의 음·양에 관계없이 효의 주체를 귀매, 즉 시집가는 여자로 보아야 한다는 것이다. 타괘의 경우, 양효이면 남성, 음효이면 여성이라는 레퍼런스가 없을 수 없지만, 여기서는 양효, 음효를 막론하고 시집가는 여자를 주체로 해서 효사를 해석해야 한다는 것이다. 初九부터 이미 양효였지만 그 양효는 잉첩을 가리키고 있었다. 양효는 그 여인의 강한 덕성을 가리키는 것이다. 이러한 해석의 입장을 왕필이 취했고 정이천·주희가 따랐다. 나도 그렇게 생각한다.

九二: 眇能視, 利幽人之貞。
구 이 묘 능 시 리 유 인 지 정

두 번째 양효: 九二는 양강陽剛하며, 中을 얻고 있다. 현명하고 중용의 미덕을 지닌 여인이다. 뿐만 아니라 六五와 음양 바르게 상응相應하고 있다. 그러니까 九二는 六五의 정부인正夫人의 모습이다. 그러나 그의 남편인 六五는 음유하고 位가 正하지 않다. 그러니까 九二를 주체로 해서 상황을 판단해보면 배우자가 시원찮은 것이다. 남편이 띨띨하니, 아무리 능력있는 여인으로서 내조의 공을 발휘하려고 해도 그것은 한계가 있다. 이러한 한계상황을 효사는 "묘능시眇能視"라고 표현했다. 애꾸눈으로 아무리 잘 보려고 노력해도 볼 수 있는 한계가 있다는 뜻이다.

먼 곳에 있는 사태는 초점이 맞질 않는다. 그렇다고 이러한 상황에 대하여 실망하고 타락하고 정절을 훼손한다면 그것은 재앙이다. 고조선의 여인은 강인하고 줏대가 있다. 자기의 지조를 지키면서 숨어있는 은자隱者로서 지내는 강인한 모습을 "유인幽人"이라고 표현했다. 이 표현은 리괘履卦 九二에 이미 나왔다. 바르게 걸어가야 할 인생의 길을 상징하는 중용을 얻은 사람의 길이다. 리괘의 九二와 귀매괘의 九二는 상통하는 점이 있다. 유인幽人으로서 자신의 미래를 하느님께 물어보아라! 이로울 것이다(利幽人之貞). 여인이 유인幽人으로서 점을 친다는 것 자체가, 귀매괘는 여성이 주체적으로 남성에 의존하지 아니하고 자신의 길을 개척한다는 의미를 내포하고 있다.

九二의 효사에 "귀매歸妹"라는 말이 등장하지 않은 것은 九二는 이미 정처正妻이며 시집가는 여인이 아니기 때문이다.

六三: 歸妹以須。反歸以娣。
육삼 귀매이수 반귀이제

세 번째 음효: 六三은 음유하여 강고强固한 정절을 지키는 그러한 강직한 여인이 아니다. 양위陽位에 음효로서 있으니 不正하고 中을 지났으니 不中하다. 여기서 귀매(시집가려고 하는 젊은 여자)의 입장에서 "不中"하다고 하는 것은 이미 중용을 잃은 것이며 그것은 정절貞節을 잃는 것이다. "귀매"라고 하는 것은 어디까지나 정실로서 시집가고자 하는 젊은 여성이다. 그러나 이 여인은 아랫괘의 최상위에 있는데, 이 하괘 자체가 태兌☱괘이니까 열說의 속성이 있다. 즉 음분淫奔의 열락說樂을 향유하는 여인이라는 뜻이다. 그런데 六三은 상괘에도 應하는 상대가 없다. 같은 음효이니 반향이 없다.

이 귀매는 아무도 그를 맞이하려 하지 않는다. 그러니 이 귀매는 기다릴 수밖에 없다. "귀매이수歸妹以須"의 "수須"는 "기다린다"는 뜻이다. 정이천의 말대로, 갈 곳이 없는 것이다(수須는 기다림이다. 기다림은 갈 곳이 없다는 것이다. 須, 待也。待者, 未有所適也). 갈 곳이 없을 때, 어디로 가나? 귀매는 집(친가)으로 돌아간다(反歸). 그리고 언니 시집가는데 붙어갈(以娣) 생각을 하면 된다.

효사를 정리하여 번역하면 이와 같다: **시집가려는 이 여인은 열락을 향유하면서 기다린다. 이 여인을 데려가려는 남자가 없다. 기다린다. 갈 곳이 없다. 처량하게 기다리기만 할 이유가 있나? 내 집으로 돌아가자! 그리고 언니 시집가는데 붙어 가자!**

"수須"자를 도덕적으로 정당하지 못한 천賤한 여인으로 보는 다양한 주석이 있으나 그것은 후대의 도덕관념에 의한 도학적 편견의 투영일 뿐이다. 자유분방한 여인의 행태조차도 『역』에서는 도덕적 엄격주의moral rigorism의 판단대상은 아니다. 六三의 효사는 그냥 객관적 사태로 읽는 것이 옳다. 성모랄에 얽매이지 않은 여성들의 역사도 인류사의 중요한 테마이다. 남성권위주의의 폭력적 구조 속에서 파악되어서는 아니 된다.

九四: 歸妹愆期, 遲歸有時。
구 사   귀 매 건 기   지 귀 유 시

네 번째 양효: 九四는 양효이니 강강剛한 덕성의 소유자이다. 그런데 전 효를 여성을 주체로 해서 해석해야 한다고 했으니, 이 여성은 매우 굳센 정절貞節을 지니고 있다는 뜻이다. 이 여인은 현명하고 강하고 신분이 높은 사람이다(원래 대신大臣의 자리). 그런데 하괘에 正應하는 자가 없다. 初九는 陽이며 應하지 않는다. 그러니까 이 여인에게는 적당한 배우자가 없다는 뜻이다. 품격과 지성과 실력과 지위를 갖추었는데 적당한 배우자를 찾지 못하는 상황은 지금도 비일비재하지만, 옛날에도 상황은 동일했던 모양이다.

그러니까 이 귀매괘는 시집을 가려고 하는 여성의 실존적 상황existential situations을 다양하게 묘사하고 있는 것이다. 이 고품격의 여인을 묘사한 말은

"귀매건기歸妹愆期"이다. "건愆"은 "때를 놓치다," "지나치다"는 뜻이다. "귀매건기"는 "시집가려는 여인, 혼기를 놓쳤다"는 뜻이니 곧 "올드미스"가 되고마는 여인에 관한 이야기가 된다. "올드미스"에게 쏟아지는 이야기는 "야! 너 빨리 시집가라!" "프라이드 좀 그만 세워라!" "적당히 타협하고 빨리 시집가는 게 상수다!" 이런 유형의 이야기일 것이다. 그러나 『역』의 위대함은 어디까지나 여성을 주체로 한 괘이므로 여성중심으로 이야기한다는 것이다.

혼기가 늦추어진 것(遲歸)은 너의 잘못이 아니다. 적당한 배우자가 없었기 때문이다. 혼기를 놓친 여자에 대한 성인의 가르침은 결코 혼기를 놓친 사실에 대한 부정적인 판단을 내포하고 있지 않다. 성인은 그 정당한 이치를 미루어 이렇게 말씀하신다: "여자가 어진데도 혼기가 지난 것은 기다림이 있기 때문이다."(聖人推理, 以女賢而愆期, 蓋有待也.『程傳』).

최종적인 판단은 이러하다: 기다리다 보면 반드시 때가 온다(有時).『역』은 여성의 입장에서 희망을 말한다. 운명의 카이로스를 함부로 재단하지 말라! 실기했다고 어설픈 타협을 하지 마라!

점을 쳐서 이 효사를 만난 사람은 서둘러 사업을 성공시키려고 노력하지 말지어다. 때를 기다려라!

六五: 帝乙歸妹。其君之袂, 不如其娣之袂良。
육 오   제 을 귀 매   기 군 지 메   불 여 기 제 지 메 량

月幾望。吉。
월 기 망   길

다섯째 음효: 六五는 유순柔順하고 중용의 덕을 구비한 여자로서는 최상위의 고귀한 신분의 여자이다. "매妹"를 "왕희王姬," 즉 천자의 딸이라고 주석을 하지만 실제로 여기의 귀매는 정이천이 그냥 일반화시켜서 말한 대로 이해하는 것이 가장 좋다: "六五는 존위尊位에 거했으니, 여기 귀매는 소녀少女 중에 귀하고 높은 자를 일컫는다. 六五居尊位, 妹之貴高者也。" "제을귀매帝乙歸妹"라는 표현은 11번째 태泰괘 ䷊ 의 六五 효사에 거의 여기의 표현과 동일한 맥락에서 나왔다. 그리고 내가 이미 충분한 해석을 가하였다.

"제을帝乙"은 은나라의 특정한 왕을 가리키는 고유명사가 아니다. 그냥 "신성한 을 아무개"라는 뜻이다. 그가 천자天子라는 보장도 없다. "제帝"는 신성Divinity을 나타내는 추상명사일 뿐 제위帝位를 지칭하지 않는다. 그러나 고귀한 신분의 사람임에는 틀림이 없다. 그러니까 귀매괘는 시집을 가는 여자의 다양한 케이스를 나열하면서 인간세의 파노라마를 그리고 있는 괘인데, 이 六五는 아주 고귀한 신분의 여자가 시집가는 상황을 그리고 있는 것이다. 객관적인 기술이라기보다는 그 당위성을 말하고 있는 것이다.

"제을귀매帝乙歸妹"는 "지체 높은 아무개가 그 딸을 시집보내려 하고 있다"라고 번역될 수 있다.

그런데 六五는 九二와 응효관계이다. 그러니까 六五는 씩씩하고 중용의 미덕을 보유한 九二에게 시집을 간다. 그것은 쏘시알 모빌리티social mobility의 측면에서 보자면 윗계층의 신분에서 아랫계층의 신분으로 이동하는 것이다. 귀매가 만약 천자의 딸이라고 한다면 이 결혼은 어차피 강가降嫁(낮추어 간다)의 사례가 된다. 굳이 강가가 아니라 하더라도 고귀한 신분의 딸이 타가他家로 시집갈 때에는 화려한 부귀의 상을 지니면 안된다. 오직 겸손하고 자기를 낮추어 예의에 맞게 행동하는 것이야말로 그 진정한 고귀함을 나타내는 것이다.

예를 숭상하고 꾸밈을 숭상하지 않는 귀매의 존귀함은 귀매가 시집가는 의상에서부터 드러난다. 그녀가 입은 소매자락의 담박함(其君之袂)은 그녀와 같이 가는 잉첩이 입은 소매자락의 아름다움에도 영 미치지 못한다(不如其娣 之袂良). 여기 "메袂"는 소매, "량良"이란 따라가는 잉첩의 소매의 장식의 아름다움을 가리킨다.

최수운집안의 큰집인 경주 최부자댁의 가훈계율 중에 이런 조條가 있다: "시집온 며느리들은 3년 동안 무명옷을 입게 하라. 그리고 시집올 때 은비녀 이상의 패물은 허락지 아니한다."

그 다음에 "월기망月幾望"이라는 표현이 나온다. "망望"이라는 것은 "보름 달" 즉 만월滿月을 가리키는데 그것은 음陰의 지성至盛을 의미한다. 음이 지성하여 그 극極에 달하면 양과 대립하는 세를 과시할 수도 있다. 달은 "부덕婦德"을 상징한다. "달이 만월에 가깝다月幾望"는 뜻은 "만월에는 이르지 않는다"는 것을 의미한다. 이 귀매는 고귀한 여자이지만 절대 영만盈滿하여 귀교貴驕하면 안된다는 것이다. 만월에 가까운 고귀한 여인이지만 만월이 되어서는 안된다. 그만큼 자신을 드러내지 않고 비울 줄 알아야 한다는 것이다. "기망幾望"하니 吉하다! 고귀한 여인일수록 자신을 비우고 소탈하게 살 때만이 행복할 수 있다.

上六: 女承筐无實。士刲羊无血。无攸利。
상 육   여 승 광 무 실   사 규 양 무 혈   무 유 리

맨꼭대기 음효: 이 효사가 말하고 있는 것을 요약해서 말하면 결혼괘의 한 극단적 사례를 예시하는 것이다. 결혼이라는 것은 성사만 되는 것이 아니라 파혼이 되는 것도 결혼이라는 이벤트의 중요한 측면인 것이다. 본시 六의 자리는 모든 것이 지나쳐서 좋은 자리가 아니다. 여기 上六은 그 應하는 자가 六三이지만

【54】
歸妹

서로가 음이래서 감응하지 않는다. 고대사회에 다양한 혼례의 과정이 있지만 최종단계는 "현구고례見舅姑禮"라는 예식으로 마무리지어 진다(어른을 뵙는 것이므로 "현"으로 발음한다). 친영의 예를 신부의 집에서 치루고 난 후에, 시집으로 가서 신랑과 신부가 아침 일찍 시부모를 처음으로 뵙는 예가 현구고례이다. 이 현구고례에는 신랑신부가 바구니를 들고 가는데 그 바구니 속에는 대추와 밤이 들어있다. 대추는 "조棗"라 하는데 그것은 일찍을 의미하는 "조무"의 뜻이다. 밤은 "율栗"이라 하는데 그것은 떨림을 의미하는 "慄"과 상통한다. 시부모를 뵙고 앞으로 일찍 일어나 가사를 보살피고 항상 떨리는 마음으로 조심해서 살겠다는 중요한 서약식을 치루어야만 결혼은 완결되는 것이다.

이 서약을 하기 전에 신랑은 뒤뜰의 사당으로 가서 양의 목을 따서 피를 받어, 그 피를 땅에 붓는 예식을 해야 한다. 上六의 효사는 이렇게 시작한다: 신부는 광주리를 들었으나 그 속에는 대추와 밤이 없고(女承筐无實), 신랑은 사당에 가서 조상 면전에서 양의 목을 베었으나 피가 나오지 않는다(士刲羊无血). 이로울 바가 아무것도 없다(无攸利).

이상의 해석이 혼례의 과정으로 보면 자연스럽지만, 단지 현구고례는 친영례 이후의 절차이므로 무리가 있다고 보는 견해도 있다. 그래서 승광承筐과 규양刲羊의 예식을 친영 이전의 어느 단계에서 종묘에서 행하는 예식으로 간주하는 것이다.

바구니가 비었고 양 목에서 피가 나오지 않았다는 것은 무엇을 의미하는가? 파혼을 의미하는 것이다. 결혼이 성립할 수 없다는 것을 상징적으로 선언하는 것이다. 上六과 六三의 교제는 근원적으로 성실하지 않았고 서로가 서로에게 적당한 상대가 아니었던 것이다. 『역』은 파혼마저 결혼의 한 중요한 사례라고 하는 것을 제시하고 있는 것이다. 『역』은 후대의 도덕관념으로 해석해서는 아니 될 것이다. 자유분방한 고조선 사람들의 풍속을 전제로 하지 않으면 그 핵심적 의미를 유실하기 쉽다.

55

리하離下
진상震上 뢰화 풍 豐

Abundance, Fullness

괘명 "풍豐"은 우리 일상언어에서 많이 쓰는 글자이다. 그냥 글자만 쳐다봐도 알 수 있듯이, 제기祭器(＝두豆) 위에 음식(서직黍稷의 종류)이 풍성하게 담겨져 있는 모습이다. 풍요로운 제사가 진행중이다. 풍성豐盛, 풍요豐饒, 풍만豐滿, 풍부豐富, 풍족豐足, 풍년豐年 …… 우리 일상생활에서 너무도 빈번하게 쓰이는 단어들이 이 풍 자와 관련되어 있다. 풍은 풍성함, 충만함을 의미한다. 그런데 왜 하필 이 "풍"이라는 글자가 64괘 중의 하나가 되어야만 했을까? 귀매에서 풍으로 넘어오는 과정은 실제로 아무런 상수적인 필연성이 없다. 하여튼 『역』의 저자는 이 풍이라는 주제를 인간세의 주요한 문제로서 끄집어내어 역의 무대에 올린 것이다.

 풍으로 구성된 단어들만 보아도 기분이 좋다. 가슴이 뿌듯해진다. 간난과 고난은 우리 삶에 주어졌을 때 오히려 별 걱정이 없다. 그 고난을 극복하기 위하여 온갖 노력을 기울이기 때문이다. 그리고 그 극복과정을 통하여 도덕적 교훈을 얻는다. 그런데 사실 풍요, 풍성, 풍대함도 마찬가지 문제가 개입된다는 것을 우리 어리석은 인간이 너무도 모른다. 풍성, 풍요, 충만함은 어떠한 경우에도 오래 지속될 수 없다는 것이 『역』의 이치이다. 미국의 부富도,

한국 자본가의 풍대함도 결코 오래 지속될 수 없다. 이 풍요를 맞이하고 엔죠이하고 어느 정도 지속시키는 데는 매우 고도의 철학이 필요한 것이다. 이 풍괘는 풍요의 윤리(Ethics of Abundance)를 가르치기 위하여 『역』의 무대에 올라온 것이다.

풍의 괘상은 리하진상離下震上이다. 상괘인 진震은 동動, 하괘인 리離는 명明의 성질이 있다. 총명한 기운을 밑바닥으로 하여 움직여 나아가면 성대함에 이를 수 있다. 또 윗괘인 진震은 우레, 아랫괘는 불. 이 괘 전체는 섬광과도 같은 것이다. 번갯불이 천지를 비추는 모습, 양기陽氣의 극성함을 나타낸다. 그러나 바로 이 심볼리즘이야말로 성대함은 번개와 같은 순간이라는 것을 말해주고 있는 것이다. 성대한 것은 반드시 쇠망하는 것이 천지의 법칙이다. 그러나 성대함은 모든 인간의 로망이요 바램이다. 그 성대함에 처하는 지혜에 관하여 풍괘는 우리에게 가르침을 주고 있는 것이다.

「서괘전」은 풍의 등장에 관하여 다음과 같이 말한다: "귀매歸妹는 돌아감이다. 돌아갈 곳을 제대로 얻으면 반드시 성대해진다. 그래서 풍괘로 받은 것이다. 풍豐이라는 것은 크다(大)는 것이다. 得其所歸者必大, 故受之以豐。豐者, 大也。"이에 대하여 이천은 다음과 같이 설명하고 있다:

物所歸聚, 必成其大, 故歸妹之後, 受之以豐也。豐, 盛大之義。爲卦, 震上離下。震, 動也; 離, 明也。以明而動, 動而能明, 皆致豐之道。明足以照, 動足以亨, 然後能致豐大也。

사물이 제자리로 돌아가 모이게 되면 반드시 그 큼을 이룬다. 그러므로 귀매괘 후에 풍괘가 오게 된 것이다. 풍괘의 풍豐은 성대함의 뜻이다. 풍괘의 괘상을 살펴보면, 위에는 진震이 있고 아래에는 리離가 있다. 진은 동動이고, 리는 명明이다. 밝음으로써 동하고, 동함으로써 능히 밝을 수 있으니, 이것은 모두 풍대함을 이룩하는 도道이다. 밝음이 족히 비출 수 있고, 동함이 족히 형통케 한다. 그러한 연후에 능히 풍대함을 달성할 수 있는 것이다.

「대상전」은 무어라 말할까? 「대상전」의 저자는 상象 그 자체로써만 의미를 끌어낸다. 풍성하다는 괘명에도 큰 관심이 없는 것 같다.

> **雷電皆至, 豐。 君子以折獄致刑。**
> 뢰 전 개 지　풍　　군 자 이 절 옥 치 형

우레(상괘)와 번개(하괘)가 함께 이른 모습이 풍괘의 상이다. 군자는 풍괘의 상을 본받아(以) 소송을 판결하고(折獄), 형벌을 집행(致刑)한다. 번개와 같은 밝음(하괘)으로 공평하고 빠르게 판결을 내리면 시비곡직是非曲直이 바른 내용을 얻게 되고, 우레와 같은 위엄으로(상괘) 형벌을 집행하면, 형의 경중대소輕重大小가 반드시 그 죄의 실상에 들어맞는다. 위威와 밝음明이 같이 행하여지는 것이 바로 풍괘의 모습이다. 번개와 천둥의 신이며 또 법의 신이기도 한 서방의 제우스Zeus와 비슷한 상이라고도 하겠으나, 제우스는 정의감이 없고 중용의 미덕을 모른다.

> **괘사**
>
> **豐, 亨。 王假之。 勿憂, 宜日中。**
> 풍　형　　왕 격 지　　물 우　의 일 중

풍요로운 시대이다! 이때는 무엇을 해야 할까? 풍요로운 시대에는 풍요로운 제사를 지내 온 국민에게 나누어주는 것이 상책이다(豐, 亨). 이 제사에 누가 올까? 이 제사를 진정으로 주관할 수 있는 제주는 천자밖에는 없다. 정이천은 말한다: "격假은 온다는 것이다. 천위天位의 존엄성이 있고, 사해의 풍부한 물산을 관장하고, 뭇 백성의 숫자가 많고, 왕도의 위대함, 그리고 지극히 풍요로운 도를 다 구현하고 운용할 수 있는 자는 오직 왕자王者밖에는 없다! 假, 至也。天位之尊, 四海之富, 群生之衆, 王道之大, 極豐之道, 其唯王者乎!"　"假"는 우리말로 "이를 격"이라 훈한다.

이러한 지극한 풍요를 누릴 수 있는 자는 왕밖에는 없다. 그러나 풍요는 본시 우려할 일이 많다. 사람이 많아 복잡하고, 물질이 성대하여 안일과 타락에 빠지기 쉬운 풍요의 시대는 걱정투성이이다. 그러나 우려하지 말라(勿憂)! 해가 중천에 떠서 그 광명이 미치지 않는 곳이 없는 것처럼 왕자王者의 명덕明德이 두루두루 미치도록 할지어다. 그리하면 만사가 형통하리라(宜日中: 해가 중천에 떠있음이 마땅하다). 성인의 도는 차되 넘치지 않으며, 높되 위태롭지 아니하다. 해처럼 그 밝음이 스며든다.

初九: 遇其配主。雖旬无咎。往有尙。
초 구　우 기 배 주　수 순 무 구　왕 유 상

맨처음의 양효: 初九는 양효이며 九四의 陽爻와 응하는 사이이지만 둘 다 양이기 때문에 상식적으로는 적응敵應이래서 상응相應하지 않는다. 그러나 역에는 고정불변의 법칙은 없다. 이 괘가 어디까지나 풍괘라는 사실을 전제로 해서 생각해야 한다. 初九는 하괘 리명離明의 시작이고, 九四는 상괘 진동震動의 시작이다. 풍豐괘는 명明과 동動이 상부상조하여 성대함을 이룩한 괘이므로, 명明이 없으면 비추는 것이 불가능하고, 동動이 없으면 잘 가는 것이 불가능하다. 그러기 때문에 初九의 명명과 九四의 동동은 서로 형形과 영影, 표表와 리裏의 관계를 이루어 협력하지 않을 수 없다.

이 양자의 관계양상에 관하여 정이천은 이와같이 말한다: "오직 풍괘의 初九와 九四는 그 쓰임이 서로 의자依資하고 그 응함이 서로 이루어준다. 그러므로 비록 똑같이 양강陽剛함에도 불구하고 서로 따라서 화합한들 아무런 허물이 있을 수 없다. 대저 밝음이 아니면 동動이 갈 바를 모르고, 또 동動이 아니면 명明은 베풀 곳이 없다. 서로 의지하여 그 쓰임을 이루니, 같은 배를 타도 북방의 오랑캐와 남쪽의 월나라 사람이 한마음이 되고, 같은 난리를 겪어도 원수가 협력하여 극복하니, 일의 추세가 그렇게 만드는 것이다. 唯豐之初四, 其用則相資, 其應則相成。故雖均是陽剛, 相從而无過咎也。蓋非明則動无所之, 非動則明无所用, 相資而成用。同舟則胡越一心, 共難則仇怨協力, 事勢使然也。"

좀 장황한 설명이지만, 같은 양끼리도 얼마든 화합하여 풍성한 결과를 낼 수 있다는 메시지를 강하게 발한다. 이렇게 양과 양이 만날 경우 初九는 九四를 배주配主라 부르고(初九는 九四를 배配라 한다), 九四는 初九를 이주夷主라 부른다(九四는 初九를 夷라 한다). 이 명칭은 그대로 암기해두는 것이 좋다("배주配主"는 협력하는 상대 일반을 가리키며, 반드시 결혼상대를 의미하는 것은 아니다).

初九는 우연히 자기의 도움을 필요로 하는 배주配主인 九四를 만난다(遇其配主). 九四를 만나는 것은 행운이다. 그러나 그 행운이 늦게 찾아온다 한들(九四를 만나는 일이 열흘 정도 늦어졌다 한들) 그것으로 인해 재앙이 발생하는 것은 아니다(雖旬无咎). 初九여! 적극적으로 나아가라! 그대가 적극적으로 나아가 九四를 성심성의껏 도우면, 九四로부터 사랑을 받고 또 존경을 얻게 되리라(往有尙: "尙"은 존경을 받는다는 뜻).

初九는 하위에 있는 현인賢人으로 九四와 덕德을 같이 할 수 있는 인물이다. 九四는 현실적으로 대신大臣의 위치에 있으며 군주를 보좌하고 있다. 그러므로 初九의 강직하고 깨끗한 보좌가 있으면 힘을 합하여 군주를 보좌하여 나라의 성대함을 이룩할 수 있을 것이다.

점을 쳐서 이 효사를 만나는 자는 동지를 규합하라! 동지를 잘 규합하여

성심껏 대의를 도모하면 성공하리라!

> ## 六二: 豐其蔀。日中見斗。往, 得疑疾。有孚發若, 吉。
> 육 이　풍 기 부　일 중 견 두　왕　득 의 질　유 부 발 약　길

두 번째 음효: 六二는 음효로서 유순하고 位가 正하다. 따라서 그 뜻(志)이 바른 인물이다. 더구나 아랫괘 리離괘 ☲의 주효主爻로서 지극히 밝은 덕을 지니고 있다. 총명하기 그지없는 군자. 크게 쓰일 수 있는 인물이다. 그런데 그는 六五의 군주와 應의 관계에 있다. 六五는 유약하고 암매暗昧하기 그지없는 군주이다.

풍요로운 시기를 맞이하여 六二는 六五의 군주를 만난다. 그러나 六二의 재능은 군주에게 인정받을 길이 없고, 그의 총명한 덕을 사회대의를 위하여 발휘할 방도가 없다. 六五 군주의 암매暗昧한 인격상태를 효사의 저자는 매우 문학적으로 표현했다. 그 군주의 암매한 꼴이란 마치 온 창문을 거적때기로 만든 빈지문(비바람을 막기 위해 덧대는 문. 차양)을 꽉꽉 닫아서 대낮인데도 꼭 북두칠성을 보는 것 같다. 빈지문을 풍성하게 한다(豐其蔀). 일중日中에 북두칠성을 보는 듯하다(日中見斗).

이런 표현은 암군에 의한 암흑의 세상을 비유적으로 암시하고 있는 것이다. 사실 이 세상의 많은 능력있는 자들이 이렇게 깝깝한 환경 속에서 살고 있다. 그렇다고 六二와 같은 총명한 인물이 六五에게 나아가서(往) 열심히 일하면 소용이 있을까? 아서라! 부질없다. 그대는 의심만을 받고, 질시의 대상만 될 것이다(得疑疾). 권력자들은 실력자들을 증오할 것이다.

이제 어떻게 할 것인가? 직접 그들의 정사에 참여하지 말고 성심성의껏, 너의 내면의 진실을 밝혀 그들을 어떤 방식으로든지 계발시키는 노력을 하라(有孚發若: "發若"은 "발몽發蒙"의 뜻). 그리하면 길吉하리라!

점을 쳐서 이 효를 만나는 자, 오해를 받고 위해危害를 당할 위험이 있다. 은인자중隱忍自重하여 때를 기다려라!

"일중견두日中見斗"는 논리적으로 말끔하게 해석되는 것 같지는 않다. "견두見斗"(북두칠성을 본다)의 사태는 어디까지나 창문 밖의 야외공간에서 이루어지는 사건이고, 어둡다는 사태는(풍기부) 실내의 사건이기 때문이다. 그러나 "대낮에 북두칠성을 보는 듯한 어둠이 깔렸다" 정도로 해석하면 적당히 연결은 된다.

하여튼 "일중日中"과 "견두見斗"라는 정반대의 사태를 하나의 인과사태로 연결시키는데 『역』의 논리성의 특징이 있다. 그 인과에는 수많은 인과가 농축된다. 나는 언젠가 "『논어』도 선禪이다"라는 말을 한 적이 있는데, 결국 공안公案이나 화두話頭와 같은 선禪의 언어가 『역』에까지 올라가야 할 것 같다는 생각이 든다. 인도인들은 그런 비약을 별로 사랑하지 않았다.

> ## 九三: 豐其沛。日中見沫。折其右肱。无咎。
> 구 삼　풍 기 패　일 중 견 매　절 기 우 굉　무 구

세 번째 양효: 여기 "패沛"에 관해서는 여러 설이 있으나 이미 왕필이 "햇빛을 가리는 큰 장막"이라고 주석을 달았으니 그 뜻을 존중함이 옳다(沛, 幡幔。所以禦盛光也。沫, 微昧之明也。). "매沫"는 빛이 별로 드러나지 않는 별이니, 잔별이다. 잔별이 보인다는 것은 그만큼 어둠이 더 심한 것이다.

九三은 양강陽剛하며 뜻(志)이 정의롭다. 九三은 하괘, ☲ 명명의 극상에 해당되며 문명文明의 덕德이 있다. 그런데 應하는 上六의 爻가 암우暗愚한 소인물小人物이며 또 位가 없기 때문에, 九三을 기용할 능력이 없다. 九三은 자신의

역량을 발휘할 방도가 없다. 참으로 깝깝하다.

여기 "풍기패豐其沛, 일중견매日中見沫"라는 표현은 六二의 "풍기부豐其蔀, 일중견두日中見斗"보다 훨씬 더 어둠이 짙어진 세상 분위기를 나타낸다. 북두칠성이 보이는 것보다는 잔별이 보이는 것이 더 어둠이 짙은 것이다. 그리고 장문만을 거석으로 가린 것보다는 휘상을 전체석으로 둘러친 섯이 너 선제적인 어둠을 강조한 것이다.

왜 이런 메타포가 이 괘를 지배하고 있을까? 풍성의 시대Age of Abundance 일수록 어둠의 시대Age of Darkness가 찾아올 가능성이 짙다는 역설을 역은 말하려는 것이다. 풍성, 풍요, 풍대를 나타내는 이 괘에 어둠을 짙게 까는 이유는 바로 풍성 그 자체가 인간을 옥죄는 어둠일 수 있다는 진리를 설파하고 있는 것이다.

인간의 신체 중에서 팔뚝(肱)이라고 하는 것은 힘을 발현하기에 가장 편리한, 그리고 가장 강력한 부위이다. "절기우굉折其右肱"(그 오른쪽 팔뚝이 부러졌다)이라는 것은 한 인간이 자신의 힘이나 역량을 발휘할 수 있는 몸의 근거가 사라졌다는 것을 의미한다. 역량이 있어도 역량을 발휘할 수 없다. 보통 사회적리더의 "오른팔" 노릇을 한다는 것은 그를 좌지우지할 수 있는 역량 있는 자리를 차지한다는 것을 의미한다. 九三은 上六을 도우려 해도 오른팔이 골절되어 힘을 쓸 수가 없다.

그러나 이러한 상태는 九三 본인의 잘못이라기보다는 上六의 암우暗愚(어리석음)에 기인한 것이다. 九三은 여전히 강인하고 명철한 이성을 유지하고 있다. 그러므로 義에 있어서 허물은 없다(无咎).

그러나 정이천은 마지막 "무구无咎"에 대하여 매우 이색적인 해석을 내렸다:

사람의 행위가 잘못된 곳이 있으면, 사람은 항상 그 허물을 돌릴 곳을 찾는다. 그리고 말하곤 한다: 이것 때문에 이렇게 되었다. 그런데 움직이고자 하는데 오른 팔뚝이 없어졌고, 일을 하고자 하는데 위로 의지할 곳이 없다면 이것은 본인이 근본적으로 무능하기 때문인 것이다. 다시 뭔 평계를 댈 수 있으리오? 여기 "무구无咎"라고 한 것은 허물을 돌릴 곳이 없음을 말한 것이다.

人之爲, 有所失, 則有所歸咎。曰由是故, 致是。若欲動而無右肱, 欲爲而上無所賴, 則不能而已, 更復何言? 无所歸咎也。

"무구"의 해석으로서는 매우 독특한 해석이다. 행위의 결과는 행위의 주체인 본인의 책임이며, 그 허물을 타인에게 귀속시킬 수 없다는 실존주의적 책임성을 강조한 것이다. 송명유학의 중요한 측면이며 실존주의적 사유가 이미 근세유학neo-Confucianism의 바탕에 있었다는 것을 말해준다. 이것은 근세유학에 있어서도 특히 정주계열의 사유에 강렬했던 측면이다. 조선조의 유학은 이러한 실존주의적 책임론을 자신의 반성보다는 이단을 때려잡는 방편으로 사용하였다는 비판을 모면키 어렵다.

九四: 豐其蔀。日中見斗。遇其夷主。吉。
구 사 　풍 기 부 　 일 중 견 두 　 우 기 이 주 　 길

네 번째 양효: 九四는 양강陽剛의 대신大臣이다. 不中不正하다. 六五의 음유陰柔한 군주와 친하다. 九四는 강직한 본성을 지키고는 있지만 九四가 모시고 있는 六五의 세계는 어둡다. 그 어둠을 표현하는 말이 六二의 효사의 앞 두 구절과 동일하다. "부蔀"는 거적때기 덧문이다. 거적때기 덧문을 풍성하게 덮어 온통 세상이 어둡다(豐其蔀). 대낮에 북두칠성을 보는 듯하다(日中見斗). 이러한 어두운 세상에 九四가 할 일은 무엇인가? 상괘의 사람들이 꾀할 수

있는 구원의 길은, 아랫괘의 타락하지 않은 사람들과 연합하여 정의로운 길을 가는 것이다. 아랫괘의 사람들은 타락하지 않은 민중이다. 九四에 있어서 "이주夷主"는 應하는 자리에 있는 初九를 가리킨다. 앞서 이미 말했듯이 풍괘에 있어서는 양효와 양효가 힘을 합쳐서 풍대함을 이룩할 수 있다(호월일심 胡越一心이라 했다).

여기 "이주夷主"라는 표현은 "동일한 평면의 주인"이라는 뜻으로 "평등"의 관념을 나타낸다. 九四가 初九를 "평등한 주체"로 파악한 말이 곧 "이주夷主"라는 표현인 것이다. 九四는 자기를 낮추어 初九에게로 내려가 그를 만난다(遇其夷主). 둘은 서로 합심하여 일을 도모한다. 吉하다!

이 효사를 만나는 사람은 자기를 고집하지 않고 아랫사람들의 조력을 겸허하게 수용할 것이다. 풍요의 시대일수록 윗사람이 아래로 내려가서 아랫사람들과 진실을 도모하는 노력이 필요하다. 그렇지 않으면 풍요는 허세가 된다.

六五: 來章。有慶譽。吉。
육 오 래 장 유 경 예 길

다섯 번째 음효: 六五는 풍괘 전체의 괘주卦主이다. 음효이면서 양위에 있으니, 正하지 못하고, 강정剛正한 덕이 없는 우유부단의 암군暗君이다. 우리나라 부잣집일수록 자녀가 정신 못 차리는 경우가 많고, 대기업의 가족들이 암담한 경우가 많다. 풍요로운 미국에 위대한 정치지도자가 빈곤한 실정도 유사한 상황에 속한다. 그러나 효사의 저자는 풍괘의 괘주의 운명을 저열하게 끝내지는 않았다. 암울하기는 하지만 그래도 상괘의 중앙에 있으니 중용의 미덕을 견지하고 있고, 또한 六二의 명철한 이성을 가진 하괘의 현인이 있다. 상괘는 뢰동雷動의 덕이 있으니 자신의 암담한 처지를 벗어나는 움직임의 행동을 해야 한다. 움직여 나아가야 한다. 어디로 가는가? 六二는 정응正應하지는 않는다.

그러나 응應하는 위위位에 있으니 六五는 六二에게 갈 수밖에 없다.

六五는 아래로 가야 한다. 상쾌에서 하쾌로 가는 것을 "래來"라 한다. 그것은 자기를 비우는 것이요, 군주의 위상을 낮추는 것이다. 아래 누구에게로 가나? "장章"에게로 간다. "장章"은 곤괘 六三에서 말한 "함장含章"의 "장章"이다. 문장의 아름다움이요 문명의 미덕이다. 장章은 곧 六二를 가리킨다. "래장來章"은 六二에게로 내려온다, 六二에게로 찾아간다라는 뜻을 내포한다. 암군과 냉철한 현자와의 만남, 풍쾌의 아름다운 상징이다. 이 둘이 만나는 것은 모든 사람의 경복慶福이다. 모든 사람들이 이 둘의 만남을 칭송할 것이다(有慶譽). 吉하다.

> 上六: 豐其屋。蔀其家。闚其戶, 闃其无人。
> 상 육　풍 기 옥　부 기 가　규 기 호　격 기 무 인
>
> 三歲不覿。凶。
> 삼 세 부 적　흉

맨꼭대기 음효: 上六은 성대의 괘의 극점이다. 上六은 또한 상괘 ☷ 동動의 극점이다. 하쾌의 밝음이 여기까지 미치지 않기 때문에 동動은 바른 방향을 잃는다. 풍요의 시대의 극치는 보통 건물사치로 나타난다. 여기 "옥屋"이라는 것은 지붕의 처마를 나타낸다. "풍기옥豐其屋"이란 건물의 처마를 하늘높이 치솟게 한다는 뜻이다. 그러니까 솟을대문에 어마어마하게 높은 처마를 만든다. 건물의 허세를 나타내는 표현이다. 그런데 그렇게 건물이 커지고 드높아질수록 그 집의 내부는 점점 어두워진다. 공간이 커지면 사람이 아기자기하게 살 수가 없고, 호화롭고 사치스러운 생활만 하다보니 병들고 지쳐서 쇠폐衰弊해지고 만다. 그러나 그 집 전체를 거적때기 빈지문을 쳐놓은 것처럼 어둡기만 하다(蔀其家). 풍요의 시대를 대표하는 상징언어가 바로 이것이다: 풍기옥豐其屋, 부기가蔀其家! 건물만 거대해지고 그 속은 점점 어두워지기만 한다. 핵심을 찌른 명언이다.

그 속이 어떨까? 문틈으로 살짝 규탐해보아도(闚其戶), 극히 적막감만 휘돌고 쓸쓸하여 사람이 보이지 않는다(闃其无人).

그 다음에 "삼세부적三歲不覿"이라는 말이 나온다. "적覿"은 우리말로 "볼 적"이라 훈하는데, "상견相見," "현시顯示"의 뜻이다. 이것은 문자 그대로는 삼 년 동안을 그 안을 늘여다봐도 사람이 보이지 않는다는 뜻이지만, 그 실상은 그 속에 사는 사람들이 격절되어 삶의 방식을 전혀 변화함이 없이 퇴행해버리고 마는 비참한 현실을 적나라하게 묘사한 것이다. 세상 변한 것을 모르고 그 고대광실의 어두움 속에서 사람과의 교섭이 없이 고사枯死해 버리고 마는 것이다. 풍요, 풍대, 풍성의 최후결론은 이것이다: 凶!

황제국 발해의 웅대한 황성문루, 흑룡강성 영안시寧安市

| 56 |

간하艮下
리상離上 화산 려旅

The Wanderer,
Life in Foreign Lands

[괘명] "려旅"는 요즈음 말로 해도 "여행"이다. "려旅"라는 글자는 갑골문, 금문에 있는데 그 형태는 깃발을 들고 여러 사람이 전진하는 모습이다(𣃨). 씨족의 깃발을 들고 씨족의 군단이 멀리 출행하는 모습이다. 지금도 이러한 의미가 남아있어 군대의 단위를 "려旅"라고 하는데(軍旅, 旅團), 500명을 하나의 "려"라고 한다. 옛날에는 여러 사람(衆)이 외지에 나가서 숙식(旅寓)하는 경우가 거의 없었으므로, 려旅의 움직임이 "여행"의 의미를 갖게 된 것이다. 지금은 여행Traveling이 관광Sight-seeing의 의미, 그리고 오락의 의미를 갖고 있으며, 또 일상의 스트레스를 푼다는 맥락에서 매우 포지티브한 의미를 지니고 있지만, 옛날에는 "여행"이란 매우 부정적인 의미를 지니는 사태였다.

『노자』80장에도 이상국가의 모습이 그려지고 있는데 그 중의 키 컨셉 중의 하나가 "여행이 없는 사회"이다(使民重死, 而不遠徙。雖有舟輿, 無所乘之). 공영달의 소疏에도 이렇게 해설한다: "려旅라는 것은 객客으로서 타지에 기탁한다는 것을 이름하는 것이니, 기려羈旅의 칭稱이다. 자기 본래 삶의 터전을 잃고 타방他方에서 기탁해서 사는 삶을 려旅라고 하는 것이다. 얽매인 려일 뿐이니 구차스럽게 간신히 생존하는 것뿐이요, 새롭게 자리를 마련한다 한들, 그것은

광대光大할 수는 없는 것이니 려旅의 의미는 소극적일 수밖에 없다. 旅者, 客寄
之名, 羇旅之稱, 失其本居, 而寄他方。謂之爲旅。旣爲羇旅, 苟求僅存, 雖得自通, 非
甚光大, 故旅之爲義, 小亨而已。"

려旅의 동기는 죄로 몰린 것을 피하기 위한다든가, 살림을 망해 먹은 실의
의 사태라든가 하는 부정적인 동기가 걸려있고, 또 옛날에 여행이라는 것은
요즈음처럼 즐거운 것이 아니라 간난고로艱難苦勞의 상징이었다. 자동차나
기차를 타고 가는 것이 아니고, 괴나리봇짐 하나 등에 걸머지고, 험저險岨한
산봉우리를 두발로 넘고넘어 자기가 전혀 모르는 타향이나 타국으로 가는
것이니 그 불안감은 이루 말할 수 없다. 이 려괘는 고대인의 삶의 중요한 테마
였던 려에 관해 이야기한다. 자기 본거지를 떠나 타향에 몸을 기탁하는 도리에
관하여 이야기하는 것이다.

려의 괘는 간하리상艮下離上이다. 윗괘는 불(火), 아랫괘는 산(山)이다. 산 위로
불이 붙어가는 모습인데, 산은 움직이지 않으니 려사旅舍의 모습이고, 불은
계속 붙어가며 움직이니 여행자의 모습이라고 한다. 실제로 이 려괘에는 군
대나 전쟁에 관한 것은 언급되지 않는다. 「서괘전」은 풍괘 다음에 려괘가 오는
이유(※실제로는 반대괘일 뿐)를 다음과 같이 설명한다: "풍괘의 풍은 풍대하다는
의미이다. 그 풍성함을 극대화시키면 결국 자기 본거지를 잃게 된다. 그래서
방황하는 려괘旅卦로 받게 된 것이다. 豐者, 大也。窮大者, 必失其居, 故受之以旅。"
이에 대한 이천의 해석은 다음과 같다.

豐盛, 至於窮極, 則必失其所安。旅所以次豐也。爲卦, 離上艮下。
山, 止而不遷; 火, 行而不居。違去而不處之象。故爲旅也。又麗乎
外, 亦旅之象。

풍성함이 궁극에 달하게 되면 반드시 자기가 안주할 수 있는 본거지를
잃게 된다. 그래서 려괘가 풍괘 다음에 오게 된 것이다. 려괘의 모습을

살펴보자! 리☲가 위에 있고, 간☷이 아래에 있다. 산山은 멈추어 움직이지 않는 것이 그 특성이지만, 불火은 계속 다니면서 일정한 거처를 두지 아니한다. 전체적으로 떠나가며 한군데 처하지 아니하는 상象이다. 그러기 때문에 려旅라고 한 것이다. 또한 리괘가 밖(외괘)에 걸려 있는 듯한 모습은 역시 나그네의 모습이다.

「대상전」은 무어라 말하고 있을까?

> **山上有火, 旅。君子以明愼用刑, 而不留獄。**
> 산 상 유 화　려　군 자 이 명 신 용 형　이 불 류 옥

산 위에 불이 있는 형상이 려괘의 모습이다. 군자는 이 려괘의 모습을 본받아(以) 아주 명쾌하게(상괘의 속성, 명明, 밝음), 그리고 또 신중하게(하괘의 속성, 지止, 신중함) 형刑을 적용하는데 확실하게 벌줄 사람은 벌을 주고 또 용서할 사람은 확실히 용서하여 재판을 질질 끌지 아니한다. 재판을 질질 끌지 않는다는 것은 엄형주의(severe punishment)보다는 관용주의(leniency)를 표방하는 것이다.

「대상전」 전체를 통해 이以 앞의 심볼리즘이 어떠하든지간에 이以 이후의 경륜정책에 있어서(경륜의 개념, 준괘屯卦) 형벌이나 사법제도와 관련된 괘가 6개나 있다: 서합噬嗑, 비賁, 해解, 풍豐, 려旅, 중부中孚. 그 6개의 권유를 나열하면 다음과 같다.

서합: 先王以明罰勅法。

비: 君子以明庶政, 无敢折獄。

해: 君子以赦過宥罪。

풍: 君子以折獄致刑。

려: 君子以明愼用刑, 而不留獄。

중부: 君子以議獄緩死。

주어는 서합의 경우가 선왕先王이고 나머지는 다 군자君子이다. 상象의 공통점이 있는 것도 아닌데 계속해서 이 형벌에 관한 관심을 쏟아내는 것은 「대상전」 작자가 정치의 핵심을 형형刑으로 보고 있다는 사실을 드러내는 것이다. 고대의 법法은 민법 중심이 아닌 형법 중심의 체계이다. 그런데 정치의 핵심은 뭐니뭐니해도 군주의 역량에 달려있다. 군주제도의 군주는 절대적 권력의 소유자라고 하지만, 그 절대적 권력은 오직 형법이 받쳐줄 때에만 힘을 발휘할 수 있는 것이다. 군주는 입법・사법・행정의 삼권三權을 모두 장악한 존재이다. 그렇기 때문에 이 군주제도하에서는 군주 자신이 장악한 형정刑政이 명철하고 신속하게 돌아가야만 좋은 정치가 되고 또 현명한 중용의 군주가 되는 것이다.

법의 판단은 명료해야 하며, 밝아야 하며, 신속해야 하며, 가장 중요한 것은 관용성을 과시해야 한다는 것이다. 군주제도하에서는 법의 집행은 소수를 위하여 가혹하게 처리되기 십상이다. 그래서 위대한 군주는 관용의 미덕을 지녀야 한다는 것이 「대상전」 작자의 철학이다. 그래서 "무감절옥无敢折獄"이니, "유죄宥罪"니, "불류옥不留獄"이니, "완사緩死"니 하는 말들이 계속 나오고 있는 것이다. 군주제도하에서의 왕도의 완성은 실제로 사법체계에 있어서 자애慈愛의 요청에 대한 수용으로만 가능한 것이었다.

괘사

旅, 小亨。旅貞, 吉。
려 소 형 려정 길

려旅라는 것은 교통이 미개未開한 과거 세계에 있어서는 신고간난辛苦艱難의 길이다. 친척붕우로 둘러싸인 본거지를 떠나 낯선 곳으로 가는 미지의 여로이다. 이러한 여로를 앞둔 그대로서는 제사를 지내는 것이 옳다. 그것도 크게 지내지 말고 부담없이

조촐하게 성의를 다하여 지내라(小亨). 그리고 여로에 관하여 하느님의 의지를 물어보아라(旅貞). 그것은 하느님께 드리는 예배니라. 吉하다.

———— ❦ ————

기존의 해석들은 졸拙하고 궁색하다.

初六: 旅, 瑣瑣。斯其所取災。
초 육　려　쇄 쇄　사 기 소 취 재

맨처음의 음효: 初六은 양위에 음효로서 있다. 려괘의 출발, 최하위에 있다. 음유하여 기가 약한 소인물小人物이다. 그래서 初六은 여행이라는 것이 미지의 세계에 대한 도전이요, 인생의 새로운 경지를 개척할 수도 있는 모험Adventure이라는 것을 알지 못한다.

이제 여행을 떠나는 마당에(旅), 初六이라는 소인은 자질구레한 계산만 하고 앉아있고 곰상스럽게 걱정만 하고 있다(瑣瑣). 훌훌 털고 떠나는 기상이 없다. 그래서 오히려 이것 때문에(斯: 쇄쇄한 걱정) 웅심雄心이 마멸磨滅되어 재앙을 불러일으킨다. "사기소취재斯其所取災"를 직역하면 "소소한 마음, 이것 때문에 재앙을 취하는 바 된다"이다.

———— ❦ ————

"사斯"를 왕필은 "천지역賤之役"이라고 보았다. 여행 자체가 천한 일을 하는 것이라고 생각했다. 나는 그러한 해석을 취하지 않는다. 여행은 실운失運의 소치이지만 행운의 출발일 수도 있다.

六二: 旅即次。懷其資。得童僕。貞。
육 이　려 즉 차　회 기 자　득 동 복　정

두 번째 음효:六二는 유순柔順하며 中正을 얻고 있다. 려괘 여섯 효 전체 중에서 가장 좋은 조건을 구비한 훌륭한 효이다. 여행은 이제 좋은 여관에 머무는 단계에 이르렀다(旅卽次). "즉卽"은 "이르렀다"는 뜻이고 "차次"는 여관(旅 舍)을 의미한다. "즉차卽次"는 "좋은 여인숙에 머무는 것"을 의미한다. 그리고 더욱 좋은 것은 노잣돈이 가슴속에 두둑이 있다는 사실이다(懷其資). "자 資"는 여비를 의미한다. 또한 행복한 사실은 순결한 어린 남자종을 얻었다는 것이다(得童僕). "동복童僕"은 죄를 저지른 적이 없는 순결한 남자아이를 의미한다. 여행에 가장 큰 복은 좋은 시종을 얻는 일이다. 그래야 노잣돈도 유지가 된다. 그 다음에 있는 "정貞"은 나는 괘사의 "려정길旅貞吉"의 축약태로 본다. 여행에 관하여 점을 치면 길하다는 뜻이다. 九三의 "정려貞厲"와 대비의 짝을 이루는 표현으로 "정길貞吉"의 뜻이다. 하여튼 여행의 과정이 순조롭다는 뜻이다.

九三: 旅, 焚其次。喪其童僕。貞厲。
구 삼　려　분 기 차　상 기 동 복　정 려

세 번째 양효:九三은 양효이면서 양위에 있으니 位가 바르다. 그러니까 그 마음씀새는 기본적으로 정의롭다. 그러나 너무 강강剛强하고 中을 벗어나 있다. 그러니까 三의 자리가 가지는 불안한 속성이 이 九三에게는 있다. 하괘의 최상위에 있으면서 자신만의 고고한 정당성을 주장하는 경향이 있다. 그러나 여행길에 나온 사람은 자신을 죽일 줄 알아야 한다. 타향에 있는 것이다. 유순겸손한 자세로 일관해야 하는 것이다.

九三의 효사는 이렇게 시작한다. 여행중에(旅) 묵은 여관을 태워버렸다(焚其 次). 그냥 자동사로 그 여관이 불타버렸다라고 해석할 수도 있겠지만 이것은 사실이라기보다는 여관이 불타버려 안정된 숙소도 확보하지 못한 상태에 대한 메타포로서 이해해야 할 것이다. 게다가 좋은 동복구실을 해주던 그 사내

아이마저 도망가버렸다(喪其童僕). 이것도 너무 강강하기 때문에 사람을 대하는 방식이 부드럽지 못하고 또 암암리 고고한 자기 프라이드를 너무 내세워 그 밑에서 사람이 일할 생각이 없기 때문에 생긴 일일 것이다. 이러한 상태에서 이 여행에 관하여 하느님의 뜻을 물으면 위태로운 일만 있게 된다(貞厲). 六二와 九三은 대비되는 정황이다.

九四: 旅于處。得其資斧。我心不快。
구 사   려 우 처   득 기 자 부   아 심 불 쾌

네 번째 양효: 九四는 양강陽剛하면서 음위에 있다. 따라서 타향에서는 유순하게 행동해야 한다는 그 필요성을 잘 알고 있으면서, 그 강강한 성품을 잃지 않는다. 그러나 四에 있지만 중용의 덕을 얻은 사람이라고 말할 수 있다.

여기 처음 나오는 "려우처旅于處"라는 말은 여행중에 한 곳에 줄곧 안정적으로 머물 수 있는 곳을 찾았다는 의미이다. "우于"는 "여기에서"의 뜻이다. 따라서 새로운 직장을 얻은 셈이다. 려旅라는 것이 본거지를 잃고 떠도는 나그네의 여정 즉 기려羈旅(타향살이)이므로 먹고살기 위해서는 새로운 보금자리를 마련해야 한다.

그 결과로 자부資斧를 얻는다(得其資斧). "부斧"를 "자資"와 같은 뜻에서 그냥 돈으로 보는 해석도 있다. 옛날의 동전이 도끼형태가 있었기에 자부는 자금이라고 해석하면 족하다는 것이다. 어떤 주석가는 문자그대로 "도끼"로 보는 사람도 있다(길가는 데 쓰는 도구). 그러나 나는 "부斧"는 권력의 상징으로 해석한다. 새로운 직장을 얻어서 그 나름대로의 자금과 권력을 획득했다고 보는 것이 문맥의 흐름상 부드러운 해석이다.

그러나 자금과 권력은 진정 자기가 속한 사회를 개혁하기 위하여, 왕도를

실천하기 위하여 필요한 것인데 九四는 지금 어디까지나 기려羈旅의 신臣으로서 주체적인 자기역량을 발휘할 길이 없다. 그래서 九四는 말한다: "내 마음, 유쾌하지는 못하오. 我心不快." 제선왕을 떠나는 맹자의 우울한 마음을 연상케 한다(「공손추」하의 말미에 수록되어 있음. 나의 책, 『맹자, 사람의 길』上 pp.291~299).

나의 책, 『맹자, 사람의 길』上 pp.291~299

六五: 射雉一矢亡。終以譽命。
육 오   석 치 일 시 망   종 이 예 명

다섯 번째 음효: 우선 여기 六五는 군위君位에 있으나 군君이 아니라는 사실을 깨달아야 한다. 六五는 어디까지나 타향살이를 하고 있는 려인旅人이다. 六五는 리괘☲의 중앙이요, 리괘의 주효主爻이다. 리離는 밝음, 즉 문명文明의 덕이 있다. 六五는 음효이기 때문에 유순하다. 그러면서도 中을 얻고 있으니 문명의 덕을 한 몸에 지니고 있는 탁월한 인물이다.

「설괘전」의 심볼리즘 리스트에 의하면 리괘의 동물상징은 꿩이다. 여기 꿩은 숫꿩을 모델로 했을 것이다. 그 문양이 너무도 아름답기 때문이다. 문명이란 결국 문양이다. 자연에 대한 수식이 결국 문명이다. 문명文明의 문文은 무늬 문紋과 통하고 문자 문文과 통한다. 문명은 언어와 무늬이다. 그것을 여기 효사의 저자는 꿩에 비유했다.

꿩을 쏜다(射雉)는 것은 "꿩을 획득한다"는 의미이다. 꿩을 획득한다는 것은 문명 속에 자기자리를 찾는다는 의미이다. 그것은 곧 이 려인이 타관에서 능력을 인정받아 주요한 포스트를 차지한다는 얘기다. 그러나 그 과정은 어려움이 많다. 꿩을 쏜 첫 화살은 꿩을 놓치고 만다(一矢亡: 첫 화살에 사라지다). 여기 "일시망一矢亡"에 관해 다양한 주석이 많다.

정이천은 한 화살에 꿩을 죽게 하여 발사함에 맞지 않음이 없다(發无不中)라고 했고, 또 어떤 이는 화살을 쏘아 맞혔는데 꿩이 화살맞은 채 날아가버려 첫 화살을 잃어버렸다고 주석한다. 모두 실제와 의미맥락에 부적합하다. 꿩의 몸집은 화살맞은 채 날아갈 수 있는 몸집이 아니다. 이천의 해석은 "종終"(결국 에는)이라는 단어의 맥락을 살리지 못한다.

나는 첫 화살은 꿩을 맞히지 못했다로 해석한다(주희의 주석이 나의 생각과 같다). 비록 첫 화살은 꿩을 맞히지 못했으나 결국은 꿩을 맞혀 예명을 얻는다(射雉一 矢亡。終以譽命。). 여기 "예명譽命"은 "명예名譽"와 "작명爵命"이다. 타관에서 의 삶이 힘들기는 했지만 결국 그곳에서도 탁월함과 문명의 덕, 중용의 덕을 인정받아 명예와 작위를 얻는다. 외국에 살면서 그곳에서 명예와 작명을 얻 는 많은 탁월한 한국인의 모습을 연상케 한다. 九四의 "아심불쾌我心不快"에 비하면 六五의 "종이예명終以譽命"은 그 위상이 격상된 것이다. 고구려인들의 프런티어정신, 새로운 세계의 개척이다.

上九: 鳥焚其巢, 旅人先笑後號咷。喪牛于易, 凶。
상 구 조 분 기 소   려 인 선 소 후 호 도   상 우 우 역   흉

맨꼭대기 양효: 이 효사의 표현은 우리에게 낯익다. "선소후호도先笑後號咷"는 13번째 동인同人괘의 九五 "선호도이후소先號咷而後笑"로 나왔고, "상우우역 喪牛于易"은 34번째 대장大壯괘의 六五 효사에 "상양우역喪羊于易"으로 나왔 다. 순서가 바뀌거나 글자 하나를 바꾸거나 했지만 그 의미구조는 정확히 일 치한다. 기존의 나의 설명을 같이 참고하는 것이 좋을 것이다. 이 上九 효사를 보면서 느끼는 것은, 『역』의 효사 전체가 부분부분 꼴라쥬collage(별 관련 없는 것을 이것저것 그러모음)한 결과가 아니라, 매우 일관된 기도와 언어의 기획 속에서 유기적인 통일성을 과시하고 있는 작품이라는 것이다. 참으로 놀라운 언어 배치가 아닐 수 없다.

맨처음에 나오는 말, "조분기소鳥焚其巢"는 上九의 분위기, 그리고 려旅괘의 전체적 분위기의 결말을 리얼하게 그려내고 있는 표현이다. 문자 그대로 그 것은 "새가 그 높은 가지 위에 있는 둥지를 태운다"는 뜻이다. 새가 가지 위의 둥지를 불살라버리는 일은 실제로는 불가할 것이다. 이것 또한 다양한 의미를 전하는 메타포이다.

上九는 양강陽剛하며 려괘의 궁극에 있다. 여기 "소巢"의 이미지는 上九가 낯선 땅에서 이미 최상의 위치로 상승했다는 것을 의미한다. 그러나 그렇게 타관에서 높게 올라가는 것은 바람직하지가 않다. 많은 질시가 따르고 모함 이 따른다. 上九는 콧대를 높이며 나뭇가지 위에서 세상을 깔보지만, 그것은 결국 자기가 스스로 그 보금자리를 불살라버리는 비극적 상황을 연출하게 된다는 것이다. 기려羈旅로서의 삶은 어디까지나 겸손謙遜이요, 겸양謙讓이 다. 처음에는 의기양양하게 높은 둥지에 앉아 웃었겠지만, 나중에는 흐느껴 운다(旅人先笑後號咷).

뿐만 아니다! 이 려인은 국경지역에서 소를 잃어버린다(喪牛于易). 소는 유 순柔順의 덕을 상징한다. 국경지역에 왜 왔는지는 구체적으로 말할 수 없지 만 하여튼 불안한 위치에 놓인 것만은 확실하다. 그곳에서조차 강한 힘과 유 순의 상징인 소를 잃는다는 것은 최악의 사태를 상정할 수밖에 없다. 그가 그곳에서 축적한 부도 운반이 불가능할 것이다. 하여튼 구체적인 드라마는 독자 스스로 만들어 나가야 할 것이다. 려괘는 결국 풍괘와 더불어 凶으로 끝난다.

1982년 내가 하바드대에서 박사학위를 끝냈을 때, 나는 려괘의 上九를 생각 했다. 그리고 귀국의 념을 굳혔다. 높은 가지 위에 둥지를 틀지는 않으리라! 나의 "소巢"를 나뭇가지 위가 아닌 고국의 흙냄새 속에 마련해준 모교 고려대 학교에 감사의 념을 표한다. 일생 후회없는 결단이었다.

손하巽下
손상巽上　중풍 손巽

Humbleness,
Penetration, Wind

괘명 "손巽"이라는 글자는 우리 생활에서는 쉽게 만나지지는 않다. "巽"이라는 글자의 윗부분은 두 사람이 나란히 무엇을 하고 있는데, 아무래도 음악에 맞추어 춤을 추는 형상일 것이다. 그 밑에 있는 "共"자는 신전 앞의 무대를 가리킨다. 역시 이 글자도 신전에서 제사를 지내는 것과 관련이 있다는 것은 너무도 확실하다. 그래서 신전에 음식을 올리게 되면, "찬撰," 그리고 "찬饌"과 같은 글자로 발전하고, 춤추는 사람은 "선僎"이라 하고, 춤추는 모습을 "선선選選"이라고 한다. 이 글자의 자형은 『역』에서 말하는 자의와 크게 직접적인 관련은 없으나, 겸손하다, 낮춘다, 들어간다는 의미는 제사드리는 자세와 관련될 것이다.

손괘巽卦☴는 일음一陰이 이양二陽의 밑에 들어가 있다. 그래서 손巽의 성질에는 입入, 복伏의 의미가 있다. 일음이 이양 아래로 들어가 엎드리고 있으니, 겸손, 유순의 의미가 생겨난다.

「서괘전」은 려괘旅卦 뒤에 손괘巽卦가 오는 이유를 그럴듯하게 말한다: "려괘의 려인旅人은 결국 아무도 그를 받아들여 주지 않는다. 그래서 손괘巽卦로

〔57〕
巽
☴

받은 것이다. 손손巽이란 받아들인다는 의미이다. 旅而无所容, 故受之以巽。巽者, 入也。"이에 대한 이천의 설명은 다음과 같다. 간결하다:

羈旅親寡, 非巽順, 何所取容。苟能巽順, 雖旅困之中, 何往而不能入。巽所以次旅也。爲卦, 一陰在二陽之下, 巽順於陽, 所以爲巽也。

나그네가 되어 친지가 거의 없는 판에 손순巽順한 덕성이라도 지니지 않는다면 누가 그를 수용할 수 있으리오? 만약 손순하기라도 한다면 여행의 곤요로움 속에서도 어디 간들 수용되지 않을까보냐! 손괘의 괘구성을 살펴보면, 일음一陰이 이양二陽 밑으로 들어가있다. 그것은 양陽에게 손순하는 것이니, 그래서 손괘가 된 것이다.

「대상전」을 한번 보자!

隨風, 巽。君子以申命行事。
수 풍 손 군 자 이 신 명 행 사

"수隨"는 연속된다는 뜻이다. 바람이 불고 또 바람이 분다. 바람이 연속되는 모습이 손괘巽卦의 모습이다. 바람의 특징은 구석구석 아니 미치는 데가 없이 분다는 것이다. 군자는 이 손괘의 형상을 본받아 우선 명령을 계속해서 바람처럼 발하여 아니 미치는 곳이 없이 충분히 숙지시켜야 한다(申命). 그리고나서야 실제로 그 명령을 시행하는 사업을 행하여야 한다(行事).

옛날에는 백성이 뭔 일이 일어났는지, 어떤 정책의 변화가 있는지도 모르고 일방적으로 당하기만 하는 상황이 많았다. 정보가 소통이 되지 않았던 것이다. 『논어』 12-19에는 "君子之德風, 小人之德草。草上之風, 必偃。"라는 말이 있다. "통치자의 덕은 스치는 바람과도 같고, 백성들의 덕은 풀과도 같다. 풀 위에 바람이 스치면, 풀은 누울 뿐이로다"라고 해석될 수 있다. 이 말 때문에 우리 일상용어에 "민초民草"라는 말이 생겨났는데, 나는 "민초"라는 말을 들을 때마다 기분이 나쁘다. 그 말의 속뜻은 고려치 아니하고 겉모양만으로 얘기하고 있고, 기본적으로 민중의 연약함, 통치권력에 쉽게 당하는 수동적 성격을 강조하고 있기 때문이다.

여기서 말하는 진정한 뜻은 민民의 정당한 권리를 말한 것이다. 민의 알 권리, 행사行事 전에 통지받을 권리를 지적한 것이다. 『논어』 「안연」편의 의미도 보다 적극적으로 해석할 필요가 있다. 『논어』의 사상이 먼저인지, 「대상전」의 언어가 먼저인지, 그 선후는 알 수 없으나 아무래도 역의 사상이 선행했을 것 같다.

"민초"라는 말을 생각없이 따라 쓰는 언어습관은 재고될 필요가 있다. 한문에도, 중국어에도 별로 활용되는 단어가 아니다. 우리나라에서 이 말을 쓰게 된 것은 일제강점기를 통하여 에도시대 문필가들이 쓰던 용례를 별 생각없이 받아들인데서 비롯된 것이다. 김수영은 풀의 이미지를 새롭게 창조적으로 규정하였다. 김수영도 "민초"라는 말은 쓰지 않았다. 민民을 연약한 풀, 권력의 바람에 나부끼는 풀로만 이해하게 만드는 이 기분나쁜 단어를 계속 써야 할지는 독자들이 알아서 판단하기 바란다. 나는 "민초"라는 말은 심히 듣기 거북하다. "먹거리"니 "민초"니 하는 말들이 모두 잘못된 최근의 조어라는 것을 국민여러분들이 숙지하시기를 빈다.

괘사

巽, 小亨。利有攸往。利見大人。
손 소 형 리 유 유 왕 리 견 대 인

손괘의 시대는 겸손, 겸양의 시대이다. 이 괘는 初六과 六四가 중심이다. 음효가 주체이면서도 이양二陽의 밑으로 들어가 겸손하게 따른다. 아무래도 양(大)이 주체가 아니고 음(小)이 주체이기 때문에 하느님께 지내는 제사도 거창하지 않게 소규모로 지내는 것이 좋다. 음유陰柔의 재목은 양강陽剛의 조력을 얻어가며 일을 하는 것이 좋다. 그래서 "리유유왕利有攸往"이라고 한 것이다. 즉 겸손한 자세로 전진하는 데(往) 리가 있다는 것이다. 그러나 음이 양을 따를 때는 양이 누구인지를 알아야 한다. 부귀권력만을 탐하는 양이 되면, 그 따라감은 불행한 결과를 낳는다. 그래서 반드시 양은 대인大人이어야만 한다. 천지조화의 법칙을 관통하여 보편적 가치를 추구하는 대인이어야 한다. 그래서 "대인을 알현하는 데 리가 있다"(利見大人)고 말한 것이다.

점을 쳐서 이 괘사를 만나는 사람은 타인을 따라가는 것이 좋다. 그러나 반드시 그 타인은 대인이어야 한다.

효사

初六: 進退。利武人之貞。
초 육　 진 퇴　 리 무 인 지 정

맨처음의 음효: 初六은 음유하며 位가 正하지 않다. 최하위이므로 미천한 지위에 있다. 그리고 들어가 쑤셔박히는 형상이기 때문에 주체적으로 무엇을 결단하는 자세가 결여되어 있다. 이러한 初六의 상태를 효사의 작자는 "진퇴進退"라고만 표현했다. 들락날락하며 아무런 결단을 내리지 못한다는 뜻이다.

이에 대하여 효사는 "무인지정武人之貞"이라는 처방을 내린다. "무인의 점"이라는 뜻인데, 이것은 무인은 떨어진 명령을 곧바로 수행하는 견고한 자세를 지녔다는 것이다. 무인이 점을 치면서 행진의 진로를 개척해나가듯이, 무인다운 기질로 밀고 나가는 데 리가 있다는 뜻이다(利武人之貞).

九二: 巽在牀下。用史巫紛若。吉无咎。
구 이　 손 재 상 하　 용 사 무 분 약　 길 무 구

두 번째 양효: 九二는 양효로서 강건한 소질을 지니고 있으나 음위에 있기 때문에

유화柔和하다. 그리고 하괘의 중을 얻고 있으니 중용의 덕을 소지하고 있는 자로서 손순巽順의 도道를 행하는 사람이다.

효사는 이렇게 시작한다: "九二는 겸손하게 침대 아래 엎드려 있다(巽在牀下)." 침대라는 곳은 九二 자신이 가장 편하게 느끼는 곳이다. 그 아래에 엎드린다는 것은 극도의 겸손을 나타낸다. 어떤 주석가는 九二가 初六의 아래에 엎드리는 모습이라고 하지만 그것은 별 근거가 없는 낭설이다. 九二는 하느님 앞에 엎드려 제사를 지내는 것이다. 그래야 다음의 사무史巫 얘기와 연결이 된다. 정이천은 "제사를 지내는데 사史와 무巫를 많이 쓴다"라고 했는데 그것은 "분약紛若"을 잘못 해석한 데서 오는 오석誤釋이다.

"용사무분약用史巫紛若"에서 우선 "사史"와 "무巫"는 많이 초청될 필요가 없다. 신의 뜻을 사람에게 전하고 사람의 뜻을 신에게 전하는 사史와 무巫는 한 명씩이면 족하다. 더구나 괘사에서 "소형小亨"이라고 말하지 않았는가? 아주 쉽게 말하면 "사史"는 제사에서 언어를 담당하는 사람이다. 그리고 무巫는 춤을 담당하는 사람이다. 사史는 축문, 제문을 통해 사람의 의지를 신에게 전한다. 무巫는 제사지낼 때 가무를 연주하면서 신을 즐겁게 하고, 신탁을 사람에게 고한다. 그러니까 신의 의지를 사람에게 전하는 역할을 한다.

이 괘에서 사史는 九三을 가리키고, 무巫는 六四를 가리킨다. 九三의 사史는 九二의 뜻을 九五에게 전달하고, 六四의 무巫는 九五의 의지를 九二에게 전달한다. 그러니까 九五는 신성Divinity의 상징이고, 九二는 인성Humanity의 상징이다. 이 양자를 왔다갔다 소통시키는 모습을 "분약紛若"이라 표현한 것이다(약若은 어조사. 별 의미 없다). "분약"을 "많다"라든가 "어지럽다"라고 해석하는 것은 모두 오석誤釋이다. 그것은 소통되는 모습이다. 사람의 마음이 하느님께 전달되고, 하느님의 마음이 사람에게 전달되니(用史巫紛若), 吉하여 허물이 없다(吉无咎).

역은 궁극적으로 소통의 체계이다(易窮則變, 變則通, 通則久。「계사」下). 하느님의 마음과 사람의 마음은 반드시 소통되어야 한다. 유대교·기독교는 그 양자를 격절시켜 신의 절대성을 확보하고 인간의 복종성을 강요한다. 루돌프 오토Rudolf Otto, 1869~1937가 말하는 "절대적 타자The Wholly Other"는 궁극적으로 공허하다.

九三: 頻巽。吝。
구 삼 빈 손 린

세 번째 양효: 九三은 양효로서 양위에 있다. 또한 양효로서 하괘의 가장 윗자리에 있다. 지나치게 강강剛强하여 중용을 상실하고 있다. 본질적으로 인간이 오만불손하여 사람들에게 호감을 사지 못한다. 그래서 九三은 겸손유순한 척 하지만 순간순간 마각을 드러내고 오만한 본성을 노출시킨다. 이러한 모습을 "빈손頻巽"이라 표현했다. "자주 겸손한 척 한다"는 뜻이다. 그러나 결국 마각을 드러낼 뿐이요 마음속으로 편안하게 지속적으로 공순恭順한 도道를 지키는 것이 불가능하다. 이러한 자들에게는 부끄러운 일이 따를 뿐이다(吝).

六四: 悔亡。田獲三品。
육 사 회 망 전 획 삼 품

네 번째 음효: 六四는 본시 부끄러운 일에 시달릴 수밖에 없는 인물이지만 자신의 처지를 잘 활용하여 유순하고 또 겸손한 삶을 누림으로써 회한이 다 사라지고 만다(悔亡). 사냥을 나가면 삼품三品(세 등급)에 해당되는 짐승을 모두 잡는 큰 공을 세운다(田獲三品).

六四는 음유하며, 하괘에 正應의 효가 없다. 初六도 음효래서 應하지 않는다.

그러나 강효剛爻인 九三의 위에 올라타고 있다. 六四는 가슴에 회한이 없을 수 없는 존재이다. 그러나 한편 음효로서 음위陰位에 있으니 그 位가 正하다. 또한 상괘의 가장 아래에 있으며 유순하고 겸손한 자세로 양효 밑에 들어가 있으며, 五의 양효와 음양상비陰陽相比하여 유순하게 천자天子인 九五를 섬기고 있다. 이러한 덕성 때문에 가슴에 맺힐 수밖에 없었던 회한들이 사라지고 만다(悔亡). 후천적인 노력에 의하여 자신의 약점을 극복하는 사람의 이야기이다.

여기 "전田"은 밭이 아니라 "사냥佃"을 의미한다. 사냥을 하여 얻는 노획물은 세 종류(三品)로 분류된다. 일품一品은 훈제로 만들어 신에게 바치는 것이고, 이품二品은 빈객을 향응하는 데 쓰고, 삼품三品은 임금의 부엌에 채워놓는 것으로 쓴다. 일품이란 상살上殺이라 하는데, 화살이 심장을 관통한 것이고, 이품은 차살次殺(혹은 중살中殺)이라 하는데, 대퇴나 정강이를 관통한 것이고, 삼품은 하살下殺이라 하는데, 복부를 관통한 것이다.

六四는 회한이 사라질 뿐 아니라, 사냥을 나가서도 삼품三品을 다 획득하는 영예와 대공大功을 세운다. 六四는 순정純正하며 윗사람들을 공경되이 모시고 또 유순하게 행동하는 결과로서 이러한 호운을 맞이하게 되는 것이다.

九五: 貞吉。悔亡。无不利。无初有終。
구 오 정길 회망 무불리 무초유종

先庚三日, 後庚三日。吉。
선 경 삼 일 후 경 삼 일 길

다섯 번째 양효: 지금 우리는 손괘의 시대에 있다. 겸손하고 유순해야 할 시기인 것이다. 그러나 九五는 천자天子의 位이며 임금으로서의 존엄성을 지니고 있고 손괘의 주효主爻로서 모든 명령이 이 九五를 통해 이루어진다. 무조건 겸손하기만 하다 해서 장땡은 아니다. 과한 겸손은 천자의 자리에는 어울리지

않는다. 九五는 양효이며 강건剛建하고, 양위에 있으니 그 位가 정당하다. 그리고 상괘의 중앙에 있으니 강건중정의 덕이 있다.

그러기에 九五가 점을 치면(미래에 관해 물음을 던지면) 모든 조건이 구비되어 있기 때문에 항상 길한 결과가 나온다(貞吉). 그리고 그 마음에 회한이 서릴 수밖에 없는 일들이 모두 소멸하고 만다(悔亡). 이렇게 되면 이롭지 못할 일이 없다(无不利). 九五의 주변에는 복리가 보장된다. 군주로서 새로운 국가사업을 시행하면 "무초유종无初有終"하다. 무초유종이란 처음은 없고 끝은 있다는 뜻인데, 그 실제 의미는 처음에는 사업이 제대로 이루어지질 않다가 나중에는 사업이 잘 진행되어 아름다운 마무리를 짓게 된다는 뜻이다. 무초유종이란 처음에는 반항하는 자도 많고 심복하지 않는 자가 많아 잘 이루어지지 않다가 나중에는 유종의 미를 거두게 된다는 뜻이다.

그 다음에 나오는 "선경삼일先庚三日, 후경삼일後庚三日"에 관해서는 해석의 여지가 많으나 대체로 주석가들이 합의에 도달하고 있다. 18번째의 고괘蠱卦 괘사에도 "선갑삼일先甲三日, 후갑삼일後甲三日"이라는 표현이 있었다. 십간十干, 갑을병정무기경신임계甲乙丙丁戊己庚申壬癸에 있어서 "경庚"은 변경change, 새로운 시작new beginning이라는 의미를 지니고 있다. 경庚을 앞선 삼일三日은 "정丁"이 된다. 그러면 "정丁"은 정녕코, 정중하게, 자세하게의 의미가 들어 있다. 그리고 경庚을 지난 삼일三日은 "계癸"가 된다. 계癸는 헤아리다, 잘 생각하다는 뜻이 있다.

그러니까 새로운 법령을 반포하거나, 새로운 국가시책을 수립하여 시행할 때는 반드시 그 시행일 3일 먼저부터 정중하고 진실하게 그 정당성을 생각하고 그 적합성을 고민한다. 그리고 시행일 3일 후에까지 여러 상황을 잘 규탁揆度하여 시세時勢에 맞는지를 고려하고 또 고려해야 한다. 주희의 해석이 대강 이와같다: "庚, 更也, 事之變也。先庚三日, 丁也; 後庚三日, 癸也。丁, 所

以丁寧於其變之前; 癸, 所以揆度於其變之後。 경은 바꾼다는 것이요, 사태를 변경시켜 새로 시작한다는 뜻이다. 선경삼일은 정일이고, 후경삼일은 계일이다. 정일은 그 변화에 앞서서 정녕히 생각한다는 것을 상징하고, 계일은 그 변화 후에 끝까지 책임지고 계탁한다는 것을 상징한다."

九五가 나라를 운영함에 이와같이 치밀하게 기획하고 끝까지 책임있게 마무리짓는다면 吉하다(先庚三日, 後庚三日, 吉).

上九: 巽在牀下。 喪其資斧。 貞, 凶。
상구   손 재 상 하   상 기 자 부   정   흉

맨꼭대기 양효: "손재상하巽在牀下"라는 표현은 이미 九二의 효사에 나왔다. 의미도 동일. 上九는 손괘의 최상위에 있다. 양효로서 강건한 재능이 있으나, 양효로서 음위에 있으니 그 位가 정당하지 못하다. 따라서 그 뜻(志)도 정당치 못하다. 최상위에 더 갈 곳도 없다. 자신의 삶의 방식을 바꿀 수 있는 여백이 없다. 그는 무조건 침대 아래에 엎드려(巽在牀下) 모든 사람들에게 굴종하며 강건결단의 미덕을 상실하고 만다. 그래서 자신이 지니고 있던 자금(富)과 권력(도끼斧=권력)을 모두 잃어버리고 만다(喪其資斧).

유순하다는 것은 손괘에 있어서는 정당한 것이다. 그러나 유순의 도가 지나쳐 우유부단한 인간이 되어 자기가 원래 지니고 있던 강건한 덕성을 상실할 때는 반드시 흉운이 찾아온다는 것을 경고하고 있다. 上九는 손괘의 극이다. 손巽이 극에 달하면 손이 아닌 강건함으로 전환되어야 하는데 上九는 손순巽順만을 고집하여 오히려 손순의 해를 초래하고 있다. 역은 아무리 위대한 진리라도 고정된 가치관에 복속되면 흉운凶運이 된다는 또하나의 진리를 역설하고 있다. 변통 없는 진리는 없다! 겸손도 결국 凶으로 끝났다. 고조선 사람들의 기상을 느낀다.

58

태하兌下
태상兌上 　중택 태兌

Lake, Joyfulness

괘명 　"태兌" 역시 우리 생활 속에서는 자주 만나지는 글자는 아니다. "태환兌換" 이라는 말이 있으나, 이때의 "태兌"는 교환한다는 뜻인데 당나라 이후에 생긴 말의 뜻이므로 고의古意와는 크게 상관이 없다. 주준성朱駿聲, 1788~1858(강소 소주인, 청 중기 문자학자. 전대흔錢大昕의 제자)은 그의 『설문통훈정성說文通訓定聲』 (대만 유학시절에 결혼기념으로 사둔 책)에서 "兌"는 八+口+人의 세 글자가 합하여 이루어진 회의자會意字라고 한다. 밑부분인 兄은 "사람의 입"이다. 위의 팔八 자는 사람의 입에서 숨이 발산하는 모습이다(八, 象氣舒散). 또 "兄"은 "祝"과 같은 의미라 한다. 兌는 축도祝禱를 할 때 하느님이 내려오는 신기神氣의 모습이며 무축巫祝은 이때에 망아忘我, 탈아脫我의 엑스타시 상태로 들어간다. 그 상태를 묘사하는 말이 "탈脫"이고, 그 상태의 무축의 망아의 경지를 묘사하는 말이 "열悅"이다. 그러한 신적인 떨림mysterium tremendum은 일차적으로 사람의 입을 통하여 말로 표현되기에 "설說"이라 한 것이고, "설說"은 동시에 "열說=悅"이다.

　태의 심볼리즘을 표현한 「설괘전」 11장의 리스트는 다음과 같다: 택澤, 소녀少女, 무巫, 구설口舌, 훼절毁折, 부결附決, 강로剛鹵, 첩妾, 양羊. 태☱는 이양

二陽이 안쪽에 있고 일음一陰이 바깥쪽에, 내강외유內剛外柔하며 기뻐하는 성질이 있다. 천지를 모델로 이야기하면 양기가 속에 가득차 있고, 겉은 음기가 축축하게 감싸고 있어 만물이 기뻐하는 모습이다. 사람으로 말하자면, 성실한 마음이 속에 있어 화열和悅의 도道로써 사람을 사귀니 사람들이 기뻐하고 또 자신도 기쁘게 된다. 기뻐하는 모습이다. 이 괘는 "기뻐함"에 관하여 말하고 있다.

「서괘전」은 손괘 다음에 태괘가 오는 것을(실제로는 반대괘) 이렇게 설명한다: "손巽이라는 것은 들어간다(入)는 뜻이다. 나의 말이 상대의 마음속으로 들어가면 상대는 기뻐한다. 그래서 태괘로 받은 것이다. 태兌라는 것은 기뻐함이다. 巽者, 入也。入而後說之。故受之以兌。兌者, 說也。"

정이천은 이에 대하여 이렇게 설명한다:

物相入則相說, 相說則相入, 兌所以次巽也。

사물이 서로에게로 들어간다는 것은 서로가 기뻐한다는 것이다. 서로가 기뻐한다는 것은 또한 서로에게 들어간다는 것을 의미한다. 그래서 손괘巽卦 다음에 태괘兌卦가 오게 된 것이다.

서로가 서로에게 "들어간다"(入)는 표현은 단순히 형이상학적 관념적 개념이 아니다. 느낌(感)의 세계에서는 들어감이란 실제로 물리적으로 서로가 서로에게 수용된다는 것을 의미하며, 그것은 창조적 생성의 과정인 것이다. 들어감이 기쁘다고 하는 것은 그 들어감이 적극적, 긍정적 의미를 지닌다는 것이요, 그 들어감이 불쾌하다는 것은 그 들어감이 소극적, 부정적 의미를 지닌다는 것이다. 부정은 배타이며 긍정은 수용이다. 존재의 생성은 이러한 수용과 배타의 과정 속에서 이루어지는 것이다.

「대상전」은 무어라 말하고 있을까?

> ## 麗澤, 兌。君子以朋友講習。
> 려 택　태　　군 자 이 붕 우 강 습

연못이 두 개 나란히 있는 모습이 태괘의 모습이다. 두 개의 연못은 지하수맥을 통하여 연결되어 있고 서로의 윤기(水量)를 도와주고 있다. 군자는 이 태괘의 상을 본받아 붕우들과 더불어 앉아 서로 강론하고 서로 학습하고 서로의 배움을 비익裨益케 한다. 태兌의 상에는 구설口舌의 상이 있다. 두 개의 구설이 서로를 향해 있으니 강습이 아니 될 수 없다.

이와 관련하여 『예기』 「학기學記」에 천하에 둘도 없는 명언이 있다: "홀로 공부하기만 하며 같이 연마하는 친구가 없으면, 그 배움이 고루해지고 과문하게 될 뿐이다. 獨學而無友, 則孤陋而寡聞。"(나의 『대학·학기 한글역주』 pp.248~250를 볼 것).

결국 배움이라는 것은 서로가 서로에게 "들어가는"(入) 기쁨(悅)이 없으면 진정한 배움은 이루어지지 않는다. 열悅은 설說의 교환이요, 서로를 기르는 (相長) 것이다. 배움이라는 것도 음양의 생성을 벗어나지 않는다.

괘사

> ## 兌, 亨。利。貞。
> 태　형　리　정

태괘는 "존재의 기쁨"이요, 생성의 기쁨이다. 괘의 격이 높다. 그래서 원元만 빼고 형, 리, 정을 다 구비하고 있다.

태괘는 언설言說과 희열喜悅의 양면을 항상 같이 지닌다. 우리가 말할 수 있다는 것, 그것 자체가 희열이다. 말할 수 없었던 우익팟쇼독재, 군사독재시절을 생각해보라! 말할 수 없는 울결상태가 얼마나 슬픈 세월이었나 하는 것을!

☱의 형形은 일음효가 이양효 위로 나와 있다. 기쁨의 정이 밖으로 드러나 있는 형국이다. 이 괘의 상을 택澤이라고 하는 것은 물☵의 하류를 막아버리면 물이 고이게 되어 못☵이 되기 때문이라고 한다(왕부지의 설). 또한 그 고이게 된 물이 만물을 윤택하게 하므로, 그것은 기쁘게 하는 모습이다(주희의 설).

모든 사물은 기쁠 때(존재의 성취를 향유한다. Enjoyment) 정체亭滯를 뚫고 나아가는 힘을 얻는다. 사물은 기쁘기 때문에 자기 존재의 한계를 넘어 발전하고, 또 기쁨 속에서 조력자를 만나고 사업을 성취한다. 상하괘가 모두 기쁨의 상이기 때문에 그만큼 성취도 크다. 태兌의 괘상을 보면 상하괘가 모두 강효剛爻가 中을 얻고 있다. 그리고 그 밖을 유효柔爻(부드러운 효)가 감싸고 있다. 밖이 유효柔爻라는 것은 사람들에게 기쁨을 준다는 것이다.

이럴 때는 하느님께 제사를 지내라(亨). 그래서 모든 사람이 함께 그 기쁨을 나누어라! 그대의 사업은 유익한 결과를 얻을 것이다. 기쁨으로 사업을 행하라(利). 그리고 기쁨 속에서 점을 쳐라(貞). 하느님께 미래를 상의하라! 겸손하게 정도를 걸어가라!

효사

初九: 和兌。吉。
초 구   화 열(태) 길

맨처음 양효: "和兌"은 "화태"라고 읽는 것보다는 "화열"이라 읽는 것이 더 자연스럽다(『한어대사전』 yuè).

初九는 양강陽剛하며 位가 바르다. 初九는 강의剛毅한 사람이며 함부로 아첨하고 지조를 파는 인간이 아니다. 최하위에 있으면서도 자기가 하위에 있다는 것에 만족감을 느끼고 출세出世하려는 욕망이 없다. 위로 九四와 應하는 자리이지만 둘 다 양효이기 때문에 應하지 않는다. 九二와 比하는 자리이지만 九二가 양효이기 때문에 상비相比하지 않는다. 위로 應爻도 없고 比爻도 없다는 것은 사정私情에 이끌리지 않는다는 뜻이다. 공명정대한 자세로 살아가며 윗사람에게 아부하여 지조를 더럽히는 일이 없는 현자賢者의 모습이다. 효사의 작자는 그것은 "화열和兌"이라 표현했다. 『논어』「자로」편에도 "군자는 화이부동和而不同하는데, 소인은 동이불화同而不和한다"는 말씀이 있다. 동同은 휩쓸리는 것이다. 화和는 휩쓸림이 없이 자기 존재의 본질을 지키면서도 조화로운 교섭을 유지하는 것이다. 화열和兌하는 자 길하다(吉)!

九二: 孚兌。吉。悔亡。
구이 부열 길 회망

두 번째 양효: 九二는 中을 얻고 있으며 강효이다. 가슴속에 강인한 진실이 있으니 그것은 천지대자연으로부터 받은 성실함(孚)이다. 九二는 성실함을 위배함이 없다. 결국 인간존재에게 있어서 그 실존의 향유는 모두 성실함에서 온다. 성실함이 존재의 전부이다. 기쁠 줄 아는 인간, 그런데 그 기쁨 속에서 성실함을 발현하고, 또 성실함 속에서 기쁠 줄 아는 인간, 그것을 효사의 저자는 "부열孚兌"이라 표현했다. 바람직한 인간의 모습이다. 부열하면 吉하다.

양효陽爻가 음위陰位에 있으니 본래 회한이 있을 수밖에 없는 운명이다. 그러나 九二는 천지의 성실함(孚)으로 일관하니 회한의 운명은 사라질 수밖에 없다(悔亡). 부孚는 동학이 말하는 신信과 통한다. 종교적 신앙의 본질은 신험이요, 성실이다.

六三: 來兌。凶。
육삼 래열 흉

세 번째 음효: 六三은 내괘☱의 주효이다(트라이그램에서 음이 하나이거나 양이 하나이거나

할 때는 그 효가 주효가 된다). 그런데 음유陰柔하며, 不中, 不正(양위음효陽位陰爻)하다. 위로 應이 없다(上도 음이다). "래來"는 본시 위에서 아래로 내려오는 것이다. 六三은 상위上位에 있음에도 불구하고 아래에 있는 九二와 初九의 양효에게로 와서 알랑거리며 강의剛毅한 그들을 즐겁게 한다. 이것을 효사의 작자는 "래열來兌"이라고 표현했다. 래열來兌하면 凶하다. 부정한 아부는 흉운을 몰고 온다.

九四: 商兌。未寧。介疾有喜。
구 사 상 열 미 녕 개 질 유 희

네 번째 양효: 九四는 양효이며 강건剛健한 재목이지만 位가 바르지 않다. 위로는 九五의 강건중정剛健中正의 천자가 있지만, 밑으로 六三의 음유하고 不中正의 대부大夫가 있어 계속 九四를 친근하게 꼬시고 있다. 이러한 어중간한 포지션에 있는 九四는 강건중정의 천자를 섬겨 기쁨을 창출할 것인가, 아래의 음사陰邪한 대부大夫와 친하게 지내면서 실리의 즐거움을 누릴 것인가 하고 어느 쪽으로도 결정을 못하고 계산만 하고 있는 상황을 효사의 작자는 간결하게 "상열商兌"이라 표현했다. "商"은 량도量度, 계계의 뜻이다. 상열하면 당연히 마음이 편치 못하다. 동요의 상태에 계속 있는 것이다(未寧).

그러나 九四는 본색이 강건한 재목인지라, 六三의 대부는 국가에 재앙을 가져올 수 있는 小人이라는 것을 금방 알아차린다. 그러나 九四는 이러한 고민 끝에 병에 걸린다(介疾). 그러나 병에 걸리는 것이야말로 대의를 위하여서는 다행한 일이다(有喜). 사람이 병에 걸리면 인생의 무상함을 깨닫고 결단을 내릴 수 있기 때문이다. 다행히 병은 중병은 아니었고 개선疥癬과 같은 피부병이었다. 개선은 결국 낫는다. 개선과 같은 병에 걸린 것이 오히려 온 국민에게 기쁨을 주었다. 九四는 中正의 九五를 도와 모든 국난을 극복한다.

九五: 孚于剝, 有厲。
구 오   부 우 박   유 려

다섯 번째 양효: 여기 "박剝"이라는 것은 음이 양을 깎아먹는 것, 음기운이 양기운을 빼앗아 소진시키는 것, 우리 속어로 말하면 음이 양을 등쳐먹는 것이다.

九五는 양강陽剛하며 中正의 미덕을 소유한 훌륭한 임금이다. 그러나 그는 열兌(기쁨)의 시대에 五의 군위君位에 있기 때문에, 자기를 기쁘게 해주는 사람들에게만 둘러싸여 실존적 고뇌의 판단을 상실할 수가 있다. 九五는 九二와 正應하지 못한다. 여기 박剝의 주인공은 上六이다. 上六은 九五와 음양상비하며 九五를 아주 즐겁게 해준다. 上六은 음유의 소인이며, 상괘 태☱(열)의 주효이며, 기쁨의 극점이다. 모든 사악한 유미柔媚를 동원하여 九五의 양강한 기운을 깎아먹는다. 그런데 그만 九五는 자기를 등쳐먹는 上六을 신뢰하고 만다(孚于剝). 九五의 앞날에는 불행한 일들만 계속될 것이다(有厲).

기쁨의 시대에 기쁨의 환호성을 창출한 中正의 훌륭한 인군人君이건만, 정작 그 본인은 그 기쁨을 만인과 더불어 향유하지 못하고 자기를 보호한다 하고 온갖 알랑방귀를 뀌어대는 무슨빠니 하는 사람들의 유혹에 갇혀 영락의 신세를 면치 못하고 마는 우리 최근 정치사의 한 단면을 본다. 오호라! 九二의 "부열孚兌"에 비해 "부孚"의 방향성이 크게 잘못된 것이다.

上六: 引兌。
상 육   인 열

맨꼭대기의 음효: 여기 "인열引兌"에 관해서는 해석이 다양하다. 그러나 "끌어당겨서 기뻐한다"는 것은 뭔가 억지춘향이의 낌새가 있다. 억지로 남을 연루시켜 같이 기뻐한다든가, 남에게 끌려가서 기뻐한다(왕필)는 등의 뜻이 생

겨날 것이다.

上六은 음유하며 태요의 괘의 극점에 있으며 기쁨의 지극함을 나타낸다. 上六이 끌어당기는 대상을 九四, 九五의 두 양효로 보는 해석도 있으나, 역시 上六의 인뤼의 대상은 六三으로 보는 것이 자연스럽다. 이 순효는 같은 트라이그램이 중복된 것이며, 아랫괘의 주효는 六三이고 윗괘의 주효는 上六이다. 上六과 六三은 같은 음효래서 正應하지는 않지만 기쁨의 두 주체이기 때문에 자기들끼리 서로 잡아당기며 기뻐할 수밖에 없다. 九五는 上六의 유혹에 넘어가지 않는다.

그럼에도 불구하고 인열引兌에 대한 아무런 평어가 없는 것은 기쁨 자체에 대하여 가치평가를 할 필요가 없기 때문이다. 기쁨이 좋은 것인지, 나쁜 것인지에 관해서는 아무런 평가를 하지 않은 것, 즉 빈칸으로 남겨놓은 것이 좋을 것이다.

화열和兌, 부열孚兌은 건강하고 좋다. 래열來兌에서 방향이 잘못되었다가, 상열商兌에서는 바른 결단이 내려진다. 그러나 다섯 번째의 부우박孚于剝은 바람직하지 않다. 그리고 제일 꼭대기 인열引兌은 빈칸이다. 만물의 생성의 과정에는 창조의 기쁨이 있다. 그러나 그 기쁨도 어느 한계에 도달하면 가치판단을 내릴 수 없는 객체로 돌아간다.

59

감하坎下
손상巽上 풍수 환渙

Dispersion, Redemption

괘명 "환渙"의 뜻은 "흩어진다"이다. 이산離散, 해산解散을 뜻한다. 얼었던 강물이 녹는 현상에도 이 "환渙"자를 쓴다. 『노자』15장에도 "**渙兮, 若冰之 將釋**。"(흩어지는 듯하도다! 녹으려 하는 얼음과도 같다)이라는 표현이 있다(도올 지음,『노 자가 옳았다』 p.200).

환괘는 상괘가 손巽, 바람(風)을 의미하고, 하괘가 감坎, 물(水)을 의미하기 때문에 바람이 물 위를 불어서 물이 흩어지는 모습이다. 또한 감坎의 상에는 간난의 뜻이 있다. 손巽의 바람이 세차게 불어 감坎의 간난을 훅 날려버린다 는 이미지를 지니고 있기도 하다. 공영달의 소에 이와 관련하여 의미 있는 멘트가 있다: "대저 환渙의 의미됨이 다음과 같다. 소인은 인생의 어려움을 만나면 이산분병離散奔迸하여 정신을 못 차리고 도망가기 바쁘다. 간난을 도 피하기만 하는 것이다. 그러나 대덕의 사람은 이러한 위기상황에 닥쳐서 오 히려 공을 세우고 내면의 덕을 강화한다. 어려움을 흐트러버리고, 험난한 고 비를 근원적으로 풀어버리는 것을 일컬어 환渙이라 한다. 능히 험난을 풀어 버릴 수 있으므로 형통하다. **蓋渙之爲義, 小人遭難, 離散奔迸而逃避也。大德之人, 能於此時建功立德, 散難釋險, 故謂之爲渙。能釋險難, 所以爲亨。**"

환괘가 왜 64괘 속에 등장했는지를 알게 해주는 훌륭한 해설이다. 우리네 인생은 모든 것이 모일 때도 있지만 모든 것이 흩어지기만 하는 때도 있다. "흩어짐" 그 자체는 우리에게 긍정적인 의미를 지니고 있지 못하다. 그러나 우리 삶의 과제는 이러한 흩어짐 속에서 오히려 간난을 흩날려버리고 건공입덕建功立德하는 데 있다는 것이다. 환渙이라는 의미 속에는 부정과 긍정의 뜻이 혼재하는 오묘한 괘라는 것을 알 수 있다.

「서괘전」은 환괘가 태괘 후에 오는 이유를 이렇게 말한다: "태兌라고 하는 것은 기뻐함(說)이다. 사람이 기뻐하면 모든 것이 발산되고 흐트러진다. 그래서 태괘를 환괘로 받은 것이다. 兌者, 說也。說而後散之, 故受之以渙。"

이에 대하여 정이천은 이와같이 해설한다. 그 해설이 간략하고 가치평가를 내리지 않는다:

說則舒散也, 人之氣憂則結聚, 說則舒散。故說有散義, 渙所以繼兌也。爲卦, 巽上坎下。風行於水上, 水遇風則渙散, 所以爲渙也。

태괘에서 말하는 주제는 기쁨이다. 사람이 기쁘면, 기가 느슨해지고 흩어진다. 사람의 기라는 것은 우울해지면 울결하여 맺힌다. 그러나 기쁘게 되면 기가 느슨해지고 흩어진다. 그러므로 열(說=兌)에 산散의 뜻이 있으니, 환괘渙卦가 태괘兌卦를 잇게 된 소이연이다. 환괘의 괘상을 살펴보면, 손巽이 위에 있고 감坎이 아래에 있다. 바람이 물 위로 부는 모습이다. 물은 바람을 만나면 녹아 흐트러진다. 그래서 환괘라고 이름한 것이다.

「대상전」은 무어라 말했을까? 역시 심오하다.

> # 風行水上, 渙。先王以享于帝立廟。
> 풍 행 수 상 환　선 왕 이 향 우 제 립 묘

바람이 물 위를 간다. 그렇게 모든 것을 흩날려버리는 것이 환괘渙卦의 모습이다. 모든 것이 흩어지게 되면 조상의 영령英靈들도 다 흩어지게 마련이다. 기가 이산離散되게 되면 천하에는 간난이 생겨난다.

문명의 작자作者인 뛰어난 선왕先王은 이런 환난渙難의 시기에야말로 지고의 상제(하느님)에게 제사를 지내고 사당을 세워야 한다. 그래서 흐트러진 선조들의 영을 모아 제사를 지내고 이산離散된 인심을 다시 규합해야 한다.

여기 주어가 "군자君子"가 아니라 "선왕先王"이라는 사실을 주목해야 한다. 선왕은 선대의 왕이 아니라, 문명의 창조자culture-hero를 의미한다. 형정예악刑政禮樂의 시발점이다. 그리고 이 「대상전」의 언어는 괘사와 상통하는데 어느 쪽이 먼저인지는 알 수가 없다. 각기 독자적으로 성립했다고 보아야 한다. 괘상에서 그러한 의미가 괘사의 작자와 대상의 작자에게 공통으로 발생했다고 보아야 할 것이다.

> **괘사**
>
> # 渙, 亨。王假有廟。利涉大川。利貞。
> 환　형　왕 격 유 묘　리 섭 대 천　리 정

모든 것이 흐트러지는 때이다. 이렇게 흐트러지는 시대야말로 우리는 제사를 지내야 한다. 과거의 모든 소중한 정신유산이 흐트러지고 조상들의 영령 또한 흐트러지고 있다. 이럴 때 우리는 제사를 지내야 한다. 하느님께 거룩한 예배를 드려야 한다. 이것은 소형小亨이 아닌 대형大亨이다. 큰 제사이다. 천자가 직접 종묘(有廟: "有"는 의미가 없다. 어수조사語首助詞. 『사전詞詮』)에 와서(假) 대제를 올린다. 흐트러진 영령들을 모으고, 흐트러진 민심을 모은다. 간난艱難을 흐트러버린다는 의미도 있다.

이럴 때는 간난의 극복을 위하여 모든 영령이 도와주고 있으므로, 과감한 행보의 모험을 감행해도 리利가 있다(利涉大川). 이런 상황이야말로 하느님의 의지를 물어가면서 미래를 개척해나가면 이롭다(利貞).

——— ～⊱✥⊰～ ———

이 괘사야말로 "형亨"이라는 글자가 "제사드리다(향亨)"는 뜻으로 해석되어야 한다는 문맥을 여실히 드러내고 있다. "형통하다"는 제사의 전체적 의미의 한 가닥에 불과하다. 『역』의 언어를 도덕적 판단사로서 도배질하는 자세는 『역』의 정신에 위배된다. 『역』은 유교 이전의 것이다. 조선의 호쾌한 사상가 정렴鄭磏(호는 북창北窓. 중종 때 사람)도 이런 시를 남겼다: **"한평생 일만 권의 책을 읽어 깨버리고 一生讀破萬卷書, 하루에 천종의 술을 들이켰노라 一日飲盡千鍾酒. 나는 오염되지 않은 복희 이전의 일들만 고담했노라 高談伏羲以上事, 요즈음 떠도는 세속 유자들의 닮설은 입에 닮아본 적이 없다 俗說從來不掛口."**고조선의 기백은 조선왕조 정신사의 저류에서도 이렇게 흘러갔다.

맨처음의 음효: 여기 나오는 "용증마장用拯馬壯"은 이미 명이明夷괘 六二 효사에 나온 표현이다. 맥락도 거의 비슷하다. 명이 六二에서는 어둠의 시대를 탈출하는데 건장한 말의 도움을 얻는다는 이야기였다. 지금 여기 환괘도 마찬가지! 어둠의 시대와 대비되는 환난渙難의 시대! 모든 것이 흐트러지고 있다.

初六은 음유陰柔하며 재능이 부족하다. 六四와 應하지도 않는다. 初六은 무엇보다 초짜이다. 스스로의 체험이 부족하다. 흐트러지고 있는 것을 다시 끌어모아야 하는데 혼자 발로 걸어다녀서는 불가능하다. 이때 그는 건장한 말의 도움을 받는다. "용증마장用拯馬壯"이란 "구원하는 일에 말이 건장하다"라는 뜻이다. 괘상으로 살펴보자면, 건장한 말은 역시 비比하고 있는 九二를 가리킬 것이다. 九二와는 다행히도 음양상비한다. 九二는 현재강명賢才剛明의 선비이다. 그의 힘을 빌려 신속하게 이산離散의 난難을 구하면, 마치 강건한 말 위에서 먼 곳까지 달려가면서 세상을 구원하듯, 좋은 결과가 있게 된다. 吉!

九二: 渙奔其机。悔亡。
구 이   환 분 기 궤   회 망

두 번째 양효: 이 효사는 해석의 여지가 많아 의견을 달리하는 주석이 많다. 나는 내 느낌대로 소회를 피력하겠다.

九二는 양효陽爻로서 음위陰位에 있으니 位가 정당치 못하다. 따라서 후회스러운 일들이 있는 자리이다. 그러나 九二는 강건剛健하며 중용의 덕이 있으며 험난을 탈출할 수 있는 능력이 있는 선비이다.

여기 "분기궤奔其机"라는 말이 해석의 여백이 많지만, 분奔과 궤机가 구체적인 물상을 지시하는 것으로 꼭 해석할 필요는 없다는 것이 나의 생각이다. "궤机"는 선비가 앉아 공부하는 보료 옆에 놓인 팔걸이나 몸을 기대는 침(방침方枕이나 장침長枕)을 의미한다. 가장 안락한 상태를 의미한다. "분奔"은 "달리다"의 뜻이다. 그러면 "분기궤"는 소박하게 해석하면 "팔걸이(방침)를 달리다"의 뜻이 된다.

"환분기궤渙奔其机"라는 뜻은 환난渙難(모든 것이 흩어지고 질서가 헝클어지는 난)의 시대를 당해 강건하고 중용의 덕이 있는 九二는 자기가 가장 편하게 느끼는 장소에 웅크리고 앉아 사유를 달린다, 즉 세상경륜을 다시 생각한다는 것이다.

공연히 세상을 구한다고 나서는 것보다 편한 자기 위치에서 곰곰이 세상 경륜을 다시 생각하는 것이, 원래 회한이 있을 수 있는 자리이지만, 오히려 회한이 사라진다는 것이다(悔亡). 나는 "분기궤"는 매우 탁월한 상징적 표현이라고 생각한다.

六三: 渙其躬。无悔。
육 삼 환 기 궁 무 회

세 번째 음효: 사실 이 환괘는 흐트러짐의 괘이지만 실제로 그 중심테마는 이 세상을 구원한다고 하는 "구세救世"의 뜻을 두는 자들에 관한 담론이다. 세상을 구원한다고들 하는데, 과연 무엇을 구원하며, 어떻게 구원할까?

六三은 음유하며 재능이 빈곤한 재목이다. 不中不正하며 이산離散의 세계를 구원한다고 나서지만 실제로 이 세계를 구원할 능력이 없다. 六三은 이기심이 강하다. 여기 "환기궁渙其躬"이라는 표현은 문자 그대로 "환渙"이 타동사가 되고 "궁躬"이 목적어가 된다. "그 몸을 흩날려버린다"는 뜻이다. 그것은 무엇을 의미하는가? 이 세계를 구원한다고 나서기 전에 자기 몸에 배어있는 이기심, 모든 에고센트릭egocentric한 가치관을 흩날려버려야 한다는 것이다. "궁躬"은 나의 욕심을 의미한다. 세계를 구원한다고 나서기 전에 나의 욕심을 흩날려버려라! 참 멋있는 효사의 표현이다.

六三은 본시 후회가 있을 수밖에 없는 不正不中의 변경의 자리였다. 그러나 환기궁 하면 모든 후회가 사라지리라(无悔).

三·四·五·六의 효사는 모두 무엇인가를 흩날려버리는(渙散) 행위를 통해 흩날리는 시대를 구원한다고 하는 아이러니칼한 메시지를 웅변하고 있다. 모두冒頭에 환渙에는 긍정과 부정이 혼재한다고 말한 나의 뜻이 조금 더 구체적으로 이해될 수 있을 것이다.

六四: 渙其群。元吉。渙有丘, 匪夷所思。
육 사   환 기 군   원 길   환 유 구   비 이 소 사

네 번째 음효: 六四는 음효음위이며 位가 正하다. 위로는 九五의 군君과 밀접하게 붙어있고, 흐트러지고 있는 천하를 구원하는 임무를 담당하고 있다. 뜻이 정당하며 천자를 바르게 보좌하는 대신大臣이다. 六四는 아래 사람들과도 사적私的인 커넥션이 없다. 初六과도 應하지 않으며, 六三과도 상비相比하지 않는다. 이들과 사적으로 작당하지 않는다는 얘기다.

따라서 六四는 환渙(흐트러짐)의 시대에 작당을 하지 않고 모든 주변의 무리들을 흩날려버린다. 해산의 위기의 시대에 오히려 자신의 무리들을 다 해산시킨다(渙其群). 이러한 六四의 행동은 원천적으로 fundamentally 吉한 결과를 가져온다(元吉).

다음에 "환유구渙有丘"는 "환渙"과 "구丘" 사이에 통사적인 연결의 트위스트가 있다. 환유구渙有丘는 사적인 무리들을 해산시킴으로써 오히려 사람들이 산처럼 많이 모였다는 뜻이다. 즉 사적인 그룹들(무슨 빠 따위들)을 해체시킴으로써 진정한 대동단결의 새로운 국면이 열렸다는 것이다. 그 새로운 국면의 규모가 보통사람들이 상상할 수 있는 그런 규모가 아니라는 것이다(匪夷所思). "이夷"는 평범한 사람들 ordinary people이라는 뜻이다. 멸사대동滅私大同의 효과는 끝없이 확대되어 간다.

이 九四의 효사가 표방하고 있는 정신이야말로 우리나라 정치계에 가장 긴요한 충고일 것이다.

九五: 渙汗其大號。渙王居, 无咎。
구오 환한기대호 환왕거 무구

다섯 번째 양효: 九五는 양강陽剛하며 中正을 얻고 있는 위대한 왕王이다. 여기 "대호大號"라는 것은 왕자王者의 명령이다. 여기 나라가 통일성을 상실하고 조각조각 흐트러져 버리는 불행한 환渙의 시대를 맞이하여 그 시대를 구원해야 할 가장 큰 책임을 맡고 있는 王은 국민을 통합하는 대호령을 발한다. 그런데 그 앞에 "한汗"이라는 동사가 있다. "한"은 땀을 낸다는 의미인데, 왕자의 호령 앞에 붙을 때는 생리적 의미가 부과된다. 즉 땀은 우리 몸에서 일단 밖으로 나가면 몸 안으로 다시 들어올 수 없다. 왕의 호령은 한번 발동되면 다시 취소되거나 변경될 수가 없다. 환난渙難의 시대에 왕자의 호령은 땀과 같이 천하에 퍼져나간다는 뜻이다(渙汗其大號).

그런데 환渙의 시대에 왕 본인이 환渙해야만 하는(흐트러버리다) 가장 긴요한 사업은 바로 왕이 거居하고 있는(소유하고 있는) 사유의 축재蓄財를 천하사람들에게 골고루 흐트러버리는 것이다. 환의 시대에 호령을 내기 위해서는 왕 본인이 자신의 재산을 환해야 한다는 것이다. 이것은 六四 효사에서 사적인 무리들을 산散하여 오히려 대동단결을 이룬다는 것과 같은 발상이다. 왕이 왕거를 환渙해버리면(渙王居), 국민의 이산離散을 막을 수 있고, 더 큰 나라의 부를 달성할 수 있다. 그래야 비로소 왕은 허물이 없을 수 있는 것이다(无咎).

맨꼭대기 양효: 이 효사의 해석은 정주의 해석을 따르지 않고 왕필의 소박한 해석에 의거하였다. 복잡한 의미부여가 불필요하다.

上九는 괘 밖의 방외方外의 사람이며 정치에 관여하지 않는다. 모든 사람이 정치에 관여해야만 하는 것은 아니다. 上九는 六三과 應하지만, 六三은 하괘인 감괘☵의 간난艱難에 상처받은 효로서 上九와 관여하려하지 않는다. 上九는 환산渙散의 괘의 종국이며, 하괘의 험난으로부터 가장 멀리 있다. 그래서 그는 별로 상처받을 일이 없다. "환기혈渙其血"이란 상처받을 수 있는 상황(피볼 수 있는 처지)을 근원적으로 흩날려버린다는 뜻이다. "거去"는 떠난다는 뜻이고, "적逖"은 멀리라는 뜻이다. 즉 상해를 받을 수 있는 **정치적 상황으로부터 떠나**(去), **멀리 방외로 나가면**(逖出), **허물이 있을 수 없다는 것이다**(无咎).

초연하게 세상을 떠나있는 자에 대해서도 『역』은 "무구"의 판단을 내리고 있다.

태하兌下
감상坎上 수택 절節

Moderation, Limitation,
Sense of Order

괘명 "절節"은 우리가 일상생활 속에서 너무도 쉽게, 많이 접하는 글자이다. 절節은 일차적으로 "절도節度," "일정한 규칙에 따름"을 의미한다. 위에 대죽 변이 있으므로 그것은 대나무와 관련있다는 것을 알 수 있다. 우선 『설문해자』를 살펴보면, "절節은 대나무의 약約을 의미한다. 節, 竹約也"라고 되어 있다. "약約"이라는 것은 마디를 의미한다: "약은 전속을 의미한다. 죽절竹節이라는 것은 일정하게 마디가 맺혀진 모습을 의미한다. 約, 纏束也。竹節, 如纏束之狀。"대나무를 "균筠"이라고도 부르는데(허균許筠, 1569~1618의 이름에 쓰였다), 그것은 마디가 균등하게 생겨나고 그 분한分限이 명쾌하여 그것을 넘을 수 없다는 뜻에서 그렇게 부르는 것이다. 생각해보면 대나무의 분절은 자연스러운 것이다. 천지의 "스스로 그러함"에는 일정한 분절이 있고 리듬이 있고 질서가 있다는 것을 드라마틱하게 예시하는 것이 대나무라는 생명체라고 고인들은 생각하였던 것이다.

우리가 국가를 대표하여 외국에 파견되는 사람을 "사절使節"이라고 부르는데, 그 이유는 사절은 대나무에 글자를 새긴 부절符節을 지참하고 가기 때문이다. 이 부절은 대나무로 만든 것, 청동으로 만든 것, 금으로 만든 것, 여러 종류가 있었다. 사절의 행동은 모든 것이 이 부절에 새겨진 규정에 따라야 하기 때문에, 절도節度, 절의節義, 절조節操 등의 뜻이 생겨났고, 예에 맞는 행동을 예절禮節이라 했다. 또 절도, 절의에 맞는 행동을 절행節行, 절제節制라 했고, 절제라는 의미로부터 절검節儉, 절약節約의 뜻이 생겨났다. 기후와 관련될 때는 절후節候, 계절季節, 시절時節, 악곡과 관련될 때는 곡절曲節, 절주節奏라 했고, 또 사람의 몸에 적용되면 관절關節, 결절結節이라 했다. 이와같이 절節이라는 것은 우리 삶의 모든 리듬, 단락, 분절에 적용되는 말이다.

『논어』「학이」12에 유명한 말이 있다: "오직 조화만을 알고 조화를 추구하면 실패할 수도 있다. 예로써 절제하지 않는다면 또한 행하여지지 않을 수도 있는 것이다. 知和而和, 不以禮節之, 亦不可行也." 여기에도 "절節"이라는 글자가 동사로 쓰였다.

절의 괘를 보면 상괘가 감坎이니 물, 하괘가 태兌니 못이다. 못 위에 물이 있는 상이다. 못이 물을 담을 수 있는 용량에는 분명한 한도가 있다. 그래서 이것을 절제節制의 상象으로 인식한 것이다.

또한 하괘인 태兌의 상은 열悅, 호체互體(九二·六三·六四)인 진震의 상은 동動, 약상約象(六三·六四·九五)인 간艮의 상은 지止. 기뻐하며 움직이는 자는 규칙을 넘어 어기기가 쉽다. 그래서 그것을 멈추게 한다. 이 태兌·진震·간艮의 상에는 절제의 모습이 들어있다. 이 절괘의 언어는 모두 절제의 필요성을 설파하고 있다.

「서괘전」은 환괘 다음에 절괘가 온 것에 대해(실제로 이 둘은 서로 반대괘이다) 다음과 같이 설명한다: "환괘의 환渙이라는 것은 서로가 서로에게서 이산離散된다는 것이다. 그런데 사물은 이산되어 흩어지기만 할 수는 없다. 절제가 필요한 것이다. 그래서 환괘를 절괘로써 받았다. 渙者, 離也。物不可以終離, 故受之以節."

이에 대하여 정이천은 간결하게 평한다:

物旣離散, 則當節止之, 節所以次渙也。爲卦, 澤上有水。澤之容, 有限。澤上置水, 滿則不容, 爲有節之象, 故爲節。

사물이 이미 이산離散의 길로 들어서면 당연히 절도로써 그것을 멈추게 해야 한다. 그래서 절괘가 환괘 다음에 오게 된 것이다. 절괘의 괘상을 살펴보자! 못 위에 물이 있다. 못이 물을 수용할 수 있는 용량은 한계가 있다. 못 위에 또 물을 놓았으니 가득차면 넘칠 뿐 수용할 길이 없다. 그래서 절제의 상象이 있게 된 것이다. 그러한 이유로 절節이라고 이름한 것이다.

「대상전」은 뭐라 말할까?

澤上有水, 節。君子以制數度, 議德行。
택 상 유 수   절   군 자 이 제 수 도   의 덕 행

못 위에 물이 있는 모습이 절괘의 모습이다. 못이 물을 담을 수 있는 용량에 한계가 있으므로 이 절괘는 한도, 한지限止, 절제를 상징하고 있다. 군자는 이 절괘의 모습을 본받아(以), 수도數度를 제정하고, 덕행德行을 의논한다.

———— ❧ ————

여기 "제수도制數度"와 "의덕행議德行"을 지나치게 유교적인 모랄(인간의 욕망의 절한節限 등의 맥락에서)로 해석하는 주석이 많으나 「대상전」은 그러한 도덕주의적 내면의 모랄보다는 객관적 경륜, 즉 국가제도의 질서라는 측면에서 해석되어야 한다.

"수도數度"라는 것은 그 수數에 맞는 도度이며, 궁전, 의복, 기물 등의 예제

禮制에 있어서 적합한 도수를 말하는 것이다. 공영달은 말한다:"수도數度라는 것은 존비례명尊卑禮命의 다소를 말하는 것이다. 數度, 謂尊卑禮命之多少。" 하여튼 국가사회의 모든 질서감에 있어서의 도수를 말하는 것이지 인간 내면의 윤리를 말하는 것이 아니다. 욕망절제를 위한 예제禮制를 말하는 것도 아니다. 그리고 "의덕행議德行"도 인재등용의 객관적 기준에 관한 것이다. 즉 덕행이라는 것은 절제를 아는 인간의 행동이다.

그러한 덕행이 있는(절도가 있는) 인간을 평가하여 관리를 뽑아야 나라가 제대로 돌아간다는 뜻이다. 제수도制數度와 의덕행議德行은 모두 국가경륜의 절도節度에 관한 논의이다.

괘사

節, 亨。苦節, 不可貞。
절 형 고절 불가정

절괘의 시대는 모든 것이 절도가 있고 쓰임새가 절검節儉하며 인재들이 절조節操가 있다. 좋은 가치관이 지배하는 시대이다. 이럴 때는 절도 있게 제사를 지내어 국민을 화합시켜야 한다(亨).

그러나 이러한 좋은 시대에도 불행을 초래할 수 있는 위기의 국면이 있다. 그것은 절제만을 사랑하여 지나치게 절약하는 것이다. 절제는 어디까지나 중용의 덕성을 지녀야 한다. 『중용』에도 "발이개중절發而皆中節, 위지화謂之和"라는 말이 있다. 절도에 들어맞음은 반드시 조화로워야 하는 것이다. 절도가 그 자체가 지나친 것을 이 괘사의 저자는 "고절苦節"이라고 표현했다. "절도에 맞음이 고통스럽다"는 것이다. 지나치게 인색한 것이다. 괘사의 저자는 말한다: 고절에 관해서는 점을 칠 필요가 없다(不可貞). 신의 의지를 물을 필요가 없다는 뜻이다. 그것은 명백하게 중용을 상실한 것이므로 인간 스스로 해결할 수 있는 것이다.

─────── ❦ ───────

"고절苦節"은 우리 삶의 매우 중요한 테마이다. 절제는 좋은데, 절제에 중용을 잃으면 더 나쁜 결과가 초래된다. 고형高亨은 "고절苦節"의 결과로서 오히려 사치를 하게 된다고 말했는데, 생각이 못 미치는 해석이다. 고절은 절제가 지나친 것이다. 비만을 고친다고 절제를 지나치게 하다보면 큰 병을 얻을 수 있다. 그런 것이 "고절苦節"이다.

효사

初九: 不出戶庭。无咎。
초 구   불 출 호 정   무 구

맨처음의 양효: 初九는 양효로서 양위에 있으니 그 位가 正하다. 그리고 初九는 六四와도 正應하기 때문에 세상에 나가 활동할 수 있는 능력과 환경이 주어져 있다. 그러나 이 괘는 절제의 괘이다. 여기 "호정戶庭"이란 자기 방문 밖 뜨락을 말한다. 그러나 어디까지나 집안이다. 그러니까 初九는 출세出世(세상으로 나아감)의 능력이 있으나, 자기의 출세욕을 절제하고 중정中庭을 벗어나 대문 밖으로 나아가지 않는 것이다(不出戶庭). 출세의 기회를 엿보지 않는 것은 아니겠지만 우선 학업을 쌓고 인격을 도야하는 데 전념하는 것이다. 이렇게 신중한 사나이는 허물이 없다(无咎).

이 "불출호정不出戶庭"에 대하여 「계사전」에 공자가 멘트한 것이 있다. 그런데 공자는 인간의 삶이 어그러지는 난국이 벌어지게 되는 원인을 모두 "언어言語"에 있다고 본다. 즉 말이 성숙하지 못한 사람은 밖에 나가 떠들게 되면 그 말이 기화가 되어 난亂을 일으키게 된다는 것이다. "불출호정"이라는 것은 언어를 신중주밀愼重周密하게 하는 것을 의미한다는 것이다. 즉 절제의 본질은 언어에 있다고 공자는 충고하고 있다.

九二: 不出門庭。凶。
구 이 　 불 출 문 정 　 흉

두 번째 양효: 九二는 하괘의 中이다. 여기 "문정門庭"은 初九의 "호정戶庭"에
비해 대문에 더 가까이 있는 정원이다. 중용을 얻은 양효라는 사실 하나만으
로도 九二는 문정을 박차고 나갈 수 있는 능력과 자격이 있다. 그런데 양효로
서 음위에 있기 때문에 不正하고 또 上에 응원이 없다(九五도 양효래시 應하지 않
는다)고 해서 공연히 문정 밖을 나가는 것을 두려워한다(不出門庭). 다시 말해서
절지節止 그것만을 알고, 융통을 알지 못한다. 그러다가 출세(세상에 나감)할 기
회를 놓치고 마는 것이다. 九二는 능력 있는 사나이다. 아깝다! 凶하다!

六三: 不節若, 則嗟若。无咎。
육 삼 　 부 절 약 　 즉 차 약 　 무 구

세 번째 음효: 六三은 음유하며 不中不正하다. 절도節度를 지켜야 할 때와 자리
에서 절도를 지키는 것이 불가능하다(不節若: 약若은 조사이다. 절도를 지키지 못하는
모습을 형용). 그러나 결국에는 자신의 잘못을 깨닫고, 걱정하며 슬프게 탄식하는
데 이르게 된다(嗟若). 이렇게 자신의 잘못을 뉘우치게 되면 허물을 면하게 될
것이다(无咎).

왕필은 "무구无咎"를 "자기소치自己所致, 무소원구无所怨咎"라고 해석하였
다. 자기 스스로 빚어낸 결과이니 원망이나 허물을 돌릴 곳이 없다라는 뜻이
다. "무구"를 비극적 결말로 해석하는 것이다. 정이천도 왕필의 견해를 따
라, "자기소치自己所致, 무소귀구야无所歸咎也。"라고 하였다. 역시 자기책임이
므로 그 허물을 타인에게 돌릴 수 없다는 뜻이다. 이미 풍豐괘의 六三에서도
"무소귀구无所歸咎"의 논리로 효사를 해석한 바 있다.

그러나 나는 여기서 그렇게 의미를 꼴 필요는 없다고 생각한다. 반성함에 이르면 허물이 없다라고 담담하게 해석하는 편이 더 낫다. 림臨괘(19)의 六三 효사가 같은 논리적 구조를 가지고 있다: "감림甘臨, 무유리无攸利。기우지既憂之, 무구无咎。달콤하게 위선적으로 임한다. 이로울 바가 없다. 그러나 그러한 위선을 반성하고 성실하게 임하면 허물이 없다."

六四: 安節。亨。
육 사　안 절　형

네 번째 음효: 참 편안하고 아름다운 효사이다. 간결하면서도 발하는 메시지가 명료하다. 六四는 음유하면서 음위陰位에 있으니 그 位가 정당하다. 四는 본시 대신大臣의 자리이다. 바로 위에 있는 九五와 음양상친陰陽相親의 관계에 있다. 六四의 대신은 유순하여 마음이 바르다. 위로는 九五의 천자에게 복종하면서, 특별히 억지로 힘들여 노력하지 않고, 마음 편안하게 절도를 지킨다. 위대한 지도자 밑에는 반드시 이러한 어드바이저가 필요하다. 여기 "안절安節"이라는 표현은 우리 생활에 매우 필요한 덕성이다. "편안하게 절도를 지킨다"는 의미이니, 도인의 경지를 나타낸다. 여기 "안절安節"이야말로 괘사에 있는 "고절苦節"과도 대비되는 개념일 것이다.

안절安節할 줄 아는 六四는 편안하게 제사를 주관한다(亨). 모든 일이 온건하게 진행된다.

九五: 甘節。吉。往有尙。
구 오　감 절　길　왕 유 상

다섯 번째 양효: 이 효사도 해석이 매우 명료하게 된다. 九五는 강건중정剛健中正의 천자이다. 천자라고 해서 문자 그대로의 옛 천자일 필요는 없다. 우리 시대

에도 바람직한 지도자상은 다 천자인 것이다. 九五는 그의 삶의 절도가 中正에 자연스럽게 들어맞기 때문에 본인 스스로 절도를 지키는 것을 달콤하게 느낀다. "감甘"은 주관적 느낌을 나타내며, 달콤하다고 했으니, 쓰다고 한 것과 대비되는 것이다. 고절苦節과 감절甘節은 정반대되는 느낌이다.

"감절甘節"은 우리네 삶의 이상일 것이다. 절제를 달콤하게 느낄 수 있는 삶이야말로 무병장수의 첩경이다. 절제는 일정한 경지의 리듬을 타면 정말 달콤하고 아름다운 것이다. 소식少食도 어느 경지에 오르게 되면 소식 그 자체가 달콤하여 과식을 막는다. 색욕色欲도 절제를 즐길 수 있는 경지에 가면 인간관계도 다 아름답게 된다. 『역』의 "감절"은 유교의 도덕주의적 당위성과는 차원이 다른 것이다. 음양의 순환 속에서 자연스럽게 달성되는 절제의 미학인 것이다. 九五가 감절甘節하게 되면 온 국민이 다 吉하다!

이럴 때 九五가 리더십을 장악하고 진취적인 사업을 해나가면 온 국민의 존경을 얻게 될 것이다(往有尙).

上六: 苦節。貞凶。悔亡。
상육 고절 정흉 회망

맨꼭대기 음효 音爻: 上六은 절괘節卦의 극極이다. 또한 상괘 감험坎險의 극이다. 여기 "고절"은 "감절"에 대비된다. 감절은 절제하는 것이 기쁨을 주지만(살아있음의 환희를 느끼게 한다), 고절은 절제하는 것이 고통을 준다. 절제를 극한으로 행하며 융통이 없는 것이다. 『역』에서는 규칙에 절대적으로 고집되는 것은 다 나쁘다. 모든 규칙은 방편이다. 그렇다고 규칙을 무시하라는 얘기가 아니고 융통 그 자체가 규칙이 되어야 한다는 뜻이다. 규칙을 넘어서 끊임없이 새로운 규칙을 찾아야 한다. 예수운동Jesus Movement은 융통성 없는 초대교회 종말론회중문화 속으로 흡수되면서 그 생명력을 잃었고 서구 중세기의 권위주의,

형식주의로 퇴행하였다.

고집하여 불변의 상常을 법法으로 삼으면 모든 것이 곤궁해진다. 고절苦節의
시대에 점을 치면 고절의 주체는 흉하다(貞凶).

그 다음에 나오는 "회망悔亡"이 해석이 잘 안된다. 아니, 해석이 안되는 것이
아니라 "후회가 없어지리라"라고 하는 흔한 해석과 위배가 된다는 뜻이다.
여기 "회悔"와 "망亡" 사이에는 통사적인 개입이 있다. 즉 새로운 주어가 첨가
되는 것이다. 앞의 "정흉貞凶"을 받아, 그 흉이 연속되는 것으로 보아야 한다.
정이천은 "회이흉망悔而凶亡"이라는 탁월한 해석을 내렸다. "고절苦節하는
바보스러운 자신의 행동을 뉘우치면 흉운凶運이 사라지리라"라는 뜻으로 해석
한 것이다. 이천은 말한다: "여기의 회망은 타괘의 회망과는 다르다. 그 단
어의 배열은 동일하지만 뜻은 다르다. 節之悔亡, 與他卦之悔亡, 辭同而義異也。"
탁견이다.

절제의 위대성과 필요성을 견지하는 『역』의 저자는 절괘의 마지막을 비극
적 결말로 장식하지 않았다. 우리가 산다고 하는 것은 절제가 그 전부라 말
해도 과언이 아니다. 절제는 도덕으로 달성되는 것이 아니라 달콤한 느낌으
로 달성되는 것이다. 『역』이 인류의 모든 지혜서를 능가하는 측면이 이러한
예지에 있다고 말할 수 있을 것이다.

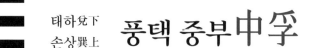

태하兌下
손상巽上
풍택 중부中孚

Truthfulness of the Heart, Cosmic Sincerity

괘명 "중부中孚"라는 말은 우리 일상생활에서는 거의 만날 수 없는 단어이다. "중中"이라는 것은 내면 즉 심중心中을 뜻한다. "부孚"는 『역』에서 계속 성실하다, 믿음직스럽다, 신험하다는 뜻으로 쓰여왔다. "중부"는 우리의 가슴에 진실함이 있어 사람을 감동시킨다는 뜻이다. 우리말의 진실함이란 참과 거짓을 의미하는 참의 뜻이라기보다는scientific truth, 인간성의 총체적 느낌이 서로를 수용한다는 뜻이 있다.

우선 『설문해자』를 보면 "孚"는 爪와 子로 구성되어 있다. "爪"를 손으로 무엇을 위에서 누르는 형태로 해석하기도 하고, 어미날개로 새끼를 덮는 형상으로 해석하기도 하는데, 하여튼 "孚"는 새알의 부화孚化를 의미한다. "孚"는 "부孵"와 통한다(알을 까는 것). 하여튼 알이 깨어나 생명이 움트는 모습을 천지대자연의 생생지도生生之道의 가장 신선하고도 순결한 상징성으로 느끼는 『역』의 저자야말로 우리가 살고 있는 이 시간과 공간을 생명의 가능성으로 가득찬 생성의 과정으로 파악하고 있는 것이다. 역의 우주는 생명의 우주이며, 느낌의 우주이며, 끊임없는 순환의 우주이다. 갓 태어난 병아리의 삐약거리는 모습에서 총체적 우주의 진실성을 발견하고 있는 『역』이야말로 천도天道와 인사人事의 합일점이 생명 그 자체의 성실함에 있다고 보는 것이다. 삐약삐약 그 소리에 무슨 거짓이 있을까보냐!

생명이 잉태되는 그 어린 새끼들의 동작의 과정 하나하나에는 우주적 진실성이 배어있다. 이 괘는 그러한 지성진실至誠眞實을 말한다. 『중용』에서 말하는 "중中"과 "성誠"의 프로토타입을 우리는 『역』에서 발견할 수 있다.

중부의 괘는 상괘가 손巽, 바람이 분다. 하괘는 태兌, 못이다. 못 위로 바람이 불어 파랑이 이는 모습이다. 사람이 진실로써 사람에게 다가가면(바람이 불듯이) 어떤 사람이든지 자연스럽게 감복되지 않을 수 없다는 뜻이다. 노래도 바람이고, 그 노래에 신바람이 나는 것도 감동의 상象이다.

이 괘를 그냥 쳐다보아도(☲), 정가운데 두 효가 음이고, 그 가운데가 공허하다. 비어있다는 것은 사심이 없다는 것이고 병아리가 삐약거리는 것과도 같다. 그 빈공간이야말로 진실지성인 것이다. 상·하괘를 따로 떼어보면, 상괘, 하괘 모두 가운데가 양효이다. 二와 五가 다 양효이다. 양효라는 것은 실實을 의미한다. 그것은 가운데가 진실眞實하다는 의미에서 중부中孚가 된다. 빈 모습에서 진실을 발견하기도 하고, 찬 모습에서 진실을 발견하기도 한다. 중부中孚는 우리 내면의 진실이다. 허虛하든지 실實하든지 중中이 부孚한 것이 바로 사람의 정도正道이다. 최수운은 중부中孚에서 성誠·경敬·신信을 발견했고 하느님과 해후했다.

또 하괘 태兌는 열悅이고, 상괘 손巽은 순順이다. 아래에 있는 민중은 위에 있는 자들의 덕德을 기뻐하고 위에 있는 지배자들은 아래의 민중의 마음을 따라간다. 갈릴래아의 민중은 이러한 소통의 길이 막힌 채 헤매었다. 그 막힘 때문에 예수의 천국운동이 태어난 것이다. "당신의 나라이 임하옵시며," 천국이 이 땅에 임하는 첫째 조건이 "오늘 우리에게 일용할 양식을 주옵시고"

이다. 여기 "일용"(ἐπιούσιον)은 문자 그대로 하루 먹는 것이다. 시간이 하루를 단위로 하고 있는 것이다. 갈릴리 민중에게는 하루 먹을 양식이 없었다.

「서괘전」은 절괘 다음에 중부괘가 오는 이유를 다음과 같이 말한다: "절괘의 절節은 윗사람이 절제를 하면 아랫사람들이 믿고 따른다는 뜻이다. 그래서 절괘를 중부中孚괘로 받은 것이다. 節而信之, 故受之以中孚."

이에 대한 정이천의 설명은 이와같다:

節者, 爲之制節, 使不得過越也。信而後能行, 上能信守之, 下則信從之, 節而信之也, 中孚所以次節也。爲卦, 澤上有風。風行澤上而感于水中, 爲中孚之象。感, 謂感而動也。內外皆實而中虛, 爲中孚之象。又二五皆陽中實, 亦爲孚義。在二體則中實, 在全體則中虛。中虛, 信之本; 中實, 信之質。

절괘의 절節이라는 것은 절제를 하여 매사가 지나침이 없도록 하게하는 것이다. 이것은 위에 있는 자가 믿음직한 자세를 지녀야 사람들이 따라 행하는 것이다. 윗사람이 능히 믿음으로 약속을 지키면 아랫사람도 능히 믿고 따라가는 것이다. 절도가 있고 나서 믿음이 있는 것이니, 이래서 중부中孚괘가 절節괘 다음에 오게 된 것이다.

괘상을 살펴보자! 연못 위로 바람이 불고 있다. 바람이 연못 위로 불어 물을 휘저어 물속까지 감동시키는 모습이 곧 중부中孚의 상象이다. 감感(Feeling)이라는 것은 느끼어 움직이게 만든다는 생성의 원리이다. 전체로 보면 내외가 다 실實(양효)하고 그 가운데가 비어있는(음효) 모습이 중부의 모습이다. 그리고 상하괘로 나누어보면 二와 五가다 양효이며 그것은 중실中實(가운데가 실하다)의 의미를 지니고 있으니 그것 또한 중부中孚의 의미가 된다. 그러니까 아래위 이체二體로 나누어보면 가운데가 실實한 꼴이요, 육효六爻 전체상으로 보면 가운데가 허虛한 꼴이다. 중中이 허虛하다고 하는 것은 신信의 근본이요, 중中이 실實하다고 하는 것은 신信의 구체적 바탕이다.

──────❦──────

동학 연구자들이 "신信"의 의미를 『역』의 언어로써 파악해야 할 것이다. 신信은 전혀 요즈음 말하는 신앙(Belief, 종교적 신념)과는 관계가 없다. 신信은 부孚이고 우주적 성실함Cosmic Sincerity이다.

「대상전」은 무엇을 말하고 있을까?

> 澤上有風, 中孚。君子以議獄緩死。
> 택 상 유 풍 　중 부 　군 자 이 의 옥 완 사

못 위에 바람이 있는 모습이 중부中孚괘의 모습이다. 바람이 불면 파랑이 일듯이 성실함이 있으면 사람을 감동시킨다. 중부괘의 모습은 인간의 내면의 성실함에 관한 것이요, 우주생명의 잉태에 관한 것이다. 삐약거리는 병아리의 모습의 진실성을 우주생명의 상징으로 느낀다. 군자는 이러한 중부괘의 모습을 본받아(以) 인간의 생명을 말살시키는 옥사에 관해 신중하게 논의해야 한다. 특히 사형은 한번 집행되면 되돌이킬 수가 없고 주변의 많은 사람에게 피해를 입히게 된다. 중부의 허虛한 마음을 가지고 연민의 정을 살려, 사형의 죄를 경감시키는 그러한 인仁한 마음을 베풀도록 노력해야 한다.

형법에 있어서의 관용Leniency의 개념, 그리고 사형폐지에 관한 요즈음의 논의와 유사한 논의가 이미 고조선에 있었다는 것을 발견할 때 정말 중부中孚의 감동이 서린다.

【61】
中孚
☲
☱

中孚。豚魚, 吉。利涉大川。利貞。
중부　　돈어　길　　리섭대천　　리정

내면의 성실성만 보장된다고 하면(中孚), 하느님께 제사지내는 상에 올려놓는 가장 서민적이고 가장 난순한 제물인 돼지고기 한 점과 물고기 한 마리만 전헌奠獻해도(豚魚) 하느님은 기쁘게 상향尙饗하신다. 吉하다.

이렇게 진실한 중부의 시기에는 과감하게 전진하는 것이 이롭다(利涉大川). 사업이 성공할 것이다. 하느님께 뜻을 물으면 이롭다(利貞).

初九: 虞, 吉。有他, 不燕。
초구　우　길　　유타　　불연

맨처음의 양효: 初九는 지금 중부괘, 즉 믿음의 신실한 시대에 있다. 初九는 양효이며 양위에 있으니 位가 바르다. 따라서 뜻이 정의롭다. 그리고 또 六四와 아주 잘 應한다. 六四는 유순하며 位가 正하다. 初九의 입장에서는 쉽게 六四에게 갈 수가 있다. 그러나 그러한 여건을 쉽게 받아들이면 안된다. 중부의 시대일수록 사람을 믿을 수 있을 것인가, 믿을 수 없을 것인가를 신중히 헤아려야 한다. 여기 "우虞"는 헤아린다는 뜻이다. 신중히 생각하여 결정한다는 뜻이다. "연燕"은 "중니연거仲尼燕居"라는 말이 있듯이(『예기』의 편명) 편안하다는 뜻이다.

初九는 인간관계의 시발점이다. 그 내용은 매우 간결하다. 사람을 믿을 것인가에 관해서는 신중히 고려하여 판단하면(虞) 吉하다. 그러나 한번 마음을 주면 일정하게 지조를 지켜야지, 타인에게 마음을 옮기면(有他), 몸과 마음이 편안하지 못하리라(不燕).

정이천은 應한다고 바로 믿음을 주는 것은 좋지 않다고 보았다. 이천과 주희가 다 "우虞, 길吉"의 대상을 六四로 보았다. 다시 말해서 믿음을 주어야 할 대상을 六四로 보고 있지만 그것이 단순히 應의 관계에서 이루어지는 믿음이 되면 안된다는 것이다. 應의 관계를 떠나 충분히 숙고를 해야 한다(虞). 그리고 중부괘의 효사 전체가 九五를 제외하고는 괘명의 문자를 내포하고 있지 않다. 전혀 관계없는 듯이 보이는 심볼리즘을 구사하고 있다. 주희는 『어류』73에서 "중부와 소과 두 괘는 너무 특출나게 혼란스러워서 이해하기가 어렵다. 소과는 더욱 심하다. 中孚小過兩卦, 鶻突不可曉。小過尤甚。"라고 말했다. 주희도 『역』을 이해하는데 매우 애먹은 모양이다. 이런 소리를 자주 한다. 그러나 대가다운 고백이다.

九二: 鳴鶴在陰。其子和之。我有好爵, 吾與爾靡之。
구 이   명 학 재 음   기 자 화 지   아 유 호 작   오 여 이 미 지

두 번째 양효: 주희가 왜 이 효사들이 이해하기 어렵다고 말했는지 모르겠지만 이 九二의 효사는 『역』 전체를 통하여 가장 아름답고 낭만적이며 그 뜻이 잘 전달되는 효사 중의 하나이다. "중부中孚"란 아주 단순한 의미이다. 그것은 속마음(中)이 진실하다(孚)는 것이다. 속마음의 진실은 어떻게 아는가? 그것은 말로 아는 것이 아니다. 그것은 느낌으로 통하는 것이다. 우리말의 "진실"은 서양사람들이 말하는 "진리Truth"와 다르다. 진리는 전기 비트겐슈타인이 말했듯이 사실과의 대응체계일 뿐이다. 우리는 그러한 사실에 대한 그림을 가지고 진리를 삼지 않는다. 진리는 어디까지나 진실이어야 하고, 진실은 어디까지나 느낌이다. 배심원의 판결은 진리가 아님에도 불구하고 피고의 느낌이 진실의 감응을 불러일으킬 때 "무죄Innocent, Not Guilty"의 판결이 내려질 수도 있다.

그 공명의 느낌을 九二의 효사는 나무그늘에 가려 보이지 않는 곳에서 우는 어미새 학의 울음에 비유했다. 어미새의 울음은 눈에 보이는 것은 아니지만 멀리 떨어져 있는 새끼에게 느낌으로 전달된다. 그 새끼 학은 응답한다: "엄마! 나 여기 잘 있어." 하고(鳴鶴在陰, 其子和之. "陰"은 "蔭"의 뜻).

"孚"의 코어 이미시는 갓 태어난 새끼의 모습이다. 야생에서 새끼는 곧바로 광막한 천지대자연의 무심한 세계로 노출된다. 모든 생명체는 새끼로부터 출발한다. 그런데 새끼에게는 큰 문제가 있다. 생존을 스스로 책임져야 하는 것이다. 달걀에서 부화된 병아리도 부화되는 즉시 먹이를 쪼기 시작한다. 새끼는 취약하기 그지없다. 그가 생존하기 위해서는 밀려닥치는 위기상황을 극복하는 용기와 결단이 필요하다. 그러나 좌절은 계속 닥친다. 이 모든 삶의 도전에 가장 중요한 테마는 어미의 사랑과 헌신이다.

물개는 일년의 대부분을 바닷물 속에서 보낸다. 그러나 여름 한철이 되면 새끼를 낳기 위해 해변 모래변으로 군집한다. 아프리카대륙의 남쪽 대서양 연안으로 길게 나있는 나미브사막Namib Desert의 스켈레톤 코스트The Skeleton Coast에는 여름철이면 약 4천 마리의 물개가 군집하여 새끼를 낳는다. 새끼를 낳는 에미의 얼굴은 성스럽다. 새끼를 보호해야겠다는 의지로 넘치는 얼굴이다. 너무도 귀여워 죽겠다는 듯이 핥고 품고 젖을 멕인다. 그러나 불과 며칠이 지나면 에미는 사랑하는 새끼를 자연에 방치하고 다시 바다로 나간다. 새끼는 그 낯선 환경 속에서 홀로 생존해야 한다. 왜 에미는 새끼를 돌보지 않고 떠나는가? 그 이유는 간단하다. 버리는 것이 아니라 기르기 위해 떠나는 것이다. 새끼를 8개월 품고 또 수유하는 기간 동안 영양분을 다 소진했기에 빨리 바다로 나가 다시 영양을 보충해야만 그 새끼를 먹일 수 있는 것이다. 새끼는 동시에 태어난 수천 마리 새끼들이 우글거리는 그 속에 버려진다. 어미를 잃은 새끼는 길을 잃고 헤매다가 새끼만을 노리는 하이에나의 표적이 될 수도 있다. 그런데 어미는 기적같이 나타난다. 그 수천 마리의 무리 속에 수유기간 동안에 서로 소리를 내면서 자기 둘만의 특유한 사운드를 각인시켜 놓았기 때문이다. 어미와 새끼는 그 소리를 통하여 다시 결합된다(넷플릭스 다큐멘타리, 『야생의 새끼들*Wild Babies*』제1편, 2022).

"아유호작我有好爵, 오여이미지吾與爾靡之"는 새들의 공명을 통하여 쉽게 해석된다. 九二의 효사는 가슴속에 진실로 가득찬 인간들의 공명共鳴, 그 진실의 소통에 관한 이야기이다. 그 가슴속에 진실만 있으면 시공의 격절을 뛰어넘어 서로 교감되고 같이 뜻있는 일을 할 수 있다는 희망을 노래하는 것이다.

九二는 양강하지만 음효의 자리에 있다. 그러나 不正하다고 말할 수 없다. 앞서 이미 괘명풀이에서 이야기했듯이 九二는 하괘 태兌의 中이며, 양효이기 때문에 실實하다. 실함이 오히려 중부中孚(가운데가 진실함)가 되는 것이다. 그리고 九五와도 통한다. 보통의 경우는 같은 양효이기 때문에 應하지 않지만, 이 중부에서는 九五 또한 상괘 손巽의 中이며 같이 양실陽實하다. 九五는 본시 中正하며 전체 괘의 중심이다. 따라서 이 괘의 "나我"를 九五로 보고 "너爾"를 九二로 간주하여 뜻풀이를 하는 주석이 대부분이다. 그러나 『역』은 그렇게 괘상에 근거하여 의미를 엮어대면 도통 재미가 없다. 그러한 해석의 보장이 있는 것도 아니다.

여기서 "나我, 吾"는 당연히 九二 자신이요, "너爾"는 나와 공명하는 불특정 다수이다. 이 효사는 한 편의 시詩로 소박하게 읽을 때 그 참뜻이 전해진다. 과거 중국의 사상가들이 고조선의 소박미를 잘 터득치 못해 너무 이념적 해석만을 일삼았던 것이다.

아~ 그늘에 가려
보이지 않는 저 에미 학이
우는구나(鳴鶴在陰).

멀리 있는 새끼가 그 소리만

듣고도 화답하네

엄마 나 잘 있어(其子和之).

중부中孚의 친구들이여!

나에게 아름다운 술잔이 있고

귀신이 탐내는 향기 드높은 술이 있소(我有好爵).

나 그대들과 더불어

술잔을 같이 기울이고 싶소(吾與爾靡之).

여기 "작爵"이란 일차적으로 술잔을 가리키는 것이다. 술잔의 모양이 원래 새(작雀) 모양이었기에 작爵이라고 부른 것이다. 그것을 "작위爵位"로 해석하여 "我"를 九五라고 보는 것은 잘못된 해석이다. 작위의 뜻이 생겨난 것은 술잔의 용도에 따라 후대에 형성된 것이다. 전쟁에 나가기 전, 그리고 승전 후에 들이키는 술잔에서 작위의 개념이 생겨났다(군공軍功과 관련). 여기서 "미靡"는 공유한다는 뜻이다.

그런데 이 효사 전체와 관해 공자가 매우 멋있는 멘트를 날렸다. 「계사전」上8에 있다.

"鳴鶴在陰, 其子和之。我有好爵, 吾與爾靡之。" 子曰: "君子居其室, 出其言。善則千里之外應之, 況其邇者乎! 居其室, 出其言。不善則千里之外違之, 況其邇者乎! 言出乎身, 加乎民。行發乎邇, 見乎遠。言行, 君子之樞機。樞機之發, 榮辱之主也。言行, 君子之所以動天地也。可不愼乎!"

중부괘 九二 효사에 다음과 같은 말이 있다: "명학재음鳴鶴在陰, 기자화지其子和之。아유호작我有好爵, 오여이미지吾與爾靡之。"

이에 대하여 공자님께서 다음과 같이 말씀하시었다: "군자가 타인이 알지 못하는 자기만의 방구석에 홀로 거居하고 있으면서 그곳으로부터 말을 내면, 만약 그 말이 좋으면 천리 밖에서도 감응한다. 하물며 가까이 있는 사람들이 감응치 않을 수 있겠는가! 자기만의 방구석에서 홀로 담론을 지어냈을 때, 그 말이 좋지 못하면 천리 밖에서부터 이미 시비를 건다. 하물며 가깝게 있는 사람들이야 더 말할 건덕지가 있겠는가! 내 말은 내 몸으로부터 나아가 민중에게 덮어씌워지는 것이다. 나의 행동은 가까운 곳에 시작되지만 멀리 있는 데까지 그 영향이 드러나는 것이다. 그러기 때문에 말과 행동(언행言行)이라는 것은 군자의 추기樞機이다(추樞는 대문의 돌쩌귀. 문을 열고 닫는 핵심부위. 기機는 쇠뇌활의 방아쇠. 강력한 쇠화살의 잠금을 푸는 장치. 노弩는 고조선에서부터 있었다. 낙랑무덤에서 많이 출토, 남쪽에서는 경북 영천 용정리 널무덤에서 청동쇠뇌가 출토되었다). 추기가 어떻게 발동되는가에 따라 영榮(성공)과 욕辱(실패)이 엇갈린다. 언행이야말로 추기와도 같이 군자가 천지를 움직이는 소이의 핵심이다. 삼가지 않을 수 있겠는가?"

놀랍게 정교한 논의이다. 『역』에서 말하는 느낌Feeling의 과제상황이 언어Language의 과제상황으로 진화되어 나타나고 있음을 알 수 있다. 「계사전」은 춘추전국시대의 유세객들의 문화를 배경에 깔고 있다고 보여진다. 단지 『역』의 효사가 말하고 있는 시詩적 경지는 언어 이전의 느낌의 교감을 강조하고 있는 것이다. 수운이 말하는 "무위이화無爲而化"가 효사의 뜻을 더 잘 설명할 것 같다.

六三: 得敵。 或鼓或罷。 或泣或歌。
육삼 득적 혹고혹파 혹읍혹가

세 번째 음효: 여기 "적敵"을 정이천은 "에너미enemy"가 아닌 "필적하는 친구

【61】
中孚

competing friend"정도로 해석한다. 문맥에 맞지 않는 억지주석이다(敵, 對敵也, 謂所交孚者, 正應上九, 是也。적은 대적의 뜻이다. 성실함을 교환하는 사이이다. 上九와 정응正應하는데 적은 바로 上九이다).

六三은 음유하며 不中正의 소인小人이다. 그리고 六三은 불안한 자리, 상괘로 진격해 들어가야 한다. 그러니 그의 진격을 믹고 있는 것은 바로 위에 있는 六四다. 같은 음효끼리래서 상비相比하지도 않는다. 六四는 初九와 應하고, 六三은 본시 上九와 應한다. 三과 四는 결코 친해질 건덕지가 없다. 그래서 六四는 그의 진로를 막는 강력한 적敵으로 나타난다. 이것은 효사의 작자는 "득적得敵"(적을 얻는다)이라고 표현했다. 싸움에 확실한 적이 있는 것도 중요한 설정이다.

"혹고혹파或鼓或罷"는 전쟁과정의 양상을 나타낸다. 북을 치고 전진하여 승리하는 듯이 보였다가는 다시 대패하여 퇴각하고 만다. "혹읍혹가或泣或歌"는 적의 역습으로 섬멸殲滅될까봐 두려워 울기도 하다가, 또 적의 공격이 멈추면 안심하고 노래를 부르는 매우 불안한 모습을 그리고 있다. 六三은 양 위에 음효이며 그 位가 正하지 않다. 근본적으로 그 마음에 성誠이 없고 절조 節操가 없다. 不正하며 조동躁動한다. 결국 입에 사탕발림의 언설만을 남발하며 감정의 기복이 심한, 중부中孚의 정신에서 벗어나는 한 인간의 비애로운 삶을 그리고 있는 것이다.

점을 쳐서 이 효사를 만나는 사람에게 하느님은 말씀하신다: 그대는 정견定見이 없고 경거망동한다. 무슨 일이든 중도반단中途半斷하는 폐가 있다. 일시적 감정에 사로잡히지 말고 냉정하게 꾸준히 노력하라.

六四: 月幾望。馬匹亡。无咎。
육 사 월 기 망   마 필 망   무 구

네 번째 음효: 여기 "월기망月幾望"이라는 표현은 소축小畜䷈의 上九에 나왔고, 또 귀매歸妹의 六五에도 나왔다. 여기서는 "보름달에 가까운 달"이라는 이미지는 九五의 군위君位에 가장 가까운 일꾼이라는 것을 의미한다.

여기 "필匹"이라는 것은 두 마리 한 짝의 수레에 쓰이는 말이다. 六四는 음위음효로써 正하다. 그 位가 正하니 뜻 또한 정하다. 대군을 바르게 모셔서 나라의 대의를 바로 세워야겠다는 일념뿐이다. 여기 "마필망馬匹亡"은 "짝하는 말이 없어진다"는 뜻이다. 더 정확히 말하면 "짝을 없애 버린다"는 뜻이다. 六四는 初九와 음양 바르게 응한다. 初九와 六四는 한 짝의 말이다. 그런데 六四는 용기 있게 사적인 커넥션을 단절시키고 오직 九五만을 섬긴다. 사적인 정감을 단절시키고 대의大義를 구현하여 九五와 中孚로써 통한다는 말이다. 허물이 없다(无咎).

점을 쳐서 이 효를 만나는 자는 주변 또래의 인물들과의 관계를 끊고 대인을 따라서 대의를 구현하라.

九五: 有孚攣如。无咎。
구 오　유 부 련 여　무 구

다섯 번째 양효: "유부련여有孚攣如"는 소축小畜䷈의 九五에 똑같은 표현이 있다. 그 뜻과 맥락도 크게 다르지 않다. 소축괘를 같이 참고해서 보는 것이 좋을 것이다. "련여攣如"라는 것은 "손을 붙잡다"는 뜻으로, 힘을 합친다, 도움을 준다는 뜻이다. 일상생활에서는 경련痙攣이니, 견련牽攣, 구련拘攣, 연련攣攣 등의 단어를 통해 만난다.

九五는 상괘의 中이며, 양효로서 충실充實한 가운데이다. 다시 말해서 정이천이 말한 바대로 상·하괘로 나누어 말할 때 九二와 함께 내면이 실實한 中

이다. 전체상은 三·四가 허虛하게 나타나지만 트라이그램으로 나누어보면 二와 五가 모두 양효로서 실實하다. 실하면서 중부中孚의 뜻을 지닌다. 중부中孚의 덕을 지니면서도 강건하고 中正을 얻고 있으며 존위에 있다. 그리고 중부괘의 주체이다.

九五는 중부의 주체로서 九二의 손을 잡아준다. 하층민중의 갈망을 지원한다는 뜻이다. 훌륭한 지도자상이다. 유부有孚(내면의 성실)하고 련여攣如(어려운 자들을 도와줄 줄 안다)하니 허물이 없다(无咎).

上九: 翰音登于天。貞, 凶。
상 구 한 음 등 우 천 정 흉

맨꼭대기 양효: 上九는 내면적인 중부의 덕이 없는 자라고 말할 수는 없으나, 지나치게 꼭대기에 올라가 있어 아랫세상과 격절되어 있는 심볼리즘이다. 여기 "한음翰音"이라는 단어가 나오는데 복잡한 의미가 있는 것이 아니고 그냥 "닭"(雞)의 별칭別稱이라고만 알면 된다. 옛사람들은 닭이 새벽마다 날이 밝음을 어김없이 알려주는 꼬끼요 소리를 하기 때문에 신물信物이라 했고, 신信의 의미는 해밝음의 신호Sign라는 뜻과 매일 새벽마다 어김없이 알려준다 해서 성실함의 뜻이 있는 것이다.

「설괘전」에 의하면 상괘인 손괘의 동물심볼리즘에 닭雞이 배정되어 있다(제8장).『예기』「곡례」하에는 천자가 종묘에서 제사지내는 예법이 적혀있는데, "양羊을 유모柔毛라 하고, 닭을 한음翰音이라 하고, 개를 갱헌羹獻이라 한다"는 등의 이야기가 적혀있다. 닭은 한음이라 불리었다.

上九는 양강하며 不中不正하면서도 구오천자九五天子의 位의 上에 있다. 따라서 그는 자신의 덕성을 객관화시키질 못하고 자신의 재력才力을 과신過信

하며, 자신이 누리고 있는 높은 지위만에 안락감을 느끼고 있다. 우리 주변에는 기실 이런 인물이 많다.

닭은 어디까지나 닭일 뿐이다. 아침마다 때를 알려주는 성실함이 있지만 그는 본시 익룡翼龍의 후예로서 땅에 정착한 동물이다. 그는 땅에서 산다. 결코 하늘로 날아가지 못한다. 上九는 땅에 묶인 존재라는 것을 망각하고 자기가 높은 지위에 있다는 것만을 고집하면서 하늘을 나르고 있는 새로 착각한다 (翰音登于天). 그러나 닭은 하늘로 올라갈 수가 없다. 예수는 땅에서 실현되는 천국(하늘의 질서βασιλεία=나라)만을 생각했다. 그러나 예수를 따른다고 하는 자들은 모두 땅을 버리고 하늘에 있는 나라만을 동경했다. 모두 등천登天하는 한음(닭새끼들) 꼴이다. 하느님께 무엇을 물어보아도 다 凶할 뿐이다(貞, 凶).

높은 지위에 궁窮하여 변통變通을 망각하고 시세時勢에 위배되는 인간들의 꼬락서니를 그리고 있다.

중부中孚괘는 매우 중요한 괘이다. 수운은 이렇게 말한 적이 있다: "나의 도는 너르고 너르지만 간략하기 그지없다. 많은 말이나 의론을 필요로 하지 않는다. 나의 도는 별다른 도리가 있는 것이 아니고 단지 성경신 세 글자에 있다. 吾道博而約, 不用多言義。別無他道理, 誠敬信三字。" 성誠과 경敬과 신信을 한 마디로 줄이면 "중부中孚"가 될 것이다.

62

간하艮下
진상震上

뢰산 소과 小過

The Overflow of the Small

괘명 "소과小過"라 하면 "작은 과실過失a minor fault"로 생각하기 쉬운데, 그 원의는 "작은 것(=음陰)의 지나침"이다. "좀 지나쳤다"라는 의미로도 쓰일 수 있다. 우리말에 "지나치다"는 두 가지 의미가 있다. 하나는 "지나간다to pass by"의 의미이고, 하나는 "초과하다to exceed"의 의미가 있다. 한문의 "과過"에도 두 의미가 중첩되어 있다. 여기서는 주로 "과불급過不及"의 과過를 의미한다.

『역』에서는 음陰을 소小라 하고 양陽을 대大라 한다. 인류가 전쟁을 시작한 이후로, 전쟁의 주도권은 역시 남성이 장악했기 때문에 그런 관념이 정착되었을 것이다. 이 괘는 4음2양 ☲ 이다. 소소가 대大를 능가하고 있다. 대과大過 ☱ 와 대비를 이룬다. 그래서 소과라 이름했다. 소과小過의 괘는 상괘가 진震이며 뢰雷다. 하괘는 간艮이며 산山이다. 우레가 산 위에서 울리고 있다. 우레는 소소로 인식되었고 산은 대大로 인식되었다. 우레는 압도적이다. 그러므로 소과小過라고 했다.

내가 생각키에 현행 『역』의 괘순서배열은 상수학적 필연성은 전혀 없지만, 의미론적 맥락과 상수적인 구성이 결합되어 유기체적 통합성을 과시하고 있다.

기제와 미제는 64괘의 종말부분의 짝으로서 이미 『역』구성자의 의식 속에 처음부터 규정되어 있었다. 그렇다면 중부와 소과는 방통의 관계를 지니는 짝으로서 마지막 공백을 메우는 필연의 산물이다. 어찌 보면 소과는 괘상배열의 실제적인 종착역으로서 착종되는 모든 의미가 압축되는 자리이기도 한 것이다. 그만큼 상징성도 풍부하다고 보아야 할 것이다. 그래서 주희도 난해하다고 말했을 것이다.

「서괘전」은 중부中孚 다음에 소과小過가 오는 이유를 다음과 같이 말한다: "중부中孚는 내면에 신심信心이 있는 자이다. 신심이 있게 되면 반드시 결행케 되는데 또한 작은 지나침이 있게 된다. 그래서 중부를 소과로 받았다. 有其信者, 必行之。故受之以小過。"

이에 대한 이천의 설명은 다음과 같다. 간결하지만 포괄적이다:

人之所信則必行, 行則過也, 小過所以繼中孚也。爲卦, 山上有雷。雷震於高, 其聲過常, 故爲小過。又陰居尊位, 陽失位而不中, 小者過其常也。蓋爲小者過, 又爲小事過, 又爲過之小。

사람이 가슴에 확신하는 바가 있으면 반드시 행동으로 옮기게 마련이다. 그러나 그 행동의 과정에서 지나침이 있게 마련이다. 그래서 소과小過라는 괘가 중부中孚를 잇게 된 것이다. 소과의 괘상을 살펴보자! 산 위에 우레가 있는 모습이다. 우레가 높은 곳에서 진동하면 그 소리는 평상적인 소리의 수준을 넘는다. 그래서 소과小過라고 한 것이다. 또한 음이 모두 존위尊位를 차지하였고, 양은 실위失位하거나 不中하니(☳), 작은 것이 평상적 스케일을 지나쳤다. 대저 작은 자가 과하게 되면, 또한 작은 일이 과하게 되는데, 또한 이러한 정황에서는 과함이 작은 스케일이 된다(※ 반드시 부정적인 의미만을 지니지는 않는다는 뜻이다).

「대상전」은 무엇을 말하고 있을까? 역시 정갈하고 심오한 의미를 발하고 있다:

山上有雷, 小過。君子以行過乎恭, 喪過乎哀, 用過乎儉。
산 상 유 뢰　소 과　　군 자 이 행 과 호 공　상 과 호 애　용 과 호 검

산 위에 우레가 있는 모습이 소과괘의 괘상이다. 보통 우레는 땅속에서 울리는 것으로 인식되었지만, 실상 고대인들도 우레가 하늘에 떠있는 구름의 방전현상이라는 것을 대체적으로 알고 있었다. 그러니까 방전 그 자체는 작은 것이다. 그에 비하면 산은 거대한 것이다. 그럼에도 불구하고 우레라는 작은 것이 큰 것을 제압하고 울린다. 그래서 소과, 즉 작은 것의 큰 울림이라고 말한 것이다.

군자는 이러한 소과의 형상을 본받아(以) 소과의 삶을 살아야 한다. 소과의 삶이란 작은 것에 있어서도 지나칠 정도로 극도의 공손·절검하는 모습을 보이는 것이다. 군자는 소과의 형상을 본받아(以) 행동할 때는 지나치게 공손할 정도로 하고, 상을 당해서는 지나치게 슬플 정도로 하고, 씀씀이에 있어서는 지나치게 검약할 정도로 해야 한다(※ 그러나 여기 지나침은 작은 스케일의 지나침이다).

대장大壯䷡괘는 우레가 하늘 꼭대기에서 울려퍼진다. 그래서 대장이다. 크게 왕성한 것이다. 제34괘를 참조할 것. 그리고 이와 관련된 공자의 언급이 있다: "공손함이 예에 가까워야 치욕을 멀리할 수 있다. 恭近於禮, 遠恥辱也。"(『논어』1-13). "예는 사치스럽기보다는 차라리 검소해야 하고, 상喪은 형식적 질서를 따르기보다는 차라리 슬퍼야 한다. 禮, 與其奢也, 寧儉; 喪, 與其易也, 寧戚。"(『논어』3-4).

장횡거는 공恭, 애哀, 검儉에 지나칠 정도로 하라는 것은 괘사에 있는 "의하宜下"(아래로 내려오는 것이 마땅하다)의 뜻이라고 했다(過恭、哀、儉, 皆宜下之義。「橫渠易說」p.173. 『張載集』중화서국본).

小過, 亨, 利, 貞。可小事, 不可大事。飛鳥遺之音。
소 과 형 리 정 가 소 사 불 가 대 사 비 조 유 지 음

不宜上, 宜下。大吉。
불 의 상 의 하 대 길

작게 지나치는 소과小過의 시절! 4음2양四陰二陽, 음이 양보다 많다. 작은 일에 지나치는(과도함) 상황이란 무엇일까? 이 괘상을 살펴보면 두 개의 양효가 적다고는 하지만 안쪽에 있고, 네 개의 음효가 많다고는 하지만 바깥에 걸려있다. 그러니까 내면의 강인한 중심은 흐트러지질 않는다는 뜻이다. 양이 안에 있고 음이 밖에서 양을 따르고 있으니 대과大過일 수는 없고 소과小過라는 이야기다.

이게 도대체 무슨 말이냐? 보다 구체적으로 얘기해보자!『역』은 중용의 덕성을 인간의 삶의 핵으로 삼는다. 그런데 중용이란 고정된 수치나 고정된 시공간이 있는 것이 아니다. 중용이란 생명의 역동적 체계이다. 따라서 우리가 살아있는 생명의 중용을 지키기 위해서는, 작은 일에 있어서는, 그러니까 생활의 소절小節에 있어서는, 과도함excess이 불가피하다는 것이다. 어떤 때는 화도 내고, 울부짖기도 하고, 심하게 슬퍼하기도 한다는 것이다. 이러한 작은 과도함이 크게 보면 인생의 중용을 달성하는 데 도움을 줄 수도 있다는 것이다. 즉 소절의 언발란스가 큰 스케일의 발란스를 취하는 데 도움을 준다는 것이다. "소과小過"는 인생의 역동적 지혜를 가리키는 것이지 결코 부정적인 의미만을 지니는 것이 아니다. 그래서 기제・미제 앞의 마지막 덕목으로 소과小過가 오게 된 것이다. 이러한 예지는 서양철학에서는 기대할 수 없는 것이요, 희랍철학의 관심사도 될 수가 없었다. 더구나 기독교의 윤리관에서는 상상할 수조차 없는 것이다(※그래도 예수는 제자들이 안식일에 남의 들 이삭을 훑어 먹는 것을 용인했고, 안식일은 사람을 위하여 있는 것이요, 사람이 안식일을 위해 있는 것이 아니라고 일갈했다).

그러므로 소과小過는 원형리정의 4덕목 중에 형・리・정 3덕을 향유한다. 소과의

시기에는 우리는 제사를 지내 만인이 같이 하느님의 축복을 받아야 하고(亨), 이로운 일들을 많이 행하여야 하고(利), 미래에 관하여 하느님께 물음을 던져야 한다(貞). 단지, 소小의 과過를 말하고 있기 때문에 리더십을 의미하는 원(元)의 덕목은 여기에 없다.

그러나 소과小過(작은 지나침)는 작은 일(작은 스케일의 일)에만 허용될 수 있는 것이니(可小事), 큰일(큰 스케일의 일)에는 허용되어서는 아니 된다(不可大事). 작은 일의 언밸란스는 큰일에 도움을 줄 수도 있지만, 큰일에 관한 과過는 작게(적게)라도 허용될 수 없다.

그리고 이 괘사에는 "비조飛鳥"가 나온다. 매우 낭만적인 그림이다. 그런데 이 나르는 새의 이미지는 괘상 그 자체에서 온 것이다. 괘상(䷽)을 한번 살펴보라! 방향성은 정해져 있지 않지만 괘상의 모습이 그대로 "나르는 새"(飛鳥)의 이미지다. 三・四가 몸뚱이고 양옆의 一・二와 五・六의 음효는 펄펄 바람에 휘날리는 날개의 모습이다. 신나게 고공을 나르는 새의 이미지이다. 그런데 이 나르는 새는 소리를 남긴다(飛鳥遺之音). 그 소리는 다음과 같다: "위로 올라가봤자 아무 소용없다. 아래로 내려가는 것이 마땅하니라"(不宜上, 宜下). 아래로 내려가라! 이것이 이 괘가 발하는 궁극적 메시지다. 아래로 내려오면 대길하다(大吉)!

이 새의 말씀은 신탁일 수도 있고, 새 자신의 체험의 고백일 수도 있다. 아무리 고공을 자유롭게 나른다 한들, 그곳에는 생명의 원천이 없다. 그리고 높은 하늘은 자유로운 것 같지만 멈출 곳, 깃들 곳이 없다. 하늘에는 집이 없다! 집은 오직 땅에만 있다. 하늘로 올라가는 자는 길을 잃고 집을 잃고 생명을 잃는다. 삶의 모든 마땅함은 이 땅에 있다. 니체는 말한다: 대지에 충실하라!

그리고 문학적으로 해석하자면 새가 날아가며 우는 소리는 하늘로 날아가지 않는다. 오직 땅에 들릴 뿐이다. 소리도 위로 올라가는 것은 마땅치 못하다. 아래로 내려와야 마땅하다. 새는 날아가도 소리는 땅으로 내려온다. 그래야 吉하다.

다시 한 번 말한다. 예수는 하늘나라를 말한 적이 없다. 오직 땅의 나라를 말했을 뿐이다. 그러나 그가 말하는 땅의 나라는 하늘의 질서가 구현된 나라였다. 하늘은 실체가 아니라 땅의 이상적 질서의 블루 프린트였다: "나라이 임하옵시며, 뜻이 하늘에서 이룬 것 같이 땅에서도 이루어지이다."("나라이"라는 표현은 주어의 토씨로서 "가"가 쓰이기 이전의 아름다운 우리말 표현이다. 개역판 번역이 틀렸다고 말하면 안된다). 서양의 역사가 말해 온 천국은 예수의 사상과 무관한 슬픈 픽션이다.

맨처음의 음효: 初六은 음유陰柔의 소인小人이다. 괘상으로 보아도 나르는 새의 날개의 끝단이다. 初六은 九四와 應한다. 그래서 날으고 싶어한다. 그러나 初六은 소과小過의 잘못을 저지르려 한다. 높이 올라갈 생각만 하고 내려옴의 지혜를 터득하지 못했다. 凶하다.

두 번째 음효: "조祖"는 할아버지, "비妣"는 할머니. 六二는 位가 中正하다. 하괘의 가운데 있고, 음위에 음효이다. 대체로 조祖(할아버지)를 무엇으로 보냐에 따라 해석이 약간 달라지지만 대차는 없다. 六二로부터 두 칸 위에 있는 九四를 할아버지로 보기도 하고, 또 六五를 할아버지로 보기도 한다. 후자의 경우는 五가 양효였으면 할아버지인데, 음효가 되어있기 때문에 할머니로 간주해야 한다는 것이다.

하여튼 문자 그대로 해석하면 "六二는 九四의 할아버지를 지나쳐 六五의

할머니를 만난다"(過其祖, 遇其妣)라는 뜻이 된다. 할머니는 아무래도 더 친근한 존재이고 말하기 편한 존재이다. 이것은 결과적으로 이런 의미가 된다. 만나야 할 임금에는 직접 미치지 못하고 그 신하를 만난 격이다(不及其君, 遇其臣). 이때 할아버지는 "군君"에, 할머니는 "신臣"에 비유된다. 그러나 자애로운 할머니를 통해서 더 정확하게 할아버지에게 메시지를 전할 수도 있다. 허물이 없다(无咎).

이것은 가정 내의 소사小事의 "지나침to pass by"의 사례를 가지고 국가대사의 밸런스를 운운한 것이다. 소과小過의 한 케이스인 것이다. 그 자세한 의미를 다 따질 필요가 없다.

> 九三: 弗過防之, 從或戕之。凶。
> 구 삼　불 과 방 지　종 혹 장 지　　흉

세 번째 양효: 이 효사에 대한 해석도 분분하다. 九三은 양강하며, 양위에 있으니 그 位가 正하다. 그러나 中을 벗어나 있으며 三의 자리는 본시 도약의 결단을 요구하는 자리이다. 그러나 음효가 양효를 지나치는 이 괘에서 九三의 도약을 방지하는 것은 그의 밑에 있는 初六과 六二의 소인세력이다.

여기 "불과방지弗過防之"와 "종혹장지從或戕之"는 붙여서 읽는 것이 하나의 해석방식이다. 그의 진로를 방해하는 소인들의 세력을 좀 과격하게 방지하지 않는다면(弗過防之), 그들이 혹 九三을 죽이려 덤빌 것이다(從或戕之)는 뜻이 된다. 凶하다.

또 하나의 해석방식은 "불과弗過"를 그냥 "지나치지 않게"라고 소극적으로 읽는 것이다. 그러면 전체적으로 음이 지배하는 소과의 괘에서는 양의 세력이 음을 이길 수 없으므로, 과격하지 않게(弗過), 그러나 철저히 미연에 방지한다

(防之). 혹 그들이 九三을 죽이려고 덤빌지도 모른다(從或戕之). 凶한 정국이다.

그러니까 이것도 소과小過의 한 예이다. 미연에 방지할 곳에서 과감하게, 좀 지나치는 느낌이 있더라도 대처해나가라는 뜻이다. 미연에 방지하라는 뜻은 양자에 다 공유되어 있다.

───── ❧ ─────

점을 쳐서 이 효사를 만나는 사람은 위기상황에 대처하는 방위를 철저히 해야 할 것이다.

九四: 无咎。弗過遇之。往厲必戒。勿用永貞。
구 사 무 구 불 과 우 지 왕 려 필 계 물 용 영 정

네 번째 양효: 九四는 원래 양강하여 매우 적극적으로 활동하는 인물이래서 문제를 많이 일으킬 수 있는 재목이다. 그러나 그가 음위에 있어 그 位가 正하지 못하다고는 하나 오히려 음위에 있기 때문에 그의 양강한 성격이 완충이 된다. 그래서 처음에 "무구无咎"라는 말이 나오고 있다. 양강의 재才가 유위柔位에 있어 겸손하므로 재앙을 면한다는 뜻이다.

그 다음에 "불과우지弗過遇之"의 해석이 매우 어려운데, 만남의 대상인 "지之"를 누구로 보느냐에 따라 해석이 엇갈린다. "지之"를 六五의 군주로 보기도 하고 또 九四와 應하는 初六으로 보기도 한다. 六五로 볼 때는 "뜻하지 않게 군주를 만난다"는 식으로 "불과弗過"를 가볍게 해석한다. 또 다른 해석은 "불과弗過"를 과격하지 않게 初六을 맞이한다는 뜻이 된다. 이 경우는 初六이 매우 철없는 소인배이므로 과격하게 처단할 생각을 하지 말고 잘 구슬리라는 뜻이다.

누구에게 가든지간에(六五 또는 初六) 적극적으로 나아가 행동하는 것은 위태로운 상황을 초래할 것이다(往厲). 그러므로 반드시 계신戒愼해야 한다(必戒). 자기 생각만이 옳다고 생각하여 점을 치는 짓은 하지 말아야 한다(勿用永貞). 자신의 정의만을 고집하는 태도에 지나치게 집착하지 않는 것이 좋다.

六五: 密雲不雨, 自我西郊。公弋取彼在穴。
육 오   밀 운 불 우   자 아 서 교   공 익 취 피 재 혈

다섯 번째 음효: 우선 "밀운불우密雲不雨, 자아서교自我西郊"는 이미 아홉 번째 소축小畜 ☴ 괘의 괘사에 그 전문이 나왔다. 여기 인용된 맥락도 그 문의文義는 같다. 구름이 빽빽하게 들어섰지만 비가 내리지 않는다(密雲不雨). 답답한 상태이다. 그 원인은 이 구름이 음의 방향인 서쪽 방향에서 왔기 때문에(自我西郊) 아직 따스한 양기와 만나지 못해 비로 화하지 못하고 있기 때문이라는 것이다. 하여튼 음양의 조화가 이루어지지 못하고 무엇인가 격절되어 있는 모습이다.

六五는 음효이면서 존위에 있다. 힘이 없는 약해빠진 천자天子인데, 상괘의 중에 있어 중용의 덕은 있다. 그런데 "공익취피재혈公弋取彼在穴"이라는 표현에 있어서 "공公"은 물론 六五 본인을 가리킨다. "익취弋取"는 "주살을 쏘아 무엇을 나의 편으로 가져온다"는 뜻이다. 그런데 주살을 쏘는 대상, 즉 "피彼"가 누구인가에 의견이 갈린다.

정주는 피彼를 두 양효를 건너있는 아래의 六二를 가리킨다고 한다. 사실 五와 二는 둘 다 음효래서 서로 應하지 않는다. 그래서 주살을 쏘아 구멍(혈穴)에 쑤셔박혀 있는 것을 빼내오는 꼴이라는 것이다. 혈穴은 산山 가운데 구멍이고, 중허中虛가 바로 구멍이니, 구멍에 있다는 것은 六二를 가리킨다는 것이다(穴, 山中之空。中虛乃空也。在穴, 指六二也). 주살로 빼내왔다는 것은 응하지 않는 것을 억지로 데려왔다는 것을 의미한다. 그러나 그렇게 억지로 데려온들

두 음이 만나 과연 무슨 대사大事를 도모할 수 있겠는가? 이들의 딱한 모습이 밀운密雲만 있을 뿐, 비가 내리지 않는 것과 같다는 것이다. 그러니까 정이천은 이 효사 전체를 비관적으로 해석하고 있는 것이다.

그러나 하해何楷, 1594~1645(명말 경학자), 유염俞琰(송말원초 경학자) 등은 "재혈在穴"은 九三・九四의 양강한 실력자들을 가리킨다고 한다. 六二와는 아무리 힘을 합쳐도 밀운을 비로 만들 수 있는 새로운 생성의 힘이 나오지 않는다. 六五의 입장에서는 바로 아래에 있는 신하들의 조력을 얻어야만 은택을 천하에 베풀 수 있는 기회를 얻게 된다. 이 양강한 신하들을 데려오는 행위 자체가 소과小過의 한 사례가 된다. 그리고 이 효사는 전체적으로 긍정으로 해석된다. 그러니까 九三・九四와 함께 비를 내리게 만들어 백성들이 은택을 입게 된다는 뜻으로 해석하는 것이다. 나는 하해・유염의 설이 더 타당하다고 생각한다. 하여튼 주희가 소과의 효사들은 이해하기가 어렵다고 한 솔직한 고백의 언사를 이해할 만하다.

上六: 弗遇, 過之。飛鳥離之, 凶。是謂災眚。
상 육　불 우　과 지　비 조 리 지　흉　시 위 재 생

맨꼭대기 음효: 上六은 음유한 소인小人이다. 능력도 없으면서 높은 자리에만 안주하며 타인을 깔본다. 上六은 九三과 정응正應한다. 둘이 사이좋게 사귀면 좋으련만, 九三은 上六을 소인으로서 경계하여 복종하지 않는다. 上六 또한 九三에 대하여 예를 갖추어 자기를 낮추며 모실 생각을 하지 않는다. 여기 "불우弗遇"라는 것은, 정작 만나야 할 사람을 만나지 않는다는 뜻이다. 上六은 소과괘의 음의 성세盛勢만 믿고 九三을 지나쳐 버리고 높게만 올라가버린다(過之). 그러나 이 소과괘의 분위기 속에서 하늘 높이 날아가는 새는 주살에 맞기만 할 뿐이다(飛鳥離之). "리離"는 "려麗," "리罹," "라羅"의 뜻이다. 걸린다는 뜻이다. 화살이나 그물에 걸린다는 뜻이다. 여러분은 본래의 괘사의

메시지를 기익할 것이다.

높이 날아가는 것은 비극이다. 하늘나라는 존재하지 않는다. 땅에서 동지들을 규합하지 않고 사람을 무시하고 지나치고 높은 곳으로 오르려고만 하는 것은 재앙이다. 천연의 재앙을 "재災"라 하고 사람이 저지르는 재앙을 "생眚"이라 한다. 비조飛鳥가 주살에 맞온 것은 凶하다. 그것을 일컬어 천재天災라 할 수도 있고 인재人災라 할 수도 있다(是謂災眚).

점을 쳐서 이 효를 만난 그대는 흉운凶運에 걸려있다. 그러나 소과는 결코 凶으로 끝나서는 아니 된다. 마음을 바로잡아 깊게 계신공구戒愼恐懼하여 행동하라. 생각을 바꾸어라! 메타노에오 *metanoeō*!

나의 사랑하는 닭 봉혜가 자기가 낳은 알들을 부화시키고 있다. 중부中孚의 상이 아니고 무엇이랴!

63

리하離下
감상坎上

수화 기제旣濟

The Finished,
Completion,
Perfection

괘명 드디어 우리는 64괘의 종착역에 도달했다는 느낌을 받는다. 기제와 미제는 하나의 세트로서 건·곤의 시작과 더불어 이미 종료의 괘상으로서 설정된 것이다. 역은 변화다. 그러나 음과 양이 섞이지 않는 건·곤의 괘에서는 변화가 일어나지 않는다. 변화는 건과 곤이 섞이는 62괘에서만 일어난다. 그런데 이 변화를 기술하는 데는 수水와 화火 이상의 격렬하고 보편적인 상징체계가 없다. 수화가 상종相綜하는 두 괘로써 역의 무궁한 일음일양의 순환을 나타낸 것은 너무도 현명한 기술작전이 아닐 수 없다.

"기제旣濟"는 문자 그대로 "이미 끝났다," "이미 넘어갔다"는 뜻이다. "건널 제濟"라는 "제"의 의미에는 성취의 만족감과 더불어 이미 넘어가 버렸다는 도태, 쇠락의 비애가 서려있다. "제濟"는 문자 그대로 "개울을 건넌다"는 뜻이다. 개울을 건널 때는 개울을 건넌다는 스릴이 있고 과정이 있고 희망이 있고 성취감이 있지만, "기제"는 "이미 건넜다"이므로 건너는 과정이 이미 사라졌다는 뜻이다. 성취(=완성)가 이미 과거가 되었다.

기제라는 괘는 괘상적으로 볼 때 가장 완벽한 괘이다. 여섯 효가 모두 그

位가 正하다. 양위에 양효가 있고, 음위에 음효가 있다. 뿐만 아니라 여섯 효모두가 上下로 정응正應한다. 初九와 六四, 六二와 九五, 九三과 上六이 모두 음양 바르게 응한다. 형식상으로 볼 때 가장 완벽한 아름다움을 과시하고 있다. 그러나 二·四·六이 모두 음효이며 바로 그 아래 初·三·五의 양효를 올라타고 있다. 이것은 이 괘를 주도하는 것은 양이 아니라 음이라는 뜻이된다. 음은 인주할 생각을 하고 모험을 주도적으로 감행하지 않는다. 모든 완벽Perfection에는 이미 쇠락Decay의 기운이 서려있다. 『이아爾雅』에 "제濟는 도渡이다"라고 되어있고, 또 "제濟는 이루어짐成이다"라고 되어있다.

이 기제의 괘는 감坎의 물水이 리離의 불火 위에 있다. 수승화강水升火降의 원칙으로 말하면 기제의 괘는 모든 잠능潛能potentiality을 포섭하는 생명의 완성을 의미한다. 불이 밑에서 물을 끓일 수 있고, 물은 아래로 불을 제어할 수 있는 잠능을 지니고 있다. 기제는 생명의 완성인 동시에 생명의 쇠락이다. 그러나 역의 세계에는 일종一終(한 사건Event으로서의 종말)은 있으나 영종永終(영원한 전체의 종말)은 없다(天地無永終之日矣. 『外傳』 p.978).

「서괘전」은 소과小過 다음에 기제旣濟가 오는 이유를 이렇게 말한다: "사물을 뛰어넘는 탁월한 자는 반드시 완결짓는 것이 있다. 그래서 소과小過괘를 기제旣濟괘가 받았다. 有過物者, 必濟。故受之以旣濟。"

이에 대한 정이천의 해설은 다음과 같다:

能過於物, 必可以濟。故小過之後, 受之以旣濟也。爲卦, 水在火上。水火相交, 則爲用矣。各當其用, 故爲旣濟, 天下萬事已濟之時也。

남보다 뛰어남이 있는 자는 반드시 무엇을 성취해낸다. 그러므로 소과小過 후에 기제旣濟로 받은 것이다. 기제괘의 전체 형상을 보면, 물(☵)이 불(☲) 위에 있다. 이것은 물과 불이 각기 자기의 포텐셜을 지니고 있어서 서로 잘 교섭할 수 있고 또 서로에게 쓰임이 된다는 것이다. 물은 불을 필요로 하고, 불은 물을 필요로 한다. 물과 불이 각기 맡은 바 공능을 발휘하니 그것을 기제旣濟라고 한 것이다. 기제괘의 때야말로 천하만사가 다 잘 이루어지는 때이다(※ 기제의 효사가 다 좋은 것만은 아니다).

「대상전」은 무어라 말하고 있을까?

> 水在火上, 旣濟。君子以思患而豫防之。
> 수 재 화 상　기 제　군 자 이 사 환 이 예 방 지

물이 불 위에 있는 형상이 기제괘의 형상이다. 물이 불 위에 있으면 물은 불을 죽인다. 불이 물을 끓여 더운물을 쓸 수 있고 음식을 만들어 생명을 유지케 하는 그 문명의 비결은 솥이 있기 때문이다. 솥이 그 양자를 갈라놓고 각기 쓰임이 있도록 만들어주는 것이다. 그런데 솥에 구멍이 나면 나무아미타불이 되어 버린다. 솥이 깨지거나 구멍이 나는 현상이 바로 여기서 말하는 "환患"이다. 군자는 이 환을 항상 생각하여 그런 일이 발생하기 전에 미리 방지한다(「대상전」의 저자는 치자의 철저한 책임을 강조하고 있다).

━━━━ ❧❧❧ ━━━━

왕부지는 『대상해大象解』에서 이와같이 깊이 있는 멘트를 날리고 있다: "군자는 천하의 환난을 책상에 앉아 근심하고만 있지 않는다. 어떻게 그 환난을 예방하는가, 그 방법을 알고 있기 때문이다. …… 사람을 물에 띄울 수 있는 것은 배舟다. 물을 화덕 위에 걸 수 있게 만드는 것은 솥釜이다. 군자의 몸을 세상 위에 띄울 수 있는 것은 일심一心을 도道 위에 띄울 수 있을 때만 가능한 것이다. 도가 미리 확립되면 띄운다고 하는 것이 완성될 수 있는 것이다. 故君子不憂天下之患, 而得其所以防之 …… 載人於水者, 舟; 載水於娃者, 釜。載身於世, 載不齊之物於一心者, 道也。道豫立, 則載而濟矣。"

既濟, 亨, 小利, 貞。初吉終亂。
기 제　형　소 리　정　초 길 종 란

이미 건넜다. 하느님께 제사를 지내라. 작은 것에는 이로움이 있다. 완성에 만족하지 말고 끊임없이 너의 미래를 불어라. 기제의 시대, 처음에는 길하지만 끝은 어지럽다.

여기에 나오는 "亨小利貞"은 33번째 둔괘遯卦의 괘사에 동일한 표현이 이미 있었다. 둔괘 해설을 참조하기 바란다. 나는 "정貞"에 대한 해석(원형리정 전체의 해석이 기존의 주석가들과 다르다)이 다르기 때문에 기존의 어떠한 설도 나에게는 적합지 않다. 둔괘에 있는 "형亨。소리정小利貞"에 대한 나의 해석은 이와같다: "시운의 대국을 논하는 데 있어서는 물러날 시기임이 분명하지만, 작은 사건에 있어서는 모든 것이 정의롭게 흘러가고 있다. 작은 일에 관해서 점을 치면 이로움이 있다."

그러나 나는 둔괘 괘사의 해석과 기제괘의 괘사 해석이 동일해야 할 필요는 없다고 생각한다. 그냥 기제괘에 대하여 원형리정의 사덕을 이야기한 것으로 보는 것이 더 정당하다. 이것은 무엇이 완결되고 끝나는 시기이므로 "원元"(Beginning, Primordiality, Leadership)은 생략된다. 그리고 "리利"는 수확을 얻되 모든 것이 완성되어 작은 수확만 얻는 시기이므로 "소리小利"라 했다. 그 해석은 이와같다.

사물이 성취되어 완벽성을 과시하고 있다(既濟). 하느님께 제사를 지내야 할 때이다(亨). 작은 수확이 있을 것이다(小利). 그러나 완성에 만족치 말고 끊임없이 하느님께 물어라(貞). 그 물음에 대한 하느님(신령함의 보편성)의 대답은 처음에는 吉하지만 나중에는 어지러울(亂) 것이다(初吉終亂). 환란患亂이 뒤따를 것이다.

레게의 번역은 이와같다: There has been good fortune in the beginning; there may be disorder in the end.

"초길종란初吉終亂"에 관해서는 이미 충분한 해설을 가하였다. 『역』에서는 완성은 비극이다. 완성은 일종一終일 뿐이다. 한 사건의 완결을 의미할 뿐이다. 끊임없이 환란이 뒤따른다. 모든 완성은 새로운 시작을 위한 방편적 완성일 뿐이다. 기제는 미제로 가는 노정路程일 뿐이다.

효사

初九: 曳其輪。濡其尾。无咎。
초 구 예 기 륜 유 기 미 무 구

맨처음의 양효: 제濟의 의미가 본시 "물을 건넌다"는 의미이므로 시내를 건너는 얘기가 初九 효사의 첫머리에 나오는 것은 전혀 어색하지 않다. 낮은 개울을 수레를 타고 건넌다는 것도, 『맹자』「이루」하 4b-2에 정자산이 자기 수레로 사람들을 건너게 해주었다는 얘기가 수록되어 있듯이(나의 『맹자, 사람의 길』下 pp.449~450를 참고할 것) 별로 낯선 이야기가 아니다.

그 다음에 나오는 "유기미濡其尾"는 문자 그대로 "꼬리를 적신다"는 얘기인데, 그 실내용인즉, 시내를 건너기를 삼간다는 뜻이다. 꼬리의 주인공은 다음 괘인 미제未濟괘의 괘사에 나오는 내용으로 미루어볼 때 여우(小狐)임에 분명하다. 여우는 보통 개울을 건널 때, 꼬리를 위로 번쩍 치켜세우고 개울을 건넌다. 꼬리가 물에 잠겨 적시게 되면 개울 건널 생각을 하지 않는다. 여우꼬리 운운하는 것은 일종의 상징적인 표현일 것이다.

"예曳"라는 것은 잡아끌다(牽引, 拖)라는 뜻인데 여기서는 수레바퀴를 역방향으로 돌려 못가게 한다는 것이다. 그러니까 初九는 기제괘의 초효이며 미숙한 초짜이다. 시냇물을 건넌다는 것은 『역』에서는 일관되게 어떤 새로운 벤쳐를 감행한다는 것을 의미한다. 수레를 건너가지 못하게 역으로 끌어당기고(曳其輪), 여우새끼가 꼬리를 적시어(濡其尾) 시냇물을 건널 생각을 하지 않는 것은 모두 모험을 감행하는 일에 대하여 극도의 신중한 태도를 취한다는 것을 의미한다. 여러 상황을 신중하게 고려하여 경망스럽게 건넌다고 껍쩍대지 않는 신중한 태도를 말하는 것이다. 그렇게 신중하면 허물이 없으리라(无咎).

완성을 향해 가는 길은 신중할수록 좋다는 교훈을 발하는 효사이다.

六二: 婦喪其茀。勿逐, 七日得。
육 이 부 상 기 불   물 축   칠 일 득

두 번째 음효: 六二는 하괘 리☲, 불의 주효이며 문명의 덕德이 있다. 六二는 종순중정從順中正의 이상적인 자리에 있다. 뿐만 아니라 강건중정剛健中正의 九五와 정응正應하는 관계에 있다. 여기 六二의 효사가 "부婦"로 시작하는 것은 六二가 음효이기 때문이지, 꼭 六二를 九五의 부인으로 볼 필요는 없다. 유순한 덕성을 지니고 있는 인재가 무엇인가 새로운 의미있는 일을 해보려고 할 때 외면당하는 현실을 그리고 있는 것이다. 六二의 모험은 민중의 새로움을 향한 갈망이다. 그러나 應하는 九五의 군주는 모든 일이 성공하였기 때문에(旣濟), 이미 쇠락의 길을 가고 있다. 새로운 벤쳐에 관심이 없다. 들판의 현자들을 발굴하고 그들과 같이 노력하는 자세가 없다. 九五의 군큔이 도와주지 않으면 六二는 새로운 벤쳐를 감행할 수 없다. 이러한 정황을 효사의 작자는 매우 문학적으로 표현했다.

"부상기불婦喪其茀." "불茀"은 수레를 가리는 가리개이다. "부인이 가리개를 잃어버렸다"는 것은, 六二의 인재를 부인에게 비유하여 말한 것일 뿐이다. 옛 지체 높은 부인들은 수레를 타고 나간다. 그런데 수레에는 외부사람들이 쳐다볼 수 없게 만드는 가리개가 있다. 그 가리개가 없으면 부인은 외출을 할 수가 없게 된다. 이것은 곧 六二가 모험을 감행할 수 없게, 행동의 제약을 당하게 되었다는 것을 표현한 것이다.

"물축勿逐"이란, 그 잃어버린 가리개를 다시 찾으려고 사방팔방으로 쏴다닐 필요가 없다는 뜻이다. 쫓아다니지 말라! 왜냐? 여기 "칠일七日"이란 괘의 분위기가 바뀌는 것을 상징한 것이다. 한 괘는 6효로 구성되어 있으므로 제7일이라는 것은 한 바퀴를 돌고 난 새로운 분위기의 그 날을 의미한다. 제7일이 되면 가리개는 되돌아오리라(七日得)! 즉 다시 행동을 개시할 수 있게 되리라는 뜻이다.

六二의 효사도 오묘한 맛이 있다. 기제 즉 완성의 위험과 완성을 거부하는 새로운 모험의 기획이 엇갈려있다. 완성은 결코 완성이 아니다. 어떠한 완성도 미완성의 도전성을 내포하지 않으면 그 완성은 고착되며 동시에 쇠락의 비운으로 함몰되는 것이다.

九三: 高宗伐鬼方。三年克之。小人勿用。
구 삼 고 종 벌 귀 방   삼 년 극 지   소 인 물 용

세 번째의 양효: 九三은 양효로서 양위에 있으니 그 位가 正하다. 그러나 원래 三의 자리가 그러하듯이 中을 벗어나 있기 때문에, 과강부중過剛不中하여 매사에 과격하게 임하는 성향이 있다.

이 효사가 실제로 역사적 사건 당시의 점의 결과로 나온 이야기라기보다는 후에 효사를 만드는 사람들이 상대의 역사적 사건을 모델로 하여 효사를 짰다고 보아야 할 것이다. 실제적 역사적 사건의 사실여부는 전혀 중요한 함수가 아니다. 고종高宗은 BC 14세기경 은나라 중흥中興의 영주로서 알려져

있다. 본명은 무정武丁. 귀방鬼方은 은나라 서북방에 있던 강력한 이민족 세력. 고종은 국내를 평정한 후에 서북방민족인 귀방鬼方의 정벌을 감행하였다. 국내를 평정한 덕이 있는 군주임에도 불구하고 귀방을 정복하는 데 3년이라는 기나긴 세월이 걸렸다(三年克之). 이것은 고종 본인의 피로일 뿐 아니라 국민 모두의 피폐함이다.

최후에 있는 "소인물용小人勿用"은 소인으로 하여금 고종이 정복한 것과 같은 일을 하지 못하게 하라는 뜻이다. 고종을 본받아 타민족을 정복하는 일을 하지 말라는 뜻이다. 이 효사는 기제의 한 측면으로서 평화주의Pacifism을 표방하고 있는 것이다. 소인의 정복은 오로지 탐하고 분노하는 사사로운 뜻에 사로잡히는 부도덕한 행위이니, 그것은 바람직한 일이 아니다. 영주英主인 고종이 3년이나 걸려 심히 노비勞憊하고 피폐한 세월을 보냈다는 것은 그러한 행위의 무모함을 교훈으로 보여준 것이다.

六四: 繻有衣袽。終日戒。
육사 유유의여 종일계

네 번째 음효: 아마도 효사의 첫머리에 배 주舟 자가 있었을 것이다. 주舟가 있든 없든 배의 이미지가 여기 나오는 것은 너무도 정당하다. 왜냐? 이 괘 자체가 건널 제濟 자를 이름으로 지니고 있기 때문이다. 완성이란 시내를 건너는 것이다. 옛날 사람들의 지리地理(땅에 대한 관념)는 산수山水였다. 수水를 따라 산을 파악했고, 산을 따라 수를 파악했다. 김정호의 『대동여지도』가 그러한 체계를 반영한다. 따라서 코스모스(=마을)는 산과 물의 흐름을 따라 형성되었다. "물을 건넌다"는 것은 "새로운 코스모스를 개척한다"는 의미도 된다.

"유繻"는 "유濡"의 오사誤寫이며, "유濡"는 "배가 샌다舟漏"는 뜻이다(왕필, 정이천, 주희). "유유의여繻有衣袽"는 문자 그대로 해석하면 "배가 새는데 의여

衣袽가 있다"는 뜻이 된다. 의衣는 옷이고 여袽는 헤진 옷이나 솜, 넝마조각, 누더기 같은 것을 의미한다. 다시 말해서 그 내면의 뜻은 다음과 같다.

> 배가 샌다
> 가만히 앉아있을 수는 없다
> 옷이고 넝마고 솜이고(繻有衣袽)
> 닥치는 대로 주워모아 틈새를 막는다
> 그렇게 하루종일
> 틈새를 막으며 방비한다(終日戒).

사실 이 한 편의 시詩가 말하는 모습이 기제既濟의 참모습이다. 완성을 향한 길은 이렇게 계속 빵꾸가 난다. 방비하지 않으면, 계신戒愼하지 않으면 건널 수(濟) 없다. 여기 "사환이예방思患而豫防"이라고 말한 「대상전」의 이미지가 떠오른다(※ 물론 각자의 이매지네이션 속에서 생겨난 것이다. 상호간에 직접적인 관계가 있는 것은 아니다).

생각해보자! 六四는 상괘의 제일 아래에 있는 효이며 九五의 군주를 모시는 자리에 있다. 국가의 안위를 걱정하고 환난을 방지해야만 하는 입장에 있다. 그리고 상괘 자체가 감坎괘이니, 물의 이미지이고, 또 험난險難의 이미지이다. 배를 타고 건너가는 주제의 효사가 여기 삽입된 것은 절묘하다고 할 것이다. 그런데 "종일계終日戒" 후에 吉이니 无咎니 하는 평가어가 없다. 그러한 점단占斷이 없는 것은 너무도 당연하다. 종일 계신戒愼하는 과정 속에 있기 때문이다. 배 바닥이 새는 것을 막으며 갈 수 있는 것만으로도 행운이라 할 것이다. 완성의 길에는 항상 위험의 씨앗이 도사리고 있음을 말하고 있다.

九五: 東鄰殺牛。不如西鄰之禴祭。實受其福。
구 오 동 린 살 우 불 여 서 린 지 약 제 실 수 기 복

다섯 번째 양효: 여기 효사를 살펴보면, "동린東鄰"과 "서린西鄰"이 대비되고 "살우殺牛"와 "약제禴祭"가 대비된다. 동은 양陽의 방향이요, 서는 음陰의 방향이다. 암암리 효 전체를 살펴보면 九五는 양강중정陽剛中正의 군주君主요, 六二는 같은 中正의 덕성을 지니고 있지만 하괘(민중)에 속하는 소박한 인물이다. 동과 서는 九五와 六二를 대비시킨 것이라고 생각하면 적확的確한 평론이 될 것이다.

기제의 효사의 언어는 매우 정갈하고 애매하지를 않다. 메타포가 풍부하고 함의하는 바가 정치精緻하다. "약禴"은 발음 그대로 "약約"을 의미한다. 검약을 의미하며 전체 글자는 검약한 제사를 뜻한다. "살우殺牛"라는 것은 성대한 제사이다. 옛날에 소 한 마리를 잡는다는 것은 대제에서나 가능한 일이었다. 정이천은 동린의 제사를 "성제盛祭"라 표현했고, 서린의 제사를 "박제薄祭"라 표현했다. 동린과 서린, 성제와 박제, 참 명료한 대비이다.

성제의 주인공인 九五나, 박제의 주인공인 六二는 모두 훌륭한 리더들이고 또 中正의 덕성이 있다. 기제의 괘의 품격에 맞는 인물들이다. 그러나 양자 간에 거대한 차이가 있다. 九五는 양강하며, 기제의 극極에 달하였기에 더 나아갈 곳이 없이 완벽하다. 그러나 六二는 음유하며 융통성이 있고 아직 그 극치에 미치지 않았기 때문에 행동의 여백이 남아있다. 반성하고 진로수정이 가능한 것이다. 이 九五의 아름다운 효사를 우리말로 옮기면 다음과 같다.

> 동족 동네에서는
> 황소까지 잡으며 큰 제사를 올리네.
> 성제盛祭의 극치라네.
> 그러나 서쪽 동네에서는
> 검약하게 제사상을 차리고
> 오붓한 박제薄祭를 지내고 있네.

동족 제사가 아무리 성대하다 한들

서쪽의 약제禴祭만 못하다네.

실제로 그 복을 받는 것은

동족 제사가 아니라 서쪽 제사라네.

東鄰殺牛。

不如西鄰之禴祭。

實受其福。

하느님은 완전보다 불완전을, 완성보다 미완성을 사랑하신다. 이것이 역의 궁극적 의미인 것이다(※ 많은 주석가들이 동린제사를 주紂임금의 사치폭정에, 서린제사를 서백문왕西伯文王의 득인심得人心에 비유하는데, 그러한 역사적 알레고리 해석은 큰 의미가 없다. 보편적 인간의 사태로 해석함이 옳다. 나 보고 역사적 알레고리의 사례를 대라고 한다면, 성대한 제사는 당태종의 10만 대군에, 소박한 제사는 안시성 성주 양만춘의 진실어린 대처에 비유할 것이다).

上六: 濡其首。厲。
상 육 유 기 수 려

맨꼭대기 음효: 初九에 "여우의 꼬리"로 시작했으므로 그 마지막을 "여우의 머리"로 장식하는 것은 효사의 저자가 매우 일관된, 유기적 통일성을 지니고 이 효사를 구성했다는 것을 알 수 있다. 이 괘상 전체가 물을 건너는 여우의 모습일 수도 있다. 그런데 이미 初九에서 꼬리가 적실까봐 조심하고 개울을 건너지 않았는데, 이 上六은 그 머리까지 적셨으니(濡其首) 그 위태로움이란 말할 수가 없다.

上六은 음효이고 상괘 즉 감坎☵의 최상위이다. 감험坎險의 궁극窮極이다. 감괘를 잘 살펴보면 그냥 그 형상이 여우의 머리가 보일락말락 물에 젖어있는 상태에서 올라갔다 내려갔다 하면서 헤엄치고 있는 듯이 보인다. 해서는

【63】
既濟
☵☲

아니 될 짓을 감행하고 있는 것이다. 上六은 도저히 개울을 건너서는 아니 되는 인물인데, 강 건너는 모험을 감행하고 있는 것이다. 물에 머리가 빠져 이제 꼴깍하기 직전이다. 위태롭다(厲)!

모든 완성의 종국을 기다리고 있는 운명을 그리고 있다. 완성, 건넘 그 자체가 하나의 비극이다. 그림에도 우리는 그 비극을 향해 머리를 적시고(濡其首) 있다. 우리는 이제 완성이 곧 미완성이라는 사실, 아니, 완성은 미완성의 완성이 되어야 한다는 사실을 깨달아야 한다. 이제 우리는 미제未濟로 나아가야 한다!

영원한 우리의 고향, 고조선의 강, 올기강

64

감하坎下
리상離上
화수 미제未濟

The Unfinished,
Incompletion,
Imperfection

괘명 "미제未濟"라는 것은 문자 그대로 말하면 "아직 건너지 않았다"는 뜻이다. 건너는 과정으로 말한다면 아직도 건널 것이 남았다는 뜻이다. 즉 덜 건넜다는 뜻이다. 사물의 성취과정으로 말한다면 아직 성취하지 못한 것이 남아있다는 뜻이다. 그래서 "미완성"의 뜻이 된다. 그러나 이러한 상식적 용법이 아닌 역易 자체의 논리에 즉해서 생각하면 "기제 다음에 미제"라는 뜻은 "이미 끝난 것이 아니라 아직 끝나지 않았다." 즉 "이제 다시 시작이다"라는 뜻을 내포한다. 그러니까 영어로 말하면 기제는 "Before Completion"이고 미제는 "After Completion"이 된다. 기제는 완성을 향해가는 과정을 말한 것이고, 미제는 완성 이후의 새로운 과정a new Process을 말한 것이다. 완성을 향해가는 과정은 완성에서 끝나기 때문에 기제라 한 것이고, 완성 이후의 과정은 아직 "건너지 않았기" 때문에 "미제未濟"라 한 것이다.

슈베르트는 1828년에 31세의 나이로 매독에 걸려 죽는데, 그가 죽기 직전까지 쓰다가 못써서 미완성교향곡Unfinished Symphony이 된 것이 아니다. 사실 그는 이미 죽기 6년 전에 이 두 악장의 완벽한 심포니 악보를 완성했던 것이다. 그런데 슈베르트는 이 악보를 그의 친구 휘텐브렌너Anselm Hüttenbrenner,

1794~1868(오스트리아 작곡자. 베토벤과도 친구로 지냈다)에게 맡겼다. 그런데 휘텐브렌너는 이 악보를 슈베르트의 사후에도 37년 동안이나 묵혀두었다가 1865년에나 지휘자 헤르베크Johann von Herbeck에게 준다. 슈베르트의 작품 중에서도 가장 인기가 높은 이 작품은 1865년 12월 17일 비엔나에서 최초로 상연되었다. 슈베르트의 이 작품은 과연 미완성의 작품일까? 미완성 그것이 바로 완성이었기에 슈베르트는 손을 멈추지 않았을까?

왕부지는 이런 가설을 세운다. 만약 64괘의 배열을 건☰으로 시작하고 곤☷으로 끝냈더라면 역은 역(변화의 우주)이 되지 않았을 것이라고 한다. 건과 곤은 음양의 섞임이 없다. 곤의 종終은 영원의 종, 즉 영종永終(아포칼립스)이 된다. 역易의 종終은 영종이 아닌 일종一終이 되어야 한다. 그래서 음양의 착종이 가장 심한 기제☵ 와 미제☲ 로써 64괘의 마무리로 삼은 것이다.

기제旣濟는 물이 위로 올라가 있고 불이 아래로 내려와 있다. 그러니까 생명의 포텐셜이 살아있다. 물이 위에 있기 때문에 아래로 내려올 수 있는 힘이 있고 불은 아래에 있기 때문에 위로 올라갈 수 있는 힘이 있다. 서로가 서로에게 생명의 에너지를 제공할 수 있는 세팅이다. 그러면서 모든 位가 正하다. 기제는 정말 한 유기체적 사건an organismic event의 완성이다. 수승화강水升火降의 포텐셜이 살아있다.

그런데 미제未濟는 불이 위로 올라가 있고 물이 아래로 내려와 있다. 불은 위에서도 위로 올라가려고만 하고, 물은 아래에서도 아래로 내려갈 생각만 한다. 그러니까 불과 물이 미제의 배치가 되면 서로 만날 챤스가 없다. 미제는 수승화강이 아니라 수강화승水降火升이다(未濟, 水降火升, 降極而无可復降, 升極而无可復升.『外傳』p.977). 이런 수강화승의 상태에서는 생명이 생성될 수 있는 조화의 힘이 생겨나지 않는다. 교섭이 종료되었다. 그래서 선산은 말한다. 기제旣濟는 이룸을 의미하지만, 미제未濟는 끝남을 의미한다(旣濟成而未濟終).

그러나 우주의 일순간에도 수없는 이룸이 있는가 하면 수없는 끝남이 있다. 이룸과 끝남은 끊임없이 착종된다. 미제의 끝남은 일종一終일 뿐이다. 수화水火 기제旣濟가 기旣(정말 끝난다)하면 그것은 화수 미제未濟가 될 수밖에 없다. 수화의 위상은 완성되면 완성과 동시에 그와 반대되는 화수의 미제未濟로 갈 수밖에 없다. 화수는 자연의 원점이다. 그것은 새로운 출발을 의미한다. 화수의 죽음에서 수화의 생명을 만들어내는 새로운 싸이클이 시작되는 것이다.

미제未濟는 불궁不窮(궁하지 않음. 끝나지 않음)의 뜻이 있다. 그래서 64괘의 마지막을 기제로 하지 않고 미제로 한 것이다.

괘를 보면 육효六爻가 다 位를 얻고 있지 못하다. 양위陽位에 음효가 있고, 음위陰位에 양효가 있다. 位가 正을 얻지 못하였기 때문에도 미제未濟(갖추어지지 않음)라고 한 것이다. 그러나 재미있는 사실은 음·양이 모두 반대이기는 하지만 一과 四, 二와 五, 三과 六은 모두 음양상응한다는 것이다. 그러니까 음양교섭의 가능성이 살아있다는 것이다. 다시 말해서 일음일양一陰一陽의 역동적 교섭의 장 속에서의 종終일 뿐이며 새로운 성취의 가능성을 보존하고 있는 것이다.

「서괘전」에는 기제 후에 미제가 오는 이유를 이렇게 말한다: "역의 우주 속에 있는 사물은 끝나버린다는 것은 있을 수 없다. 그래서 끝나지 않는다는 것으로 끝남을 삼은 것이다. 物不可窮也。故受之以未濟。"

이에 대하여 정이천은 말한다:

> 旣濟矣, 物之窮也。物窮而不變, 則无不已之理。易者, 變易而不窮也。故旣濟之後, 受之以未濟而終焉。未濟則未窮也, 未窮則有生生之義。爲卦, 離上坎下。火在水上, 不相爲用, 故爲未濟。

기제괘가 이미 이루었다고 하는 것은, 물物이 다했다고 하는 것을 의미한다. 물이 그 극한에 달했는데도 변하지 않는다는 것은 그치지 아니할 수는 없는 것이니 그것은 어불성설이다. 역이라는 것은 변역함이 끝이 없다는 것이다. 그러므로 기제 후에는 반드시 미제(끝나지 아니함)로 받아 그 끝을 삼은 것이다. 미제未濟라는 것은 미궁未窮(끝나지 아니함, 다하지 아니함)이다. 미궁이라는 것은 생生하고 또 생한다는 의미가 있다(※ 에너지 보존의 법칙law of conservation of energy과 같은 항구성을 전제로 하고 있다). 괘상을 보라! 리☲가 위에 있고, 감☵이 아래에 있다. 불이 물 위에 있으니 서로가 만나지지도 않고 쓰임이 되지 않는다. 그래서 미제未濟라 한 것이다(가능성만 남아있다는 뜻. 새로운 시작이라는 뜻).

「대상전」은 무어라 말하고 있을까? 헤어지기가 좀 섭섭하다:

> ## 火在水上, 未濟。君子以愼辨物居方。
> 화 재 수 상　미 제　군 자 이 신 변 물 거 방

불이 물 위에 있는 모습이 미제괘의 상이다. 다시 말해서 불이 위에 있고 물이 아래에 있으므로 양자는 서로 만나지 않는다. 불은 상위에 있으며 방위로 보면 남방이고 물은 하위에 있으며 방위로 보면 북방이다. 미제괘에 있어서는 이와같이 양자가 확실하게 구분된다. 군자는 이러한 미제괘의 모습을 본받아(以) 신중하게 사물을 분변分辨하고 제각기 있어야 할 장소에 사물이 있게 한다(居方). 군자와 소인의 쓰임을 확실히 구분하여 쓴다든가, 있어야 할 적재적소에 인재가 있게 하여, 고하가 어지럽혀지지 않도록 한다. 이렇게 변물거방辨物居方함으로써 미제의 상태를 벗어날 수 있는 것이다(※「계사」上1에도 "방이류취方以類聚, 물이군분物以群分。공간구성도 류에 따라 모여살고, 사물도 마음에 맞는 무리끼리 구분하여 살아간다"라는 말이 있다).

未濟, 亨。小狐汔濟。濡其尾。无攸利。
미 제 형 소 호 흘 제 유 기 미 무 유 리

건널 일이 아직도 남아있다. 새로운 시작이다. 하느님께 제사를 지내라. 작은 여우가 거의 건넜다. 앗뿔싸! 꼬리를 적시고 만다. 이로울 바 없다. 새로운 시작은 이와 같이 어렵다.

———— ❧ ————

건너지 못한다는 의미의 미제괘이다. 이러한 미제는 오히려 여백이 있다. 음효·양효가 정연하게 분리되어 있으며 모든 음효를 양효가 덮고 있다. 미제의 시대에는 모든 것이 실위失位하여 불확실하다. 그래서 가능성이 많다. 미제의 시대에 우리는 제사를 지내야 한다(亨).

여기 "흘汔"은 "용감하게"라고 훈을 다는 사람도 있으나 대부분의 주석가들이 "거의 幾, almost"의 뜻이라는 데 합의하고 있다.

작은 여우가(小狐) 시내를 건너려는 시도를 감행한다. 그러나 거의 다 건널 수 있는 지경에 도달했을 때(汔濟) 그만 꼬리를 적시고 만다(濡其尾). 개천의 심도를 미리 헤아리지 못했다. 결국 개천을 건너는 데 실패하고 만다. 이로울 바가 없다(无攸利). 미제괘의 전체 분위기가 밝지 못하다는 것을 암시하고 있다.

주희는 말한다: "미제는 일이 이루어지지 못한 때이다. 물과 불이 사귀지 못하여 서로 쓰임이 되지 못하고, 괘의 여섯 효가 모두 제자리를 잃었기 때문에 미제라 한 것이다. 흘汔은 거의이니, 거의 건너가서 꼬리를 적심은 건너가지 않음과 같다. 未濟, 事未成之時也。水火不交, 不相爲用。卦之六爻, 皆失其位, 故爲未濟。汔, 幾也。幾濟而濡尾, 猶未濟也。"

初六: 濡其尾。吝。
초 육 유 기 미 린

맨처음의 음효: 여기 初와 二의 효사가 기제의 初九 효사에 나온 표현이 반복되고 있다. 初六은 미제괘의 최하에 있으며 여우로 치면 꼬리에 해당된다. 음효이며 힘이 약하다. 미제의 어행을 감행하려 하나 힘이 없다. 그럼에도 시도한다. 미제는 새로운 시작이기도 한 것이다. 결국 꼬리를 적시고 건너는 데 실패하고 만다(濡其尾). 자신의 한계를 정확하게 파악하지 못했다. 아쉬움이 남는다(吝).

九二: 曳其輪。貞, 吉。
구 이 예 기 륜 정 길

두 번째 양효: 九二는 양강하면서도 음위에 있다. 그러면서도 하괘의 중앙에 있다. 여러모로 중용의 미덕이 있는 훌륭한 재목이다. 전체적으로 미제의 괘는 어려운 시대를 상징하는 괘이다. 불과 물이 서로 만나 효용을 발휘하지 못하는 때이니 모든 것이 빈곤하고 빈약하다. 전 괘의 중심인 六五의 군君은 음효이며 힘이 약하다. 기댈 곳이라고는 바로 양강하면서 공순한, 그러면서도 서로 應하는 九二밖에는 없다. 그래서 九二에게 도움을 청한다. 이러한 상황에서는 九二가 반란을 일으키기 쉽다. 六五를 장악해버리는 것이다. 그러나 九二는 位가 正하지는 않다 해도 中의 덕이 강하다. 자기 직분을 아는 것이다. 位 자체가 음위이며 양강한 九二에게 밸런스 감각을 준다. 中의 덕이 不正을 상쇄시키는 것이다(정이천).

여기 "예기륜曳其輪"이라는 것은 바퀴를 뒤로 돌린다는 뜻이지만(기제괘 初九 효사에서는 시내를 건너는 것을 삼간다는 의미로 썼다), 여기서는 자신의 욕망을 절제하고 망진妄進하지 않는다, 대의를 위하여 六五의 군을 잘 보좌하여 국난을 극복해나간다는 의미이다.

용감하고 굳센, 정의로운 九二여! 하느님께 그대의 가상한 행동에 관해 묻고 기도하라(貞)! 吉할 것이다.

> **六三: 未濟。征凶。利涉大川。**
> 육 삼　미 제　정 흉　리 섭 대 천

세 번째 음효: 六三은 감坎의 간난艱難의 최상위에 있다. 앞의 "미제未濟"라는 것은 모든 것이 잘 이루어지지 않는 시대라는 것이다. 많은 사람들이 "미未"라는 표현 때문에, 미제를 기제 이전으로 생각하지만, 사실은 기제 이후의 새로운 시작을 의미하는 것이다. 아직 이루어지지 않은 새로운 시대를 열어가는 간난을 상징하는 것이다. 미제의 시대에 용감히 앞으로 나아간다는 것은 위험이 많이 따르는 흉운을 감수해야만 한다(征凶). 그러나 이럴 때일수록 대천을 건너는 새로운 모험을 감행하는 데 이로움이 있다(利涉大川). 이것은 새로운 시작이기 때문에 기존의 상황과는 가치판단이 달라진다. 정흉征凶과 리섭대천利涉大川이 서로 아구가 맞지 않는다 하여 리섭 앞에 "불不"자 하나를 삽입해야 한다는 설도 있으나 그것은 모두 낭설이다. 정흉征凶은 객관적인 판단이고, 리섭대천利涉大川은 주체적인 결단이다. 미제의 시대일수록 대천大川을 섭涉하는 자들이 많아야 한다. 격려의 뜻을 내포하고 있다.

> **九四: 貞吉, 悔亡。震用伐鬼方。三年有賞于大國。**
> 구 사　정 길　회 망　진 용 벌 귀 방　삼 년 유 상 우 대 국

네 번째 양효: 九四는 양강하며 음위陰位에 있어, 그 位가 正하지 않다. 位가 不正하다는 것은 후회스러운 일들이 많이 생긴다는 의미이지만, 지금 九四의 단계는 점점 미제의 상황이 극복되어가고 있는 정황을 나타낸다. 험난의 감괘를 떠나 밝음의 리괘離卦로 들어와 있다.

이러한 시대에 **九四**는 점을 친다(貞). 하느님께 나라의 운명에 관해 호소하고 묻는다. 吉하다! 그러한 **九四**의 진실로 인하여 원래 회한스러운 일들이 다 사라진다(悔亡).

미제괘에는 "제濟"의 의미가 있어 무엇을 평정하여 나라를 편하게 한다는 의미가 있다. "진震"은 여러 의미가 있으나 여기서는 "무용을 떨친다"는 의미로 해석하는 것이 제일 무방하다. **九四**는 무용을 떨쳐 귀방鬼方(※ 기제 九三에 귀방의 설명이 있다. 귀방을 오랑캐라 말하면 안된다. 고조선의 일족일 것이다. 그만큼 예부터 북방민족의 세력이 강했다는 것을 입증한다)을 정벌한다(震用伐鬼方). 삼년三年의 간난신고의 과정을 통해 겨우 극복한다. **九四**는 나라의 대군大君으로부터 노고를 치하받는다(三年有賞于大國). "대국大國"은 대군大君을 의미한다. **九四**는 미제를 탈출해가는 과정을 서술하고 있다.

> **六五: 貞, 吉。无悔。君子之光。有孚。吉。**
> 육오　정　길　무회　군자지광　유부　길

다섯 번째 음효: **六五**는 음효이며 양위에 있으니 그 位가 正하지는 않지만, 상괘의 중앙에 있으며 존위의 중용을 지키고 있다. 그리고 하괘 **九二**의 강중剛中한 현인賢人과 음양상응하고 있으며 충직한 대신大臣인 구사九四와도 음양상비陰陽相比하고 있다. **六五**는 상괘 리離☲의 주효이니 곧 문명文明의 밝음의 주체이다.

六五는 하느님께 국가의 운명에 관해 물음을 던진다(貞). 吉하다. 후회스러운 일들이 모두 사라진다(无悔). 그는 문명의 주체로서 리離괘의 가운데가 허虛한 것처럼 마음이 허하다(虛心). 그래서 모든 사람들의 의견과 보좌를 수용한다. 지도자로서의 캐패시티가 큰 인물이다. 게다가 밝음(離明)의 주체로서 광채가 나는 군자의 모습이다(君子之光). 그런데 그 광채가 허황된 광채가 아니라 진실과 신험이 있는 광채이다(有孚). 吉하다.

이 효사는 과연 무엇을 뜻하는가? 기제의 괘사는 "초길종란初吉終亂"이라는 말로 기제의 운세를 일괄하여 말했다. 지금 미제 六五의 효사는 "군자지광君子之光"을 이야기하고 있다. 즉 "초란종길初亂終吉"을 말하고 있는 것이다. 기제는 모든 것이 완성되어 가고 그 완성을 위한 최적의 조건이 갖추어진 때이므로 "종란終亂"의 위험을 경고하지만, 미제는 모든 것이 격리되고 화합이 되지 않는 어려운 시대이므로 "종길終吉"의 격려를 말하고 있는 것이다. 역의 순환이 끝나가는 이 시점에서 『역』의 저자들은 역의 핵심이 바로 변화에 있으며, 변화는 순환이며, 순환의 핵심은 중용이며, 중용의 핵심은 영원한 자기변혁에 있다는 것을 말하고 있는 것이다. 중용의 발란스는 끊임없는 환란의 언발란스를 통하여 달성되는 것이다. 미제(끝나지 않음)야말로 찬란한 군자지광君子之光이며 문명의 추뉴樞紐인 것이다.

上九: 有孚于飲酒。无咎。濡其首, 有孚失是。
상 구   유 부 우 음 주   무 구   유 기 수   유 부 실 시

맨꼭대기 양효: 미제의 불안이 사라져가고 있다. 많은 주석가들이 미제에서 다시 기제로 간다고 말하는데 그것은 역의 본질을 망각한 망언이다. 미제는 열려진 종말이며 64괘의 새로운 출발이다. 上九는 강의剛毅하며 현명하다. 그는 상괘 리離 명명明의 최상위에 있다. 지금 上九의 자리는 미제의 종극終極인 동시에 384효의 끝나지 않는 종언終焉이다.

여기 이 위대한 종언의 효사에 "음주飮酒"라는 말이 나온다. 그런데 주석가들은 이 음주를 모두 미제의 불안이 끝난 무위의 군자가 홀로 지난날을 관조하며 술을 마시는 분위기로 해석한다. 『역』의 마지막 효사에 "음주"가 나온다는 것은 『역』이 우리 고조선 사람들의 사유와 문화와 습속을 반영한다고 하는 사실의 명증明證이다. "음주가무"는 고조선 사람들의 빼어놓을 수 없는 습속이다. 여기 "음주"도 홀로만의 관조적인 취함이 아니라 민중과 더

불어 생생지역의 순환의 희열을 향유하는 열락의 "술마심"이다.

이 "술마심"에는 천지대자연의 성실함(有孚), 즉 『중용』이 말하는 "성誠"이 들어가 있다. 술 한 방울, 한 방울이 모두 천지의 정묘한 승화이다. 성誠 그 자체는 하늘의 도이요, 성해지려고 노력하는 것은 사람의 도이다. "유부우 음주有孚于飮酒"는 "술을 마심에 천지의 성실함이 있다"라고 해석된다. 여기 이 술은 384효의 모든 음양의 과정을 체험한 인간이 마시는 천지의 성誠인 것이다. 이 술마심에는 당연히 허물이 없다(无咎).

그러나 술을 마셔도 술독에 **빠진** 여우가 머리를 적시듯이(※개울을 건너는 여우가 머리를 적신다는 기제 上六의 효사의 맥락) 고주망태가 되도록 마신다는 것은 바로 여기에서 천지의 성실함을 상실하고 마는 것이다(濡其首, 有孚失是). 술마심 이란 천지와 내가 하나가 되는 무아의 경지이다. 그러나 그 무아의 경지 속에 절대적으로 필요한 것은 "절제"이다. 「소상전」에 이런 말이 있다: "술을 마셔서 머리를 적신다는 것은 절도를 모른다는 것이다. 飮酒濡首, 亦不知節也。"

절제란 무엇인가? 그것은 천지의 리듬을 체화하는 것이다. 일음일양지도는 오직 절제하는 몸에서만 구현되는 것이다. 일음일양의 도를 아는 것은 절제의 리듬을 아는 것이다. 성誠을 체화하고, 변화變化 속의 중용을 체득하고, 모든 살아있는 생명체의 기쁨을 공유하고, 유연悠然하게 술을 마시며, 존재의 열락을 민중과 분유하고 64괘 384효의 순환을 조용히 응시하는 삶이야말로 『역』이 우리에게 가르치고 있는 삶인 것이다.

모든 유일신과 초월과 발전과 진보와 영종永終의 픽션은 이제 『역』이 말하는 중용의 열락 앞에서 자취를 감추어야 할 것이다. 조용히 꺼져라!

2022년 5월 24일
밤 9시 9분 탈고
檮杌

大象傳

대 상 전 **大象傳**

重天乾	䷀	(1)	天行, 健。君子以自彊不息。
重地坤	䷁	(2)	地勢, 坤。君子以厚德載物。
水雷屯	䷂	(3)	雲雷, 屯。君子以經綸。
山水蒙	䷃	(4)	山下出泉, 蒙。君子以果行育德。
水天需	䷄	(5)	雲上於天, 需。君子以飲食宴樂。
天水訟	䷅	(6)	天與水違行, 訟。君子以作事謀始。
地水師	䷆	(7)	地中有水, 師。君子以容民畜衆。
水地比	䷇	(8)	地上有水, 比。先王以建萬國, 親諸侯。
風天小畜	䷈	(9)	風行天上, 小畜。君子以懿文德。
天澤履	䷉	(10)	上天下澤, 履。君子以辯上下, 安民志。
地天泰	䷊	(11)	天地交, 泰。后以財成天地之道, 輔相天地之宜, 以左右民。
天地否	䷋	(12)	天地不交, 否。君子以儉德辟難, 不可榮以祿。
天火同人	䷌	(13)	天與火, 同人。君子以類族辨物。
火天大有	䷍	(14)	火在天上, 大有。君子以遏惡揚善, 順天休命。
地山謙	䷎	(15)	地中有山, 謙。君子以裒多益寡, 稱物平施。
雷地豫	䷏	(16)	雷出地奮, 豫。先王以作樂崇德, 殷薦之上帝, 以配祖考。
澤雷隨	䷐	(17)	澤中有雷, 隨。君子以嚮晦入宴息。
山風蠱	䷑	(18)	山下有風, 蠱。君子以振民育德。
地澤臨	䷒	(19)	澤上有地, 臨。君子以教思无窮, 容保民無疆。
風地觀	䷓	(20)	風行地上, 觀。先王以省方, 觀民, 設敎。

火雷噬嗑 ䷔ (21) 雷電, 噬嗑。先王以明罰勅法。

山火賁 ䷕ (22) 山下有火, 賁。君子以明庶政, 无敢折獄。

山地剝 ䷖ (23) 山附於地, 剝。上以厚下, 安宅。

地雷復 ䷗ (24) 雷在地中, 復。先王以至日閉關, 商旅不行。后不省方。

天雷无妄 ䷘ (25) 天下雷行, 物與无妄。先王以茂對時, 育萬物。

山天大畜 ䷙ (26) 天在山中, 大畜。君子以多識前言往行, 以畜其德。

山雷頤 ䷚ (27) 山下有雷, 頤。君子以愼言語, 節飮食。

澤風大過 ䷛ (28) 澤滅木, 大過。君子以獨立不懼, 遯世无悶。

重水坎 ䷜ (29) 水洊至, 習坎。君子以常德行, 習敎事。

重火離 ䷝ (30) 明兩作, 離。大人以繼明, 照于四方。

澤山咸 ䷞ (31) 山上有澤, 咸。君子以虛受人。

雷風恆 ䷟ (32) 雷風, 恆。君子以立, 不易方。

天山遯 ䷠ (33) 天下有山, 遯。君子以遠小人, 不惡而嚴。

雷天大壯 ䷡ (34) 雷在天上, 大壯。君子以非禮弗履。

火地晉 ䷢ (35) 明出地上, 晉。君子以自昭明德。

地火明夷 ䷣ (36) 明入地中, 明夷。君子以涖衆, 用晦而明。

風火家人 ䷤ (37) 風自火出, 家人。君子以言有物, 而行有恆。

火澤睽 ䷥ (38) 上火下澤, 睽。君子以同而異。

水山蹇 ䷦ (39) 山上有水, 蹇。君子以反身脩德。

雷水解 ䷧ (40) 雷雨作, 解。君子以赦過宥罪。

山澤損 ䷨ (41) 山下有澤, 損。君子以懲忿窒欲。

風雷益 ䷩ (42) 風雷, 益。君子以見善則遷, 有過則改。

澤天夬	䷪	(43)	澤上於天, 夬。君子以施祿及下, 居德則忌。
天風姤	䷫	(44)	天下有風, 姤。后以施命誥四方。
澤地萃	䷬	(45)	澤上於地, 萃。君子以除戎器, 戒不虞。
地風升	䷭	(46)	地中生木, 升。君子以順德, 積小以高大。
澤水困	䷮	(47)	澤无水, 困。君子以致命遂志。
水風井	䷯	(48)	木上有水, 井。君子以勞民, 勸相。
澤火革	䷰	(49)	澤中有火, 革。君子以治歷明時。
火風鼎	䷱	(50)	木上有火, 鼎。君子以正位凝命。
重雷震	䷲	(51)	洊雷, 震。君子以恐懼脩省。
重山艮	䷳	(52)	兼山, 艮。君子以思不出其位。
風山漸	䷴	(53)	山上有木, 漸。君子以居賢德, 善俗。
雷澤歸妹	䷵	(54)	澤上有雷, 歸妹。君子以永終知敝。
雷火豐	䷶	(55)	雷電皆至, 豐。君子以折獄致刑。
火山旅	䷷	(56)	山上有火, 旅。君子以明愼用刑, 而不留獄。
重風巽	䷸	(57)	隨風, 巽。君子以申命行事。
重澤兌	䷹	(58)	麗澤, 兌。君子以朋友講習。
風水渙	䷺	(59)	風行水上, 渙。先王以享于帝立廟。
水澤節	䷻	(60)	澤上有水, 節。君子以制數度, 議德行。
風澤中孚	䷼	(61)	澤上有風, 中孚。君子以議獄緩死。
雷山小過	䷽	(62)	山上有雷, 小過。君子以行過乎恭, 喪過乎哀, 用過乎儉。
水火旣濟	䷾	(63)	水在火上, 旣濟。君子以思患而豫防之。
火水未濟	䷿	(64)	火在水上, 未濟。君子以愼辨物居方。

찾아보기

인명 / 지명 / 도서명

도올 주역 강해

2022년 8월   3일   초판 발행
2024년 6월 21일 1판 6쇄

지은이 · 도올 김용옥
펴낸이 · 남호섭

편집책임 _김인혜
편집 _임진권 · 신수기
제작 _오성룡
표지디자인 _박현택
인쇄판 출력 _토탈프로세스
라미네이팅 _금성L&S
양장표지 제작 _대양금박
인쇄 _봉덕인쇄
제책 _우성제본

펴낸곳 · 통나무

서울특별시 종로구 동숭동 199-27
전화: 02) 744-7992
출판등록 1989. 11. 3. 제1-970호